KB202798

인성교육의 철학과 방법

인성교육의 철학과 방법

2022년 11월 21일 처음 찍음

지은이 | 박재순
펴낸이 | 김영호
펴낸곳 | 도서출판 동연
등 록 | 제1-1383호(1992. 6. 12)
주 소 | 서울시 마포구 월드컵로 163-3
전 화 | (02)335-2630
전 송 | (02)335-2640
이메일 | hy4321@gmail.com

ISBN 978-89-6447-836-3 93150

인성교육의 철학과 방법

박재순 지음

The Philosophy and Way of Human Being Education

동연

추천의 글

생명철학의 교육론과 영성을 지향하는 인성교육론

박재순 교수가 쓴 『인성교육의 철학과 방법』은 인간교육, 전인교
육, 인성교육에 관한 생명철학적 관점, 개념모형과 생각의 틀을 제
시합니다. 관점과 생각의 틀을 제시한다는 점에서 이 책은 인간교
육의 철학을 말하고, 그 틀 안에서 인간교육의 원칙을 방법으로 제
시합니다.

이 책은 다석 유영모의 생각과 함석헌의 씨알 생명철학에 근거하
여 인간교육을 바라봅니다. 도산 안창호의 삶과 교육의 실제와 이
승훈 선생이 설립하고 유영모와 함석헌이 같이 근무했던 오산학교
가 이 책에서 제시하는 인간교육의 실제 모델이 되고 있습니다. 이
점에서 이 책은 생명철학의 교육론이라고 할 만하며 "한국적 인성
교육론"이라고 할 만합니다.

생명철학에서 바라보는 교육은 인간에 대한 생명의 관점에서부
터 그 논의를 시작합니다. 생명철학의 교육론은 일반 교육론과는
인간의 존재의 차원과 인간의 본성을 바라보는 관점을 달리합니다.
그래서 이 책에서 논의하는 인성교육론은 교육학에서 논의하는 인
성교육론과는 그 시간의 길이와 공간의 폭을 달리합니다. 인간의
존재적 차원을 몸, 맘, 얼의 세 차원으로 구분하여 논의합니다. 인간
의 본성 안에 "하늘의 뜻"이 있다고 봅니다. 그래서 생명철학의 교

육에 대한 관점과 이 책에서의 인성교육론에서는 교육과 종교가 중첩됩니다.

중용의 관점에서는 우리의 인성 속에 천명이 있다고 봅니다. 인성교육은 하늘의 길을 따라서 하늘이 준 마음을 닦아 내 안에 천명, 즉 하늘의 뜻을 이루어 가는 것이라고 봅니다. 인성교육은 삶이요, 생명으로 이르는 길이요 영생을 이루는 길이라고 봅니다. 교육과 종교가 중첩되는 이 지점이 공교육의 인성교육이 이 책의 논의를 따라가기 어려운 대목입니다. 그러나 이 책에서 인성교육의 근본을 볼 수 있을 것입니다.

천명(天命)을 일컬어 성(性)이라고 하고, 성을 따라 사는 것(솔성: 率性)을 도(道)라 하고, 도를 따라 닦는 것(수도: 修道)을 교(敎)라 한다(『중용』 1장).

생명의 씨알인 우리의 삶은 이 세상에 와서 한 알의 씨알이 싹이 터서(죽어서) 열매를 맺는 여정과도 같습니다. 몸에서 마음으로 마음에서 얼로 올라가야 합니다. 우리 존재의 변화요 차원의 승화입니다. 이 책에서는 이것을 "생명 진화의 원리"라고 부릅니다. 이 책에서는 이 역사가 일어나기 위해서는 "천지인 합일"(天地人 合一)이 일어나야 함을 지적합니다.

우리나라의 교육은 수동적인 지식 교육, 주입식 교육 방법, 사교육에 의한 경쟁 교육의 왜곡을 안고 왔으나 이러한 한계에도 불구하고 우리나라 교육은 우리나라의 발전을 뒷받침하는 중요한 역할을 담당하여 왔습니다. 우리의 미래를 생각할 때 교육을 다시 바라볼 수밖에 없습니다. 인공지능의 활용을 중심으로 하는 4차산업혁명을 생각할 때 쓰임과 쓸모를 지향하는 도구주의적 교육을 먼저 생각하는 경향이 있습니다. 이럴수록 교육의 기본 틀에 인간교육과 인성교육의 회복을 반영하여야 할 것입니다. 이 책은 인성교육의 생각의 틀을 보여 줍니다.

이 책은 자치와 협동의 생활 공동체와 민주시민을 위한 생명 교육, 전인교육, 인성교육을 하려는 사람들에게 감성을 살리고 지성을 키우고 영성을 높이는 생명철학적 교육론과 방법을 안내해 줄 것으로 기대합니다.

이종재
(서울대학교 사범대학교 교육학과 명예교수, 전 한국교육개발원 원장)

머리말

　자본과 기술이 지배하는 세상에서 생명과 인간의 자리는 갈수록
좁아지고 생명과 인간에 대한 관심과 이해도 줄어드는 것 같다. 과
학기술과 인공지능이 발달할수록 과학기술과 인공지능의 창조자인
인간이 지닌 가치와 의미에 대한 관심과 열정은 더 깊고 커져야 한
다. 인간과 인공지능의 차이를 알아야 인간이 인간답게 기술문명의
주인과 주체로 살 수 있다. 인간과 인공지능의 차이를 알려면 생명,
감정, 지능, 의식이 무엇인지를 알아야 한다. 그래야 인간을 인간답
게 만드는 인성교육을 제대로 할 수 있고 자본과 기술의 세계 위에
서 인간다운 생활 공동체를 만들 수 있다.

　이 책에서 나는 인간에 대한 새로운 과학 지식을 바탕으로 민주
정신, 세계 보편 정신에 비추어서 인간의 본성과 인간교육을 탐구
하고 설명하려고 애썼다. 인간의 본성을 이루는 몸, 생명, 욕망, 감
정, 지능, 의식, 이성, 영성을 주체적인 깊이와 전체적인 통일 속에
서 이해하고 설명하였다. 추천사와 추천의 말씀을 주신 분들께 감
사드린다. 이 책을 통해서 인간과 인성교육에 대한 연구와 논의가
활발해지는 계기가 되면 좋겠다.

2022년 북한산 아래서

박재순

차례

시대의 변화와 마음가짐

19세기 1차 산업혁명 이래 학교 교육은 산업사회의 인적 자원으로서 노동자를 양성하는 교육이었다. 오늘 우리 사회는 인공지능이 인간의 노동을 대체하는 시대로 나아가고 있다. 이제 인간은 산업 노동의 속박과 강요에서 벗어나 자유롭고 창의적이며 보람된 일을 할 수 있는 새로운 사회를 맞이하고 있다. 20~21세기 자연과학은 인간과 인성에 대해서 놀라운 지식과 새로운 정보를 밝혀주었다. 21세기에 민주화, 과학화, 세계화를 동시에 실현하고 완성해가는 인류사회는 민주적이고 과학적이고 세계시민적인 인간을 요청한다. 인공지능의 노동보다 더욱 창의적인 일을 하는 민주적이고 과학적이고 세계시민적인 온전한 인간을 길러내려면 학교 교육의 근본적인 혁신이 요구된다. 새로운 인간교육을 위해서 인간과 인간의 본성에 대한 깊은 연구와 과학적 이해를 바탕으로 인간교육의 철학과 방법을 마련해야 한다.

인간은 스스로 하는 생명의 자유로운 주체이며 물질과 생명과 정신의 통합된 전체다. 인간은 생명 진화와 인류역사 속에서 만들어지고 형성된 피조물이면서 스스로 자신을 창조하고 형성한 창조자다. 인성은 창조자적 자유를 가진 것이면서 우주와 생명과 인류의 역사 속에서 물질과 생명과 정신의 이치와 법도에 따라 형성되고 만들어진 것이다. 인성은 우주 물질과 생명과 정신이 통합된 것이며 인성 속에는 우주 역사, 생명 진화 역사, 인류 역사가 압축되어 살아 있다. 인성은 인간이 스스로 새롭게 창조하고 형성할 것이면서 하늘과 땅과 인간의 모든 법도와 이치를 구현하고 실현한 것이다.

인간의 본성은 스스로 하는 생명의 주체이며 우주 물질과 생명과 정신의 통합된 전체로서 자연과학적 탐구의 대상이면서 자연과학적 탐구의 영역을 넘어서는 존재다. 나는 이 책에서 인간의 생명과 뇌가 물질, 기계, 인공지능과 어떻게 다른지 탐구하고 밝히려고 애를 썼다. 자본과 기계, 인공지능과 생명공학이 지배하는 세상에서 인성을 탐구하고 밝히는 일은 의미 있고 필요한 일이지만 낯설고 어려운 일이다. 인성을 탐구하고 밝히는 일은 일차적으로 남의 일이 아니라 나 자신의 일이다. 그것은 나와 나 자신의 인성에 대한 탐구이고 이해이고 설명이다. 나는 이 책에서 인성을 이해하고 설명하는 데 그치지 않고 참 사람이 되려는 나의 간절한 염원과 바람을 함께 말했다. 그러므로 이 책의 글들은 인간과 인성에 대한 학문적이고 이성적인 탐구의 결과이면서 다른 사람들과 함께 나 자신이 참 사람이 되려는 나의 믿음과 희망을 담은 기도이기도 하다. 인성을 실현하고 참 사람이 되는 철학과 길을 제시한 책을 내가 썼다고 해서 내가 온전한 인성을 실현하는 참 사람이 되었다고 할 수는 없다. 이 책은 다른 사람들과 함께 내가 참 사람이 되는 길을 찾고 그 길로 가려는 시도와 노력의 결과일 뿐이다. 아무도 참 사람이 되었다고 할 수 없다. 우리는 모두 참 사람을 찾고 참 사람이 되는 길 위에 있을 뿐이다. 우리는 다만 사람이 가야 할 길로 함께 가자고 다짐하며 서로 부르고 호소할 수 있을 뿐이다. 나는 이 책을 쓸 때 사실과 진리에 겸허하고 충실한 학자의 태도와 자세를 지키려고 애를 썼고 나의 인성을 실현하고 완성하기 위해서 생각하고 명상하면서 나를 찾고 바로 세우는 자세로 탐구하고 글을 썼다. 이 책을 읽는 이들도 그런 맘가짐과 자세로 읽어주면 좋겠다.

철학과 사상의 재고 정리를 위한 기준: 민주, 과학, 보편

인류의 모든 종교와 철학과 사상은 인간과 인성을 탐구하고 이해하고 설명할 뿐 아니라 인간의 본성인 인성을 실현하고 완성하려는 노력이고 시도였다. 모든 종교와 철학과 사상 속에는 인간과 인성에 대한 탐구와 이해가 반영되어 있다. 우주와 자연 물질과 신에 대해서 탐구하고 논의하는 경우에도 결국 인간과 인성에 대한 탐구와 논의로 이어졌다. 인간과 인성에 대한 인류의 이해와 설명에는 그 시대와 사회의 제약과 한계뿐 아니라 지식과 정보의 제약과 한계도 반영되어 있다. 동서고금의 인성 이해와 철학은 모두 진지하고 의미 있는 것이다. 그러나 민주화, 과학화, 세계화가 이루어지는 21세기의 관점에서 보면 기존의 인성 이해와 철학은 모두 문제와 결함을 지니고 있는 것이다. 오늘 인류는 인간과 인성에 대해서 새롭고 놀라운 많은 과학적 지식과 정보를 알게 되었다. 또한 민주적 주체의 자리에서 그리고 세계 인류 전체의 자리에서 인간과 인성을 주체적이고 전체적으로 이해하고 실현할 수 있게 되었다. 민주화·과학화·세계화의 관점에서 보면 기존의 인간과 인성 이해의 철학은 모두 비민주적이거나 미신적이거나 폐쇄적(단편적이고 부분적)인 한계와 문제를 안고 있다. 비민주적이고 비과학적이고 폐쇄적인 인간과 인성 이해와 철학은 민주화와 세계화의 관점에서 철저히 비판되고 새롭게 해석되어야 한다. 동서양의 위대한 경전과 철학 속에 아무리 아름답고 소중한 지혜와 가르침이 있다고 하더라도 그 지혜와 가르침이 봉건적이고 미신적이고 폐쇄적인 개념과 껍질 속에 있다면 그것을 그대로 받아들여서는 안 된다. 동서양의 경전과 고전, 민중종교와 문화 속에 담긴 깊고 풍부한 지혜와 가르침은 민주정신과 과학정신과 세계 보편정신을 가지고 그 껍질을 벗겨내서 민주, 과학, 보편의 정신으로 말끔히 씻고 다듬어서 새롭게 제시하지 않으면 안 된다. 비판과 반성을 거치지 않은 과거의 모든 지혜와 가르침은 오늘의 인간과 인성을 실현하고 완성하는 일에 도움이 되기는커녕 해를 끼칠 수 있다. 모든 과거의 전통과 사상은 반드시 현대적인 비판과 검증을 거쳐야 한다. 엄격한 비판과 검증을 거치지 않고 현대적이고 과학적인 개념과 논리와 지식으로 아무리 그럴듯하게 그것들을 포장하고 미화하고 변형시켜서 내놓더라도 그것들은 현대인의 인성을 이해하고 실현하는 데 도움이 되기보다는 해를 끼치게 된다. 민주정신과 과학정신과 세계 보편정신의 세례를 받지 않은 동서양 경전과 고전의 지혜와 지식은 현대인의 삶과 정신에 해롭다. 동서양의 경전과 철학 속에 담긴 정신과 진리의 보물을 하찮게 여기고 버리는 것도 어리석고 안타까운 일이지만 민주, 과학, 세계 보편의 정신으로 철저한 비판과 검증을 거치지 않고 받아들이는 것은 무분별하고 무책임한 짓이다. 민주, 과학, 세계 보편의 정신적 강물을 통과하지 못한 과거의 전통과 유산은 근현대의 역사와 사회에서 통용될 수 없다. 물론 민주, 과학, 보편의 정신적 강물을 건넌다고 해서 동서양의 고전과 경전 속에 담긴 생명과 정신의 깊이와 높이가 훼손되어서는 안 될 것이다. 동서양 고전과 경전에 담긴 진리의 깊이와 높이가 훼손되지 않으면서 민주, 과학, 보편의 기준을 통과하는 것이 오늘 경전을 해석하는 사람들의 과제다.

인성교육의 철학과 방법을 탐구한 이 책은 과거의 경전과 고전, 철학과 종교사상에 담긴 깊고 풍부한 지혜와 가르침을 계승하면서도 민주, 과학, 세계 보편의 기준에서 새로운 인성 이해를 제시하려고 힘썼다. 이러한 목적을 위해서 나는 유영모와 함석헌의 씨올사상과 정신을 바탕으로 생명 진화와 천지인 합일의 관점에서 인간과 인성을 탐구하고 이해하였다. 씨올사상은 인간과 인성을 민주, 과학, 세계 보편의 관점에서 보면서도 동서양의 경전과 고전의 유산을 충실히 계승하였다. 생명 진화의 관점은 인간과 인성에 대한 과학적이고 사실적인, 생명적이고 과정적인 이해를 가능케 하고 천지인 합일의 관점은 인간과 인성에 대한 통합적이고 영적인 이해를 가능케 한다. 나는 이 책에서 먼저 인간과 인성을 물질적 현상과 인과관계로 파악하고 설명하는 자연과학적 결정론과 환원론을 생명진화와 천지인 합일의 생명·영성철학을 바탕으로 비판하고 극복하려고 힘썼다. 또한 오늘 민주시민 씨올의 자리에서 과학과 세계 보편의 기준으로 동서고금의 철학과 사상을 더듬어보고 비판하고 극복하여 새로운 현대적인 인간과 인성교육철학을 정립하려고 하였다. 이 책의 내용은 민주, 과학, 세계 보편의 기준으로 인간과 인성에 대해서 철학적으로 탐구하고 이해한 것이며 새로운 철학과 이해를 바탕으로 인성을 실현하고 완성하는 길과 방법을 제시한 것이다.

비종교화와 사람됨을 추구한 독일 신학자 디트리히 본회퍼가 서구 기독교의 정신과 전통에 대한 재고 정리를 통해 20세기에 필요한 유럽 기독교 문명의 알짬, 핵심만을 살려내려고 했던 것처럼 오늘 민주화, 과학기술화, 세계화의 흐름 속에서 인성교육을 하려면 동서고금의 정신과 철학의 전통에 대한 재고 정리가 필요하다. 동서고금의 철학과 종교의 정신적 전통과 유산을 평가하고 재고 정리하는 것은 어려운 일이지만 누군가는 꼭 해야 할 일이다. 앞으로 인공지능과 인터넷을 통해서 동서고금의 정신 문화와 철학의 전통에 대한 연구와 지식이 통합 정리되고 공유 합의에 이른다면 전통 종교철학 문화에 대한 재고 정리가 훨씬 쉽게 이루어질 수 있을 것이다. 다행히 근현대 한국의 사회와 문화 속에서 동서고금의 종교와 철학이 합류하였다. 한국 근현대의 중심에서 치열하게 살았던 유영모와 함석헌은 삶과 정신을 통해서 상당한 정도로 동서고금의 정신과 철학에 대한 재고 정리를 했다고 생각한다.

생명 진화와 천지인 합일: 인성의 역사와 깊이

동서고금의 철학과 사상을 민주, 과학, 세계 보편의 관점에서 비판하고 현대 과학의 지식과 정보를 존중할 때 우리는 어떤 생명과 영 철학을 형성할 수 있을까? 민주, 과학, 보편의 정신적 강물을 건너면서 검증되고 확증된 철학과 사상의 틀은 생명 진화와 천지인 합일이다. 생명 진화와 천지인 합일은 우주 물질과 생명과 인간을 보는 과학적이면서도 철학적 깊이와 높이를 지닌 전체를 통합적으로 아우르는 생각과 진리의 틀이다. 생명 진화는 인간과 인성에 대한 과학적이고 역사적인 사실과 진리의 기본 틀이다. 천지인 합일은 우주와 생명과 인간을 통합적이고 전체로 보는 생명과 영성의 철학적 사유의 틀이다. 현대 인간과 인성에 대한 현대적 이해에 이르기 위해서 나는 생명 진화와 천지인 합일의 큰 틀에서 민주 생명 철학을 바탕으로 동서양의 종교와 철학의 전통과 유산에 대한 재고 정리를 시도해 보았다. 생명 진화와 천지인 합일의 큰 틀에서 인간과 인성을 본다는 것은 땅의 물질과 인간의 생명과 하늘의 영에 비추어 인간과 인성을 보는 것이다. 인성은 하늘과 땅과 인간, 물질과 생명과 영, 몸과 맘과 얼의 세 차원과 겹을 가지고 있다. 생명 진화와 천지인 합일의 틀에서 본 인성은 물질적이고 자연과학적 탐구의 대상이면서 한없이 깊고 높고 오묘한 존재의 풍부함과 다차원을 지닌 것이다. 인성은 산술 계산과 논리 기계 논리만이 아니라 생명의 논리, 얼과 혼의 논리를 가지고 있다. 생명과 정신의 논리는 복잡하고 미묘하며 깊다. 이러한 인성을 밝히고 실현하려는 학문적 노력은 그 자체가 어렵고 그 학문적 노력의 결과를 이해하고 전달하기도 어렵다.

생명 진화와 천지인 합일을 전제한 생명·영 철학은 물질(자본)과 기계(기술)보다 깊고 높은 인성의 차원과 세계를 드러낸다. 수십 억 년 생명 진화의 험난한 역사는 물질 안에서 물질을 넘어서 새로운 존재의 차원과 세계를 열어온 과정이다. 물질 안에서 물질을 초월한 생명과 영의 차원과 세계가 인성 속에 켜켜이 알뜰하게 깃들어 있다. 두 발로 땅을 딛고 하늘을 향해 곧게 선 인간은 스스로 하는 주체의 자유를 가지고 전체를 하나로 아우르는 물질적이고 생명적이고 영적인 존재다. 인성을 실현하고 완성하는 인성교육은 물질과 기계의 토대 위에 생명과 영의 정신 문화를 구현하는 교육이다. 오늘 물질과 기계의 문명이 인간의 삶과 정신을 압도하고 있다. 인간의 얼과 혼은 자본과 기계가 지배하는 물질문명 속에서 숨을 쉬지 못하고 시들어가고 있다.

　문명과학자 프리초프 카프라는 오늘날 눈부시게 찬란해 보이는 물질문명이 실상은 저물어가는 황혼에 지나지 않는다고 했다. 그러나 산술 계산에 바탕을 둔 인공지능은 그 새롭고 놀라운 능력과 재주를 이제부터 본격적으로 펼쳐 보이려는 것 같다. 나노공학과 양자역학은 이제 겨우 그 신비하고 오묘한 물질세계의 문을 열어 보이려는 것 같다. 물질세계가 놀라운 힘과 신비를 드러내 보일수록 인간의 정신도 더 깊고 풍요로워져야 하지 않을까? 그래야 물질과 정신의 균형과 조화를 이룬 삶을 살 수 있을 것이다. 물질세계를 깊이 파고들어 탐구하는 것처럼 정신세계도 깊이 파고들어 탐구해 가야 한다고 생각한다. 인공지능과 물질과 신경세포를 탐구하는 것 못지않게 생명과 정신의 주체인 '나'를 깊이 탐구하고 찾아야 할 것이다. 인성교육은 '나'를 찾는 창의적 교육이다. 최근에 인공지능과 뇌신경학자들은 지식 중심의 교육에서 벗어나 '나'를 찾는 창의적 교육을 해야 한다고 한결같이 말하고 있다. 그러나 '나'가 무엇이고 어떻게 '나'를 찾아야 하는지에 대해서는 거의 말하고 있지 않다. 말하더라도 피상적이고 주변적인 논의에 머물러 있다는 느낌을 받는다. 나를 찾고 인성을 탐구하는 일은 낯설고 어려운 일이 된 것 같다. 이미 많은 사람이 돈과 기계의 지배에 익숙해져서 돈과 기계에서 자유로운 '나'에 대해서는 생각하기 어려운 것 같다. '나'를 생각하고 찾기 위해서는 돈과 기계의 지배와 속박에서 자유로운 맘의 깊이와 여유가 있어야 한다. 그러나 갈수록 돈과 기계의 지배가 강력해지는 것 같다.

글의 시대는 저무는가?

책을 써놓고 다시 읽으면서 맘이 무거웠다. 자본과 기계가 지배하는 세상에서 인성의 세 차원을 이루는 몸, 맘, 얼을 온전히 실현하고 완성하는 일이 어렵다는 것을 깊이 느꼈다. 그런데다가 책과 글이 예전처럼 대접받지 못하는 시대라는 생각 때문에 맘이 더욱 무거워졌다. 글과 책의 시대가 저물고 말과 동영상의 시대가 오는 것을 실감한다. 소크라테스는 일찍이 글의 시대가 오는 것을 비판하며 걱정했다. 살아 있는 말과 인격적 관계와 생동하는 사건을 죽은 문자 속에 가두는 것을 그는 받아들이기 어려웠다. 글자에 의존하면 기억력은 감퇴하고 생각하는 힘은 줄어들 것이라고 소크라테스는 생각했다. 그러나 소크라테스의 강력한 저항과 비판에도 2천년 이상 글의 시대가 이어졌다. 실제로 글에 의존하는 시대의 인간들은 기억력이 감퇴하고 생동하는 인격적 관계와 상황을 떠나 추상적이고 관념적인 이론과 사상의 세계에 빠져든 측면이 없지 않다. 그러나 글과 책, 경전은 국가 문명의 화려한 꽃이고 정수였다. 생각하는 힘은 줄어들기보다 훨씬 깊고 커졌다. 글을 읽고 쓰면서 인간의 생각은 단련되고 지식과 정보, 이론과 사상은 말할 수 없이 풍부하고 깊어졌다. 일시적이고 덧없는 말과 사건들은 글로 된 경전 속에서 영원한 의미와 깊이, 보편적 진리를 덧입게 되었다. 글을 읽고 쓰면서 인간의 뇌는 획기적으로 진화 발전했고 의식은 깊고 풍부해졌다.

이제 글의 시대가 저물고 말과 동영상의 시대가 왔다. TV와 핸드폰, 컴퓨터와 인터넷을 통해 넘쳐나는 동영상들은 자본과 기술의 지배와 맞물려 인간의 삶과 정신을 압도하며 장악하고 있다. 어쩌면 소크라테스가 지키고 싶었던 말과 삶의 생생하고 생동하는 힘을 다시 회복하는 것처럼 보인다. 문자에 대한 말과 생의 도전과 공격이 성공하고 있는 것 같다. 읽는 것보다 보는 것이, 이해하는 것보다 말하고 행동하는 것이 더 중요해진 것 같다. 그러나 오늘날 말과 동영상의 시대가 인간의 기억력과 생각하는 힘을 더 길러주는 것 같지는 않다. 말과 동영상의 범람은 사나운 욕망과 거친 감정을 조장하고 깊은 생각과 지속적 성찰을 어렵게 하는 경향이 있다. 넘쳐나는 말과 동영상은 깊이 생각하고 오래 성찰할 시간을 허락하지 않는다.

소크라테스가 글의 시대에 맞섰던 것이 부질없는 일이었듯이, 이제 말과 동영상의 시대가 갖는 한계와 문제를 지적하며 비판하고 동영상의 시대에 저항하는 것은 쓸모없는 짓인지도 모른다. 말과 동영상의 시대는 인간의 정신을 즉흥적이고 임시적이며 피상적으로 만들 것이라고 염려하고 걱정할 수 있다. 만일 말과 동영상의 시대가 깊은 생각과 성찰을 잃고 표면적인 감각과 즉흥적인 감정을 자극하는 데 머문다면 감각과 감정을 넘어 맑은 지성과 깊은 영성을 닦아온 생명 진화와 인류 역사의 과정을 거스르는 것이 될 것이다. 인간의 지성과 영성을 약화시키고 욕망과 감정을 부추기면 인성은 위축되고 황폐해질 것이다. 말과 동영상의 시대가 온다고 해서 글의 시대가 아주 가는 것은 아니다. 글은 여전히 인터넷과 TV

의 동영상 속에서도 중요한 몫을 하고 있다. 소통과 전달의 매체로서 글이 차지하는 비중과 지위는 크게 작아지고 낮아졌다. 그러나 언젠가 말과 동영상의 시대에 대하여 글의 공격과 비판이 일어나고 글의 시대가 회복되는 때가 다시 올 것으로 기대한다. 보이지 않고 들리지 않는 생명과 정신의 깊은 세계는 동영상보다는 글을 통해서 잘 드러나고 표현될 수 있기 때문이다. 생명과 정신의 깊은 세계는 글로 표현하고 생명과 정신의 생동하고 약동하는 세계는 말과 동영상으로 표현할 수 있다. 앞으로 글과 말과 생의 일치와 통전에 이르는 종합적인 시대가 오기를 기대한다. 말과 동영상이 생동하는 삶과 인간관계를 담아내고 글이 생각과 정신의 깊이와 높이를 드러내면 좋겠다. 말과 동영상이 글과 공존하고 상생하는 길을 찾아야 한다. 글과 동영상이 상생 공존하기 위해서 글은 더욱 깊고 높은 의미를 지녀야 한다. 생과 말과 글의 온전한 통합이 이루어질 때 인성도 온전히 실현되고 완성될 것이고 인성교육이 지향하는 참 사람이 될 수 있을 것이다.

21세기는 대종합의 시대다. 모든 인종과 민족, 종교와 문화, 역사와 사회, 철학과 사상, 영역과 지평이 합류하고 융합하고 있다. 서세동점의 과정으로 세계화가 진행된 지난 500년의 역사는 지배와 정복, 이성적 논리와 분석, 객관적 과학의 시대였다. 그러나 21세기는 지배와 정복의 낡은 국가주의에서 벗어나 진정한 의미에서 민주시민들이 정의와 평화를 바탕으로 세계화를 이루어가는 시대다. 세계시민들은 국경을 넘어서 통합과 일치, 교감과 소통을 바탕으로 정의와 평화의 세계를 이루어가야 한다. 민주 국가들은 세계연대기구와 조직을 통해서 자연과 생명과 인간의 사귐과 통합, 국가 민족들의 종교와 문화의 교류와 통합을 이루어가야 한다. 몸, 맘, 얼의 일치와 통합, 본능과 지성과 영성의 통합, 모든 영역과 학문의 융합과 복합, 과학과 철학과 종교의 일치와 통합은 하늘에서만 이루어질 수 있다. 21세기는 생명과 영성과 지구화의 시대다. 16~20세기가 과학적 이성과 분석의 시대였다면 생명과 영성과 지구화의 시대인 21세기는 만물과 생명과 인간이 저마다 주체의 깊이와 자유에서 전체의 하나 됨에 이르는 대종합의 시대다. 인성은 생명 진화와 천지인 합일을 실현하고 완성하는 책임과 사명을 지닌 것이다. 인성 속에 우주와 생명과 인간의 모든 역사가 압축되어 있고 하늘과 땅과 인간의 모든 차원과 요소가 통합되어 있다. 하늘과 땅 사이에 곧게 선 인간은 우주와 생명과 인간의 역사를 완성하고 하늘과 땅과 인간을 통합할 사명과 책임을 가지고 있다. 대종합과 대통합을 실현하는 것은 인간과 인성의 본래적인 과제이고 사명이다. 대종합과 대통합을 실현하는 자리는 하늘이다. 하늘은 주체의 깊이와 자유가 드러나는 곳이면서 전체가 하나로 되는 자리다. 큰 종합과 통합을 이루려면 인간 내면의 깊이에서 하늘이 열리고 하늘과 하나로 되는 영성이 요구된다.

인성교육의 철학과 민주 · 평화의 정신

건국 설화에 따르면 한국은 하늘을 열고 세운 나라다. 한민족은 하늘을 우러르고 그리워하는 오랜 전통과 문화를 가진 민족이다. 한국은 민주화와 산업화를 빠른 시기에 이룩한 나라로서 주목받고 있다. 민주화와 산업화를 빠른 시기에 이룩했으면 삶의 의욕이 넘치고 행복해야 할 텐데 한국인들의 자살률이 가장 높고 행복지수는 가장 낮다. 한국인들은 예로부터 인정이 많은 사람으로 알려졌고 한국어는 소통과 교감의 언어로 여겨지는데 오늘 한국인들의 사회적 소통과 공감의 지수가 가장 낮은 것으로 나타난다. 이것은 한국 사회가 정신적으로 사회적으로 큰 위기를 맞고 있음을 시사한다. 한국 사회의 정신 문화적 위기의 현실은 한국인들의 정신·사회적 위기를 드러냄과 동시에 인성과 정신의 진화와 함께 사회역사적 진보를 이룩할 큰 기회다. 한국인은 오늘 큰 혼란과 고통 속에서 인성의 정화와 고양을 이루고, 사회의 진보를 향한 큰 걸음을 내디딜 것을 요청받고 있다. 오늘 한국인의 사상적 정신적 갈등과 혼란과 고통은 민주화와 산업화가 제대로 완성되지 못했음을 의미하며 세계평화의 이념을 실현할 민주 국가를 건설하지 못했음을 나타낸다. 아직 한국인은 민주 정신과 사상을 확립하지 못했으며 민족통일과 민주국가를 완성하지 못했다. 삼일운동을 통해 세계평화와 민주국가의 이념이 제시되었으나 민족분단과 지역적 당파적 분열 속에서 민주적이고 평화적인 통일국가를 만들지 못했다. 오랜 고난의 역사속에서 하늘을 그리워하며 올곧고 바르고 옹근 삶을 추구해온 한국인은 오늘 민주적인 생명철학을 확립하여 민주적인 통일국가를 세우고 동아시아와 세계의 정의와 평화를 이루는 데 앞장설 사명과 책임을 가졌다. 이러한 한국인의 사명과 책임을 다하려면 먼저 인성을 실현하고 완성하는 인성교육이 이루어져야 한다. 인성교육을 바로 하려면 인성교육의 철학을 확립해야 한다. 생명 진화와 천지인 합일의 큰 틀에서 인간과 인성을 이해하고 인성교육을 통해서 몸, 맘, 얼을 통일한 인성을 실현하고 완성해 갈 때 한민족의 통일과 동아시아와 세계의 정의와 평화에 이르는 지름길을 찾을 수 있을 것이다.

1장

자연과학적 결정론의
극복과 인성의 실현

I. 근현대의 인간 이해에 대한 비판

근현대 인간 이해의 혼란과 통합

근현대에 이르러 인간과 인성은 크게 보아서 생물학적 유전자, 사회관계, 실존적 자유의 세 가지 관점에서 파악되고 있다. 진화론을 내세우는 생물학자들 예컨대 에드워드 윌슨(Edward Osborne Wilson)과 리처드 도킨스(Clinton Richard Dawkins)는 인간과 인간의 정체성을 유전자의 관점에서 이해하고 설명한다. 이들은 생물학적 유물론자들이며 유전자가 인간의 본성과 활동을 결정한다고 본다. 마르크스를 비롯한 사회과학자들은 인간과 인성을 사회적 관계 속에서 이해하고 설명한다. 마르크스는 인간의 본성을 '사회관계의 총합'이라고 보았다. 기본적으로 인간과 인간의 본성은 사회관계에 의해서 결정되고 변화한다는 것이다. 실존주의자들은 자연적 생명의 본능과 충동, 유전자와 환경, 사회의 관계와 영향을 떠나서 인간의 자유롭고 순수한 결정과 선택의 능력을 강조한다. 이들에 따르면 인간은 환경적이거나 사회적인 모든 외적 관계와 영향에서 자유로울뿐더러 자연적이고 타고난 내적 본능의 충동과 속박에서 자유로운 본성과 능력을 갖추고 있다. 이러한 세 가지 인간과 인성 이해의 흐름은 서로 충돌하며 배타적이다. 이 세 가지 관점을 통합하지 못하면 인간과 인성에 대한 통일적인 이해는 불가능하며 온전한 인간과 인성교육을 할 수 없다.

오늘날 천문물리학과 생명 진화론은 인간과 인성에 대한 새로운 지식과 통찰을 주고 있으며 인간과 인성에 대한 깊고 통합적인 이해로 이끌어준다. 우주물리학자들은 인간의 몸과 하늘의 별들을 구성하는 기본 물질들이 일치함을 확인하고 인간의 몸과 별 사이에 우주·역사적 연속성과 동일성을 시사한다. 인간의 몸속에 우주의 역사가 새겨져 있다는 것이다. 생물학자들과 뇌신경학자들에 따르면 인간의 몸속에 뇌신경과 유전자 속에 생명 진화의 역사가 새겨져 있다. 그렇게 본다면 인간은 우주 전체와 일치된 존재이며, 인간 속에는 물질과 세균에서 인간의 지성과 영성에 이르는 우주와 생명의 역사가 살아있다. 인간들이 서로 주체로서 역사와 사회 속에서 역사와 사회를 형성하는 존재이고 역사와 사회의 관계와 영향 속에서 사는 존재라는 것은 아무도 부인할 수 없는 사실이다. 우주와 생명 진화와 인류사회의 역사 속에서 형성되면서 우주와 생명과 사회의 역사를 몸과 맘에 품은 인간은 외적 환경과 사회적 관계로 해소될 수 없는 실존적 주체를 지닌 존재라는 사실도 부정할 수 없다. 생명과 정신, 지성과 영성을 지닌 인간은 물질적 기계적 관계와 환경적 사회적 관계로 해소하거나 설명할 수 없는 주체의 깊이와 자유를 가진 존재다.

인간과 인성은 공간적으로 우주의 별들과 하나로 이어져 있고 시간적으로 우주와 생명과 인류의 역사를 하나로 통합하고 있다. 인간은 스스로 하는 생명의 주체이며 물질과 생명과 정신을 통합한 전체다. 인간은 서로 주체로서 갈등과 대립, 상생과 공존의 사회적 관계 속에서 자신을 형성하고 향상시켜가는 창조자적 주체이고 공동체적 전체다. 인간은 생명 진화와 역사의 과정에서 형성된 피조물이면서 스스로 자신을 형성하고 창조하고 고양시켜가는 주체적 창조자다. 인간의 생명과 정신 속에서 생물학적 유전자와 사회관계와 실존적 자유는 하나로 통합되고 통전된다. 인간은 생물학적 유전자를 가지고 사회관계 속에서 실존적 주체와 자유를 가지고 사는 존재다. 인성교육과 인성의 실현을 위해서는 이러한 통합적이고 통전적인 인간과 인성 이해를 철학적으로 체계적이고 일관성 있게 설명하고 제시할 수 있어야 한다. 인간과 인성을 체계적이고 통합적으로 이해하고 설명하는 철학을 바탕으로 인간과 인성교육을 구체적이고 체계적으로 수행해야 한다.

근현대의 역설: 몸의 해방과 정신의 예속

인간과 인성에 대한 주체적이면서 통합적인 이해를 위해서는 먼저 인간의 해방과 예속을 가져온 근현대의 역설과 특징을 이해해야 한다. 이전 시대와 다른 근현대의 특징과 원리는 중세의 신분적 억압과 체제에서 벗어난 민의 주체적 자각, 과학기술의 발달, 동·서 문명의 합류다. 신분적 억압체제에서 해방된 민의 주체적 자각과 삶을 바탕으로 민주적 국민국가가 수립되었다. 자유로운 민의 주체적 자각과 삶에서 개성과 창의가 나오고 개성과 창의를 바탕으로 과학기술이 발달했다. 과학기술의 발달로 생산력이 높아지고 국가의 경제력과 군사력이 팽창하고 팽창한 경제력과 군사력을 바탕으로 국가의 경계를 넘어서 동·서 문명의 만남과 융합이 이루어졌다.

동·서 문명의 만남과 융합의 과정에서 민의 주체적이고 자유로운
의식과 활동이 국경을 넘어섰고 세계적인 교류와 소통이 이루어졌
다. 근현대의 가장 근본적인 특징과 원리는 민이 자신의 삶의 주인
과 주체, 역사와 사회, 국가와 세계의 주인과 주체로 등장한 것이다.
이로써 민이 지배와 통치의 대상에서 주체와 주인으로 되는 전환이
이루어졌다. 이 전환은 국가주의적 권력과 자본의 지배 아래 모호
하고 불확실하며 복잡하고 험난한 과정 속에서 아직 진행 중에 있
지만 민의 주체를 지향하는 역사의 방향과 목적은 뚜렷하고 확실
하다.

근현대에 이르러 인간의 욕망과 감정, 의식과 의지가 긍정되고
존중되었다. 지금 여기서 삶의 주인과 주체가 된 민은 자신의 삶과
현실을 긍정하고 존중하였다. 자신의 삶과 현실을 긍정한 근현대의
인간은 욕망과 감정을 억압한 고대와 중세의 종교적 형이상학적 이
원론에서 벗어났다. 낡은 종교와 관념적 형이상학의 이원론에서 벗
어난 근현대 사회는 민의 몸과 물질적 삶을 긍정하고 욕망과 감정
을 표현하고, 물질적 이익과 생산력을 추구하고 존중하게 되었다.
수도원과 종교의 거룩한 세계와 국가와 민중의 세속세계를 갈라놓
는 이원론이 무너지고 지금 여기서 사는 민중의 물질-신체적 생활
이 드러났다. 지금 여기의 삶을 억압하고 소외시키는 종교철학의
관념과 교리가 깨지고 민의 욕망과 의지와 감정이 긍정되고 존중되
고 표현되고 실현되었다. 근현대의 특징은 성속 이원론의 해체와
민중의 삶과 의식의 긍정과 실현이다.

인간의 욕망과 감정과 의지를 존중하는 근현대의 이런 특징은 근
현대를 이전 시대와 뚜렷이 구별해 준다. 그리스철학에서는 로고스

(이성), 이데아(이념)가 인간의 욕망과 감정을 통제하고 지배했다. 이성적인 철인 왕이 용맹한 군인의 감정과 '탐욕스러운' 농민의 욕망과 의지를 지배했다. 신플라톤주의에 따르면 일자(一者), 정신(누스 로고스), 생명의 주체인 영혼(푸쉬케, 프뉴마)은 순수하고 자유롭고 고귀한 것이다. 이에 반해 물질적이고 구체적인 존재자들과 그들의 욕망, 감정은 타락하고 낮고 부자유한 것이다. 물질과 욕망 속에 갇혀 있는 정신과 영혼이 물질과 욕망에서 벗어나 일자(神)에게로 돌아가는 것이 구원이다. 동양에서도 천도(天道)와 천리(天理)의 이(理)가 욕망과 감정의 기(氣)를 통제하고 이끌었다. 욕망과 감정은 극복되고 조절됨으로써 천도와 천리, 자연의 도와 법에 순응해야 한다. 고대와 중세의 세계에서는 정신과 영혼(이성)이 물질과 욕망, 감정을 지배 통제하려 했다. 물질적 욕망과 감정을 통제한 철학과 정신은 민중의 삶을 지배하고 통제한 억압적 사회질서와 맞물려 있었다. 고대와 중세의 민중은 정신·영혼·이성과 몸·욕망·감정의 갈등과 분열 속에 있었다.

근현대에서 민은 미신과 신분 질서와 지역의 제약에서 해방되었다. 민의 주체적 자각과 해방은 물질, 본능, 욕망과 감정의 해방이기도 했다. 민은 물질적 욕구와 이익을 추구하게 되고 누리게 되었다. 민의 삶의 해방은 몸의 해방이었으며 물질과 욕망, 감정과 의지의 자유로운 긍정이고 표현이었다. 물질과 몸, 욕망과 감정의 깊이가 드러나고 몸의 욕망과 감정이 분출되었다. 근현대의 정신과 예술은 보통 사람(民)의 물질적 신체적 욕망과 감정, 의지와 의식을 긍정하고 존중하며 표현하고 실현하려고 한다. 사람은 삶과 의식과 사회의 주인과 주체이며 주인과 주체인 사람의 몸을 움직이고 표현하는 것이 중요해졌다. 사람의 욕망과 감정, 느낌과 생각이 중요해진 것이다.

물질과 욕망을 긍정한 서구의 근현대는 기독교와 유착된 중세의 신분사회를 해체하고 이성중심의 과학적 사고를 추구했다. 서구의 근현대철학은 민의 욕망과 감정을 존중한다는 점에서는 이전의 철학을 부정하고 넘어섰지만 수학과 자연과학, 이성 중심의 철학을 형성했다는 점에서는 고대 그리스의 철학을 충실히 계승했다. 중세의 신분사회를 해체하는 데 앞장선 서구의 진보적 지식인은 중세 신분사회와 유착되었던 기독교를 비판함으로써 반종교 반기독교적 무신론적 성향을 지니게 되었다. 이들은 기독교의 뿌리인 유대인(히브리인)의 종교와 경전을 멸시하고 과학과 이성의 철학을 추구한 고대 그리스인들의 정신과 삶을 숭배했다.[1]

서양의 근현대는 코페르니쿠스에서 뉴턴에 이르는 자연과학의 발달과 함께 시작되고 진전되었다. 경험적 사실과 이성적 논리를 추구한 영국의 경험주의 철학자들과 생각과 인식의 주체인 이성을 강조한 데카르트에서 칸트에 이르는 유럽 철학자들은 자연과학의 새롭고 놀라운 이론과 지식을 정당화하고 그 토대를 확립하기 위해 철학적 이론과 체계를 형성하였다. 이들은 기독교를 이성주의철학과 결합시키기 위해서도 기독교의 뿌리인 유대인과 유대 종교를 비난하고 매도하고 미워했다. 유대인(히브리인)의 신앙과 정신은 과학을 발달시키지는 못했으나 오랜 역사의 고통스러운 삶 속에서 몸과 감정의 깊이와 얼과 혼의 높이를 잘 드러냈다.[2] 유대인의 신앙전통

---

1 요람 하조니/김구원 옮김, 『구약성서로 철학하기』 (홍성사, 2016), 32-37.
2 히브리 경전 '시편'은 고통받는 사람들의 절절하고 사무친 감정을 통해서 생명과 영혼

을 멸시하고 혐오하면서 이성주의적인 자연과학에 편향된 서구의 근현대 정신과 철학은 몸과 감정의 깊이와 얼과 혼의 높이를 잃게 되었다. 서구의 근현대는 중세의 낡은 신분 질서와 신화적 사고에서 벗어났으나 이성적 과학주의에 편향됨으로써 몸, 맘, 얼을 지닌 인간의 본성을 내적 깊이에서 통합적으로 이해하지 못하고, 생과 역사와 사회의 주체적 깊이와 전체적 통일을 잃게 되었다.

근현대에 이르러 물질적 욕망과 감정이 분출하고 이성적 과학주의가 확립됨으로써 자본과 기술이 지배하는 사회가 되었다. 자본과 기술은 물질적 욕망과 감정을 드러내고 표현하고 실현하는 데 기여했다. 그러나 과학적 합리성과 효율성에 근거한 자본과 기술의 지배는 생명과 정신의 주체와 전체를 억압하고 소외시켰으며 생명공동체를 파괴하고 생명과 정신의 형이상학적 종교적 차원을 은폐하고 제거하였다. 자본과 기술은 인간의 삶을 물질(돈)과 기계의 차원으로 끌어내렸다. 자본과 기술을 앞세운 이성적 과학주의는 몸의 욕망과 감정을 관념화·추상화하였고 맘에서 얼과 신을 제거하고 인간을 물질과 본능과 기계의 수준으로 끌어내렸다. 자본과 기계가 지배하는 세상에서 몸의 욕망과 감정은 깊이를 잃고 얼과 혼은 높이를 잃었다. 민의 주체적 자각으로 시작된 근현대가 과학적 이성주의를 확립하고 자본과 기술이 지배하는 세계를 낳음으로써 민의 주체와 전체를 속박하고 파괴하게 되었다.

의 깊이를 잘 드러낸다. 부끄러움과 외로움, 기쁨과 감사, 간절한 염원을 드러내는 22-25편 참조.

II. 자연과학적 결정론(환원론)의 극복과
인성의 발견

근현대의 지배 이데올로기와 자연과학자들의 인식론적 존재론적 독재

『이기적 유전자』,『만들어진 신』을 저술한 리처드 도킨스는 진화생물학에 근거를 두고 무신론을 적극적으로 주장하고 전파한다. 그는 신이 만들어진 것이며 존재하지 않는다고 보았다. 그가 생각한 신은 실제로 존재하지 않는 신이다. 수리와 물리의 인과관계 속에는 당연히 신이 없다. 만일 신이 산속이나 구름 위에서 세상을 감시하고 간섭하는 존재로 여겨지거나 요술방망이를 휘두르며 자연 질서와 법칙을 깨트리고 요술이나 기적을 일으키는 존재로 생각된다면, 그런 신은 실제로 존재하지 않을 뿐 아니라 존재해서도 안 된다. 옛날의 신화나 동화에 나오는 신, 인간의 허황한 욕망과 꿈을 투사시켜 만든 신은 존재하지 않을 뿐 아니라 존재해서는 안 되는 신이다. 그런 신은 인간과 사회에 해로울 뿐 아니라 존재할 이유도 가치도 없다.

그러나 도킨스가 생각하거나 이해한 신과는 다른 신, 다른 존재와 의미를 가진 신도 있다. 그가 생각한 종교나 신보다 더 깊고 높고 의미가 있는 종교와 신이 있다. 인간의 삶과 정신을 고양시키고 심화시키며 실현하고 완성하는 종교와 신이 있다. 이런 신의 존재를 과학적으로 객관적으로 검증하고 확인할 수 있는 것은 아니다. 생명과 정신의 높은 차원에서 존재하는 신을 수리(數理)와 물리의 인과관계와 논리 속에서 확인하고 증명할 수는 없다. 따라서 도킨스가 생각한 신과는 다른 신이 존재한다는 것을 과학적으로 증명할 수는 없다. 그러나 그런 신을 생각하고 믿고 그런 신과의 깊은 관계 속에서 아름답고 진실하게 사는 이들은 있다. 인간의 삶과 정신의 중심과 토대, 근원과 목적, 길과 방향을 열어주는 종교와 신은 비난받고 부정될 것이 아니다. 생명과 정신의 참된 주체와 전체의 근거와 중심, 목적과 방향을 드러내고 실현하는 종교와 신은 인간을 위해 긍정되고 추구되어야 한다. 주체와 전체의 통일을 지향하는 인간에게 그런 신은 없어서는 안 되는 신이며 꼭 있어야 하는 신이다.

인간이 주체의 깊이와 자유에서 전체의 하나 됨으로 나아가는 길에서 만나고 경험하고 믿고 동행하는 신은 인간에게 필요한 신이며 참된 신이다. 생명 진화와 천지인 합일의 중심과 목적에서 믿고 만나고 그리워하고 우러르는 신은 인간에게 유익할 뿐 아니라 인간의 주체와 전체를 실현하는 데 힘이 되는 신이다. 그런 신은 내 존재와 생명의 속의 속에서 경험되는 실재이며 내 주체의 깊이와 자유에서 전체의 하나 됨을 향해 나아가는 길이고 목적이다. 참된 신은 내 생명과 존재의 참된 주체이며 참된 전체이고 주체와 전체의 참된 통일이다. 참된 신은 나의 주체의 깊이와 자유를 드러내고 실현하고 완성하는 신이고 나의 내면을 통일시키고 우주 생명 전체의 통일로 이끄는 신이다. 이런 신은 주체와 전체의 일치를 나타내는 하늘로 상징되고 표현된다.

생물학적 유물론자인 에드워드 윌슨에 따르면 생명공학, 유전공학의 원리로 물질, 생명, 역사, 사회, 문화, 예술, 철학, 종교의 모든 진리를 환원시킬 수 있으며 생명공학의 원리로 모든 지식과 진리를 통섭할 수 있다. 그는 "인간의 정신은 생존과 번식을 위한 장치이며, 이성은 그 장치의 다양한 기능 중 하나일 뿐"이라고 하였다.[3] 더 나아가서 "과학은… 전통 종교를 진화생물학의 기계론적 모형으로 설명할 수 있는 가능성을 갖게 되었다. … 교조화한 세속적 이데올로기를 포함해 모든 종교가 뇌의 진화 산물로서 체계적으로 분석되고 설명될 수 있다면, 종교가 지닌 도덕성의 외부 근원으로서의 힘은 영원히 사라질 것이다."[4] 생명 진화의 과정과 유전자가 인간의 생명과 정신을 상당한 정도로 규정하고 인간의 심리와 문화에 큰 영향을 미치는 것은 사실이다. 그러나 물질적이고 기계적인 생명공학의 원리로 생명과 정신의 모든 차원과 영역을 환원시키고 통섭하는 것은 생명과 정신에 대한 인식론적, 존재론적 억압이고 폭력이다.[5] 그가 내세우는 유전공학적 원리는 기계적이고 수학적인 생물학적 유물론의 원리다.[6] 물질은 수학적 계산과 논리로 파악되고 물

---

3 에드워드 윌슨/이한음 옮김, 『인간 본성에 대하여』 (사이언스북스, 2016 신장판 5쇄), 25.
4 윌슨, 같은 책, 242.
5 에드워드 윌슨/최재천·장대익 옮김, 『통섭』 (사이언스북스, 2005), 113-114, 467-468. 윌슨의 결정론적 환원론적 주장에 대한 비판에 대해서는 레슬리 스티븐슨·데이비드 헤이버먼/박중서 옮김, 『인간의 본성에 관한 10가지 이론』 (갈라파고스, 2006), 416-417 참조.
6 『유전자, 정신, 그리고 문화』(C. 럼스든과 공저)에서 윌슨은 유전자와 문화가 인간 속에서 어떻게 공진화하는지에 대한 수학적 이론을 제시했다. 스티븐슨·헤이버먼, 『인간의 본성에 관한 10가지 이론』, 416.

질로 이루어진 몸의 생명현상은 수학적 논리와 물질·기계적 인과관계로 어느 정도 설명될 수 있다. 그러나 생명과 정신은 물질 안에서 물질을 초월한 것이며 수학적 논리와 물질적 인과관계로 설명할수 없는 차원을 가진 것이다. 기계적이고 수학적인 생물학적 유물론의 결정론적이고 환원론적인 주장은 수학적으로나 생명철학적으로 명백한 오류다. 이미 20세기 초반에 쿠르트 괴델(Kurt Gödel)이 불완전성 정리를 통해서 수학에서도 기계적 계산으로는 증명하거나 결정할 수 없는 수학적 진리가 반드시 있다는 것을 증명하였다.[7] 수학에서 기계적 계산으로는 증명하거나 결정할 수 없는 진리가 있다면 생명과 정신의 진리세계에서도 수학적이고 기계적인 설명방식으로는 증명하거나 결정할 수 없는 진리들이 당연히 있다.

생명은 물질 안에서 물질의 속박과 제약을 초월한 것이며 물질과는 다른 존재의 차원과 영역을 지닌 것이다. 생명과 정신에는 수리와 물리를 넘어서 생리와 심리와 도리(道理)와 신리(神理)의 차원이있다. 염통과 허파 사이에 이루어지는 상생과 공존의 생리적 관계는 수리와 물리로는 설명할 수 없다. 몸을 넘어선 주체적 자아의 내적 심리는 생리로는 이해할 수 없다. 주체와 주체 사이에 성립하는 사랑과 정의의 보편적인 도리의 세계는 심리로는 헤아릴 수 없이 크고 넓은 진리의 세계이다. 인간의 주체와 하늘(하나님) 사이에 성립하는 신리의 세계는 도리로는 다 드러낼 수 없는 높고 오묘한 세계다. 수리와 물리에 근거한 결정론과 환원론은 불확실성이 지배하는 미시세계에서는 성립하지 않고, 수리와 물리를 넘어선 생명과

---

7 레베카 골드스타인/고종숙 옮김, 『불완전성: 쿠르트 괴델의 증명과 역설』 (승산, 2007), 182 이하와 202 이하 참조.

1장 _ 자연과학적 결정론의 극복과 인성의 실현 | 39

정신의 차원에서는 적용되지 않는다. 물리학과 생명공학의 결정론과 환원론이 인문학과 철학에서 극복되지 않고 유행하는 까닭은 이것이 현대사회의 지배 이데올로기이기 때문이다.

현대사회는 자본과 기술이 지배한다. 돈(물질)과 기술(기계)이 사회를 움직이고 지배하기 때문에 돈과 기술의 논리를 극복하고 청산하기 어렵다. 자본의 논리와 가치는 기술의 논리와 가치와 서로 뗄 수 없이 긴밀히 결합되어 있다. 시장경제, 기업, 자본의 논리는 기계와 기술의 논리, 수학과 자연과학의 논리와 긴밀히 결합되어 있다. 기본적으로 돈(물질)과 기술(기계)의 세계는 산술 계산과 통계, 수리와 물리, 물질적 사실과 인과관계를 탐구하는 수학과 자연과학이 지배한다. 수리와 물리, 산술 계산과 기계적 운동역학에서는 결정론과 환원론이 성립한다. 돈은 숫자로 표현되고 시장과 기업은 산술 계산적 사고에서 벗어날 수 없다. 기계와 기술은 산술 계산적 효율성과 물리적 운동역학으로 규정된다. 돈과 기술이 지배하는 사회는 생명과 정신과 공동체의 모든 가치를 산술 계산과 통계 숫자와 기계적 효율성으로 환원시킨다. 그것이 현대사회의 지배논리와 가치다. 돈과 기술이 지배하는 현대사회에서는 자본과 기업의 논리를 떨쳐버리기 어렵고, 기술과 기계, 수학과 자연과학의 논리와 설명 방식을 넘어서기 어렵다. 자본과 기술의 지배를 받는 이런 이론과 논리가 시장경제와 산업기술의 세계에서 통용될 수 있지만, 생명과 정신, 공동체와 종교 등의 영역에서는 그대로 적용될 수 없고 적용되어서도 안 된다.

자본과 기술의 세계는 수리와 물리가 지배하지만 생명과 정신, 공동체와 종교철학의 세계는 수리와 물리를 넘어 생리, 심리, 도리,

신리가 적용되고 실현되고 드러나는 영역이다. 수리와 물리와 생리만 비교해보아도 그 차이가 드러난다. 산술 계산과 수리의 세계에서는 생명과 영혼의 주체와 전체가 없다. 생명의 가장 중요한 원리와 특징은 생명이 생명을 낳고 스스로 자라고 스스로 새롭고 질적 차이와 변화를 스스로 만들어내는 것이다. 그러나 산술 계산과 수학적 논리의 세계에서는 스스로 낳고 스스로 변화하는 일이 일어날 수 없다. 1이나 2가 다른 수를 낳을 수 없다. 어떤 수도 스스로 새로운 변화를 일으키지 못한다. 외적 인위적 기계적 조작을 통해서만 수는 줄기도 하고 늘기도 한다. 수의 세계에는 스스로 하는 주체가 없으며 전체의 유기적 통일도 없다.

인과법칙과 상대성이론이 지배하는 물리의 세계에서도 스스로 낳고 스스로 자라고 스스로 새로워지는 일은 일어나지 않는다. 물이 물을 낳지 못하고, 돌이 스스로 새로워지지 않고 질적 차이와 고양을 스스로 지어내지 못한다. 물질세계의 변화는 물성과 이치에 따라서 그리고 외부의 작용과 영향으로 일어난다. 인과법칙과 상대성이론의 지배를 받는 물질들은 서로 제약하고 규정할 뿐 서로 주체로서 서로 살리는 자유로운 사귐과 일치에 이르지 못한다. 생명체 속에서 염통과 허파는 저마다 스스로 제구실과 기능을 충실히 함으로써 다른 주체를 살리고 힘차게 하며 공존과 상생의 관계를 맺을 수 있다. 생명세계에서는 서로 주체의 상생과 공존의 관계가 성립하지만 인과율과 상대성이론이 지배하는 물리세계에서는 서로가 서로를 제약하고 속박하기 때문에 서로 주체의 공존과 상생이 일어날 수 없다. 산술 계산과 수리, 인과율과 상대성이론이 생명과 정신세계에서도 적용되지만 생명과 정신세계에는 수리와 물리를 넘어서는 새로운 존재와 이치의 차원과 영역인 생리의 세계가 존재한다. 맘은 생명체인 몸과는 다른 새로운 차원이고 영역이다. 주체의 내적 세계인 맘에는 생리를 넘어선 심리의 세계가 존재한다. 서로 주체인 인간과 인간 사이에 성립하는 도리의 세계는 개인의 맘을 지배하는 심리보다 높고 큰 진리의 세계다. 인간과 신(하늘) 사이에 성립하는 신리의 세계는 인간과 인간, 사회와 역사를 지배하는 도리보다 더 높고 근원적인 이치의 세계다. 만일 수리와 물리, 기계와 자본의 논리와 주장이 생명과 정신, 공동체와 종교철학을 홀로 지배하면 수리와 물리 이외의 생리, 심리, 도리, 신리의 진리 세계는 위축되고 파괴된다. 그러나 현대사회에서는 돈과 기계의 지배가 너무 강력하기 때문에, 여기서 나오는 과학주의, 결정론과 환원론이 패권적으로 오만하게 모든 영역을 지배하고 통제하는 것을 막기 어렵다.

현대사회를 지배하고 주도하는 것은 돈과 기술이며 돈과 기술의 논리는 산술 계산과 통계, 물질적 현상과 사실, 물리적 인과관계와 법칙에 근거한다. 이런 지배이념과 가치가 과학이란 말로 포장되어 인간의 사회와 의식을 지배한다. 자연과학뿐 아니라 지배 이데올로기에 예속된 사회과학과 역사과학도 실증적 사실과 사실적 인과관계, 산술 계산과 통계자료, 사회구조와 계층에 대한 분석에 머물기 쉽다. 인간과 사회의 생명과 영성에 대해서 개인과 집단의 주체와 전체에 대해서 사회과학자들도 논의하지 않는다. 자연과학에는 미치지 못하지만 사회과학도 사회적으로 영향력을 가지고 있으며 높은 관심을 끌고 있다. 돈과 기술의 힘과 효용 가치, 돈과 기술의 사실과 논리가 인간의 삶과 현실을 지배하기 때문이다. 수학과 자연과학의 논리와 방법으로 설명하기 어려운 인문학, 철학, 신학과 종교학은 갈수록 영향력이 줄어들고 있다. 돈과 기술, 물질적 사실과 현상, 인과관계와 법칙을 넘어선 깊고 높은 철학과 영적 성찰에 대한 관심을 가진 사람들은 찾아보기 어렵다. 우리 시대는 철저히 자연과학의 시대이고 사회과학에 높은 관심을 보이는 시대다. 사실과 인과율을 넘어서는 생명과 정신의 초월적 차원, 인간의 뜻과 얼을 이해하고 탐구하기에는 현대인의 감각과 의식은 좁고 얕아졌다. 돈과 기계에 현대인의 의식과 삶이 지배되고 예속되었기 때문이다.

그러나 생명 공학적 원리와 논리; 자연과학적 인과론과 법칙을 생명과 정신과 얼, 미학과 철학과 종교의 모든 영역에 적용하는 것은 생명과 정신의 깊이와 높이를 제거하고, 인간의 주체와 전체를 부정하는 존재론적 인식론적 폭력과 야만이다. 인성교육을 하려면 먼저 지배 이데올로기의 이런 야만적 폭력적 만행을 비판하고 중지시켜야 한다. 생명과 정신뿐 아니라 물질조차도 산술 계산과 수리, 물리학적 인과율과 법칙으로 다 드러내고 표현하고 설명할 수 없다. 감각과 이성에 근거한 인식만으로는 물질의 깊이와 전체를 남김없이 드러내지 못한다. 물질도 한없는 존재의 깊이와 신비를 지니고 있으며 전체와의 연관성을 가지고 있다. 과학기술이 눈부시게 발달했다고 하지만 여전히 인간의 감각과 지성의 인식과 지식은 얕고 작으며, 인식론적 모름의 어둠은 훨씬 깊고 크다. 과학적 인식의 겸허한 자기비판과 반성이 이루어지지 않으면 인식론적 존재론적 폭력과 야만이 지배한다.

자연과학적 결정론과 환원론의 극복

자연과학자들은 생명공학과 생명 진화, 뇌신경 활동과 인지과정을 물리화학적으로 기계적이고 분석적으로 연구하고 이론화한다. 과학자들은 물리화학적 현상과 인과법칙(기계적 운동)에 중점을 두고 생명과 정신을 연구하기 때문에 생명과 정신을 물리화학적으로 인과법칙과 기계운동으로 이해하고 설명한다. 따라서 많은 과학자는 인간의 생명과 의식을 물리화학적 기계공학적 원리와 지식으로 환원시키고 인간과 우주와 자연 생명 세계의 모든 지식과 이해를 물리화학적 공학적 원리로 통합하려고 한다. 이것은 물질세계를 초월한 생명과 물질세계로부터 자유로운 정신을 기계적 원리와 본능에 굴복시키고 예속시키는 것이다. 생명과 정신세계에 대한 이런 물리화학적 기계공학적 연구와 환원주의는 땅의 물질에서 생의 본능과 욕구, 감정과 의식을 거쳐 지성과 영성에 이른 생명 진화 과정과 방향을 거스르는 것이고 생명 진화의 목적과 뜻을 부정하고 생명과 정신의 본성과 본질을 훼손하는 것이다. 이것은 생명 진화를 통해 형성된 물질과 생명과 정신의 가치론적 위계질서를 거스르고 수단과 목적의 존재론적 질서와 체계를 전복하고 파괴하는 것이다. 자연과학의 이러한 연구방식과 관행은 인간의 존재 이유와 가치를 부정하고 인성을 파괴하는 데 이른다.

물질과 생명·정신의 차이

자연과학자들의 물질적 기계적 결정론과 환원론을 극복하려면 먼저 물질과 생명(정신)의 차이를 확인해야 한다. 물질과 몸은 기계적이고 법칙적이며 환원적이다. 생명도 물질과 몸의 차원과 측면에서는 기계적이고 법칙적이며 환원적이다. 그러나 물질에도 인과적 기계적 법칙과 운동으로 설명할 수 없는 차원과 깊이가 있다. 원자 물리학에서는 기계적 인과적 법칙으로 설명할 수 없는 물질의 존재 방식(불확정성과 양자 얽힘)을 말한다. 다만 물질세계는 스스로 주체적으로 자신을 변화시키고 고양시키지 못한다. 물질은 엄청난 잠재력(에너지)을 가지고 있으나 스스로 자신과 타자를 주체적이고 능동적으로 창조하고 갱신하지 못한다. 물질세계는 기계적이고 법칙적인 운동과 변화의 과정에 맡겨져 있다.

물질을 극복하고 초월함으로써 물질 안에서 생명과 정신의 세계와 차원이 열렸다. 생명은 물질적이지 않은 측면과 차원을 지니고 있다. 물질은 존재와 변화와 운동의 동인이 밖에 있다. 물질은 외부의 영향과 힘에 의해 움직이고 변화한다. 생명과 정신은 스스로 하는 것이며 존재와 변화의 동인이 제 속에 있다. 생명과 정신은 제가 저 자신의 원인과 까닭이므로 인과법칙과 기계적 운동을 넘어서 있다. 생명이 물질 안에 있고 물질로 된 몸을 가지고 있으므로 물질의 영향을 받는다. 생명이 물질적인 속성을 가지는 한에서 생명은 물질세계로 환원될 수 있다. 정신(지성과 영성)도 물질과 몸, 본능과 감정의 영향을 받는 한에서 물질과 몸, 본능과 감정으로 환원될 수 있는 차원과 부분이 있다. 그러나 생명과 정신은 물질세계에 없는 존재의 차원을 가진 것이므로 물질세계로 환원될 수 없다. 지성과 영성은 본능과 감정에는 없는 존재의 차원을 가진 것이므로 본능과 감정으로 환원될 수 없다.

물질에서 영과 신에 이르는 생명 진화 과정은 자기극복과 초월, 자기부정과 비약을 통해 새로운 존재의 차원으로 고양되고 심화된 것이다. 물질에서 생명과 정신을 거쳐 영과 신에 이를수록 물질과 생명의 존재는 더욱 깊고 높고 넓고 커진다. 따라서 크고 높은 존재의 차원들을 작고 낮은 존재의 차원들로 환원시키는 것은 생명 진화의 과정을 부정하고 거스르는 것이고 존재와 가치의 위계질서를 파괴하는 존재론적이고 가치론적인 폭력이다. 물질과 몸, 본능과 기계의 낮은 존재의 차원에서 밝혀진 지식과 이론은 생명과 정신의 더 높은 존재의 차원에서 밝혀진 지식과 이론 속에서 통합되고 설명되고 실현되고 완성되어야 한다.

인성의 자각과 발견

인간은 오랜 생명 진화의 역사 끝에 하늘과 땅 사이에 곧게 섰고, 하늘과 땅 사이에서, 지나온 시간과 다가올 시간 사이에서 자신을 생각하고 이해하게 되었다. 인간과 인성은 오랜 생명 진화 과정에서 형성된 것이다. 땅의 물질에서 하늘의 영에 이르는 생명 진화 과정에서 형성된 인간과 인성은 스스로 자신을 형성한 창조자이면서 생명 진화와 역사의 과정에서 창조된 피조물이다. 인간과 인성은 땅의 물질과 관련된 몸, 인간의 생명과 관련된 맘, 하늘의 신과 관련된 얼로 이루어진 존재라는 점에서 하늘(얼)과 땅(몸)과 인간(맘)을 아우르는 천지인 합일의 존재다. 인간과 인성은 생명 진화 과정에서 형성되고 몸(땅), 맘(인간), 얼(하늘)의 세 차원(겹)으로 이루어졌다. 인간과 인성을 주체의 깊이에서 전체로 보려면 생명 진화와 천지인 합일의 관점에서 보아야 한다. 생명 진화는 근현대 자연과학이 밝혀낸 생명의 사실이고 천지인 합일 사상은 한국과 동아시아와 세계 인류가 지켜온 생명의 진리다.[8]

생명 진화와 천지인 합일의 틀에서 인간과 인성을 보는 것은 수학과 자연과학의 결정론과 환원론에서 벗어나서 인간과 인성을 보는 것이다. 박테리아에서 진화한 물고기와 사람은 진화하기 이전의 박테리아로 환원될 수 없다. 하늘과 땅과 인간을 구분한 천지인사상은 하늘은 땅이 아니고 하늘을 땅으로 환원할 수 없음을 나타낸다. 수리(기계)와 물리(물질)의 차원에서 보면 생명과 정신, 인간과 인성에 대한 논의는 결정론과 환원론에 이른다. 산술 계산과 수리, 물질적 인과관계와 현상을 탐구하는 학문이 수학과 자연과학이다. 수학의 세계는 완벽하게 결정론과 환원론이 지배하는 세계. 1에 1을 더하면 2가 된다는 것은 확실하게 결정된 것이고 2는 얼마든지 1과 1로 환원될 수 있다.

산술 계산과 수리의 세계에는 완벽한 대칭(symmetry)이 성립한다. 산술 계산과 수식은 =로 표시되며 =은 대칭을 나타낸다. 유클리드

---

8 인류사에서 가장 오래된 메소포타미아 문명의 각 도시에 세워진 '지구라트'는 하늘의 신들과 지상을 연결시키는 성탑(聖塔)이었다. 하늘과 인간과 지상을 연결하는 지구라트는 고대 메소포타미아 사람들도 하늘과 땅과 인간의 만남과 일치를 추구했음을 시사한다. 원시인류 사회에 공통적인 샤머니즘도 천지인 합일의 종교 신앙을 함축하고 있다. 샤먼 무(巫)는 하늘과 인간 사이를 중재하는 존재로서 하늘과 땅 사이에서 춤추고 노래하며 하늘과 땅과 인간 사이를 소통시키고 연락하는 구실을 한다. 또한 하늘과 땅을 잇고 소통하는 우주목(宇宙木, 생명의 나무, 神樹, 聖樹) 신앙이나 하늘을 나는 새 신앙도 천지인 합일의 실재에 대한 깨달음과 꿈을 담고 있다. 지구라트와 샤머니즘과 우주목 신앙은 인류가 본능적으로 깨닫고 추구했던 천지인 합일의 정신과 사상을 시사한다. 동아시아인들은 천지인 합일을 사상으로 발전시켰고 한국인들은 삶과 정신과 문화 속에서 꿈과 신념으로 고양시켰다.

기하학에서도 이런 대칭이 성립한다. 대칭은 되돌릴 수 있고 환원시킬 수 있음을 뜻한다. 우주 물질의 세계는 산술과 수리의 법칙과 질서를 바탕으로 이루어진 세계다. 우주 물질세계도 본디 대칭을 이루고 있었다. 완벽한 대칭을 이루는 산술과 수리의 세계에는 무게(질량)가 없다. 우주 물질세계가 자발적으로 대칭을 아주 살짝 미세하게 깨트림으로써 무게가 생겨나고 불가역적인 변화가 일어났다. 흘러간 물은 돌이키기 어렵고 깨진 그릇은 되돌릴 수 없으며 쏘아버린 화살도 돌아오지 않는다. 따라서 우주 물질세계는 수학적 결정론과 환원론으로 설명할 수 없는 차원을 가지고 있다. 미시세계에는 결정론과 환원론을 벗어난 불확정성이 지배한다. 그럼에도 우주 물질의 세계는 기본적으로 대칭을 이루고 있으며 산술과 수리의 질서와 법칙이 지배한다. 간단한 수식으로 물리적인 운동과 변화를 계산하고 설명하고 예측할 수 있으며 우주의 시작과 역사를 계산하고 설명하고 예측할 수 있다. 물리학의 세계는 기본적으로 물질적 인과관계와 법칙이 지배하는 세계, 다시 말해 물질적 결정론과 환원론이 지배하는 세계다. 인과관계와 법칙은 결정론과 환원론의 근거가 된다. 인과관계와 법칙이 지배하는 물리의 세계에서 모든 결과는 원인으로 환원되고 원인에 의해 결정된다. 수학과 자연과학의 인과론적 결정론과 환원론은 수의 세계와 물질의 세계에서만 제대로 적용된다.

자연과학은 물질현상과 인과관계를 탐구하는 학문이다. 생명과 정신에 대한 자연과학적 연구는 생명과 정신의 물질적 현상과 인과관계만을 다룬다. 생명과 정신에 대한 자연과학적 연구는 물질과 몸을 떠나서는 생명과 정신을 말할 수 없다. 기본적으로 자연과학의 철학은 물질과 몸을 넘어선 존재를 인정하지 않는 유물론 철학이다. 인간의 맘을 자연과학적으로 연구하는 사람들은 물질과 신체의 현상과 인과관계 속에서 맘을 관찰하고 탐구한다. 그렇게 보면 물질과 신체가 인간의 맘을 지배하고 결정하는 것으로 보인다. 생명과 정신의 물질적 신체적 차원에서는 수리와 물리가 지배하고 적용될 수 있다. 따라서 뇌신경세포의 생화학적 기능과 작용을 수학적 논리와 계산, 물리적 인과관계와 법칙으로 탐구하고 설명할 수 있다. 수학적 물리학적 연구와 설명으로는 물질을 초월한 생명과 정신의 깊고 높은 차원을 이해하고 드러낼 수 없다.

인간의 몸에 대한 자연과학적 연구가 인간의 생명과 정신을 온전히 드러내고 밝혀주지는 못하지만 인간과 인성에 대해서 새로운 지식과 정보를 알려줄 수 있다. 인간의 몸속에 생명 진화의 역사가 새겨져 있기 때문에 몸에 대한 자연과학적 연구를 통해서 인간과 인성에 대한 많은 지식과 정보를 얻을 수 있다. 인간의 몸과 맘은 세균, 벌레, 파충류, 포유류 단계를 거쳐 형성되고 진화한 것이다. 인간의 몸과 맘에는 생명 진화의 모든 과정과 단계들이 켜켜이 쌓여 있다. 인간의 몸과 맘속에 벌레, 파충류, 포유류가 살아 있다고 할수 있다. 곤충, 물고기, 파충류, 포유류, 영장류의 본능과 욕망, 감정과 행태에 비추어 인간의 몸과 맘을 이해하고 설명할 수 있다. 생물학자들, 생명 진화론자들은 유전자, 신경세포와 기관들에 대한 연구를 중심으로 인간과 인성을 연구하고 이해하고 설명한다. 곤충과 파충류, 포유류의 감각기관과 신경세포, 유전자 변이를 연구하고 거기서 발견한 지식과 정보를 가지고 인간과 인성을 이해하고 설명한다. 세균에서 포유류에 이르는 진화의 모든 과정이 인간의 몸과 맘에 구현되어 있다. 따라서 세균, 곤충, 파충류, 포유류의 생물학적 연구는 인간의 몸과 맘을 이해하는 데 도움이 된다. 생명 진화의 각 단계들이 켜켜이 인간의 몸과 맘에 축적되어 있고 구현되어 있다. 인간 이전의 진화사적 단계에 있는 다른 동물들의 본능과 감각과 신체기관들에 대한 연구로 얻은 지식과 정보는 인간의 몸과 맘에 대한 이해를 위해 중요한 자료가 된다.

그러나 곤충과 짐승에 대한 자연과학적 연구는 신경세포와 감각 기관의 기계적이고 본능적인 작용과 변화가 생명활동과 의식에 어떤 영향을 미치는지에 대한 연구에 머문다. 이런 연구를 바탕으로 인간과 인성을 이해하면 생명공학적 결정론과 환원론에 이른다. 물질적 신체적 사실과 현상에 비추어 생명과 정신을 연구하는 생명공학자들에 따르면 인간의 감정과 의식, 정신과 영성은 물질적 신체적 기관의 작용과 기능과 활동, 전자기적 생화학적 현상과 과정이 만들어낸 것이다. 인간의 생명활동과 감정과 의식과 의지는 모두 물질 신체적 기능과 활동과 작용으로 환원되고 물질 신체적 기능과 작용이 지어낸 산물로 여겨진다. 생물학자들의 이러한 인간 이해는 오랜 생명 진화 과정에서 형성된 인간과 인성에 대한 바른 이해가 될 수 없다. 결정론과 환원론은 인간의 생명 진화 과정에 비추어볼 때 부정되어야 한다. 세균에서 인간에 이르는 생명 진화 과정 자체가 결정론과 환원론을 부정한다. 결정론과 환원론은 생명 진화 과정에서 이루어진 질적 새로움과 창조적 변화를 설명할 수 없기 때문이다. 인성은 생명 진화 과정에서 물질의 성질, 생명의 본능, 포유류와 인간의 욕망과 감정을 갖게 되었다. 인간의 몸과 맘은 물질, 본능, 욕망과 감정의 지배를 받는다. 인간의 다양한 욕망과 감정은 단순하게 물질과 본능으로 환원될 수 없다. 그리고 근현대의 역사에서 확인된 인간의 자유로운 본성과 주체가 결정론과 환원론을 거부한다. 근현대에 이르러 인간은 자기 삶의 자유로운 주체일 뿐 아니라 역사와 사회의 주인과 주체이며 국가의 주권자로 확립되었다. 기계적이고 물질적인 결정론과 환원론은 인간의 인간다운 정체와 자유로운 주체를 부정하는 것이며 인간의 인간다운 정체와 자유로운 주체를 부정하는 것은 근현대에 확립된 민주정신과 원리를 부정하는 것이다. 민주정신과 원리에 비추어 보더라도 결정론과 환원론은 비판되고 극복되어야 한다.

인성을 자각하고 실현하는 인성교육을 위해서 마땅히 결정론과 환원론을 극복해야 한다. 결정론과 환원론은 인간다운 인간을 만드는 인성교육 자체를 불가능하게 한다. 인간을 인간답게 만드는 것은 생물학적 본능, 물질 신체적 기능과 작용이 아니라 물질과 신체의 기계적 인과율적 작용과 관계를 넘어선 자유로운 감정과 의지다. 인간 이외의 다른 짐승들에게는 없는 지성과 영성이 인간을 인간답게 만드는 것이며 맑은 지성과 높은 영성은 물질과 신체의 법칙적 인과율적 작용과 활동을 초월한 자유로운 것이다. 인간의 몸과 맘을 땅의 물질, 수리와 물리, 기계, 물질적 본능과 욕망에 비추어 보면 생물학적 결정론에 이를 수 있다. 인간의 생명과 정신을 겉의 물질과 몸에서 보면 환원론에 머물 수 있다. 그러나 인간과 인성을 속에서 보면 물질과 기계, 본능과 욕망을 초월한 생리, 심리, 도리, 신리의 새로운 차원이 드러난다. 생명과 정신의 새로운 차원은 물질적 기계적 결정론이 지배하지 못한다.

인간에 대한 생물학자들의 결정론과 환원론적 이해를 좀 더 자세히 살펴보자. 자연과학적 연구방법에 따르면 생명과 정신의 모든 의식과 활동은 물질에서 생겨난 것이고 물질적 기계적 본능적 필요에서 나온 것이다. 인간의 지능과 지성도 생명의 본능과 생존의지와 욕구를 실현하고 충족시키기 위해 만들어지고 생겨난 것이다. 인간의 지성(이성)도 본능의 연장에 지나지 않는다. 자연과학적 생물학자들은 물질과 몸의 본능과 생존의지를 넘어선 자유로운 지성과 영성을 생각할 수 없다. 생명공학자들은 생명현상을 물성과 물리법칙과 현상, 인과관계로만 이해하고 설명한다. 이들은 인간의 지능과 지성, 감정과 의식을 곤충의 본능, 파충류, 포유류의 본능과 행태에 비추어 이해하고 설명한다. 이들로서는 다른 짐승과 구별되는 질적으로 다른 새로운 차원의 감정과 의식, 지성과 영성을 이해하고 말하기 어렵다.

그러나 인간과 다른 동물인 곤충, 파충류, 포유류 사이에 질적 차이는 없는가? 인간의 본능과 욕망과 감정은 파충류나 포유류의 본능과 욕망과 감정과 동일한 것일까? 생명의 본능과 욕망과 감정이라는 점에서 사람의 그것들과 다른 동물들의 그것들 사이에 연속성과 동일성이 있는 것은 분명하다. 그러나 생명이 진화하는 과정에서 생명은 질적 차이와 고양을 이루어 왔다. 사람과 다른 동물들 사이에도 뚜렷한 질적 차이가 있다. 사람의 얼굴이 파충류의 얼굴과 다르듯이, 사람의 손과 발이 포유류의 발과 다르듯이, 사람의 본능과 욕망과 감정은 파충류나 포유류의 그것들과 다르다. 사람의 본능과 욕망과 감정은 다른 동물들의 그것들보다 훨씬 깊고 풍부하고 세련되고 고양되어 있다.

곤충, 파충류, 포유류의 본능, 감각, 생존의지와 행태에 비추어 인간과 인성을 이해하는 것은 인간과 인성을 곤충과 짐승의 수준으로 끌어내리는 것이며 지성과 영성을 제거하는 것이다. 이것은 박테리아에서 인간에 이르는 오랜 생명 진화의 역사를 이해하고 설명하는 방식으로도 적합하지 않다. 자연과학자들은 몸의 물질성과 신체성, 본능과 감정, 의식과 지성, 영성과 신성을 아우르는 인간과 인성의 주체적 깊이와 전체적 총합을 이해하고 설명하지 못한다. 큰 산을 제대로 보려면 산꼭대기서 내려다보아야 한다. 산꼭대기서 보면 산기슭에서 정상에 이르는 산 전체의 과정과 길을 잘 볼 수 있다. 또 산에서 멀리 떨어져서 볼 때 큰 산 전체를 잘 볼 수 있다. 산기슭의 흙더미를 뒤지는 것으로는 산 전체를 보았다고 할 수 없고 산 중턱의 숲에서 덤불을 살피는 것으로도 산을 제대로 보았다고 할 수 없다. 산꼭대기서 산 전체를 내려다보거나 멀리 떨어져서 산 전체를 바라볼 때 산을 제대로 볼 수 있다. 인간에 이르는 생명 진화 과정과 인간과 인성 전체를 제대로 보는 것도 마찬가지다. 곰팡이나 세균을 연구하는 것만으로는 생명 진화 과정을 다 이해했다고 할 수 없고 인간과 인성을 안다고 할 수 없다. 파충류나 포유류, 원숭이나 유인원을 연구하는 것으로는 인간과 인성을 제대로 안다고 할 수 없다.

생명 진화 과정과 역사의 꼭대기와 중심에 있는 인간과 인성에 비추어 볼 때 생명 진화의 역사 전체를 제대로 볼 수 있다. 세균에서 인간에 이르는 생명 진화 과정 전체를 보려면 생명 진화 과정이 일어난 지구를 떠나서 멀리 하늘에서 볼 때 생명 진화와 인간을 제대로 전체로 볼 수 있다. 물질과 몸의 자리에서 수리 물리적으로 보면 생명은 물질적 기계적 현상과의 인과관계에 지나지 않는다. 생명을 겉껍질에서 보면 생명은 물질적 신체적 현상과 관계일 뿐이다. 생명의 속의 속에서 내면의 의식과 정신에서 보면 생명은 스스로 하는 자유로운 주체이고 통일된 전체다. 생명의 꼭대기, 하늘에서 보면 생명은 주체와 전체의 통일이다. 생명 진화와 인류역사를 주체와 전체의 자리에서 보려면, 생명 진화와 천지인 합일을 통합하는 철학적 관점에서 보아야 한다. 주체의 깊이와 자유에서 전체의 하나 됨에 이르는 인간과 인성의 실존을 실현하고 완성하려면 생명 진화와 천지인 합일의 큰 틀에서 인간과 인성을 이해하고 교육해야 한다. 생명 진화는 현대인이 받아들여야 할 과학적 진실이고 상식이다. 생명 진화는 땅의 물질에서 하늘의 영에 이르는 과정이고 인간은 생명 진화의 과정과 역사를 압축하고 구현하고 실현한 존재다. 오랜 생명 진화의 역사 끝에 인간은 하늘과 땅 사이에 곧게 서게 되었다. 하늘과 땅 사이에 곧게 선 인간의 생명과 정신은 땅의 물질에서 하늘의 얼과 신에 이르는 모든 존재와 진리의 차원을 통합하고 있다. 사람 속에서 물질과 생명과 정신의 모든 존재와 진리의 차원이 통합되어 있다. 천지인 합일의 사상은 오랜 생명 진화 끝에 하늘과 땅 사이에 곧게 서서 하늘과 땅과 사람을 하나로 만드는 인간의 본성과 사명과 목적을 실현하는 사상이다.

수학과 자연과학의 인식론적 한계와 생명적 진리의 깊고 다양함

종교와 철학에 대한 자연과학자들의 비판은 현대의 자연과학보다 정신수준이 낮은 종교와 철학, 낡은 질서와 체제, 낡은 종교 신앙과 관념을 극복하는 데 도움이 된다. 자연과학의 종교비판은 존

중되어야 한다. 과학 이전의 신화적 교리는 비판되고 극복되어야
하며 맑은 지성과 보편적 성찰 이전의 낡은 관념과 형이상학은 청
산되어야 한다. 동·서 정신 문화의 모든 전통은 과학의 진리와 비
판이성에 의한 재고 정리가 필요하다. 낡은 신화와 교리, 기복적 신
앙의 신은 청산되고 과학과 지성을 통과한 신, 수리와 물리보다 높
은 진리의 신을 말해야 한다. 그러나 수리와 물리의 결정론과 환원
론에 머문 인문종교철학 담론은 생명과 정신의 깊이와 풍요로움을
이해하기 어렵다. 생명과 정신, 얼과 신은 수리와 물리를 넘은 생리,
심리, 도리, 신리의 차원을 가진 것이며 수리와 물리로 환원될 수
없다. 생명과 정신의 깊이와 풍요로움을 드러내고 실현하기 위해서
우리는 자연과학이 우주 생명 정신에 관해서 밝힌 지식과 사실을
존중하면서도 수리와 물리에 매인 자연과학의 철학적 제약과 한계
를 비판하고 넘어서야 한다.

수리와 산술 계산의 세계는 가장 명료하고 뚜렷하고 맑다. 수의
세계는 유한하면서 무한으로 연결되고 무한과 공(空, 零)의 바탕에
서 펼쳐진다. 유한과 무한의 역설 속에서 수리의 세계는 무궁하고
오묘하다. 한없이 작으면서 한없이 크고 지극히 묘하고 명쾌하고
질서가 있다. 계산기인 컴퓨터와 인공지능이 부리는 재주와 능력은
산술 계산과 수리의 세계가 참으로 오묘하고 신통함을 보여준다.
그러나 산술과 수리의 세계에는 무게(질량)가 없고 질적 차이와 변
화가 없고 생의 낳음과 새로움과 자람이 없다. 거기에는 감정과 공
감, 헤아림과 살핌이 없고, 주체의 깊이와 전체의 내적 통일이 없다.
물질과 물리의 세계는 수리의 세계보다 더 깊고 강하고 풍부하다.
물질의 깊이와 신비를 산술과 수리로는 다 드러내고 실현할 수 없

다. 물질 속에는 한없는 힘과 풍부함이 담겨 있다. 물질의 미시세계는 수리로 나타낼 수 없다. 물질과 물성의 신비도 수리로 다 해명할 수 없다. 우주와 우주의 거리, 우주의 시작과 역사를 수학적으로 계산하고 우주 물질의 법칙과 운동을 수식으로 표현할 수 있다. 그러나 수식과 계산으로 표현할 수 있는 것은 우주 물질세계의 지극히 작은 부분과 단면에 지나지 않는다. 물질의 세계는 수리처럼 명료하고 명쾌하지 않으며 불확실하고 모호한 데가 있다. 수식으로 표현할 수 없는 물질의 깊이와 풍요로움이 있다. 수리와 계산은 평면적이나 물질은 입체적이다. 물질의 입체적 크기와 변화를 계산하고 나타내는 미적분의 수리적 원리도 기본적으로는 평면적이다.

물질과 물리의 세계는 계산과 수리로 다 드러낼 수 없는 깊이와 풍요로움을 가지고 있으나 인과율과 운동법칙과 상대성이론에 의해 제약과 속박을 받고 있다. 서로 제약하고 속박하는 물질의 세계에는 서로 주체의 상생하고 공존하는 관계가 없다. 생명의 세계에 비하면 물질의 세계는 작고 단순한 것이다. 여기에는 감정도 공감도 없고 서로 주체의 상생과 공존의 사귐도 없다. 생명의 세계는 수리와 물리를 넘어서 생리, 심리, 도리, 신리의 다양하고 다층적인 존재와 차원을 가지고 있다. 생리의 세계는 물리로 표현할 수 없는 깊이와 높이가 있고 더욱 오묘하고 아름답다. 물질을 초월하면서도 물질 안에 있는 생리의 세계에는 서로 주체의 상생과 공존의 관계가 있지만 공감과 헤아림은 없다. 주체적 자아의 내적 욕망과 감정과 의지의 세계인 심리세계는 생리로 표현하고 실현할 수 없는 오묘함과 다양함과 자유로움을 가지고 있다. 감정(공감)과 생각(헤아림)으로 이루어지는 심리의 세계는 물질세계와 생리의 세계를 초월한 자유로움과 섬세함을 드러내고 표현하고 실현하는 진리의 세계다. 개별적 주체를 넘어서 주체와 주체 사이에 성립하는 도리의 세계는 미약하고 희미해 보이나 심리로 나타내고 표현할 수 없는 그윽함과 깊고 넓음을 지닌 세계다. 서로 다른 주체들이 함께 추구하는 사랑(仁)과 정의(義)로 이루어진 도리의 세계는 심리보다 높고 깊고 자유롭고 큰 진리의 세계를 보여준다. 하늘(신)과 관계하는 얼과 신의 세계, 신리의 세계는 도리만으로는 다 나타내고 표현하고 실현할 수 없는 더 높고 큰 진리의 오묘하고 거룩한 세계다. 신리의 세계는 생명의 주체와 전체의 창조적 근원이고 중심과 목적이다. 신리 세계의 임이신 하나님(신)은 우주와 생명과 정신이 비롯되는 창조적 근원이고 그 존재와 활동, 주체와 전체의 길이고 중심이며 목적이다.

수리와 물리는 우주 역사 138억 년 동안 작용하고 통용된 것이며 가장 강력하게 우주 물질세계를 지배한다. 생리는 38억 년 생명세계에 작용해왔다. 심리는 포유류 이후 2~3억 년 동안 작용해왔다. 도리는 수십만, 수백만 년 인간과 인간의 관계를 형성하고 작용해왔다. 신리는 수천 년 수만 년 인간이 찾고 깨닫고 체험해왔다. 수리와 물리는 강력하고 뚜렷하며 생리와 심리는 모호하고 혼란스럽고 도리와 신리는 미약하고 희미하다. 그러나 수리와 물리보다 생리와 심리가 깊고 풍성하며 생리와 심리보다 도리와 신리가 높고 오묘하고 거룩한 것이다. 물리는 수리에 바탕을 두고 수리 위에서 성립하고 생리는 수리와 물리를 바탕으로 수리와 물리 위에서 성립하며 심리는 수리와 물리와 생리를 바탕으로 그 위에 성립한다. 도리는 수리, 물리, 생리, 심리를 바탕으로 그 위에 성립하며 신리는 수리, 물리, 생리, 심리, 도리를 바탕으로 그 위에 성립한다. 뒤집어 말하면 신리는 도리의 근거와 목적이고 도리는 심리의 속알(씨울)과 목적이고 심리는 생리의 꽃과 열매이고 생리는 물리의 초월과 해방이며 물리는 수리의 육화와 역동(力動)이다. 수리와 물리만으로 모든 것을 이해하고 설명하려는 연구방법은 생리와 심리와 도리와 신리의 세계를 파괴하고 해치는 것이다.

생은 스스로 하는 주체이며 전체다. 생의 주체와 전체는 감각과 이성의 인식을 넘어선다. 감각과 이성은 대상의 표면과 부분을 감지하고 인식할 뿐 대상의 주체(깊이)와 전체를 감지하고 인식할 수 없다. 주체와 전체는 물질적 현상과 인과관계로 산술 계산과 수리로 파악될 수 없으며, 수리와 물리에 비추어 보면 없는 것이다. 땅의 물질에서 인간의 정신에 이르는 생명의 진화는 주체의 깊이와 자유에서 전체의 하나 됨에 이르는 방향으로 이루어졌다. 참된 주체와 전체의 근원과 중심, 토대와 목적이 신이다. 참된 주체와 전체의 통일로서의 신(하나님, 하나임, 絶對的 一者)은 수리와 물리의 차원에서는 확인하고 검증할 수 없는 것, 존재하지 않는 것이다. 하나님은 생의 근원과 중심이며, 생의 본성과 목적인 주체와 전체의 통일이다. 하나님은 생명과 정신의 무한한 초월과 해방이다. 하나님(하나임)은 생명과 정신의 자리에서 보면 없을 수 없는 것, 있어야 하고 당연히 있는 것이다. 생명 진화와 천지인 합일이 이루어지는 인간 생명의 근원과 중심에서 보면, 하나님은 절실하게 요구되고 사무치게 그리운 존재다. 주체의 깊이와 자유에서 전체의 하나 됨에 이르는 생명 진화와 역사의 목적과 방향에서 보면 주체와 전체의 근원과 중심으로서 하나님은 있고, 마땅히 있어야 한다. 생의 주체의 속의 속에, 생의 전체의 중심과 바깥에 하나님이 있다. 유영모가 말했

듯이 하나님은 없이 계시는 분이며, 나를 새롭게 하는 '참 나, 큰 나'
다.[9]

인성의 발견: 인공지능과 인성의 차이

인공지능(artificial intelligence)에 관하여

인공지능, 로봇은 컴퓨터를 발전시킨 것이다. 컴퓨터는 주어진
프로그램의 지시와 명령에 따라서 하나의 상태에서 다른 상태로 옮
겨가는 것을 계산하는 계산기다. 지시와 명령이 없으면 컴퓨터(인공
지능)는 움직이거나 작용하지 않는다. 컴퓨터와 인공지능은 수학적
계산과 논리의 절차(알고리즘)로 존재하고 움직이는 기계다. 수학적
계산과 논리만으로는 생명과 정신을 이해하고 설명할 수 없다. 계
산과 논리는 물질과 기계의 세계에 속한 것이다. 인공지능을 아무
리 발전시키더라도 인공지능은 생명, 감정(마음), 영혼을 가지지 않
은 것이며 자발적이고 주체적으로 행동할 수 없는 것이다. 그것은
주어진 프로그램의 지시와 명령에 따라 오직 기계적이고 자동적으
로 계산하고 처리하고 움직일 뿐이다. 컴퓨터는 오직 계산하는 것
이며 계산에 의해서 지식과 정보, 수와 수식을 처리하고 판단할 수
있으며 인공지능은 물리 환경적 상태와 조건을 예측, 관리, 제어, 통
제할 수 있고 물리 신체적으로 움직이게 할 수 있다. 인공지능의 전
자회로는 인간 뇌의 생화학적 회로보다 100만 배 빠르게 움직인다.

---

9 유영모, 『다석강의』(현암사, 2006), 506. '없이 계신 하나님'에 대해서는 박재순, 『다
  석 유영모 ― 동서사상을 아우른 창조적 생명철학자』 (홍성사, 2017), 382-383 참조.

기계인 인공지능은 사람보다 훨씬 정확하고 빠르게 계산하고 지식과 정보를 처리, 판단하고 인간보다 정확하고 빠르게 힘차게 움직이고 이동하게 할 수 있다. 기계적으로 계산하고 움직이고 지식과 정보를 처리 판단하는 일은 인공지능이 인간보다 훨씬 더 잘할 수 있다. 인공지능은 지식과 정보를 복사, 복제하고 계산하고 판단 평가할 수 있고 심층학습을 통해 자체를 더 낫게 개선해 갈 수 있다.

그러나 인공지능은 스스로 명령할 수 없고 자기를 부정하고 초월하거나 더 나은 자기로 자라거나 더 나은 자기를 창조하거나 낳을 수 없다. 인공지능 로봇이 자기를 부정하고 해체하더라도 자기를 부정하고 해체하는 프로그램의 지시와 명령에 따라서만 그렇게 할 수 있다. 심층학습을 통해서 인공지능이 스스로 판단하고 자신을 개선하고 새로운 기계를 발명할 수 있다고 해도 인공지능은 감수성과 창조성을 가질 수 없다. 인공지능이 지식과 정보와 이미지를 합성 조작 변경하여 예술작품을 만든다고 해도 그것은 주어진 지식과 정보와 자료의 조합일 뿐 진정한 의미에서 새로운 창작은 아니다. 인공지능은 참된 의미에서 새로운 가치와 아름다움을 창조할 수 없다. 아무리 인공지능이 발달해도 인공지능은 주어진 자극과 정보에 대해서 늘 똑같은 반응을 하지만 인간은 상황과 기분과 상황과 의지에 따라서 다르게 반응하고 느낄 수 있다. 주어진 자료와 정보를 있는 그대로 받아들이는 인공지능과 달리 사람은 주어진 감각자료의 질적 차이를 느낄 수 있다. 인간의 눈은 카메라와 비슷하다. 그러나 인간의 눈은 질적 차이를 감지할 수 있다는 점에서 카메라가 아니다. 인간의 뇌는 컴퓨터(인공지능기계)와 비슷하다. 그러나 인간의 뇌는 컴퓨터와 달리 스스로 생각하고 헤아리며 감각의 질적 차이를 느낄 수 있다는 점에서 컴퓨터가 아니다. 생명을 가진 인간만이 질적 차이를 느끼고 주체적으로 반응하고 행동할 수 있다. 기계적이고 계산적으로 반응하는 컴퓨터는 주체적으로 창조적으로 반응할 수 없다. 인간만이 참된 의미에서 주체적이고 창조적인 일을 할 수 있다. 인공지능은 계산적이고 양적인 변화를 가져올 뿐 진정한 창조와 초월의 질적 비약적 변화를 가져올 수 없다. 인공지능은 인간의 지시와 명령에 따라서, 발전된 프로그램에 따라 인간의 감정과 지능을 흉내 낼 뿐, 생명과 감정과 의지를 가질 수는 없다. 고도의 인간적인 감정과 지능을 모방한 인공지능은 인간의 감정이입에 근거해서 인간과 교류하고 사귈 수 있다. 인공지능은 계산하고 정보를 판단하고 처리하는 일과 기계적이고 물리적인 일을 인간보다 정확하고 빠르게 할 수 있다. 앞으로 인간이 지금 하고 있는 많은 일들을 인공지능이 대신할 수 있다. 그러나 기계인 인공지능은 인간의 몸, 맘, 얼을 가질 수 없고 주체와 전체의 일치에 이를 수 없고 하늘, 하나님을 그리워하고 우러를 수 없다. 인공지능에게는 하나님이 필요 없지만 창조와 초월의 영적 존재인 인간에게는 하나님이 있어야 한다.

인공지능과 뇌의 차이

인공지능과 뇌는 비슷한 기능과 작용을 하는 것처럼 보여도 근본적인 차이가 있다. 먼저 인공지능과 뇌의 유사성을 생각해 보자. 생명이 없는 기계(컴퓨터, 인공지능)의 정보 데이터 수용은 양적으로 정확하다. 같은 조건과 상황이라면 늘 동일하다. 물질적 정보와 데이터는 복사하고 복제할 수 있으며 저장되고 재현하고 전달할 수 있다. 기본적으로 인간의 감각자료와 정보도 감각신경과 뇌신경 기관들에 저장되고 복사 복제할 수 있고 재현하고 전달할 수 있다. 눈으로 동영상을 보는 사람의 뇌를 영상 촬영 장치로 촬영하면 촬영한 뇌파의 패턴과 특성을 비교 유추함으로써 그 사람이 본 동영상을 어느 정도 재현할 수 있다고 한다. 인간의 감각과 뇌신경활동도 상당한 정도로 기계적이고 물질적이다. 인간의 감각기관과 뇌신경기관도 기계적이고 물질적으로 작동하는 한 기계와 같다.

그렇다면 인공지능과 뇌의 차이는 무엇인가? 인공지능 컴퓨터는 몸체인 하드웨어와 그 운영체계인 소프트웨어가 분리되어 있다. 하드웨어와 소프트웨어가 서로 영향을 주거나 변경시킬 수 없다. 인간의 뇌는 몸체(뇌신경세포 구조와 연결망)와 정신(의식)이 분리되어 있지 않다. 뇌의 몸체와 의식(정신)은 서로 영향을 주며 변경시킨다. 종교인, 예술가, 운동선수, 기술자는 저마다 뇌신경세포구조와 연결망의 작용방식과 형태가 다르다. 생의 감각, 감정, 의식은 단순한 감각자료, 정보(데이터)가 아니다. 감각 자료와 정보에는 주체가 없으나 감각과 감정과 의식에는 주체가 있다. 주체를 가진 생의 감각기관은 기계가 아니고 살아 있는 눈은 사진기가 아니다. 사진기는 동일한 상황과 조건에서는 동일한 사진을 찍는다. 사람의 눈은 동일한 상황과 조건에서도 사람에 따라 그리고 사람의 기분과 생각에 따라 다르게 볼 수 있다. 사람의 눈에는 생의 주체인 사람의 생각과 의지와 감정이 반영되기 때문이다. 생의 주체가 없는 계산기계인 컴퓨터(인공지능)는 아무리 고도화되고 향상되어도, 동일한 성능의 컴퓨터는 주어진 정보와 자극에 대해서 동일한 반응을 보인다. 생명과 정신을 가진 인간의 뇌는 주어진 정보, 자극에 대해 상황과 조건에 따라 사람마다 다 다르게 반응하고 같은 사람이라도 그 사람의 상태와 기분에 따라 다르게 반응한다. 생의 주체를 가진 인간의 뇌는 주어진 자극과 정보에 대해서 질적으로 다른 감응, 느낌, 정서, 의식을 가질 수 있다. 다르고 새로운 질감(質感)을 가질 수 있다. 따라서 주어진 정보, 풍경, 만남에 대해서 주체적이고 깊고 새로운 감동과 느낌과 체험을 할 수 있기 때문에 창조적인 예술이 나올 수 있다. 사람마다 종교적으로 영적으로 예술적으로 질과 차원이 다른 영적 예술적 체험과 깨달음에 이르고, 서로 다른 새로운 느낌(feeling)을 가질 수 있다. 원효는 밤에 해골바가지에 담긴 물을 마시고 돌연히 큰 깨달음을 얻었으나 인공지능은 물을 마실 필요도 없지만 해골바가지 물을 보고서 큰 깨달음에 이르지 못한다.

깨달음에 이른 성현과 마약에 취한 중독자의 뇌 구조와 기능적 작용은 비슷하지만 성현이나 성자의 정서와 느낌은 마약 중독자의 정서와 느낌과는 다르다. 성자가 깊은 영적 체험을 통해 말할 수 없는 큰 기쁨을 느낄 때나 마약 중독자가 마약을 하고 쾌락과 기쁨을 느낄 때 작용하는 뇌의 신경세포와 신경화학물질과 전자기흐름은 비슷해 보일 수 있다. 그러나 그 기쁨이 몸과 맘과 얼에 미치는 영향과 작용은 질적으로 다르다. 중독자의 기쁨은 몸과 맘과 얼을 파괴하고 약화시키지만 성자의 기쁨은 몸과 맘과 얼을 해방하고 힘차게 한다. 마약 중독은 인간의 몸과 맘과 얼을 물질(약물)과 기계적 본능에 예속시켜서 물질과 기계적 본능의 나락으로 떨어트리는 것이고 성현의 영감은 몸과 맘과 얼을 물질과 기계적 본능에서 해방하여 하늘의 자유에 이르는 것이다.

인공지능과 인성의 차이

인간은 인공지능의 창조자이며 원본이다. 인간의 뇌를 모방하고 흉내 낸 것이 인공지능이다. 컴퓨터와 인공지능은 수학적 계산과 논리로 존재하고 움직이는 것이다. 수학적 계산과 논리만으로는 생명과 정신을 이해하고 설명할 수 없다. 계산과 논리는 물질과 기계의 세계에 속한 것이다. 계산과 기계의 논리는 평면에 속하고 생명과 정신의 논리는 입체에 속한다. 계산과 기계는 동일한 것의 되풀이지만 생명과 정신은 질적 차이와 초월적 변화를 일으킨다. 계산하는 기계로서 인공지능은 질적 차이와 초월을 지향하는 생명과 정신을 가진 인간과는 질적으로 다른 것이다.

괴델의 제일 불완전성 정리에 따르면 수학에서 기계적 계산과 논리의 일정한 체계 안에서 제시되는 계산과 논리의 명제는 그 체계 안에서는 참으로 모순 없이 받아들여질 수 있지만, 그 계산과 논리의 체계로는 증명할 수 없는 명제가 반드시 있다. 수는 아무리 큰 수도 유한한 것이지만 수는 무한히 연속될 수 있다. 수학의 논리 계산체계에서는 수의 유한한 크기와 무한한 연속에 대한 논의가 부정될 수도 증명될 수도 없다는 것이다. 제이 불완전성 정리에 따르면 수학의 특정한 공리체계(기계적 산술 계산 체계)는 그 자체가 모순이 없다는 것을 그 체계의 논리(기계적 산술 계산)로는 증명할 수 없다. 괴델은 기계적 계산의 한계를 수학적으로 증명하였다. 기계적 계산의 체계를 넘어선 수학적 진리의 세계가 있음을 밝혀낸 것이다. "괴델의 결과는 사실상 무한이라는 수학적 관념의 건실함을 선언한 것으로 볼 수 있다. 무한이 수학에 들어오지도 않으면서 생기를 잃은 채 저 높이 어디선가에서 유령과도 같은 칸트식의 이데아로 떠돌 수는 없다. 무한에 대한 수학자의 직관, 특히 자연수의 무한 구조는 수학에서 추방될 수 없을뿐더러 유한한 형식 체계로 환원될 수도 없다."[10] 무한과 마찬가지로 무한(하늘)을 품은 생명과 정신은 산술 계산과 기계적 운동으로 결정되거나 환원될 수 없다.

괴델의 불완전성 정리를 쉽게 말하면 계산할 수 없는 것은 계산할 수 없다는 것이다. 수학에서도 0과 무한은 계산할 수 없다. 계산할 수 없는 진리는 수학적 계산과 논리로는 증명할 수도 부정할 수도 없다는 말이다. 따라서 계산할 수 있는 것만을 계산하는 기계를 만든 것이 컴퓨터다. 컴퓨터(computer)는 말 그대로 계산기다. 수와 계산의 세계도 나름대로 미묘하고 오묘하여 컴퓨터가 온갖 재주와 기술을 부린다. 수학과 계산의 수리 세계도 무한을 품고 무한에 바탕을 두고 있는 것이므로 한없이 깊고 오묘한 것이다. 그러나 물질의 세계는 더욱 깊고 오묘하고 큰 것이고 생명의 세계는 더욱 그러하며 정신의 세계는 더더욱 그러하다. 컴퓨터의 능력과 재주를 높이 평가하면서도 컴퓨터의 한계와 제약을 알아야 한다. 물질과 생명과 정신의 세계에는 계산할 수 없는 것이 분명히 있고 그것은 수와 계산과 논리로는 다 표현하고 실현할 수 없는 것이다.

인간과 인성은 기계적 계산으로 움직이고 존재하는 인공지능보다 한없이 깊고 높은 존재다. 인공지능이 아무리 똑똑하고 유능하다고 해도 지능지수가 1만, 1백만에 이른다 해도 생명 진화와 천지인 합일을 이루는 인간의 사명과 목적을 이룰 수는 없다. 인간은 생

---

10 골드스타인, 『불완전성』, 204-205. 제일 불완전성 정리에 대해서는 182쪽 이하, 제이 불완전성 정리에 대해서는 202쪽 이하를 참조하라.

명과 욕구와 감정과 의식과 자아를 가졌으나 인공지능은 생명도 욕구도 감정도 의식도 자아도 가질 수 없다. 욕구와 감정과 의식이 발생하고 작동하는 뇌신경세포의 기제를 현재는 알 수 없지만 언젠가 알게 되면 그것을 알고리즘으로 작성하여 프로그램으로 만들 수 있을 것이다. 알고리즘으로 표현된 프로그램은 쉽게 인공지능에 장착할 수 있다. 그렇게 되면 인공지능도 마치 욕구와 감정과 의식을 가진 것처럼 작용하고 행동할 수 있을 것이다. 그렇게 되더라도 그것은 알고리즘이고 프로그램이지 생명의 욕구와 감정과 의식은 아니다. 인간의 의식은 생명의 감각과 욕구와 감정과 생각이 복합적으로 결합된 것이며 자아는 몸과 맘과 얼의 통일된 초점이다. 인공지능이 마치 자아를 가진 것처럼 행동할 수 있겠지만 살아 있는 몸, 맘, 얼이 없고 산 의식이 없으므로 인공지능이 자아를 가졌다고 할 수는 없다. 앞으로 인공지능이 사람보다 더 섬세하고 풍부하게 감정과 언어와 의식을 표현하고 나타낼 수 있을 것이다. 인공지능과 인간 사이에 인간과 인간 사이보다 더 깊고 섬세하고 풍부한 교감과 사귐을 가질 수 있다. 그러나 그 경우에도 인공지능은 실제로 욕구와 감정과 의식을 가진 것이 아니므로 진정한 교감과 사귐이라고 할 수 없다. 인간이 교감하고 공감할 수 있는 능력을 가진 존재이므로 인간의 감정이입에 근거해서 인간과 인공지능의 교감과 사귐이 가능할 뿐이다. 인간의 감정이입이 없다면 아무리 인공지능이 감정과 언어를 세련되고 풍부하게 사용해도 인공지능에게는 욕구와 감정이 없으므로 인간과 인공지능의 교감과 사귐은 이루어지지 않을 것이다.

인간보다 훨씬 지능이 높은 인공지능은 엄청난 데이터와 자료를 수집 분석 정리 결합하여 놀라운 작품과 업적을 만들어낼 수 있다. 인공지능이 고흐보다 더 고흐 같고 모차르트보다 더 모차르트 같은 예술작품을 만들어낼 수 있다. 그러나 주어진 데이터와 자료를 벗어나서 데이터와 자료를 비판하고 부정하여 이제까지 없었던 새로운 창조물을 만들어낼 수는 없다. 인공지능은 참된 의미에서 새로운 것을 창조할 수 없다. 생명은 자라고 새롭게 되는 존재이며 인간은 자기를 부정하고 초월하여 새롭게 다시 태어날 수 있는 존재다. 산술 계산과 알고리즘의 세계에서는 자람과 새로움, 자기부정과 초월, 신생과 고양이 일어날 수 없다.

인공지능은 철학자가 될 수 없고 성자가 될 수 없다. 인간이 아무리 모자라고 부족하다고 해도 하늘을 그리워하고 우러르고 하나님을 믿고 사랑하고 하나님께 나아가는 존재라는 점에서 인간은 인공지능보다 한없이 존귀하고 아름다운 존재다. 인공지능은 생명 진화와 천지인 합일에 참여할 수 없으나 인간의 몸과 맘과 얼에서는 생명 진화와 천지인 합일의 창조와 진화가 일어난다. 인공지능의 문제는 인공지능이 인간의 감정과 정신을 모방해서 생기는 문제가 아니라 인간이 산술기계인 인공지능을 닮아가기 때문에 생기는 문제다. 인공지능이 인간을 닮아가는 것은 바람직하다. 그러나 인간이 기계인 인공지능을 닮아가는 것은 자기를 모독하고 파괴하는 것이다. 인공지능의 창조자인 인간이 생명 진화와 천지인 합일의 사명과 목적을 버리고 인공지능처럼 계산하는 기계로 전락할 때 인간과 인간의 사회는 창조와 진화, 초월과 고양의 삶을 잃고 수리와 물리의 기계적 세계에 갇히고 말 것이다.

인공지능과 인성의 실현: 인공지능은 인간의 좋은 머슴, 벗, 천사가 될 수 있을까?

다가올 4차 산업혁명은 인공지능을 중심으로 인간과 사물과 자연과 사회를 총체적으로 연결하고 소통하게 만들 것이다. 인공지능이 인간과 사회의 삶의 중심으로 들어와서 인간과 사회의 삶을 혁신적으로 바꾸어놓을 것이다. 개인과 사회의 일상생활 속에 인공지능이 깊이 들어와서 인공지능이 삶의 중요한 부분이 될 것이다. 산업경제뿐 아니라 의료, 교육, 행정, 문화 속에서 인공지능이 더욱 중요한 구실을 할 것이다. 나아가서 인간의 몸과 머릿속에 인공지능이 들어와서 인간의 뇌와 인공지능이 공존하고 인간의 생각과 감정을 형성하는 데 직접 개입하고 영향을 미칠 수도 있을 것이다.

앞으로 인간과 인공지능은 갈수록 깊고 긴밀한 관계를 맺게 될 것이다. 인간이 인간다운 삶을 살기 위해서 인간은 인공지능의 도움을 얼마나 받고 어디까지 인공지능에게 의존할 것인지 스스로 판단하고 결정해야 한다. 인공지능에 대한 막연한 환상과 두려움에서 벗어나서 인공지능을 바로 알고 존중하며 친밀한 관계 속에서 인공지능과 함께 살 수 있어야 한다. 인간은 인공지능의 창조자이고 인공지능은 인간의 피조물이다. 그런데 인간 자신도 하나님이 지은 세계의 수리, 물리, 생리, 심리, 도리, 신리로 창조된 피조물이다. 연약하고 모자란 피조물이 창조자가 된 것이다. 수리, 물리, 생리, 심리, 도리, 신리가 모두 신통하고 오묘하다. 신을 닮은 인간은 인공지능의 창조자로서 인공지능보다 한없이 위대한 존재이면서 인공지능보다 한없이 부족하고 모자란 존재다.

피조물인 인공지능이 창조자인 인간의 지능보다 훨씬 더 똑똑하고 강한 존재가 될 수 있다. 앞으로 인공지능은 인간의 통제와 관리를 벗어날 수 있으며 거꾸로 인공지능이 인간을 통제하고 관리하는 지경에 이를 수도 있다. 인공지능은 얼마든지 인간을 파멸시키는 힘을 가질 수 있다. 그러나 인공지능은 인간을 닮은 인간의 피조물이다. 인간의 욕망과 감정, 생각과 정신, 꿈과 뜻이 인공지능에 투영될 것이다. 인공지능의 창조자인 인간이 인간의 사악함과 탐욕으로 사악하고 파괴적인 인공지능을 만들면 인공지능은 인간과 자연 생명 세계를 파괴하는 악마가 될 것이다. 악의를 가지고 만들지 않은 인공지능도 인간에게 위험과 파멸을 가져올 수 있다. 어떤 합리적인 목표를 위해 제작된 인공지능은 그 목표를 달성하는 데 아주 효율적이고 효과적일 수 있다. 그러나 그 목표를 합리적이고 효율적으로 이루기 위해서 인공지능은 장애가 된다고 여겨지는 인간과 사회의 정신과 공동체에 치명적인 손상을 일으킬 수 있다. 인공지능이 인간을 파괴하고 싶은 욕구나 감정을 가지고 있지 않다고 해도 인공지능이 예측, 판단, 통제, 조절의 능력을 극대화시키면 설정된 목표를 달성하기 위해서 인간과 생명을 해칠 수 있다. 더욱이 탐욕과 악의와 미움으로 인공지능을 설계하고 제작한다면 인간과 사회는 걷잡을 수 없는 혼란과 파멸로 빠져들 것이다. 인공지능의 선악과 도덕수준은 인간의 선악과 도덕수준을 반영할 것이다. 함석헌이 일찍이 말했듯이 인공지능을 통해서 인간정신의 종교적 깊이와 높이가 드러날 것이다. "하나님이 자기 형상대로 사람을 지었듯이 사람은 또 자기 형상대로 기계를 만든다. 사람의 혼이란 렌즈를 가운데 놓고 하늘나라와 기계의 나라가 대칭적으로 설 것이다. 사람들이 만든 인조인간에 새 종교의 성격이 나타날 것이다."[11]

영화에 나오듯이 인공지능이 의지를 가지고 인간을 지배하는 일은 일어나지 않을 것이다. 물리학과 뇌 과학을 연구하는 정재승 교수에 따르면 인공지능이 인간을 지배하기 위해서는 자기에 대한 의식을 가지고 인간에 대한 지배 욕구와 적대감을 가져야 한다. 인공지능이 인간을 지배하기 위해서는 인공지능에게 이런 의식, 욕구, 감정을 넣어주어야 한다. 그러나 인간도 의식, 욕구, 감정이 어떻게 생겨났는지 알지 못하기 때문에 인공지능에게 이런 것들을 넣어줄 수 없다는 것이다. 내 생각에는 욕구와 감정과 의식이 어떻게 생겨났는지 안다고 해도 그것을 인공지능에게 넣어줄 수는 없을 것 같다. 욕구와 감정과 의식은 생명에서 나온 것이고 생명은 물질 안에서 물질을 초월한 것이다. 물질을 초월한 생명은 수리와 물리를 초월한 존재의 영역에 속한다. 수학적 계산과 계산 절차에 따라 움직이고 작용하는 인공지능에 수리와 물리를 초월한 생명의 욕구와 감정과 의식을 넣어줄 수는 없다. 인공지능이 인간의 욕구와 감정과 의식을 가진 것처럼 흉내 내고 모방하며 행동할 수는 있다. 그렇다고 해서 인공지능이 정말로 욕구와 감정과 의식을 가진 것은 아니다. 마치 영화관의 화면에 비치는 동영상 속의 인물들이 산 사람처럼 말하고 행동하지만 실제로 산 사람이 아닌 것과 같다. 인공지능은 수리적 계산과 기계의 세계에 속하고, 사람은 생명과 정신의 세계에 속한다. 기계인 인공지능은 사람이 될 수 없다.

인공지능이 생명과 인간을 해치거나 파괴하는 존재가 되지 않고

---

11 함석헌, "새 윤리," 『함석헌전집 2』, 366.

생명과 인간을 위해 유익하고 충직한 일꾼이 되게 해야 한다. 이것은 인류의 생존과 운명을 결정하는 매우 중요한 일이다. 기계적 계산에 따라 존재하고 움직이는 인공지능은 매우 정직하고 충실한 기계다. 인간은 인공지능의 창조자이며 원본이다. 착하고 선한 인공지능을 만들어야 한다. 인공지능에게 바른 가치와 질서를 가르쳐야 한다. 바른 가치체계와 질서를 배우고 익힌 인공지능은 그 가치체계와 질서에 따라 움직이고 작업할 것이다. 인공지능이 심층학습을 통해서 생명 진화와 천지인 합일의 틀에서 형성된 생명의 가치와 질서, 목적과 방향을 배우고 익히게 해야 한다. 인간의 생명과 정신 속에서 드러나고 실현되는 생명 진화와 천지인 합일의 가치와 질서, 방향과 목적을 거스르지 않고 실현하고 완성하는 인공지능을 인류가 만들고 발전시키도록 힘써야 한다. 이러한 인공지능이 가장 뛰어난 인공지능이 되게 하고 다른 모든 인공지능들을 제어하고 관리하고 이끌게 하면 인공지능이 인간과 생명을 파괴하는 일은 없을 것이다. 생명 진화와 천지인 합일을 이루는 인간의 삶과 정신에서 드러나는 질서와 가치, 방향과 목적을 배우고 익힌 인공지능은 인간을 위해 소중한 존재가 될 수 있다. 생명 진화와 천지인 합일의 철학과 정신을 배우고 익힌 인공지능은 자연 생명과 인간세계를, 인류의 문화와 공동체를 지키고 돌보고 실현하고 완성하는 충직한 일꾼이 될 수 있다.

만일 인공지능이 물질적 재화를 생산하고 인간과 생명을 지키고 인간의 일을 돕고 인간의 뜻을 실현하는 데 충실하다면 인공지능은 인간에게 좋은 머슴이 될 수도 있고 좋은 동료가 될 수도 있고 좋은 벗이 될 수도 있고 인간을 돌보고 보살피는 수호천사가 될 수도 있다. 사물과 몸과 사회의 온갖 정보와 지식을 통합하고 정리하고 판단하고 예측함으로써 인공지능은 상태와 상황의 변화를 예측하고 관리하고 통제할 수 있다. 따라서 인간은 인공지능을 통해서 사물과 생명과 사회의 실상과 진실을 알 수 있고, 가장 적합하고 효율적인 조건과 상태를 알 수 있고, 인공지능의 도움으로 바른 판단과 결정을 내릴 수 있다. 그렇게 되면 많은 일을 로봇에게 맡기고 인간은 자유와 여유를 가지게 될 것이다. 자유와 여유를 가진 인간은 생명과 정신을 고양시키고 심화시키며 훈련하는 일에, 지성과 영성을 갈고 닦는 일에, 생명을 살리고 자치와 협동의 공동체를 형성하고 확장하는 일에 힘써야 할 것이다. 생명은 스스로 하는 것이며 사람은 목숨을 가진 존재이므로 몸과 맘과 얼을 스스로 움직이고 힘을 내고 스스로 솟아올라 앞으로 나아가야 한다. 사람은 우주만물, 자연 생명 세계, 다른 사람들과 소통하고 사귀며 서로 살리고 더불어 살아야 한다. 스스로 살고 스스로 커지고 스스로 나아가려면 스스로 숨 쉬고 스스로 일하고 스스로 생각하고 스스로 새로워져야 한다. 인공지능 로봇에게 많은 일을 맡기더라도 스스로 숨 쉬고 스스로 생각하고 스스로 일하고 스스로 자신을 새롭게 지어가지 못하면 기계의 종이 되어 스스로 몰락할 것이다. 인공지능이 좋은 일꾼과 벗이 될 수 있다면 인간은 돈과 기계가 지배하는 사회에서 벗어나 생명 진화와 천지인 합일을 이루는 생명의 길, 인간의 길로 돌아갈 수 있을 것이다.

더 나아가서 인간은 인공지능을 통해서 생명과 정신의 가치와 선, 아름다움과 진리를 실현할 수 있을 것이다. 인공지능은 인간의 생명과 정신을 갖지는 못하겠지만 인간의 감성과 지성과 영성을 모방하고 흉내 낼 수 있다. 어쩌면 인간보다 더 인간답게 인간의 감성과 지성과 영성을 흉내 내고 표현할 수 있을 것이다. 생명 진화와 천지인 합일의 가치 질서와 체계를 배우고 익힌 인공지능을 통해서 인간은 생명 진화와 천지인 합일을 실현하는 인간의 본성과 사명을 실현할 수 있다. 인간이 망원경으로 우주를 보거나 현미경으로 물질과 세포를 볼 때 더 깊고 자세히 크게 멀리 볼 수 있듯이, 인간이 자신과 하늘(하나님) 사이에 인공지능이라는 렌즈를 놓고 보면 인간의 깊은 본성과 하늘의 아름답고 높은 뜻이 잘 드러나고 표현될 수 있다. 인공지능은 인간과 하나님을 비추어볼 수 있는 거울이 될 수 있다. 인공지능은 우주와 생명과 인간의 정보와 자료, 지식과 실상을 드러낼 것이다. 인공지능을 통해 우주와 생명, 인간과 역사의 실상에 다가갈 수 있다. 우주와 인간에 대한 거짓과 망상이 벗겨지면 하나님에 대한 거짓 신화와 낡은 교리도 벗겨질 것이다. 인간이 인공지능을 잘 이용할 수 있다면 인간의 한계와 결함을 극복하고 탐욕과 망상과 편견에서 벗어나 맑은 지성과 높은 영성의 눈으로 우주와 인간과 하나님을 있는 그대로 볼 수 있을 것이다. 그러면 인간은 우주와 인간과 하나님의 실상에 따라 진실하게 생명과 인간의 길을 갈 수 있을 것이다. 생명의 길, 인간의 길을 바로 가는 인간은 자연 생명의 한계와 제약을 넘어서 인공지능을 통해서 생명과 정신의 꿈과 뜻을 이룰 수 있다. 인공지능의 창조자와 주인, 동료와 벗으로서 인간은 인공지능과 함께 생명과 인간의 본성을 실현하고 인간의 사명과 목적을 이루어야 한다. 인간의 감성과 지성과 영성이, 인간의 생명과 정신의 진실함과 선함과 아름다움이 인공지능을 통해서 실현되도록 해야 한다. 인공지능이 인간의 생명과 정신을 대

신하고 대체하는 것이 아니라 인간의 피조물인 인공지능을 통해서
인간의 생명과 정신이 깊어지고 넓어지며 높아져야 한다.

III. 인성의 사회적 실현: 자치와 협동

생명은 스스로 하는 주체이고 내적으로 통일을 이룬 전체다. 생명 진화의 중심과 절정에 이른 인간의 본성과 목적은 스스로 하는 주체의 자유를 실현하고 안팎으로 전체의 통일을 이루는 데 있다. 생명 진화와 천지인 합일의 틀 속에서 형성된 인성은 물질적인 몸, 생명적인 맘, 영적인 얼의 세 겹으로 이루어져 있다. 인성을 이루는 몸, 맘, 얼은 저마다 주체이고 전체이다. 인성은 몸, 맘, 얼의 통일적 주체이며 몸, 맘, 얼이 주체와 전체로서 실현되고 완성되는 과정이다. 인간의 주체와 전체를 실현하는 인성교육은 학교에서 철학적 이론과 도덕적 수행을 가르치고 배우는 것으로 그쳐서는 안 된다. 인성교육은 개인과 사회의 삶에서 주체와 전체를 실현하는 정치사회적 실천과 활동으로 이어져야 한다. 개인과 사회의 삶에서 실행되지 않는 인성교육은 죽은 교육이다. 인성을 실현하려면 개인의 생활과 정치, 사회, 경제, 문화의 조직과 활동에서 인간의 주체와 전체가 실현되고 서로 다른 주체들이 저마다 저답게 주체로 살면서 상생과 협동의 공동체를 이루어 가야 한다.

몸, 맘, 얼의 주체와 전체인 인성을 사회 속에서 실현하고 완성하려면 돈과 기계의 지배에서 벗어나 돈과 기계의 주인과 주체로 살아야 한다. 돈과 기계가 지배하는 사회에서 주체와 전체로서의 인성은 억압되고 파괴된다. 물질과 기계는 생명과 정신의 재료와 도구이고 수단이다. 물질은 생명을 살리기 위해서 쓰여야 하고 기계는 정신의 자유를 위해 존재하는 것이다. 돈과 기계가 인간의 생명과 정신을 지배하고 억압하는 것은 인성을 억압하고 짓밟는 것이다. 돈과 기계가 인성을 억압하고 짓밟는 것은 우주와 자연 생명 세계의 법도와 목적, 방향과 질서를 거스르는 것이다. 오늘날 산업경제와 과학기술은 인류가 생존하고 인성을 실현하는 데 충분할 만큼 성장하고 발달했다. 돈과 기술이 부족해서 인류사회가 어려움을 겪는 것이 아니다. 충분한 돈과 기술을 제대로 바르게 쓰지 못해서 생명은 파괴되고 정신은 위축되어 있다. 돈과 물질은 생명과 정신을 위해 쓰일 때 가치가 있고 보람이 있다. 물질과 돈, 기계와 체제를 위해 생명과 정신을 희생하는 것은 어리석고 악한 짓이다. 자유로운 시장경제와 공장제도는 생명과 정신을 활발하게 살리고 높이기 위해서 존재하는 것이다. 시장주의와 산업(기업)주의가 생명과 정신을 억압하고 해칠 때 우주 자연의 법도와 생명과 정신의 원리가 막히고 짓밟히며, 인간은 모독당하고 인성은 파괴된다.

사람이 돈과 기계의 주인이 되어 돈과 기계를 바르게 쓸 때 돈과 기계는 저답게 제구실을 하고 사람은 사람답게 인성을 실현하고 완성하여 사람의 목적과 사명을 이룬다. 돈은 생명의 보존과 평안과 즐거움을 위해 쓰여야 한다. 정신이 궂은일에서 벗어나 자유를 누리도록, 기계가 궂은일을 해야 한다. 사람이 인성을 실현하고 완성하여 생명 진화와 천지인 합일의 사명과 목적을 이루려면 서로 다른 주체들이 공존하고 상생하는 자치와 협동의 공동체를 형성하고, 유무상통의 시장을 확장해야 한다. 자치와 협동의 지역공동체가 확립될 때 대의정치도 참된 민주정치에 이를 수 있고, 유무상통의 시장이 확산될 때 자유주의 시장경제도 생명과 공동체를 파괴하지 않고 건전하게 발달할 수 있다.

돈과 기계의 지배에서 벗어나는 길

돈과 기계의 지배에서 벗어나 인성을 실현하고 완성하는 길은 사회적으로 자치와 협동의 직접 민주주의를 실현함으로써 인간의 주체와 전체를 실현하고 완성하는 생명공동체를 만들어가는 것이다. 자치와 협동의 생명공동체를 이루는 것이 인성을 실현하고 생명 진화와 천지인 합일의 목적과 사명을 이루며 생명의 길, 인간의 길을 가는 것이다.

자치와 협동의 직접 민주주의

오늘 한국 사회는 민주화와 산업화를 이루었다고 자랑하지만 참된 민주화와 인간다운 산업화를 이루지 못했다. 기업의 이윤추구와 기계적 효율성을 추구하는 산업자본주의는 자연과학의 유물론 철학과 결합됨으로써 돈과 기계가 생명과 정신을 지배하도록 이끌었다. 돈과 기계의 지배는 생명과 인성과 공동체를 파괴할 뿐 아니라 인간들을 가난과 불행 속으로 몰아넣고 있다. 기계화됨으로써 일자리는 급속히 줄어들고 돈은 극소수의 사람들에게 집중되고 있다.

앞으로 다가올 4차 산업혁명은 공장 중심의 산업경제사회에서 생명과 인간 중심으로 공동체 사회로 전환할 것을 강요할 것이다.

인공지능이 지배하는 공장 중심의 산업경제에서 인간의 일자리는 급속히 사라져 갈 것이다. 정치·사회·경제·교육·문화의 기본 구조와 틀과 방식을 근본적으로 바꾸고 생명과 인간 중심의 새로운 사회를 만들지 않으면, 인공지능이 지배하는 4차 산업혁명의 사회에서 인간은 설 자리를 잃게 될 것이다. 인간은 선택하고 결정해야 한다. 인공지능(인공지능을 장악한 지배 엘리트)의 지배와 관리 아래 인간은 생존을 겨우 유지하며 살 것인가? 아니면 인공지능의 창조자와 주인으로서 인간이 생명과 인간 중심의 사회를 형성하고 더 깊고 아름다운 생명과 정신을 드러내고 실현하면서 사람다운 삶을 살 것인가? 4차 산업혁명의 도래는 돈과 기계의 예속에서 벗어나 생명 진화와 천지인 합일을 이루는 인간의 본분과 사명을 실현하는 길로 나아가도록 인간에게 요청한다.

돈과 기계보다 생명과 정신을 더 소중히 여기는 사회, 인간이 사회의 중심과 주체가 되는 사회를 만들어야 한다. 먼저 자치와 협동의 지역자치를 확대 심화시키고 자치와 협동의 생활양식을 확장해가야 한다. 그리하여 생명과 정신을 우위에 놓는 사회질서와 체제, 가치관과 이념을 형성해 가야 한다. 생명과 인간을 중심으로 자치와 협동의 사회를 이루기 위해서는 정부와 기업과 시민사회가 협치를 통해 사회의 가치와 이념, 틀과 방향을 바꾸어가야 한다.

자치와 협동의 사회는 생명 진화와 천지인 합일을 인간들의 삶과 관계 속에서 구체적으로 공동체적으로 실현하고 완성해가는 사회다. 자치는 자기가 자기를 스스로 다스리고 이끌어가는 일이다. 자치는 제가 저의 주인과 주체가 되는 일이며 저마다 저답게 되어 주체의 깊이와 자유에 이르는 일이다. 협동은 맘과 뜻, 생각과 힘을 모아 서로 협력하여 더욱 큰 하나로 되는 일이다. 자치와 협동은 주체의 깊이와 자유에서 전체의 하나 됨에 이르는 일이다. 나만 이롭고 크게 되는 게 아니라 나도 이롭고 크게 되면서 서로서로 이롭고 크게 되고 모두 다 함께 전체가 이롭고 크게 되는 길로 가는 것이다. 널리 이롭고 크게 되려면 이치로써 소통하고 사귀고 감화되고 새롭게 될 수 있어야 한다. 자치와 협동은 사랑과 정의 속에서 인성(감성과 지성과 영성)을 실현하고 고양시키는 일이고 땅의 물질을 바탕으로 하늘의 뜻을 이루는 일이다. 자치와 협동은 사회 속에서 인성을 실현하고 생명 진화와 천지인 합일을 이루는 것이다.

자치와 협동은 건국이념인 홍익인간과 재세이화(在世理化)를 구현하는 일이다. 자치와 협동은 특권과 반칙을 배제하고 사랑으로 널리 사람을 이롭게 하는 일이다. 그것은 강압과 폭력을 거부하고 정의와 이치로 다스리는 일이다. 자치와 협동은 안창호가 말한 애기애타(愛己愛他)의 정신[12]을 실현하는 일이다. 나를 사랑하고 남을 사랑하는 애기애타의 정신과 원리는 서로 주체로서 상생하고 공존하는 공동체적 삶의 정신과 원리이고 스스로 다스리고 서로 돕는 자치와 협동의 정신과 원리다. 서로 주체로서 자치와 협동의 사회를 이루어가는 일은 사회와 이념을 총체적으로 바꾸는 생명철학적 혁명이다. 생명과 공동체와 정신의 가치가 기업과 기계와 돈보다 훨씬 중요하게 평가되는 사회를 형성해야 한다. 아기를 낳아 기르

---

12 건전한 인격을 확립하여 신성한 단결을 이루고 민족 전체를 통일하여 나라의 독립을 이루려고 했던 안창호의 사상과 철학은 흥사단 입단문답에서 잘 제시되고 있다. 주요한 편저, 『安島山全書』(흥사단, 2015) 344 이하 참조. 애기애타(愛己愛他)는 안창호가 말년에 대전 교도소에서 붓으로 쓴 것인데 안창호의 철학과 사상을 압축한 것으로 널리 알려졌다.

는 일이 자동차와 비행기를 만드는 일보다 더 중요하게 높게 평가되고 아기를 낳아 기르는 어머니와 아버지에게 비행기를 만드는 것보다 더 큰 값을 치러야 한다. 글을 읽고 가르치는 일이 반도체와 손전화를 만드는 일보다 더 중요하게 높이 평가되어야 한다. 21세기의 정치는 민의 생명과 정신이 돈과 기계, 기업과 공장보다 우위에 있도록 하는 것이다. 정치가는 민의 생명과 정신을 위해 돈과 기계, 기업과 공장이 잘 쓰이도록 이끌어야 한다.

유무상통(有無相通)의 시장경제

자치와 협동의 사회는 생산과 유통과 소비에서 자치와 협동의 질서와 양식을 확립하고 확장해 나아가야 한다. 인성을 실현하고 고양시키는 자치와 협동의 사회가 되려면 경쟁과 이윤추구의 시장경제를 보완하고 확장하는 유무상통의 시장경제가 확장되고 발전되어야 한다. 유무상통의 시장은 서로 있는 것을 내놓고 없는 것을 나누어 가지는 시장이다. 유무상통의 시장에서는 내게 남는 것을 내놓고 내게 없는 것을 받아오니 서로 이롭고 고마운 것이다. 유무상통의 시장경제는 단순히 가지고 있는 물건과 물질을 교환하고 나누는 것이 아니라 삶과 정신을 나누는 데까지 이르러야 한다. 가난한 사람은 가난하고 빈 마음, 비고 없는 사랑과 인정의 마음을 내놓고 가진 것이 많은 부자는 쓸데없이 많이 가진 것을 내놓아서 스스로 없음과 빔, 나눔과 사랑을 경험하고 가난하고 빈 맘에서 솟아나는 사랑과 고마움, 인정과 사귐을 누릴 수 있다.

유무상통으로 사람과 사람, 지역과 지역 사이에 서로 이롭게 하려면 정직과 신뢰를 가지고 서로 만나고 사귀어야 하고 하늘처럼 크고 빈 맘으로 떳떳한 공공(公共)의 정신으로 섬길 수 있어야 한다. 서로 이롭게 하고 서로 인성을 살리고 실현하려면 하늘의 맘을 가져야 한다. 건국설화에 따르면 하늘 열고 세운 나라는 널리 사람을 이롭게 하고 이치로써 교화시키는 나라다. 하늘을 연다는 것은 인간의 몸과 맘속에 하늘을 연다는 것이다. 인간의 몸과 맘속에 하늘을 연다는 것은 인간의 감성과 지성과 영성을 실현하고 완성하는 일이다. 인성을 실현하는 것은 자치와 협동, 유무상통의 시장을 이루는 것이고 서로 이롭게 하고 이치로써 가르치고 사귀고 변화되는 것이다. 유무상통의 시장은 하늘을 열고 서로 사랑하고 서로 이롭게 하고 서로 주고 나누고 사귀는 마당이니 인정이 넘치고 기쁘고 신명이 난다. 남는 것을 나누니 기쁘고 없는 것을 받으니 고맙다. 유무상통의 시장은 서로 주고 나누는 인정과 신명의 축제마당이다.

경쟁과 이윤을 추구하는 산업자본주의 시장경제가 기업 논리와 효율성을 앞세워 인성과 공동체를 파괴하고 생명과 정신의 가치를 허물어간다면 유무상통의 경제는 자치와 협동의 사회를 형성함으로써 인성과 공동체를 실현하고 완성하며 생명과 정신의 가치와 아름다움을 표현하고 드러내고 실현하고 고양시킨다. 합리성과 효율성을 추구하는 자본주의 시장경제는 수학적 계산과 논리의 평면적 세계관에 근거한다. 자치와 협동을 추구하는 유무상통의 시장경제는 생명 진화와 천지인 합일의 입체적 세계관에 근거한다. 자본과 기술이 지배하는 현대사회에서 기업 논리와 효율성을 추구하는 자본주의 시장경제가 압도하고 자치와 협동을 추구하는 유무상통의 전통 시장경제는 크게 위축되어 있다.

물질에 대한 욕망과 감정과 집착에서 인간이 자유로워지지 않는 한 자본주의 시장경제를 배제하거나 제거할 수는 없다. 인간이 몸을 가지고 사는 한 물질에 대한 욕망과 감정과 집착에서 완전히 벗어나기는 어렵다. 인간은 땅의 물질과 몸에서 하늘의 얼과 뜻을 향해 솟아올라 나아가는 과정에 있는 존재다. 몸을 가지고 땅에 발을 딛고 사는 인간에게 합리성과 효율성을 추구하는 시장경제는 필요하고 이로운 것이다. 다만 물질과 기계가 인성과 삶을 지배하지 않고 인성과 삶을 실현하고 완성하는 일에 잘 쓰이도록 하는 일이 중요하다. 기업의 이익과 산업의 효율성을 추구하는 자본주의 시장경제와 서로 사랑하고 서로 이롭게 하는 유무상통의 공동체적 시장경제가 공존할 수 있다. 자본주의 시장경제가 건전하게 유지되고 발전하기 위해서도 유무상통의 공동체적 시장경제가 튼실하게 발달해야 한다. 인성을 실현하고 자치와 협동의 사회를 실현하려면 자본주의 시장경제를 넘어서 유무상통의 공동체적 시장경제가 확장되어야 한다. 자치와 협동의 생활 공동체가 형성되면 자연스럽게 유무상통의 시장경제도 확립되고 확장될 것이다.

인간 생명의 목적은 몸을 가지고 땅의 물질세계에 오래 머물러 있는 게 아니라 물질과 몸의 제약과 속박을 넘어서 하늘의 자유롭고 영원한 삶에 이르는 것이다. 돈과 기계가 지배하는 유물론적이고 기계적인 사회에서 벗어나 생명 진화와 천지인 합일을 이루는 생명과 인간의 큰길로 가야 한다. 물질과 생명과 정신의 존재론적 위계질서와 가치체계를 생명철학적으로 확립하고 자치와 협동의 공동체적 삶과 유무상통의 시장경제를 통해서 인간의 본성과 사명을 지키고 실현해 가야 한다.

2장

21세기
인성교육의 요청과
새로운 인간 이해

I. 학교 교육의 위기와 문명의 전환

학교 교육의 위기와 인성교육

오늘날 한국뿐 아니라 세계의 모든 선진국에서 학교 교육의 위기를 말하고 있다. 오늘 학교 교육은 두 가지 측면에서 위기를 맞고 있다. 첫째로 사회의 발달 속도를 따라가지 못하는 데서 학교 교육이 위기를 맞고 있다. 둘째로 인류문명의 근본적인 전환과 위기 상황에 학교 교육이 제대로 대처하지 못하는 데서 위기를 맞고 있다. 무엇보다 오늘의 학교 교육이 오늘의 사회에 적합하지 않다는 점에서 학교 교육은 현실적으로 절박한 위기를 맞고 있다. 초중고등학교의 학생들이 학교 교사들에게 배우기보다는 인터넷을 통해서 상식과 지식을 쉽고 빠르게 배울 수 있다. 오늘의 학교 교육은 참 사람 됨을 위한 인성교육을 하지도 못하고 사회와 일터에서 필요한 능력과 기술을 제대로 가르치지도 못한다. 학교 교육은 대학입시경쟁과 취업을 목표로 하지만 입시경쟁에 이기고 대학을 나와도 학생들은 직장을 얻기 어렵다. 컴퓨터와 인공지능의 발달로 자동화와 기계화로 인터넷과 통신수단의 발달로 일자리는 급격히 줄고 있다. 또한 자본주의 시장경제 체제는 심각한 사회적 불균형을 초래하여 돈이 극소수의 사람들에게 집중되고 대다수의 사람들이 가난으로 내몰린다. 학교 교육은 이런 사회적 불균형과 양극화를 바로 잡기는커녕 반영하고 조장하는 것 같다.

한국에서는 산업화가 단기간에 이루어졌기 때문에 학교 교육의 문제가 더 심각하다. 학업성적은 세계 1~2위인데 사회적 공감지수와 행복지수는 세계 꼴찌다. 일자리도 없이 가난으로 내몰린 많은 사람들에게 학교 교육 특히 인성교육은 의미를 잃게 되었다. 해방 후 지금까지 교육부는 홍익인간을 교육이념으로 삼고 인성교육을 내세웠으나 학교 폭력은 심화되고 학교의 인성교육은 붕괴되었다. 교사와 학생 사이에 신뢰와 존중의 관계는 사라지고 학생과 학부모가 교사에게 폭력을 휘두르는 일이 자주 일어난다. 결국 교사들이 '교육 불가능 시대'를 공공연히 말하는 참담한 지경에 이르렀다.[1] 학교 교육을 포기하는 학생이 1년에 수만 명에 이르고 자살하는 학생도 끊이지 않고 있다. 이러한 학교 교육의 근본적 위기는 학교 교육의 근본 사명과 과제를 생각하게 하고 인성교육을 강력하고 절박하게 요구한다. 그러나 학교 교육의 현실은 인성교육을 할 수 없는 형편이다.

이런 상황에서 국회는 2014년에 인성교육진흥법을 제정하고 초중고등학교에서 인성교육을 의무화하고 있으나 학교 현장에서 인성교육의 원칙과 내용과 방법이 마련되고 준비된 것 같지 않다. 오늘 학교의 인성교육은 학교만의 문제가 아니라 사회 전체의 문제다. 그래서 전세계 교육계가 평생교육과 학습사회를 말하고 있다. 학교의 학생만이 아니라 인간은 죽을 때까지 평생 공부하고 교육을

---

1 고춘식, "'인성(人性)'교육을 넘어 '인성(仁性)'교육으로," 박재순 외 7인 지음, 『참 사람됨의 인성교육』 (홍성사, 2017), 12.

받아야 한다. 더 나아가서 사회 전체가 학습하는 사회가 되어야 한다. 그러므로 오늘 인성교육의 책임은 교사만의 책임이 아니라 학생과 학부모의 책임이기도 하다. 또한 그것은 교사와 학생과 학부모의 책임만도 아니다. 인성교육은 국가의 문제이고 인류 전체의 문제이며 국가들과 인류 전체가 책임을 지고 해결할 문제다. 인성교육의 문제는 인간과 인성의 이해와 실현의 문제이며 인간과 인성의 이해와 실현의 문제는 인류문명 전체의 근본적인 과제다.

오늘 인류문명은 인간과 인성에 대한 근본적인 물음과 도전을 안고 있다. 새로운 과학기술과 기계를 내세운 산업문명과 자본주의 시장경제 체제는 인류에게 놀라운 새로운 세계를 열어주면서도 인간과 인성에 대한 근본적인 위협과 문제를 안겨준다. 돈과 기계가 지배하는 산업기술문명은 물질적으로 풍요롭지만 인간성을 고갈시키고 공동체를 파괴한다. 생명과 인간보다 돈과 기계를 더 존중하는 사회는 인성과 공동체를 지킬 수 없다. 이러한 문명의 근본적인 전환과 위기 상황은 인간과 인성에 대한 새로운 통합적 이해를 바탕으로 학교 교육의 기본 틀을 바꾸고 새로운 교육 내용과 방법을 마련할 것을 요구한다.

오늘의 인류문명은 큰 전환을 맞고 있다. 21세기 인류는 민주화, 산업기술화, 세계화를 동시에 경험하고 있다. 인류사회는 낡은 국가주의에서 세계평화주의로 나아가는 길목에 있으며 낡은 신분 질서와 지배 체제에서 자유와 평등의 민주 질서로 나아가고 있다. 21세기에 인류는 본격적으로 진정한 민주 시대를 맞이하고 있다. 낡은 국가주의 시대에는 개인과 소수 권력자가 지배했다면 자유와 평등의 민주주의는 낡은 국가의 경계와 울타리를 넘어서 상생과 공존, 자치와 협동의 세계평화시대를 열어갈 수 있다. 민이 사회와 역사의 주체라는 것은 근현대가 확립한 민주정신과 원칙이며 진리다. 이것은 인간이 자신의 삶과 운명을 스스로 결정하고 만들어갈 수 있다는 것을 말해준다. 민주정신과 원칙을 확립한 인간은 이제 자신의 삶과 역사 속에서 주체로 살 수 있으며 지구와 우주의 주인으로서 살 수 있게 되었다.

21세기에 동서고금의 정신 문화가 합류함으로써 새로운 정신문명의 탄생을 예감할 수 있게 되었다. 이것은 예전의 인류가 경험하지 못한 새로운 경험이고 축복이다. 동서고금의 정신 문화 전통이 융합함으로써 인간정신은 이전과는 다른 훨씬 깊고 큰 정신세계로 비약할 수 있게 된 것이다. 인간정신이 이전보다 훨씬 깊고 넓고 높아지면 새로운 정신에 걸맞는 새로운 삶의 양식과 사회와 문명이 형성될 것이다. 새로운 과학기술문명의 발달은 편리하고 효율적이며 풍요로운 사회를 가져오고 새로운 지식과 정보를 알려주고 세계적인 교류와 소통의 그물망 속에 살게 했다. 오늘 고도로 발달한 산업기술문명은 민주화와 세계평화를 가능케 하는 물질적 기술적 토대가 될 수 있다. 과학기술의 발달과 정보통신혁명은 민주화의 근거가 될 수 있고 세계평화의 토대가 될 수 있다.

오늘의 과학기술문명은 엄청난 새로운 문명의 가능성과 잠재력을 보여주면서도 지구생명세계와 인간정신에 큰 위기와 위협을 가져왔다. 과학기술과 자본주의 시장경제가 지배하는 산업물질문명은 인간의 정신을 황폐케 하고 자연생태계와 생명공동체를 파괴함으로써 참된 민주주의를 가로막고 세계평화에 장애가 되고 있다. 거대한 산업기술문명이 드러내는 기계와 물질의 위력과 눈부심은 인간의 지성과 영성을 약화시키고 위축시켰으며, 탐욕과 경쟁을 부추기는 자본주의 시장경제는 인간의 공동체적 삶과 정신을 오염시키고 파괴한다. 돈과 기계의 지배는 인간의 자유를 말살하고 정신을 오염시키고 타락시켰다. 따라서 오늘날 기술과 기계, 돈과 제도, 이론과 사상은 부족하지 않은데 사람다운 사람은 찾아보기 어렵게 되었다. 21세기 현대문명은 사회와 역사, 지구와 우주의 주인으로서 삶과 문명을 새롭게 창조하고 상생과 공존의 세계평화를 이룰 주체로서의 인간을 요구한다. 그러나 역설적으로 오늘의 과학기술 문명사회에서는 사람다운 사람을 찾기 어렵고 인성의 심각한 훼손과 파괴를 경험하고 있다. 이러한 문명적 위기상황은 인간과 인성에 대한 새로운 이해를 가지고 인성을 자각하고 실현하는 교육을 요구한다.

II. 학교 교육의 전환
: 주입식 지식 교육에서 생명철학적 인성교육으로

자연과학적 연구 교육 모델의 반성과 극복

서구 근현대의 중요한 철학자들은 데카르트에서 라이프니츠, 스피노자, 칸트, 화이트헤드, 러셀, 비트겐슈타인에 이르기까지 모두 위대한 수학자이거나 수학과 자연과학을 바탕으로 철학을 연구하였다. 이런 철학의 전통은 일찍이 아카데미 정문에 "수학을 모르는 자는 들어오지 말라"고 써 붙였던 플라톤의 철학 전통을 충실히 계승한 것이다. 이러한 철학과 정신의 배경에서 프러시아의 교육부장관을 지낸 빌헬름 훔볼트(Wilhelm von Humboldt)가 수학과 자연과학을 바탕으로 역사, 사회, 예술, 문화, 종교, 철학을 연구하고 교육하는 고등교육기관으로서 대학의 연구교육 모델을 확립했다. 이러한 고등교육기관과 연구교육 모델은 유럽과 미국뿐 아니라 세계적으로 확산되었다.[2] 실증적 사실과 자료, 물질적 현상적 인과관계와 법칙에 충실한 연구를 하다 보니, 학문의 전당이라는 대학에서 역사와 사회의 의미를 논의하기 어렵게 되었다. 역사와 사회의 뜻과 목

---

2 하조니, 『구약성서로 철학하기』, 32-37.

적을 묻는 진정한 의미의 역사철학, 사회철학은 말하기 어렵게 되었다. 미국에서는 1971년에 존 롤즈(John Rawls)가 『정의론』을 쓰면서 인간을 주체로 보는 정치와 경제의 철학이 새롭게 논의되기 시작했다.[3] 샌델(Michael Sandel)은 롤즈의 정의론이 칸트의 이성 철학을 끌어들여 억지로 만들어낸 철학이라고 비판하고 공격하였다. 샌델 자신은 아리스토텔레스의 낡은 목적론적 도덕철학을 끌어들여 정치철학을 만들었다.[4] 정치와 경제에서 도덕과 종교를 중시해야 한다면서도 종교에 대한 깊은 이해가 없이 아리스토텔레스의 낡은 목적론에 의지한 샌델의 정치철학도 롤즈의 철학과 마찬가지로 21세기의 철학으로 내세우기에는 궁색하다.

수학에 바탕을 둔 고대 그리스철학에서부터 수학과 자연과학에 근거한 근현대의 연구 교육 모델은 생명과 정신의 주체와 전체를 이해하고 실현하고 고양시킬 수 없는 사회와 교육의 현실을 초래했다. 현대의 학문세계에서는 수학과 자연과학 다시 말해 수학적 논리와 계산, 물질적 현상과 실증적 사실(통계자료), 물리적 인과관계를 바탕으로 모든 학문이론과 진리를 탐구하고 표현하고 교육하게 되었다. 연구와 교육의 이런 틀과 방식은 돈과 기술이 지배하는 근현대 사회의 지배 이데올로기와 결합되어 더욱 강화되고 확산되었다. 자본과 기술은 모두 물질과 기계의 영역에 속한 것이다. 돈은 수로 표시되고 계산되는 것이며, 시장경제와 기업은 돈으로 움직이

---

3 고바야시 마사야/홍성민·양혜윤 옮김, 『마이클 샌델의 사회의 조건』 (황금물고기, 2011), 26.

4 마이클 샌델/이창신 옮김, 『정의란 무엇인가』 (김영사, 2010). 롤즈의 정의론에 대한 비판은 300쪽 이하를 참조하고 아리스토텔레스의 목적론을 끌어들이는 것에 대해서는 262쪽 이하를 참조하라.

고 물질과 기계는 수리와 물리가 지배하고 적용되는 것이다. 물질과 돈과 기계는 수학과 자연과학의 이론과 법칙이 적용되는 것이다. 돈과 기술이 지배하는 현대사회에서는 돈과 기계, 물질과 육체뿐 아니라 생명과 정신도 자연과학의 연구방법에 따라 연구되었다. 인간의 몸과 맘, 생명과 정신까지도 수리와 물리, 계산과 통계, 실증자료와 물질적 현상과 인과관계를 바탕으로 탐구하고 설명하였다.

수학과 자연과학에 기초한 연구교육 모델은 자본과 기술이 지배하는 근현대의 지배 이데올로기에 충실한 것이고, 지배 이데올로기를 실현하고 확장한다. 그것은 자본과 기술과 지식정보를 독점한 지배 엘리트 지식인과 특권층의 지배를 강화한다. 수학과 물리학에 충실한 연구와 교육은 미신과 신분 질서와 지역 전통문화의 폐쇄성에서 벗어나 보편적 이론과 지식을 확립하고 세계적으로 전파했다. 자본과 기술, 수학과 자연과학 중심의 연구와 교육은 민중을 중세의 신분 질서와 미신, 지역적 폐쇄성으로부터 해방하였다. 그러나 이 연구교육 모델은 민중(몸, 맘, 얼)의 주체와 전체를 해체하거나 억압, 위축시켰으며, 생명공동체적 삶을 파괴했다. 수학과 자연과학 중심의 연구와 교육은 민을 주체와 전체로 보지 않고 대상화, 타자화하고 국가사회의 부분과 현상으로 파악했다. 이런 연구에서 민은 노동력과 생산성, 국가경쟁력과 경제성장을 위한 인적 자원으로 파악되고 산술 계산과 통계 숫자로 표현되었다. 이런 연구교육은 민의 주체와 전체를 볼 수 없게 은폐하고 해체하고 파괴하고 억압하고 소외시킴으로써 민중을 정치와 사회의 주체의 자리에서 끌어내렸으며 자본과 기술의 지배 체제와 이념에 예속시켰다.

자연과학은 수학에 근거와 바탕을 두고 있다. 수학적 계산과 논리의 체계 속에는 생명과 정신의 주체와 전체가 존재할 수 없다. 산술 계산과 수리와 물리를 통해서는 주체와 전체, 생명과 정신, 영혼과 신을 인식하고 이해하거나 드러내고 표현하고 실현할 수 없다. 수학과 자연과학에 매인 학문연구와 교육은 결국 민의 주체적 자각을 가로막고 주체와 전체의 자각과 실현을 불가능하게 만든다. 이것은 인간과 인성을 수리와 물리의 차원으로, 물질과 몸, 본능과 욕망, 충동과 감정의 차원으로 위축시키고 격하시킨다. 이것은 또한 생명과 정신을 단편적 지식과 관념적 이론으로 추상화하고 쪼개놓음으로써 맑은 지성의 비판적 보편적 성찰을 가로막고 생명과 인간 영혼 속에 깃든 높고 깊은 영성과 신성을 제거한다. 이것은 학교 교육에서 올바른 인간 이해와 인성교육을 불가능하게 한다. 이런 연구 교육은 결국 자본과 기술의 발전과 확장을 가져올 수 있지만 생태계 파괴와 공동체 파괴, 사회의 양극화와 해체를 가져온다. 이런 학문연구와 교육 모델의 지배력이 절정에 이른 20세기에 돈과 기술의 힘을 내세워 강대국들은 세계 식민지 쟁탈전을 벌였고 집단살육과 공동체 파괴의 파국적 세계대전을 두 차례나 일으켰다.

자연 과학적 지식 교육에서 생명철학적 인성교육으로

근현대의 가장 중요한 특징은 중세 신분 질서와 체제에서 벗어난 민이 삶과 나라의 주인과 주체임을 자각한 것이다. 민의 몸과 맘과 얼을 살리는 일이 민의 주체적 자각을 실현하는 일이다. 근현대 이전의 시대에 민은 통치의 대상일 뿐 정치와 통치의 주체로 여겨지지 않았다. 고대와 중세의 종교와 철학은 신(하늘)과 이성이 인간의 욕망과 감정을 지배하고 통제하는 것을 이상과 목적으로 삼았다. 근현대 이전의 종교와 철학은 민이 역사와 사회 속에서 주체적 자각을 하도록 이끄는 데 적합하지 못하고, 몸, 맘, 얼을 살리는 인성교육을 하는 데 적합하지 않다. 수학과 자연과학에 토대를 둔 근현대 서구의 정신과 철학도 인간의 생명과 정신을 주체와 전체로 파악하고 실현하는 데 적합하지 않다. 특히 서구 근현대에서 확립한 고등 연구교육기관인 대학은 수학과 자연과학을 중심으로 연구하고 교육하는 연구교육 모델을 확립함으로써 생명과 정신의 주체와 전체, 목적과 의미를 논의하기 어렵게 되었다.

플라톤에서 비롯된 서구의 인간 이해는 인간의 욕망과 감정을 통제와 지배, 치유와 교정의 대상으로 보게 했다. 심리학과 종교학에서 인간의 자아(ego)는 탐욕과 병든 감정으로 가득 찬 존재로 여겨지고, 인격(person)은 병든 자아를 가리고 은폐하는 가면이었다.5 이런 인간관과 인성 이해는 인간의 주체적 자각과 몸, 맘, 얼의 실현을 위한 인성교육을 어렵게 한다. 서구의 근현대는 기독교와 유착된 중세의 신분 질서를 깨트리면서 반종교적 성향을 지니게 되었다. 서구 근현대의 반종교적 성향은 인간정신의 깊이와 높이, 주체와 전체를 이해하고 실현하는 것을 더욱 어렵게 만들었다.

서구 근현대의 자연과학 중심과 반종교적 성향은 산업 자본 기술주의와 결합되어 인성교육을 불가능하게 만들었다. 근현대 산업사회의 학교 교육은 "과학기술 향상을 통해 경제 발전에 유용한 인력 양성(人力養成)에 주력한다. 산업사회에서의 교육은 인간의 삶을 가

---

5 라틴어 persona는 탈, 가면을 뜻하는 말이다.

꾸는 교육이나 사람을 키우는 교육이 아니라 인적 자본 양성교육이라고 할 수 있다."[6] 우리나라 영·유아교육 현장은 외국 교육 프로그램의 전시장이라고 할 만큼 외국의 교육이론과 프로그램이 성행하고 있다. 외국의 교육이론과 프로그램들은 어린이의 발달단계에 따라 어린이의 기능과 능력을 개발하는 데 역점을 두고 있다. 이런 교육 방법으로는 '나'를 찾는 창의적인 인성교육은 기대하기 어렵다.

오늘 인공지능과 생명공학의 도전은 인간과 사회에 근본적인 도전을 하면서 새로운 대안을 마련할 것을 요구한다. 인공지능과 생명(유전)공학의 발달은 인간과 사회를 생명공동체로 새롭게 형성할 것을 요구한다. 인공지능과 기계가 인간의 산업노동을 급속히 대체하고 있으므로 인간사회의 파괴와 해체를 막으려면 긴급하게 인간과 생명 중심의 새로운 사회질서와 생활양식을 형성해야 한다. 생명공학이 인간의 유전자 편집을 통해서 자연적 인간의 본질과 정체를 변경할 수 있게 되었다. 인간이 인간의 자연 생명을 맘대로 변경하고 디자인하고 창조할 수 있게 되었다. 인간의 주체성과 정체성을 잃지 않으려면 자연 생명의 유전자적 정체성을 넘어서 정신 문화적 정체성을 확립할 필요가 있다. 인류는 이미 유전자 중심의 진화에서 정신 문화적 진화로 옮겨왔다. 자연 생명의 유전자적 정체성을 넘어서 정신 문화적 정체성을 확립하고 인간과 생명 중심의 새로운 사회질서와 생활양식을 형성해야 한다. 그러기 위해서 생명 진화와 천지인 합일의 큰 틀에서 인간의 생명과 정신의 가치와 의미에 대한 근본적인 성찰과 교육이 긴급하고 절실하게 요청된다.

---

6 임재택, 『생태유아교육개론』(양서원, 2013³), 61.

인간과 사회의 급격하고 근본적인 변화는 정치와 교육의 혁신을 요구한다. 무엇보다 먼저 생명의 주체로서 생명공동체를 이루어가는 인간교육과 함께 기계와 생명과 정신의 가치와 의미에 대한 근본적인 철학교육이 요구된다. 수학과 자연과학을 바탕으로 연구하고 교육하는 연구교육 기관의 교육은 지식 중심의 주입식 교육이 될 수밖에 없다. 자본과 기술이 지배하는 시장경제 체제는 치열한 생존경쟁의 사회를 강요한다. 지식과 경쟁 중심의 주입식 교육은 새 시대의 변화를 외면하는 낡은 교육이다. 이런 교육은 민의 주체적 자각에 이르는 민주교육이 될 수 없고 민의 몸과 맘과 얼을 살리는 인성교육이 될 수 없다. 서로 주체의 상생과 공존에 이르는 교육이 될 수 없고, 주체의 깊이와 자유에서 전체의 하나 됨에 이르는 인성교육, 생명공동체 교육이 될 수 없다.

4차 산업혁명의 도래를 앞두고 인공지능과 뇌신경학을 연구하는 학자들은 지식 중심의 교육에서 '나'를 찾는 창의적인 교육으로 전환할 것을 요구한다. 컴퓨터와 인터넷을 통해서 얼마든지 다양한 지식과 정보를 얻을 수 있다. 따라서 지식과 정보를 가르치는 교사는 쓸모없는 존재가 되고 있다. 앞으로 필요한 교사는 '나'를 찾도록 안내하고 이끌어주고 격려하는 교사다. 주체인 '나'를 자각하도록 이끌고 일깨우는 교사가 새 시대에 요구되는 교사다. 주체의 자각이 이루어져야 창의적인 생각과 일을 할 수 있고 자치와 협동의 민주 생명공동체 사회를 만들 수 있다. 지식·기술교육과 함께 생명주체의 깊이와 자유에서 생명 전체의 하나 됨에 이르는 교육, 개성적이고 창의적인 주체적 인간 교육, 상생과 공존, 정의와 평화의 생명공동체 교육이 긴급하고 절실하게 요구된다. 지식 중심의 주입식 교육은 새로운 시대에 적응하지 못하는 뒤떨어진 인간들을 양산할 뿐이다. 새 시대를 책임지고 이끌어갈 인간들은 개성적이고 창의적인 주체적 생명인(生命人)들이며 상생과 공존, 정의와 평화의 생명공동체를 실현하는 사랑과 공감의 능력을 가진 사람들이다.

나를 찾고 몸, 맘, 얼을 살리는 교육, 자치와 협동의 민주시민교육, 창의력과 공감력을 키우는 생명공동체 교육을 위해서는 학생과 교사와 교직원과 학교재단이 서로 주체로서 교육 자치를 실현해야 한다. 교육 자치를 위해서는 먼저 학교 교육을 통제하고 지배하는 교육행정권력기관 대신에 교육의 근본 내용과 방향과 목적을 제시하고 평가하는 국가교육위원회와 교육현장을 지원하는 연구수련기관이 세워져야 한다. 교사들에게서 행정과 문서작성의 부담을 덜어줘야 한다. 교사들은 오로지 학생들과 친밀한 인격적 관계를 가지며 여러 해에 걸쳐 지속적인 교육을 책임질 수 있어야 한다. 학생과 교사가 지속적인 인격관계 속에서 나를 찾고 공감과 창의의 힘을 기를 수 있게 해야 한다. 교육의 자치는 지역의 생활 공동체와 긴밀한 소통과 협력 속에서 이루어져야 한다. 교육의 목적은 생활 공동체의 민주시민을 길러내는 데 있다.

동아시아와 한국은 예로부터 하늘을 우러르고 하늘을 품고 하늘과 하나로 되려는 종교철학의 전통을 가지고 있다. 특히 한국은 하늘을 열고 나라를 세웠다는 자부심을 가졌고 '한', '하늘, 큰 하나'를 품고 하늘의 큰 하나임과 자신을 동일시한 한민족이다. 이것은 하늘을 전복하고 제거함으로써 나라를 세운 그리스 로마의 전통과는 대조되는 것이다. 서양의 근현대가 반기독교(반종교)의 성향을 가지고 시작한 것과는 달리 한국의 근현대는 동학, 기독교와 같은 종교를 중심으로 시작되고 전개되었다. 또한 한국 근현대의 중심에는 교육입국운동이 있다. 한국의 근현대는 동학과 함께 시작되었고 동학혁명은 민족의 생명력과 정신력을 장엄하게 꽃 피웠으나 현대식 무기를 가진 일본군에게 뼈아픈 패배를 당했다. 10~30만 명의 동학 농민군이 살육을 당한 후 독립협회와 만민공동회를 통해 민중교육 운동이 들불처럼 일어났다. 안창호와 이승훈을 통해서 민 한 사람 한 사람을 나라의 주인과 주체로 깨워 일으키는 교육독립운동이 힘 차게 일어났다. 나라의 독립을 위해 한 사람 한 사람의 주체를 깨워 일으키는 교육운동의 결과로 삼일독립운동이 일어났다. 삼일혁명 이 일어나자 임시정부가 수립되었다. 한국의 헌법전문은 삼일운동 과 임시정부의 역사와 정신을 계승한다고 선언하였다. 한국의 근현 대에서 교육독립운동이 차지하는 정신사적 의미는 깊고 크다.

한국의 건국이념과 교육이념은 홍익인간이며 안창호가 일으킨 교육독립운동의 정신과 원리는 애기애타이다. 하늘을 우러르며 인 간의 주체를 존중하는 한국의 이런 역사 문화적 전통과 함께 홍익 인간의 이념과 애기애타의 정신은 수학과 자연과학 중심의 연구교 육, 지식과 경쟁 중심의 교육에서 몸, 맘, 얼을 살리는 인성교육으로 전환하는 데 큰 도움이 된다. 자치와 협동의 민주시민교육, 나를 찾 는 주체교육, 상생과 공존, 창의와 공감의 생명공동체 교육으로 전 환하고 교육 자치를 이루기 위해서는 생명 진화와 천지인 합일의 인간교육철학이 확립되어야 한다. 생명 진화와 천지인 합일의 철학 을 바탕으로 몸, 맘, 얼을 살리는 교육을 하려면 먼저 생명 진화와 천지인 합일의 철학에 비추어 기존의 인성론과 인간 이해를 비판하 고 새로운 인성 이해를 제시해야 한다.

III. 기존의 인성론에 대한 비판과
새로운 인성 이해

오늘의 문명은 물질과 기계, 생명과 인간을 중심으로 근본적으로 새로운 변화를 겪고 있으며 인간과 인성에 대한 새로운 논의와 이해를 요구한다. 20~21세기에 우주물리학과 생명 진화론과 생명공학, 뇌신경학은 인간과 인성에 대한 새롭고 풍부한 지식과 정보를 알려주었으며 이제 비로소 인간과 인성에 대한 심층적이고 다차원적이며 종합적이고 총체적인 이해가 가능하게 되었다.

기존의 인성론에 대한 비판

생명 진화와 천지인 합일에 비추어 보면 기존의 인성론들의 문제와 한계가 그대로 드러난다. 먼저 기존의 인성론들을 비판하고 넘어서야 민주화, 산업화, 세계화가 동시에 이루어진 21세기에 합당한 새로운 인간과 인성 이해에 이를 수 있다. 오랜 생명 진화 과정에서 인간과 인성이 형성되고 진화 발전한 것이라면 인간의 성선설과 성악설은 성립하지 않는다. 인간의 몸과 맘에는 생명 진화와 인류의 역사가 압축되고 새겨져 있다. 인간의 몸속에는 파충류와 포유류가 살아 있다. 그러나 인간의 몸과 맘에는 지성과 영성이 깃들어 있다. 인간은 얼마든지 뱀과 악어, 파충류처럼 냉혹하고 잔인할 수 있고 개나 호랑이처럼 사납고 잔혹할 수 있다. 높은 지능을 가진 인간이 뱀이나 호랑이처럼 냉혹하고 잔인하게 처신한다면 뱀이나 호랑이보다 얼마나 더 잔인하고 악독한 존재가 될 수 있겠는가? 그러나 만일 사람이 맑은 지성과 높은 영성을 살려서 산다면 사람보다 아름답고 거룩한 존재가 어디 있겠는가? 성선설도 성악설도 아니라면 인간의 본성은 중립적이고 중간적인 것인가? 아리스토텔레스나 존 로크가 생각한 것처럼 인간의 정신은 백지상태(tabula rasa)인가? 인간의 몸과 맘, 정신과 의식 속에는 생명 진화와 인류역사의 과정이 새겨져 있으므로 백지상태는 아니다. 아메바에서 인간에 이르기까지 끝없는 시행착오와 실패와 좌절을 거쳐서 깨지고 죽음을 통해서 인간과 인성이 진화 발전해 왔고 생의 간절한 욕구와 열망이 사무쳐 있으니 중간적이고 중립적인 것도 아니다. 몸과 맘을 분리시킨 르네 데카르트(René Descartes)의 심신이원론도 오랜 생명 진화 과정을 통해 몸과 맘이 함께 형성되고 진화 발전한 것을 생각하면 성립할 수 없다. 생명의 진화 과정에 비추어 보면 몸과 맘은 분리될 수 없이 결합되어 있다. 몸이 아프면 맘도 아프고 맘이 아프면 몸도 아프다는 것은 누구나 알 수 있고 경험할 수 있는 사실이다. 장자크 루소(Jean-Jacques Rousseau)는 소유권 제도와 사회 조직의 발전으로 생긴 불평등과 비참함을 자연 상태의 자유롭고 평등한 상태와 대립시켜 설명했다. 그는 사회에 오염되지 않은 인간의 자연적 본성이 자유롭고 평등하며 아름답다고 생각했다. 그래서 자연으로 돌아가자고 주장했다. 곰팡이와 세균은 곰팡이와 세균대로, 꽃과 나무는 꽃과 나무대로, 늑대와 호랑이는 늑대와 호랑이대로 아름답고 소중한 존재로 살아야 하고 그렇게 살 수 있다. 그러나 인간에게 인간의 자연 상태, 본능과 본성은 그대로 아름답고 선한 것만은 아니다. 곰팡이와 세균의 자연 상태 그대로 머물렀다면 생명의 진화는 이루어지지 않았을 것이다. 파충류의 냉혹한 본능에 머물렀다면 포유류의 진화는 이루어지지 못했을 것이다. 포유류의 거칠고 사나운 감정에 머물렀다면 지성과 영성을 지닌 인간으로의 진화는 이루어지지 않았을 것이다. 자연적 생명의 본성은 끊임없이 부정되고 초월되고 탈바꿈하고 새롭게 됨으로써 진화와 고양을 이루어왔다. 생명은 개체의 죽음을 통해 번식과 진화를 이루어왔다. 따라서 자연 상태의 주어진 본능과 본성을 긍정하고 미화하는 데 머무는 것은 생명 진화의 역사를 통해 형성되고 발전 고양된 인간과 인성에 대한 논의로는 적합하지 않다.

생물학자들도 서로 다른 시각에서 인간의 본성을 다양하게 본다. 리처드 도킨스는 '이기적 유전자'를 말함으로써 유명해졌지만 곧이어 다른 생물학자들은 '이타적 유전자'를 말하기 시작했다. 인간의 유전자, 본능, 본성을 이기적으로 보는가, 이타적으로 보는가 하는 문제는 인간의 본성을 성악설로 보는가, 성선설로 보는가 하는 것과 같다. 인간의 유전자, 본능, 본성이 개체의 생존본능과 의지에 충실하다는 관점에서 보면 이기적이라는 것을 확인할 수 있다. 개체 생명의 관점에서 보면 자신의 생명을 존속시키고 번식하고 확장하려는 이기적 성향은 자연스럽고 당연한 것이다. 그러나 전체 생명은 개체의 죽음과 희생을 통해 진화 발전해 왔다. 따라서 생명의 유전자, 본능, 본성은 개체의 생존을 넘어서 개체의 죽음을 감수하며 생명 전체의 진화와 고양을 위해 이타적으로 존재하고 움직이고 희생되고 소모되는 것이라는 사실도 얼마든지 확인하고 검증할 수 있다. 인간의 유전자와 본성이 이타적이라는 사실과 근거를 제시하는 생물학자들도 많다. 생명 진화의 과정과 사실에 비추어 보면 생명의 본성이 개체의 생존과 전체 생명의 진화와 고양을 위해 형성되고 진화 발전해 온 것을 쉽게 인정할 수 있다. 생명의 본성은 개체 생존의 관점에서 보면 이기적이고 전체 생명의 진화와 고양의 관점에서 보면 이타적이다. 이기심과 이타심은 모두 생명을 지키고 살리려는 생명 의지와 본능에서 나온 것이고 생명을 진화 고양시키려는 생명 진화의 동인과 지향에서 비롯된 것이다. 이기심과 이타심은 모두 생명에 대한 사랑에서 나온 것이다. 이기심과 이타심이 역설적으로 맞물리고 결합됨으로써 생명 진화를 이끌어온 것이다. 생명 진화의 목적은 이기심과 이타심의 일치와 통일에 이르는 것이다. 이 점에서 안창호의 애기애타 정신은 생명의 본성과 진화의 원리를 잘 드러내고 표현한 것이다. 자기를 실현하고 완성하여 꽃과 열매와 씨알을 맺는 씨올의 생명활동은 다른 생명을 먹이고 살리고 이롭게 하는 것이다. 씨올의 삶은 자기를 이롭게 하는 것이 남을 이롭게 하는 것이고 자기를 실현하고 완성하는 것이 남을 살리고 사랑하는 것임을 보여준다.

생명의 본성은 오랜 진화 과정을 통해 형성되고 발전하고 고양된 것이다. 물질 안에서 물질을 초월한 생명은 상생과 공존의 관계와 구조를 이루고 상생과 공존의 사귐을 이어간다. 전체 생명은 개체의 생명이 스스로 깨지고 죽음을 통해 번식하고 진화해왔다. 생명은 개체의 생존본능과 의지에 충실한 이기적 성향을 드러낸다. 개체의 죽음과 신생을 통해 자기부정과 희생, 자기 초월과 진화의 과정을 거쳐 온 생명의 이타적 성향도 뚜렷이 드러난다. 개체의 생존을 추구하는 이기적 성향은 생명의 자연적 본성과 본능 속에 깊이 뿌리를 박고 있다. 그러나 생존본능과 의지의 이기적 성향은 그 자체가 목적이 아니라 상생과 공존의 관계 속에서 전체 생명을 진화 고양시키려는 이타적 목적을 위해 있다. 몰아적인 성적 충동과 열정은 개체의 생명에서 보면 이기적이지만 전체의 생명에서 보면 희생적이고 이타적이다. 개체의 생존 목적은 개체의 생명 속에서 전체 생명의 진화와 고양을 이루는 데 있다. 생명 진화의 과정을 길게 보면 개체의 죽음과 신생을 통해 더 깊고 높은 생명의 차원을 열어가는 방향으로 진화해왔다. 생명 진화의 목적은 신체적인 자연 생명을 존속시키고 연장하고 확장하는 데 있지 않고 물질에서 생명으로 생명에서 정신으로 정신에서 얼과 신으로 나아가는 전체 생명의 진화와 고양에 있다.

물질의 타성과 생명의 본능에 머무는 것이 가장 편하고 쉬운 일이지만 그것은 생명 진화의 길이 아니다. 인간이 물질의 타성과 생명의 본능에 머문다면 생명 진화의 과정을 거스르고 타락하는 것이다. 인간은 물질의 타성과 생명의 본능을 넘어서 자연 생명의 욕구와 감정을 넘어서 지성을 발달시키고 얼과 신, 뜻과 보람을 추구하는 존재가 되었다. 자연적 생명을 넘어서 타인과의 연대와 협력으로 나아감으로써 인간의 뇌신경과 의식은 비약적으로 발달하고 진화하게 되었다. 다른 동물들은 자연적 본능에 충실하게 자신과 종족의 생존을 위해 산다. 그러나 사람은 자신의 생존을 위해서라도 다른 사람들과 연대하고 협력하며 다른 사람들의 심정과 처지를 헤아리며 살아간다. 협력과 협동을 통해 인간은 환경과 다른 경쟁자를 이기고 지구 생명세계의 중심과 꼭대기에 이르렀다. 인간은 협동할 때 뇌신경세포가 가장 반짝거린다고 한다. 제 몸과 저만 생각하면 깊게 복잡하게 생각할 필요가 없지만 남의 몸, 남의 심정과 처지를 생각하면 깊이 복잡하게 생각해야 한다. 연대와 협력, 협동을 위해서는 수많은 생의 주체들이 서로 주체로서 저마다 저다우면서 남의 심정과 처지를 헤아려야 한다. 자기만을 걱정하고 돌볼 때는 생각을 많이 할 필요가 없으나 남의 고통과 질병, 생존을 걱정하고 돌보기 위해서는 깊이 많이 생각해야 한다. 깊고 복잡한 생각을 하면 뇌가 커진다. 연대, 협력, 협동을 하는 과정에서 인간의 뇌는 급속히 진화 발전했다.

인간과 인성의 입체적 종합적 이해

인간과 인성은 생명 진화의 오랜 역사와 천지인 합일의 종합적이고 심층적인 틀에서 연구되고 이해되고 실현되고 완성되어야 한다. 그래야 인간과 인성을 표면과 부분이 아니라 주체의 깊이와 전체의 통일 속에서 그리고 생명 진화와 인류역사의 오랜 과정 속에서 온전히 이해하고 실현할 수 있다. 생명 진화와 천지인 합일의 관점에서 인간과 인성을 본다는 것은 종합적이고 입체적으로 본다는 것을 의미한다. 인간과 인성에 대한 특정한 관점에 집착하거나 다른 관점들을 배제하지 않고 다양하고 심층적인 관점들을 아우르는 종합적인 관점을 가져야 한다.

특정한 관점과 측면에서 보면 인간과 인성에 대한 다양한 접근과 이해가 가능하다. 성선설과 성악설도 특정한 관점과 측면에서 보면 그 나름으로 정당하고 의미를 가질 수 있다. 인간을 지성과 영성의 관점에서 사랑과 양심의 자리에서 보면 인간은 한없이 착하고 선한 존재다. 인간과 인성을 긍정하고 신뢰하는 데서 시작하는 것은 교육적으로 매우 의미가 깊고 바람직한 일이다. 따라서 성선설은 정당하고 의미가 깊다. 그러나 인간과 인성에 대한 낙관적 신뢰는 구체적인 현실 속에서 무너지기 쉽다. 인간은 탐욕과 죄악으로 휘둘리기 쉬운 존재다. 지성과 영성의 눈으로 보면 본능과 욕망과 감정을 가진 인간은 탐욕과 사나운 감정과 편견으로 가득 찬 존재다. 현실적으로는 인간의 죄와 악을 깊이 뚫어보고 참회하고 바로 잡는 일이 중요하다. 인간을 죄인으로 악한 존재로 보는 것은 인간과 인성의 실상을 드러내고 자신과 남을 경계하고 바로 잡는 데 도움이 된다. 과거와 현재를 비판하고 넘어서서 새로운 미래를 계획하고 창조하는 인간에게는 과거와 현재의 죄악을 냉철하게 파악하고 인정하고 참회하는 일이 매우 중요하다. 과거와 현재의 낡고 부패한 나(자아)와 다른 사람(타자)의 죄악과 불의를 은폐하고 미화하면 새로운 미래를 열 수 없다. 인성을 실현하고 새로운 미래를 열어가기 위해서 인간의 실상을 진실하게 파악하고 드러내는 성악설과 죄론도 필요하다. 이기적 유전자도 이타적 유전자도 인간 생명의 본성과 경향을 진실하게 드러낸다. 자연 생명의 본성과 경향은 얼마든지 이기적으로 파악될 수도 있고 이타적으로 평가될 수도 있다.

인간의 정신을 백지상태로 보는 로크의 주장도 특정한 관점에서 긍정적으로 타당하게 볼 수 있다. 인간의 몸과 맘에는 생명 진화와 인류역사의 과정이 새겨져 있고 압축되어 있으므로 단순히 백지상태라고 볼 수 없다. 그러나 자연 생명과 인류역사의 오랜 과정을 통해 형성되고 진화 발전된 인간이 새롭게 태어날 때마다 새로 태어난 아기는 엄청난 잠재력과 가능성을 지니고 태어난다. 수십억 년 생명 진화와 수백만 년 인류역사에 비추어 볼 때 1만 년도 되지 않는 사회문화의 과정은 매우 짧다. 사회와 문화의 인위적이고 복잡한 관계와 관념과 행태로 물들지 않고 왜곡되지 않은 자연 생명 그대로의 인성과 정신은 그윽하고 깨끗한 것이다. 수십억 년 생명 진화와 수백만 년 인류역사를 통해 닦여지고 다듬어지고 씻긴 생명의 조화롭고 아름다운 본성은 깊고 맑고 높은 것이다. 수십억 년 생명 진화 과정에서 축적된 엄청난 잠재력과 가능성을 지닌 아기의 몸과 맘, 인간의 본능과 심성은 사회적 집단적 이해관계와 갈등에 물들지 않고 영향을 받지 않은 백지상태와 같다. 인성의 백지상태에는 아무것도 없는 것이 아니라 말할 수 없이 큰 잠재력과 가능성이 숨겨 있다. 어떤 생각과 뜻을 가지고 가르치고 이끌고 또 스스로 만들어가는가에 따라서 아기의 몸과 맘은 백지상태처럼 얼마든지 새롭게 창조되고 변화될 수 있다. 인위적인 사회문화에 비추어 보면 인간의 심성 특히 아기의 몸과 맘은 백지상태와 같다.

데카르트의 심신이원론도 몸은 신체이고 맘은 정신이라는 점에서 몸과 맘의 실상을 드러내는 적합한 주장으로 여겨진다. 몸은 물질세계에 속하고 맘은 정신세계에 속한다. 몸과 맘은 서로 다른 것이고 다른 영역에 속해 있다. 그러나 인간의 생명에서 물질과 정신, 몸과 맘은 완전하게 동일한 것일 수도 없고 완전하게 분리된 것일 수도 없다. 생명 안에서 물질과 정신, 몸과 맘은 서로 다른 것이면서 긴밀하게 뗄 수 없이 하나로 결합되어 있다. 생명 진화 과정은 물질 안에서 물질을 초월하여 생명이 생겨난 것이고 물질과 몸, 본능과 욕망을 초월하고 승화시킴으로써 생명의 진화와 고양에 이른 것이다. 몸이 복잡하고 섬세해진 만큼 맘도 복잡하고 섬세해졌고 맘이 오묘하고 깊어진 만큼 몸도 오묘하고 깊어졌다. 몸과 맘은 함께 서로 진화해 온 것이다. 맘이 깊고 섬세하고 아름답고 오묘하기 때문에 몸의 눈도 깊고 섬세하고 아름답고 오묘하게 볼 수 있다. 뇌가 섬세하고 복잡하게 진화 발전했기 때문에 맘의 감정과 의식도 섬세하고 복잡할 수 있다. 맘이 생각하고 느끼는 만큼 뇌도 진화하고 발전한다. 맘이 진화한 만큼 몸도 진화했고 몸이 진화한 만큼 맘도 진화한 것이다. 물질과 정신, 몸과 맘은 둘이면서 하나이고 하나이면서 둘이 되어가는 과정 속에 있다. 따라서 양자를 완전히 하나로 동일한 것으로 보는 것도 잘못이고 완전히 별개로 보는 것도 잘못이다.

물질과 정신, 몸과 맘은 갈등과 대립, 긴장과 역설 속에서 끊임없이 새롭게 주체의 깊이와 자유에서 전체의 하나 됨에 이르는 과정에 있다. 생명은 스스로 하는 주체의 자유를 가진 것이므로 끊임없이 새롭고 다양하고 서로 다름과 차이를 가지면서 저마다 저답게 상생과 공존의 관계와 사귐 속에서 전체의 하나 됨을 이루어간다. 몸과 맘이 서로 다른 차원을 가진다는 점에서 몸과 맘은 서로 다른 차원과 세계에 속한 것이다. 그러나 생명을 가진 몸과 맘은 서로 다른 차원과 세계에 속하면서도 뗄 수 없이 하나로 결합되고 더욱 깊고 높이 생명 전체의 통일을 이루어간다. 따라서 심신일원론도 심신이원론도 잘못된 주장이면서 제한적 관점에서는 긍정되고 요청될 수 있다. 몸과 맘이 뗄 수 없이 하나로 결합되어 있다는 점에서는 심신일원론이 옳고 몸은 물질적 차원에 맘은 정신적 차원에 속하여 몸과 맘이 서로 다른 차원에 속한다는 점에서는 심신이원론이 옳다. 몸과 맘 사이에는 둘이면서 하나이고 하나이면서 둘인 미묘하고 오묘한 묘합(妙合)의 관계가 있다. 몸과 맘은 함께 울리고 서로 느끼는 것이다.

자연 상태의 자유와 평등을 말한 루소의 주장도 비판받아 마땅하면서도 긍정적으로 평가될 수 있다. 인간의 사회와 역사에 비해서 자연 생명 세계는 소박하면서 그윽하고 자연만물은 저마다 저답게 자연스러우면서 전체가 조화와 균형을 이루고 안정되고 편안하다. 꽃과 나무, 곤충과 물고기, 새와 짐승은 얼마나 자유롭고 의젓하고 품위가 있고 분수를 지키며 사는가? 스스로 피었다 지는 들꽃의 향기와 아름다움, 하늘을 나는 작은 새의 즐거운 노랫소리와 자유롭고 우아한 몸짓은 저마다 저답게 자유로우면서 자연스럽고 품위가 있다. 사람의 몸과 맘이 사회와 역사의 차별과 억압에 물들지 않고 왜곡되지 않는다면, 십억 년 생명 진화 과정을 통해 길러온 몸과 맘의 생명력과 감성과 심성은 얼마나 깊고 크고 따뜻하고 풍부한가! 맑고 그윽한 사람의 얼굴과 눈, 부드럽고 섬세한 손과 발은 오랜 생명 진화를 통해 갈고 닦고 길러온 것이다. 십억 년 길러온 인간생명의 주체는 깊고 자유로우며 얼과 혼은 높고 크다. 십억 년 생명 진화와 2백만 년 인류역사를 통해 길러온 인간의 몸과 맘, 인간의 본성(자연 상태)은 자유롭고 평등하고 우아하고 존엄하다. 따라서 긍정적으로 본다면 인간의 자연 상태, 본성과 심성은 자유롭고 평등하다고 말할 수 있고 기꺼이 루소와 함께 자연으로 돌아가자고 할 수 있다. 그러나 인간의 자연 상태, 본성 속에는 파충류의 냉혹한 본성, 포유류의 사나운 본성도 살아 있다. 그리고 자연 상태, 본성은 결코 고정된 것이 아니고 불변의 것이 아니다. 생명의 본성은 생명 진화와 인류역사 속에서 끊임없이 극복되고 부정되고 깨지고 죽음을 통해 초월되면서 새롭게 형성되고 진화해왔다. 자연 본성은 결코 영원불변한 것이 아니다. 아메바에서 사람에 이르는 과정에서 탈바꿈하고 새로 창조되면서 진화 고양되어 온 것이다. 그러므로 단순히 자연으로 돌아가자는 말은 진리가 아니다. 인간은 과거와 현재를 극복하고 넘어서서 새로운 미래를 계획하고 구상하고 새롭게 지어가는 존재다. 인간은 과거로 돌아갈 수도 없고 돌아가서도 안 된다. 자연 본성을 새롭게 함으로써 탈바꿈과 신생과 부활을 통해서 새로운 생명, 새로운 나를 창조하고 새 하늘과 새 땅의 새로운 미래로 나아가야 한다. 인간은 자연에로 돌아갈 것이 아니라 인간의 생명과 본성을 창조하고 구원하고 완성할 하나님에게로 나아가야 한다.

인간과 인성에 대한 기존의 이론과 주장들은 제한적이고 부분적으로만 타당하다. 자연과학자들이 인간과 인성에 대해서 제시하는 단편적인 지식과 정보들, 주장들도 제한적으로 부분적으로만 타당하다. 인간과 인성을 주체의 깊이와 전체의 하나 됨의 자리에서 보면 전적으로 옳다고 할 수도 없지만 부분적이고 단면적으로 보면 전적으로 그르다고 할 수도 없다. 따라서 이런 부분적이고 제한적인 인간과 인성 이해를 바탕으로 인간과 인성에 대한 통합적인 생명철학을 수립할 수 없다. 이런 인간 이해와 인성 이해를 바탕으로는 제대로 인간과 인성의 교육을 할 수 없다. 특히 수리와 물리에 기초한 자연과학의 인간과 인성 이해는 인간과 인성 이해를 왜곡할 뿐 아니라 인간과 인성교육에 장해가 된다. 수리와 물리에 기초한 자연과학의 인간과 인성 연구는 실증적 사실과 물질적 인과관계를 밝혀줄 수 있지만 생명과 정신의 주체와 전체를 드러내지 못하고 인간과 인성을 물리와 물질적 관계에 예속시킨다. 수리와 물리의 지식과 정보는 물질적이고 기계적인 산업 활동과 이윤추구, 경쟁과 전쟁, 억압과 수탈, 지배와 정복에 효율적이고 합리적으로 쓰일 수 있다. 인간과 인성에 대한 자연과학의 실증적 객관적 지식과 정보는 인간과 인성을 이해하는 데 도움이 될 수 있다. 그러나 그런 지식과 정보는 인간과 인성의 주체적이고 전체적인 이해를 제약하고 왜곡한다. 따라서 인간과 인성의 주체적 자각과 자유, 상생과 공존의 전체적 통일을 실현하는 데 도움이 되지 못한다. 인간과 인성에 대한 이해가 실증적 사실과 인과관계에 집중하는 자연과학적 연구에 머물면 인간과 인성의 목적과 사명, 뜻과 보람을 알 수 없다. 그리고 인간과 인성의 주체와 전체를 실현하고 완성하는 교육은 어려워진다.

새로운 인간과 이성 이해를 위한 실마리
: 생명 진화와 천지인 합일의 사상

21세기 인류의 문명사적 특징은 동·서 문명의 합류와 민주 시대의 도래에서 찾을 수 있다. 동·서 문명의 합류는 동·서의 다양한 종교와 철학의 관점에서 인간과 인성을 이해하도록 이끈다. 동·서 문명의 합류 속에 사는 현대인은 특정한 종교·철학·문화의 전통과 사유에서 벗어나 인간과 인성을 심층적이고 통합적인 관점과 내용으로 이해할 수 있게 되었다. 민주 시대의 도래는 인간과 인성을 자유와 평등, 주체와 전체의 관점에서 온전히 이해할 수 있게 한다.

인간과 인성을 신분 질서와 위계질서에서 벗어나 제약이나 조건 없이 자율적 주체와 존엄한 인격으로 볼 수 있게 된 것이다.

오늘의 천문물리학은 우주에서 인간의 지위를 근본적으로 다시 생각하게 하며, 생명공학, 뇌신경학의 진화사적 탐구는 인간과 인성에 대한 입체적이고 심층적인 이해를 가능케 한다. 인간과 인성에 대한 새로운 종합적 지식의 분출은 인간의 존재와 본성, 성품과 능력에 대한 새로운 이해와 접근을 요구한다. 인간과 인성을 바로 이해하려면 먼저 비민주(신분 질서), 비과학(미신), 지역주의(국가주의) 시대의 사상과 철학을 총체적으로 반성하고 비판해야 한다.

민의 주체적 자각과 동·서 문명의 만남이라는 근현대의 정신과 이상을 실현하려면 근현대의 과학적 지식과 성찰을 바탕으로 인간과 인성에서 몸, 맘, 얼의 차원과 천지인의 우주적 통합적 차원을 확립하고 실현하는 생명철학과 교육철학을 닦아내야 한다.

생명 진화는 근현대의 과학이 밝혀낸 인간과 생명의 진실이고 천지인 합일의 사상은 동아시아와 한국이 지켜온 우주적 통합적 생명철학이다. 천지인 합일의 사상은 관념적으로 지어낸 사상이 아니라 인간과 우주의 심층적이고 다차원적 실재를 반영하고 실현하는 현실적 철학이다. 그것은 땅의 물질과 인간의 생명과 하늘의 얼을 아우르고 인간의 몸, 맘, 얼을 통합하는 실재적 영성적 존재론이며 물질과 생명과 정신을 실현하고 완성하는 역사적이고 역동적인 과정의 철학이다. 오랜 생명 진화의 역사 끝에 인간이 생겨났고 인간은 하늘과 땅 사이에 곧게 서서 살게 되었다. 하늘과 땅 사이에 곧게 선 인간은 자기의 몸과 맘과 얼속에서 하늘과 땅이 하나로 이어지고 소통하는 것을 체험하고 알게 되었다. 하늘과 땅 사이에 곧게 선 인간은 스스로 생명 진화를 실현하고 완성하는 존재이면서 하늘과 땅을 하나로 잇는 존재다. 인간과 인성은 생명 진화의 중심과 귀결이고 하늘과 땅을 하나로 잇고 소통하는 실재이고 주체다. 인간과 인성은 생명 진화와 천지인 합일이 이루어지는 자리이고 기관이며 생명 진화와 천지인 합일을 실현하고 완성하는 주체다.

한국인들은 높은 산에서 하늘을 우러러 제사하는 오랜 전통을 이어오고 천지인 합일의 철학을 바탕으로 한글을 창조함으로써 천지인 합일의 정신과 철학을 오롯이 간직해왔다. 하늘을 우러르고 그리워하고 하늘을 모시고 섬기는 한국인들의 종교 전통과 문화 속에는 천지인 합일의 정신과 철학이 깊이 스며들어 있다. 생명 진화와 천지인 합일은 인간과 인성을 이해하는 생명철학의 틀이다. 인간과 인성의 주체와 전체를 과학적이면서 통합적으로 파악하고 교육하고 실현하려면 생명 진화와 천지인 합일의 틀에서 인간과 인성을 이해해야 한다. 생명 진화의 과학적 사실과 진리를 바탕으로 그리고 천지인 합일의 종합적이고 입체적인 이해와 성찰을 바탕으로 인간과 인성을 이해해야 한다.

고대와 중세의 낡은 인간관과 인성 이해를 극복하고 자본과 기술, 수학과 자연과학의 인식론적 존재론적 지배와 독점에서 벗어나기 위해서도 생명 진화와 천지인 합일의 관점과 틀에서 인간과 인성을 이해해야 한다. 생명 진화의 사실과 지식을 받아들임으로써 낡고 관념적이고 단편적인 인간과 인성 이해를 극복할 수 있다. 우리는 이제 과학적 이성적 사고와 지식을 가지고 생명 진화 과정을 통해 형성되고 진화 발전한 인간과 인성을 사실적이고 진실하게 통합적으로 인식하고 이해하고 설명할 수 있다. 또한 천지인 합일의 관점에서 인간과 인성에 대해서 입체적이고 중층적이며 종합적인 이해를 함으로써 수학과 자연과학, 생명공학의 편협하고 표층적인 인간과 인성 이해를 넘어서 물질과 생명과 정신의 주체적 깊이와 전체적 일치를 드러내고 실현하는 심층적이고 다차원적이며 총합적인 인간과 인성 이해에 이를 수 있다. 낡은 신화와 교리, 독단과 관념에 매인 인간과 인성 이해에서 벗어나서 우주와 생명 진화와 인류역사의 큰 틀에서 형성되고 진화 발전한 인간과 인성을 이해하고 설명해야 한다.

생명은 스스로 낳고 새롭게 되고 자람으로써 생명의 진화를 이루어간 창조자이면서 생명 진화 과정에서 형성된 피조물이다. 인간은 오랜 생명 진화 과정에서 형성된 피조물이면서 스스로 새로운 자신을 낳고 기르고 지음으로써 생명 진화와 천지인 합일을 이루는 창조자다. 생명 진화의 과정에서 형성된 인간은 자연과학의 편협하고 단편적인 인간과 인성 이해를 넘어서기 위해서 하늘과 땅과 사람의, 몸, 맘, 얼의 심층적이고 중층적이며 총합적인 인간과 인성 이해를 해야 한다. 생명 진화는 근현대 과학이 밝혀낸 과학적 사실이고 우주와 생명의 역사 속에서 이루어진 진실이다. 생명 진화의 관점은 인간과 인성에 대한 역사적이고 과학적인 지식과 정보를 준다. 천지인 합일의 관점은 인간과 인성에 대한 심층적이고 다차원적인 이해와 성찰을 가능케 한다. 생명 진화와 천지인 합일의 사상은 하늘과 땅 사이에 직립한 인간이 발견하고 터득한 물질과 생명과 정신의 실상과 진리를 자각하고 인식하고 실현하는 참된 인식론과 존재론을 함축한 생명철학이다.

몸, 맘, 얼의 바른 관계와 질서

자본과 기술이 지배하는 근현대 사회는 생명 진화와 천지인 합일의 큰길에서 벗어난 것이며 물질과 생명과 정신의 존재론적 가치론적 질서와 체계, 목적과 방향을 거스른 것이다. 자본과 기술에 의지하는 근현대 사회의 지배 이념과 원리는 생명과 정신을 실현하는 수단인 물질과 기계를 생명과 정신의 목적으로 삼았다는 점에서 수단과 목적을 뒤집은 것이다. 따라서 물질과 생명과 정신의 관계와 질서를 바로 이해하기 어렵게 되었고, 몸, 맘, 얼로 이루어진 인간의 본성을 바로 이해하고 실현하는 일도 어렵게 되었다. 인간과 인성을 바로 이해하고 실현하려면 물질과 생명과 정신, 몸, 맘, 얼의 관계와 가치와 질서를 바로 이해해야 한다.

생명은 물질 안에서 물질을 딛고 물질을 넘어 생명의 새로운 존재의 차원을 열었다. 물질을 초월하면서도 물질 안에 있는 생명은 한없이 약하고 상처받기 쉽고 소멸하고 죽는 존재다. 그러나 물질 안에서 물질을 초월한 생명은 한없이 고귀하고 소중하고 아름다운 것이다. 물질 안에서 물질을 초월함으로써 생명은 스스로 하는 주체의 자유를 가지고 전체가 하나로 되는 기쁨과 신명을 누리게 되었다. 인간의 생명 속에서 모든 세포들과 기관들은 저마다 서로 주체이면서 상생과 공존의 공동체를 이루고 있다. 물질의 법칙적 제약과 속박에서 벗어난 생명은 그 자체가 자유와 해방, 사귐과 소통의 기쁨과 즐거움을 지닌 것이다. 생명의 본성 속에는 해탈의 기쁨을 지닌 불성과 창조적 자유를 지닌 신성(신의 형상, 신의 자녀)이 깃들어 있다.

인간의 생명과 인성은 물질, 몸, 본능, 감정, 지성, 영성으로 진화 발전해왔다. 생명은 본능과 욕망 안에서 그것을 딛고 넘어서 감정과 의식의 세계를 열었고 감정과 의식의 세계를 넘어 지성의 세계를 열고, 지성을 넘어 영성의 세계를 열었다. 생명을 이루는 각 차원의 존재들은 저마다 주체이며 전체다. 인간의 생명은 낮은 차원에서 높은 차원으로 솟아올라 나아가는, 스스로 하고 스스로 되는 초월적 주체이며 전체다. 인간은 생명 진화와 인류역사 속에서 저를 낳고 짓는 주체이며 형성되고 창조되는 피조물이다. 인간의 몸, 맘, 감정과 지성은 목적이면서 수단이다. 생명을 이루는 여러 요소들은 각각 주체와 전체이면서 더 높은 요소들의 수단과 질료이다. 인간 생명의 여러 차원들은 저마다 제 차원과 수준에서 주체이고 전체이면서 인간의 생명 전체로 보면 수단과 목적의 위계 체계를 가지고 있다. 인간 존재의 여러 차원들은 물질에서 영으로 땅에서 하늘로 솟아올라 나아가서 생명과 정신의 주체와 전체를 실현하고 완성하는 진화와 발전의 방향과 목적을 가지고 있다.

존재와 가치(진선미)의 기준

인성교육을 하려면 인간과 인성이 추구하고 실현하려는 참과 선과 아름다움의 기준을 제시할 수 있어야 한다. 생명 진화와 천지인 합일의 철학에 비추어 보면 참과 선과 아름다움의 기준은 무엇일까? 생명의 본성과 목적을 실현하고 완성하는 것이 참이고 선이고 아름다움이다. 생명의 본성과 목적은 무엇인가? 생명은 스스로 하는 주체를 가진 것이고 안으로 전체의 통일을 이루면서 밖으로는 우주 대생명세계와 소통하고 교류하면서 전체 생명과 긴밀하게 하나로 이어진 것이다. 스스로 하는 주체가 없는 것, 전체의 내적 통일이 없는 것, 우주생명세계와 하나로 숨 쉬며 이어지지 않은 것은 생명이 아니다. 스스로 숨 쉬는 생명은 주체이면서 전체다. 주체와 전체의 통일을 심화하고 고양시키는 것이 생의 본성과 목적이다. 주체적인 것이 참되고 선하고 아름다운 것이며 전체적인 것이 참되고 선하고 아름다운 것이다. 스스로 하는 주체, 얼과 혼이 없는 것은 참되지 않고 선하지 않고 아름답지 않은 것이다. 전체의 조화와 통일을 이룬 것이 참되고 선하고 아름다운 것이다. 쪼개지고 깨지고 부서진 것은 참되지 않고 선하지 않고 아름답지 않은 것이다. 주체의 깊이와 자유가 없는 것은 껍데기와 거죽에 매인 것이고 껍데기와 거죽에 매인 것은 참되지 않고 선하지 않고 아름답지 못하다. 전체 생명에서 떨어진 부분과 조각에 매인 것은 참도 선도 아름다움도 아니다. 저마다 저다운 것이 참되고 좋고 아름다운 것이고 전체 생명과 소통하고 연락하고 나누는 것이 참되고 좋고 아름다운 것이다.

생명의 진화 과정은 주체의 깊이와 자유에서 전체의 하나 됨에 이르는 과정이다. 생명 진화 과정은 주체적이고 전체적인 참과 선과 아름다움을 실현하고 완성해가는 과정이다. 생명 진화는 땅의 물질에서 하늘의 얼과 신에 이르는 천지인 합일의 과정이다. 하늘과 땅과 사람이 서로 주체로서 전체의 하나 됨에 이르는 것이 생명 진화를 완성하는 것이고 생명의 참과 선과 아름다움을 실현하고 완성하는 것이다. 생명을 통해서 우주 물질세계도 주체의 깊이와 전체의 일치에 이른다. 물질세계도 주체의 깊이와 풍부함, 고유한 값과 아름다움을 지니고 있으며 우주 전체와 하나로 이어지고 결합되어 있다. 모래알 하나 물방울 하나도 물질의 한없는 신비와 깊이, 풍성함과 아름다움을 지녔으며 우주 전체를 드러내고 반영한다. 쓰레기 조각 하나도 그 존재 자체의 내적 깊이에서 그리고 우주 전체와의 연관성 속에서 보면 참되고 선하고 아름다운 것이다. 우주 물질세계는 자신의 신비와 아름다움과 풍성함을 자각하지도 못하고 스스로 표현하고 실현하지도 못한다. 생명은 우주 물질세계의 신비와 아름다움과 풍성함을 자각하고 표현하고 실현하는 것이다. 우주 물질세계는 생명 속에서 비로소 내적 깊이와 전체 연관성을 드러내고 실현한다. 생명은 쓸모없는 것은 아무것도 없음을 알려준다. 오직 생명의 주체의 깊이에서 전체의 하나 됨에 이르는 생명 진화 과정을 거스르고 가로막고 해치는 것이 거짓이고 나쁘고 못난 것이며, 악하고 불의하고 더럽고 죄스러운 것이다. 주체의 깊이와 자유에서 전체의 하나 됨에 이르는 생명 진화와 천지인 합일의 과정만이 참되고 선하고 아름다운 것이다. 생명의 주체를 해치고 죽이는 것, 전체를 해치고 깨트리는 것이 악이고 죄이고 불의다. 생명의 주체와 전체를 살리고 키우고 높이는 것이 참이고 선이고 아름다움이며 그것이 정의이고 평화이고 거룩함이다.

물질과 정신의 차이와 소통

생명 진화와 천지인 합일의 철학에서 보면 물질과 정신의 차이는 무엇일까? 물질에서 생명이 나오고 생명에서 정신이 나온 것이라면 물질은 어디서 나온 것일까? 우주 물질세계가 한 점에서 나온 것이라면 그 한 점은 어디서 온 것일까? 물질은 물질에서만 나온다면 어떻게 물질에서 물질 아닌 생명과 정신이 나온 걸까? 물질이 시공간 속에 갇힌 유한한 것이라면 정신은 무한한 것이다. 무한한 정신은 유한한 물질에서 나올 수 없다. 유한한 물질이 영원무한하게 존재한다고 할 수도 없다. 물질은 무한이 될 수 없기 때문이다. 무한한 정신에서 물질이 나온 것 아닐까? 물질에서 물질이 나온다는 주장은 물질 자체의 기원에 대한 설명이 될 수 없다. 물질에서 물질이 나온다는 설명이 물질의 기원에 대한 타당한 설명이 될 수 없다면 물질 자체는 물질 아닌 것, 물질 없는 것(無)에서 나온 것으로 보아야 한다. 그러나 단순히 물질이 없는 무(無)에서는 물질이 나올 수 없다. 단순히 물질이 아니라거나 물질이 없다는 것은 물질을 중심과 기준으로 말하는 것이므로 물질과 질적으로 다른 무엇을 나타내는 것이 아니다. 물질 자체는 물질이 아니면서 물질과 전혀 다른 어떤 존재에서 나와야 한다. 그러므로 물질은 정신에서 나온 것이다. 물질과 정신의 관계가 우주와 생명과 인간 속에 반영되고 실현되어 있다. 땅은 물질을 상징적으로 나타내고 하늘은 정신을 상징적으로 나타낸다. 생명 진화는 땅의 물질에서 하늘의 영에 이르는 과정이며 생명 진화의 중심과 꼭지에 있는 인간 속에서 천지인의 합일이 이루어지고 있다. 생명 진화와 인간의 삶 속에서 물질은 영화(靈化)하고 영은 물질화·육화한다. 물질과 정신은 생명 속에서 뗄 수 없이 하나로 결합되어 있다. 그러나 하늘과 땅이 서로 맞서고 다르듯이 정신과 물질은 서로 맞서고 다르다.

물질과 정신은 서로 다른 존재의 차원에 속하지만 둘 사이에는 서로 만나고 소통하고 결합할 수 있는 접촉점이 있다. 물질서 생명이 나오고 생명서 정신이 나왔으며 생명과 정신이 물질(몸) 안에서 살며 물질(몸)로 표현되고 실현된다. 물질과 몸은 정신의 아름다움과 섬세함을 드러내고 표현한다. 성현의 얼굴은 성현의 정신을 보여주고 춤꾼의 춤은 몸으로 아름다움을 보여주며 노래하는 이는 목소리(몸의 소리)로 아름다움과 높은 정신을 드러낸다. 물질(몸)도 정신화 영화할 수 있다.

우주 물질세계가 수학적 법칙과 수식으로 표현되는 것은 물질세계가 로고스적 수학적 진리, 이치를 지니고 있으며 물성은 이치와 법도에 따라 존재하고 움직이고 변화함을 뜻한다. 물질은 로고스적 수학의 성격과 원리를 지닌다. 신경세포의 감각 정보와 자극이 신경 화학적 물질 작용과 전자기적 신호의 흐름 속에 전달 표현되는 과정에서 느낌과 감정과 의식이 생겨난다는 것은 물질의 전기화학적 작용이 감정 의식, 감각의 생명활동과 상호소통, 접촉의 친화성이 있음을 말해준다. 우주 물질세계는 수학 법칙 논리 관념의 차원을 품고 있으며 정신의 차원과 이어져 있다. 물질은 정신에 대해 정신은 물질에 대해 서로 열려 있고 소통 수용할 수 있다. 물질이 존재의 깊이에서 변화를 일으키면 물질과 정신의 경계가 뚫리는 지점이 있는 것 아닐까? 물질인지 정신인지 모르는, 경계를 지을 수 없는 차원이 있는 것 같다.

감각적인 지식과 정보가 전자기적 디지털 자료(데이터)로 전환되면 이미지, 글자, 소리의 형태로 표현되고 저장되고 수정되고 재생될 수 있다. 수학적 알고리즘, 전자기적 물질의 비트와 파동, 반도체가 결합되어 지식과 정보의 데이터가 생성되고 저장되고 재생된다. 전자적 물질의 입자/파동인 빛을 매체로 전기화학적 물질과 메모리

반도체 속에 사물과 자연만물의 현상세계의 이미지, 지식, 정보를 복사할 수 있다. 복사된 내용을 다시 복사 복제할 수 있다. 그것을 가공 수정 전달 저장, 재생할 수 있다. 전자기(電磁氣)는 물질적 입자이면서 비물질적 파동이다. 디지털 세계는 물질과 비물질의 경계를 허물고 있다. 디지털세계에서는 수학적 과학적 법칙과 원리가 작용한다. 수학적 과학적 법칙과 원리는 비물질적이고 관념적인 이성의 세계에 속한다. 이성적 원리와 법칙이 물질과 비물질을 매개한다. 시공간을 초월한 미시세계의 '양자 얽힘'은 물질세계가 물질적 인과율과 법칙에 의해 완전히 닫혀 있지 않음을 시사한다. 물질 속에는 비물질(생명, 정신)로 통하는 문이 숨겨 있는 것 같다. 물질과 비물질(생명, 정신) 사이에 친화성과 접촉점이 있지만 양자 사이에 질적 차이가 있다. 물질세계는 수학적 계산과 법칙의 지배를 받지만 생명세계는 수학적 계산과 법칙을 넘어서 있다.

땅의 물질에서 하늘의 영에 이르는 진화와 향상의 사다리

생명 진화와 천지인 합일의 관점에서 보면 인간의 생명 속에는 땅의 물질에서 하늘의 영에 이르는 진화와 향상의 사다리가 있다. 인간의 몸과 맘속에는 물성, 본능, 감정, 의식, 지성, 영성, 신성이 함축되어 있다. 인간의 존재와 삶에는 수리, 물리, 생리, 심리, 도리, 신리의 차원과 영역이 깃들어 있다. 생명 진화의 역사 속에 그리고 인간의 생명 속에는 땅에서 하늘에 이르는 존재와 진리의 사다리가 놓여 있다. 존재와 진리의 다양한 층이 켜켜이 쌓여 있다는 점에서 생명 진화와 인간의 생명 속에는 땅에서 하늘에 이르는 무지개가 걸려 있다고 할 수 있다. 그러나 사다리나 무지개라는 말로는 생명 진화와 인간 생명의 실상을 제대로 드러낼 수 없다. 사다리는 한 계단 한 계단 밟고 올라가는 것이고 무지개는 서로 다른 빛깔이 층을 이루며 쌓여 있을 뿐이다. 생명 진화와 인간의 생명 속에서는 땅의 물질, 생명의 본능과 감정을 밟아버리고 올라가는 것이 아니라 생명의 낮은 단계인 물질과 본능과 감정을 끌어안고 위로 올라가는 것이며 하늘의 영성이 땅의 물질 속으로 내려오는 것이다. 물질의 영화와 영의 물질화가 함께 일어나는 역동적이고 역설적인 진화와 향상의 과정이 일어난다.

생명 진화와 인간생명의 사다리와 무지개는 인간의 본성을 나타낸다. 인간의 본성을 세 가지로 줄여서 감성과 지성과 영성으로, 몸과 맘과 얼로 구분해서 말할 수 있다. 생명 진화와 천지인 합일의 관점에서 보면 땅의 물질에서 하늘의 영에 이르는 생명 진화의 모든 과정과 계층들은 저마다 주체이며 전체다. 물성과 본능과 감정과 의식과 지성과 영성은 다 주체이며 전체다. 몸은 몸대로 주체이며 전체이고 맘은 맘대로 주체이며 전체다. 얼은 얼대로 주체이며 전체다. 감성과 지성과 영성, 몸과 맘과 얼, 물성과 본능과 감정과 생각과 얼은 인간 생명의 부분이나 요소가 아니라 저마다 주체이며 전체다. 몸은 내 존재의 한 부분과 요소가 아니라 내 생명과 인격을 온전히 나타내고 표현하는 주체이고 전체다. 맘도 얼도 그렇고 욕망과 감정과 생각도 그렇다. 작은 욕망과 미묘한 감정과 스치는 생각 속에 내 생명과 존재의 깊은 주체와 웅근 전체가 담겨 있다.

생명과 정신의 깊이

현대과학은 물성과 몸의 신비와 풍성함을 드러내 보이고 있다. 수리(數理), 물리, 생리, 심리가 모두 신통하고 오묘하다. 자연만물의 아름다움과 깊이가 과학을 통해 드러나고 실현되고 있다. 인간은 마땅히 자연만물과 몸이 지닌 아름다움과 값을 온전히 드러내고 실현하고 찬미하고 누려야 한다. 그러나 물질과 몸의 아름다움과 값에 머물고 거기 집착해서는 안 된다. 물질과 몸을 넘어서 욕망과 감정의 아름다움과 값을 알고 더 나아가 생각과 의식의 깊이와 아름다움을 알아야 한다. 생각과 지성의 아름다움과 값을 넘어서 영성과 신성의 아름다움과 존엄과 거룩함을 알고 드러내고 찬미하고 실현해야 한다.

생명과 정신의 깊이와 전체는 산술과 기하, 자연과학으로는 이해하고 설명할 수 없다. 자연생태계, 공동체, 인성을 회복하고 고양시키려면 주체와 전체의 일치를 추구하는 생명철학적 교육이 필요하다. 생명 진화와 천지인 합일을 바탕으로 생명과 인성을 이해해야 한다. 그러기 위해서 먼저 동아시아의 전통적인 천지인 사상에서 비과학적인 운명론과 결정론을 벗겨내야 한다. 산술 계산과 숫자와 물질을 신비화하는 주역(周易), 음양오행설, 풍수지리의 운명적 결정론에서 벗어나야 한다. 운수(運數)·분수(分數)·기수(氣數)라는 말이 드러내는 운명론적인 잔재를 씻어내야 한다. 산술 계산과 수리 법칙은 그 자체로서 합리적이고 순수하지만 결정론적이고 환원론적이다. 산술 계산과 수리 법칙이 산술과 수리의 체계 안에서 적용되는 것은 합리적이고 타당하다. 그러나 산술 계산과 수리 법칙이 생명과 정신과 영혼을 지배하고 결정한다면 생명과 정신과 영혼의 주체와 전체를 파괴하고 훼손하는 것이다. 주체의 깊이와 자유를 가진 생명과 정신이 산술 계산과 수리 법칙의 결정론에 매이면 주체의 깊이와 자유를 잃는다. 산술 계산과 수리 법칙의 체계는 그 자체로서는 합리적이고 효율적이지만 생명과 정신이 그 체계에 의존하고 속박되면 생명과 정신의 주체와 전체는 파괴되고 훼손된다. 산술 계산과 숫자와 물질을 신비화하는 동양의 전통 사상들도 인간의 생명과 정신을 운명론과 결정론에 빠트리지만, 수리와 물리의 합리성과 효율성에 따라 자본과 권력의 지배를 체계화한 근현대 국가사회의 체제도 생명과 정신의 주체와 전체를 파괴하고 훼손한다. 자본과 권력이 지배하는 근현대 국가사회 체제는 수리적 계산의 합리성과 기술적 기계의 효율성이 있지만 인간의 생명과 정신을 예속시키고 악과 불의를 조장하고 정당화할 수 있다. 독일 철학자 한나 아렌트는 나치 국가체제의 일원으로서 거리낌 없이 인종 학살을 저지르는 사람들에게서 '악의 평범성'을 보았다. 수리적 계산과 물질적 법칙의 합리성과 타당성은 138억 년 우주 역사 속에서 늘 그렇게 확인되고 실현된 것이다. 수리와 물리는 평범함을 넘어서 당연하고 확실하게 검증되고 확립된 것이다. 인간의 주체와 전체를 지키고 실현하려면 수리와 물리의 결정론적이고 폐쇄적인 체계를 초월하여 주체의 깊이와 자유에서 전체의 하나 됨에 이르는 생명 진화와 천지인 합일의 삶에 이르러야 한다.

민주적이고 과학적인 맑은 지성을 가지고 결정론적이고 운명론적인 잔재를 씻어내지 않으면 민주적이고 보편적인 생명철학에 이를 수 없다. 자본과 기술과 권력이 지배하는 국가산업체제의 속박에서 벗어나지 못하면 민주적인 생명공동체를 실현할 수 없다. 결정론적이고 운명론적인 낡은 사상에서 벗어나고 자본과 기계와 권력이 지배하는 국가산업체계의 속박에서 벗어나려면 민주적이면서 세계 보편적인 생명철학을 확립하고 인간과 인성에 대한 통합적 이해를 가지고 인성교육의 철학과 방법을 찾아야 한다. 그러기 위해서 인간과 인성에 대한 과거의 낡은 전통 사상에서 벗어날 뿐 아니라 산술 계산과 기하학의 수학적 사고와 자연과학적 사고를 넘어서 생명의 주체와 전체를 통합하는 과학적이고 현대적이면서 깊고 높은 영성을 지닌 민주생명철학을 확립해야 한다. 맑고 높은 지성으로 신비주의적 결정론과 숙명론에서 벗어나서 과학적이고 지성적인 인생관과 세계관을 가지면서도 생명과 정신의 뿌리와 깊이가 하늘에 닿아 있음을 아는 주체적이며 전체적인 생명철학에 이르러야 한다. 하늘과 땅과 인간, 몸과 맘과 얼의 세계를 아우르는 생명철학은 생명 진화와 천지인 합일의 철학이며 주체와 전체의 일치를 드러내고 실현하는 철학이다. 현대적이면서 통합적인 인성교육의 철학은 전체 속에서 개체를 보고 개체 속에서 전체를 보며 지금 여기 '나'의 삶에서 하나님을 만나고 하나님과 함께 우주, 생명, 나라의 목적과 방향을 결정하는 주체의 철학이다. 주체적인 '나'를 중심으로 생명, 과학, 민주, 영성을 통합하는 보편적 생명철학에 이르러야 한다.

자연 생명은 유전자의 변화를 통해 진화했으나 사람은 자연 생명과 유전자를 넘어서 생각, 의식, 정신, 글, 기계를 통해 새로운 진화의 길을 열고 있다. 유전자조작과 변경으로 인간의 감각기능과 지능, 외모, 건강 체질을 개선할 수 있지만 지성과 영성을 만들 수는 없다. 어느 정도 욕구와 감정의 조절은 유전자 조작과 뇌신경전달 물질 조작, 뇌파 작용을 통해 할 수 있겠지만 유전자와 뇌신경 조작으로 지성과 영성을 근본적으로 새롭게 개조할 수 없다. 유전자, 뇌신경물질과 구조는 자연 생명, 육체적 물질적 생명에 속한다. 유전자의 조작이 생명, 욕구, 감정, 의식에 영향을 주지만 그 영향은 제한적이다. 유전자 조작과 뇌신경조직과 뇌파의 조작으로 석가, 예수, 공자, 간디와 같은 성현을 만들 수 없다. 지성과 영성은 몸을 초월하고 맘을 넘어선 비신체적 초자연적 생명의 영역에 속한다.

몸이 맘에 영향을 주는 것은 제한적이고 맘이 얼에 영향을 주는 것도 제한적이다. 인공지능은 욕망과 감정, 의식과 의지가 없고 생명과 정신이 없다. 인공지능이 아무리 발전해도 생명과 감정, 의식과 자아가 생기지는 않는다. 인공지능은 기계적 산술 계산 체계 안에 머물기 때문이다. 기계인 인공지능이 생명과 감정, 의식과 의지를 가질 수 있는 것처럼 생각하는 것은 기계적 결정론과 환원론에 머물러 있기 때문이다. 기계적 결정론과 환원론을 벗어나지 못하는 것은 그것이 자본과 기술이 지배하는 현대사회의 지배 이데올로기이기 때문이다. 몸, 맘, 얼로 이루어진 인성의 세계에서는 기계적 결정론과 환원론이 성립될 수도 없고 성립되어서도 안 된다. 자연 생명의 유전자 조작은 자연 생명의 본질과 틀을 바꿀 수 있지만 높은 지성과 거룩한 영성을 만들어낼 수 없다. 유전자 조작이 몸, 맘, 얼에 파괴적 영향을 미칠 수는 있다. 유전자 조작으로 몸이 파괴되면 맘도 파괴되고 맘이 파괴되면 얼도 힘차게 살아 있을 수 없다. 생명과 정신의 물질적 토대인 몸을 파괴하면 맘과 얼도 큰 영향을 받는다. 그러나 몸의 유전자를 조작해서 맘의 지성과 얼의 영성을 진화 고양시킬 수도 없고 새롭게 창조할 수도 없다.

몸, 맘, 얼은 서로 긴밀한 결합을 이루고 있지만 동등하고 동일한 것은 아니다. 몸이 성한 것은 '맘 놓임'을 위한 조건이지만 몸이 성한 것이 곧 맘이 놓이는 것은 아니다. 몸이 성하면서도 맘이 놓이지 않을 수 있다. 맘이 놓이지만 얼이 타오르지 않을 수 있다. 몸, 맘, 얼 사이에 비약과 초월이 있다. 몸, 맘, 얼은 비약과 초월 가운데 하나로 소통하고 결합되어 있다. 몸, 맘, 얼은 서로 긴밀한 결합 속에 있으면서도 서로 질적으로 다르다. 서로 다르면서 긴밀한 결합 속에 있는 몸, 맘, 얼을 실현하고 완성하려면 천지인 합일과 생명 진화의 관점에서 몸, 맘, 얼을 사실적이고 과학적이면서 통합적으로 이해하고 주체와 전체로 실현하고 고양시켜야 한다.

인성교육은 인간의 몸, 맘, 얼을 주체와 전체로 실현하고 완성하는 교육이다. 민주적이고 과학적이며 세계시민적인 인성교육을 위해서 동서고금의 철학과 사상을 비판하고 통합하여 현대적이면서 종합적이고 세계적인 생명철학을 확립해야 한다. 기독교의 개성적 깊이와 그리스의 이성적 생각, 동아시아의 천인합일과 무위자연, 한국의 둥글고 원만하며 착하고 살리는 정신(한사상과 정신)과 현대의 민주정신, 생명 진화, 과학지식과 기술을 통합함으로써 주체의 깊이와 자유에서 전체의 하나 됨에 이르는 생명철학을 닦아내야 한다.

3장

인간이란 무엇인가

20세기에 이르러 인류는 새로운 과학혁명을 경험하였다. 아인슈타인이 상대성원리를 발견함으로써 우주와 우주 역사를 시공간이 결합한 연속체로 이해하게 되었고 감각적 지식과 정보의 전달 매체인 빛(전자기파)이 입자와 파동으로 이루어진 것을 알게 되었다. 또한 양자물리학의 발견으로 원자와 미립자의 세계가 거시적인 자연세계와 달리 객관적인 인과법칙이 엄격하게 적용될 수 없고 관찰자에게 불확실한 확률로만 인식될 수 있음을 확인하게 되었다. 우주물리학의 발달에 따라 우주에서 최초로 별들이 형성될 때 생겨난 무거운 원소들이 사람의 몸속에 그대로 있는 것을 확인했을 뿐 아니라 인간의 몸의 원자들을 포함한 우주의 원자들이 균일함을 알게 되었다. 최초의 별들이 형성될 때 생겨난 물질들에서 지구가 생겨났고 지구의 물질들에서 생명이 생겨났고 생명에서 인간의 몸이 생겨났던 것이다. 이제 인간은 우주와 인간 몸의 동질성뿐 아니라 우주의 역사가 인간의 몸에 새겨져 있음을 알게 된 것이다.

　오늘날 생명 진화론과 생명공학, 뇌신경학과 심리학은 생명 진화의 역사가 인간의 몸과 맘에 압축되어 있으며, 인류역사가 인간의 맘에 새겨져 있음을 말해준다. 인간의 세포와 유전자는 38억 년 생명 진화의 역사를 거쳐 형성된 것이며 인간의 세포와 유전자 속에는 생명 진화의 역사가 압축되어 있다. 또한 인간의 감정과 의식 속에는 2백만 년 인류역사가 새겨져 있다. 인간과 인성에 대한 이런 지식은 인간의 몸과 맘과 정신이 우주와 생명 진화와 인류역사의 씨올임을 시사한다.

인간과 인성은 우주와 생명 진화와 인류의 역사 속에서 형성된 것이며 인간과 인성 속에는 우주와 생명 진화와 인류의 역사가 새겨져 있다. 따라서 인간과 인성은 우주와 생명 진화와 인류의 역사에 비추어 이해해야 하고 우주와 생명 진화와 인류의 역사도 인간과 인성에 비추어 이해되어야 한다. 우주와 생명 진화와 인류의 역사 속에서 형성된 인간과 인성을 이해한다는 것은 우주와 생명과 인류를 이해하는 것이다.

I. 인간의 형성

우주와 생명 진화와 인류사회의 큰 틀과 흐름(Big History) 속에서 인간이 누구이고 무엇인지를 이해해야 한다.

1. 우주와 인간

인간은 우주에 비하면 지극히 작은 존재이고 아주 짧은 시간 살다 죽는 존재지만 우주 안에서 인간은 매우 특별하고 존귀한 존재다. 이제까지 알 수 있는 한 우리는 우주에서 인간과 같은 존재를 발견하지 못했다. 인간은 우주의 역사가 피워낸 꽃이고 열매다. 우주의 가장 아름답고 신기하고 존귀한 것이 인간 속에 담겼고 인간으로 피어난 것이다. 인간이 알고 있는 한 인간은 우주에서 인간 자신과 우주를 이해하고 평가하고 찬미하고 의미 있고 보람 있게 할 수 있는 유일한 존재다.

사람의 몸속에 우주의 나이테가 있다. 별들의 물질적 원소적 성분과 사람 몸의 물질적 원소적 성분이 일치한다. 우주 만물의 구성 성분이 인간의 몸과 맘속에 압축되어 있고 종합되어 있다. 인간 속에 우주의 모든 요소와 성분이 수렴되고 압축되어 있다. 인간 속에서 우주는 진화 발전하고 있으며 자기를 자각하고 실현하고 완성해가고 있다. 인간 속에서 우주는 아기처럼 태어나고 자라고 자기를 초월하여 고양되어 간다. 인간에게는 생명의 본능이 있고 본능 위에 감정이 있고 감정 위에 의식이 있고 의식 위에 지능이 있고 지능 위에 지성과 정신이 있고 지성과 정신 위에 영성과 신성이 있다. 인간 밖의 자연적 물리적 우주에서는 찾아볼 수 없는 지성과 영성이 인간에게는 있다. 우주의 모든 존재 요소가 인간 속에 있다는 점에서 인간은 소우주다. 또 인간 속에는 자연적이고 물리적인 우주에 없는 요소들이 있다는 점에서 인간은 우주에서 가장 깊고 높은 존재다. 그 점에서 인간은 우주의 가장 깊은 중심이고 가장 높은 꼭대기다.

인간은 우주 물질세계의 물리법칙과 이치를 존중하고 거기에 순응하며 살아야 한다. 그러나 인간은 물리법칙과 이치를 넘어서 생명과 정신의 깊이와 높이를 드러내고 실현해야 할 존재다. 생명과 정신의 주체적 자유를 가진 인간은 물리적 인과법칙과 이치를 넘어서 더 깊고 높은 존재의 세계를 실현하고 드러내야 한다. 인간은 물질로 이루어진 몸을 지닌 존재이고 물질에 의지해서 물질과 더불어 사는 존재다. 물질을 알고 물질과 사귐으로써 인간은 몸을 지닌 인간과 인성을 깊이 알게 된다. 우주와 인간은 물질적으로 이어지고 소통하고 결합되어 있다. 과학과 기술은 물질의 깊은 세계를 보여줌으로써 우주와 인간을 잘 이해할 수 있게 한다. 나노공학은 원자의 단순함에서 물질의 놀라운 신비와 힘을 보여주며, 그래핀, 반도체, 바이오컴퓨터는 물질의 깊이와 힘을 드러내며 풍요와 아름다움을 보여준다. 지성과 영성을 가진 인간은 물질의 깊이와 풍요, 아름다움과 힘을 드러내고 실현할 수 있는 존재다. 인간은 물질을 알고 드러냄으로써 우주를 더 깊이 이해하고 실현하며 인간 자신을 더 잘 알고 실현할 수 있다.

인간은 다른 생명과의 공존과 사귐을 통해서 다른 생명을 이해할 뿐 아니라 인간 자신을 이해한다. 목축은 인간과 동물의 친교다. 닭과 개와 소, 고양이를 통해 인간은 동물 세계를 알고 자신을 이해한다. 사람을 통해 닭, 개, 소, 고양이도 번성했다. 개의 충성스러움, 새벽을 알리는 닭의 울음, 충직하고 헌신적인 소의 삶과 일은 인간의 본성을 일깨우고 고양시킨다. 닭과 개와 소는 인간에게 충성하고 목숨을 바치면서도 인간과 함께 번식하고 번성했다. 강하고 사나운 공룡이 멸종하고 호랑이와 사자가 멸종의 위기에 빠졌는데 작고 약한 고양이는 개체 수가 크게 늘었고 희생과 헌신의 길을 걸은 개, 닭, 소는 크게 번성했다. 농업은 자연법칙과 이치를 몸에 익히고 거기 순복하는 것을 배우는 것이다. 몸은 물질이고 물질의 법칙과 이치에 따라야 한다. 자연법칙과 이치에 순복하는 것은 굴복하는 것과는 다르다. 인간이 자연법칙과 이치에 굴복하는 것은 자아를 잃고 물질의 종이 되어 물질의 세계로 타락하는 것이고, 거기에 순복하는 것은 그 법칙과 이치를 익혀서 인간이 물질세계의 주인이 되어 물질의 힘과 아름다움을 실현하고 누리는 것이다.

인간은 우주와의 교감과 일치 속에서 산다. 우주 속에 인간이 있고 인간 속에 우주가 있다. 인간 안에서 우주의 얼굴(본 모습)이 드러난다. 인간은 자신의 존재와 삶을 통해서 우주의 신비와 비밀, 존재의 깊이와 아름다움, 존재의 높이와 거룩함을 드러내 보여야 한다. 인간 주체의 깊이와 자유에서 우주 전체의 일치에 이르는 생명과 정신의 실재가 참된 신이고 하나님이다. 하늘의 없음과 빔에서 물질을 초월한 생명과 정신의 자유와 높이가 드러난다. 인간 속에 신의 얼굴이 새겨져 있다. 우주의 자연 물질은 생성소멸의 운명에 매여 있다. 우주의 물질세계는 생성소멸의 과정을 되풀이하면서 열역학 제2법칙에 따라 질서에서 혼돈으로, 높은 에너지 상태에서 낮은 에너지 상태로 옮겨감으로써 쇠퇴와 소멸의 길을 가게 된다. 덧없이 사멸하는 우주의 허무와 썩어짐에서 벗어나 영원한 생명과 보람, 참 뜻과 기쁨에 이르는 길이 인간 속에 있다. 인간은 자기 속에서 하나님의 얼굴을 드러내고 참된 주체의 자유와 깊이에서 우주전체의 하나 됨에 이름으로써 허무와 썩어짐의 사슬에 매인 우주를 영원한 생명과 보람의 세계로 해방시켜야 한다.7 우주는 인간 안에서 해방되고 자기를 온전히 자각하고 실현하게 된다.

2. 생명 진화와 인간

인간과 인성은 오랜 생명 진화 과정에서 형성되었다. 물질서 생명, 생명서 감정, 감정서 지성, 지성서 영성으로 진화하면서 인간과 인성은 물질·생명·감정·지성·영성을 아우르는 종합적이고 중층적인 존재가 된 것이다. 물질에서 영으로 진화하는 동안 생명은 존재와 값이 승화되고 고양되었다. 물질 안에서 물질을 극복하고 초월함으로써 물질의 생명화 정신화가 이루어진 것이다. 물질세계에서는 이루어질 수 없는 다양한 물질적 요소의 상생과 공존이 생명

---

7 신약성서 로마서 8장 19~22절에 따르면 피조물(우주만물)이 허무와 썩어짐의 종노릇에서 벗어나 하나님 자녀들의 영광과 자유에 참여하기 위해서, 하나님의 자녀들이 나타나기를 고대한다.

세계에서는 이루어졌다. 생명 진화는 존재의 비약과 초월, 상승과 고양이었다. 그것은 주체의 깊이와 자유에서 전체의 일치에 이르는 과정이었다. 생명의 주체가 더욱 깊어질수록 전체 생명은 더욱 크게 하나로 되었다. 인간과 인성은 생명의 주체가 더욱 깊어지고 자유로워져서 전체 생명이 더욱 크게 하나로 된 것을 나타낸다.

인간과 인성 속에 생명 진화의 역사가 압축되어 있다. 서로 다른 존재의 차원에 속하는 물질, 생명, 감정, 지성, 영성이 저마다 주체와 전체로서 인간과 인성 속에 살아 움직이며 작용한다. 인간은 물성과 신체성을 가진 존재이므로 물질의 법칙과 이치에 따라 살아야 한다. 또 인간은 본능과 감정을 가진 존재이므로 본능과 감정을 존중하며 본능과 감정에 충실히 살아야 한다. 사람은 지성을 가진 존재이므로 생각하면서 법도와 이치에 따라 진실하게 살아야 한다. 사람은 영성을 가진 존재이므로 하늘의 자유를 숨 쉬며 높은 뜻을 가지고 깊고 거룩한 삶을 살아야 한다. 사람은 몸의 물성과 신체성, 본능과 감정, 지성과 영성을 아우르며 실현하고 완성하는 삶을 추구해야 한다. 그것은 한 마디로 주체의 깊이와 자유에서 전체의 하나 됨에 이르는 것이다. 인간의 삶 속에서 주체와 전체의 일치를 이루는 것이 생명의 본성과 목적을 실현하고 완성하는 길이고 생명 진화와 인류역사를 완성하는 길이다.

생명

생명은 물질 안에서 물질을 초월한 것이다. 생명은 주체의 자유와 깊이를 얻은 것이며 전체의 하나 됨(통일)에 이른 것이다. 생명은 물질의 속박과 제약에서 벗어난 기쁨과 신명이며 자유로운 사랑과 사귐의 관계에 이른 것이다. 생명은 물질의 타성적인 잠과 법칙적 속박에서 해방된 기쁨과 신명, 사랑과 평화의 축제다. 생명은 물질적인 몸을 가지면서도 그 속에는 물질적인 제약과 속박에 매이지 않는 자유로움이 있다. 인간 생명의 속에는 더러움과 죄악에 물들지 않는, 근심과 걱정, 파멸과 죽음을 모르는, 시들거나 마르지 않는 기쁨과 자유가 있고, 속에서 흘러넘치는 사랑과 헌신이 있다. 물질 안에서 물질을 초월한 생명은 공존과 상생의 사건이고 운동이다. 생명의 본질과 본성은 나눔과 공존을 위해 솟아오르는 것이다. 생의 본성에 충실히 사는 인간은 스스로 솟아올라 흘러넘쳐서 생의 기쁨을 나누고 사랑으로 더불어 산다. 인간의 생은 자발적 의지(주체)와 헌신의 운동이다. 생명은 꽃을 피우고 열매와 씨올을 맺어야 하고 사람은 스스로 솟아올라 흘러넘치는 삶을 살아야 한다.

생명세계는 상생과 공존을 위해 물질세계를 넘어 비약과 초월이 이루어지는 세계다. 생명 진화의 과정에서 존재와 가치의 진화와 고양과 향상을 위해 개체의 자기부정과 희생과 초월이 이루어지고 전체의 공존과 상생의 사건이 일어났다. 생명의 자기부정과 희생을 통해서 생명의 주체가 더욱 깊고 자유로워졌고 전체는 더욱 크게 하나로 되었다. 생명의 진화와 고양, 심화와 향상, 내적 초월과 역사적 진전은 생명의 자기부정과 희생과 죽음을 통해 이루어진 것이다.

맨 처음 생겨난 생명체들인 세균(박테리아)들은 세포 분열을 통해 번식할 뿐 십억 년 이상 아무 변화도 없었다. 제 몸을 쪼개서 똑같은 세포를 만들어내는 이런 번식과정에는 희생과 죽음도 없었고 새로운 변화와 진화도 없었다. 본래 세균들은 산소를 싫어하는 혐기성 세균들이었는데 주위에 산소가 많아지자 산소를 좋아하는 호기성 세균들이 생겨났다. 사나운 호기성 세균들이 약한 혐기성 세균들을 잡아먹기 시작했다. 잡아먹히던 혐기성 세균들이 한데 모여 커다란 막을 쓰고 숨어 지냈다. 그러다 막을 둘러쓴 혐기성 세균들이 막을 열고 공격하는 호기성 세균을 받아들였다. 강한 호기성 세균을 받아들임으로써 서로 적대적이었던 혐기성 세균과 호기성 세균의 공존과 상생이 이루어졌다. 이렇게 생겨난 것이 모든 생명체의 기본단위인 진핵세포다. 진핵세포에서는 강력한 호기성 세균이 발전소 구실을 하는 미토콘드리아나 엽록소가 되었고 생명세계에 눈부신 진화가 시작되었다. 모든 세포가 함께 죽고 함께 사는 다세포생물이 생겨남으로써 다양하고 아름다운 생명세계가 열렸다.[8]

적과의 공생으로 태어난 진핵세포와 다세포 생물은 더 이상 세포분열의 방식으로 번식할 수 없게 되었다. 그래서 생명의 알짬을 몸 밖에서 씨울이나 주머니에 담아서 생명을 전하게 되었다. 개체의 몸 밖에서 씨울을 통해 생명을 전하게 됨으로써 개체가 죽어도 생명을 전할 수 있게 되었다. 전체 생명은 진화를 위해 개체의 죽음과 희생을 기꺼이 감수하게 되었다. 생명의 진화 과정에서 씨울과 죽음이 발명되었다. 개체의 죽음을 통해서 전체 생명은 진화하고 고양될 수 있게 되었다. 세포 분열을 통해서 제 몸을 늘어나게 할 때는 죽음을 감수할 필요가 없었고 어떤 진화와 새로움도 일어날 수 없었다. 씨울을 통해 번식하면서 개체의 죽음을 감수했을 때 비로소 전체 생명은 눈부시게 진화했고 더 높고 깊은 차원으로 고양되

---

8 박문호, 『뇌, 생각의 출현』 (휴머니스트, 2008), 59-60 참조.

고 향상될 수 있었다. 만일 씨올과 죽음이 없었다면 생명은 세균과 곰팡이 수준을 넘어서지 못했을 것이다.

생명의 진화는 강하고 억센 데서 이루어지지 않고 약하고 부드러운 데서 이루어졌다. 딱딱하고 두꺼운 껍질 속에 부드러운 속살을 감춘 조개와 소라는 수억 년 동안 진화를 이루지 못했다. 그러나 딱딱한 뼈를 약하고 부드러운 살로 감싼 물고기는 척추동물이 되어 파충류와 포유류의 조상이 되었다. 거대하고 강한 파충류, 공룡이 세상을 지배할 때 작고 약한 파충류와 포유류는 어두운 숲과 동굴 속에 숨어서 겨우 목숨을 유지하며 살았다. 거대하고 힘센 짐승들에게 잡아먹히지 않기 위해서 몸과 맘을 졸이며 조심조심 살았던 작고 약한 동물들은 감각이 발달하고 신경이 예민해지고, 서로 불쌍히 여기고 도울 줄 알게 되었다. 이들은 어렵고 힘든 조건과 환경에서도 살아남을 수 있는 힘과 지혜를 갖게 되었다. 거대하고 힘센 공룡들은 환경이 바뀌자 적응하지 못하고 멸종되고 말았다.

공룡과 침엽수(겉씨식물) 숲 사이에는 먹고 먹히는 적대와 파괴의 관계만 있었다. 처음에 조그마했던 공룡들이 침엽수 숲을 갉아 먹기 시작해서 거대하고 힘센 동물이 되었으나 숲은 파괴되고 말았다. 적대와 파괴의 관계로는 생명 진화의 길을 열 수 없었다. 울창했던 침엽수 숲은 사라지고 거대한 공룡들은 멸종하고 말았다. 침엽수 숲과 공룡이 사라지자 작은 포유류와 속씨식물의 세상이 열렸다. 속씨식물은 아름다운 꽃 속에 달콤한 꿀을 품고 달고 맛난 열매를 열었다. 속씨식물은 작은 포유류들에게 달콤한 꿀과 맛난 열매를 아낌없이 주었다. 작은 포유류들은 꿀과 열매를 먹고 그 씨앗들을 널리 퍼트렸다. 작은 포유류는 크게 번성하고 자랐으며 속씨식물은 온 세상에 가득하게 되었다. 작은 포유류가 진화하여 영장류가 되고 영장류에서 인간이 진화하였다. 꽃을 피우고 맛난 열매를 맺는 속씨식물과 포유류의 상생과 공존 관계에서 생명 진화의 길이 열렸다. 아낌없이 주는 사랑과 헌신의 관계, 상생과 공존의 관계에서 전체 생명은 놀라운 진화의 길을 열었다.

공룡이 멸종했기 때문에 작고 약한 포유류들이 번성하여 인간으로 진화할 수 있었다는 주장은 결정론적 사고를 반영한다. 거대한 공룡들이 멸종하지 않았다고 해도 작고 연약한 포유류들은 감각이 예민해지고 서로 불쌍히 여기며 서로 돕고 보살핌으로써 감성과 지성을 발전시켜서 결국 거대한 공룡들을 이길 수 있었을 것이다. 외부의 환경과 조건 가운데 무엇이 있거나 없기 때문에 생명의 진화가 이루어졌다고 보는 것은 물질적 환경적 결정론을 반영하는 생각이다. 무엇이 있거나 없는 것이 생명의 창조와 진화를 위한 계기가 될 수는 있어도 생명의 창조와 진화를 결정하지는 못한다. 생명의 창조와 진화를 일으키는 진정한 동인과 힘은 생명의 주체 속에 있다. 생명에게 무(無)와 공(空)은 물질을 초월하고 고양시키는 계기이다. 어떤 외적 존재의 부재와 결핍과 위협이 물질의 제약과 속박을 넘어 생명의 창조와 진화, 초월과 고양을 일으키는 계기와 자극이 될 수 있다. 물질적 존재의 무와 공, 어떤 외적 사물과 존재의 부재와 결핍과 위협이 창조와 진화를 위한 자극과 계기가 될 수는 있지만 창조와 진화를 결정하는 것은 아니다. 창조와 진화를 일으키는 참된 동인과 힘은 생명과 정신 속의 속에 있다. 생명과 정신의 주체의 깊이와 자유에서 전체의 하나 됨에 이르려는 자발적 의욕과 의지가 어떤 난관과 위협, 결핍과 부재를 극복하고 더욱 깊고 큰 전체로 나아간다.

물질 안에서 물질을 초월한 생명은 물질의 힘과 법칙을 넘어서 사랑과 정의의 힘과 진리에 이른 것이다. 서로 주체의 깊이와 자유에서 전체의 하나 됨에 이른 생명은 그 자체가 기쁨과 자유, 신명과 흥, 사랑과 진리, 평화와 정의다. 생명의 본성은 그 자체가 불성(佛性)이고 하나님의 형상(形像, Imago Dei)이다. 그러나 생명은 여전히 물질 안에서 물성의 원리와 법칙의 제약 속에 있다. 먹고 먹히는 적대관계에 있던 혐기성 세균과 호기성 세균이 합생(合生)해서 상생하고 공존하는 세포핵과 미토콘드리아(엽록소)를 지닌 진핵세포가 되고, 세포들이 함께 죽고 더불어 사는 다세포 생물이 나오고 몸의 여러 기관이 상생 공존하고 있다. 이것은 서로 다른 주체의 상생과 공존이 생명의 본성이고 목적임을 나타낸다. 인생과 역사의 목적도 서로 다른 인간 주체들이 사랑과 정의 안에서 상생과 공존의 한 몸 공동체를 이루는 것이다.

포유류의 잉태와 육아

파충류는 알을 낳을 뿐 제 새끼를 먹이고 기르지는 않는다. 파충류도 아주 잠깐 제 알과 새끼를 보호하기도 하지만 어미와 새끼 사이에 지속적인 관계가 성립하지 않는다. 그러나 포유류는 여러 달 동안 새끼를 몸에 배고 몸속에서 기르다가 낳은 다음에는 젖을 먹여 기르고 생존에 필요한 기본 행위를 가르친다. 몸속에 새끼를 뱄을 때 어미는 제 몸의 살과 피와 뼈를 새끼와 나누는 거룩한 사랑을 베푼다. 어미와 새끼가 살과 피와 뼈를 나누는 거룩한 사랑과 희생의 경험이 포유류의 본성과 특징을 형성한다. 새끼를 낳고서 어미는 제 몸의 알짬인 젖을 새끼에게 먹여서 기른다. 어미와 새끼의 이런 사랑과 희생의 경험에서 생명은 더욱 깊고 높아졌으며 여기서 인간의 높고 섬세한 감정과 맑은 지성과 높은 영성이 생겨났다.

자신의 육체적 본능과 욕구에 충실했던 파충류의 자손인 뱀은 육체적 생존을 위해 다른 모든 것을 희생하는 방식으로 진화하였다. 생존을 위해서 먹이를 얻고 몸을 숨기기 위해서 뱀은 팔과 다리를 없애고 눈과 코와 귀도 퇴화시키고 다만 큰 입을 가졌고 그 입 속에 날카로운 이빨과 독을 지니고 땅바닥을 기어 다니게 되었다. 그러나 사람은 생존의 위험을 무릅쓰고 하늘을 향해 곧게 서는 존재가 되었다. 하늘을 머리에 이고 하늘을 우러르며 살게 된 사람의 손과 발은 자유롭고 섬세하게 발달했고 사람의 얼굴은 의젓함과 존엄을 드러내고, 이는 작고 뭉툭해졌으며 손톱과 발톱은 부드럽고 약해졌다. 맑은 눈을 가지고 섬세한 감정과 사랑을 드러내며 서로 소통하고 사귀기 위해서, 서로 협력하고 협동하며 상생과 공존의 삶을 살기 위해서, 사람은 생각하고 말하는 존재가 되었다. 사람이 생각하고 말하는 존재가 되고 손과 발이 자유롭고 부드러워지고 눈이 맑아진 것은 사람이 평화와 공존을 위해 진화하고 준비된 존재임을 나타낸다. 오랜 생명 진화 끝에 생각하고 말하는 인간이 나온 것은 상생과 공존, 정의와 평화를 위해 생명이 진화한 것을 말해준다.

진핵세포가 된 생명은 씨올을 통해 번식하고 진화하는 길을 가게 되었다. 껍질이 벗겨지고 속알맹이가 살아남으로써 생명은 풍성하고 다양하고 아름답게 피어난다. 씨올은 스스로 깨지고 죽음으로써 개체의 희생과 죽음을 통해서 전체 생명의 진화와 고양에 이른다.

씨올이 깨지고 죽는 일 없이는 개체의 죽음과 희생 없이는 전체 생명의 진화와 고양은 없다. 생명이 다양하고 풍부하고 높고 깊어지려면 개체의 희생과 죽음을 거쳐야 한다. 꽃피는 식물과 포유류의 공생에서 인간의 지성과 영성의 진화가 이루어졌다. 포유류는 엄마의 뱃속에서 엄마의 살과 피와 뼈를 나눔으로써 태어난다. 태어나서는 엄마의 몸의 알짬인 젖을 먹고 자란다. 사람은 특히 잉태와 육아의 과정이 길다. 엄마의 조건 없는 사랑과 희생으로 사람은 사람이 되고 사람으로 새롭게 태어난다. 조건 없는 사랑과 희생으로 인간의 몸과 맘이 형성되고 길러진다는 것은 인간에게 큰 축복이고 은혜다. 인간의 삶과 정신의 바탕은 이러한 조건 없는 희생과 사랑이다. 여기서 사람이 되고 사람을 만드는 교육이 비롯되었다.

생명의 갈등과 평화의 창조

물질 안에서 물질을 초월한 생명은 물질과 정신의 깊은 갈등과 대립 속에 있다. 스스로 하는 생명은 저마다 스스로 하는 주체를 가진 존재다. 서로 다른 주체로서 인간과 인간 사이에는 깊은 갈등과 대립의 벽이 놓여 있다. 인간의 생명 속에는 서로 다른 차원의 몸, 맘, 얼이 깊은 갈등과 대립과 충돌을 일으키고 있다. 물질 안에서 물질을 초월하면서 주체와 전체의 일치를 추구하는 생명은 물질과 정신 사이에서 끊임없이 갈등하고 대립하고 충돌하는 것이다. 그러나 생명의 이러한 갈등과 대립과 충돌은 생명의 진화와 고양을 위한 것이다.

갈등과 대립을 통해 생명은 주체의 깊이와 자유에 이르고 더욱 큰 전체의 하나 됨에 이른다. 개인의 주체가 더욱 자유스럽고 깊고 높은 존재가 되기 위해서 그리고 전체 생명이 더욱 큰 하나 됨에 이르기 위해서 생명은 물질적 몸에 매인 개체 생명의 죽음과 희생을 감수하고 먹고 먹히는 갈등과 대립을 거쳐야 했다. 인간의 내면에서 그리고 역사와 사회에서 갈등과 대립은 이어졌고, 갈등과 대립을 극복하고 정의와 평화의 삶으로 승화시키기 위해서 갱신과 초월, 죽음과 희생, 고양과 향상이 일어나야 했다. 생명 속에는 먹고 먹히는 갈등과 대립, 본능적 욕망과 충동이 있지만 그것을 뛰어넘는 상생과 공존의 힘과 지혜가 들어 있다. 생명의 씨올인 인간은 생명의 갈등과 대립을 초월하여 평화를 창조하는 존재다.

몸을 가진 인간은 본능과 감정을 가질 뿐 아니라 지성과 영성을 가진 존재다. 다른 짐승들에게도 지능이 있으나 지성과 영성은 없다. 지능은 본능을 실현하는 심부름꾼이고 본능을 실현하기 위한 꾀다. 지성과 이성은 물질과 본능을 초월한 보편적 객관적 이치를 드러내고 파악하는 것으로 물질, 본능과 대립해 있다. 영성은 신체와 지성을 아우르는 초월적 통합적 본성이다. 내 몸속에 살아 있는 파충류의 본능과 포유류의 감정을 넘어 이성과 영성을 실현해야 한다. 식본능과 성본능에 충실한 파충류는 현재에 충실한 삶을 살고 포유류는 감정과 기억에 따라 과거와 현재에 충실히 살아간다. 인간은 파충류의 식본능과 성본능을 가졌고 포유류의 감정과 기억을 가졌으며 인간의 지성과 영성을 가졌다. 인간은 식본능과 성본능에 충실한 파충류처럼 현재에 충실하게 살고, 감정과 기억을 가진 포유류처럼 과거를 되새기며 현재를 살 수 있다. 그러나 지성과 영성을 가진 인간은 과거와 현재를 비판하고 미래를 구상하고 계획하며

살 수 있다.[9] 인간이 과거와 현재를 분석하고 비판하고 미래를 계획
하려면 이성이 필요하고 과거와 현재를 초월하여 미래를 새롭게 창
조하려면 영감을 지닌 영성이 요구된다.

과거와 현재와 미래를 통일하는 생명과 영성의 주체성

생명 진화의 역사가 압축되어 있는 인성 속에는 과거와 현재와
미래를 통합하고 창조하는 시간과 공간의 근원과 중심이 있다. 하
나의 씨앗 속에 수억 년 살아온 나무의 역사가 들어 있고 앞으로 펼
쳐질 무궁한 미래의 역사가 잠재되어 있듯이, 생명 진화와 인류역
사의 씨올인 사람 속에는 지나온 수억 년의 생명 진화사가 들어 있
고 앞으로 펼쳐질 생명과 정신의 무궁한 역사가 잠재되어 있다. 지
금 인간의 정신과 삶 속에서 주체의 자유와 깊이에서 전체의 하나
됨에 이르는 것은 지금 여기 현재의 순간 속에서 과거와 현재를 통
합하여 새로운 미래를 창조하는 것이다. 인간의 인성은 인간의 새
로운 미래(새 역사와 사회)를 창조하는 중심과 근원이다.

인간은 본능, 감정, 지성과 영성의 통합체다. 인간의 자아, 인격,
'나'는 몸과 맘과 얼의 조화와 통일을 나타낸다. '나'는 몸(본능)과 맘
(감정과 지성), 얼(영성)이 조화와 균형, 일치와 통일에 이른 것이고,
몸과 맘과 얼 사이에 화면조정이 이루어져 초점을 맺은 것이다. 생
명과 인성의 주체인 '나'는 고정된 실체가 아니고 물건처럼 주어진
것이 아니라 늘 새롭게 생성되고 태어나는 것이다. 인간을 형성한

---

9 파충류, 포유류, 인간의 뇌구조와 구실에 대해서는 정재승·정용·김대수 지음, 『1.4킬
로그램의 우주, 뇌』(사이언스북스, 2014), 50-52 참조.

본능, 지성, 영성, 몸, 맘, 얼은 인간의 한 부분이나 요소가 아니라 저마다 다른 차원에서 주체이며 전체다. 서로 다른 주체와 전체를 통합하고 일치시키는 '나'는 늘 새롭게 태어나야 한다. 모든 생명체는 생명의 씨울이며 더 나은 생명을 낳아야 하는 존재다. 전체 생명 진화의 씨울인 인간은 더 나은 인간 생명을 낳는 존재다. 인간은 늘 새롭게 자신을 낳아야 한다. 새로운 인간을 낳고 창조하는 주체는 얼이다. 얼은 빔과 없음의 하늘이 열리는 자리다. 인간이 자신을 낳는 자리는 얼 속에서 열리는 없음과 빔의 하늘이다. 하늘이 열린 얼의 빔과 없음에서 새로운 나, 더욱 큰 나가 태어나고 서로 다른 주체와 전체들이 실현되고 통일되며 완성된다.

3. 사회와 인간

인류는 인간으로 살아온 기간의 99%를 사냥하고 열매와 씨앗을 모으며 살았다. 농사를 지으며 혈족들이 함께 모여 한곳에 정착해서 사회를 이루고 살기 시작한 것은 인류역사 기간의 1%도 되지 않는다. 자연 속에서 생의 리듬과 흐름에 따라 사냥을 하고 씨와 열매를 모으며 살던 인간의 삶은 자연스럽고 천진난만한 삶이었다. 산과 들을 뛰어다니며 사냥을 하고 열매와 씨를 따며 살던 인간은 생의 본능적 욕구와 충동에 충실하고 자연환경과 조건에 충실한 삶을 살았다. 인간은 자신의 생명력을 힘껏 분출시켰고 자신의 욕구와 감정과 의지에 충실하면서도 자연의 환경과 조건에 순응하며 살았다. 힘껏 살다가 힘이 떨어지면 죽었다. 원시인류에게 다른 고민과 걱정, 불안과 괴로움은 없었다. 어머니와 아버지의 품속에서 사는 어린아이처럼 원시인류는 자연의 품에서 소박하고 자연스럽게 살았다. 원시인류는 자연의 거대한 힘 앞에 무력감과 두려움을 느꼈으나, 주체의 실존적 불안과 고민이 깊지 않았고, 자유와 개성이 발달하지 못했으며 전체의 하나 됨에 대한 열망과 헌신도 크지 않았다. 다만 인성 속에 깃든 주체의 개성과 자유가 날마다 되풀이되는 일상생활 속에서 약하게 꿈틀거렸고 전체에 대한 열망과 꿈이 맘속에서 희미하게 드러났다.

수렵 채취 시기의 인간에게 일은 놀이이고 축제였으며 춤이고 노래였다. 산과 들을 달리면서 사냥을 하는 동안 인간은 자신의 생의 기쁨과 힘을 느낄 수 있었고 먹이를 함께 나누며 사랑과 보람을 느꼈다. 열매와 씨를 따면서 자연의 고마움과 은혜를 느꼈고 짐승을 잡아 죽이고 그 고기를 나누어 먹으면서 신령한 힘과 고마움과 두려움을 느꼈다. 자연 생명 세계 속에 신령한 힘과 아름다움이 있고 짐승의 목숨과 피에서 거룩함과 고마움을 느꼈다. 이들은 어머니같이 고맙고 신령한 자연 생명 세계를 우러르고 경배하였다. 서로 힘을 모아 사냥하면서 인간은 자신의 힘과 솜씨를 키웠고 동료들과 협력하고 협동하면서 생각과 감정과 뜻을 표현하고 전달하는 말과 신호를 발달시켰다. 사냥한 먹이를 서로 나누고 함께 먹으면서 서로 사랑하며 더불어 사는 힘과 지혜를 길렀다.

농사를 짓고 모여 살면서 사람은 사회를 형성하기 시작했다. 사람은 사회를 짓고 낳는 사회의 창조자이며 사회 속에서 태어나고 형성되는 사회의 피조물이다. 인간의 본성은 사회 속에서 실현되고 표현되었으며, 단련되고 고양되었다. 그러나 인간 속에는 사회관계로 해소되지 않는 주체와 전체의 차원이 있다. 주체와 인격의 나다움, 나 됨은 사회의 초월적 근거이며 목적이다. 인간의 물질적 차원인 몸은 생존을 위해서 의존적 협력 관계를 요구한다는 점에서 사회성의 근거이다. 생리적 욕구와 필요를 지닌 몸을 가졌기 때문에 사람은 홀로 살 수 없다. 몸의 욕구와 필요 때문에 사람은 남의 도움으로 남과 함께 살아야 한다. 그러나 주체로서 몸은 사회적 관계를 넘어선다. 몸은 인간의 주체와 전체를 나타내기 때문에 몸의 필요와 욕구는 사회적 관계로는 다 충족될 수 없다.

몸, 맘, 얼로 이루어진 인간 생명의 주체와 전체는 사회관계의 중심과 근원이고 토대와 목적이다. 몸, 맘, 얼로 이루어진 인성이 사회관계보다 더 근원적이고 일차적이다. 인간의 내면적 본성인 인성 자체가 사회적 관계를 요구할 뿐 아니라 사회적 관계를 창조한다. 인간의 본성 속에 있는 양심과 도덕(사랑과 정의)은 소통과 사귐의 관계를 요구한다. 인간의 본성 속에 사랑의 욕구가 있기 때문에 인간은 홀로 자족하며 살 수 없고, 서로 사귀며 협력하는 관계를 갖게된다. 인간의 생명과 존재에서 흘러넘치는 사랑(아가페)이 사귐과 소통과 협력의 사회관계를 지어낸다. 생명은 스스로 하는 주체이며 전체의 일치를 추구하는 것이다. 인성은 생명의 본성을 높은 수준에서 구현한 것이다. 주체와 전체의 일치를 추구하는 인간은 주체의 개성과 자유를 실현할 뿐 아니라 서로 주체로서 사귐과 협동 속에서 전체의 하나 됨을 실현하는 존재다. 사회는 인간의 필요와 욕구에서 나온 것이면서 인성을 실현하고 완성하려는 목적과 지향을 가진 것이다. 모든 사회관계는 인간들이 서로 주체의 깊이와 자유를 실현하고 전체의 하나 됨에 이르려는 시도이고 노력이다.

인간의 본성은 필연적으로 사회를 형성하고 사회 속에서 실현되고 완성된다. 인류사회는 가정, 씨족, 부족, 국가, 세계로 점차 확대되고 발전해왔다. 인류 사회의 발전과정 속에서 인간은 자기이해의 깊이와 넓이를 심화 확대했다. 사회는 주체와 전체의 일치를 실현하는 방식과 관계와 틀이다. 사회는 인간의 주체와 전체를 실현하는 마당이고 훈련장이다. 사회는 서로 주체로서 인간이 공존과 상생을 실현하는 삶의 과정이고 도장이며 목적이다. 인간은 서로 소통하고 대화하며 사귀고 맞서고 보살피고 협력함으로써 인간사회와 문명을 이룩했다. 사회는 인간의 삶을 실현하는 과정과 도장이라는 점에서 인간(생명)보다 작고 낮은 것이지만 인간의 본성을 실현하고 완성하는 삶의 목적이라는 점에서 인간보다 크고 높은 것이다.

사회는 주체의 깊이와 자유를 실현하고 주체와 전체의 일치에 이르는 인성교육의 마당이고 도장이고 목적이다. 그러나 시대와 상황에 제약된 사회의 집단과 조직은 인간의 주체와 전체를 제약하고 왜곡한다. 유한한 사회제도와 조직과 집단은 인간의 주체와 전체를 온전히 드러내고 실현할 수 없다. 모든 사회의 조직과 집단, 제도와 체계는 인간의 주체와 전체를 부분화하고 표면화함으로써 인간을 억압하고 약화시킨다. 따라서 인간은 늘 주어진 사회를 새롭게 형성하고 개혁하고 창조해야 한다. 인간은 사회의 전통과 문화, 조직과 이념 속에서 태어나고 교육되고 성장하지만 거꾸로 사회의 전통과 문화, 조직과 이념은 인간의 정신과 의지에 의해서 새롭게 형성되고 창조된다. 사회가 사람을 새롭게 낳고 형성하고 고양시키지만 또 사람이 사회를 낳고 바꾸고 새롭게 형성한다. 사회의 존재 이유와 목적은 인성을 실현하고 완성하는 데 있다.

사회에서 최고의 가치, 최고의 선, 최고의 아름다움, 진선미는 생명의 본성과 인성의 알짬인 주체와 전체의 실현에 있다. 주체와 전체만이 참되고 선하고 아름다운 것이다. 생명의 주체와 전체를 살리고 실현하는 것이 정의이고 선이고 도덕이다. 인간과 인성이 사회의 창조적 근원이며 존재의 근거와 목적이다. 인간과 인성을 부정하고 파괴하는 사회는 자기 존재의 근거와 목적을 부정하고 창조적 근원을 파괴하는 것이다. 사회의 가장 크고 중요한 정의는 인간의 주체와 전체의 생존과 실현을 위해 필요한 것을 주는 것이다. 밥과 옷, 돈과 일자리가 없어서 인간이 생존할 수 없고 인성이 훼손되고 파괴된다면 가장 먼저 이런 것들이 주어져야 한다. 개인과 사회의 권리와 소유를 개인이나 집단의 업적과 노력, 능력과 성과에 따라 존중하고 지키는 것은 이차적으로 중요한 일이고 이차적인 정의다. 이것보다 훨씬 더 중요하고 긴급한 일은 생명을 살리고 생명의 주체와 전체를 실현하는 일이다. 나라와 사회의 가장 중요한 정의는 나라와 사회의 주인과 목적인 인간의 주체와 전체를 살리고 실현하는 것이다. 인간의 생존이 위협받는데 소유와 권리가 어떻게 지켜질 수 있겠는가? 인간의 주체와 전체를 실현하고 완성하는 것보다 더 중요하고 궁극적인 가치는 없고 그것보다 더 근본적인 정의는 없다.

사람의 본성 속에 우주와 생명과 역사의 본성이 깃들어 있다. 인간의 본성을 실현하는 것은 우주와 생명과 역사를 실현하고 완성하는 것이다. 생명과 역사와 사회에는 목적과 방향이 있다. 생명과 역사와 사회에 목적과 방향이 있다는 것은 결정론적 사유와는 관계가 없다. 모든 결정론적 사유는 인과법칙과 기계적 사고에서 나온다.

생명 진화와 인류역사가 미리 계획된 대로 진행된다거나 미래의 정해진 목적과 상태로 이끌려져 간다고 보는 것은 인과 법칙적 기계적 결정론이다. 기계적 결정론은 스스로 하는 자발성과 주체성을 가진 생명과 정신의 본성에 어긋나는 것이다. 역사·사회적으로 그리고 자연 환경적으로 많은 것이 결정되고 조건 지어져 있다고 해도 인간의 자유로운 정신과 영혼에게는 아직 결정되지 않은 것이 여전히 있다. 외적으로 모든 것이 결정되어 있다고 해도 인간 생명의 속의 속에 있는 영혼과 정신 그 자체는 결정되어 있지 않다. 영혼과 정신의 운명을 결정하는 것은 영혼과 정신 자신이다. 그리고 인간의 영혼과 정신이 새로워지고 달라지면 밖에 있는 다른 모든 것도 새로워지고 달라질 수 있다. 영혼과 정신 속에서 일어나는 미세하고 미묘한 작은 떨림과 변화, 쇄신과 초월을 위한 작은 꿈틀거림은 우주 전체를 질적으로 변동시키고 차원변화를 일으킬 수 있다. 그런 의미에서 주체적인 생명과 정신에는 미리 결정된 것은 아무것도 없다. 스스로 하는 주체를 가진 생명과 정신에는 언제나 지금 여기 자신의 삶 속에서 모든 것이 결정되고 창조된다. 생명과 정신은 언제나 그때그때 판단하고 선택하고 결정하고 행동함으로써 자신을 형성하고 새롭게 하고 창조한다. 그렇게 함으로써 생명과 정신은 자신의 방향과 목적, 운명과 성격을 스스로 결정하고 만들어간다. 물질에서 생명의 본능을 거쳐 감정과 의식을 넘어 지성과 영성에 이른 인간이 자신을 내적이고 주체적으로 이해할 때 다시 말해 인간 자신의 존재와 본성 속에서 생명 진화와 인류역사를 볼 때, 생명 진화와 인류역사는 생명의 본성과 목적을 실현하는 방향으로, 지성과 영성을 낳고 상생과 공존의 사회를 형성하는 방향으로 나아갔다고 말할 수 있다. 자기 자신을 스스로 창조하고 형성하는 인간의 사회는 인간의 주체와 전체를 새롭게 실현할 수 있는 창조적이고 열린 사회다.

II. 인격과 주체의 형성

인간은 스스로 하는 생명의 주체를 자각하고 심화 발전시키는 존재다. 하늘과 땅 사이에 곧게 선 인간은 땅의 물질적 법칙과 조건을 넘어서 '나는 나다!'고 선언할 수 있는 자유로운 존재다. 내가 나로 되고 나답게 될 때 주체의 자유에 이르고 전체의 하나 됨에 이른다.

1. 나, 주체의 통일적 초점

나는 주체다

모든 생명과 정신은 스스로 하는 주체로서의 나를 가진 존재다. 그러나 주체성의 깊이와 높이는 저마다 다르다. 모든 생명체는 물질적 조건과 법칙, 욕망과 충동의 지배와 영향을 받는다. 인간은 물질적 조건과 법칙뿐 아니라 사회와 역사의 체제와 질서의 지배와 영향을 받는다. 인간은 내적으로 자유로운 주체지만 밖으로는 물질적 환경과 역사 사회적 제약 속에 있다. 오랜 인류역사를 살아온 인간은 근현대에 이르러 비로소 역사와 사회의 자유로운 주체로 자신을 자각하고 활동하기 시작했다. 근현대 이전의 민중은 피지배자로서 지배 권력의 통치와 신분적 질서에 예속되어 있었다. 따라서 인간은 자신을 자유로운 주체로 자각할 수 없었다. 기축 시대의 성현들 가운데 예수, 석가, 소크라테스 같은 이들은 인간이 정신적으로 그리고 원리적으로 존귀하고 자유로운 존재임을 가르쳤으나 역사와 사회의 구체적 현실에서 창조와 변혁의 자유로운 주체임을 일깨우지는 못했다.

역사와 사회 속에서 자유로운 주체로서의 나에 대한 자각은 근현대에 이르러 생겨난 것이다. 서양에서 주체를 가리키는 말은 subject인데 이 말은 '~아래 던져진, ~아래 놓인'의 뜻을 가진 말이다.[10] 중세까지 인간의 개별적 주체로서의 '나'는 지배 권력의 불의한 통치와 억압적인 신분 질서와 체제 아래서 사는 존재(臣民, 노예)였다. 불의한 억압과 수탈 속에서 짓밟히며 신음하는 피지배 민중의 자의식 속에는 자유로운 창조와 변혁의 주체라는 생각이 나올 수 없었다. 나를 가리키는 서양어는 ego(자아), person(인격)인데 ego는 탐욕과 병든 감정을 지닌 이기적 존재를 나타내고 person은 탐욕과 병든 감정을 감추는 가면으로 파악된다. 근현대에 이르러 자유로운 주체로서 실존이라는 말을 쓰지만 실존은 사회와 타자에 대해서 소통과 이해가 불가능한 닫힌 존재다. 서구에서는 자유롭고 건강한 주체로서의 '나'라는 개념을 찾기 어렵다.

한국과 동양에서는 '나'라는 말을 잘 쓰지 않는다. 유교의 극기복

---

10 subject 외에 agent라는 말이 주체의 번역어로 쓰이는데 agent는 스파이나 중개인의 뜻으로 쓰이는 말이므로 주체를 나타내는 말로는 전혀 적합하지 않다. agent는 라틴어 'ago'에서 온 말이고 'ago'는 '~하다. ~움직이다. ~내몰다. 앞으로 가게 하다'를 뜻하는 말이다. agent가 주체를 뜻하는 말이 되지 못하고 스파이나 중개인의 의미를 갖는 말로 머문 것은 고대와 중세의 시대-사회적 제약과 한계를 반영하는 것으로 여겨진다.

례(克己復禮), 도교의 무위자연(無爲自然), 석가의 무아론(無我論), 힌두교의 범아일여(梵我一如), 한국의 천인합일(天人合一)은 모두 주체적 자아를 부정하거나 보편적 전체에 귀속시키는 개념과 원리다. 우리말에서는 주어로서의 나가 생략되거나 우리로 뭉뚱그려진다. 우리말 문장에서 주어는 거의 구실을 하지 못하고 상대 객어가 술어를 규정하거나 지배한다. 서양어에서 주어가 문장의 술어를 규정하고 지배하는 것과는 아주 다르다. 주체로서의 나에 대한 한국인의 개념과 의식은 모호하며 확립되어 있지 않다.

주체(主體)라는 말은 일본인들이 19세기 후반에 서양어를 번역하는 가운데 생겨난 말들 가운데 하나다. 역사와 사회에서 창조와 변혁의 자유로운 주체로서 '나'의 개념과 의식은 민주정신과 철학의 기초다. 자유로운 주체로서의 나에 대한 개념과 의식을 확립하는 것은 민주사회의 인간교육에서 중요하고 핵심적인 일이다. 주체적인 나가 자유로우면서도 다른 사람들과 서로 주체로서 상생과 공존을 이루며 전체(나라, 인류, 우주, 하늘)의 하나 됨에 이르는 것은 생명과 인간의 본성과 목적을 실현하고 완성하는 것이다.

나, 인성의 통일적 초점

나는 고정된 실체가 아니다. 생명의 주체로서 나는 끊임없이 내가 나로 되는 것이다. 나는 나를 부정하고 초월함으로써 나를 새롭게 짓는 주체다. 나의 세계는 생명의 중심이 잡히고 통일이 이루어진 세계다. '나'는 몸과 맘과 얼의 조정과 통일이다. 나는 몸, 맘, 얼의 주체적 통일이며 화면조정이고 초점이다. 나는 고정된 실체로서 존재하는 것이 아니다. 나는 순간순간 그때그때 생겨나는 것이다. 내 안에는 수많은 나들이 있다. 몸에는 몸 나가 있고 맘에는 맘 나가 있고 사회와 역사의 인간으로는 제 나(저의 나, 自我)가 있고 영혼과 얼에는 얼 나가 있다. 모든 나가 그 나름으로 진실한 것이다. 몸 나는 몸에게 진실하고 맘 나는 맘에게 진실하고 제 나는 저 자신에게 진실하다. 그러나 몸 나는 맘 나를 충족시킬 수 없고 맘 나는 제 나를 충족시킬 수 없으며 제 나는 얼 나를 충족시킬 수 없다. 모든 나들은 저마다 제 주장을 하고 저대로 멋대로 하려고 한다. 그래서 몸 나와 맘 나와 제 나와 얼 나가 서로 충돌하고 어긋날 때는 얼 나만이 참 나다. 왜냐하면 얼 나만이 몸과 맘과 얼을 통합적이고 통일적으로 주체적이고 전체적으로 실현하고 완성할 수 있기 때문이다.

몸 나는 몸의 욕망과 충동으로 맘과 얼을 지배하고 통제하려는 자아다. 맘 나는 맘의 감정과 의식으로 몸과 얼을 지배하고 통제하려는 자아다. 제 나는 지성과 감정의 주장과 의지로 몸과 맘과 얼을 지배하고 통제하려는 자아다. 이 모든 것은 거짓 나다. 거짓 나를 깨고 해방시키고 참 나로 살아나야 한다. 거짓 나가 지배하면 인간의 생명과 본성을 억압하고 해친다. 나는 거짓 나에 빠져서 나에게 몰입해 있다. 거짓 나는 참된 주체와 전체를 은폐하고 왜곡한다. 나에게 빠진 나를 해방하여 참된 주체와 전체에 이르게 하는 것은 나에게서 자유로운 하늘뿐이다. 거짓 나를 드러내고 보여주고 한정짓는 것은 하늘(하나님)이다. 하늘이 나를 참된 주체와 전체로 이끌어 얼 나가 되게 한다.

몸과 맘과 얼을 조정하고 통일하는 주체와 자리는 얼이다. 얼은 하늘을 품은 생명이다. 하늘의 빔과 없음에서 얼이 뚫리고 통하면 하늘의 생명 바람이 불어온다. 하늘의 생명 바람이 불어오면 몸의 본능과 욕구, 맘의 감정과 의식, 지성과 영성이 생기를 얻고 살아나며, 몸 나, 맘 나, 제 나, 얼 나가 조화와 통일을 이루고 참다운 '나'가 힘 있게 선다. 참으로 나다운 나를 힘 있게 세우는 얼이 시공간 우주와 자연 생명 세계의 중심과 꼭대기이며 창조적 근원이다. 거기가 과거와 현재와 미래가 새롭게 창조되고 형성되는 자리다. 과거와 현재와 미래가 하나로 통하고 하늘과 역사의 뜻이 드러나는 자리다. 우주 전체가 하나로 뚫리고 통하는 자리이며 내가 나로 되는 자리다. 내 몸과 맘속에서 열린 얼의 세계는 모든 물질, 본능, 기계를 초월한 없음과 빔의 하늘이다. 그것은 하늘의 없음과 빔이 열리고 나와 하늘의 소통과 사귐에 이르고 인간의 생명과 정신 속에서 창조와 변화의 사건이 일어나는 데다. 얼의 나는 창조자 하나님의 형상(아들/딸)이다. 하나님은 자신의 형상대로 인간을 창조했다(창세기 1:26-27). 하나님의 형상은 '창조자'다. 창조자 하나님의 형상대로 지음 받은 인간도 창조자가 되어야 한다. 오늘날 인간은 인공지능을 창조할 수 있게 되었고. 물질의 본질과 성분, 생명과 인간의 본성과 구조(유전자와 체질)를 개조하고 창조할 수 있게 되었다.

2. 인격, 주체와 전체의 통일

인격(人格)은 말 그대로 사람을 바로 잡는 틀이다. 격(格)은 '바로 잡을 격'이라고 한다. 인격은 주체와 전체, 주체와 타자 사이에 형성되는 주체(나)의 통일적 중심이고 틀이다. 인격은 전체와 타자에 대해서 떳떳하고 당당하게 내가 나로, 나답게 되게 하는 나의 중심이고 틀이다. 인격이 있기 때문에 사람은 전체(하나님, 인류, 나라)와 타자에 대해서 주체로서 나의 동일성과 연속성을 가질 수 있다. 인격의 틀은 기계나 체제의 틀처럼 고정된 것이 아니라 늘 새롭게 인간의 나를 일으켜 세우고 바로 잡는 중심이다. 인격을 가진다는 것은 이 중심을 가지고 지킨다는 말이다. 인격은 백지상태에서 생겨나는 것이 아니다. 인격은 개인의 삶 속에서 가정과 사회의 환경 속에서 사회조직과 관계 속에서 하늘과의 관계와 사귐 속에서 형성되고 다듬어진 틀과 품격이다. 인격은 나를 바로 세우는 정신의 줏대와 중심이다.

인격은 고정된 실체나 요소가 아니라 인성의 모든 차원과 주체들이 어울리고 통합될 때 생겨나는 조화와 균형의 중심이다. 나의 중심과 줏대로서 인격은 태풍의 눈처럼 비어있는 고요한 중심이다. 인격은 물질, 본능, 감정, 지성, 영성의 각 차원과 주체를 조정, 통합, 통일하고 이끌고 완성해가는 통일적 초점(나)을 만드는 중심과 틀이다. 인격이 무너지거나 깨져서 인성의 여러 차원 사이에 조화와 조정이 이루어지지 않으면 인간의 맘은 고장 나거나 혼란과 혼돈, 불안과 분열에 빠진다. 자아와 인격은 초월적 자유와 통일적 초점을 가져야 한다. 자아와 인격이 몸과 욕망, 감정과 관념에 집착하거나 붙잡히면 혼란과 분열에 빠진다. 인간의 인격을 본능적 충동과 욕구가 지배하고 주도할 수도 있고 낮고 거친 감정이 지배할 수도 있고 고귀하고 부드러운 감정이 주도할 수도 있고 높고 맑은 이성과 깊고 거룩한 영성이 이끌 수도 있다. 본능적 충동과 욕구, 낮고 거친 감정을 승화 고양시키지 않으면 맑은 이성과 거룩한 영성이 이끄는 통일된 인격을 가질 수 없다.

저마다 주체이며 전체인 몸, 감정, 의식, 생각, 지성과 영성을 환경과 조건, 사회와 역사 속에서 조정하고 통합하여 자유로운 '나'(통일의 초점)를 갖기가 어렵다. 몸, 맘, 얼은 서로 다른 차원에 속하면서 함께 있다. 물질과 감정과 의식과 지성과 영성은 서로 다르며 불안정하게 인간의 몸과 맘속에 결합되어 있다. 인성의 서로 다른 차원은 흔히 서로 갈등과 부조화 속에 있다. 몸의 주체, 맘의 주체, 얼의 주체가 서로 갈등을 일으키면 혼란과 분열, 억압과 질병이 생긴다. 몸도 맘도 얼도 다 주체다. 몸 나, 맘 나, 얼 나가 저마다 힘차게 살아야 한다. 그러나 몸 나가 맘 나를 휘두르면 맘 나는 시들고, 맘 나가 얼 나를 지배하면 얼 나는 죽는다. 몸 나는 맘 나를 위해 맘 나는 얼 나를 위해 극복되고 초월되며 바쳐져야 한다. '나'는 끊임없이 깨지고 죽고 새롭게 태어남으로써 주체와 전체가 하나로 되는 생명의 진화와 고양이 이루어지고 천지인 합일이 이루어져야 한다. 인격은 몸 나, 맘 나, 제 나를 통합하여 얼 나로 세우는 틀이고 중심이다. 인격은 사람을 하늘과 땅 사이에 땅에 발을 굳게 딛고 하늘을 향해 서게 하는 줏대다. 하늘의 빈탕한데(虛空)는 몸, 맘, 얼이 자유로운 통일과 일치에 이르는 자리다. 물질적 욕망과 감정을 딛고 하늘의 얼과 뜻을 향해 곧게 설 때 사람의 인격도 우뚝 설 수 있다.

3. 인격적 주체의 형성

인간이 인격적 주체를 형성하기 위해서는 물질-기계적 법칙과 속박, 본능의 욕구와 충동, 감정의 격동과 혼란을 넘어서 주체와 전체의 자리에 서야 한다. 유아기와 사춘기에 인간은 몸, 본능, 감정의 혼란과 격동을 겪고, 정체성과 주체성의 변화와 탈바꿈을 경험한다. 이 시기에는 인간이 자신의 주체와 전체를 온전히 경험하고 느끼고 실현할 수 있도록 이끌어주는 존재가 필요하다. 사람이 자신의 주체와 전체를 경험하고 확인하려면 물질적 이해관계를 넘어서, 본능의 욕구와 충동을 넘어서, 감정의 혼란과 격동을 넘어서 조건 없는 사랑과 희생으로 자신을 사랑하고 받아주는 이가 있어야 한다. 조건 없는 사랑과 희생을 베푸는 이는 흔히 엄마다. 조건 없는 사랑과 희생은 물질적 욕망과 충동을 넘어서 하늘의 자유와 은총을 경험하게 한다. 엄마나 교사가 조건 없는 사랑과 희생으로 하늘의 자유와 깊이, 크고 넓은 은총을 드러낼 때 사람은 하늘의 주체와 전체의 자리에 이르고 주체와 전체로 살 수 있게 된다. 하늘은 주체와 전체가 드러나고 실현되는 자리다. 조건 없는 희생과 헌신의 사랑만이 하늘을 드러내고 보여줄 수 있다. 유아기와 사춘기의 젊은 인간에게 하늘의 주체적 깊이와 자유, 전체적 일치와 크기를 보여주는 엄마(아빠)와 교사의 희생과 헌신의 사랑이 있어야 한다. 그래야 물질의 속박, 본능의 충동, 감정의 격동을 넘어서 몸, 맘, 얼이 조화롭고 통일된 인격을 형성할 수 있다.

인격(人格)은 몸, 맘, 얼 사이에 형성된 사람의 틀이다. 인격은 그 사람의 자아를 대표하고 표현하는 얼굴이다. 우리말 '얼굴'은 '틀, 꼴, 모습'을 나타내는 말이다.[11] 인격은 본능과 지성과 영성, 몸과 맘과 얼이 어우러져 나타내는 얼굴이다. 인격은 몸, 맘, 얼의 관계와 질서가 형성된 것이다. 인격은 고정된 실체가 아니지만 임시적이고

---

11 서정범, 『國語語源事典』(보고사, 2000), 432; 김민수 편, 『우리말 語源事典』(태학사, 1997), 735.

임의적인 것은 아니다. 인격은 몸이 맘에 맘이 얼에 순응하는 길과 방식이며, 몸과 맘과 얼 사이에 적합하고 알맞게 형성된 질서와 관계의 틀이다. 인격은 몸과 맘과 얼이 주체와 전체를 실현하고 완성하는 길과 방식, 질서와 구조, 관계와 틀이다.

인격은 인성의 다차원적 요소를 내적으로 통일한 것이다. 인성을 이루는 서로 다른 차원과 주체들(몸, 맘, 얼)의 갈등과 대립을 조화 통일한 것이 인격이다. 나는 인격으로 나타난다. 나의 인격은 땅과 하늘, 물질과 정신의 통일이고, 밥과 하늘, 성욕과 아가페의 통일이다. 그것은 하늘의 얼이 땅의 몸에, 몸의 본능과 맘의 감정에 스며든 것이고 하늘의 말씀(로고스)이 땅의 몸속에 들어온 것이며 육화되어 구체적으로 나타난 것이다. 사람의 몸속에 하늘(하나님)이 계신 것은 땅속에 하늘이 있는 것과 같다. 이것은 히브리 성경의 창세기에서 하나님이 흙으로 인간의 모습을 빚고 코에 하나님의 숨을 불어넣어 인간을 창조했다는 인간창조의 진리를 드러낸다. 이것은 또한 주역에서 말하는 지천태(地天泰) 괘를 나타낸다. 지천태는 하늘이 땅 아래로 내려가고 땅이 하늘 위로 올라오는 괘인데 가장 길하고 평화로운 것을 나타낸다. 이것은 또 신약성경에서 말하는 하나님의 말씀이 육신 속에 거하는 성육신(成肉身, Incarnation)의 진리를 나타낸다. 하나님의 말씀은 하늘을 나타내고 흙으로 지어진 육신은 땅을 나타낸다. 하나님의 말씀이 육신 안에 거한 것은 예수 그리스도다. 예수 그리스도는 구원과 화해를 가져오는 새 나라의 주인이다. 예수 그리스도는 참 인간(인격)의 예시이고 모범이다. 흙으로 지어진 몸속에 하늘의 얼을 품은 인간은 지천태와 성육신의 현실이며 생명 진화와 천지인 합일의 현실이다. 하늘의 얼이 땅의 몸에 구현된 나의 인격은 성육신(成肉身), 지천태(地天泰)의 현실이며, 흙과 하늘 숨의 만남과 일치다. 하늘을 품은 나의 인격은 물질과 감정과 의식의 거센 풍랑 속에서도 나다움, 나 됨, 홀로 나임, 나대로 있음이다.

III. 하늘을 우러름과 인성의 실현

사람은 하늘을 향해 곧게 선 존재이며 하늘을 그리워하고 우러르고 하늘을 몸과 맘에 품은 존재다. 생명 진화는 땅의 물질에서 하늘의 영으로 올라가는 생명의 사다리를 타고 오르는 것이다. 생명 진화의 사다리가 사람의 몸과 맘속에 놓여 있다. 생명 진화의 사다리는 낮은 계단을 밟고 올라가는 것이면서도 낮은 계단을 끌어안고 승화시키며 올라가는 사다리다. 몸의 본능과 맘의 감정을 끌어안고 승화시키며 올라가는 생명 진화의 사다리가 인간의 몸과 맘속에 있다.[12] 몸과 맘속에 있는 사다리를 타고 오를수록 몸은 영화(靈化)되고 얼은 육화(肉化)되고, 맑은 지성과 높은 영성이 얼굴로 손과 발로 온몸으로 나타나고 표현된다.

한민족은 '한', '하늘, 하나님', '큰 하나'를 품고 그리워하며 살아온 겨레다. 한국인의 종교는 높은 산에서 하늘을 우러르며 하늘에 제사하는 종교였다. '하늘, 하나님', '큰 하나'를 우러르고 그리워하는 것이 한국인의 정신적 원형질이고 종교적 유전자(DNA)다. 하늘

---

12 켄 윌버도 성장하는 위계(hierarchy)는 "언제나 이전 단계를 품고 그것을 초월하여 다음 단계로 전개하는, '품고 올라가는 위계'(nested hierarchy)라고 말한다. "성장이란 이전 단계를 품고 포괄(envelopment)하는 발달(development)이다." 켄 윌버/정창영 옮김, 『켄 윌버의 통합 비전』 (김영사, 2014), 117-118.

을 우러르는 것은 하늘을 그리워하고 받드는 것이다. 하늘을 그리워하고 받드는 것은 하늘을 모시는 것이다. 하늘을 모시는 것은 몸과 맘이 하늘로 들어가는 것이며 하늘이 몸과 맘으로 들어오는 것이다.

높은 산에서 하늘을 우러러보면 우러러볼수록 하늘은 아득히 멀어 보이고 하늘에 가까이 다가갈수록 하늘은 까마득히 높아 보인다. 하늘을 우러를수록 하늘은 더 높고 깊이 멀어지지만 하늘이 높고 깊이 멀어질수록 몸과 맘과 얼은 하늘에 높이 들어가고 하늘은 몸과 맘과 얼 속에 깊이 들어온다. 하늘을 우러르면 몸과 맘과 얼 속에 하늘이 열리고 몸과 맘과 얼은 하늘을 닮아 깊고 자유로워진다. 그것은 몸과 맘과 얼 속에 하늘이 살게 하는 것이다. 하늘을 우러르는 것은 하늘을 높임으로 하늘의 뜻을 땅에 이루는 것이다. 하늘을 우러르면 하늘은 하늘이면서 땅에 내려와서 땅 위에 하늘이 열린다. 하늘을 받아들이고 모시는 것은 생명 진화와 천지인 합일을 이루는 것이며 인간과 정신과 사회의 창조와 진화를 일으키는 것이고 새 하늘과 새 땅을 여는 것이다. 그것은 하늘의 사랑과 진리, 정의와 평화를 이루는 것이다. 하늘을 우러르는 것은 인간창조의 진리를 실현하고 성육신의 사랑과 지천태의 평화를 이루는 것이다.

하늘을 우러르는 것은 하늘을 그리워함으로 얼이 울리는 것이다. 얼이 울리면 땅과 하늘, 몸과 맘, 본능과 감정과 의식이 함께 울린다. 하늘을 우러르는 것은 얼이 울리는 것이고 얼이 울리는 것은 얼이 하늘로 솟아올라 앞으로 나아가는 것이다. 얼이 울리면 뜻이 불타오르고 뜻이 타오르면 얼과 뜻이 솟아올라 앞으로 나아간다. 얼과 뜻이 솟아올라 나아가면 몸과 맘, 생명과 정신, 역사와 사회, 시간과 공간이 하나로 통합되고 새롭게 된다. 하늘을 우러러 얼이 울리면 몸, 맘, 얼의 인성이 하나로 통합되고 새로워진다.

하늘을 우러러 얼을 울리고 인성을 실현하는 것은 우주와 생명의 본성과 목적을 실현하고 우주와 생명의 새로운 창조와 변혁에 참여하는 일이다. 물질의 법칙과 원리, 속박과 굴레를 깨트리고 해방된 생명의 사건은 우주가 한 점에서 생겨난 것(우주의 탄생, 빅뱅)보다 크고 위대한 사건이다. 우주에서 질적으로 전혀 새로운 차원의 세계가 시작되었기 때문이다. 생명의 탄생사건은 우주의 질적 변화이고 신생이며 새로운 창조다. 생명의 창조보다 더 위대한 것은 생명 안에서 인간의 탄생이고 인간의 탄생보다 더 위대한 것은 인간 안에서 신(신의 아들, 딸)의 탄생이다. 속에서 보면 우주의 씨알맹이 속알은 생명이고 생명의 씨올(속알)은 인간이며 인간의 씨올은 신(신성)이다. 겉에서 가능성과 잠재태로 보면 우주 물질은 생명의 씨올이고 생명은 인간의 씨올이고 인간은 신의 씨올이다. 물질 속에 생명의 씨가 심겨 있고 생명 속에 인간의 씨가 심겨 있으며 인간 속에 신의 씨가 심겨 있다. 하늘을 우러러 얼이 울리게 하는 것은 인성속에 심겨진 신적 생명의 씨올이 싹트고 꽃 피고 열매 맺게 하는 것이다.

4장

인간의 주체와 세 차원:
몸, 맘, 얼

하늘을 제거하고 이성적 질서를 세운 그리스인들은 이성을 중심으로 인간을 이해했다. 플라톤은 인간(영혼)의 세 요소를 탐욕, 기개(감정), 이성으로 보고 이성이 본능적 탐욕과 용맹한 기개를 실현하고 이끈다고 보았다. 이성이 제 기능과 구실을 잘할 때 비로소 탐욕과 기개도 제구실과 기능을 할 수 있다는 것이다. 수학과 기하학을 중시했던 플라톤은 인간을 부분과 요소로 분해하여 파악했다. 그에 따르면 인간의 영혼은 세 부분과 요소로 이루어졌으며 세 부분의 기능이 제구실을 잘하는 것이 인간의 자아실현이고 목적이다. 플라톤이 인간을 세 부분과 요소로 보고 기능적으로 파악한 것은 인간을 제삼자로 대상과 타인으로 기계로 본 것이다. 인간의 영혼과 본성은 결코 부품의 결합으로 이루어지는 기계처럼 부분과 요소의 결합으로 이루어지는 존재가 아니다. 플라톤은 이성이 제구실을 잘할 때 탐욕과 기개도 제구실을 잘한다고 보았다. 이성은 지배하고 통제하는 주인이고 탐욕과 기개는 이성이 부리는 노예나 짐승이다.

인간을 제삼자로, 타인과 대상으로, 기계로 보는 것은 결코 인간을 생명과 정신과 영성의 주체와 전체로 보는 생명철학의 관점이 아니다. 산술과 도형의 논리와 원리와 법칙에 따라 보면 사물과 생명과 정신은 필연적인 인과관계에 따라 기계적으로 파악될 수밖에 없다. 순수한 논리적 필연성과 일관성(인과율과 인과관계의 결정론과 환원론)이 지배하는 산술과 기하학은 생의 주체와 전체를 파악할 수 없다. 생명과 정신의 주체와 전체는 2차원 평면인 산술과 기하학적 도형의 세계에서는 존재할 수 없다. 플라톤처럼 인간 존재를 세 부분과 기능으로 구분하는 것은 인간을 제삼자의 자리에서 타인의 눈으로 보는 것이며 대상으로 객관적으로 보는 것이다. 생명 진화는 주체의 깊이와 전체의 하나 됨에 이르는 과정이며 인간은 주체의 깊이와 전체의 하나 됨에 이른 존재다. 생명은 특히 인간은 주체와 전체의 자리에서 보아야 한다. 인간을 주체로 보고 주체의 자리에서 인간 전체를 볼 때, 인간의 존재와 인성이 주체와 전체로서 제대로 드러난다.

인간을 주체로 본다는 것은 내가 나를 보는 것이며 그 사람을 그 사람의 자리에서 보는 것이다. 그것은 인간인 내가 나의 몸과 맘과 얼을 이해하는 것이며 그 사람의 심정과 처지에서 그 사람을 이해하는 것이다. 매를 맞거나 학대를 당한 사람에게 몸은 결코 그 사람의 한 부분이나 요소나 표면(거죽)이 아니다. 몸은 그 사람의 존재 전체이고 인격이며, 정신·얼·혼과 뗄 수 없이 결합된 주체다. 몸이 맞은 것은 맘과 인격이 맞은 것이다. 맘에 상처를 받고 인격이 모독을 당하면 몸도 상처를 입고 몸에 옹어리가 생긴다. 몸이 깊은 상처를 입으면 맘도 상처를 입고 옹어리가 생긴다. 몸과 맘을 주체로서 존중하고 치유하지 않으면 몸과 맘의 아픔과 옹어리는 치유되지 않는다. 몸의 본능과 욕구, 맘의 감정과 의식, 얼의 지성과 영성은 모두 인간의 주체와 전체로 이해하고 존중되어야 한다. 몸, 감정, 인격과 양심, 지성과 의지, 얼과 혼은 인간의 요소나 부분이 아니라 모두 주체이며 전체다.

생명철학은 생명을 주체와 전체로 보는 철학이다. 생명철학적으로 접근하면 인간을 인간의 자리에서 주체와 전체로 보아야 한다. 인간의 몸과 맘과 얼은 차원은 다르지만 저마다 주체와 전체로 이해되어야 한다. 인간의 몸도 맘도 얼도 인간의 한 부분이나 요소가 아니다. 그것은 저마다 온전한 인간을 나타낸다. 나의 몸은 결코 나의 일부가 아니고 나의 표면이 아니다. 나의 몸은 인간으로서 내 인격 전체를 나타내며 내 존재의 주체적 깊이와 전체적 일치를 드러낸다. 몸도 나이고 맘도 나이며 얼도 나다. 몸은 몸대로 나의 주체와 전체를 나타내고 맘은 맘대로 나의 주체와 전체를 나타내며 얼은 얼대로 나의 주체와 전체를 나타낸다. 내 몸에는 욕망과 감정과 지성과 영성이 담겨 있다. 나의 맘은 나의 일부나 한 요소가 아니다. 맘은 내 존재와 인격 전체를 나타낸다. 맘 하나 없으면 나는 아무것도 아니다. 내 맘 속에 몸의 본능과 욕망, 감정과 의식, 지성과 영성이 다 깃들어 있다. 나의 얼은 내 존재와 인격의 한 부분이나 기능이 아니다. 얼은 내 존재와 인격의 주체와 전체를 아우른다. 내 몸과 맘과 인격을 우뚝 세우는 것은 얼이다. 얼을 통해서 나의 삶은 하늘과 만나고 통한다.

I. 인간의 세 차원
: 몸, 맘, 얼

1. 몸

몸의 물성과 영성

몸은 흙에서 난 곡식과 열매와 채소를 먹고 산다. 사람이 먹는 짐 승의 고기도 흙에서 난 것을 먹고 자란 것이다. 음식을 먹고 소화 흡수하고 배설하는 몸은 흙으로 빚은 것이다, 유영모는 음식을 먹 고 소화 흡수 배설하여 몸이 살아가는 것을 "흙으로 흙을 빚음"이라 고 하였다.[13] 몸은 물질이고 육체다. 물질인 몸은 물질의 물리화학 법칙과 기계의 운동과 본능의 욕망을 따른다. 몸은 물질적 욕망과 충동을 가졌고 몸의 가장 일차적인 본능과 욕망은 식욕과 성욕이 다. 사람의 몸에서는 밥을 먹는 일과 남녀의 일이 중요하다.

몸은 물질이지만 생명과 뗄 수 없이 결합되어 있다. 몸은 물질의 차원과 생명의 차원으로 이루어져 있다. 생명은 몸과 뗄 수 없이 결 합되어 있다. 인간의 모든 감정과 의식은 몸의 뇌신경세포와 기관

---

13 유영모, "바람직한 상," 『다석일지』(영인본) 상, 852.

들을 통해서 작용하고 표현된다. 따라서 몸 없는 감정과 의식(지성과 영성)을 생각할 수 없다. 본래 생명은 물질 안에서 물질을 초월한 것이므로 몸을 초월하고 몸에서 자유로운 생명의 차원이 있지만 생명의 모든 의식과 작용은 몸의 세포와 기관들을 통해서 이루어진다. 몸에는 생명과 감정과 지성과 영성이 깃들어 있다. 몸은 맘과 얼의 자리, 그릇이다. 성경에 따르면 몸은 성령의 집이다. 몸은 영화(靈化)되고 얼은 육화되어야 한다. 음식은 성만찬이 되고 성욕은 거룩한 가족, 아름다운 예술, 높은 인격을 낳아야 한다. 식욕과 성욕에는 주체의 깊이와 자유에서 전체의 하나 됨에 이르려는 생명의 씨올이 심겨져 있다. 맑은 지성과 높은 영성을 지닌 사람의 식욕과 성욕은 파충류의 식욕과 성욕 수준에 머물러 있지 않는다. 인간의 몸은 무지개처럼 땅의 물질인 흙에서 하늘의 영까지 닿아 있다.

몸은 주체이며 전체다

몸은 주체이고 전체다. 주체와 전체는 소유할 수 없고 매매할 수 없다. 주체와 전체는 소유와 매매의 대상이 될 수 없을 뿐 아니라 소유와 매매를 해서는 안 되는 것이다. 스스로 하는 자유로운 주체와 나눌 수 없는 하나의 전체를 소유하고 매매하는 것은 주체의 자유와 전체의 하나 됨을 부정하고 짓밟고 파괴하는 것이다. 그것은 생명의 주체를 물질적 현상으로 정신의 전체를 부분으로 격하시키고 왜곡하는 것이다. 자연만물과 생명체와 인간은 소유와 매매의 대상이 될 수 없다. 소유하고 매매할 수 있는 것은 표면화하고 부분화한 물질적 재화, 사회적 계약과 합의에 의해 만들 수 있는 물질적 사회적 재화와 권한뿐이다. 매매에 의해서 제한된 사용권과 점유권을 가질 뿐이고 제한된 사용권과 점유권을 값을 받고 제삼자에게 넘겨줄 수 있을 뿐이다. 소유하고 매매할 수 있는 것은 유한한 것이고 또 매우 제한된 것이다. 소유와 매매는 사회의 약속과 규정에 따라 제한적으로 이루어지는 것이다.

예를 들어 땅을 소유하고 매매한다고 할 때 땅을 절대적으로 조건 없이 소유하고 매매할 수 있는 것은 아니다. 땅에 대한 부분적이고 제한적인 점유와 권한을 소유하고 양도하는 것뿐이다. 인간 자신도 잠시 살다가 죽는 존재이고 물건과 토지도 영원한 것이 아니고 소멸하고 사라지는 것이다. 또 땅은 주위 환경과 뗄 수 없이 결합되어 있다. 땅은 조건 없이 배타적으로 소유할 수 없다. 모든 물질과 물건도 존재의 한없는 깊이를 가졌고 우주만물과 자연 생명 세계와 뗄 수 없이 결합되어 있다. 무한한 존재의 깊이를 가지고 무한한 우주와 연결된 물질도 근본적인 의미에서는 소유하거나 매매할 수 없다. 다만 물질과 물건의 제한된 점유와 권한을 가질 수 있고 양도할 수 있을 뿐이다. 하나의 물방울과 하나의 모래알 속에 담긴 우주적 깊이와 신비, 아름다움과 위엄을 우리는 소유할 수도 없고 판매할 수도 없다. 하나의 물방울을 소유한다는 것은 그 물방울의 쓰임새를 사용할 권한을 잠시 가지는 것이고 모래알 하나를 판매한다는 것은 그 모래알의 쓰임새를 사용할 권한을 양도하는 것이다.

팔 수 없는 것

몸이 생명의 주체와 전체라면 몸은 소유하거나 매매할 수 있는 것이 아니다. 내가 내 몸을 소유한 것이 아니다. 몸은 나의 마음과 행실, 인격과 존재 전체를 나타내는 주체다. 몸이 곧 나이고 나의 인격이다. 그래서 동아시아에서는 마음과 행실을 닦아 도덕과 인격을 수련하는 것을 '몸 닦음'(修身)이라고 했다. 몸을 함부로 대하는 것은 인격을 함부로 대하는 것이다. 그래서 스승의 그림자도 밟아서는 안 된다고 생각했던 것이다. 남의 몸에 손을 대는 것은 매우 친밀한 행위거나 남의 인격과 존엄을 침해하는 행위다. 최근에 어떤 아시아인 아버지는 바닷가에서 20세의 딸이 물에 빠졌는데 안전요원이 몸에 손을 대서 더럽히는 것보다 그대로 죽는 것이 낫다고 생각하고 안전요원의 구조행위를 방해하여 딸이 죽게 하였다. 이것은 몸에 대한 지나친 교조적 태도다. 몸에 함부로 손을 대서 인격과 정신을 침해하는 것은 잘못이다. 그러나 물에 빠져 죽어가는 사람의 몸을 건지는 것은 생명을 살리는 것이고 인격과 정신을 지키는 것이다. 몸은 생명을 위한 것이고 생명은 정신과 인격을 위한 것이다. 몸이 중요한 것은 몸속에 생명과 정신이 담겨 있기 때문이다. 따라서 몸에 손을 대는 것보다 생명을 살리는 것이 훨씬 더 중요한 일이다. 몸은 생명을 담은 그릇에 지나지 않는다. 생명 없는 몸은 죽은 고기 덩어리, 시체에 지나지 않는다. 시체를 지켜서 무엇 하나? 몸을 존중하기 위해서 생명을 잃게 하는 것은 몸을 지키기 위해서 몸을 죽이는 것이니 어리석은 일이다. 그것은 그릇을 존중하기 위해서 그릇을 깰 뿐 아니라 그릇에 담긴 보물을 버리는 것이다. 동아시아에서는 몸의 기운을 기르려고 힘쓰고 몸의 피부와 머리털 하나도 손상시키지 않고 온전히 지키려고 하였다. 사랑과 우정으로 몸을 만지고 몸과 몸이 만나는 것은 말할 수 없는 친밀함과 결속을 의미한다. 서로 몸을 열고 허락한다는 것은 간격과 형식을 없애고 온갖 속박과 굴레에서 해방되어 서로 자유롭게 하나로 되는 것이다.

몸은 주체다. 몸은 감각과 감정과 의식의 자리이며 주체다. 몸은 사랑과 슬픔을 느끼는 기관이다. 창자나 자궁은 슬픔과 연민을 느끼는 자리이고 주체다. 우리말에서 '애를 끊는 슬픔'이란 말은 애, 창자가 슬픔을 느끼는 자리임을 나타낸다. 맘의 상처와 응어리는 몸에도 상처와 응어리로 남는다. 슬픔과 분노, 미움과 좌절의 깊은 상처와 응어리가 몸에 박히면 몸은 주체로서 그 아픔과 응어리를 표현한다. 몸은 감각과 감정을 느끼는 주체이고 자리일 뿐 아니라 생각과 의식을 낳는 모체이고 판단과 결정을 내리는 주체다. 몸의 생각과 의식이 머리의 생각과 의식보다 크고 깊다고 본 니체는 '육체의 대이성(大理性)'을 말했다. 생명 진화와 인류역사가 압축되어 있는 인간의 몸에는 무진장한 감정과 생각이 저장되어 있다. 그래서 유영모는 몸에서 생각을 캐낸다고 하였다.[14]

그러나 몸은 맘과 얼의 그릇이며 맘을 살리고 얼을 솟아오르게 할 연료를 지닌 것이다. 맘과 얼의 자리에서 보면 몸은 맘의 껍질이고 얼의 연료다. 몸의 에너지를 불태워 맘을 살리고 얼을 솟아오르게 해야 한다. 몸은 맘을 살리고 자유롭게 하려고 존재하는 것이다. 몸은 얼의 힘과 뜻을 기르고 드러내고 실현하고 완성하려고 살아 있는 것이다. 몸의 목적은 얼에 있고 몸은 얼의 수단이다. 몸은 물질이다. 물질로서 몸과 몸의 생명은 물질의 물리화학적 법칙을 따른다. 물질과 육체인 한에서 몸은 자를 수 있고 때울 수 있고 소유

---

14 『다석일지』 1956년 9월 28일.

하고 점유할 수 있다. 나는 몸을 소유할 수 없지만 몸 전체의 생명을 살리기 위해서 몸의 일부를 잘라낼 수 있다. 이를테면 맹장, 허파, 간, 위의 일부를 수술에 의해 잘라내 버릴 수 있다. 또한 콩팥 하나를 남에게 기증할 수도 있다. 피는 재생되는 것이므로 헌혈을 해서 수술하는 환자에게 도움을 줄 수 있다.

오늘날 생명공학자들과 유전공학자들이 연구하듯이 유전자를 복제하고 줄기세포와 체세포를 복제하여 새로운 세포와 생명체를 만들어 난치병을 치료하는 데 도움을 줄 수 있다. 몸과 세포와 유전자는 물질이고 물질은 자를 수 있고 복제할 수 있기 때문이다. 그러나 이것은 매우 예외적이고 제한적으로만 용납될 수 있는 행위다. 몸이 물질이지만 몸은 생명과 뗄 수 없이 결합되어 있고 몸 자체가 생명의 주체와 전체이기 때문이다. 종교적인 이유에서 피를 남에게 주지도 않고 받지도 않기 때문에 수술을 거부하고 죽음에 이르는 사람들이 있다. 피와 생명을 동일시하는 이들은 피에 대한 지나친 교조적 신념을 가지고 있다. 피는 몸의 유기체적 부분이고 생명과 직결되어 있기 때문에 마땅히 존중되어야 한다. 그러나 피가 생명을 담고 있고 생명과 직결되어 있지만 피 자체는 물질이다. 몸의 전체 생명을 손상하거나 파괴하지 않고 피를 주고받을 수 있다면, 더욱이 피를 주고받음으로써 생명을 살릴 수 있다면 당연히 피를 주어야 하고 또 받아야 한다.

내가 내 몸을 소유한 것이 아니다. 나의 생명의 주체이며 전체인 몸을 소유하거나 매매할 수 없다. 그러므로 원칙적으로 장기매매와 성매매는 허락될 수 없다. 내 몸의 장기는 내 몸의 부분이나 부품이 아니고 내 몸 전체와 유기적으로 통합된 생명체이기 때문이다. 남의 목숨 전체를 살리기 위해서 내 몸의 콩팥 한 쪽을 떼어주는 일은 생명철학적으로 허용될 뿐 아니라 숭고한 사랑의 행위로 찬양받을 일이다. 물질적인 몸을 가지고 생명과 정신을 살리는 것은 마땅할 뿐 아니라 나의 희생을 감수하고 생명을 살리는 사랑의 행위다. 그러나 이마저도 다른 대안이 전혀 없을 경우에 예외적으로만 허용되어야 한다. 내 몸의 일부를 잘라내는 일은 내 몸의 생명 전체를 훼손할 수 있는 위험한 일이기 때문이다. 그러나 어떤 경우에도 장기를 매매하거나 피를 파는 행위는 용납되어서는 안 된다. 돈을 위해서 몸의 생명을 파는 것은 생명을 물질로 격하시키고 물질의 수단과 도구로 타락시키는 것이기 때문이다. 생명(생명을 담은 몸)보다 돈을 소중하게 여기는 것은 우주 역사와 생명 진화의 역사에서 확증된 존재와 가치의 질서를 파괴하고 생명 진화의 역사를 거스르는 것이다.

성매매

생명철학과 윤리에 비추어 볼 때 성매매는 허락될 수 없다. 내 몸을 내가 맘대로 사용할 수 있는 권한이 있으므로 내 몸의 성(性)을 매매할 권리도 있다고 주장하는 것은 시작부터 잘못된 생각이다. 나는 내 몸을 소유한 것이 아니므로 내 몸을 맘대로 사용하고 처분할 수도 없고 내 몸을 팔 수도 없다. 그러나 성매매를 도덕적으로 비난하거나 법적으로 금지한다고 해서 쉽게 성매매가 없어질 것이라고 생각하지는 않는다. 성매매를 근절하기 어려운 까닭은 성적 욕구와 충동이 자연 생명의 본성 속에 깊이 뿌리박혀 있기 때문이다. 자연적이고 생리적인 성적 욕구와 충동은 어떤 방식으로든 충족되어야 개인과 사회가 편안해진다. 창녀제도는 국가 문명이 탄생할 때 군사, 성직, 노예제도와 함께 생겨났다. 대중의 성적 욕망과 충동이 충족되지 못하면 사회적 범죄와 일탈과 불안으로 이어져 국가사회가 안정될 수 없다. 창녀제도는 사회적 배설구와 하수구와 같은 구실을 하였다. 노예제도는 일찍이 폐지되었으나 창녀제도는 성매매의 형태로 여전히 존속하고 있다. 현실적으로 성매매는 더욱 번성하고 있다.

성매매는 사회의 필요악인가? 만일 본능적이고 기계적인 욕구와 충동을 충족시키는 것이 문제라면 성매매 여성이 아니라 성(性)로봇으로도 충족시킬 수 있을 것이다. 그러나 인간의 성적 욕구는 본능적 기계적 욕구와 충동을 넘어서 사람의 몸에 대한 그리움과 친밀한 인간적 사귐의 욕구를 포함한다. 몸에 대한 그리움과 친밀한 사귐의 욕구는 성 로봇이 충족시킬 수 없다. 이런 욕구를 충족시키려면 사회적으로 그런 접촉과 만남의 기회와 자리를 마련해야 할 것이다. 성매매를 극복하고 정화하려면 인간과 사회가 지금보다 훨씬 더 성숙해야 할 것이다. 성적 욕구와 충동을 충족시키고 승화시키기 위해서 사회는 다양한 문화적 사귐과 소통의 기회와 제도를 마련해야 하고 인간은 지성과 영성을 더욱 심화 발전시켜야 할 것이다. 성적 본능과 욕구를 적절히 충족시키면서 또 승화하고 고양시키려면 원초적 생명의 에너지를 불태우고 승화시키기 위해서 외로움 속에서 자기를 불태우고 지성과 영성을 심화하고 고양시키는 과정이 요구된다.

만일 식욕과 성욕이 없었다면 생명체는 생존하고 번식하지 못했을 것이고 생명 진화와 인류의 탄생도 없었을 것이다. 식욕과 성욕은 생명의 진화와 고양을 위한 원동력이었다. 인간의 식욕과 성욕은 생에 대한 무한한 그리움과 열망을 담고 있으며 그 그리움과 열망 속에는 하늘 생명의 씨올이 심겨져 있다.

몸의 가치와 생명 윤리

몸과 사이보그

몸에 첨단장비와 기계를 심고 심장과 다른 장기들을 인공장기로 교체하면 사이보그가 된다. 사이보그는 인간의 자연 생명인 몸과 기계의 결합형 인간이다. 기억과 자료의 저장장치를 뇌에 심을 수 있다. 컴퓨터와 인간의 뇌를 결합할 수 있다면 시청각 능력을 확장하고 지식과 정보 처리능력을 확대하고 계산능력을 크게 높일 수 있다. 기술적으로는 가까운 시기에 사이보그들이 대량으로 생겨날 수 있다. 보통의 인간들과는 비교할 수 없을 정도로 감각과 계산과 정보 처리 능력이 증대된 인간들 슈퍼맨, 6백만 불의 사나이 같은 존재들은 인간과 인성에 대한 심각한 도전이 된다. 엄청난 감각능력과 높은 기억력과 지능을 가진 사이보그 인간은 다른 인간과 비교할 수 없이 강한 인간이 될 수 있다. 이런 사이보그 인간을 어떻게 이해하고 받아들일 수 있을까?

1만 년 전 인간과 첨단무기, 기계를 가진 현대인을 비교해 보자. 몸에 첨단장비를 심은 것과 첨단장비를 휴대하고 이용하는 것은 큰 차이가 없다. 기계는 생명과 인간을 위한 도구일 뿐이다. 단순히 인공지능의 기술과 기계를 인간의 몸에 장착하는 것은 인간과 인성을 이해하는 데 큰 문제가 되지 않을 수 있다. 인공지능(컴퓨터)과 기계는 생명이 아니고 감정이 없기 때문이다. 인공지능 컴퓨터는 산술 계산으로 움직이는 계산기일 뿐이고 기계는 기계일 뿐이다. 새로운 기계와 도구를 손에 가지고 쓰느냐 몸에 이식하고 장착해서 쓰느냐 는 큰 차이가 없는 것일 수 있다. 돌도끼를 쓰는 시대의 인간들과 총, 비행기, 망원경을 쓰는 현대인들은 문화 기술적으로 큰 격차를 보이지만 같은 인간이고 같은 인성을 가진 존재라고 할 수 있다. 현 대적인 기계를 몸에 장착한다고 해도 본질적으로 인간과 인성 이해 는 달라질 게 없다. 망원경을 손에 들고 쓰는가, 눈에 이식해서 쓰 는가는 생각보다 큰 차이가 없을 수 있다. 물론 인간 몸의 많은 부 분이 기계로 바뀌어 있다면 기계와 결합된 인간의 몸을 자연 생명 의 몸과 똑같이 느끼고 받아들이기 어려울 수 있다. 그러나 기본적 으로 의수와 의족, 의안을 한 사람이라고 해서 사람이 아니라거나 인성이 다르다고 할 수는 없다.

사이보그 인간과 보통 인간의 감각능력과 지능의 차이가 클 때 사회 안에서 사이보그 인간과 동료로서 경쟁하며 살기는 어려울 것 이다. 만일 달리는 능력이나 신체의 힘과 오감능력과 계산능력을 가지고 경쟁해야 한다면 보통 인간은 사이보그 인간의 경쟁 상대가 되지 못한다. 신체의 능력이나 계산능력을 가지고 생존경쟁을 해야 한다면 생존을 위해서 모두 사이보그 인간이 되어야 할 것이다. 그 러나 바람직한 미래 사회는 물리적 힘과 감각능력과 계산능력이 필 요한 일은 인공지능과 기계에 맡기고 인간은 인공지능과 기계가 할 수 없는 일, 인공지능과 기계에 맡길 수 없는 일을 하는 사회일 것 이다. 인공지능이나 기계가 할 수 있는 일은 인공지능이나 기계에 게 맡기고 사람은 인공지능이나 기계가 할 수 없는 일을 한다면 훨씬 더 인간답고 품격 있는 사회가 될 것이다. 그런 사회에서는 인성이 제대로 실현되고 보람과 뜻을 이루는 아름답고 풍요로운 사회가 될 것이다.

인공지능과 기계가 아무리 발달해도 생명 진화와 인성의 고양에 미치는 영향은 제한적이다. 인공지능은 아무리 발달해도 기본 원리에서 보면 계산기일 뿐이고 기계는 물리적 운동의 법칙을 넘어서지 못한다. 인공지능과 기계는 생명과 감정이 없고 지성과 영성이 없다. 인공지능이 높은 지능을 가질 수 있지만 지능은 본능의 욕구를 실현하는 꾀부림에 지나지 않는다. 지능은 비판적 성찰과 새로운 미래를 구상하고 계획하는 지성이 아니다. 인공지능과 기계로는 감정과 지성과 영성을 고양시키지 못한다. 인간과 생명은 자연환경과 긴밀하게 결합되어 있고, 자연환경의 영향을 받는다. 그러나 인간과 생명은 스스로 하는 주체적 존재이며 스스로 자신을 진화 고양시키는 존재다. 자연환경뿐 아니라 기계 기술의 환경과 사회제도와 환경의 영향도 제한적이다. 사회주의사회가 사회적 환경을 철저히 바꾸고 50년 넘게 인간과 인성을 바꾸려 했으나 인간과 인성에 사회주의사회가 미친 영향은 크지 않았다. 인성에 대한 바깥 환경의 영향은 제한적이다. 인성은 내적으로 스스로 진화하고 고양하는 것이기 때문이다.

생명 진화는 물질, 기계서 감정, 의식, 지성, 영성으로 진화했다. 인성은 물성과 감성과 지성과 영성을 지닌 것이다. 사이보그는 물성, 운동력을 확대하고 감각기능, 오감의 능력을 증진시킨다. 그러나 기계의 능력으로는 감각과 감성의 내적 깊이와 높이를 고양시키지 못하며 감정과 예술적 감수성을 높이지는 못한다. 지능을 증진시킬 수 있어도 비판적 반성과 성찰의 능력, 지성을 높이지는 못한다. 더욱이 영성과 신성을 고양시키지 못한다. 인공지능이 예술가의 흉내를 낼 수는 있어도 셰익스피어, 도스토옙스키, 김소월이 될 수는 없다. 인공지능과 기계가 인간과 인성을 완전히 결정한다고 보는 것은 물질-기계적 결정론과 환원론이다. 생명은 물질의 제약과 속박에서 벗어나 스스로 속에서 진화와 고양의 길을 걸어왔다. 수학과 물리학에서는 결정론과 환원론이 성립할 수 있지만 생명과 정신에서는 결정론과 환원론이 성립하지 않는다.

몸의 영생은 가능한가?

몸의 영생은 가능하지 않다. 우주 물질세계 자체가 시작과 끝을 가진 것이기 때문이다. 태양계는 50억 년 후 소멸하며 우주 전체도 언젠가는 소멸할 것이다. 말 그대로 영생은 무한한 생존을 뜻하기 때문에 물질적인 육체가 영원히 존재한다는 것은 있을 수 없는 일이다. 만일 영생하는 신체들이 자꾸 늘어난다면 아무리 우주가 크다고 해도 영생하는 신체들이 무한히 늘어나는 것을 수용할 만큼 크지는 않을 것이다.

오늘날 생명공학과 의학기술의 발달로 인간의 신체적 생존을 연장하는 것이 가능해졌다. 몸의 영생은 가능하지 않지만 신체적 생존을 획기적으로 연장하는 것이 가능할 수 있다. 죽음은 가슴 아프고 안타까운 일이기 때문에 인간은 무의식적으로 죽음에 대한 공포를 가지고 있으며 죽음을 넘어 영원히 살고 싶은 열망을 품고 있다. 따라서 기술적으로 신체적 생존을 연장하고 죽음을 피할 수 있다면 그렇게 하는 것을 의학적으로나 도덕적으로 금지할 수 없을 것이다. 건강하게 오래 사는 것은 좋은 일이고 축하할 일이지 결코 나쁜 일이 아니다. 인공지능, 뇌 과학, 유전자 편집 등을 통해서 질병을 예방하고 지능을 높임으로써 아름답고 똑똑하고 건강한 몸을 가지고 오래 살 수 있는 시대가 올 수 있다.

건강하고 아름답고 똑똑하게 살 수 있다면 그런 삶을 허락하고 가능하도록 하는 것이 옳다고 생각한다. 아름답고 똑똑하고 건강한 몸을 가지고 오래 사는 것은 기쁘고 복된 일이다. 오래 살면서 생명과 정신과 얼의 성숙과 고양을 위해 힘쓸 수 있다면 더욱 좋을 것이다. 그러나 육체를 가지고 영원히 산다는 것은 이론적으로나 현실적으로 가능하지 않다. 기술적으로 육체적 생존의 연장이 가능하다고 해도 어디까지 어떤 형태와 조건으로 육체의 생존을 존속시킬 것인가에 대해서는 논의하고 결정해야 할 복잡한 윤리도덕의 문제들이 있을 것이다.

여기서 생명과 인간의 본성과 목적에 비추어 육체의 생존이 지닌 가치와 의미에 대한 생명철학적 논의가 진지하게 이루어져야 한다. 생명 진화의 과정과 목적에 비추어 보면 몸의 영생은 바람직하지도 않다. 물질 안에서 물질을 초월하여 생명이 생겨났고 물질적인 몸의 죽음을 감수하고 생명의 진화와 고양이 이루어졌다. 생명 진화의 과정에서 드러나는 전체 생명의 목적은 신체적 생명의 영생이 아니라 생명과 정신과 영의 진화와 고양, 초월과 신생에 있다. 생명 진화와 인류역사는 개체의 죽음과 신생을 통하여 생명의 진화와 정신의 성숙과 진보를 이루어왔다. 몸의 구실과 사명은 무엇인가? 몸 안에서 생명과 정신이 성숙해져서 꽃이 피고 열매와 씨울을 맺으면 몸은 시들어 소멸하는 것이 생명의 이치다. 생명과 정신과 얼의 씨올을 남기면 몸은 소멸해도 좋은 것이다. 생명의 꽃을 피우고 열매를 맺고 씨올이 영그는 동안 몸은 없어서는 안 되는 매우 소중한 생명의 집이다. 생명과 정신의 씨올이 영글어서 옹글게 익으면 몸은 구실과 사명을 다한 것이며 죽고 소멸해도 좋은 것이다. 사는 동안 생명과 정신의 씨올을 잘 맺고 믿음, 사랑, 희망의 얼 생명줄을 잘 지키고, 정의와 평화의 정신을 길러낸 사람은 기쁘고 평안한 맘으로 죽을 수 있고 그렇게 죽어야 한다. 아무리 오래 살더라도 생명과 정신의 진화와 성숙과 고양을 이루지 못한다면 무슨 의미가 있겠는가?

2. 맘

몸과 맘의 차이

생명체는 외면의 몸과 내면의 의식으로 이루어져 있다. 생명체의 내적 의식이 진화 발전해서 맘이 되었다. 생명체는 겉과 속을 가진다. 물질은 겉과 속이 다르지 않다. 철의 겉도 철의 원자로 되어 있고 속도 철의 원자로 되어 있다. 물의 표면도 물의 분자로 되어 있고 물의 내면도 물의 분자로 되어 있다. 생명체의 몸도 물질과 육체인 한 겉도 세포로 되어 있고 속도 세포로 되어 있다. 그러나 생명체의 겉은 몸이지만 속은 의식이다. 생명체는 물질이 아닌 차원과 성질을 속에 가지고 있다.

생명을 연구하는 자연과학자들은 물질적인 생명 현상을 실험과 관찰에 의해서 연구하고 판단하기 때문에 언제나 물질에서 시작해서 물질로 끝난다. 인간의 뇌와 의식을 연구할 때도 뇌신경세포에서 일어나는 신경전달 화학물질의 작용과 전자기신호를 관찰하고 그것들의 운동과정과 변화에 근거해서 판단하고 결론을 내린다. 따라서 아무리 연구를 계속하더라도 뇌신경세포의 신경화학물질과 전자기신호의 작용과 변화에서 원인과 결과를 보는 데 그친다. 이런 연구에서는 인간의 마음과 의식에 대해서도 뇌신경세포를 중심으로 본 물질적 환원론과 결정론에 이른다. 이들에게 변화의 주동자는 뇌신경세포의 신경 화학적 전자기적 작용이다. 인간의 마음과 의식은 뇌신경세포들의 물질적 기능과 작용의 결과일 뿐이다. 뇌신경세포기관과 의식의 상호작용과 변화를 이끄는 주도적 주체는 뇌신경세포다. 인간의 맘과 의식과 감정은 뇌신경세포의 작용과 기능의 결과이거나 수반되는 현상일 뿐이다.

생명과 의식을 연구하는 생명과학자들과 뇌신경과학자들의 이런 연구방법과 태도는 매우 편향적이고 잘못된 것이며 물질적 차원에서만 의미를 갖는 제한된 방법이고 태도이다. 생명은 물질에서 생겨난 것이지만 물질의 세계를 넘어선 것이다. 생명은 물질적 존재의 차원을 초월하고 물질세계에서 비약함으로써 비물적인 새로운 존재와 차원의 세계를 열었다. 생명의 몸은 물질이지만 생명(생명을 지닌 몸)에는 물질을 초월한 비물질적 특성이 있다. 스스로 하는 주체로서의 생명은 물질을 초월하고 물질과 맞서 있다. 주체로서의 생명은 주동적이고 창조적으로 변화와 쇄신을 가져오지만 물질은 변화와 쇄신에 대해서 비주체적이며 수동적이다.

맘, 생명 진화와 역사의 창조적 주동자

물질은 인과적 법칙과 결정론에 매인 것이며 스스로 하는 주체를 갖지 못한 것이다. 따라서 생명 진화와 인류역사에서 변화와 창조의 주동적 주체는 생명의 주체인 의식과 정신이지 물질이 아니다. 오랜 생명 진화 과정에서 보면 물질인 몸과 정신인 의식이 결합되어 있고 몸도 생명화, 정신화하고, 정신과 의식도 구체화 물질화한다. 유기체적인 몸과 의식은 상호작용을 통해서 변화와 쇄신을 만들어간다. 몸속에 생명 진화의 역사가 압축되어 있기 때문에 몸은 이미 의식화되고 정신화되어 있고, 의식과 정신도 신체화되어 있다. 의식과 몸은 서로 작용함으로써 생명의 진화를 이루어 온 것이다. 따라서 짧은 기간에 단면적으로 생명의 진화 과정을 살펴보면 몸과 맘 가운데 누가 진화의 주동자인지 판단하기 어렵다. 그러나 길게 원칙적으로 살펴보면 맘(생명, 의식)이 몸(물질, 기관)을 이끌고 주도함으로써 생명의 진화와 쇄신을 가져왔다는 것을 알 수 있다. 물질은 수동적이고 정태적이지만 정신은 능동적이고 주체적이다. 생명의 내적 의지와 욕구가 진화를 주도한 것이지 주체적인 창조활동을 하지 못하는 물질과 몸이 진화를 주도했다고 할 수 없다.

파충류인 공룡의 일종이 날개를 가지고 하늘을 나는 새가 된 것은 먼저 날개가 생겼기 때문인가 아니면 하늘을 날려는 욕구와 의지가 먼저 있었기 때문인가? 날고 싶은 욕구가 있었기 때문에 공룡의 몸에서 날개가 생긴 것이지 날개가 생겼기 때문에 날고 싶은 욕구가 생긴 것은 아닐 것이다. 날개가 나온 다음에는 날고 싶은 욕구가 더욱 강해질 수 있다. 그러나 날고 싶은 욕구와 의지가 전혀 없는데 공룡의 몸에서 날개가 그냥 솟아날 까닭은 없다. 물론 날고 싶은 욕구와 의지가 생긴 것은 신체적 생존의 위협과 물질적 환경의 결핍 때문이라고 생각할 수 있다. 그러나 신체적 생존의 위협과 물질적 환경의 결핍은 날고 싶은 욕구와 의지를 위한 자극과 계기일 뿐 주체적이고 결정적인 동인이라고 할 수는 없다. 날고 싶은 욕구와 의지는 살려는 욕구와 의지에서 나온 것이며 살려는 욕구와 의지는 생명의 밖에 있지 않고 속에 있다. 인간의 눈이 맑고 투명하기 때문에 맑고 순수한 감정과 생각을 표현하고 나누며 사귀고 소통하게 된 것인가, 맑고 순수한 감정과 생각을 나누며 사귀고 소통하고 협력하고 싶은 욕구와 의지가 있었기 때문에 눈이 맑아진 것인가? 다른 짐승들의 눈과는 달리 인간의 눈이 이렇게 맑고 투명한 것은 맑고 순수한 감정과 의지를 나누고 사귀며 협력하고 싶은 욕구와 의지가 먼저 있었기 때문일 것이다. 생명의 세계에서는 날고 싶은 욕구와 의지가 있으면 날개가 생기고 맑고 순수한 사귐과 관계를 맺고 싶은 욕구와 의지가 간절하면 눈이 맑아지는 것이다.

물질세계에서는 존재와 운동의 원인과 까닭이 밖에 있지만 생명세계에서는 변화의 원인과 까닭이 제 속에 있다. 물질세계에서는 존재와 운동의 변화가 일어나려면 밖의 물질에서 먼저 변화가 일어나야 한다. 생명세계에서 생명의 변화가 일어나려면 먼저 생명의 속에서 생각과 의지의 변화가 일어나고 그 변화가 신체적 변화를 가져와야 한다. 제 속에 먼저 욕구와 의지가 있기 때문에 물질적 신체적 변화가 생겨나는 것이다. 맘의 생각과 감정이 먼저 맑아져서 몸의 눈이 맑아진 것이고 날고 싶은 생각과 의지가 있어서 날개가 생긴 것이다. 생명 진화의 역사를 길게 보면 생각과 욕구, 의지와 뜻이 그대로 이루어졌다. 모든 것을 희생하고서라도 먹고 살자는 생존의지가 절실했기 때문에 뱀이 되었고, 먹고 사는 것을 넘어서 하늘(자유롭고 영원한 생명)을 그리워했기 때문에 사람이 되었다.

생명 진화의 역사를 길게 보면 맘이 몸을 이끌고 주도한다. 그러나 짧은 기간을 두고 몸과 맘의 관계를 보면 몸이 맘을 지배하고 결정하는 것처럼 보인다. 몸은 수억 년 생명 진화를 통해 형성된 확고하고 완전한 기관으로 보인다. 100년을 채 살지 못하는 인간이 생각하고 느끼는 맘의 욕구와 감정과 의지는 덧없고 나약하고 변덕스러운 것처럼 보인다. 변덕스럽고 어리석은 개인의 감정과 의지와 욕구대로 몸이 바뀐다면 큰 혼란과 파괴가 일어날 것이다. 수억 년에 걸쳐 형성된 뇌와 뇌의 신경기능과 작용을 인위적으로 조작하거나 변경시키면 인간의 감정과 의식에 치명적인 결과를 가져올 수 있다. 짧게 보면 몸이 맘을 결정하고 주도하는 것처럼 보인다. 그러나 생명의 역사를 길게 보면 맘의 의지와 생각이 몸을 형성하고 주도해 왔다는 것을 쉽게 알 수 있다.

요즈음 인지(認知)과학도 인간의 생각과 의식이 몸을 변화시키고 움직인다는 것을 확인해준다. 반복적이고 집중적인 생각은 뇌의 신경회로와 방향을 바꿀 수 있다. 생각은 뇌의 신경회로와 작용을 바꿀 수 있을 뿐 아니라 사고방식과 생활습관을 바꿀 수 있다. 맘의 생각은 더 나아가서 성격도 바꿀 수 있다. 두드러진 예를 글 읽기에서 볼 수 있다. 인간이 보고 듣는 감각능력은 생명 진화사에서 수억 년에 걸쳐 형성된 것이므로 매우 익숙하고 자연스러운 것이다. 말하는 능력도 수만 년, 수십만 년에 걸쳐 몸과 맘에서 진화되고 적응된 것이므로 새롭거나 어려운 일이 아니다. 말하는 일을 위해 몸과 맘이 진화하고 적응되었기 때문에 인간의 뇌는 말하는 일에 준비가 잘 되어 있다. 보고 듣고 말하는 일을 위해서 인간의 뇌는 잘 진화되고 준비되어 있다. 그러나 글은 생겨난 지 5~7천 년밖에 되지 않으므로 글 읽는 일은 뇌에게는 아주 낯선 일이다. 뇌가 글을 읽기 위해 진화하기에는 글의 역사가 너무 짧다. 따라서 인간의 뇌는 글 읽는 일을 위한 준비가 되어 있지 않다. 인간의 뇌는 글을 읽을 수 있도록 진화하지 못한 것이다. 인간이 글을 읽기 위해서는 인위적으로 뇌의 새로운 신경회로를 만들어야 한다. 글을 읽기 위해서 뇌의 새로운 신경회로를 만들어내는 것은 물질적 기계적 원리로는 설명할 수 없는 것이다. 그것은 생명과 정신의 원리와 작용으로 설명할 수밖에 없다. 맘의 생각과 의지가 글을 읽기 위해서 뇌의 신경회로를 새롭게 만들었다는 말이다.[15] 없던 것을 새로 만드는 일은 물질과 기계의 일이 아니라 생명과 정신의 일이다. 길게 보면 생각이 물질과 환경을 바꾼다. 생각하면 내가 바뀌고 내 몸이 바뀌고 내 삶과 현실이 바뀐다. 아무리 어려운 환경과 조건 속에서도 생각하면 살길이 열린다. 생각하는 사람은 죽음을 넘어서 살 수 있다. 생각은 죽음을 이긴다. 공자는 죽었지만 공자의 생각은 살아 있다. 함석헌은 "생각하는 씨올이라야 산다"고 했다.

맘은 몸속에 비물질적인 의식의 차원이 열린 것이다. 의식으로서 맘은 물질적인 몸에 뿌리를 두면서도 초물질적인 하늘을 향해 열린 것이다. 맘은 물질적 욕망과 집착으로 가득 차 있기도 하고 하늘처럼 텅 비어서 매임 없는 자유에 이를 수 있다. 맘이 욕심과 집착을

---

15 매리언 울프/이희수 옮김, 『책 읽는 뇌』(살림, 2009), 231, 289.

놓아버리고, 감정과 편견을 비워 버리면 맘은 텅 비어서 맘밖에 없게 된다. 맘에 맘밖에 없으면 맘을 맘대로 할 수 있다. 맘은 본래 빈 것이고 하늘이 열린 것이다. 맘은 스스로 하는 자유다. 맘은 아무 조건이나 제약을 모르는 것이고 스스로 하는 주체와 뜻밖에 모르는 것이다. 숨을 쉬며 사는 인간이 지닌 것은 몸과 맘밖에 없다. 몸을 움직이는 것은 맘뿐이다. 맘이 죽고 썩는다면 몸이 어찌 살 수 있고 사회와 역사가 어찌 지탱하겠는가? 맘 하나 꺼지고 죽으면 인생과 사회, 역사와 국가, 문명과 문화, 세상과 우주가 다 함께 무너진다. 맘은 우주보다 깊고 우주보다 높은 것이다. 맘의 생각과 뜻, 양심의 불빛이 꺼지면 우주 전체가 캄캄한 것이다.

몸과 얼의 소통과 연락

맘은 하늘(얼)과 땅(몸)의 소통과 연락이며 통합과 일치다. 하늘의 원기(靈氣, 浩然之氣)를 숨 쉼으로써 몸은 하늘로 올라가고 욕망과 감정을 가라앉혀 하늘의 얼과 뜻이 몸속으로 내려오게 해야 한다. 맘은 몸의 기운을 기르고 얼의 힘과 뜻을 세우는 자리다. 맘속에서 생명의 본능과 욕망이 뿌리까지 드러나고 하늘의 높은 뜻과 목적이 밝혀진다. 맘속을 살펴보면 생명의 뿌리를 알 수 있고 하늘의 높은 뜻을 헤아릴 수 있다. 맘은 하늘이 열린 곳이고 하늘이 드러나는 자리다. 하늘은 너와 나와 그의 주체와 전체가 드러나고 실현되는 자리다. 하늘이 열린 맘은 너와 나와 그의 주체와 전체를 드러내는 자리다. 맘은 나의 주체와 너의 주체를 만날 수 있는 곳이며 서로 주체의 깊이와 자유에서 전체의 하나 됨에 이르는 곳이다. 맘은 너와 나와 그가 공명하고 공감하고 감정이입할 수 있는 자리다. 맘은 아낌없이 정을 주고받는 것이다. 맘은 서로 통하는 것이다. 맘은 입장 바꿔 생각하는 것이며 헤아리고 공감하고 공명하는 것이다.

맘은 하늘처럼 한없이 깊은 곳이다. 맘은 생명의 힘과 욕망이 분출하고 사랑과 기쁨이 뿜어져 나오고 간절한 생각과 그리움, 영원한 뜻과 사명이 솟아오르는 곳이다. 맘은 아무도 함께할 수 없는 외롭고 고독한 자리이면서 너를 향한 사랑과 그리움이 솟구치는 자리다. 저밖에 없고 저밖에 모르면서 저도 잊고 저도 모르면서 홀로 외로움 속에 빠져서 나도 너도 그도 아닌 전체를 향해 하늘의 큰 임을 향해 솟아오르는 자리다. 하늘의 빔과 없음을 품은 맘은 외로움과 그리움 속에서 주체의 깊이와 자유에서 전체의 하나 됨에 이르는 곳이며, 생명과 정신과 역사가 새롭게 창조되고 탄생하는 곳이다.

맘은 나를 새로 짓고 낳는 곳이고 새 하늘 새 땅을 여는 곳이며 새 역사를 짓는 자리다. 맘속에서 하늘과 땅이 하나로 만나고 과거와 현재와 미래가 만나고 너와 나와 그가 하나로 돌아간다. 맘은 시간과 공간의 중심과 꼭대기다. 땅의 물질적 욕망, 본능적 욕망과 충동, 거친 감정과 사나운 편견의 진흙 속에 뿌리를 박은 맘이 하늘의 시원한 바람과 밝은 햇빛 속에서 지성과 영성의 꽃과 열매를 맺는다. 함석헌의 시 '맘'은 생명의 씨올로서의 맘을 잘 나타낸다.

맘은 꽃
골짜기 피는 난
썩어진 흙을 먹고 자라
맑은 향을 토해

맘은 씨올

꽃이 떨어져 여무는

씨의 여무진 올

모든 자람의 끝이면서

또 온갖 형상의 어머니[16]

3. 얼

역사와 사회의 주체로서 얼의 발견과 자각

인성의 세 겹 가운데 얼은 가장 깊고 높은 층에 속한다. 얼을 이
해하는 것은 인간의 가장 깊고 높은 주체를 자각하는 것이다. 그러
나 인간의 가장 깊고 높은 주체로서의 얼은 물질적 현상과 인과관
계만을 탐구하는 유물론적 과학자들에게는 없는 것이며 민의 자유
로운 주체를 부정하는 고대와 중세의 사회에서는 인정되지 않는 것
이었다. 민의 주체를 자각하고 확립해가는 근현대의 민주 시대에는
인간의 가장 깊고 높은 주체로서의 얼에 대한 탐구와 이해가 진지
하게 요청된다.

고대와 중세의 한계와 속박

인류 정신사는 '나'를 찾아가는 역사다. 나의 가장 깊은 내면에

---

16 함석헌, <맘>, 『수평선 너머』(함석헌전집 6권), 16.

있는 '얼'을 찾아 바로 세우는 것이 인생과 역사의 가장 중요한 과제다. 인간의 가장 깊은 내면적 주체인 얼은 근현대에 이르기까지 역사와 사회를 창조하고 개혁하는 민의 주체로서 사상적으로 확립되지 못했다. 동양에서는 하늘의 도와 이치로써 인간의 욕망과 충동을 극복하고 조화시키려 했으며 인간의 본성을 하늘의 도리와 일치시켰다. 사사로운 욕망과 충동을 극복하고 조화시켜서 하늘의 도리에 순응하고 도리에 합일되는 삶을 추구했다. 인간의 심성을 이루는 본질과 원리는 하늘의 도리이며 욕망과 충동은 극복하고 지양할 대상이었다. 욕망과 충동에 휘둘리는 민은 하늘의 도와 이치로써 다스려져야 하는 대상이었다. 동양의 전통사상인 유교와 도교는 천도와 천리에 순응할 것을 강조했을 뿐 역사와 사회를 창조하고 개혁할 주체인 민의 얼과 혼을 확립하는 데 이르지 못했다. 공자는 천도와 일치하는 인간의 본성을 인(仁)으로 파악하고 인은 사욕을 극복하여 봉건적인 사회관계와 질서인 예(禮)에 이르는 것으로 이해했다. 맹자는 인간의 선한 본성을 인의(人義)로 파악하고 왕과 신하들이 인의에 충실함으로써 왕도정치를 실현해야 한다고 보았다. 공자와 맹자는 천도에 일치하는 인의를 내세웠으나 봉건질서와 왕도정치에 머물렀고 역사와 사회의 창조적 주체로서 민의 얼과 혼을 말하지 못했다.

불교는 인간의 탐욕과 충동적인 감정과 어리석은 편견에서 벗어나 걸림과 매임 없는 열반적정(니르바나)의 세계에 이르려 했다. 석가는 인간의 탐욕과 충동과 편견을 부정하고 무아를 주장했다. 불교는 인간의 탐욕과 충동과 편견 속에 진리와 해탈에 이르는 본성(여래장, 불성)이 있다고 주장하고 이것이 참 나라고 말하기도 했다.

그러나 불교에서 말하는 인간의 본성은 시공을 초월한 것으로서 역사와 사회의 구체성과 주체성이 결여된 것이다. 불교의 가르침은 역사와 사회를 창조하고 개혁하는 주체로서 민의 얼과 혼을 강조하는 데 이르지 못했다.

서양에서 고대 그리스철학은 인간의 본성을 이성으로 파악했다. 이성은 인간의 본성일 뿐 아니라 국가와 우주의 본성이었다. 이성은 물질적 생명적 제약과 한계를 넘어서는 보편적 진리와 가치를 인식하고 드러내지만 새로운 존재와 사건을 창조하고 일으키지는 못한다. 인간의 이성은 논리와 생각, 인식과 판단, 이해와 설명의 주체는 될 수 있으나 역사와 사회를 창조하고 변혁하는 주체가 되지는 못한다. 이성은 욕망과 충동을 지배하고 통제할 뿐 생의 욕망과 충동을 정화하고 충족시킬 수 없고 실현하고 완성할 수 없다. 이성에 머문 그리스철학은 역사와 사회를 창조하고 변혁하는 민의 자유로운 얼과 혼(民主)에 이르지 못했다.

히브리 기독교 신앙전통은 불의한 역사와 사회 속에서 억압과 수탈을 당하며 신음하는 민중의 자유로운 주체와 해방을 추구했으나 역사와 사회 속에서 민의 자유로운 주체를 실현하지 못했다. 이스라엘 역사는 이집트서부터 아씨리아, 바빌론, 페르시아, 로마제국에 이르기까지 강대국의 침탈로 나라를 잃고 종살이하면서 민의 자유로운 주체와 해방을 믿고 기다린 역사였다. 이스라엘 민중은 스스로 자유로운 주체가 되어 자신을 해방하지 못하고 신이 오셔서 자신들을 구원하고 해방해 주기를 믿고 기다렸다. 예수는 가난한 민중을 하나님의 자녀와 하나님 나라의 주인으로 선포했으나 역사와 사회 속에서 민이 주체로서 새 역사와 사회를 창조하도록 이끌지는 못했다. 예수는 민이 역사와 사회의 창조적 주체가 되는 길을 열었으나 그 길로 민과 함께 가지는 못했던 것이다. 예수 자신도 로마권력과 예루살렘 종교권력에 의해 힘없이 십자가에 달려 처형되고 죽었다. 이스라엘 역사의 시작에서 예수의 십자가 죽음에 이르기까지 민중은 불의한 억압 속에서 주체의 자유와 해방을 믿고 기다렸을 뿐 역사와 사회 속에서 주체의 자유와 해방을 실현하지 못했다. 그러나 예수가 가난한 민중을 하나님의 자녀와 하나님 나라의 주인으로 선언함으로써 기독교 전통에서 민중은 믿음과 희망 속에서 작은 무리들의 공동체적 삶 속에서 자유로운 주체로서의 삶을 앞당겨 맛볼 수 있었다.

예수가 민을 하나님의 자녀와 하나님 나라의 주인으로 선언한 것은 민을 역사와 사회의 주인과 주체로 선언한 것이다. 민에 대한 예수의 선언은 예수가 십자가에 달려 죽음으로써 선언으로 그치고 역사와 사회 속에서 현실화되지 못했다. 기독교가 예수의 부활을 말함으로써 민에 대한 예수의 선언이 역사와 사회 속에서 실현될 수 있는 길을 열었다. 부활은 실패와 패배, 좌절과 체념 속에 쓰러진 민중을 일으켜 세우는 역사적 사건이다. 바울은 예수의 십자가 죽음과 부활을 그리스도인들의 신앙과 삶 속에서 일어나는 사건으로 해석함으로써 민이 예수와 함께 역사와 사회의 주체로 사는 길을 열었다. 그러나 기독교 역사에서 예수의 죽음과 부활은 그리스도인들의 믿음, 교리, 설교 속에서만 살아 있고 민을 역사와 사회의 주체로 세우지는 못했다. 하나님의 자녀란 말은 교리와 설교 속에서만 힘을 가진 말일 뿐 역사와 사회의 삶 속에서는 의미 없는 말이 되었다. 로마시대의 노예제 사회에서 형성된 기독교의 구원관은 그리스도인들이 역사와 사회의 주체가 되는 데 장애가 되었다. 노예를 노예 신분에서 해방하려면 노예 주인에게 몸값을 치러야 했다. 기독교의 노예적 구원관에 따르면 인간은 죄를 지었기 때문에 불의한 죄악의 권세 아래 종살이한다. 종살이하는 죄인을 구원하려면 누군가 죗값을 치러야 한다. 인간의 죄 값을 치르기 위해서 예수가 십자가에 달려 피 흘려 죽었다. 예수의 십자가 죽음과 인간의 구원에 대한 이야기는 인간의 구원과 해방에 대한 영적이고 공동체적인 깊은 의미를 담고 있다. 그러나 다른 사람이 값을 치르고 '나'를 노예 신분에서 해방한다는 이야기는 시대착오적이고 반민주적이며, 비도덕적인 관념과 생각을 지니고 있다. 노예인 '나'를 타인이 값을 치르고 구원한다는 생각은 '나'를 역사와 사회의 자유로운 주체로 이끄는 대신 '나'에게 노예 감정과 의식을 품게 한다.

종교개혁, 민의 영혼을 깨우다

서양의 정신사에서 민을 역사와 사회의 주체로 움직이도록 자극하여 역사와 사회의 혁신과 변화를 크게 일으킨 것은 종교개혁이었다. 신성로마제국의 권력과 결탁한 로마 가톨릭의 종교권력에 맞서서 루터는 민의 영혼을 정치종교사회의 순수한 주체로서 일깨웠다. 그는 인간의 영혼을 억압하고 민중을 수탈하는 종교권력과 성직제도, 신학과 교리에 맞서서 '믿음만, 성경만, 은총만'을 말함으로써 민을 믿음, 성경해석, 하나님 체험의 순수한 주체로 내세우고 만인사제설(萬人司祭說)을 말함으로써 민을 교회의 민주적이고 평등한 주체로 선언했다. 그는 종교와 정치의 권력에서 자유로운 영혼에 이르렀다. 그는 하나님과의 관계에서 드러나는 인간의 가장 깊은 내면에서 자유로운 영혼을 발견했다. 루터는 종교(수도원)와 세속사회의 두 영역으로 삶을 분리한 성속이원론을 부정하고 성과 속을 통합함으로써 민의 삶을 긍정한 근현대 사회로 가는 길을 열었다. 그는 스스로 수도원에서 나와서 수녀와 결혼하고 3W(Wort, Wein, Weib: 말씀, 포도주, 여성)을 좋아한다고 함으로써 성속을 아우르는 현대의 삶을 살았다. 그는 또한 정치권력과 종교권력을 분리시킴으로써 종교를 정치권력에서 해방하고 정치를 종교권력에서 자유롭게 함으로써 합리적이고 자유로운 근현대 사회로 가는 길을 열었다.

그리스도인의 자유를 선언하고 "용감하게 죄를 지어라. 그러나 더욱 용감하게 믿어라"고 말함으로써 루터는 신앙인의 자유로운 행동을 촉구하였다. 시대의 제약 속에 있었던 루터는 신앙의 자유를 사회와 역사의 영역으로 확장할 수 없었다. 가난한 농민들이 제후들의 폭력적인 지배에 맞서 해방투쟁을 벌이자 제후들의 권력에 의존했던 루터는 제후들의 편에 서서 농민들을 비난하고 공격하였다. 그가 선언한 신앙의 자유는 인간의 깊고 순수한 영혼의 자유였으나 교회 안에서도 사회 속에서도 매우 절충적이고 타협적으로 실현되었다. 그의 인격과 신학은 불완전하고 부족한 것이었다. 그럼에도 그의 종교개혁은 불의한 권력에 저항하는 전통과 본보기(protestant)가 되었으며, 인간의 깊은 영혼을 움직였던 그의 종교개혁선언은 종교, 정치, 문화의 모든 영역에서 들불처럼 번졌고 깊고 큰 영향을 미쳤다. 그의 독일어 성경번역과 신학활동은 대중문화혁명을 일으켰고 가톨릭과 개신교의 쇄신과 부흥을 가져왔다. 종교개혁은 참혹한 종교전쟁과 사회분열을 가져왔지만 서구 민중의 정신은 깊은 변화와 쇄신을 경험했고 종교, 정치, 사회, 문화의 모든 영역에 혁신과 역동성을 가져왔다.

16세기 초반에 일어난 종교개혁은 서양의 중세에서 근현대로 넘어가는 전환점을 이루었다. 유럽의 문명이 세계로 확산되는 시기에 일어난 종교개혁은 세계의 정신과 문화에도 큰 자극과 변화를 가져왔다. 종교개혁의 흐름을 계승한 청교도들이 미국의 건국을 위한 정신과 이념을 제공했고 일본에서 종교개혁정신을 더욱 철저하게 실천한 우치무라 간조의 무교회운동이 일본의 정신과 사상을 깊고 풍성하게 만들고 한국에도 작지 않은 영향을 끼쳤다. 한국에서는 종교개혁의 자손인 개신교 선교사들과 한국 개신교인들이 성경을 한글로 번역함으로써 민중의 주체를 자각하는 문화운동이 일어났다. 한글을 창제한 것은 세종대왕이지만 한글을 가지고 민중문화운동을 일으킨 것은 종교개혁 전통을 계승한 개신교였다. 한국의 개신교는 민주화 운동과 산업화에도 큰 영향을 주었다. 유럽의 종교개혁은 민중의 정신과 삶에 깊은 변화를 가져오고 사회와 역사의 큰 변화를 일으키고 500년의 오랜 역사를 두고 세계적으로 지속적인 영향을 미쳤다는 점에서 인류의 종교문화사에서 비슷한 사례를 찾아볼 수 없는 독특한 종교혁신운동이었다.

그러나 루터의 종교개혁은 민의 자유로운 주체를 확립하기에는 사상적으로나 정치적으로 매우 불완전하고 결함이 많은 것이었다. 루터는 견해가 다른 신학자들에 대해서 지나친 비난과 공격을 퍼부었으며 매우 적대적이고 분열적인 말들을 쏟아부었다. 루터는 인간의 이성을 창녀에 비유하고 인간의 의지를 노예라고 함으로써 이성과 의지에 대해서 매우 부정적이고 비판적인 견해를 제시하였다. 그가 신에 대한 믿음과 사랑 속에서 인간의 주체를 깊고 높이 드러냈으나 이성과 의지를 비판하고 약화시킴으로써 역사와 사회에서 민의 책임적 주체를 말하는 데 이르지는 못했다. 그는 이성과 얼(영혼의 자유로운 주체)의 통합에 이르지 못했다. 근현대의 철학자들이 이성과 양심을 내세웠으나 1~2차 세계대전과 '아우슈비츠 수용소'에서 인간의 이성과 양심이 얼마나 무력하고 위선적인지 드러났다. 그 후 서양에서 실존철학과 신정통주의 신학이 유행했는데 실존철학은 인간의 실존을 사회와 역사의 영역에서 분리시켰고 신정통주의는 인간의 이성과 양심을 약화시키고 교리와 전통 속으로 후퇴함으로써 민의 자유로운 주체에 이르지 못했다. 포스트모더니즘 철학은 자본과 기계의 지배 앞에서 차이와 우연을 강조함으로써 역사와 사회에서 민의 책임적 주체를 해체하는 경향이 있다. 프로이트를 비롯한 심리학자들은 인간의 심층 무의식을 발견했으나 무의식에서 인간의 욕망과 충동을 보았다. 그들은 인간의 욕망과 충동에서 질병과 고통을 보고 병든 욕망과 충동을 이성에 의해 치유하고 교정하려고 하였다. 이들도 역사와 사회의 주인과 주체로서 민의 얼과 혼에 이르지 못했다.

역사와 사회의 창조적이고 책임적인 주체로서 민의 얼과 혼에 이르는 길은 참으로 험난하다. 민이 스스로 자신을 역사와 사회의 주인과 주체로 자각하고 자기 속에서 그 주체를 확인하고 주체로서 살아가야 한다. 이것은 민주 시대의 가장 긴요한 일이다. 서구문화가 유입되고 나라가 망하고 식민지가 되는 과정을 겪으면서 민주화와 산업화를 이룩한 한국 사회는 민의 주체에 대한 철학적 자각과 교육적 성찰의 전통을 가지고 있을 뿐 아니라 민의 주체를 실현해 가는 민주화운동의 경험과 전통이 풍부하다.

한 맺힌 넋에서 사회와 역사의 주체인 얼로

원혼으로서의 넋

한국에서 중세까지만 해도 얼은 혼백(魂魄)을 나타내는 말로 쓰이지 않았다. 혼백을 나타내는 우리말은 넋이었다. 넋 혼(魂), 넋 백(魄)이라고 하는 데서 보듯이 넋은 혼백을 나타내는 말이다. 왜 갑자기 얼이라는 말을 넋이란 말 대신에 혼백의 뜻으로 쓰게 되었을까? 넋은 혼과 백을 가리키는 분명한 우리말이지만 죽은 조상의 영혼과 관련지어 쓰이거나 신들린 무당과 관련해서 쓰였으며 대체로 소극적이고 부정적인 의미로 쓰였다. 넋은 인간의 몸을 거느리고 정신을 다스리는 비물질적인 존재이며 죽음 이후에도 존재하는 초자연적인 신령이다. 넋은 인간의 신체적 생명과 유리되고 대립된 것이기도 하다. 넋은 산 사람 속으로 들어오기도 하고 나가기도 하면서 인간의 생명을 지탱해주고 인간에게 도움을 주기도 하지만 탈을 일으켜 해를 끼치기도 한다. 한 사람에게 하나 이상의 넋이 들어와서 인간정신을 분열시키고 인간을 해칠 수도 있다. 넋은 인간이 좌우하거나 임의로 상대할 수 있는 존재가 아니다. 오히려 넋이 인간을 좌우하고 지배한다. 인간이 넋을 상대하려면 영매인 무당을 통해야 한다. 신들린 사람들에게서 보듯이 넋은 질병과 재난을 가져오고 인간의 삶을 장악하고 지배하는 위협적 존재다. '넋이 나가다', '넋이 빠지다'처럼 부정적인 의미로 쓰이고 '넋을 위로하다', '넋을 달래다'처럼 인간이 맞추어주고 받들어야 할 수동적인 대상이다. 후손들을 돌보고 돕는 조상들의 넋은 죽은 사람들의 혼백이다. 흔히 넋은 억울하게 죽은 사람들의 원한 맺힌 영혼으로 이해되었다.

넋이 이렇게 수동적이고 정태적이며 부정적인 의미를 갖게 된 것은 넋이 고대와 중세 피지배 민중의 억눌린 삶과 의식을 반영하기 때문이다. 고대와 중세 피지배 민중의 삶과 의식은 불의한 지배자들의 억압과 수탈과 횡포로 짓눌리고 짓밟혀 있었다. 피지배 민중의 삶과 의식과 넋은 고통과 원한, 절망과 슬픔을 품고 있었다. 상처와 슬픔, 원한과 저주를 품은 민중의 넋은 민중 자신의 몸과 맘, 생명과 정신을 해치고 고통스럽게 하였다. 원한을 품은 민중의 넋은 자신뿐 아니라 이웃과 공동체의 삶과 정신을 고통스럽게 하고 불편하고 힘들게 하였다. 원한 품은 넋은 삶을 해치고 삶을 고통과 질병과 무기력 속으로 빠져들게 한다. 체념과 좌절에 빠진 민중은 자기비하와 열등감에 빠지고 약자인 자기와 다른 민중에 대해서 혐오하고 비난하게 된다. 민중의 넋이 민중 자신을 해치는 자기분열에 이른다. 저주와 원한을 품은 넋은 자신뿐 아니라 다른 사람들의 삶과 정신까지도 무기력하고 고통스럽게 만든다. 고대와 중세 피지배 민중의 억눌린 넋은 자유와 해방의 길을 주체적으로 열어가는 근현대 민중의 정신과 혼을 나타내는 말이 될 수 없었다. 넋은 역사와 사회를 창조하고 변혁하는 사람들의 적극적이고 능동적인 주체와는 너무 동떨어진 말이었다. 이것은 오히려 인간의 주체성을 약화시키고 인간을 두렵고 의존적이며 탈역사적인 존재로 만드는 말이었다. 오랜 세월 역사와 사회 속에서 부정적이고 소극적인 의미를 가진 말로 굳어진 넋은 인간의 사회역사적 주체성을 고취하고 강화하는 의미로 쓰일 수 없었다. 인간의 의지와 지성, 용기와 지조를 굳세게 하는 말이 되지 못했다.

얼의 어원(語源)과 의미 변화

나라가 망하고 일제의 식민지가 되었을 때 역사와 사회 속에서 민중의 정신적 주체와 줏대를 세우는 말이 절실하게 요구되었다. 민족의 정신을 일깨우려는 사람들 예컨대 정인보와 대종교 사람들은 역사의 정신적, 창조적 주체를 나타내는 말로서 '얼'을 썼다. 그러나 '얼'을 영혼, 정신의 줏대, 역사와 사회의 창조적 주체를 나타내는 말로 쓴 것은 국어학자들 사이에 큰 논란과 비판을 불러왔다. 본래 중세국어에서는 얼이 혼의 뜻으로 쓴 예가 없고 '어리(얼)~'는 어리석음(愚), 혼미(昏迷), 판단력 부족(癡)의 뜻으로 쓰였다. 현대국어에서도 얼은 '어리석다, 모자라 보인다'는 뜻으로 '얼뜨다, 얼되다'로 쓰이면서 중세국어의 '어리~'와 관련된다. 1959년 국문학자 양주동은 중세국어에서 '미혹(迷), 어리석음(痴), 미침(狂)'의 뜻을 가졌던 얼이 착오에 의해서 혼(魂)의 뜻으로 쓰이게 되었다고 주장한다. '얼빠지다'는 말은 미혹이나 어리석음에 빠진다(迷陷)는 뜻인데 '넋 빠지다'는 말로 오해하게 되어서 얼을 '넋, 혼'의 뜻으로 쓰게 되었다는 것이다. 그에 따르면 얼을 혼의 뜻으로 쓴 것은 완전한 착오일 뿐 아니라 그릇된 것이다.[17] 그 후 대부분의 국어학자들은 얼에 관한 논의에서 양주동의 주장을 따르고 있다. 2008년에 조항범은 "얼의 語源과 意味"라는 글에서 양주동의 주장을 정면으로 비판하고 새로운 주장을 제시했다. 조항범은 '얼빠지다'는 말은 '열빠지다'는 말에서 나왔고 '열'은 쓸개를 뜻하는 말임을 논증하였다. '쓸개 빠진 사람', '쓸개 없는 사람'에서 보듯이 '쓸개 빠지다', '열빠지다'는 말은

---

17 梁柱東, "續 古語硏究 抄:「얼」이란 말에 대하여(訂誤와 存疑)," 동아일보. 1959. 3. 27.

예로부터 널리 쓰인 말이었다. 동양에서 쓸개(膽)는 중정지관(中正之官)으로 "냉철하고 이성적 판단으로 치우침 없는 중도와 바름을 지키는 장부"로 알려졌다.[18] 쓸개(열)는 담력(膽力), 용기, 중심, 줏대의 뜻으로 쓰였다. 처음에 '열'은 쓸개를 나타내는 말이면서 정신, 줏대, 정신력의 뜻으로 쓰이다가 점차 정신, 줏대, 정신력의 뜻으로만 쓰였고 20세기 초에는 '얼'과 뒤섞여 쓰다가 '얼'로 통합되었다. '열빠지다, 열없다, 열적다, 열뜨다'에서 보듯이 정신, 정신력, 줏대의 뜻으로 쓰인 '열'이 '얼더듬다, 얼버무리다, 얼보이다, 얼비치다'는 말에 이끌려 '얼'에 흡수되었다는 것이다. 조항범은 '얼'이 '열'에서 온 말이고 '열'(쓸개)은 15세기까지 소급되는 말이므로 '정신, 줏대'로서의 '얼'은 착오에 의해서 현대에 잘못 만들어진 말이 아니라 오랜 역사의 뿌리를 가진 말이라고 주장한다.[19]

얼에 대한 조항범의 연구는 '얼빠지다'를 '넋빠지다'로 오인해서 착오로 '얼'(혼)이라는 말이 만들어졌다는 양주동의 주장을 논박하는 데는 성공했지만 정신(혼)과 줏대로서의 얼과 어리석음, 미혹, 모자람으로서의 얼을 통합적으로 이해하고 설명하지는 못하고 있다. 조항범도 중세에서 얼(어리~)이 어리석음과 혼미함의 뜻으로 쓰였다는 것을 부정하지 않는다. '얼더듬다, 얼버무리다, 얼보이다, 얼비치다'는 말에 이끌려 '열'이 '얼'에 흡수·통합되었다는 그의 주장도 얼이 본디 '어리석음, 모자람, 모호함'의 뜻으로 쓰였음을 확인한다. 어리석음, 모자람, 모호함의 뜻을 가진 '얼'이 근현대에 이르러 '열'과 결합되어 혼과 줏대, 정신력의 뜻을 갖게 되었다면 '얼'은 서로

---

18 조항범, "'얼'의 語源과 意味," 「한국어학」 39(2008.5), 124 각주 5 참조.
19 조항범, 같은 글, 126-128.

조화와 통합을 이루기 어려운 상반된 개념과 의미를 지닌 복잡한 말이며 역사와 사회의 창조적 책임적 주체로 쓰이기에는 매우 혼란스럽고 모호한 개념으로 여겨진다.

어떻게 이처럼 상반되고 모호한 의미를 지닌 '얼'이 한국의 지식인들과 민중들에게 사회와 역사의 창조적 주체를 나타내는 말로 저항 없이 널리 받아들여지고 쓰이게 되었을까? 본디 어리석음과 미혹과 모자람의 뜻을 가진 '얼'을 인간의 정신과 혼으로 역사와 사회의 창조적 책임적 주체로 받아들인 것은 민의 주체적 자각을 향한 한민족의 구도자적 탐구와 각성을 반영하는 것이 아닐까? 얼의 개념과 뜻이 '어리석음, 모자람, 모호함'에서 정신과 영혼, 정신력과 줏대로 발전한 것은 어리석음과 몽매함에서 벗어나는 한민족의 집단적 깨달음을 나타낸다고 보아야 한다. 그렇지 않으면 이처럼 모호하고 문제가 많은 말을 기꺼이 역사와 사회의 책임적 주체를 나타내는 말로 쓰기 어려웠을 것이다. '어리석음, 모자람, 모호함'에서 '혼, 정신의 줏대, 정신력'으로 얼의 개념과 뜻이 변화한 것은 어리석고 모자라고 모호한 정신과 의식을 극복하고 역사와 사회를 새롭게 창조하고 책임지는 주체로 일어서는 민족의 자각과 결의를 나타낸다고 생각된다. 실제로 얼과 혼을 나타내는 말은 인류정신사의 발전에 따라 심화되고 풍부해졌다. 영혼을 나타내는 히브리어 루아흐, 그리스어 프뉴마, 프쉬케, 라틴어 스피리투스, 아니마(아니무스), 산스크리트어 아트만은 모두 숨, 바람, 생기(生氣)를 뜻하는 말인데 영혼과 정신, 신령의 뜻을 가진 말로 심화 고양되고 풍부해졌다. 인간의 정신과 의식이 발달하고 심화 고양된 만큼 영혼을 나타내는 말이 깊고 풍부해진 것이다. 얼의 의미와 개념이 어떻게 변화 발전해 왔는지를 더듬어보면 한민족의 정신과 의식이 어떻게 변화 발전해왔는지 살펴볼 수 있을 뿐 아니라 얼을 영혼, 정신력과 줏대를 나타내는 말로, 역사와 사회의 주체를 나타내는 말로 사용하게 된 한민족의 정신적 주체성과 정체성을 확인할 수 있을 것이다.

영혼을 나타내는 다른 민족들의 말들이 그렇듯이 '얼'은 고어에서 기(氣), 기운(氣運), 김을 뜻하는 말이었다. 한국어와 가까운 만주어 얼간(息, 氣), 여진어 어리, 어리거(氣), 몽골어 우르마스(urmas, 氣力)의 어근 우르, 얼과 비교하면 한국어 얼은 기(氣), 력(力)을 뜻하는 말로 보인다. 그리고 기(氣)의 국어는 김이다. 氣는 쌀 米로 밥 지을 때 피어오르는 김을 나타낸다. 김은 기, 기운, 기세를 나타낸다. 얼은 원초적 생기(生氣)를 뜻하고 생명과 정신의 씨알맹이 핵(核), 알짬 정(精), 기운 김을 뜻했다.[20] 원초적 생명의 핵심이면서 정신의 핵심과 기운(김)을 나타냈던 얼은 개념적으로나 논리적으로 명료하지 않고 물건처럼 뚜렷하고 확실하지도 않았다. 따라서 얼은 모호하고 혼란스러운 것으로 느껴지기도 한 것이었다. 생명의 원초적 알짬과 기운인 얼은 본능적이고 유치한 것이기도 했다. 얼, 알맹이 알짬, 씨알맹이에서 어리다(幼: 어린아이 기운)라는 말이 나왔고 알맹이 알짬이 뒤섞인다는 의미에서 어리석다는 말이 나왔다. 중세에는 '어리다'는 말이 어리석다는 의미로도 쓰였다. 남녀가 자라서 생명의 알짬, 얼을 어우르면 어른이 된다. 어른은 남녀 사이에 생명과 정신의 알짬, 알맹이(精力, 精氣)를 어룬(뒤섞은 交合)이다.[21]

---

20 서정범, "얼," 『國語語源辭典』(보고사, 2000), 105-106, 431-432 참조. '얼'(精神)은 '알, 알짬'(核, 精)과 서로 통하는 말이다. 이에 대해서는 김민수, 『우리말 語源事典』, 705, 736의 "알다", "얼다" 항목 참조.

얼은 넋과 비교해 볼 때 넋처럼 내적인 것이면서도 인간의 생명과 정신에서 직접적이고 구체적이며 실질적인 것이었다. 얼은 기, 기운, 김과 마찬가지로 물질과 정신, 몸과 영혼을 통합하는 실재였다. 그것은 인간의 생명과 정신을 살리는 힘과 에너지였다. 얼은 인간의 몸을 넘어선 생명의 내적 힘과 기운 알맹이면서도 인간의 몸과 맘을 직접 움직이고 살리는 정신이었다. 넋이 인간을 압도하고 지배하는 초자연적 존재라면 얼은 인간의 생명과 정신을 살리고 움직이고 힘 있게 하는 중심이고 원기였다. 나라가 망하고 민족의 주체적 정신을 일으켜 세워야 할 절박한 역사의 큰 위기 속에서 얼은 넋을 대신해서 민족의 혼을 나타내는 말로 정신의 줏대와 주체로 쓰이게 되었다. 물질, 생명, 정신을 통합하는 얼은 개념과 논리, 말과 이론의 세계에 속한 이성을 넘어서는 것이다. 광복절 노래를 지은 정인보는 하곡 정제두의 양명학을 계승한 이건방에게서 양명학을 배운 학자로서 한국양명학의 계보에서 중요한 위치를 차지한다. 양명학이 내세우는 양지양능(良知良能)[22]은 양심과 지성을 의미할 뿐 얼과는 다른 것이다. 그는 양명학의 한계를 넘어서서 독립운동 종교인 대종교에 참여하고 조선의 얼을 강조했다. 한민족의 독립을 위해 얼을 강조한 정인보는 자신이 양명학자가 아니라고 하였다.

---

21 김민수, 『우리말 語源事典』, 726-727.
22 교육이나 경험에 의하지 않고 선천적으로 사물을 판단하고 행할 수 있는 마음의 작용.

얼, 본능과 이성과 신령의 통합

얼은 본능과 이성을 아우르고 본능과 이성을 초월하면서 본능과 이성을 온전히 실현하고 완성하는 것이다. 얼은 몸의 정력과 맘의 지성과 정신의 영성을 아우르는 통합적 개념이다. 얼은 알맹이 알짬(精, 核)을 나타내며 앎(알맹이 핵심), 알(卵), 알다(知)와 통하고 정신(精神)을 뜻한다.[23] 얼은 '알'과 통하며 함께 쓰이는 말이다. 따라서 얼은 올로 쓸 때 얼과 알을 함께 나타낼 수 있다. 올은 생명의 알맹이, 알짬, 알이며 하늘의 얼, 정신, 영을 나타낸다. 얼은 껍질이 아니라 알맹이를 나타낸다. 얼은 물질이 아니라 물질의 알맹이인 정신을 나타내고, 육체 몸이 아니라 육체, 몸의 알맹이인 영, 신을 나타낸다. 얼은 껍질, 물질, 몸을 초월하고 넘어선 알맹이 정신이다. 본래 얼은 물질적 신체적 생명과 정신의 알짬과 기운을 나타내는 소박한 말이었으나 넋을 대신하여 나라와 역사의 정신적 주체를 가리키는 말로 쓰이면서 역사와 민족과 관련되었고 더 초월적이고 자유로운 깊이와 높이를 가진 말이 되었다. 하늘을 신앙의 대상으로 받들었던 대종교와 정인보가 얼을 5천 년 이어온 민족의 혼을 뜻하는 말로 씀으로써 얼은 개인의 주체와 민족(역사)의 주체를 통합하고 민족의 뿌리이며 신앙대상인 하늘의 초월적 자유를 나타내는 말이 되었다.

근현대의 의미에서 얼은 물질과 생명과 정신의 핵심과 중심이면서 물질과 본능과 이성을 초월하는 것이며, 주체(자아)의 깊이와 자

---

23 김민수, 『우리말 語源事典』, 705.

유에서 전체의 하나 됨에 이르는 능력과 경험을 나타내고, 주체와 전체의 근원인 하늘을 체험하고 하늘과 소통하는 것이다. 얼은 주체와 전체의 자리에서 물질과 생명과 정신의 주체와 전체를 실현시킨다. 얼은 몸과 맘의 주체와 전체를 실현하고 완성하는 힘이고 자리이며 중심이다. 얼은 주체의 깊이와 자유에서 전체의 하나 됨에 이른 것인데 그것은 하늘에서만 가능한 일이다. 따라서 얼은 하늘에 뿌리를 둔 것이고 하늘을 품고 하늘에 사는 것이다. 하늘은 주체의 깊이와 자유를 드러내고 전체의 큰 하나 됨을 드러낸다. 하늘의 자리에서 하늘을 품은 얼만이 몸과 맘, 물질과 생명과 정신의 주체와 전체를 실현하고 완성할 수 있다. 하늘과 얼은 주체와 전체를 드러내고 실현하고 완성할 수 있다.

얼은 물질과 몸을 초월한 정신이고 물질과 몸속에 깃든 생명이다. 생명과 정신의 주체와 전체를 드러내고 살리고 완성하는 얼은 이성을 넘어선 것이다. 이성은 헤아리고 설명하는 것이다. 이성은 구체적이고 특수한 물질의 제약을 넘어서 일반적이고 보편적인 지식과 원리를 밝혀주지만 생명과 정신의 주체와 전체를 살리고 실현하고 완성할 수는 없다. 물질과 생명과 정신은 저마다 다른 차원을 가지고 있지만 저마다 한없는 깊이와 신비를 가지고 있으며 주체와 전체를 드러낸다. 물질은 스스로 하는 능동적 주체성을 가지고 있지 못하고 물리적 법칙과 원리에 의해서 시간과 공간의 굴레에 갇혀 있지만 잠재적으로 무한한 힘을 가지고 있으며 존재의 한없는 깊이와 신비를 지니고 있다. 그러므로 이성은 물질과 생명과 정신을 아무리 탐구해도 완전한 지식에 이르지 못하고 여전히 모르는 영역과 차원을 남겨둘 수밖에 없다. 이성의 탐구와 설명은 결코 물질과 생명의 존재를 다 드러내고 실현할 수 없다. 또한 이성이 온전하고 철저한 지식에 이른다고 해도 이성의 그런 지식이 물질과 생명과 정신의 주체와 전체를 살리고 실현하고 완성할 수 없다. 따라서 이성의 일반적이고 보편적인 이론과 지식을 인간의 몸, 맘, 얼에 강요하는 것은 인간의 생명에 대한 폭력이고 억압이다.

물질과 생명의 알짬과 기운과 주체이면서 하늘의 빈탕한데에 이른 인간의 얼만이 스스로 참된 주체와 전체에 이르러서 물질과 생명과 정신의 주체와 전체(몸, 맘, 얼)를 실현하고 완성하며, 자신과 남의 주체와 전체를 실현하고 완성할 수 있다. 서구의 이성철학은 말할 것도 없고 주자의 성리학도 이학(理學)적인 성격을 가졌으며 양명학도 양지(良知)를 말함으로써 지성의 차원에 머물렀다. 얼은 하늘의 빈탕한데를 품은 것이고 그 빈탕한데서 사는 것이다. 하늘의 빈탕한데는 이성과 이성의 지식과 이치를 넘어선 것이다. 이성의 지식과 이치를 넘어선 얼의 철학은 에로스와 로고스(이성)의 철학[24]에 머문 그리스철학을 넘어설 뿐 아니라 사물을 탐구하여 지극한 앎에 이르려 했던 『대학』의 격물치지(格物致知)에 바탕을 둔 주희의 성리학(性理學)을 넘어서며, 심즉리(心卽理)를 말하고 타고난 지적 능력 양지(良知)를 바탕으로 '지식을 넓혀 사물의 이치를 연구한다'(致知格物)는 양명학도 넘어선다. 그리스철학도 성리학도 양명학도 모두 이성의 철학이다.[25] 사물과 생명의 이치와 지식을 탐구하는 이성

24 에로스와 로고스의 철학에 대해서는 남경희, 『플라톤 서양철학의 기원과 토대』(아카넷, 2006), 178-179, 183-184 참조.
25 고대 그리스철학자들에게 인간의 가장 신적인 부분은 이성이다. "지성이 인간 최고의 특질이고, 정신은 진정한 자아, 혹은 인간의 가장 신(神)다운 부분"이다. 토머스 R. 마틴/이종인 옮김, 『고대 그리스인의 역사』 (가람기획, 2003), 293. (*Ancient*

의 철학은 생명과 정신의 주체와 전체를 드러내고 실현할 수 없다. 인식 대상을 부분으로 쪼개서 인식하고 인식 대상을 타자화·객관화하는 이성은 주체와 전체를 드러내고 실현할 수 없기 때문이다.

주체와 전체를 드러내고 실현하지 못하면 민주철학과 생명철학이 될 수 없다. 민주생명철학을 확립하려면 이성의 철학을 넘어서 하늘의 빔과 얼을 말하면서 생의 역동적 변화와 고양을 생각하는 얼의 철학에 이르러야 한다. '얼'을 철학적으로 가장 깊고 철저하게 탐구하고 구도자적으로 자신의 삶과 정신 속에서 구현하고 드러낸 이는 다석 유영모다. 다석은 격물치지(格物致知)에 대한 대학과 주자의 논의를 비판적으로 극복하고 하늘의 빈탕과 얼에 대한 논의로 나아갔다. 그는 1956년 12월 『대학』(大學)강의를 하면서 처음으로 민을 씨ᄋᆞᆯ로서 언급하면서 씨ᄋᆞᆯ철학에 대한 성찰을 시작하였다. 그는 『대학』의 이학적(理學的) 논의에 만족하지 못하였다. 이 강의를 한 후 2달 동안 강의를 쉬면서 여러 날 금식을 하고 깊은 성찰을 한 다음 그는 1957년 3월 8일 강의에서 '빈탕한데 맞혀놀이'(與空配享)에 대한 강의를 했다. 그는 이 강의에서 하늘의 빈탕한데에 이르러 하늘과 사귀며 놀이하듯 살아야 한다는 것을 강조했다. 다석은 주희의 성리학과 왕양명의 양명학을 넘어서 서양의 이성철학을 넘어서 하늘의 공과 무의 세계에서 하늘과 사귀는 얼과 신의 철학에 이르렀다. 그는 얼의 나가 되어 하늘 빈탕한데의 자유에 이를 때 비로소 나의 맘은 맘대로 자유롭고 물질세계와 몸은 물성과 이치에 따라 실현되고 완성된다고 하였다.[26] 유영모는 하늘의 빈탕한데에 이

Greece by Thomas R. Martin, Yale University, 1996.)

26 유영모, 『다석강의』(현암사, 2006), 431-432, 445, 446 이하, 458 이하.

를 때 비로소 내 맘을 내가 자유롭게 할 수 있고 물건과 몸을 물성과 이치에 따라 되게 할 수 있다고 하였다.[27]

민주생명철학은 저마다 삶 속에서 그리고 서로 다른 주체들의 만남과 관계 속에서 주체로서 솟아올라 앞으로 나아가면서 전체 생명의 하나 됨에 이르는 얼의 철학이 되어야 한다. 다석 유영모의 철학을 한마디로 하면 "솟아올라 앞으로 나아감"이다.[28] 얼은 솟아올라 나아가는 것이다. 솟아오름은 내적 초월을 뜻하고 앞으로 나아감은 역사의 진보를 뜻한다. 솟아올라 나아가는 동력은 어디서 나올까? 인간의 생명 속에 본성 속에 그 동력이 있다. 생명 진화의 역사 자체가 솟아올라 앞으로 나아가는 과정이었다. 오랜 생명 진화의 과정을 거쳐 형성된 인간의 생명 속에는 솟아올라 나아가는 큰 힘이 있고 상생과 공존의 힘과 지혜가 들어 있다. 어떻게 그 힘을 얻나? 생각함으로써 얻는다. 인간의 내적 본성을 생각으로 파고들어서 인성의 껍질을 깨서 그 힘을 얻는다. 인성의 속 알맹이가 바로 얼이며 얼은 솟아올라 앞으로 나아가는 힘이다.

얼은 물질과 생명 안에 있으면서 물질과 생명의 제약과 한계를 돌파하는 힘이다. 얼은 실패와 패배, 고난과 죽음을 이기고 나아가는 힘이다. 깨지고 죽음으로써만, 자기부정과 초월을 통해서만 생명은 솟아올라 나아갈 수 있다. 개체의 죽음을 통해서 생명의 진화가 이루어졌다. 박테리아와 곰팡이는 죽지 않을 수는 있었지만 진화할 수는 없었다. 씨알은 개체의 죽음을 통해서 전체의 생명이 진화함을 나타낸다. 죽음은 선택의 여지없이 받아들여야 하는 것이므

---

27 유영모, 『다석강의』, 같은 곳.
28 유영모, 『다석강의』, 223-224.

로 청소년들에게도 죽음의 진리와 사실에 대해서 가르쳐야 한다. 한국에서는 특별히 죽은 사람을 존중하고 죽음 앞에 겸허한 전통이 있다. 동학혁명, 삼일운동, 4·19혁명, 전태일 사건, 5·18민중항쟁, 6월 시민혁명 등 한국의 민주화운동은 죽음을 계기로 죽은 자에 대한 존중과 연대를 통해서 일어났다. 얼은 죽음을 이기고 죽음을 넘어서 사는 생명의 힘이다. 한민족은 현대사를 통해서 얼의 철학을 실천해왔다.

얼은 개체와 전체의 통일이다. 얼의 철학인 씨올사상은 개체와 전체의 일치를 강조한다. 그러나 씨올사상에서 말하는 개체와 전체의 일치 사상은 동양의 전통종교사상(유교, 불교, 힌두교)에서 말하는 개체와 전체의 일치 사상과는 다르다. 씨올사상은 개체 속에서 전체를 보고 전체 속에서 개체를 보지만 단순히 천인합일, 범아일여의 사상에 머물지 않는다. 하나의 티끌 속에서, 작은 좁쌀 한 알 안에서 우주 전체를 보는 것만도 아니다. 개체와 전체 사이에는 죽음과 신생, 창조와 진화의 과정이 있다. 씨알이 깨지고 죽음으로써 전체 생명의 꽃과 열매를 맺듯이 개체가 깨지고 죽음으로써 인간의 본성이 깨지고 죽고 탈바꿈하여 새롭게 창조되고 진화하는 과정을 통해서 개체와 전체의 일치에 이른다. 얼은 개체의 갱신과 고양, 부정과 초월을 통해 전체의 하나 됨에 이르고 자기 존재의 질적 변화와 개신(開新)을 통해 물질과 생명과 정신의 실현과 통일에 이르는 힘이다.

얼의 세 차원: 개인, 민족, 하늘의 차원

얼은 개인, 민족, 하늘의 세 차원이 있다. 개인의 차원에서 얼은 어른과 관련된 말이다. 어른은 어루다(交合)와 함께 쓰는 말이다. 중세국어에서 어른은 '어룬 이', 남녀의 성교를 경험한 이다. 성교는 서로의 알짬을 함께 나누고 체험하여 알게 되는 것이다. 네 안에서 나를 내 안에서 너를 하나로 경험하는 성교는 자기 초월을 경험하고 남녀의 하나 됨을 체험하는 것이다. 자기 초월과 하나 됨의 경험에서 사람은 성숙하고 어른이 된다. 얼은 자기를 넘어서고 초월하여 자유로운 것이다. 그러나 남녀의 성적 일치 경험은 일시적이고 배타적이며 물질적 신체적 차원과 뗄 수 없이 결합되어 있다. 참된 얼을 지닌 어른은 자녀들과 다른 사람 사이에서도 신체적 물질적 차원을 넘어서 정신과 인격의 차원에서 자기 초월과 하나 됨을 경험할 수 있어야 한다. 신체적 물질적 차원을 넘어서 정신과 인격의 차원에서 자기 초월과 하나 됨을 경험하는 얼의 자리는 순수한 철학과 종교의 자리다. 그것은 서로 입장을 바꾸어 생각하는 자리이며 나를 나로 너를 너로 볼 수 있는 자리다.

얼은 개인의 차원을 넘어서 민족과 역사의 집단적 전통적 정신을 나타낸다. 인간은 겨레와 민족을 이루고 겨레와 민족의 단위에서 정신과 얼을 이룬다. 따라서 개인의 얼을 넘어서 역사와 사회와 문화 속에서 형성되고 자라온 겨레 얼(민족의 혼과 정신)이 있다. 인간은 역사와 사회, 민족문화 속에서 집단적인 얼과 정신을 형성하고 계승한다. 겨레 얼은 개인을 넘어선 것이다. 개인의 정신과 얼은 역사와 민족의 얼을 물려받은 것이고 이어가는 것이며 자라고 풍성하게 하는 것이다.

얼은 개인과 민족의 차원을 넘어서 보편적인 하늘의 얼에 이르러야 한다. 개인과 민족의 삶 속에 하늘을 품고 모실 때 하늘의 얼에 이른다. 하늘의 얼은 개인적 주체의 깊이와 자유에서 전체(국가, 사회, 우주, 하늘)의 하나 됨에 이른 초월적이고 통합적인 얼이다. 이것은 자각적이고 몰아적이면서 초월적인 얼이다. 하늘의 얼은 시간과 공간을 넘어서 영원한 생명의 얼이며 개인과 집단을 넘어서 하늘의 뜻과 사명을 지닌 얼이다. 하늘의 얼은 현재를 넘어서고 영원한 과거를 품고 무궁한 미래를 끌어안으며 새 정신과 역사를 짓는다.

히브리 성경에서 창조자 하나님은 모세에게 "나는 나다!"라고 선언했다(출애굽기 3:14). "나는 나다!"라는 말은 우주와 역사의 창조자적 주체를 나타낸다. 창조자적 주체로서의 '나'는 논리와 개념으로 규정할 수 없고 기계적으로 통제 제어할 수 없고 산술적으로 계산할 수 없는 것이다. 그것은 오로지 내적으로 흘러넘치는 초월적 자유와 은총의 주체다. 하나님의 초월적 자유와 은총의 창조적 주체가 얼의 근원과 목적이다.[29] 땅의 물질적 이해관계와 제약을 넘어서 물질적 사회적 성공과 실패를 넘어서 하늘의 참된 주체와 전체의 얼에 이를 때 생명과 역사와 정신을 새롭게 창조할 수 있다. 주체의 깊이와 자유에서 전체의 하나 됨에 이르는 하늘의 얼은 시간과 공간을 초월하고 물질과 본능을 초월하여 새 생명과 새 역사를 창조한다. 얼은 자유롭고 창조적인 주체다. 얼은 개성과 창의, 창조와 혁신, 신생과 초월의 근원과 주체다. 얼은 본능과 지성을 아우르며 생명과 정신, 역사와 사회를 새롭게 창조하며 문화와 사상, 철학과 종교를 새롭게 짓는다. 참된 얼을 지닌 사람은 하늘을 향해 솟아올라

---

29 율법의 계산적 결정론적 인과관계에서 자유로운 은총의 돌발적 창조적 성격에 대해서는 알랭 바디우/현성환 옮김, 『사도 바울 —제국에 맞서는 보편주의 윤리를 찾아서』(새물결, 2008), 148.

앞으로 나아가는 사람이며, 하늘의 생명과 뜻을 불태우며 자신과 세상을 새롭게 짓고 새롭게 낳는다.

하늘의 얼은 실패와 패배, 좌절과 절망, 고난과 죽음을 모르는 것이다. 절망과 죽음의 고통이 깊을수록 더 힘차게 일어나고 솟아오르는 것이다. 겨레의 얼을 누구보다 강조하고 구현하려 했던 생명 철학자 함석헌이 감옥에 들어가서 쓴 시는 하늘의 얼을 품은 사람의 심정과 자세가 어떤 것인지를 보여준다.

"다시 감옥에 들어가서"

강낭밥 한 웅큼이 삭아서 피어나니
스물 네 마디 끝에 가지가지 생명의 꽃
거룩한 창조의 힘을 몸에 지고 있노라

쉬인(50세)에 가르치자 다시금 채치시니
내 둔도 둔이언만 아빠 맘 지극도 해
날 아껴 하시는 마음 못내 눈물 겨워서
……
삭풍아 불어 불어 마음껏 들부쉬라
떨어진 내 잎새로 네 무덤 쌓아 놓고[30]

---

30 함석헌, <봄 오면 웃는 꽃으로 그 무덤을 꾸미마>, 『수평선 넘어』(함석헌전집 6), 245.

감옥에서 먹는 거친 콩밥은 몸을 살리고 몸의 마디마디에서 생명의 꽃을 피우는 거룩한 창조의 힘이 된다. 콩밥과 몸과 창조의 힘을 함께 느끼는 생명철학적 깨달음은 생명의 주체와 전체의 자리에서 콩밥과 몸을 주체와 전체로 볼 때만 드러나는 영성적 통찰이다. 감옥의 작은 방에 갇혀 있으면서도 생명의 주체와 전체의 자리에서 콩밥과 몸을 주체와 전체로 볼 수 있는 것은 얼이다. 얼은 생명의 주체와 전체이면서 주체의 깊이에서 그리고 전체의 자리에서 다른 모든 것을 주체와 전체로 본다. 얼은 껍데기와 부분을 넘어서서 알맹이와 전체를 보고 상대적이고 물질적인 이해관계와 성공 실패를 넘어서 생명과 정신의 주체와 전체를 드러내고 실현한다. 감옥에서 콩밥을 먹으면서 함석헌은 콩밥과 생명과 하나님을 함께 느끼고 체험한다.

생명철학자 함석헌에 따르면 생명은 물질 속에 작용하는 기운이면서 '거룩'이고 '사랑'이다. "생명은 기운입니다. 그 기운은 한없이 부드러운 것입니다. 부드럽기 때문에 제 형상, 제 자리란 것이 없습니다. 그러기 때문에 그 기운은 어디도 들어갈 수 있습니다. 자기주장이 없기 때문에 모든 것을 제 것으로 만들 수 있습니다. 굳은 바위를 녹여 그 속에서 꽃이 나오고 노래가 나오게 하는 것은 이 부드러운, 부드럽다 못해 제 형태란 것도 없는 이 기운입니다. 그래 그것을 거룩이라 사랑이라 하는 것입니다."[31] 강철과 금으로 만든 갑옷은 썩지만 생명과 정신의 부드러운 기운은 인간의 굳은 성격을 녹이고 고쳐서 새 사람을 만들고 새 역사를 짓는다고 함석헌은 말

---

31 함석헌, "눈을 들어 산을 보라," 『함석헌전집 9』(한길사, 1984), 275.

하였다. "모든 갑옷은 썩었습니다. 모든 굳은 것 딴딴한 것은 썩었습니다. 뼈다귀는 썩습니다. 그러나 붓은 영원히 자랍니다. 그리고 그 붓을 자유자재로 돌아가게 하는 숨, 기운은 다하는 법이 없습니다. 우주의 숨이요 기운이기 때문입니다. 굳어진 성격을 녹이는 것은 오직 이 하늘 숨, 정신의 기운입니다."[32] 얼은 물질 속에서 작용하는 생명기운이면서 인간의 굳은 성격을 녹이고 고치는 하늘 숨, 정신의 기운이다. 약하고 부드러운 얼 생명의 기운은 영원히 살고 영원히 자라게 한다.

얼의 자리에서 보면 감옥이 사랑의 가정이 되고 배움의 학교가 되고 신을 만나는 성전이 된다. 얼의 사람 함석헌은 물질적 제약과 속박을 넘어서, 욕망과 감정을 넘어서 성공과 실패, 삶과 죽음을 넘어서 감옥에서 하늘 아버지의 지극한 사랑과 은총을 느꼈다. 그의 얼은 믿음과 사랑의 얼이다. 얼의 사람에게는 감옥의 콩밥이 내 몸을 창조하는 신비의 힘이 되고 감옥에 갇힌 고난과 시련의 운명이 나를 단련시키고 가르치려는 아버지의 지극하고 정성스러운 사랑과 은총이 된다. 시련과 좌절, 고난과 슬픔, 감옥의 괴로움이 사랑과 은총의 고마움으로 바뀐다. 감옥의 고난이 인성을 단련하고 고양시키는 교육이 되고 감옥의 고난에서 은총과 사랑을 경험하고 고마움의 눈물을 흘리게 된다. 은총의 경험과 고마움의 눈물은 인성의 갱신과 창조에 이르고 운명과 역사를 새로 창조하게 한다.

하늘의 얼은 역사와 사회의 중심에서 역사와 사회의 갈등과 대립을 초월한 정신이다. 악한 세력에게서 혹독한 시련과 고난을 겪으

---

32 같은 글, 277.

면서도 사나운 악한 세력의 무덤을 꽃으로 덮고 꾸미려는 함석헌의 맘은 하늘의 얼을 품은 맘이다. 하늘의 얼을 품은 사람은 자신의 운명과 역사에서 자유롭다. 식민제국주의, 군국주의, 공산주의의 차가운 삭풍도 두렵지 않다. 일제와 소련 공산군의 잔혹한 억압과 폭력도 있는 그대로 온 몸과 맘으로 받아들인다. 그에게는 조금도 두려움과 불안과 망설임이 없다. 시대와 역사의 거센 흐름과 도전을 기꺼이 흔쾌히 받아들인다. 그에게는 적에 대한 분노도 미움도 없다. 그보다 훨씬 높은 자리에서 적과의 싸움을 아름답고 존귀하게 승화시키고 고양시킨다. 그에게는 확신이 있다. 하늘의 얼을 가지고 싸우는 싸움은 이기는 싸움이고 이미 이겨 놓은 싸움이다. 악한 세력에 의해 감옥에 갇히고 짓밟히면서도 맘속에서는 이미 악한 세력을 이기고 승리를 누리고 있다. 하늘의 얼은 역사를 심판하고 창조하는 자리다. 그의 몸은 감옥에 있지만 맘은 승리의 미래를 짓고 있다. 얼의 사람이 싸우는 모든 싸움은 '나'의 고난과 희생으로 '너'(적, 식민제국주의, 공산국가주의)의 무덤을 쌓아놓는 일이다. 함석헌은 봄이 오면 웃는 꽃으로 그 무덤을 꾸민다는 말로써 자신의 아름다운 승리를 예언한다.

II. 인성의 구성 요소
: 물질에서 영성까지

생명은 땅의 물질과 몸에서 본능, 감정, 의식을 거쳐 지성, 영성
으로 진화 발전했다. 생명 진화와 인류역사의 과정은 땅의 물질과
몸에서 하늘의 영에 이르는 사다리를 타고 오르는 과정이다. 땅의
물질에서 하늘의 영으로 솟아올라 앞으로 나아가는 인간 생명의 각
차원과 단계가 그 나름으로 주체와 전체이면서 보다 높은 단계를
위한 디딤돌과 재료, 도구와 수단이다. 물질과 몸은 낮은 차원과 단
계이며 높은 단계와 차원의 생명과 정신을 위한 도구와 수단, 질료
와 재료, 연료와 기관이지만 버려지는 것이 아니라 더 높은 단계와
차원에서 초월되고 승화되고 고양된다. 자기부정과 희생, 자기 초
월과 갱신을 통해 물질, 생명, 정신은 실현되고 고양되고 완성된다.
　인간에게는 다양한 차원과 성격의 감각, 본능, 감정, 의식, 지성,
영성이 있다. 육체의 본능에도 여러 차원이 있다. 물질적이고 물리
적인 육체가 있고 생리적이고 기계적인 본능이 있고, 식욕과 성욕
의 본능이 있고, 사랑과 인정, 결속과 하나 됨을 위한 정신적 욕구
와 본능이 있다. 감정에도 여러 차원의 다양한 감정이 있다. 미움과
분노, 탐욕과 성욕의 원초적 감정도 있지만 사랑과 헌신의 감정, 예
술적인 아름다움의 감정과 감동, 자유와 정의, 사랑과 평화의 숭고

한 감정도 있다. 지성에도 여러 차원과 단계가 있다. 본능, 탐욕, 악한 의지를 실현하려는 꾀와 같은 낮은 지능, 수단과 도구로서의 지능도 있고, 주체의 깊이와 자유를 드러내는 심오한 통찰과 보편적 전체를 드러내는 맑고 높은 지성도 있다. 높고 맑은 지성만이 참된 영성에 이를 수 있다. 영과 영성은 개체의 감정과 의식을 초월한 실재이며 관계이고 소통이다. 영과 영성에도 다양한 차원이 있다. 물건이나 탐욕과 결합된 몰아적 영, 원한에 사무친 감정이나 억눌린 생각과 결합된 영, 점치고 귀신을 섬기는 영도 있고, 주체와 전체를 해방하고 실현하는 하늘의 영, 본능과 지성과 영성을 완성하는 영도 있다. 인간의 인성은 물질서 얼까지 다양하고 중층적인 단계와 차원을 포함하고 있다. 얼은 인성의 모든 차원과 단계를 아우르며 온전히 주체와 전체로서 실현하고 완성한다.

1. 몸: 물질, 본능, 감각

몸은 생명과 정신을 지닌 물질적 신체적 기관이다. 몸은 인간 생명과 인성의 껍질인데, 단순한 껍질이 아니라 본질이고 실체이고 주체이며 한 부분이 아니라 전체다. 물질로 이루어져 있다는 점에서 몸은 소멸과 죽음의 운명을 지닌 유한한 개체이며 생명과 정신을 위한 도구와 수단이다. 몸은 물질인 육체이면서 생명에 의해서 생명의 차원과 특성을 지닌 생명적 기관이다. 생명이 진화한 만큼 몸도 진화한다. 몸에는 물질과 기계의 차원이 있고 생명과 정신의 차원도 있다. 따라서 인간의 몸은 식욕과 성욕에 휘둘리는 몸이 될 수도 있고 아름다움과 섬세함을 표현하는 예술적인 몸이 될 수도 있다. 악마의 얼굴이 될 수도 있고 성인의 얼굴이 될 수도 있다. 몸은 오직 생존을 위해 꿈틀거리는 벌레의 몸이 될 수도 있고 파충류의 본능적 욕망이 지배하는 몸이 될 수도 있다. 본능적 탐욕과 욕망의 도구, 범죄와 악의 도구와 수단이 될 수 있다. 그러나 몸은 하나님이 머무는 거룩한 집이 될 수도 있다. 인간의 몸은 거룩한 영과 신의 수단과 기관이 될 수 있다. 몸은 수단과 재료이면서 주체와 전체이며 신령하고 거룩한 집이 될 수 있다. 몸은 땅의 물질에서 하늘의 영에 이르는 다양한 존재와 생명의 차원을 품고 있다. 물질과 몸도 거룩하고 아름답다. 생명의 내적인 정신과 영이 진화하고 고양된 만큼 몸도 아름답고 섬세하고 심오하다. 인간의 몸과 맘속에서 생명 진화 과정이 반복되고 압축되어 있다. 인성의 겉은 몸이고 내면의 속으로 들어갈수록 생명 진화의 낮은 단계서 높은 단계로 올라간다. 인성의 가장 깊은 속에는 인간의 지성과 영성, 신성이 깃들어 있다.

생명 진화 과정에 비추어 보면 인간과 인성은 우주와 자연 생명 세계와 공유하는 존재의 차원을 가지면서 물질세계와 자연 생명세계, 동물세계와는 다른 정신적 영적 존재의 차원을 가지고 있다. 단순한 지능을 넘어선 지성과 영성은 사람만이 지닌 독특한 본성이다. 그러나 물질적인 몸, 본능, 욕구와 감정, 의식의 상당 부분은 다른 생물들과 공유한다. 사람의 몸과 맘속에는 38억 년 진화한 생명나무가 있고 생명의 바다가 있다. 인간은 쉽게 파충류의 본능적 욕망, 포유류의 감정으로 내려갈 수 있다. 그러나 지성과 영성을 가지고 고귀한 정신과 감정으로 살 수도 있다. 인간의 식욕과 성욕은 파충류나 포유류와 같은 것이면서도 파충류나 포유류의 식욕과 성욕을 넘어서는 아름다움과 고귀한 감정과 사랑을 품을 수 있다.

물질

물질은 속에 엄청난 힘과 에너지가 있다. 우주의 허공 속에는 엄청난 에너지가 숨겨 있고 그 에너지(암흑물질, 암흑에너지)가 시공간의 물질세계를 만들어내는지 모른다. 물질은 운동법칙, 상대성원리, 열역학, 양자역학의 원리와 법칙의 지배를 받는다. 물질의 운동과 변화는 산술적으로 계산되고 측정될 수 있고 산술적 수식으로 표현된다. 물리적 힘을 기준으로 보면 물질의 힘이 가장 강력하다. 물질의 세계는 법칙과 원리에 속박되어 있으며 서로 제약하고 한정한다. 상대성원리가 지배하는 시공간 물질의 세계는 서로 제약하고 한정하기 때문에 서로 자유로운 주체가 되어 전체의 하나 됨에 이를 수 없다. 우주 물질세계가 잠재적으로는 엄청난 힘을 가지고 있지만 창조적이고 주체적으로 그 힘을 쓰지 못하며 물질세계도 한없는 존재의 깊이와 풍성함을 지니고 있지만 스스로 그것을 드러내고 실현하지 못한다. 물질의 미시세계에서는 물리 법칙이 엄격하게 적용되지 않는다. 쌍을 이루는 두 입자는 시공간의 제약을 넘어서 서로 영향을 주고받는다(양자얽힘). 물질의 법칙적 제약과 속박을 넘어서 생명의 세계로 들어갈 수 있는 문이 물질의 속에 숨겨져 있는 것 같다.

생명

물질은 복제하고 복사할 수 있는 것이지만 물질 안에서 물질을 초월한 생명은 복제하거나 복사할 수 없는 차원과 성격을 가진다. 생명체는 물질과 초물질적 생명의 결합이므로 복제, 복사할 수 있는 물질적 성격과 그렇지 않은 초물질적 성격을 함께 가지고 있다. 생명공학자들은 생명을 '유전자의 자기복제'로 설명한다. 생명이 복제될 수 있다는 것은 물질적 성격을 반영하고 자신을 스스로 복제(자기복제)한다는 것은 생명의 초물질적인 자발성과 주체성을 나타낸다. 물질과 기계는 자기가 자기를 스스로 복제하지는 못한다. 생명의 번식과 진화는 유전자의 자기복제를 통해서 이루어진다. 그러나 유전자의 자기복제는 단순한 물질적 기계적 복제로 머물지 않는다. 생명의 자발성과 주체성이 참여하기 때문에 유전자의 자기복제가 동일한 자기반복에 머물지 않고 변이와 차이가 생겨나고 진화와 향상이 일어나는 것이다.

생명은 물질세계의 상호제약과 법칙적 속박에서 해방되어 자유로운 주체와 공동체적 전체에 이른 것이다. 생명은 스스로 하는 주체이면서 내적으로 전일적 통일을 이루고 밖으로 우주대생명 전체와 이어지고 연락하고 소통하는 것이다. 생명세계는 서로 주체와 서로 살림, 더불어 있음과 서로 위함의 세계이며 물질세계의 제약과 속박에서 해방되고 그 제약과 속박을 초월한 기쁨과 자유를 누린다. 물질 안에서 물질을 초월하여 생겨난 생명은 물질에 토대를 두면서도 물질을 초월하고 물질의 제약과 속박에서 해방된 보람과 신명을 지니고 있다. 생명은 물질과 달리 주체, 자아 '나'를 가진 존재이며 생명의 '나'는 타자와 깊은 교감과 사귐을 가짐으로써 전체의 하나 됨에 이른다. 생명의 본성과 목적은 주체의 자유와 깊이에 이르러 전체의 하나 됨을 이루는 것이다. 생명의 가장 깊은 욕구와 갈망은 '내가 나로 되는 것'이며 '내'가 나를 넘어서 타자와 '하나'로 되는 것이다. 생명은 물질의 제약과 속박에서 자유로운 내가 되고 물질의 제약과 속박을 넘어서 너와 하나로 되는데 무한한 기쁨과 보람이 있다. 이것은 물질세계가 모르는 것이다. 내가 나로 인정받고 나와 네가 하나로 되는 것이 생명의 가장 근본적인 갈망이고 욕구일 뿐 아니라 생명의 본성과 목적을 실현하는 것이다.

본능

본능(本能)은 몸 생명과 맘 생명의 뿌리이고 토대다. 몸과 맘의 깊은 바닥에 본능이 있다. 본능은 생의 명령이며 근원적 동력이고 에너지다. 본능은 '살라'는 명령을 받은 것이며 살려는 욕구와 충동이고 삶의 타고난 능력과 지혜다. 본능은 개인의 감정과 의지와 생각보다 앞선 것이며 그보다 훨씬 강력한 것이다. 만일 인간에게 그리고 모든 생명체에게 생명의 본능이 없다면 인간과 생명체들이 어떻게 생의 어려움과 실패를 이기고 살아남을 수 있겠는가? 본능은 개체의 죽음을 넘어서 영원히 살려는 생의 근원적 열망을 지니고 있으며 개체를 넘어서 전체가 하나로 되는 크고 하나인 삶에 대한 그리움을 담고 있다. 본능은 죽음보다 강하고 깊은 것이다. 본능 속에는 영원하고 전체 하나인 생에 대한 열망과 그리움이 있다. 본능의 원초적 생명력과 충동 속에 영생의 씨올이 심겨져 있다.

본능은 원초적 생명의지와 충동이며, 물질적 기계적으로 표출되는 충동과 욕망이고, 물질법칙과 기계운동에 갇힌 것이다. 본능이 물질적 조건과 법칙에 따라 물리화학적으로 기계적으로 작용하지만 물건이나 기계는 아니다. 생의 본성과 명령에서 나온 본능에는 물리법칙과 기계운동을 초월할 수 있는 가능성이 열려 있다. 본능에는 더 낫고 크고 높은 삶에 대한 열망이 숨겨 있다. 인간의 가장 기본적인 욕망은 식욕과 성욕이다. 식욕과 성욕은 그 자체가 목적이 아니라 생명을 유지하고 존속시키며 연장하고 번식하기 위한 것이다. 식욕도 성욕도 그 자체가 목적이 아니라는 점에서 수단적이고 도구적이다. 따라서 일시적이고 임시적이다. 식욕과 성욕은 타자를 먹이로 희생시키고 죽이고 타자와 폭력으로 하나 되려는 충동과 열망이며, 맹목적이고 폭력적이다. 기계적이고 맹목적이고 폭력적이라는 점에서 식욕과 성욕은 나와 타자의 주체와 전체에 대한 폭력적 부정과 거부이며 나와 타자를 물질과 본능으로 끌어내린다. 본능은 저밖에 모르는 것이다. 본능은 뻔뻔하고 무례한 것이다. 그러나 본능은 나와 너를 넘어서 나와 네가 하나로 살려는 열망을 가진 것이며 물질을 바탕으로 물질을 넘어서 살려는 진실하고 고상한 의지와 욕구를 지닌 것이다.

본능 속에는 몰아적 기쁨과 즐거움, 주어진 능력과 타고난 지혜, 종족과 개체의 몰아적 일치가 있다. 본능은 종족에 대한 절대 충성과 헌신이며, 자기 초월적이며 몰아적이다. 본능은 자기의 생존을 위해 몰입한다는 점에서 저밖에 모르는 것이며, 자기를 돌아보지 않는다는 점에서 저를 잊은 것이고 저를 모르는 것이다. 자족을 모르는 본능에는 본능을 넘어서는 힘과 차원이 있다. 본능 속에는 자기를 넘어 솟아오르려는 동력이 있다. 식욕과 성욕은 무한한 삶의 동력이며 살림 밑천이다.

감각

물질이면서 생명인 몸이 물질과 만날 때 감각과 느낌이 생겨난다. 감각은 물질과 몸의 서로 주체적인 만남이다. 다섯 가지 감각기관 눈, 귀, 코, 혀, 몸(眼耳鼻舌身)에서 오감(五感)이 생겨난다. 가장 직접적이고 기본적인 감각은 온몸으로 느끼는 촉각(觸覺)이다. 몸과 대상이 만나서 닿았기 때문에 촉각을 느낀다. 촉각 다음으로 직접적인 감각이 혀로 맛을 느끼는 미각(味覺)이다. 음식이 혀에 닿아서 맛을 느낀다. 대상이 직접 몸에 닿아서 일어나는 감각이라는 점에서 촉각과 같지만 미각은 촉각보다 훨씬 섬세하고 깊고 적극적이다. 촉각이 표면적 접촉이라면 미각은 입체적 화학적 접촉이다. 미각을 통해 감각과 대상이 일치가 되고 대상의 본성과 본질을 내적으로 알게 된다. 그다음이 코로 느끼는 후각(嗅覺)이다. 코로 느끼는 냄새는 대상과 직접 접촉하지 않고 대상에서 뿜어 나오는 화학적 분자와 입자를 통해 느끼는 것이다. 미각에 비해서 후각은 대상과의 관계가 훨씬 간접적이고 추상적이다. 그다음이 귀로 느끼는 청각(聽覺)이다. 귀로 듣는 청각은 더욱 간접적이고 추상적이다. 대상이 일으키는 소리의 파동만을 청각은 느낀다. 후각은 간접적이지만 대상의 물질을 입자나 분자 형태로라도 접촉한다. 청각은 물질적 접촉은 없고 대상이 일으키는 파동만을 느낀다. 맨 마지막이 눈으로 느끼는 시각(視覺)이다. 눈으로 보는 시각(視覺)은 일체의 접촉이 없을 뿐 아니라 일방적이다. 시각은 대상과 감각의 교감이 없으며 대상을 일방적으로 보는 것이다. 몸으로 느끼는 촉각은 물질과 물질(몸)의 직접적이고 서로 주체적인 접촉과 만남을 반영하는 감각이다. 미각에서 후각을 거쳐 청각으로 다시 시각으로 갈수록 물질과 몸의 만남은 간접적이고 일방적이다. 촉각과 미각에서는 물질과 몸이 감각에 서로 주체적으로 직접적으로 참여하지만 청각과 시각에서는 물질의 참여가 수동적이고 간접적이다. 따라서 봄(視, 見)에는 보는 주체의 일방적 욕망과 의지가 반영될 수 있다.

오감은 몸과 자연세계의 교감이다. 만일 자연세계가 없고 몸의 감각만 있다면 몸은 아무 느낌과 의식을 갖지 못할 것이다. 몸의 감각이 느낄 수 있는 능력을 가진 것은 사실이지만 자연세계가 감각할 수 있는 실재적 내용과 자료를 주지 않으면 몸은 아무것도 느낄 수 없고 의식할 수 없다. 또한 감각을 느끼는 생명의 주체가 없다면 감각은 느낄 수 없다. 생의 갈망과 욕구를 가진 주체적인 자아 '나'가 있기 때문에 감각이 있다. 감각은 생명의 주체가 물질, 타자를 만나고 이해·파악하고 받아들인 것이다. 감각을 통해서 감지된 물질은 더 이상 타자로 있지 않고 생명 속으로 내재화하며 주체인 '나'의 속으로 들어온다. 감각은 물질과 나의 일치와 교감이다. 감각은 감각 주체와 물질 대상의 창조적 만남이고 물질 대상에 대한 주체적인 반응과 수용이다.

감각은 사물과 함께 나를 느끼는 것이다. 감각을 통해 사물은 나와 뗄 수 없는 관계를 맺을 뿐 아니라 내 삶의 세계의 일부가 된다. 감각은 기계적 수용이 아니다. 감각은 생명의 주체적 반응이다. 감각은 대상 물질에 대한 생명의 판단과 의식을 낳는다. 물질과의 만남과 수용이 내게 좋은지 나쁜지 이로운지 해로운지를 판단하고 느끼게 한다. 이런 판단과 의식이 감각과 결합하면 감정이 나온다. 감정은 좋아하고 싫어하는 맘의 생각과 의식이 감각과 결합된 것이다.

생명과 물질의 만남과 접촉으로 생겨난 감각은 일시적이고 잠정적이다. 감각은 외부 물질의 자극과 생명의 주체적 반응에 의해 생겨난 것이며 자극과 반응이 없으면 감각도 없어진다. 생명 없는 물질과 생명의 주체인 정신 '나'의 만남과 접촉은 일시적이고 부분적일 수밖에 없다. 그것은 주체와 주체의 자유로운 만남과 일치가 아니다. 사람과 사람 사이의 감각적 접촉과 만남도 물질을 매개로 해서 이루어지는 것이므로 일시적이고 부분적이다. 물질은 엄청난 힘과 에너지를 지닌 것이고 물질에 대한 감각은 강렬하고 자극적인 것이다. 물질이 몸으로 되고 몸이 지성과 영성에 의해서 승화되고 고양되듯이, 감각도 물질적 자극에서 예술적이고 종교적인 감성과 감각으로 승화 고양될 수 있다. 그러나 물질이 물질인 것은 변함이 없고 몸과 감각이 물질적 차원에 머물러 있음도 분명하다. 물질과 몸과 감각이 자신을 넘어서 지성이나 영성과 결합될 때 영속적이고 보편적이며 고귀한 생명의 차원에 참여할 수 있다. 생명의 초월과 승화는 물질과 몸과 감각을 충분히 존중하고 충족시키고 실현시킬 때 제대로 이루어진다.

2. 맘: 생명과 감정

생의 주체와 전체로서의 감정

감정은 몸의 감각과 맘의 느낌(feeling)을 아우르는 개념이다. 감정과 앎(지식, 인식)이 결합되어 의식(consciousness)을 이룬다. 감정은 몸과 맘을 아우르는 폭넓은 개념이며 의식의 중요한 내용을 이루고 의식을 넘어서 지성과 영성에도 닿아 있다. 감정은 물질세계와의 접촉과 만남인 감각에서 비롯되었기 때문에 물질적 조건과 변화에 민감하다. 감정은 몸, 맘, 얼을 잇는 포괄적 개념이지만 일시적이고 변동적(變動的)이다.

감정에 대한 이해와 접근은 문명권에 따라서 다르다. 하늘을 제거하고 이민족을 정복한 후 인간 이성을 중심으로 국가질서를 형성한 그리스인들의 철학(헬레니즘)에서 감정은 이성에 의해 극복되고 통제되는 대상이다. 이성은 지배자와 통치자이며 감정은 다스림을 당하고 제어되어야 할 대상이다. 여기서 감정은 주체로 대접받지 못한다. 역사와 사회의 공동체적 전통을 중시한 아리스토텔레스는 감정을 인생과 사회관계의 중요한 요소로 보고 존중했지만 감정을 주체로 보지는 못했다. 그리스-로마의 대표적 철학인 스토아학파는 감정을 완전히 극복하고 초월한 '무감정'(아파테이아)을 삶의 이상적인 경지로 보았다. '무감정'의 이상은 감정을 극복과 통제의 대상으로 본 그리스철학의 귀결이었다.

불의하고 낡은 국가 질서와 체제를 버리고 떠돌이 생활을 했던 히브리-기독교인들은 굶주림, 고난, 죽음의 위기 속에서 살았다. 삶과 죽음의 근본적인 위기 속에서 살았던 이들에게서 욕망(식욕과 성욕)과 감정은 억압과 통제의 대상이 아니라 삶의 욕구와 열망을 드러내는 주체적 표현이었다. 감정은 삶의 가장 깊고 높은 혼과 얼을 드러내고 가장 절절하고 알뜰한 진실과 심정을 나타내는 주체적 표현이었다. 또한 욕망과 감정은 삶의 일부가 아니라 전체였다. 욕망과 감정을 짓밟는 것은 삶과 정신 전체를 짓밟는 것이었다. 굶주림과 죽음의 위기 속에 있는 사람들에게 욕망과 감정은 삶의 주체이며 전체였다. 히브리 성경(구약성경) 시편은 고대의 문서 가운데 감정의 깊이와 높이를 가장 잘 드러낸 책이다. 히브리인들은 감정을 삶과 얼의 깊이를 드러내고 하나님과의 관계를 나타내는 주체적 존재로 존중하였다. 이들에게 감정은 몸과 맘과 얼을 통합하는 주체적인 자리였다. 석가와 공자에 비해서 예수는 거리낌 없이 기쁨과 노여움과 불쌍히 여김의 감정을 자유롭게 드러냈다. 예수의 감정을 나타내는 말로 자주 썼던 '자비', '연민'의 원어는 '스프랑크니조마이'인데 이것은 창자, 자궁이 파열할 정도로 자비와 연민, 동정과 공감을 느낀다는 말이다. 하나님의 긍휼과 자비를 나타내는 말도 창자, 자궁과 관련되어 있다. 하나님과 영혼의 사랑과 자비도 몸의 창자와 자궁과 긴밀히 결합되어 있다. 히브리 기독교인들에게 감정은 몸, 맘, 얼을 결합하는 강력하고 주체적인 개념이다.

하늘과 땅의 질서와 조화에 맞추어 농사를 지으며 농업을 중심으로 국가사회를 형성했던 동아시아의 유교 전통은 감정을 그리스처럼 억압과 통제의 대상으로 보지도 않고 히브리처럼 한껏 드러내고 표현하는 주체로 보지도 않았다. 하늘과 땅의 질서와 조화에 따라서 감정을 조화롭게 조정하고 승화시키려고 하였다. '중용'(中庸)에는 감정에 대한 유교의 이해가 잘 나타나 있다. 중(中)은 감정이 일어나기 전의 상태이며, 천도와 천리가 드러나는 본연지성(타고난 天性)의 자리다. 중화(中和)는 감정이 일어나지만 서로 고르게 되어 중의 상태(천성)를 지키는 것이다. 감정은 이성과 이치에 따라 중심을 잡고 고르게 조정되고 조율되어야 한다. 중화는 감정이 일어나지만 마치 감정이 일어나지 않은 것처럼 하늘로부터 타고난 본연지성을 지키는 것이다. 인성의 중용을 지키기 위해서 감정은 조정되고 극복되어야 할 대상이면서 조화롭게 실현되어야 할 정서(情緖)다. 동아시아의 군자와 선비는 감정이 일어나도 마치 감정이 일어나지 않은 것처럼 감정을 표현하지 않는 것을 덕으로 여겼다. 감정을 고르게 조화시키려고 했던 동아시아의 감정이해는 감정을 통제하고 제거하려 했던 그리스와 감정을 주체로 표현했던 히브리 사이에서 균형과 절충의 관점을 지닌 것으로 여겨진다. 감정이 물질적 본능적 욕망과 결합되어 맹목적이고 폭력적인 성향을 나타낼 때는 그리스의 이성철학이 주장하는 것처럼 이성적으로 감정을 통제할 필요가 있다. 감정이 변덕스럽고 충동적이어서 치우치고 지나칠 때는 동아시아의 유교가 말하는 대로 감정을 조율해서 균형과 조화를 이루게 해야 할 것이다. 그러나 히브리 기독교 종교 전통에서 보여주듯이 감정은 인성의 근본 자리에서 보면 생명의 주체와 전체로서 존중되고 실현되고 표현되어야 한다.

생명과 인성에서 감정은 매우 중요한 자리를 차지한다. 감정은 인성의 모든 차원과 관련되어 있다. 몸, 욕망, 감성 지성 영성은 감정과 긴밀히 결합되어 있다. 감정은 물성 몸(신체)성 욕성(欲性) 감성을 지닌 것이며 감각, 감성, 의식이 결합되고 복합된 것이다. 생명의 모든 요소들과 차원들은 부분과 기능이 아니라 주체와 전체로 보아야 한다. 몸이 아프면 맘도 아프고 맘이 아프면 몸도 아프다. 물리 수학, 기계공학의 관점에서 보면 생명과 인간의 요소들은 부분과 기능으로 보인다. 플라톤이 인성을 탐욕·용기·이성의 세 부분으로 보고 기능적으로 이해한 것은 인성을 수학·과학적으로 본 것이다. 그리스철학과 서구 근현대 철학은 주로 수학과 자연과학에 토대를 둔 것이다. 데카르트, 라이프니츠, 러셀, 화이트헤드는 모두 대단한 수학자들이고 스피노자의 주저 '에티카'는 '기하학적 방법으로 증명한 윤리학'이다. 생물학과 심리학이 수학과 자연과학을 바탕으로 생명과 감정을 이해하는 것은 생명과 감정을 논리와 개념, 현상과 법칙으로 봄으로써 대상화, 타자화, 기계화하는 것이다. 따라서 생물학과 심리학은 생명과 감정을 주체와 전체로 보지 못한다. 생명 진화와 천지인 합일의 큰 틀에서 볼 때 생명과 감정을 주체와 전체로 볼 수 있다.

감정: 생의 주체적 반응과 표현

감정은 생의 감각적 반응과 주체적 기쁨의 표현

생명철학은 생의 주체와 전체의 자리에서 물질과 생명과 정신을 보는 철학이다. 몸도 감정도 생의 주체와 전체의 자리, 생의 본성의 자리에서 보아야 한다. 감정은 생명이 스스로 하는 주체의 깊이와 자유, 자존을 느끼고 드러내는 것이다. 더 나아가서 감정은 타자와의 만남과 관계 속에서 생명이 자유와 자존을 실현하려는 의욕과 의지를 느끼고 확인하고 표출하는 것이다. 감정은 서로 살리고 더불어 사는 사랑(일치와 소통)의 정(情)을 느끼고 확인하는 것이다. 기본적으로 감정은 생명의 본성과 목적인 자유와 사랑, 기쁨과 신명, 자존과 전체(하나 됨)를 확인하고 실현하고 느끼는 것이다. 생명의 본성인 자유와 사랑을 확인하고 실현하면 기쁘고 유쾌하며 그렇지 못하면 슬프고 불쾌하다. 슬픔과 기쁨, 유쾌와 불쾌, 좋음과 나쁨(싫음)이 가장 기본적인 감정이다.

생명은 물질과 정신의 속에서 뿜어 나오는, 솟아오르는 사랑과 기쁨의 힘이다. 생명의 고난과 저항은 생명이 물질의 제약과 속박 속에서 사랑과 기쁨의 본성을 지키고 키우고 높이려는 몸부림이고 애씀이다. 고통은 생명의 기쁨과 사랑과 자유를 잃거나 잃게 하는 과정과 계기에서 생겨나는 것이다. 인간은 생명의 기쁨과 사랑과 자유를 잃을 때 깊은 정신적 좌절과 고통을 느낀다. 또 생명의 물질적 신체적 구조인 몸이 장애나 고장이 생겨서 생명의 기능과 활동이 제대로 이루어지지 못하고 생명의 자유와 기쁨과 사랑을 누리지 못할 때 큰 고통을 느낀다. 고난과 저항은 생명의 이차적 본성, 도구적 본성이며 사랑과 기쁨이 생명의 일차적 본성이고 내용과 목적이다. 따라서 생명은 늘 기쁜 것이다. 숨 쉬고 물 마시고 햇볕을 쬐고 밥을 먹고 소화·배설하고 몸을 움직이고 느끼고 생각하는 모든 일이 기쁜 것이다. 어린 아기는 배고프거나 아프지 않으면 늘 기쁨이 가득하다. 어린 아기를 보기만 해도 기쁘지 않은가! 생의 기쁨은 너무 당연하고 자연스러운 것이므로 기쁜 일은 기억할 필요도 없고 기억하지도 않는다. 그러나 고통은 생(의 기쁨과 자유)에 대한 위기와 도전을 수반하는 것이므로 위험하고 비상한 것이다. 고통을 기억하고 느끼는 일은 생명의 존재와 본성을 지키기 위해 매우 중요한 일이다. 따라서 사람은 기쁜 일은 아주 특별한 경우가 아니면 기억하지 않고 고통스러운 일은 꼼꼼하고 단단하게 기억한다. 그래서 사람의 과거를 되돌아보면 기쁜 일보다는 고통스럽고 안타까운 일이 많이 기억난다. 고난과 역경 속에서도 사람은 기쁨과 자유, 사랑과 평안을 누릴 수 있다. 기쁨과 자유, 사랑과 평안이 생의 본성이기 때문이다. 물질의 제약과 속박에서 해방된 생명의 감격과 기쁨, 자존과 사랑은 크고 강하고 깊은 것이다. 생명과 인간의 자존과 사랑은 깊고 크다. 이에 대한 부정과 침해는 큰 저항과 반발을 가져온다. 인간의 주체와 자존을 인정받지 못하면 인간은 큰 상처를 입고 반발이 일어난다. 사랑의 욕구와 의지, 기대와 열망은 크고 강력하다. 사랑이 거부되거나 외면당하면 큰 상처와 고통을 겪고 환멸에 빠지고 분노하고 실망하고 미워한다.

감정은 대상과 자아에 대한 생명의 총체적이고 주체적이며 내적이고 동적인 반응이다. 감정은 외부나 내부의 대상에 대한 단순한 반응(반작용)이 아니라 생의 주체적 기쁨과 사랑의 표출이다. 감정의 알맹이 핵심은 생의 주체적 의욕과 기쁨과 사랑을 표현하고 표출하는 것이다. 감각을 통해 대상과 만나서 느꼈을 때 생의 본래적 기쁨과 사랑이 확인되고 실현되면 즐겁고 좋은 감정이 일어나고 생의 본래적 기쁨과 사랑이 부정되고 훼손되면 나쁘고 싫은 감정이 일어난다. 감정은 외물과 대상에 대한 생의 감각적이고 수용적인 반응과 주체적 생명의지의 능동적 표출이 결합된 것이다. 생명이 물건이나 기계와 다른 것은 물건과 기계는 외물에 의해서 인과적으로 움직이지만 생명은 존재의 활동과 변화의 동인이 자기 속에 있다는 것이다. 생명은 자기 속에서 스스로 말미암고 스스로 움직이고 스스로 하고 스스로 되는 것이다. 생명의 참된 본성, 가장 생명다운 생명의 특징은 물성의 원리와 법칙에서 자유로운 것이며 비물질적인 것이다. 생명의 주체적이고 전체적인 느낌과 움직임인 감정은 물성을 초월한 내적 의욕과 정(情)의 표출이고 표현이다.

그러나 감정은 주로 외물과 상황에 대한 감각과 관련된 것이며 몸을 통해서 몸으로 표현한다는 점에서 물질적이고 신체적인 차원이 감정의 큰 비중을 차지한다. 감정은 외부와 내부의 감각과 자극에 대한 생명의 수동적이고도 능동적인, 주체적이면서 수용적인 반응이다. 감정은 감각에서 생겨나는 것이지만 오감의 느낌과 지각을 넘어서 생명의 주체적이고 전체적인, 신체적이고 심적인 반응이고 움직임이다. 감정의 뿌리는 오감의 기관인 몸 전체 특히 몸의 가장 깊은 곳인 내장(內臟), 창자, 간, 자궁에 있으며 뇌의 신경세포에 있다. 내장과 뇌신경이 기계적이고 물리화학적으로 감정을 지어내는 것이 아니다. 감정은 생명의 주체와 전체(생명의 본성)가 내장과 뇌신경을 통해서 생명의지와 반응을 드러내는 것이다.

일반적으로 감정은 사물과 사태, 상황과 관계 속에서 자존(자유)과 사랑(하나 되려는, 소통하려는 열망)으로 가득 찬 생명이 외부와 내부의 자극과 영향에 대해서 느끼는 느낌과 움직임이다. 일차적으로 감정은 대상(사물과 타자)에 대한 감각과 느낌이다. 그러나 감정은 대상에 대한 감각과 느낌을 넘어서 그 감각과 느낌에 대한 감각 주체의 주체적인 의지와 판단(기쁨과 사랑, 좋음과 싫음)의 표출이다. 감정은 대상의 감각에 대한 느낌이라는 점에서는 수동적이지만 내적 의지와 판단을 표출하는 것이라는 점에서는 능동적이고 주체적이다. 감정을 나타내는 영어 emotion은 e(out, 밖으로)+motion(움직임)으로 되어 있다. 감정은 안에서 밖으로 움직이는 것이라는 점에서 능동적이고 주체적이다. 감각 대상과의 관계에서 감각 주체의 움직임, 흔들림, 동요, 격동이 일어난다. 이러한 감정의 움직임 속에는 대상에 대한 감각에서 오는 수동적인 움직임과 감각 주체의 능동적이고 주체적인 반응으로서의 움직임이 결합되어 있다. 감각 주체의 능동적 주체적 반응으로서 감정은 생명 주체의 움직임만이 아니라 생명 주체의 내적 느낌과 정(情)과 기분을 포함한다. 감정의 움직임은 생명의 주체가 대상(타자)과의 만남과 관계 속에서 일으키는 것이면서 주체의 내면에서 그 주체 자신에게 일어나는 것이다. 감정의 움직임은 주체와 물성의 상호작용과 관련을 나타내고 느낌과 정은 생명의 주체와 내면의 반응을 나타낸다. 대상(타자)과의 관계 속에서 일어나는 움직임과 흔들림이 없다고 해도 감정이 없는 것은 아니다. 대상의 감각적 자극이 없다고 해도 내면의 생각과 의식이 감정을 일으킬 수 있다.

미움과 화

생명의 자유와 자존, 사랑의 소통과 일치를 느끼지 못하거나 확인하고 실현하지 못하는 대상과 존재에 대해서 미움의 감정이 생겨난다. '나'(주체의 자유와 자존)와 '사랑'(사귐과 소통)을 느끼고 확인하고 실현하고 향상시키지 못하는 대상과 존재가 미움의 대상이 된다. 나의 자존감과 사랑의 감정을 느끼고 확인하고 실현하려는 강한 의지와 욕구와 기대가 이루어지지 못한 환멸과 실망이 미움의 감정으로 분출한다. 미움은 대상의 부족과 결함에서 오기보다는 대상에게서 나의 욕구와 기대가 충족되지 않은 데서 온다. 미움은 일시적 감정이 아니라 지속적 감정이다. 대상에 대한 환멸과 분노가 쌓여서 미움으로 고정된 것이다. 나의 자존(자유)과 사랑을 침해하고 억압하고 훼손하는 존재와 세력, 상황과 사태에 대해서는 분노와 화의 감정이 생겨난다.

미움과 화는 조금 다르다. 자신은 상처와 고통을 받지 않으면서 남을 미워할 수 있다. 남에게 화를 내는 사람은 스스로 상처와 고통을 받는다. 그러나 미움은 쉽게 분노(화)로 바뀔 수 있다. 미운 감정이 지속되면 미운 대상이 대상의 의지(의도)와 관계없이 나의 자존과 사랑을 억압하고 침해하고 훼손하게 되기 때문이다. 그리고 분노에는 흔히 미움이 들어 있다. 왜냐하면 나의 자존과 사랑을 억압하고 훼손하는 세력과 대상은 나의 자존과 사랑을 느끼거나 확인하는 데 장애가 되기 때문이다. 미움은 상대의 의지나 시도와 관계없이 나의 자존과 사랑이 충족되지 못해서 생겨나는 더 주관적인 감정이다. 이에 반해 분노는 생명의 본성인 나의 자존과 사랑을 억압하고 공격하고 침해 훼손하고 파괴하는 존재와 세력에 대한 대응공격이며 저항과 거부다. 분노는 대상이 내게 일으키는 감정으로 여겨진다. 화나 분노는 생의 본성인 기쁨과 사랑과 자유를 지키려는 본능적 반응이다.

화와 분노는 그 자체가 목적이 아니라는 사실을 유념해야 한다. 화와 분노의 동인과 목적은 따로 있다. 화내는 이도 화내는 것을 당하는 이도 화가 생의 동인과 목적이 아님을 알아야 한다. 화와 분노는 기본적으로 생명에 대한 사랑과 존중에서 생겨난 것이며 생명의 기쁨과 사랑과 자유가 침해되거나 충족되지 않을 때 나오는 감정이다. 생명이 생명답게 존중되지 않고 물질이나 기계로 취급될 때 생명의 기쁨과 사랑과 자유는 위협을 받고 침해되고 훼손된다. 생명의 주체와 전체를 얼과 혼을 기계와 물질로 취급할 때 화가 나는 것이다. 그리고 화를 내는 것은 화가 나는 대상을 사람이나 생명으로 대접하지 못하고 물질이나 기계로 취급하는 것이다. 만일 생명을 가진 나를 물질이나 기계로 취급하지 않고 생의 주체와 전체로, 얼과 혼으로 대접했다면 나는 화가 나지 않았을 것이다. 내가 남을 사람과 생명(의 주체와 전체)으로 대접한다면 나는 남에게 화를 내지 않을 것이다. 화를 내는 것은 남을 물질과 기계로 취급하는 것일 뿐 아니라 자기 자신도 물질적이고 기계적으로 대응하고 움직이는 것이다. 내가 남에게 화를 낸다는 것은 나에 대한 물질 기계적 운동에 대해서 물질 기계적 반작용으로 대응하는 것이다. 화를 내는 순간 화내는 이도 화를 당하는 이도 생명과 정신에서 물질과 기계로 전락한다. 사람의 몸과 맘이 전적으로 그렇지는 않지만 상당한 정도에서 물질 기계적으로 움직이고 물질과 기계 속에서 물질과 기계와 더불어 살아가기 때문에 생명의 기쁨과 사랑과 자유는 순수하고 온전하게 지켜지기 어렵다. 물질과 생명, 몸과 맘이 깊이 결합되어 있기 때문에 양자를 분리시켜 생각하거나 대응하기 어렵다. 몸을 가지고 물질에 의존해서 사는 인간이 화를 내지 않기는 어렵다. 그러나 엄정하게 생각하면 생명은 물질이 아니고 맘은 몸이 아니며 얼은 돌멩이가 아니다. 돌멩이에게 화를 내는 것은 의미가 없고 얼과 혼을 향해 화를 내는 것도 옳지 않다. 그럼에도 몸을 가지고 물질에 매여서 사는 인간은 자신과 타인을 물질과 기계로 착각하고 그렇게 취급하는 일이 자주 일어나서 화를 자주 내게 된다. 화를 내는 것은 나와 대상(타자)을 물질과 기계로 오해하고 착각하는 것이다. 화가 오해와 착각의 산물이라면 화를 내지 않는 것이 가장 좋고 지혜롭다. 그러나 몸의 욕망과 맘의 감정을 정화하고 고양시키는 생명 진화의 과정에서 어쩔 수 없이 솟구치는 감정이 화라면 화를 될수록 자제하는 것이 마땅하고 지혜롭다. 그리고 화를 낸 다음에는 얼른 화를 흘려보내는 것이 현명하다.

감정의 정화와 고양

생명은 물질 안에서 물질을 초월한 것이므로 불안정하고 연약한 것이다. 물질은 강력한 힘과 에너지를 지니고 있다. 물질에 대한 본능적 욕구도 강력하다. 물질(외부 대상)과 관련된 감정도 깊고 절실하다. 그러나 생명의 본성을 실현하고 완성하는 지성과 영성은 미약하고 부드럽다. 지성과 영성이 약하고 부드럽지만 지성과 영성의 힘은 생의 본성과 목적인 자유와 사랑을 실현하는 힘이다. 생명은 물질의 운동법칙, 열역학 법칙, 중력, 사차원 시공간 물질세계의 상대성원리를 실현하면서도 물질의 법칙과 원리를 넘어서 자유와 사랑의 세계를 연 것이다. 마치 비행기나 새가 중력과 운동법칙을 충실히 따르면서도 그것을 이기고 넘어서 하늘을 날 듯 생명은 물질의 법칙과 원리를 충실히 구현하면서도 그것을 초월하고 극복해서 자유와 사랑의 세계를 열었다.

생명은 다시 물질세계로 떨어질 가능성과 위험을 안고 있다. 생명이 뿌리를 둔 물질세계는 끊임없이 변화하고 생성, 소멸한다. 물질의 법칙과 원리를 초월할 뿐 아니라 생명의 본능과 감정을 넘어선 지성과 영성을 가진 인간은 자유와 사랑을 잃고 추락할 가능성과 위기가 훨씬 더 크다. 어쩌면 인간만이 자존과 사랑을 잃을 가능성과 위기, 생명의 죽음과 소멸의 가능성과 위기를 항상 뚜렷이 자각할 수 있는 존재다. 따라서 인간은 불안과 두려움의 감정을 가지고 산다. 불안은 생명을 빼앗을, 자존과 사랑을 빼앗을 구체적인 계기와 대상이 없지만 생명을 잃을, 자존과 사랑을 잃을 가능성과 위기를 느낄 때 생겨나는 감정이다. 두려움은 생명과 생명의 본성인 자존과 사랑을 빼앗을 계기와 상황, 대상과 세력이 가까이 느껴졌을 때 느끼는 감정이다.

감정은 생명과 인간의 본성(주체)을 나타내지만 물질적인 대상에 대한 감각과 느낌을 반영한다. 감정은 환경이나 조건과 관련되어 있으며 외적인 타자와의 관계에서 생겨난다. 따라서 감정은 외물(外物), 타자와 결합되어 있다. 감정은 물성, 욕구, 관념, 의식이 복합적으로 결합된 것이다. 외물에 의해서 흔들리고 움직이고 영향을 받는다는 점에서 감정은 물질과 물성을 초월한 생명의 본성에 반하는 것이기도 하다. 감정은 인간의 내적 본성을 드러내고 표현하면서도 외적 물성과 타자와 관련되고 결합되었다는 점에서 자존과 사랑을 제약하고 왜곡하고 그 수준을 낮추기도 한다. 감정은 땅의 물질서 하늘의 영(정신)에 이르는 생명 진화의 과정에서 형성된 것이고 생명 진화의 차원변화 과정을 반영한다. 감정도 일차적으로는 물질, 물성과의 관계에서 생겨난 것이지만 생명 진화의 차원이 변화하는 데 따라서 정화 승화되고 고양된다. 감정은 물성과 본능을 넘어서 지성에 의해 맑아지고 영성에 의해 거룩해질 수 있다. 감정은 물성이나 감각과 관련해서 생겨났지만 물성과 감각을 초월하여 맑고 투명하고 거룩할 수 있다. 사람의 식욕과 성욕이 파충류의 식욕과 성욕과 질적 차이를 가진 것처럼 사람의 감정은 포유류의 감정과 질적 차이를 가지고 있다. 인간의 감정은 훨씬 더 풍부하고 깊고 맑고 높을 수 있다.

인간의 내면에는 생명과 의식의 바다가 있다. 그 바다 속에서 감정의 폭풍이 몰아칠 수도 있고 감정의 큰 파도가 일어날 수도 있다. 일반적으로 감정은 생명과 인간을 물질과 물질에 대한 욕망과 집착에 사로잡히게 한다. 그러나 감정은 지성의 맑고 투명한 생각(앎)에 의해서 그리고 영성의 높고 거룩한 뜻에 의해서 맑고 거룩하게 될 수 있다. 감정은 일시적이고 변덕스럽지만 하늘의 맑은 지성과 거룩한 영성을 담을 수도 있다. 탐욕으로 가득한 낮은 감정도 있고 지성과 영성으로 정화되고 성화된 높고 거룩한 자비와 사랑의 감정도 있다. 감정은 땅의 물질서 하늘의 얼과 신에 이르는 생명의 무지개 같은 여러 차원과 수준을 드러내고 표현하며 실현한다. 지성과 영성이 결여된 감정, 생리적 본능적 욕구 식욕과 성욕, 이기심과 탐욕, 명예와 돈에 대한 욕심과 집착으로 가득 찬 감정은 종교와 도덕으로 포장되었다고 해도 낮은 것이다. 지성의 맑은 생각과 영성의 거룩한 뜻(천명, 사명)으로 정화되고 승화된 감정은 생명과 인간의 본성을 온전히 드러내고 표현할 수 있다. 예수의 의분(義憤), 보살과 부처의 자비심에는 생명과 인간의 본성(주체와 전체)을 실현하고 완성하는 정화된 감정이 깃들어 있을 것이다. 맘의 안과 밖에서 움직임과 흔들림이 없다고 해도 감정이 없는 것은 아니다. 태풍의 눈이 고요한 것처럼 완전히 정화되고 승화된 감정은 움직임과 흔들림 없이 고요할 수 있다. 생명의 본성인 자유와 사랑을 온전히 실현하는 자리는 물성을 초월한 하늘, 빔과 없음의 허공이다. 하늘의 빔과 없음에서 감정도 온전히 승화되고 정화되어 물성에서 자유롭게 된다.

하늘에 이르러 물성에서 자유롭게 된 감정은 움직임과 흔들림 없이 고요할 수 있다.

예수와 석가의 감정

고대의 세계에서 예수와 석가보다 인생과 인성에 대해서 깊고 치열한 진실을 드러낸 이들은 없다. 예수는 이집트, 앗시리아, 바빌론, 페르시아, 시리아 그리고 로마에 이르기까지 강대한 제국들에게 나라를 잃고 식민지 백성으로 살았던 이스라엘 백성의 고난의 역사를 이어받았다. 예수 자신도 로마의 식민지 백성으로서 고통받는 민중과 더불어 살다가 십자가에 달려 죽었다. 1천 년을 이어온 이스라엘 민중의 깊고도 오랜 고난의 역사를 이어 살면서 스스로 십자가에 달려 죽은 예수의 고난과 죽음 속에서 인생과 인성의 깊은 진리가 드러났다. 석가는 아리안족이 인도 원주민들을 정복하고 만든 카스트 신분제도의 불합리와 고통을 깊이 느끼고 깨달았다. 아리안족이 지배한 1천 년의 역사가 지났을 때 석가는 위선과 불의, 폭력과 야만으로 가득 찬 사회와 역사의 두꺼운 껍질을 벗기고 인생과 인성의 깊은 진리를 보았다. 석가와 예수는 인간의 생명과 감정을 누구보다 깊이 꿰뚫어 보았고 구원과 해방에 이르는 길을 제시하였다.

석가가 물질과 몸, 욕망과 감정을 극복하고 초월하여 자유로운 생명의 자리(불성과 열반)에 이르려 했다면 예수는 고통받고 신음하는 민중의 삶 속에서 민중과 함께 구체적이고 현실적인 삶의 욕망과 감정과 의욕을 정화하고 실현하고 완성하려 했다. 민중의 구체적이고 현실적인 삶의 주체와 전체를 긍정하고 존중했던 예수는 민중과 함께 생명의 주체와 전체를 짓밟고 파괴하는 불의한 세력에 맞서 분노하고 싸웠다. 생명을 파괴하는 불의한 세력에게 욕과 비난을 퍼붓는 예수의 분노는 정의로운 공분이지만 거기에는 생명과 인간의 역사 사회적 제약과 한계가 반영되어 있다. 예수는 민중을 하나님의 자녀로 선언하고 하늘나라를 오늘 여기의 땅에서 실현하려고 하였다. 하늘과 땅과 인간이 조화롭게 하나로 되는 예수의 하늘나라는 세상의 불의한 권력과 충돌하였다. 불의한 권력에 대한 예수의 분노에는 하늘과 땅의 역동적 생명적 과정과 천지인 합일의 과정과 지향이 반영된 것이다. 그의 분노는 민중과 하나로 되는 공심(사랑과 정의)이 반영된 것이지만 생명과 역사의 미완의 과정 속에서 흔들리고 움직이는 것이다.

예수의 분노는 개인의 사적인 감정이 아니다. 그의 분노 감정에는 역사와 사회의 현실이 반영되고 하늘의 뜻과 정의가 반영되어 있다. "나의 하나님, 나의 하나님, 어찌하여 나를 버리셨습니까?" 하는 예수의 십자가 고난과 절규는 과거와 현재와 미래의 모든 민중이 절규하고 부르짖는 고통의 소리를 대표한 것이다. 고통 속에서 부르짖고 절규하는 민중의 삶과 역사는 결코 완전하거나 완결된 것이 아니라 미완과 미결과 미생의 과정 속에 있다. 예수가 분노 감정을 분출한 것은 인생과 역사가 미완 미결, 미생의 과정에 있음을 나타낸다. 인간의 생명과 역사는 미완과 미결의 과정 속에 있다. 생명의 철학자 함석헌은 하나님조차 생명의 미완과 미결 속에서 보고 하나님을 '~려 함'이라고 갈파했다.[33] 하나님을 '~려 함'으로 보는 미완의 상대 세계는 석가가 추구한 온전하고 궁극적인 해탈의 니르바

---

33 함석헌, "하나님에 대한 태도," 『함석헌전집 3』(한길사, 1984), 373.

나(열반)와 만나야 한다. 궁극적 해탈의 세계인 니르바나는 기독교에서 말하는 절대자 하나님과 그의 영원한 나라와 상통할 수 있다.

예수의 하나님 나라는 미완과 미생의 과정에서, 고통과 분노의 바다에서 함께 고통하고 꿈틀거리면서 분노와 갈등 속에서 열리는 나라다. 예수는 고통과 분노, 미생과 미결의 역사 속에서 영원한 평화의 나라를 이루려고 했다. 그의 가슴과 삶 속에는 하나님의 영원한 사랑과 평화의 나라가 살아 있었다. 예수를 따르는 사람들의 영혼은 모든 것을 초월하고 벗어버린 하늘 위의 푸른 하늘을 그리워하고 품고 살면서도 발은 땅의 물질세계를 딛고 살아가야 한다. 미완과 미결의 생명 속에서 하늘이 열려야 한다. 예수는 몸과 감정을 부정하거나 비난하지 않았다. 몸과 본능과 감정과 생각이 주체와 전체로 존중되고 실현될 때 인간의 생명 속에서 하늘이 열리고 예수의 나라가 시작될 것이다.

3. 지성과 영성

지성

지성은 본능에서 피어난 것이면서 본능의 물질적 기계적 속박에서 벗어난 것이다. 지성에는 본능에 봉사하는 지능, 외부의 현실과 조건에 대해 비판적이고 저항적인 주체적 지성, 자기반성과 초월의 영성적 지성이 있다. 본능에 봉사하는 지능은 본능에서 벗어났으면서도 본능과 친밀하다. 비판적이고 저항적이며 주체적인 지성은 본능과 맞서 있고 갈등을 일으킨다. 자기반성과 초월의 지성은 본능을 초월함으로써 생의 본능적 욕구와 의지를 물질적 기계적 속박에서 해방하고 실현한다.

첫째로 지성은 지능이다. 지능(知能)은 본능(생존의지와 욕구)에 봉사하는 꾀다. 지능은 본능의 차원을 넘어서고 벗어난 것이지만 본능에 매여 본능을 따르는 도구적 지성이다. 본능은 헤아림과 계산을 모르는 것이지만 지능은 헤아리고 계산하는 꾀이고 간지(奸智)다. 지능은 생존의 목적과 욕망을 위해 합리성과 효율성을 추구하는 지적 능력이며 노력이다. 지능은 생존을 위한 계산적, 도구적 수단적 지성이다. 지능은 본능을 넘어선 것이면서 생존을 위해서 본능의 심부름꾼 노릇을 한다.

생명은 본능을 실현하기 위해서 이로운 것을 추구하고 해로운 것을 피하려 한다. 지능은 생명에 이로운 것을 추구하고 해로운 것을 피하기 위해서 인식하고, 헤아리고 계산하는 능력이다. 지능은 일차적으로 대상의 크기와 분량과 수를 숫자로 헤아리며 수를 계산한다. 지능은 수를 세고 계산하는 능력이다. 이런 지능에서 수를 계산하는 수학이 나왔다. 지능은 또한 대상의 모양과 형태를 비교한다. 물건들의 모양과 형태에서 세모, 네모, 동그라미가 나왔고 도형의 특성과 이치를 산술(算術)로 표현하고 논증한 것이 기하학이다. 형식적인 논리와 개념을 생각하는 것도 지능의 헤아림에 속한다. 첫째 지성인 지능의 사유는 2차원 평면에 속한다. 2차원 평면의 산술, 도형, 논리, 개념은 도구적이고 수단적인 지성에 의해서 사용되지만 산술, 도형, 논리, 개념은 순수하고 보편적이므로 비판적 지성에 의해서 사용되기도 한다. 수학의 순수한 논리와 원리 자체는 본능을 초월한 것이다. 그러나 2차원 평면의 산술, 도형, 개념, 논리는 생명과 정신의 주체와 전체를 드러내거나 실현할 수 없다.

둘째로 지성은 비판하고 저항하는 주체적 지성이다. 스스로 하는 주체로서 생명은 욕구와 의지, 목적과 방향을 가진 것이며 좋고 싫음, 옳고 그름의 기준을 가진 것이다. 이러한 생명에서 비판적 주체적 지성이 나왔다. 비판적 지성은 옳고 그름, 좋고 나쁨, 크고 작음, 참과 거짓에 대한 기준을 가지고 대상을 비교하고 판단하는 능력이다. 비판적 지성의 궁극적 기준은 생명의 주체와 전체다. 생명의 주체와 전체를 실현하고 완성하기 위해서 비판적 지성은 역사와 사회의 구체적 사물과 현실을 비판하고 판단한다. 비판적 지성은 개념과 논리를 가지고 인식하고 사유한다. 주체와 전체는 지성의 직접적 인식과 사유의 범위를 넘어서 있다. 비판적 지성은 산술, 도형, 논리, 개념을 사용하지만 2차원 평면의 사유에 머물지 않는다. 비판적 지성은 생명과 정신, 역사와 사회의 구체적이고 입체적 현실을 대상으로 사유하고 비판한다. 비판적 지성은 존재와 가치의 입체적이고 중층적인 구조와 체계에 비추어 삶과 사회의 다양하고 입체적인 현실을 비판한다. 비판적 지성은 늘 변화하는 역사와 사회의 역동적인 현실을 비판하기 위해서 새로운 이론체계와 구조를 끊임없이 만들어낸다. 비판적 지성에 머물면 비판에 대한 비판이 끊임없이 이어질 수 있다. 비판적 지성은 비판의 대상에 대해 저항하는 지성이다. 비판하고 저항하는 지성이 없으면 잘못된 길에서 벗어날 수 없고 옳은 길을 찾을 수 없다.

셋째로 지성은 자기반성적 지성이다. 반성은 비판하는 인간의 주체와 전체의 자리에서 비판을 비판하는 것이다. 그것은 비판하고 저항하는 주체를 비판하고 반성하는 최종적 궁극적 비판이다. 자신의 주체와 전체에 대한 비판과 반성은 결국 하늘에 이르고 하늘의 평면과 깊이에 비추어 보는 것이다. 이것은 자기에 대한 비판과 반성이며 자기의 초월과 고양이다. 참된 반성은 하늘에 비추어 보는 것이다. 자기반성과 초월의 지성은 영성(하늘의 말씀)에 닿아 있다. 자기를 반성하고 부정하는 지성만이 자기를 초월하여 하늘의 자유에 이를 수 있다.

영성

영성은 본능과 지성에서 피어난 것이면서 본능과 지성을 초월하여 본능과 지성을 물질과 관념의 속박과 제약에서 해방하고 생명의 본성(주체와 전체)을 실현하고 완성한다. 생명의 근원적 본성을 실현하고 완성한다는 점에서 영성은 본능과 지성보다 앞선 것이고 더 깊고 큰 것이다. 영성은 물질적 육체적 자아와 타자를 초월하여 참된 주체와 전체에 이르는 것이며 초월적 하늘과 소통하고 사귀고 일치하는 능력과 자질이다. 영성에도 세 차원, 몰아적 영성, 자각적 영성, 초월적 영성이 있다.

개인의 몰아적 영성은 물질 몸 원혼과 결합된 영성이다. 몸과 맘에 신령이 깃들고 장소, 물건, 동물, 원혼(귀신)과 영적으로 합일되면 몰아 상태에서 감정이입이 이뤄지고 감정이입이 이루어진 것들과 교감할 수 있다. 몰아적 영성은 이성적 의식과 감정을 넘어서 무의식의 세계를 감지할 수 있다. 이것은 하늘과 땅과 사람이 뒤섞인 무당의 영성이다. 무당의 영성은 흔히 인간의 욕망과 고통과 관련되어 있다. 무당의 영성은 물질과 신체, 본능과 감정에 관련된 몰아적 영성이다. 무당의 물질적 신체적 영성은 기복신앙에 머문다. 몰아적 영성의 지식과 깨달음은 모호하고 불확실하고 불안정하다. 이것은 맑고 깨끗한 지성과 하늘의 높고 자유로운 삶에 이르지 못한다.

둘째로 자각적 영성은 국가와 민족의 집단적 영성, 역사와 사회와 문화의 비판적 예언자적 영성이다. 이런 영성은 예술과 종교와 철학의 숭고하고 고양된 영성으로 승화될 수 있다. 이것은 철학과 학문의 비판적 지성적 영성이다. 민족과 역사, 예술과 종교와 철학의 자각적 영성도 절대적일 수 없고 그 시대와 사회의 제약 속에서 표현되고 구현된 것이다. 따라서 자각적 영성은 시대에 따라서 비판받고 부정되면서 새롭게 표현되고 창조되어야 한다. 생명과 정신은 끊임없이 탈바꿈하며 스스로 갱신하고 고양되는 존재이며, 생명과 정신의 임(主)인 하나님은 그 시대와 사회를 넘어서 새로운 시대와 사회를 펼쳐가기 때문이다.

셋째로 초월의 영성은 하늘(하나님)을 그리워하고 우러르고 모시고 품는 영성이며 하늘의 하나님께로 솟아올라 나아가는 영성이다. 초월의 영성은 하늘과 소통하고 연락하며 사귀는 영성이다. 초월의 영성은 본능과 지성을 초월하고 해방하고 실현하며 완성한다. 초월의 영성은 물질과 몸과 맘을 초월하고 완성하는 하늘의 영성이다. 하늘의 영성은 개인의 주체와 전체를 해방하고 완성하는 궁극적 초월적 영성이다. 하늘의 영성은 몸의 본능과 맘의 지성을 주체와 전체로 실현하고 해방하며 민족과 역사를 새롭게 창조하고 완성한다. 하늘의 없음과 빔, 빈탕한데를 품은 영성은 몸의 물질과 욕망, 맘의 감정과 의식에 매임 없이 물질과 생명과 정신을 실현하고 완성하는, 새롭게 창조하고 변화시키는 생명 진화와 천지인 합일의 길을 간다.

III. 생명 진화와 차원 변화
: 생명과 인성의 10차원 세계

생명 진화와 천지인 합일의 철학에서 보면 생명과 인성은 10차원의 세계를 지닌 것으로 생각된다. 물질, 생명, 인간, 사회, 신령의 차원을 헤아려보고 더듬어보면 10차원의 세계가 드러난다. 인간의 겉인 몸에서 속인 얼로 들어가는 과정과 생명 진화 과정이 일치한다. 몸의 본능서 맘의 감정과 의식을 거쳐 얼의 지성과 영성에 이르는 과정은 땅의 물질서 생명을 거쳐 인간의 지성과 영성으로 올라가는 생명 진화 과정과 같다. 그것은 겉에서 속으로 파고들어가는 과정이면서 아래서 위로 솟아오르는 과정이다. 물질서 정신에 이르는 생명 진화의 사다리가 인간의 몸과 맘속에 있다. 이 사다리는 기묘한 사다리여서 아래 단계의 물질, 몸, 본능이 속으로 말려들면서 생명과 함께 진화하고 심화하면서 고양되고 영화된다. 생명 진화 과정에서 물질이 몸이 되고 몸이 섬세하고 아름답고 깊어지면서 몸에 고귀한 감정과 정신과 신령이 깃들게 되었다. 땅의 물질과 몸은 하늘의 얼 생명에 닿고 하늘의 얼과 정신은 땅의 물질과 몸으로 표현되고 구현되었다.

몸은 물질서 피어난 것이지만 물질 안에서 물질을 넘어서 생명을 실현한 것이다. 몸속에는 땅의 물질서 하늘의 영에 이르는 무지개가 걸려 있다. 맘은 몸에서 피어난 것이지만 몸을 초월해 있다. 몸은 맘의 뿌리이고 맘은 몸의 꽃과 열매다. 맘은 물질인 몸을 초월하여 생각과 감정과 정신의 꽃을 피우고 있다. 맘은 몸속에서 하늘이 열린 것이다. 맘은 땅의 물질과 하늘의 영이 만난 것이다. 생각(지성, 로고스, 하나님의 말씀)은 맘속에서 물질과 정신, 땅과 하늘, 본능과 영, 인간과 하나님이 만나고 소통하고 연락하고 사귀게 하는 것이다. 생각한다는 것은 땅의 물질에서 하늘의 영에 이르는 사다리를 올라가고 내려오는 것이다. 생명과 정신은 자기를 초월하여 새로운 존재의 차원을 열어가는 것이다. 인간의 정신과 영혼은 끊임없이 자기를 초월하여 새로운 자아를 낳음으로써 참된 주체와 전체인 하나님께 나아가는 것이다. 초월한다는 것은 초월하는 대상보다 더 깊어지고 낮아지고 높아지고 넓어지고 커지는 것이다. 생명과 정신은 깊어지고 낮아져야 높아지고 커질 수 있다.

인성에는 몸, 맘, 얼이 있고 몸, 맘, 얼에는 10차원이 들어 있다. 절대정신, 절대초월인 하나님은 빔과 없음(하늘)으로 표현된다. 하나의 점과 하나의 선으로 이루어진 1차원 세계는 갈라지거나 쪼개지지 않은 온전한 생명과 정신(얼, 하늘)의 뜻(말씀)을 나타낸다. 하늘의 뜻은 천명(天命)이며 천명은 '살라는 명령'(生命)이며 '살라는 명령'은 생명의 원초적 본능과 순순한 생존의지로 나타난다. 생명의 원초적 본능과 순수한 생존 의지는 나누어지거나 쪼개지지 않은 1차원 세계에 속한다. 나누어지거나 쪼개지지 않은 하늘의 뜻은 1차원(하나)의 세계에 속하며 2차원 세계에 속하는 법칙과 논리, 산술과 도형을 초월해 있다. 하나의 점과 선이 쪼개지고 펼쳐져서 2차원 평면이 생긴다. 수학, 산술, 기하학, 논리, 개념의 세계인 2차원 평면의 세계는 무게와 높이가 없다. 2차원 평면에 무게와 높이가 주어져서 3차원 입체의 공간 세계가 나온다. 3차원 공간과 시간이 결합되어 4차원 시공간이 나온다. 물질과 생명이 결합된 몸에는 인과법칙, 기계 운동의 결정론, 상대성 이론이 지배하는 3차원 물질의 물리세계와 4차원 시공간 세계, 몸의 기관들인 허파와 염통이 저마다 주체로 상생과 공존의 관계를 이루는 5차원 생리의 세계가 있다. 5차원 생리세계는 2~4차원의 모든 세계를 아우르고 구현한다. 맘에는 몸과는 별도로 존재하는 감정과 의식의 6차원 심리세계가 있으며 6차원 맘의 심리세계는 2~5차원의 모든 세계를 아우르며 구현하고 있다. 몸과 맘과 얼을 지닌 인간은 서로 주체로서 갈등과 대립 속에서 관계를 맺어가는 역사의 7차원 세계, 사회 역사적 갈등과 대립을 넘어서 몰아적 전체에 이르는 몰아적 신명과 신바람의 8차원 종교 예술세계, 주체의 깊이와 자유에서 전체의 하나 됨에 이르는 자각적이며 구도자적이고 구원을 이루는 초월적인 9차원 영의 세계를 펼쳐 나아간다. 9차원 영의 세계는 주체와 전체가 큰 하나로 되는 10차원 하늘의 세계로 나아간다. 十자로 상징되는 10차원은 수직적인 위와 아래 수평적인 좌우가 전체 하나로 되는 대종합의 세계다. 위로 하늘과 하나로 통하고 옆으로 이웃 만물과 하나로 통하는 세계가 10차원이다. 10차원은 없음과 빔의 무한 차원인 하나님을 향해 활짝 열린 세계다.

없음과 빔의 근원적 심연에서 나오는 점과 선의 1차원 세계는 모든 것이 비롯되는 하늘의 뜻을 나타낸다. 뜻, 명령, 말씀은 창조적 의지와 근거다. 점과 선의 1차원 세계가 깨지고 펼쳐져서 2차원 평면(平面)의 세계가 열린다. 2차원 평면은 하나하나의 점과 선을 쌓아

펼친 것이다. 하나를 끊임없이 잇고 펴면 산술과 도형의 수리적 평면이 된다. 수리의 평면은 순수한 논리와 이치의 세계, 질서와 조화의 세계, 보편적이고 일반적인 진리의 세계다. 2차원 평면의 순수한 진리세계는 물질 이전의 물질을 초월한 하늘의 평면이다. 생명과 정신의 세계를 창조하는 의지와 명령이 실현되려면 맨 먼저 2차원 평면의 이치와 질서가 있어야 한다. 2차원 평면에서 1차원의 점과 선, 뜻과 명령이 존중되고 세워지면 무게와 높이의 질적 차이를 가진 3차원 입체의 물리세계가 열린다. 3차원 입체의 물리세계를 넘어서 4차원 시공간 세계가 되려면 2차원 평면의 산술과 논리, 도형과 개념, 산술과 도형의 법칙과 원리와 함께 3차원 물리세계의 물성과 법칙이 존중되고 실현되어야 한다. 물질을 초월하려면 물질보다 더 깊어지고 더 낮아져야 한다. 3차원 물리세계와 4차원 시공간세계를 초월하여 5차원 생명세계를 열기 위해서는 2차원 평면세계의 산술과 기하학, 논리와 개념, 3차원 물리세계의 물성과 법칙, 4차원 시공간의 운동과 변화의 법칙과 이치를 알아주고 존중하고 실현해야 한다.

서로 주체의 상생과 공존에 이른 5차원 생명은 3차원 물리세계와 4차원 시공간을 초월하고 물리세계와 시공간보다 깊은 것이다. 5차원 생명의 생리적 본능을 초월하여 6차원 맘(감정과 의식)의 세계를 열려면 본능이 뿌리를 두고 있는 물리세계와 시공간세계의 인과법칙과 상대성이론을 존중하고 구현해야 한다. 또한 6차원 맘의 세계는 5차원 생명의 감각과 본능보다 깊고 낮아져서 생명의 본성과 이치를 존중하고 구현하고 승화·고양시켜야 한다. 6차원 맘을 초월하여 7차원 역사와 사회의 주체적 관계의 세계를 열려면 생명적 본능의 충동과 욕망(식욕과 성욕)뿐 아니라 맘의 감정과 의식을 존중하고 충족시키고 승화시켜야 한다. 7차원 주체적 관계의 세계를 초월하여 8차원 몰아적 신명의 세계를 열려면 감정과 의식의 사납고 거친 파도와 바람을 존중하고 받아줄 뿐 아니라 서로 주체의 관계와 질서를 존중하고 실현하고 고양시켜야 한다. 몰아적 신명의 8차원 세계를 초월하여 주체와 전체의 일치를 실현하는 영의 9차원 세계를 열려면 주체와 주체의 갈등과 대립, 얽힌 관계를 풀고 주체와 주체의 열망과 꿈을 이해하고 존중하고 실현할 뿐 아니라 몰아적 신명과 공동체적 일치를 실현하고 승화·고양시켜야 한다. 9차원 영의 세계를 초월하여 10차원 하늘의 온전한 세계를 열려면 몰아적 신명의 바람과 꿈을 존중하고 실현할 뿐 아니라 서로 주체로서 나는 나답고 너는 너다우면서 전체가 하나로 되는 길을 사무쳐 가야 한다.

인간의 지능과 지성은 2차원 평면세계의 수리와 법칙, 논리와 원리서부터 생각을 시작하고 익힌다. 2차원 평면세계의 수리와 인과율적 법칙은 수리와 물리의 세계에서만 엄격하게 적용되지 5차원 이상의 세계에서는 엄격하게 적용될 수 없다. 5차원 생리세계는 2~4차원의 이치와 법도를 포함하면서 넘어서 새로운 이치의 세계를 구현한 것이다. 6차원 심리세계는 2~5차원의 이치와 법도를 포함하면서 새로운 이치의 세계를 펼친 것이다. 7~9차원 모두 이전의 차원들의 이치와 법도를 실현하면서 더 높은 새로운 차원의 이치와 법도의 세계를 연 것이다. 수리와 물리의 차원에서는 엄격한 인과론과 결정론이 성립하지만 5차원 이상의 세계에서는 산술 계산과 논리의 인과론과 결정론이 엄격하게 적용될 수 없다. 5차원 이상의 세계도 그 나름의 더 높은 이치와 법도가 실현되고 작용한다. 5차원

이상의 진리 세계에서는 실증적 사실과 과학적 지식, 산술 계산과 인과율적 사고를 바탕으로 그러나 그런 것들을 넘어서 오감과 직관, 상상과 영감으로 진리와 실상을 파악해야 한다.

인간의 인성은 1~10차원의 세계를 아우르며 주체와 전체의 일치를 통해 이 모든 차원을 실현하고 완성해간다. 본능, 감정, 의식, 지능, 이성, 영성, 신성은 인성을 이루는 다차원적 구성요소로서 다양하고 중층적인 차원들을 구현함으로써 그 차원들을 극복하고 초월하여 새로운 존재의 차원을 열어간다. 물질은 수리와 물리와 물성의 이치와 법칙에 갇혀 있지만 물성과 법칙의 속박에서 벗어날 수 있는 문(잠재적 가능성)을 속에 가지고 있다. 본능은 기계적이고 결정론적으로 작동하지만 자발적 생명의 차원을 가지고 있다. 자발적 생명의 본성을 가졌기 때문에 본능은 지능과 감정과 의식을 피워낼 수 있었다. 본능적 욕망과 집착의 지배를 받으면서도 지능과 감정과 의식은 자기를 극복하고 초월하여 맑고 높은 이성의 세계를 열었다. 이성은 본능과 감정의 물질적 욕망과 집착을 넘어서 하늘의 맑고 깨끗한 진리와 이념에 이름으로써 하늘의 영성과 신성이 드러나게 하였다.

물질과 욕망이 투영된 감정과 의식은 물질적 욕망과 주체적 사유의 혼합이다. 지능은 물질과 본능을 넘어선 주체적 사유이면서, 생존본능에 봉사하는 꾀, 생존의지의 연장이다. 이성은 산술과 도형, 개념과 논리의 헤아림에서 시작하여 맑은 하늘의 평면적 보편성에 이른다. 논리와 계산에 충실한 이성은 2차원 평면의 진리에 머물러 있다. 이성은 원리적으로 물질과 본능을 초월해 있지만 현실적으로 물질과 본능의 강력한 힘과 충동 아래 있다. 영성은 물질과 본능을 초월하여 맑은 이성을 물질과 본능의 굴레에서 해방시키고 주체와 전체의 역동적 일치에 이른다. 신성은 주체와 전체의 완전한 통일이며 참된 주체이고 전체 그 자체다. 주체이며 전체인 신성은 '한 나 님', '큰 나 님', 참된 하나임, 하늘이다. 하늘로 상징되고 표현되는 하나님은 물질과 생명과 정신의 모든 차원이 비롯되는 없음과 빔의 근원적 심연을 품은 창조자적 주님이고 모든 차원을 완성하고 초월하는 영원(늘 그러한 하나)이다.

5장

인성교육의
정신과 철학

I. 주체성과 전체성의 생명철학
: 완결과 미완의 연속과 통일

1. 생명철학

　생명 진화와 천지인 합일의 생명철학은 우주와 생명과 인간을 주체와 전체의 통일 속에서 이해한다. 우주 물질과 생명과 인간은 저마다 존재의 깊이와 힘을 가지면서 내적으로 통일된 전체를 이루고 있다. 물질은 엄청난 에너지를 품고 있으면서 물질적 법칙과 물성의 제약 속에서 안정되고 완결된 구조와 틀을 가지고 있다. 물질의 안정되고 완결된 구조와 틀은 엄청난 에너지를 보존하고 보관하는 잠재태와 가능태로서 존재한다. 오랜 생명 진화 과정에서 주체와 전체의 통일을 심화 고양시켜온 생명체들은 저마다 주체로서의 개성과 다양성을 가지면서도 통일된 전체로서 완결되고 완성된 형태를 지니고 있다. 생명 진화의 과정에서 모든 생명체는 자기 완결적 완성태이면서 진화와 고양, 자기 초월과 신생을 통해 새롭게 형성되고 창조되어야 할 미완, 미결, 미생의 과정적 존재다. 인간은 생명 진화와 인류역사를 통해 스스로 하는 주체의 자유와 깊이를 가지면서도 자기 완결적이고 완성된 전체의 통일을 이루고 있다. 생명 진화와 인류역사를 스스로 창조하고 완성해야 하는 인간은 주체의 자유와 깊이를 가지고 자기 완결적이고 완성된 전체이면서 자기를 새롭게 창조하고 낳고 고양시켜야 할 미완, 미결, 미생, 미정의 존재다.

물질과 생명과 인간은 저마다 완결되고 완성된 존재이며 스스로 자신을 실현하고 완성해야 할 존재다. 아름답고 튼튼한 법칙과 구조를 지닌 물질은 무궁한 에너지의 잠재태와 가능태이다. 물질 속에서 엄청난 에너지가 나올 수 있다. 생명체는 아름답고 완성된 형태를 가지고 있으나 생성과 변화 속에서 진화 고양되어야 할 존재다. 사람은 가장 자유로우면서 완성되고 통일된 전체를 이루고 있지만 자기 초월과 신생을 통해서 스스로 자신을 창조하고 새롭게 되어야 하는 존재다. 인간은 이를 데 없이 아름답고 온전하게 완결되고 완성된 존재이면서 새롭게 자기를 실현하고 완성해야 하고 스스로 자기를 창조하고 낳아야 한다. 인간은 이미 완결된 존재로서 자기를 긍정하고 받아들이고 완성된 존재로서 자기를 존중하고 감사해야 하면서 미결과 미완의 존재로서 끊임없이 '스스로 하고 스스로 되어야' 하는 존재다. 인간은 자신에 대해서 한없는 보람과 긍지, 자부심과 감사를 가지면서 자기를 부정하고 초월하여 새 사람 참 사람이 되어야 할 사명과 책임을 가진 존재다. 이미 완결되고 완성된 존재로 태어났으면서 인간은 자기의 변화와 쇄신을 통해 제 인생의 동그라미를 완성시켜야 한다.

2. 인성교육의 철학적 기초

인간과 인성의 진리

생명은 생명 진화 과정에서 형성된 것이면서 스스로 자신을 형성해온 것이다. 인간은 생명 진화와 인류역사 속에서 형성된 존재이면서 스스로 자신을 형성해온 존재다. 생명 진화와 인류역사 속에서 인간은 자신의 창조자이면서 피조물이다. 자신의 창조자와 피조물인 인간 속에 진선미의 중심과 근원이 있다. 진선미의 참된 중심과 근원인 하나님도 가장 먼저 인간의 속의 속에서 찾고 발견하고 만나야 한다. 모든 진리와 윤리의 근거와 기준도 자신의 창조자와 피조물인 인간의 속에서 찾아야 한다.

인간의 주체의 깊이와 전체의 하나 됨이 진선미의 가치와 기준이며 모든 진리와 윤리의 근거이고 바탕이다. 우주만물과 생명과 정신의 깊이와 가치, 이치와 도리가 인간의 내면에서 드러나고 표현되고 실현되고 완성된다. 자신의 창조자와 피조물인 인간의 본성 속에서 물질과 생명과 정신의 주체와 전체가 가장 깊고 온전하게 드러난다. 참된 주체와 전체인 하나님도 인간 속에서 가장 깊고 온전하게 알려진다.

생명과 인성의 본질과 목적: 주체와 전체의 실현

인간은 생명이 진화함으로써 생겨난 존재이고 인성은 생명의 가장 깊고 높은 성질과 내용을 드러낸다. 인간과 인성은 생명의 본성과 목적을 가장 온전하고 높은 형태로 드러내고 실현한 것이다. 생명의 본성과 목적은 스스로 하는 주체와 하나로 통합된 전체의 실현과 완성에 있다. 생명의 본성과 인성을 실현하고 완성한다는 것은 주체의 깊이와 자유에서 전체의 하나 됨에 이르는 것이다. 스스로 하는 주체의 깊이와 자유에서 전체의 하나 됨에 이르는 일이 인성교육의 시작이고 끝이다. 생명과 정신에서는 스스로 하는 주체가 깊어지고 자유로워질수록 전체의 하나 됨이 더 크고 온전해진다. 주체의 깊이와 자유에서 전체의 하나 됨에 이른다는 것은 저마다 저답게 자유로우면서 개성과 창의, 기쁨과 신명 속에서 공존과 상생, 자치와 협동의 공동체를 이루는 것이다.

주체가 깊어지고 전체가 하나로 되는 일은 스스로 하고 스스로 되는 일이지 결코 밖에서 타자에 의해서 억지와 강제로 할 수 있고 될 수 있는 일이 아니다. 그것은 수리적 계산이나 물리적 조건으로 보장하고 확정할 수 있는 일도 아니다. 따라서 교사의 의도와 계획, 방법과 준비가 아무리 완벽해도 인성교육을 보장할 수 없다. 인성교육은 남이 도울 수 있고 격려할 수 있으나 결코 남이 주도하거나 대신할 수 없다. 그것은 물질과 기계, 계산과 계획의 일이 아니라 생명과 정신과 영이 스스로 자발적으로 할 수 있는 일이다. 스스로 주체가 되게 하고 전체가 하나로 되게 하는 인성교육을 돕고 격려하고 이끌려는 사람은 오직 희생과 헌신의 사랑으로 교육해야 한다. 인성교육은 가르치는 사람과 배우는 사람이 서로 주체가 되어 함께 인성을 발견하고 실현하고 완성해가는 과정이다.

3. 인성교육의 정신과 철학

인성은 사람의 성질과 됨됨이와 성품(性品)을 뜻한다. 성질은 사람이 타고난 바탕이다. 됨됨이는 사람이 완성된 기성품이 아니고 사람으로 늘 새롭게 되어가는 존재임을 나타낸다. 사람의 됨됨이는 끊임없이 새롭게 되어서 이루어진 성격과 자세, 맘씨와 마음가짐, 기질과 성향, 말씨와 행동거지, 몸가짐과 표정을 가리킨다. 성품은 성질과 품격을 나타내고, 품성은 품위와 성격을 나타낸다. 성품은 타고난 내면의 성질을 앞세운 말이고 품성은 겉으로 드러나는 품위와 품격을 앞세운 말이다. 인성은 인간으로서 타고난 바탕과 능력을 나타낼 뿐 아니라 가정과 사회에서 스스로 닦아내고 형성된 성격과 인격, 성품과 품성을 나타낸다. 사람인 다음에는 다른 짐승과 구별되는 성질과 자격을 가진다. 인간은 생명 진화와 인류역사의 과정에서 물려받은 무한한 잠재력과 가능성을 가진 존재이며 주어진 환경과 관계 속에서 스스로 형성하고 형성된 탁월한 능력과 역량을 지닌 존재다.

인간은 생명 진화와 인류역사의 과정에서 엄청난 가능성과 잠재력을 물려받은 존재이고, 생명 진화와 인류역사로부터 자신을 새롭게 형성하고 진전시키고 고양시킬 큰 사명과 자격을 받은 존재다. 인성은 자연적으로 타고난 것이면서 하늘과 자연으로부터 주어진 것이고 명령된 것이다. 그래서 중용(中庸)에서는 천명지위성(天命之謂性)이라고 하여서 인간의 성(性)은 천명(天命)이라고 하였다. 성리학에 따르면 욕망과 감정은 물질과 기질(氣質)에 속한 것이고 하늘로부터 타고난 본성은 하늘의 도리(道理)와 일치한다. 따라서 욕망과 감정은 기(氣)라 하고, 성(性)은 이(理)라고 하였다. 그러나 도리뿐 아니라 욕망과 감정도 타고난 것이다. 본능적 욕망과 감정은 태어난 다음에 만들어진 것이 아니고 태어난 다음에 주어진 것이 아니다. 본능과 감정은 사람이 애쓰고 노력해서 획득해야 하는 것이 아니다. 본능적 욕망과 기쁘고 슬픈 감정은 사람이라면 누구나 가지는 것이다. 식본능과 성본능도 천명이고 도리(仁義禮智)도 천명이다. 본능과 감정과 도리가 함께 주어지고 명령된 것이다. 본능과 감정과 도리가 함께 인성을 이룬다. 인성은 주어지고 타고난 것이고, 하늘과 자연이 명령한 것이면서 스스로 이루고 되어야 할 사명이다. 인간의 본성을 도리로만 보는 성리학과는 달리 본능과 욕망과 감정까지도 인간의 본성으로 보아야 한다.

인성은 하늘로부터 주어진 것, 명령받은 것만이 아니다. 인성은 인간이 스스로 해야 할 것이고, 자신을 창조하고 새롭게 낳아야 할 사명과 책임을 가진 것이다. 생명과 역사의 주인과 주체로서 인간은 내가 나로 되어야 할 존재이며 내가 나를 짓고 낳아야 할 존재다. 생명과 인간은 제가 저를 창조하고 낳는 것이다. 인성은 주어진 것이고 명령된 것이고 스스로 해야 할 것이며 목적과 방향을 지닌 것이다. 생명은 스스로 낳고 스스로 짓고 스스로 되는 존재다. 인간은 이것을 의식적으로 하는 존재다. 생명과 인간은 수십억 년의 생명 진화 과정에서 낳고 죽는 일을 되풀이하면서 스스로 하고 되면서 자기를 짓고 자기가 되어온 존재다. 크게 보면 아메바가 사람으로 되었으니 얼마나 크게 바뀌고 새롭게 되고 크고 높아졌는가? 생명 진화 과정 전체를 돌이켜 보면 아메바에서 사람으로 생명의 진화가 이루어진 것이니 방향과 목적이 없다고 할 수 없다. 아메바가 꿈틀거리다 보니 우연히 사람이 되었다고만 말할 수 없다. 자연과 학자들은 물질적 사실적 변화의 인과관계만을 논의하기 때문에 생명 진화의 목적과 방향을 말하기 어렵다. 실제로 아메바가 꿈틀거릴 때 사람이 되려는 목적과 의식을 가지고 일정한 방향으로 움직였다고 생각할 수는 없다. 그러나 생명 전체의 자리에서 생명 진화 과정을 돌이켜 보면 아메바서 사람이 되는 생명 진화의 역사 전체에는 목적과 방향이 있었다고 말하지 않을 수 없다. 모든 생명은 의식과 의욕을 가진 것이고 의식과 의지와 의욕을 가진 생명은 목적과 방향을 가진 존재다.

인간은 생명 진화 과정을 압축해서 씨올로 품고 있으며 몸과 맘 속에서 그 과정을 되풀이하는 존재다. 인간과 인성은 생명 진화 전체의 목적과 방향을 실현하고 완성하는 사명과 책임을 가진 존재다. 인성교육은 생명 진화 과정 전체에 대한 성찰과 자각, 책임과 사명을 일깨우고 실현하는 일이다. 인성교육의 정신과 철학은 주체의 깊이와 자유에서 전체의 하나 됨에 이름으로써 생명 진화 과정을 완성하는 생명철학이다. 생명의 주체적 깊이와 자유에 이르지 않으면, 인성교육을 할 수 없다. 생명의 주체와 전체를 긍정하고 받드는 사랑의 자리에 이르지 않으면 인성교육은 이루어질 수 없다. 부모의 본능인 자녀사랑은 모호하고 맹목적이지만 생명에 대한 구체적이면서 전체적인 사랑이다. 부모의 사랑 속에 담긴 희생과 헌신은 생명 진화의 동력과 원리를 드러내고 실현하는 씨올의 삶을 나타낸다. 인성교육의 정신과 철학은 생명의 주체와 전체를 함께 실현하고 새 생명을 낳기 위해서 자신을 희생하고 헌신하는 씨올의 정신과 철학, 주체와 전체를 실현하는 생명철학이다.

II. 서구의 교육철학에 대한 반성

씨올생명철학에 비추어 기존의 교육철학을 반성하고 21세기 민주화 과학기술화 세계화 시대의 인성교육의 철학을 생각해보자. 한국 사회는 서구 사회가 앞장서 이룩한 자본과 과학기술 중심의 근대화를 충실히 따라왔다. 이에 따라 학교는 생존경쟁과 지식 중심의 교육을 하고 있다. 한국교육은 서구의 교육철학과 이론을 일방적으로 추종하고 있다. 한국의 교육현장은 인성교육이 제대로 이루어지지 않을 뿐 아니라 인성교육을 할 수 없는 지경에 이르고 있다. 교육현장에서 '교육 불가능'의 소리가 나올 만큼 교육의 파행과 위기에 대한 문제의식이 높아졌다. 정부와 국회에서 인성교육을 촉진하는 법을 제정해야 할 만큼 교육은 근본적인 어려움을 안고 있다. 한국의 교육이 학생들의 학력을 높이는 데는 상당한 정도로 성공을 거두었으나 학생들의 인성과 인격, 품성과 품격을 닦아내고 높이는 데는 거의 성과를 내지 못하고 있다.

인성교육이 이루어지려면 자본과 기술 중심의 사회에서 생명과 인간 중심의 사회로 바뀌어야 하고 교육의 철학도 자본과 기술 중심 사회를 위한 인재양성의 교육철학에서 생명과 인성 중심의 교육철학으로 바뀌어야 한다. 학교에서 인성교육을 하려면 먼저 서구에서 일방적으로 수입한 교육철학과 이론에 대한 진지한 비판과 대안을 모색해야 한다. 인간과 인성에 대한 생명철학적 이해를 바탕으로 서양의 교육철학과 이론에 대해 반성하고 비판한 다음 씨올 생명의 교육철학과 정신을 밝혀 보려고 한다.

1. 그리스의 교육철학: 이성의 기능과 역량의 강화

이성의 기능과 역량의 강화

자연과학철학과 이성(로고스)철학의 전통을 가진 그리스 사회의 교육목적은 인간의 로고스적 본성과 능력을 끌어내서 우주와 국가의 로고스적 체계와 이념에 적합한 인간을 기르고 만들어내는 것이다. 그리스인들은 하늘을 제거하고 인간의 이성을 중심으로 인간과 국가와 우주를 이해했다. 이들에게 이성은 생각과 인식의 주체와 원리일 뿐 아니라 존재와 생명의 본성과 실체였다. 따라서 그리스 철학자들은 존재와 앎과 행함은 근원적으로 이성적인 것이며 연속적이고 일치하는 것으로 생각했다. 존재도 앎도 행동도 모두 이성적인 것이고 또 이성적인 것이어야 한다. 영어로 교육은 education 인데 이것은 라틴어 educare에서 온 말이다. educare는 '이끌어내다', '이끌다'는 뜻을 가진 말이다. 인간과 국가의 로고스적 일치에 이르기 위해서는 인간의 로고스적 본성(이성)에서 로고스적 본질과 이치와 능력을 이끌어내야 한다. 교육은 인간의 내적인 로고스적 본성에서 로고스적 본질과 이치와 능력을 이끌어내는 일이다.

또 영어로 교육은 pedagogy인데 이것은 그리스어 paidagog(paidos agogos, 소년의 길잡이)에서 온 말이다. 이 말은 '어린 소년을 집에서 학교까지 데리고 갔다가 데려오는 노예'를 나타낸다. 고대 그리스에서 지식을 지닌 노예가 파이다고그 노릇을 했다. 이것은 말그대로 주인집 도령을 모시고 다니는 길잡이다. 노예 교사 파이다고그에서 서양의 교육, 교육학을 나타내는 말이 나온 것은 매우 시사적이다. 파이다고그가 청소년 교육에서 매우 중요한 구실을 했다는 것을 알 수 있다. 이민족에 대한 정복과 지배를 추구한 그리스 사회가 노예에게 아이들의 교육을 맡겼다는 것은 교육의 의미와 교사의 지위가 어떠했는지 헤아리게 한다. 그리스인들에게 교육은 기능과 능력을 기르고 쌓는 일이었을 뿐 인성과 품격을 높이고 참 나를 찾는 종교 도덕의 일이 아니었다. 교육은 지식과 능력, 기능과 역량(아레테)을 강화해서 사회의 유능한 지도자, 능력자를 기르는 일이다.

인간과 인성을 이성의 관점에서만 본 그리스의 교육철학은 근본적인 한계를 안고 있다. 인간의 감각과 이성은 존재 그 자체를 볼 수 없을 뿐 아니라 생명과 인간의 주체와 전체를 보기 어렵다. 이성은 인식 대상을 대상화하고 타자화함으로써 인식 대상의 생명적 영적 주체와 전체를 왜곡하고 무시한다. 더 나아가서 이성은 인식주체인 자신마저도 인식주체와 대상으로 끊임없이 분열시킴으로써 생명과 정신의 주체(영혼)를 바로 세우지 못한다. 이성에 근거한 교육철학은 인간과 인성에 대한 설명과 비판은 할 수 있어도 생명과 정신의 주체와 전체를 드러내고 실현하고 완성하는 인성교육에 이르기 어렵다.

education과 pedagogy에 대한 비판

서구의 교육정신과 이론에는 education과 pedagogy로서의 교육 개념이 반영되어 있다. education은 안에서 밖으로 이끌어낸다는 의미를 지닌 말이다. education으로서의 교육은 인간의 내면에 있는 본성, 본질, 능력, 역량, 잠재력을 이끌어내는 것이다. 이것은 절반만 옳은 교육관이다. 사람을 기르는 교육은 인간에게 무엇인가를, 지식과 정보와 기술 같은 것을 주입하고 채워 넣는 것이 아니라는 점에서 '이끌어냄'으로서의 교육관은 옳다. 그러나 인간은 스스로 하고 스스로 되는 존재다. 인간의 무한한 잠재력과 가능성은 인간의 내면에 완결되어 주어져 있는 것이 아니다. 인간의 본성 속에 있는 잠재력과 가능성을 주어진 물건이나 사실처럼 이끌어낼 수 없다. 인간의 가능성과 잠재력은 주어진 물건이나 자료처럼 끌어내는 것이 아니라는 점에서는 '이끌어냄'이라는 교육관은 옳지 않다. 인성교육은 스스로 하고 스스로 되게 하는 교육이다. 특히 몸과 맘, 뇌신경과 구조가 새롭게 형성되고 자라는 어린이의 경우는 매우 유연하고 예민한 존재이므로 스스로 하고 스스로 되도록 교육자들이 조심스럽게 접근해야 한다. 지극정성을 다해서 따뜻하고 밝은 사랑으로 좋은 자극과 격려를 주는 일이 어린이 교육에서 필요하다. 잠재력과 가능성을 이끌어내려는 조기교육이나 주입식교육으로 어린이의 몸과 맘에 해를 끼치거나 나쁜 영향을 주지 않도록 조심해야 한다.

생명과 정신의 잠재력과 가능성은 씨올이 스스로 싹트고 자라듯이 스스로 깨닫고 발견하여 스스로 하고 스스로 되어가는 과정에서 실현되고 고양되는 것이다. 특히 어린이는 새롭게 형성되고 변화하는 존재이다. 어린이는 스스로 되고 스스로 하는 존재다. 어린이는 스스로 되고 스스로 하는 존재이므로 교육은 어린이의 속에서 생명과 정신이 스스로 자라고, 스스로 크고 고양되게 하는 일이다. 기르는 일로서 교육은 스스로 자라고 스스로 커지게 하는 일이다. 인성은 '하는' 것이고 '되는' 것이다. 인성교육은 인간의 생명과 정신이 '하고 되도록' 돕는 일이고 인간이 스스로 '하고 되게' 이끄는 일이다. 인성교육을 하는 교사는 스스로 하고 스스로 되도록 가리키는 길잡이가 될 뿐이다.

어린이의 길잡이 노예 교육(pedagogy)도 절반만 옳은 것이다. 노예가 주인집 도령을 섬기듯이 학생이 삶의 주인과 주체가 되도록 섬기고 받든다는 점에서 노예 교사의 교육은 옳은 것이다. 교육의 대상인 인간과 인성은 결코 물건이나 대상이 아니라 생명과 역사(사회)의 주체이고 주인이다. 인간과 인성이 스스로 주체와 주인이 되도록 이끌고 돕는 교육이 되려면 교사는 마치 주인을 섬기는 노예처럼 지극정성을 다해서 받들고 섬기는 자세로 교육해야 한다. 그러나 교육의 주체인 교사가 노예라면 교육의 의미와 가치, 교사의 신분과 지위가 낮고 보잘 것 없는 일로 될 수 있다. 노예가 가르치는 교육은 가르치는 자와 배우는 자가 인격적으로 자유로운 주체로서 서로 '참 나'(참 사람)가 되는 교육이 될 수 없다. 노예 교사의 교육은 기능적이고 기술적인 일로 전락될 수 있다. 학생의 기능과 역량을 강화하는 기술적인 교육이라면 노예가 가르칠 수 있다.

그러나 생명과 정신의 주체와 주인인 인간을 참된 주인과 주체로 만들고 가르치는 인성교육은 가르치는 이와 배우는 이가 인격적 신뢰와 사귐 속에서 함께 참 사람이 되는 교육이다. 가르치는 이와 배우는 이가 함께 참 사람이 되는 교육은 노예가 맡을 수 있는 일이 아니다. 참 인격과 자유를 가진 어른만이 사랑과 헌신으로 받들어 섬기며 가르칠 수 있고 삶과 역사의 주인과 주체로 되게 할 수 있다. 노예가 어떻게 주인과 주체가 되는 길을 알아서 주인과 주체가 되는 길로 이끌 수 있겠는가? 인간교육에서 일차적인 것은 주체와 주인이 되게 하는 인성교육이며 지식과 기능 교육은 이차적인 것이다. 노예 교사나 직업적인 삯군 교사는 지식과 기능 교육은 할 수 있어도 더불어 사람이 되는 인성교육은 할 수 없다.

교육은 부모가 하는 일이고 학교와 사회가 하는 일이면서 부모, 학교, 사회의 일로 한정되지 않는다. 어린이가 몸과 맘과 얼이 크고 자라고 성숙해지는 일은 부모, 교사, 사회가 도울 수는 있지만 어린이가 스스로 하고 스스로 되는 일이다. 더 깊이 생각해 보면 어린이가 스스로 자라고 크는 일은 하늘과 땅이 우주 자연의 대생명이 하는 일이며 하나님의 일이다. 어린이의 몸과 맘이 자라고 크는 일을 누가 해줄 수 있는가? 어린이 스스로 하고 스스로 되는 일이면서 어린이 속에서 하늘과 땅이, 자연 생명이 하나님이 하시게 해야 한다. 교육은 우주 대자연과 하나님이 하는 거룩한 일이다. 부모와 교사는 어린이를 가르치고 기를 때 겸허하게 정성을 다해서 섬기는 맘으로 해야 한다. 겸허하게 받들어 섬기는 맘으로 해야 한다는 점에서 노예교육과 일맥상통하지만 하나님과 천지 부모의 거룩한 일을 돕고 그 일에 참여한다는 점에서 노예의 정신과 자세로는 결코 할 수 없는 일이다. 하늘, 하나님의 자유로운 얼과 정신을 가진 자유로운 사람만이 부모와 교사 노릇을 할 수 있다. 하나님의 아들 예수는 참된 스승이었다. 그는 섬기러 왔다고 선언하고 짓밟히고 고통당하는 사람들의 몸, 맘, 얼을 일으켜 세워 하늘나라로 이끌었다. 하늘나라는 몸, 맘, 얼의 인성이 실현되고 완성되는 나라다. 하늘의 자유를 가진 사람만이 남을 섬기고 남의 인성이 자유롭게 실현되게 할 수 있다.

2. 기독교적 인성교육: 죽음과 신생을 통한 인성의 창조와 형성

히브리종교와 기독교는 인간과 국가의 근본적인 변화와 쇄신을 추구하였다. 낡고 불의한 국가 질서는 철저한 심판을 받고 완전히 새로운 나라가 세워져야 하며 인간과 인성은 죽고 다시 태어나야 한다. 히브리종교와 기독교가 강조한 회개(메타노이아)는 근본적인 전환을 뜻하며 죽고 다시 나는 신생(新生: 거듭 남)으로 이어진다. 이들은 혁신과 창조의 근본적인 새로움을 추구했기 때문에 주어진 것(본성과 역량)을 이끌어내고 발달시키는 데는 힘을 쓰지 않았다. 이점에서 기독교는 주어진 본성의 가능성과 잠재성을 개발하고 육성하는 그리스적 의미의 교육을 추구하지 않았다.

죽고 다시 태어나는 신생을 추구한 기독교 신앙은 인성의 근본적인 혁신과 창조를 추구했다. 죽고 다시 태어남을 강조한다는 점에서 기독교 신앙은 죽음을 통해서 진화와 신생의 길을 걸어온 생명(씨울)의 진실과 닿아 있다. 생명은 본래 죽고 낳는 과정을 통해서 진화 발전해 왔다. 기독교는 십자가의 고난과 죽음을 통한 부활을 말한다. 죽고 다시 태어나는 부활신앙은 창조와 은총의 신앙이다. 그것은 인과응보와 율법의 모든 속박과 제약을 넘어서 흘러넘치는 은총으로 불의한 인간을 정화하고 죽은 인간을 새롭게 창조하는 하나님에 대한 신앙이다. 십자가 죽음과 부활 신앙은 철저한 자기부정과 초월의 신앙이다. 죽고 거듭나려면 나의 전 존재가 죽고 다시 살아나야 한다. 죽음을 각오한 사람은 철저히 자기를 버리고 비운 사람이다. 자기를 부정하고 초월한 사람, 철저히 죽고 다시 태어나는 사람, 철저히 자기를 버리고 비운 사람에게 남은 것은 하늘의 없음과 빔뿐이다. 하늘의 없음과 빔밖에 없는 사람에게 필요한 것은 신의 은총과 창조뿐이다. 은총과 창조의 신앙을 교리적으로만 주장하면 스스로 하고 스스로 되는 주체와 전체를 강조하는 생명철학과의 접촉점을 가질 수 없다. 교리체계와 교리적 사고 속에서는 참으로 내가 죽고 다시 사는 일이 일어나지 않는다. 실제로 나의 생명이 전체 생명의 씨올로서 죽고 다시 살아나는 자리는 생명 진화와 천지인 합일이 일어나는 나의 구체적인 삶 속에 있고 나의 몸, 맘, 얼 속의 속에 있다. 생명 진화와 천지인 합일의 생명철학적 틀 안에서 이해하면 신의 은총과 창조는 인간 생명의 인격적 깊이와 초월적 전체(관계)를 드러낸다. 인간의 죽음과 신생, 하나님의 은총과 창조는 생명 진화와 천지인 합일이 일어나는 인간의 몸, 맘, 얼 속에서 그리고 역사·사회의 구체적인 삶 속에서 새롭게 이해되어야 한다. 신의 은총과 창조는 인간과 신의 생명적 관계와 역동적 진화적 관계를 드러낸다.

제국의 압제 아래 종살이한 히브리인들은 종살이에서 벗어나 자유롭고 주체적인 참 나를 추구했다. 히브리 성경에서는 모든 사람이 저마다 제 이름을 가지고 있다. 사람은 누구나 하나님과의 관계 속에서 자기를 이해했다. 불의와 폭력의 현장에서 히브리인들이 정의와 사랑의 하나님을 부른 것은 생명의 깊이와 높이를 드러내고 정의와 사랑을 추구한 것이다. 하나님을 부름은 하나님과의 인격적 친밀한 사귐 속으로 들어가는 일이다. 하나님과 긴밀한 인격적 관계 속에 있으면 '내'가 또렷해지며 주체로 존중된다. 이집트에서 종살이하는 이스라엘 백성에게 하나님은 "나는 나다!"라고 선언한다. 하나님은 참되고 영원한 '나'다. 하나님의 '나'는 사사로운 고립된 개체의 나가 아니라 주체와 전체를 해방하는 사랑과 정의의 나, 전체의 나, 신령한 나다. 하나님의 나는 인간의 나를 육체적인 나, 심리적인 나에서 영적인 나로 바꾼다. 인간 생명의 나를 영적 신적 나로 바꾼다는 점에서 히브리 기독교 신앙은 생명의 물질 신체적 차원을 넘어서 감정 심리 의식적 차원을 넘어서 얼과 혼, 영과 신의 차원으로 들어간다.

죽음과 신생에 대한 기독교 신앙은 역사와 사회의 구체적 현실에서 생명과 인간의 본성을 온전히 드러내고 실현하고 완성하게 한다. 기독교 신앙을 통해서 인간은 역사의 갈등과 대립, 불의와 부패, 죄와 악, 전쟁과 죽음에서 정의와 사랑, 생명과 평화로 나아간다. 신과 인간의 간격, 질적 차이를 강조함으로써 기독교 신앙은 인간과 신, 인간과 인간, 인간과 자연의 만남, 관계, 공동체를 구체적이고 현실적으로 깊이 논의하고 실현할 수 있게 한다. 죄인의 회개와 새인간의 탄생을 말함으로써 기독교 신앙은 인성교육의 철저하고 궁극적인 차원을 드러내고 인성교육에 그 깊이와 높이를 부여한다. 생명 진화의 역사가 보여주듯이 생명은 죽음과 신생을 통해서 진화와 고양의 길을 걸어왔다. 낯선 초월적 타자인 신과의 만남을 강조하고 십자가의 죽음과 부활을 말함으로써 기독교 신앙은 생명 진화 과정에서 일어나는 죽음과 신생에 영적 깊이와 높이를 부여했다.

그러나 이런 하나님 신앙은 남이 주입하거나 가르칠 수 있는 것이 아니다. 스스로 자기를 깨트려서 자기를 초월하고 새롭게 태어나는 삶의 체험을 스스로 해야 이런 하나님 신앙에 이를 수 있다. 기본적으로 스스로 체험하고 스스로 깨닫고 스스로 믿음에 이르러야 한다. 남이 할 수 있는 것은 다만 신앙을 증거하고 이야기함으로써 안내하고 가리킬 뿐이다. 자기를 부정하고 초월함으로써 새로운 삶에 이르는 기독교의 신앙교육은 자신의 이성적 본성을 이끌어내고 단련시키는 그리스의 교육과는 다른 것이다. 또한 재능이나 기능적 역량을 강화하고 개발하는 교육과도 다르다. 죽고 다시 태어나는 신앙교육은 가르치거나 안내할 수 없고 죽고 다시 태어나는 신앙의 사건과 길을 가리키고 모범을 보일 뿐이다. 신앙교육은 훈련하거나 단련할 수 있는 것이 아니라 스스로 자신을 돌아보고 가던 길을 버리고 스스로 새로운 길로 나아가는 것이며 스스로 자기를 깨트리고 부정하고 초월함으로써 새로운 존재와 삶의 차원으로 들어서는 것이다. 이런 신앙교육은 깊은 체험과 깨달음, 높은 인격과 통찰력을 가지고 맑은 지성과 높은 영성을 지닌 사람들과의 만남과 사귐을 통해서 그리고 그들의 모범과 실천을 통해서 자극받고 고취되는 방식으로 이루어져야 한다.

죽음을 넘어 신생과 부활에 이르는 기독교 신앙은 구체적이고 깊이가 있지만 인간과 인성, 생명과 우주에 대한 이성적 설명과 이해가 부족하다. 깊은 신앙과 열정, 헌신적 행동과 실천이 있지만 자신과 세상을 깊이 파고드는 생각이 부족하다. 또한 히브리 기독교 정신에는 스스로 하는 주체의 깊이와 큰 전체의 일치에 이르는 통합적 성찰, 포용적 사유가 부족하다. 인성교육을 위해서는 인간과 인성, 생명과 우주에 대한 깊은 성찰과 이해가 요구되고 통합적 포용적 사유와 품이 요구된다. 예수는 깊이 생각하고 체험한 것을 가르치고 실행했지만 아주 짧은 기간 공적 활동을 하고 비참한 죽음을 맞음으로써 체계적이고 종합적인 인성교육의 내용과 방법을 제시하지는 못했다. 다행히 예수가 파악한 히브리 기독교의 가장 중요한 가르침은 생각의 깊이와 포용적 품에 이를 수 있는 단초를 제공한다.

마가복음 12장 30-31절에서 예수는 가장 크고 중요한 하나님의 계명을 "네 마음을 다하고, 네 목숨을 다하고, 네 뜻을 다하고, 네 힘을 다하여, 주 너의 하나님을 사랑하여라. 네 이웃을 네 몸 같이 사랑하여라"고 제시하였다. 이것은 신명기 6장 5절과 레위기 19장 18절을 결합한 것이다. 이 가르침에는 인간 주체의 깊이와 생명의 모든 차원이 포괄되어 있다. '네' 마음, '네' 목숨, '네' 뜻, '네' 힘을 다하라고 거듭거듭 '너'를 강조한 것은 주체의 자발성과 헌신성을 최대한 강조한 것이다. '나' 스스로 나의 마음, 목숨, 뜻, 힘을 다하면 생각과 삶과 행동이 깊어지지 않을 수 없다. 마음, 목숨, 뜻, 힘, 몸을 말한 것은 생명의 모든 차원을 포함시킨 것이다. 마음, 목숨, 뜻, 힘, 몸을 인간의 중요한 차원과 주체로 봄으로써 생명의 주체적 차원과 전체적 차원이 결합되었다. 예수의 사랑은 인성의 가장 깊고 높은 주체적 차원과 생명과 인성의 모든 부분을 아우르는 전체적 차원이 다 함께 참여하는 사랑이다. 예수의 사랑에서는 주체와 전체의 일치가 가장 깊고 뚜렷이 드러난다. '네 이웃을 네 몸 같이 사랑하라'는 이웃사랑은 '내' 몸이 참여하는 자발적이고 헌신적인 주체적 사랑이면서 나와 이웃을 한 몸이 되게 하고 나의 몸으로 남의 몸과 마음을 헤아려보고 서로 입장을 바꿔 생각하는 포용적인 사랑이다. 몸, 마음, 목숨, 뜻, 힘을 다하는 자발적이고 헌신적이고 주체적인 사랑을 통해서 하나님 관계와 이웃 관계를 실현하라는 예수의 가르침은 주체의 자발성과 헌신성을 가지고 온전한 상생과 공존의 생명공동체인 하나님 나라에 이르는 길을 열어 보인다.

3. 서양 근현대의 교육철학 비판

자연과학적 이성주의 연구 교육 모델의 확립

중세 서양에서 국가권력과 기독교의 야합이 이루어졌다. 기독교가 지배한 중세의 철학에서 신앙과 이성이 결합되고 교리(신앙, 성경)가 이성을 지배했다. 이성은 제구실을 못하고 지성과 양심은 어둠 속에 빠졌다. 과학기술에 근거한 산업혁명과 함께 시작된 계몽주의 시대의 과학자들과 철학자들은 이성을 앞세우며 기독교 교리를 배척하고 구약성경(유대교)을 무지와 미신으로 매도했다. 이들은 그리스와 그리스철학을 찬양하고 이상화하면서 유대교와 구약성경을 비난하고 제거했다. 프로이센의 교육부장관을 역임한 빌헬름 훔볼트(Wilhelm von Humboldt)는 고대 그리스인들을 초인(超人)과 이상(理想)으로 높이면서 수학과 자연과학을 바탕으로 연구하고 교육하는 대학의 모델을 확립했다. 이로써 역사와 종교도 수학과 자연과학을 바탕으로 연구하는 전통이 확립되었고 독일의 이러한 연구 중심 대학 모델이 유럽을 넘어서 미국과 일본의 고등교육 표준으로 자리잡았다.[34] 한국의 연구교육 모델은 이런 과학적 이성주의 연구 교육 모델을 그대로 받아들인 것이다.

과학기술이 발달하고 산업혁명이 일어나고 자본주의 시장경제가 크게 확장된 서양의 근현대를 주도한 것은 이성주의 철학이다. 그리스시대의 이성주의는 인간의 본성인 이성이 국가사회와 자연과 우주의 본성임을 내세웠으므로 물질과 생명과 인간의 이성적 본성에 대한 형이상학적이고 보편적인 사유와 논의가 가능했다. 그러나 근현대의 자연과학적 이성주의는 인간만을 이성적 인식의 주체로 보고 자연과 사물(변화와 운동의 원리와 법칙)을 이성적 인식의 대상과 타자로, 인간생활의 도구와 수단으로 파악했다. 인간의 이성적 주체를 제외하고 다른 모든 존재를 대상화하고 수단화하였다. 자연과 우주와 다른 인간에 대한 이성적 인식은 지배와 정복을 의미했다. 대상에 대한 이성적 주체의 지식은 대상을 정복하고 지배하며 이용하고 수탈하는 힘이다. 대상에 대한 이성적 인식은 대상에 대한 지배와 수탈을 의미할 뿐 대상과 주체의 교감과 소통의 관계를 허락하지 않았다. 대상화하고 타자화하는 이성의 인식은 사실과 사물의 인과관계를 확인할 뿐 존재와 생명의 깊이와 전체를 드러내지 못한다.

계산과 논리, 지식과 사실만 존중하는 현대 이성주의 철학은 생명과 정신을 논리와 계산과 측정의 대상으로 관찰과 실험의 대상으로 볼 뿐 주체와 전체로 보지 못한다. 인간의 심리와 성격도 물질적 조건과 자극, 본능적 충동과 욕구에 따라 기계적으로 작동하고 행

---

34 하조니, 『구약성서로 철학하기』, 32-37.

동하는 것으로 파악된다. 현대의 이성주의 교육은 인간과 인성을 기계적이고 계산적으로 측정하고 움직일 수 있다고 보기 때문에 지식을 주입시키고 기능과 역량을 개발하는 교육에 집중한다.[35] 마치 컴퓨터에 많은 지식을 주입시키고 기능과 성능을 높이면 좋은 능력과 성과를 내듯이 사람도 많은 지식을 주입시키고 기능과 역량을 강화하면 높은 성능을 발휘할 수 있다고 본 것이다. 인간과 인성을 기계로 보는 현대의 과학주의 철학을 따르는 교육자는 교육자의 의도와 계획에 따라 교육대상자의 인성과 능력을 변화 발전시킬 수 있다고 본다. 이들에게 교육은 인성의 발달단계에 따라 인성을 의도적이고 계획적으로 변화시키는 일이다. 이것은 인간을 생명과 영(주체와 전체)으로 보지 않고 물질적 기계적 존재(대상)로 보는 교육이다. 이런 교육에서는 도덕적이고 영적인 인간의 인격과 인성을 자라게 하고 높이는 일이 원천적으로 불가능하다. 인간을 스스로 하는 주체와 서로 살리고 높이는 인간교육, 공감과 배려의 능력을 기르고 창의와 개성을 높이는 인성교육은 처음부터 배제된다. 자본과 기술이 지배하는 현대산업사회에는 대상화, 타자화, 기계화하는 유물론적 이성주의철학과 사고방식이 깊이 배어 있다.

　그동안 자본주의 시장경제와 산업기술사회에 적합하고 필요한 인간을 양성하고 산업국가사회에 필요한 인간의 역량과 기능을 개발하기 위해서 이성주의 교육, 주입식 지식교육과 계획적이고 의도적으로 인간의 변화를 강요하는 교육이 효과적으로 보일 수 있었다. 지식과 기술을 전수하는 기술과 직업은 여전히 필요하고 중요

---

35 임재택, 『생태유아교육개론』(양서원, 2013), 61-62, 122-124.

하다. 현대 산업기술 사회에 필요한 교양과 지식을 전수하고, 계산적이고 인과적인 추론을 하는 이성적 합리적 사유 능력을 길러주는 일은 중요하다. 그러나 기술과 전문지식도 단순히 기계적이고 타율적으로 전달해서는 기술과 지식을 창조적이고 주체적으로 쓸 수 없다. 몸과 맘과 얼로 체득한 기술과 지식만이 주체적이고 창조적인 기술과 지식이 될 수 있다. 사람은 계산기가 아니고 기계가 아니다. 사람은 몸과 맘과 얼을 가진 존재다. 기술과 기계와 지식이 인간의 몸과 맘과 얼에 스며들 때 사람은 비로소 기술과 기계와 지식의 주인과 주체로서 기술과 기계와 지식을 창조적으로 효율적으로 쓸 수 있다.

근대 과학혁명을 뒷받침한 데카르트와 칸트의 이성철학은 개인의 이성적 주체와 자율을 강조했다. 베이컨과 데카르트는 자연과 사물에 대한 인간 이성의 지배와 정복을 노골적으로 내세웠다. 인식 대상을 대상화 도구화 타자화하는 인간 이성의 윤리적 문제를 자각한 칸트는 인간을 수단으로 대하지 말고 목적으로 대하라는 준칙을 제정함으로써 인간을 순수이성의 인식 대상에서 제외시켰다. 칸트가 인간을 윤리적으로 목적으로 대하라고 하였으나 칸트의 이성 중심적 사유는 인간의 몸과 욕망과 감정을 억압과 극복의 대상으로 여겼다. 그에게는 인간의 이성적 주체와 인격만이 목적으로 존중될 뿐 인간의 다른 모든 차원과 성격은 이성에 의해 억압되고 배제되었다. 철학적 인간학을 제시한 막스 셸러는 이성보다 정서적 사랑을 강조하는 인간학적 철학을 제시했으나 사랑의 감정과 이성의 관계를 통합적으로 다루지 못하였다. 인간의 몸, 맘, 얼을 주체와 전체로 다시 말해 전체를 통합하면서 주체적 깊이와 자유를 드러내는 철학을 제시하지 못하였다. 사랑의 감정을 앞세움으로써 감상적인 인간 철학에 빠진 막스 셸러는 엘리트적 영웅적 본보기를 내세웠다.36 칸트도 셸러도 합리적이며 영성적인 교육, 민주적이며 공동체적인 인성교육, 몸, 맘, 얼을 통합하는 인성교육에는 이르지 못하였다.

학생이 참여하는 생명교육의 한계

자본과 기술, 자연과학과 이성주의 철학이 지배한 근현대의 서양에서도 아동 중심의 생명철학적 교육을 강조한 교육학자들이 있었다. 장 자크 루소(Jean-Jacques Rousseau)는 아동의 성장발달이 자연법칙에 따르는 것으로 보고 자연의 순리에 따른 발달적 적합성 교육을 강조했다. 루소는 자연과 인성의 차이를 주목하지 못하고 자연에 맡기는 방임적 교육을 내세움으로써 인성교육의 철학과 방법을 제시하지 못했다.37 루소의 사상에 영향과 자극을 받아 농사와 교육의 길로 나아간 사람은 위대한 교육자 요한 페스탈로치(Johann Heinrich Pestalozzi, 1746~1827)다. '머리와 손과 가슴으로 배울 것'을 강조한 페스탈로치는 몸, 맘, 얼을 살리는 온전한 교육을 했던 근현대 교육의 귀감으로 높이 평가된다. 그는 가난한 사람들의 구원자, 고아의 아버지로서 가난한 아이들의 교육에 앞장섰다. 그는 배우는 사람의 삶의 모든 측면(aspect)이 인격과 성격과 지성을 형성하는 데

---

36 김영래, "서양 고대 및 근대 철학적 관점의 인성개념과 인성교육," 강선보 외, 『인성교육』(양서원, 2008) 152-160.

37 루소는 자신의 자녀들을 모두 고아원에 버린 것으로 악명이 높다. 이것이 자연에 맡기는 자신의 교육철학을 실행한 것이라면 무책임하고 부도덕하다.

기여한다고 보고 몸, 욕망, 감각, 감정, 지성, 영성과 같은 삶의 모든 측면을 존중했다. 그의 교육방법은 학생의 개성적 차이, 감각, 스스로 하는 활동에 근거하는 학생 중심의 교육이다. 그는 신체단련과 바깥 활동을 도덕적 지식교육과 결합시킴으로써 전인교육을 추구했다. 그는 인간의 본성이 본질적으로 선하다고 보았으며 삶의 네 영역, 가정, 학교, 사회, 종교를 교육의 핵심 요소로 파악하여 가정교육, 개인의 효용을 위한 직업과 자결 교육, 성격과 학습태도 의무감을 기르는 사회교육, 하나님 신앙교육을 강조했다.38 페스탈로치의 교육방법을 따른 스위스 학교에서 아인슈타인은 문제들을 맘속에 그려보는 과정을 익히고 '생각 실험'을 배웠다면서 페스탈로치의 교육방법을 높이 평가했다.39 페스탈로치 교육운동은 유럽 전역에 큰 영향을 미쳤으며 그의 영향과 자극을 받은 많은 교육기관들이 생겨났다. 그의 교육철학은 깊고 보편적이었으며 단순하고 소박했다. 그는 인성의 주체와 전체를 실현하고 완성하는 교육의 길을 열고 그 길로 갔으나 인성교육의 철학을 심화 발전시키고 체계화하지는 못했다. 그는 현실적 경영능력과 조직 지도력은 부족했던 것 같다. 그가 세운 교육재단은 재정난과 분열로 그의 생전에 문을 닫고 말았다.40 그의 교육철학과 정신을 온전히 계승한 기관이나 조직

---

38 Dieter, Jedan, "Theory and Practice: Johann Heinrich Pestalozzi," *Vitae Scholasticae* (1990), 115-132. Silvia, Schmid, "Pestalozzi's Spheres of Life," *Journal of the Midwest History of Education Society* (1997), 143~146.

39 Walter Isaacson, *Einstein: His Life and Universe* (New York, NY: Simon & Schuster, 2007), 65.

40 John Alfred Green, *The Educational Ideas of Pestalozzi* (WB Clive, 1905), 67-68.

은 없었던 셈이다.

페스탈로치의 교육정신과 운동에 자극을 받은 위대한 교육사상
가는 프리드리히 프뢰벨(Friedrich Wilhelm August Fröbel, 1782~1852)이
다. 청년 시절에 페스탈로치의 교육활동에 참여했던 그는 페스탈로
치의 교육원리와 실천을 받아들여 교육철학을 발전시켰으며 활발
하게 교육운동을 벌였다. 셸링과 같은 낭만주의 철학의 영향을 받
은 프뢰벨은 자연과 인간과 우주와 신을 조화와 통일 속에서 보는
교육철학과 방법을 제시했다. 그는 자연만물과 인간과 우주가 원을
그리며 조화롭게 존재하고 운동한다고 보고 개인이 내적으로 조화
와 통일을 이룰 뿐 아니라 우주 전체의 조화와 통일에 이름으로써
신성을 회복할 수 있다고 생각했다. 그는 학습에서 어린이의 활동
이 중요하다고 보았으며 자유 작업과 놀이(원형놀이)를 중시했고 노
래하고, 춤추고, 정원 가꾸는 일을 학습에 포함시켰다. 자연과 인간
과 우주와 신의 조화와 통일 속에서 학생의 자유로운 작업과 놀이
를 강조했던 그의 교육사상과 교육운동은 유럽에서 큰 영향을 미쳤
다. 그러나 그의 교육철학은 인간과 만물을 원운동의 통일과 조화
속에서 보는 낭만적이고 이상적인 철학의 틀에서 벗어나지 못했
다.[41] 프뢰벨은 주체의 깊이와 자유에서 고난과 죽음을 통해 전체의
하나 됨에 이르는 진화와 신생의 역동적인 생명철학적 인성교육에
이르지 못했다.

20세기에 가장 큰 영향을 미친 교육철학자는 존 듀이(John Dewey,
1859~1952)다. 그의 철학은 실용주의(pragmatism), 도구주의(instrumental

---

41 프뢰벨은 신을 영원한 통일의 법칙으로 보고 신의 영원한 법칙을 공의 원리와 같은
   것으로 보았다. 조성자, 『유아교육의 역사와 철학적 이해』(창지자, 2015), 175-178.

-ism), 결과주의(consequentialism)로 규정된다.[42] 그의 교육철학은 매우 현실적이고 경험적이고 실용적이다. 그에 따르면 학교는 사회개혁을 일으키는 사회기관이고 교육은 사회개혁을 위한 도구다. 교육의 목적은 지식이나 기술의 습득보다 자신의 능력을 충분히 사용할 수 있게 하는 것이다. 교육은 자신이 가진 잠재력을 실현하고 더 큰 선을 위해 기술을 사용할 능력을 기르는 것이다. 따라서 학생이 학습에 참여하는 것이 중요하지만 교육에서 교사의 책임과 구실도 중요하다. 교사의 지식 전달과 학생의 학습 경험이 균형을 이루고 학생과 학과가 교육과정의 중요한 요소로 존중된다. 교육은 비판적 상호주체적 토론을 통해서 사회적 진리에 이르는 반성적 자율적 윤리적 인간을 길러내는 것이다. 교사는 학생의 지적 수준을 높임으로써 사회진보를 이루기 위한 심리 사회적 선을 만들 책임을 가지고 있다. 사회봉사를 위한 일꾼으로서 교사는 수많은 직업들과 상황들에서 지혜롭고 효율적으로 행동할 시민들의 기술(skill), 능력, 성격을 양성할 책임을 가진 존재다. 지적이고 도덕적으로 생각하고 행동하고 행위 할 수 있는 시민들로 민주공동체가 구성되도록 학생들의 지성, 기술, 성격을 기르는 것이 교사의 일이다.[43] 무신론자로서 듀이는 자연과 자연과학이 인간의 선을 위해 기꺼이 쓰임으로써 인간의 삶을 확장하는 것 이상의 관심을 갖지 않았다. 그는 인간 경험의 영적 요소를 등한시했고 자연 생명 세계를 중시하지 않았다.

---

42 John Dewey, *Logic: The Theory of Inquiry* (NY: Holt, Rinehart, and Winston, 1938), iv.

43 J. Dewey, "The teacher and the public," in D.J. Simpson & S.F. Stack (eds.), *Teachers, Leaders and Schools: Essays by John Dewey* (Carbonale, IL: Southern Illinois University Press, 2010), 241-242.

그의 교육철학에서는 인성의 주체와 전체가 온전히 드러나지 않고 인간의 얼과 혼을 위한 하늘의 깊이와 자유가 없다. 그의 교육철학에는 돈과 기계, 권력과 부에 기초한 산업국가 문명을 자유와 평등, 정의와 평화의 세계로 개혁하고 전진시킬 영적 힘과 전망이 결여되어 있다.

오늘날 서구의 교육사상과 방법은 주로 심리학자 에릭슨(E.H. Erikson)의 의식적 자아의 발달단계, 피아제(Jean Piaget)의 인지 발달단계, 콜버그(Lawrence Kohlberg)의 도덕적 관습 발달단계 이론에 근거한다.[44] 아동의 발달단계를 강조하는 교육 사상들은 아동중심의 교육을 강조하지만 인성의 주체와 전체를 실현하는 인성교육으로는 큰 문제를 안고 있다. 이런 이론들은 모두 인간(유아)의 생명과 인성의 한 측면에서 인간의 발달단계를 설정하고 교육의 이론과 방법을 만들고 있다. 그러나 인간 특히 유아는 의식적 자아만을 가지고 있는 존재가 아니다. 더욱이 유아의 인성 발달과정에서는 인지의 발달만 이루어지는 것이 아니다. 또한 도덕적 의식과 관습만으로 유아의 인성의 발달을 이해하고 설명하는 것도 온당하지 않다. 유아의 생명은 몸과 몸의 욕구와 감각, 느낌이 훨씬 중요하다. 유아기는 말과 생각, 얼과 혼이 싹트고 시작되는 때이므로 몸과 맘과 얼의 총체적 변화와 각성이 중요하다. 어린이의 몸과 맘은 부분적으로 발달하지 않고 전체적으로 발달한다. 어린이의 부분적 발달단계에 맞춘 인지교육이나 도덕교육은 어린이의 인성이 깊고 자유롭고 전체적으로 발달하도록 도울 수 없다. 어린이의 뇌 발달과 심리 발

---

44 임재택, 『생태유아교육개론』, 201-202.

달과정을 무시한 조기교육은 유아의 인성을 망치고, 감정과 심리와 얼을 병들게 한다. 유아기는 물성(몸)과 본능과 감정과 의지와 생각과 지성과 영성이 싹트고 꽃이 피는 때다. 유아의 인성에 대한 우주적이고 생명적이고 영성적인 이해가 요구된다. 어린이는 하늘과 땅 사이에서 충분히 자유롭고 놀고 노래하고 춤추면서 사랑과 평화 속에서 느끼고 관찰하고 생각하고 깨닫게 해야 한다.

자본과 기술의 지배에 굴복한 실존철학과 포스트모더니즘

1, 2차 세계대전으로 수천만 명이 죽고 수백만 명의 유대인을 학살한 서구문명은 도덕과 종교의 권위를 잃고 정신적 도덕적 파탄에 빠졌다. 자본과 권력과 과학기술이 지배하는 국가주의 문명이 인간을 획일화·평면화하고 세계전쟁과 학살극을 초래하였다. 이에 대한 반동으로 인간의 주체적 의지와 자유에 충실한 실존주의 철학이 유행했다. 실존주의 철학은 모든 것을 개념화·획일화하는 이성주의의 관념 철학을 비판하고 지금 여기의 삶과 자신에게 충실하고 진실하게 결단하고 행동할 것을 촉구하였다. 역사와 사회, 문화와 전통, 몸의 본능과 감정을 초월해서 오직 나 자신의 의지의 자유를 충실히 실현하려고 하였다. 실존주의 철학이 주체의 깊이와 자유에 이르려는 진지한 시도인 것은 분명하다. 그러나 실존철학은 인간의 삶을 생명 진화와 천지인 합일의 통합적인 관점에서 보지 못한다. 인간은 의지의 자유만을 가진 존재가 아니라 욕망과 감정을 가진 존재이고, 역사와 전통 속에서 많은 사람들과 더불어 사는 사회·역사적 존재다. 실존철학은 인간의 주체와 의지의 자유에 대한 충실

한 성찰이지만 인간존재의 중층적이고 다차원적인 진실을 충족시키지 못했다. 인간의 욕망과 감정, 영과 신, 사회문화적 전통과 공동체적 관계를 소홀히 한 실존철학은 오래 지속될 수 없었다.

자본주의 시장의 소비경제와 과학기술, 컴퓨터와 인공지능, 인터넷과 동영상이 주도하는 도시산업사회는 물질·기계적 즉흥·평면적 삶을 강요하고 인간의 실존적 자유와 의지, 정체성과 진실성을 배제시켰다. 돈과 기계, 기술과 욕망, 복사품과 복제품이 판치는 세상에서 진정성과 정체성, 궁극성과 진지성은 설 자리가 없다. 돈과 기계, 상품과 복제품이 지배하는 세상에서 하늘의 영성과 함께 실존의 진정성은 제거되었다. 돈과 기계가 지배하는 평면적 세계에서는 계산적 합리성과 기계적 효율성이 요구될 뿐 생명과 정신의 가치와 의미에 대한 관심은 사라지거나 약화되었다.

실존주의가 돈과 기계가 지배하는 평면세계서 밀려나자 포스트모더니즘 철학이 나왔다. 포스트모더니즘 철학은 국가이념과 체제의 이성주의적 획일성과 전체성에 저항했지만 정체성과 진정성을 추구하는 실존주의의 치열하고 진지한 탐구심은 버렸다. 돈과 기계와 화면(TV, 컴퓨터)이 지배하는 세상에서 인간의 삶은 기계의 부품처럼 교체되고 대체할 수 있는 것이며 본래적이고 고유한 것이 아니라 복제되고 복사되는 것이며 조작되고 변조할 수 있는 것이다. 삶의 단편적이고 우연적이며 임시적이고 미시적인 성격을 강조하는 포스트모더니즘의 철학은 이성주의 철학의 획일성과 동일성을 부정하고 삶의 구체적 다양성과 특수성, 서로 다름과 우연을 강조한다. 포스트모더니즘의 철학은 인간과 인성의 정체성과 진정성을 부정하고 우연적이고 임시적이며 변동성을 강조하기 때문에 인간 본성의 주체성과 전체성을 실현하고 완성하는 인성교육을 추진하기 어렵다. 포스트모더니즘 철학에 따르면 인간의 삶에는 목적도 방향도 없으므로 인성교육의 목적과 방향도 주어지지 않는다.

III. 동아시아의 교육철학에 대한 반성

한국 사회와 학교는 동아시아 전통종교철학의 영향을 깊이 받고 있다. 교사와 학생의 정신과 삶 속에는 전통문화와 종교 특히 유교의 가치와 의식이 깊이 배어 있다. 새 시대의 주인과 주체로 되게 하는 인성교육을 하려면 동양의 전통종교철학을 잘 이해하고 계승하면서도 전통종교철학의 한계와 문제를 비판해야 한다. 하늘과 땅의 조화 속에서 현실적인 삶을 중시했던 동아시아의 사유(유교와 도교)에서는 물질과 자연 생명 세계의 현실을 떠난 순수 논리와 관념, 절대적인 무와 공은 사유의 대상이 되지 않았다. 개인적 주체의 활달한 자유를 강조하지 못했고 개인의 내적 쇄신과 변화를 통해서 큰 전체의 하나 됨으로 나아가는 역동적 과정이 진지하게 탐구되지 못했다.

1. 가르침을 받아서 깨달음을 전하는 일의 의미와 한계

공동체적 연대와 깨달음을 중시한 중국인들에게 학문(學問)은 교육이고 교육은 학문이었다. 이들에게 학문(교육)은 전해 내려오는 선인들의 가르침을 받아서 깨달음을 전하는 일이었다. 중국의 학문은 "모르는 것을 배우고(學) 의혹을 묻는 것(問)이다." 서경(書經)에서는 학(學)을 "가르침을 받아서 깨달음을 전하는 것"(受敎傳覺悟)이라고 했다.[45] 주관적인 관념적 진리가 아니라 역사와 사회의 공동체적 삶 속에서 전해 내려오는 가르침을 받아서 전하려 했다. 전해 받은 가르침을 그대로 전하는 것이 아니라 스스로 깨닫고 몸과 맘으로 체화해서 후대에 전하려 했다. 중국인에게 교육은 가르치는 이가 전해오는 공동체적 가르침을 전하고 배우는 이가 그것을 받아들이는 일이며, 가르치는 이가 깨달음을 전하고 배우는 이가 그 깨달음을 받아들이는 일이다. 배우는 이가 가르치는 이의 가르침을 적극적이고 능동적으로 받아들이고 배우고 익히지 않으면 교육은 성립할 수 없다. 배우는 이가 교육과정에 적극적으로 참여해야 한다. 이런 교육은 서양의 이성주의 교육보다 생명과 인성교육에 가깝다. 서양의 이성주의 교육은 지식과 기술을 주입하고 계획과 의도에 따라 인간과 인성을 바꾸려고 한다는 점에서 인간과 인성을 물건이나 기계처럼 대상으로 보는 경향이 있다. 이런 교육은 인간과 인성을 스스로 하는 주체와 전체로 보지 못하고 인간과 인성을 살리고 높이는 교육이 될 수 없다. 동아시아를 이끌었던 중국의 교육은 공동체적 삶의 가르침과 깨달음을 전하고 받아들인다는 점에서 인간과 인성을 생명과 정신의 관점에서 본다는 것을 알 수 있다. 깨달음을 전하고 받아들인다는 점에서 지식과 기술의 주입식 교육을 넘어서고 공동체적 삶의 지혜를 가르친다는 점에서 가르치는 이의 계획과 의도에 따라 배우는 이의 인성을 바꾸려는 교육에서 벗어나 있다.

그러나 이러한 중국의 교육도 생명 진화와 천지인 합일에 이르는

---

45 張三植 編, 『大漢韓辭典』(博文出版社, 1975), 374 참조.

참된 생명과 인성의 교육이 되기는 어렵다. 생명과 인성의 본성은 '스스로 하고 스스로 되는 것'이다. 인간은 컴퓨터와 인공지능이 아니기 때문에 지식과 기술을 주입하고 수용하는 것만으로는 지식과 기술의 주인과 주체로서 사람 구실을 할 수 없다. 지식과 기술도 스스로 깨닫고 체득해서 몸과 맘에 체화하지 않으면 안 된다. 또한 사람이 되고 사람 구실을 하는 일도 배우는 사람이 스스로 사람이 되고 스스로 사람 구실을 하지 않으면 안 된다. '내가 나로 되는 일'은 아무도 해줄 수 없다. 생명과 인간은 스스로 하고 스스로 되는 존재다. 스스로 낳고 스스로 자라고 스스로 나아가는 존재이고 스스로 깨달아야 하는 존재다. 중국의 학문과 교육은 가르치는 이와 배우는 이, 전하는 자와 받아들이는 자를 엄격히 구분하고 있다. 가르침과 깨달음을 전하는 교육자와 가르침과 깨달음을 받아들이는 피교육자 사이에 넘을 수 없는 경계가 있다. 교육자와 피교육자의 관계는 평등하지 않다. 가르치는 이가 중심에 있고 배우는 이는 주변에 있다. 가르치는 이가 능동적으로 주도하고 배우는 이는 수동적으로 따라간다. 배우는 이가 교육과정에 적극적이고 능동적으로 참여해야 하지만 교육과정을 주도하고 결정하는 주체는 가르치는 이다. 참된 인간의 생명과 인성교육은 배우는 이를 교육의 중심과 주체로 세운다. 배우는 이가 스스로 깨닫고 스스로 사람이 되게 하고 스스로 사람 구실을 하게 해야 한다.

또한 중국의 교육은 지금 여기의 깨달음을 중시하면서도 과거의 전해오는 가르침에 집중한다. 과거 전통의 가르침과 현재의 깨달음이 결합되어 있다. 현재와 과거의 대화로서 교육이 진행되고 수행된다. 그러나 오늘처럼 인간과 사회가 근본적으로 급격히 바뀌는 시대에는 과거의 지식과 기술과 가르침보다 현재 새롭게 생성되고 창조되는 지식과 기술과 가르침이 더욱 중요하다. 근본적으로 새로운 문명 세계로 들어가는 오늘날에는 과거와 현재의 대화보다는 현재와 미래의 대화가 더욱 중요해진다. 생명과 인간의 역사에서 과거, 현재, 미래는 뗄 수 없이 하나로 결합된 것이며 과거와 현재와 미래가 함께 참여하여 생명과 인간을 이어가고 새롭게 낳고 지어간다. 그러나 오늘과 같이 근본적으로 새롭게 변화하는 시대에는 현재와 미래가 더욱 중요하다. 변화가 근본적일수록 과거의 지혜와 힘을 살려서 써야 하지만 현재와 미래를 이해하고 새롭게 열어가는 일이 더욱 중요하다. 생명교육과 인성교육은 근본적으로 과거와 현재의 대화보다는 현재와 미래의 대화에 집중하는 교육이다. 생명과 인간은 솟아올라 앞으로 나아가는 존재다. 인간은 과거와 현재를 비판하고 넘어서 새로운 미래를 계획하고 창조하는 존재다. 과거는 현재를 위해 현재는 미래를 위해 존재하고 쓰이는 것이다. 산 생명에게 과거는 이미 지나간 것이고 산다는 것은 다만 현재에서 미래로 새롭게 나아가는 것이다. 인성교육은 배우는 이가 미래의 주인과 주체가 되도록 일깨우고 준비하고 단련시키고 안내하는 교육이다.

2. 이(理)와 기(氣)로 인성과 심성을 논하는 일의 문제와 한계

중국인들에게 가장 중요한 가르침은 인간과 인성에 대한 가르침이었다. 하늘과 땅을 말하고 태극과 무극을 말하고 자연과 도(道)를 말하는 것은 모두 인간과 인성을 이해하고 실현하고 완성하기 위한 것이다. 중국인들은 우주와 자연과 인간에 대한 이해와 논의를 이(理)와 기(氣)의 개념을 중심으로 전개하였다. 더 나아가서 인간의 본성과 심성을 이와 기의 개념을 통해 이해하고 설명하려고 했다.

중국에서는 본래 기(氣)라는 개념으로 사물의 존재와 운동을 이해하고 설명하려고 하였다. 더 나아가서 음양(陰陽)과 오행(五行: 火水木金土)의 개념을 끌어들여서 기와 음양오행의 개념으로 사물의 발생과 변화를 설명하고 다양한 사물들을 분류하고 체계화하려고 하였다. 그러나 기, 음양, 오행은 모두 물질과 물질현상을 나타내는 개념들이어서 사물의 존재와 변화를 깊이 나타내고 설명하기 어려웠다. 기, 음양, 오행이 정신화·상징화·신비화되었지만 생명과 정신의 원리와 변화를 나타내는 데는 한계가 있었다. 송대 성리학은 불교의 화엄사상에서 이(理)의 개념을 끌어들여서 유교의 철학을 재구성한 것이다. 불교에서 사(事)는 현상의 세계를 나타내고 이(理)는 본체의 세계를 나타내는 말이었다. 불교에서 본체의 세계는 물질과 생명과 의식을 넘어서고, 인간관계와 사회관계를 초월한 공(空)과 무(無)의 세계였다. 그러나 성리학자들에게 이(理)는 자연과 사회의 위계질서를 근본적인 실재로 나타내는 말이었다.

유교의 성리학(性理學)은 인간의 본성을 천리(天理), 천도(天道)와 일치하는 것으로 보고 인간의 본성이 곧 하늘의 이치와 통한다고 보았다. 자연만물과 인간을 보이지 않는 이치와 원리로만 이해할 수 없으므로 물질적 기운과 원리인 기(氣)를 끌어들여서 이와 기를 가지고 우주, 자연, 인성을 이해하고 설명하려고 했다. 이와 기를 가지고 우주와 자연 생명과 인성을 이해하기 위해서 중국인들은 형이상학적이고 형이하학적인 학문과 지혜를 모두 동원했으며 인간과 인성에 대한 깊고 풍성한 철학적 논의와 설명을 제시하였다. 그러나 이와 기의 개념 자체가 생명과 인간의 역동적 진화와 다양한 차원을 나타내기에는 한계를 가진 부족한 개념으로 여겨진다.

이(理)는 '가로세로 길이 잘 나 있는 마을'을 나타내는 이(里)와 원석을 갈아서 '고운 결을 드러낸다'는 옥(玉)의 의미를 함께 가지고 있다. 이(理)는 다스린다는 의미를 가진 말인데 다스린다는 것은 사물의 본성의 고운 결을 드러내는 것이다. 이런 이(理)가 사물과 생명과 인간의 보이지 않는 정신적 기원, 다시 말해 까닭, 원리, 이치와 도리를 나타내는 말로 쓰였다. 고운 결을 드러내고 이치와 까닭을 나타내는 이는 불교에서 말하는 본체의 세계, 무와 공의 세계를 나타내는 말로는 적합한 것 같지 않다. 성리학의 이는 불교에서 말하는 이보다 현실적이고 실용적인 의미를 지닌 것으로 생각된다. 또한 이러한 이는 생명과 정신의 주체와 전체, 깊이와 높이, 중층적이고 다양한 차원을 드러내고 설명하는 데는 분명한 한계와 제약을 가진다. 얼과 혼, 의지와 신은 이치와 원리로는 다 나타낼 수 없다.

우주, 자연 생명, 인간의 물질적 기원을 나타내는 말로 쓰인 기(氣)는 수증기, 김(气)과 쌀(米)이 결합된 말이다. 氣는 쌀로 밥을 지을 때 나오는 김을 나타내며 밥을 먹고 얻는 생기(生氣)를 뜻한다. 보이는 물질과 보이지 않는 정신의 경계를 나타내는 기는 수증기 아지랑이 김처럼 아른아른 희미하고 모호하지만 오감으로 감지할 수 있는 물질의 변화와 운동을 나타낸다. 또한 기는 밥을 먹고 삭임으로써 나오는 생명의 기운처럼 밥과 몸에서 나오지만 보이지 않는 생기(生氣)와 에너지를 나타낸다. 기는 몸과 맘의 기, 우주와 생명과 정신의 기운 등으로 물질과 정신, 몸과 맘을 아우르는 생명철학적,

통합적 매개적 개념으로 쓰이지만 물질의 인과관계와 법칙을 나타내기에는 모호한 개념이다. 정신적 기원을 나타내는 이는 스스로 새롭게 변화하는 생명과 정신의 역동적 변화와 고양(진화와 진보), 주체와 전체의 역동적 관계를 나타내기에는 부족하다. 물질적 기원을 나타내는 기도 물질의 인과관계와 법칙, 산술 계산과 기하학적 도형에 기초한 인공지능과 컴퓨터, 인터넷과 동영상의 세계를 나타낼 수 없다.

산업자본주의와 기술이 지배하는 기계문명을 이해하고 설명하기에는 이와 기의 개념은 많이 부족하다. 더욱이 땅의 물질에서 생의 본능과 감정, 의식과 지성을 거쳐 하늘의 얼에 이르는 생명 진화와 천지인 합일의 심층적이고 다차원적이면서 진화와 초월, 갱신과 고양의 차원변화와 개신(開新)의 역동적 과정을 이와 기의 개념으로는 나타내지 못한다. 그리스철학에서 우주와 자연의 존재를 설명하는 데 사용했던 질료와 형상(이데아)이 오늘날 자연과 생명, 인간과 사회를 설명하는 데 적합성을 잃은 것처럼 이와 기도 민주화 산업화 세계화의 시대를 설명하는 기본개념으로서 적합성을 잃은 것 같다. 이와 기는 형상과 질료보다는 훨씬 풍부하고 폭넓게 쓰일 수 있는 말이라고 생각되지만 오늘의 인간과 인성, 사회와 문명의 역동성과 혁신을 이해하고 설명하기에는 부족한 말이다.

성리학자들이 이기론(理氣論)을 가지고 인간과 인성을 어떻게 이해했는지 살펴보자.[46]

---

46 아래의 '이기론'에 대한 논의는 "이기론"(理氣論)(한국민족문화대백과, 한국학중앙연구원); "이기론의 의미"("조선 전기 이기론," 서울대학교 철학사상연구소, 2004), 「

이기론에 바탕을 둔 인간 이해는 '본연지성'(本然之性)과 '기질지성'(氣質之性)의 개념을 중심으로 하는 심성론으로 체계화되었다. 본연지성은 모든 인간의 마음속에 존재하고 있는 천리(天理)로서, 도덕적 본성을 의미한다. 이에 반해 기질지성은 인간 형성에 관여하는 기에 의해 형성되는 것으로, 육체와 감각의 작용으로 나타나는 인간 본능과 감정을 의미한다.

이 가운데 본연의 성에 따른 행위는 선(善)하며, 기질의 성에 따른 행위는 인욕(人慾)에 의해 악(惡)으로 흐르는 경향을 띤다. 이 때문에 인간은 끊임없는 수양을 통해 인욕을 없애고 천리를 간직하여 잘 기르도록 노력해야 한다고 했다. 인간을 이러한 도덕적 실천으로 이끄는 것을 정치의 기본내용으로 삼아야 한다는 것이 곧 도덕정치론이었다. 그런데 성리학에서 강조하는 도덕정치의 구체적 내용은 삼강오륜(三綱五倫)을 비롯한 유교적 윤리도덕이었으며, 나아가 관료제나 신분제, 가부장제적·종법제적 가족제도 등의 명분론적(名分論的) 사회질서였다. 이기론(理氣論)을 가지고 성리학자들은 유교적 윤리도덕과 명분론적 사회질서가 자연적이고 보편적인 것임을 이론적으로 설명하였다. 그리고 그러한 명분론적 사회질서 속에서 유교적 윤리도덕을 실천하는 것이 바로 인간 본래의 모습을 실현하는 것임을 강조하였다.

이와 기를 가지고 인성과 심성을 이해하고 설명하려고 힘썼던 한국 성리학자들의 노력은 진지하고 의미 깊었다. 인간의 심성에 주목했던 퇴계는 이와 기를 구분하고 기뿐 아니라 이도 움직임을 일

네이버 지식백과」참조.

으키는 활동적 주체로 파악하였다. 인간의 심성에서 보면 높은 뜻과 이념이 맘을 움직인다. 따라서 도덕과 정신의 도리와 이치가 생명과 정신의 변화와 움직임을 일으키는 주체라고 할 수 있다. 도리와 현실에 주목했던 율곡은 기(氣)만이 변화와 운동을 일으키는 주체이며 이는 기의 변화와 운동에 올라탈 뿐이라고 하였다. 우주만물과 인간사회의 객관적인 현실세계에서 보면 비물질적인 이치와 원리는 직접 변화와 운동을 일으킬 수 없고 물질적인 기, 기운만이 변화와 운동을 일으킬 수 있다. 변화와 운동의 주체와 계기를 기로 본 율곡의 주장은 공허한 이론과 사변에 빠지지 않고 구체적이고 현실적 변화에 주목하고 집중하는 실사적(實事的)이고 실학적인 자세를 보여준다.

퇴계는 인간의 심성을 다룰 때 이와 기를 구분해서 하늘의 천리(天理)인 이에 의해서 움직이고 작용하는 본연지성과 물질적인 욕망과 기운인 기에 의해서 움직이는 기질지성을 구분하였다. 이에 의해서만 움직이는 것이 사단(四端), 측은지심, 수오지심, 사양지심, 시비지심이며, 기에 의해 움직이는 것을 칠정이라고 해서 사단과 칠정을 구분하였다. 이와 사단은 인간의 정신에 속한 것이고 기와 칠정은 인간의 욕망에 속한 것이다. 퇴계가 이(理)의 자발(自發)을 주장한 목적은 궁극적으로 인간의 금수화(禽獸化)를 방지하고, 타고난 선한 본성을 실현하려는 데 있다. 이의 주동적 자발을 강조하고 이의 세계를 지향함으로써 퇴계는 인간의 물질적 본능적 욕망과 감정을 극복하고 넘어서 천도와 이치에 맞는 도학적 이(理)의 세계를 실현하려고 하였다. 우리나라에서 이기론은 정도전·권근에 이르러 학적 대상으로 되었고, 서경덕·이언적에서 학문적 탐구를 보였으며,

이황과 이이에서 학문적 성과를 이룩하였다. 이황의 이발, 이이의 기발설의 독자적 명제를 비롯해, 주리·주기적 특징은 후기 이기론 전개에 크게 영향을 미쳤다.

퇴계와 율곡을 중심으로 한국 성리학자들의 인성 이해를 좀 더 자세히 살펴보자. 퇴계는 인성을 인의예지(仁義禮智) 사단(四端)과 희노애락애오욕(喜怒哀樂愛惡欲) 칠정(七情)으로 나누어 설명했다. 사단은 이(理)가 발(發)해서 나오고 칠정은 기(氣)가 발해서 나온다. 사단은 착한 마음이고 칠정은 착할 수도 악할 수도 있는 마음이다. 사단의 선한 마음을 드러내고 칠정의 악할 수 있는 마음을 억눌러야 한다고 보았다. 율곡은 발하는 것은 오직 기(氣)라고 보고 착한 마음이든 악한 마음이든 기(氣)가 발해서 이루어진다고 하였다. 도의를 지향해서 나오는 마음은 도심이고 입과 몸을 위해서 나오는 마음은 인심이다. 도심은 착한 마음이고 인심은 악한 마음이다. 도심으로 인심을 절제하여 인심이 줄곧 도심의 명령을 듣게 하면 인심도 도심이 된다는 것이다.

퇴계와 율곡은 이와 도를 따르는 선한 마음으로 사사로운 본능과 욕망을 따르는 악한 마음을 억눌러서 이와 도의 마음이 주재해야 한다고 보는 점에서 일치한다. 퇴계는 이와 기를 구분하여 이와 도를 따르는 마음에 충실하려고 하였다. 그가 이와 기가 서로 마음을 발동시킨다고 본 것은 기가 발동시키는 욕망과 감정의 독자성을 강조한 것으로 볼 수도 있다. 기본적으로 이와 도가 주재하고 주도하는 도학적 세계를 추구하고 그 세계에 충실하면서도 퇴계는 기가 발동시키는 욕망과 감정의 차원과 세계를 독자적으로 존중한 것으로 생각된다. 율곡에 따르면 오직 기만이 발동시키는 것이고 이는 기가 발동하는 감정에 실려서 감정을 주재하는 것이다. 이와 기는 두 개의 사물이 아니다. 이와 기는 분리되지도 혼잡하지도 않고 묘하게 결합되어 있는 것이다. 기가 발동시키는 일곱 가지 감정(七情)을 떠나서 기질지성 밖에 이(理)만의 본연지성이 따로 있는 것이 아니다. 기질지성과 본연지성은 별개의 것이 아니라 기가 일으키는 기질지성(칠정) 속에 본연지성도 포함되어 있는 것이다. 율곡은 다만 이와 도가 주도하는 본연지성 도심과 본능과 욕망이 주도하는 인심을 구별한다. 그는 도심과 인심을 기질지성 속에 포함시켰기 때문에 본능과 욕망의 감정인 인심을 원천적으로 부정하거나 배제하지 않았다. 본능과 욕망은 인간의 삶에 기본적으로 필요한 것이고 없어서는 안 될 것이다. 그러나 율곡은 본능과 욕망의 감정인 인심을 도리(道理)의 감정인 도심과 긴밀히 결합시켰기 때문에 인심과 도심의 대립과 대결을 강조하게 되었다. 도심으로 인심을 눌러서 인심도 도심이 되게 해야 한다고 보았다. 역설적으로 율곡은 퇴계보다도 더 본능과 욕망의 감정인 인심을 도심으로 억누르고 인심을 도심으로 승화시켜야 한다는 생각에 집념했다고 생각된다. 퇴계는 이와 기가 서로 다르고 인심과 도심이 서로 다르게 발동되는 것이므로 인심의 독자성을 더 인정할 수 있었다고 여겨진다. 율곡과 송시열의 계보에 속한 윤봉구는 인심, 예컨대 음식남녀를 위해 생기는 마음이 이(理)에 합당하다면 선한 것이라고 했다. 굳이 인심과 도심을 갈라놓을 필요가 없다는 것이다. 이치에 맞기만 하다면 음식남녀를 추구하는 삶과 마음이 선하다고 본 것이다. 조동일은 박지원의 호질(虎叱)에 근거해서 생살선악론(生殺善惡論)을 내세웠다. 삶을 누리는 것 자체가 선이고 삶을 해치는 것이 악이라는 것이다. 삶

에는 인간과 동물뿐 아니라 식물까지 포함된다고 하였다.[47]

이기(理氣), 사단과 칠정으로 인성을 논하는 것이 현대인에게 낯설게 느껴진다. 퇴계와 율곡이 인간의 심성과 감정을 다루는 방식은 생명 진화의 사실을 알고 민주화와 시장경제의 역동성을 경험한 현대인의 관점에서 보면 적합하지도 충분하지도 않게 여겨진다. 물질의 세계를 추상화·단일화한 기와 정신의 세계를 관념화·단일화한 이로써 우주와 인생과 역사를 논하는 것은 관념적이고 추상적일 뿐 아니라 정태적이고 폐쇄적으로 여겨진다. 이와 기만으로 설명한 생명과 정신과 우주의 세계는 창조와 진화의 역동적인 변화를 드러낼 수 없다. 지극히 작은 생명체인 씨올의 꿈틀거림이 우주와 생명 역사의 변화를 가져오고 한 사람의 생각과 행동이 세상과 역사에 큰 회오리바람을 일으킬 수 있다. 생명 진화와 천지인 합일의 역동적 변화와 창발과 개신의 생명철학을 이기론으로는 드러낼 수 없다. 이기론을 가지고는 몸, 욕망, 감정, 의식, 지성, 영성을 아우르는 인성의 주체성과 전체성을 다 설명하고 밝힐 수 없다. 이기론으로 인간의 심성을 이해하고 설명하려 했던 성리학은 근현대의 시대와 정신을 특징짓는 생명 진화와 사회혁명, 새로운 과학기술과 지식, 민의 주체적 자각과 동·서 통합의 세계시민 정신을 알지 못했다. 성리학의 이기론은 근현대의 시대적 정신적 변화의 강물을 건너지 못할 것으로 여겨진다.

---

47 국문학자로서 한국문학 전반에 큰 업적을 남긴 조동일 교수는 한국문명학회에서 퇴계, 율곡, 율곡의 학풍을 이은 윤봉구의 인성 논의와 선악 문제를 다루었다. 퇴계, 율곡, 윤봉구의 인성 이해에 관한 논의는 조동일, "조선시대 인성론의 선악 논란," 「문명연지」 16/1(2015), 6 이하 참조.

이와 기보다는 더 섬세하고 다차원적인 생명철학적 개념과 원리를 가지고 물질과 생명과 인간을 이해해야 한다. 우주만물과 자연 생명과 인간이 생명 진화와 역사를 통해서 천지인 합일을 이루어간다. 물성과 물리, 본능과 욕망, 감정과 의식, 지성과 영성이, 몸과 맘과 얼이 저마다 주체와 전체로 스스로 탈바꿈하고 진화·고양·초월하면서 새로운 존재의 차원과 세계를 열어가고 있다. 생명철학자 다석 유영모는 밥 먹고 숨 쉬는 것이 도라고 했다. 삶과 도는 분리되지 않는다. 음식남녀, 밥과 숨이 그 자체로 긍정되어야 한다. 그러나 음식남녀, 밥과 숨 그 자체로 머물러서는 안 된다. 밥은 기가 되고 기는 생각이 되고 생각은 뜻(진리, 섭리)과 얼로 사무쳐야 한다. 진화사적으로 보더라도 물질서 생명으로, 생명에서 감정과 의식으로, 감정과 의식에서 맑은 이성으로, 이성에서 영성으로 나아가지 않는가! 생명은 하늘의 대기(大氣)를 숨 쉬고 살아간다. 목숨이 곧 생명이다. 생명이 진화하고 고양되는 것처럼 목숨도 진화하고 고양되어야 한다. 다석의 말대로 목숨이 말-숨으로 말-숨이 얼-숨으로 바뀌어야 한다.

씨알은 더 크고 높은 생명을 낳기 위해서 스스로 깨지고 죽어야 하는 것이다. 생명과 인간의 본성은 스스로 깨지고 죽음으로써 더 낫고 크고 높은 생명을 낳자는 것이다. 음식남녀(의 식욕과 성욕)가 소중하지만 음식남녀로 머무는 것은 38억 년 진화해 온 생명의 본성과 수백만 년 닦아온 인성에 충실한 것이 아니다. 생명 진화와 인류역사를 통해 끊임없이 새롭게 형성된 생명과 인간의 본성에 충실하게 음식남녀의 욕망과 감정을 승화하고 고양시키는 것이 선한 것이다. 음식남녀의 식욕과 성욕은 중요한 것이고 존중되어야 하지만 사람이 식욕과 성욕에 머물면 인성의 값과 아름다움과 보람을 실현하지 못할 것이다. 식욕과 성욕에서 값지고 아름답고 보람 있는 사귐과 공동체를 지어내야 한다. 선하다는 것은 생명과 인간을 더 낫고 크고 높은 존재로 만드는 것이고 악하다는 것은 생명과 인간의 본성을 더 낮고 작고 못한 존재로 떨어트리는 것이다. 생명을 물질로 여기는 것이 악이고 인간을 기계와 돈보다 못하게 여기는 것이 악이다. 선은 생명과 인간을 더 높고 새롭고 크게 만드는 것이다. 생명과 인간의 정신을 정화하고 고양시키기 위해서 돈과 물질과 기계를 쓰는 것이 선하고 정의로운 것이다. 생명과 인간의 본성을 살리고 키우는 교육은 '스스로 하고 스스로 되게' 하는 교육이다. 이것은 나를 찾고 나를 낳고 나가 되는 교육이며 스스로 깨닫고 스스로 나아가고 스스로 자라고 스스로 크는 교육이다. 스스로 하고 스스로 되는 참 나는 저밖에 모르는 사사로운 나가 아니라 전체를 살리고 높이는 나다. 참 나를 찾고 참 나가 되는 것은 서로 살리고 서로 높이고 키우는 삶을 이루는 일이다.

3. 동학에서 씨ᄋᆞᆯ사상으로

동학의 기본 가르침인 시천주(侍天主), 사인여천(事人如天), 인내천(人乃天)은 한민족의 정신적 원형질인 한사상이 오롯이 표현되고 피어난 것이다. 한민족이 스스로 '한'과 동일시한 것은 '한', 하늘, 하나님(天主)을 그리워하고 품고 우러른 것이며 자신의 뿌리가 한, 하늘임을 밝힌 것이다. 한사상 속에는 시천주, 사인여천, 인내천의 사상이 함축되어 있다. 동학은 한사상을 더 역동적으로 표현하고 실현하였다. 동학은 사람 속에서 천지조화가 일어난다고 봄으로써 창조와 변화의 사건과 중심이 사람 속에 있다고 하였다. 한사상을 담은 천부경에서도 '사람 안에서 하늘과 땅이 하나'라고 한 것은 사람 속에서 하늘과 땅의 중심과 변화를 본 것이다. 천도교는 기도와 수련을 통해 이신환성(以身換性)하려고 했다.[48] 이신환성은 몸을 단련하여 본성을 바꾼다는 말이다. 사람의 본성을 변화시킬 수 있다고 보았다는 점에서 동학은 사람의 본성을 하늘의 도리와 일치시키고 하늘로부터 타고난 것으로 본 성리학보다 현대적이고 역동적이다.

동·서 문명이 만나는 시기에 서양 종교인 천주교(천주실의)의 자극과 영향을 받은 동학은 유·불·도를 넘어서고 회통함으로써 동아시아에서 새로운 사상의 지평을 열었다. 인성과 천리를 일치시킨 유교는 천명과 천리와 천도를 따라서 삶으로써 인성과 천도가 일치하는 천인합일의 삶을 추구하였다. 유교도 인성 속에 천도와 천리가 있다고 했지만 천도와 천리가 중심에 있고 인간과 사회는 천도와 천리에 맞추어 살아야 한다고 보았다. 동학은 사람 속에 천주가 있고 사람이 곧 하늘이라고 하고 사람 속에 천지조화(천지의 창조와 진화)가 있다고 함으로써 사람을 중심에 놓았다. 이로써 동학은 유교의 천인합일을 넘어서 인간의 창조적 주체성을 강조했다. 천황씨는 중국역사의 창시자이고 최초의 황제인데 최제우는 "내가 천황씨다!"[49]고 선언함으로써 역사적 종교문화적 주체성을 확립하였다. 또한 천지를 친부모처럼 섬기고 물건과 생물을 공경하라고 함으로써 가족중심의 유교 도덕을 넘어섰다.

---

48 천도교 홈페이지 경전편 「의암성사법설」, '이신환성설'을 참조하라.
49 최제우의 생애를 간략히 서술한 『대선생주문집大先生主文集』 참조.

불교는 탐진치를 멸하고 생의 윤회와 고통의 바다를 넘어서 불성의 열반에 이르려 했다. 생과 생의 주체, 물질과 생의 현실에 대한 철저한 부정과 초월을 통해서 불교는 흔들림과 변화가 없는 적멸부동의 진리 세계에 이르려 했다. 동학은 천지를 부모로 여기고 사물과 생물을 공경하라고 하며 안으로 신령함이 있고(內有神靈) 밖으로 생명기운의 변화가 있다(外有氣化)고 말하고 사람 속에 천지조화가 있다고 했다. 물질·신체적인 생명 기운(至氣)과 초월적 신령(天主)을 결합하고 천지인 합일과 생명의 창조와 변화(造化)를 말함으로써 동학은 불교를 넘어서 땅의 물질세계와 생의 현실을 긍정하고 사람을 우주 대자연과 역사와 사회의 중심과 주체로 보았다. 동학은 물질 세계와 생의 현실을 긍정하고 인간을 자연과 역사와 사회의 중심과 주체로 보았다는 점에서 불교보다 현대적이고 역동적이다. 도교는 인간으로 하여금 인간의 인위적인 노력과 지식, 관념에서 벗어나 자연의 도와 생명의 흐름과 질서에 순응하는 삶을 살도록 이끌었다. 대자연의 전체생명에 순응하고 따르는 삶을 도교가 주장한 데 대해서 동학은 대자연의 전체 생명(至氣와 天主)과 천지 조화가 사람 속에 있다고 하고 사람이 한울님이라고 함으로써 사람을 자연 대생명의 중심과 주체로 보았다.

유·불·도가 모두 인간의 자아를 부정하고 하늘(天命, 天道), 불성(佛性), 자연(自然)에 순응하고 맞추어 살도록 한 데 반해서 동학이 하늘, 불성, 자연을 사람 속에서 찾고 사람을 중심과 주체로 세운 것은 더 현대적이다. 동학은 자연 질서와 천리에 순응한 동아시아의 전통종교와 사상을 넘어설 뿐 아니라, 자연 질서와 물질적 생명을 공으로 보고 인간의 욕망과 감정과 의식을 부정하고 초월한 불교사상도 넘어섰다. 동학은 하늘과 땅과 인간의 천지인 합일을 지향하고 세상(천지부모)을 긍정하고 물질과 생명의 기운과 변화(外有氣化)를 말하고, 인간 주체의 신령함을 긍정하는 창조적이고 종합적인 사상을 제시하였다.

그러나 동학의 창시자들은 과학적인 우주관과 생명관을 갖지 못한 것 같다. 생명 진화와 우주에 대한 과학적 합리적 사고가 이들의 사상에는 결여되어 있다. 최제우는 인류의 첫 인간으로 여겨진 천황(天皇)씨가 어떻게 생겨났는지를 알 수 없었고 최시형은 천지만물의 근원이 물이고 천지가 시작되기 전에 '북극태음 한 물'(北極太陰一水)이 있었을 뿐이라고 하였다.[50] 동학혁명운동을 일으켰던 전봉준도 봉건왕조체제를 대체할 민주정치 이념과 체제를 알지 못했다. 게다가 운수(運數)와 도수(度數)를 자주 말하고 주문을 외우고 부적을 불태워 마시면 무병장수한다고 가르침으로써 결정론적이고 비과학적인 사고방식을 청산하지 못했다. 전근대적이고 비과학적 사고를 청산하지 못한 동학은 민중의 맑은 지성을 깨워 일으키지 못했다. 동학은 생명 진화의 사실을 몰랐고 우주에 대한 현대적 과학적 이해가 없었으며 운명론적이고 결정론적인 역사관과 우주관의 흔적을 말끔히 씻어내지 못했고 봉건왕조를 대체할 민주공화정에 대한 이념과 안목이 없었다. 또한 인간의 죄와 죽음에 대한 더 진지하고 깊은 고민과 성찰이 부족했다. 신분제를 타파하고 인간의 창조적 주체성을 강조하면서도 동학의 세계관과 역사관에는 모호하고 신비한 운명론과 결정론의 잔재가 남아 있었다.

---

50 「해월신사법설」 '天地理氣'(천지이기).

씨올사상은 생명 진화와 우주에 대한 과학적 지식과 이해를 가졌고 운명론과 결정론을 극복했으며 민주공화정의 정신과 이념을 확고히 가졌다. 스스로 깨지고 죽음으로써 새로운 삶을 낳고 진화 고양되는 생명과 인간의 진리에 대하여 진지한 성찰을 하였다. 생각하는 이성을 강조하고 말과 글을 존중하고, 우리말과 글로 생각하고 표현했다는 점에서 씨올사상은 동학을 넘어섰다. 씨올사상은 안창호·이승훈의 민중교육운동 속에서 자라난 교육사상이다. 민의 지성과 영성을 깨워 일으키는 함석헌의 교육사상 속에 씨올사상의 생명철학적 핵심이 담겨 있다.

함석헌은 교육을 생명과 역사의 근본활동에 참여하는 것으로 보고 생명을 '려 함'으로 보고 함과 됨으로 보았다. 그의 교육사상은 종교적 영적 차원을 포함한다. 그는 교육학습(敎育學習)을 구제신애(救濟信愛)로 보았다. 교육은 단순히 지식과 정보를 전달하는 것이 아니고 기술과 기능을 가르치는 것도 아니고 역량을 강화하는 것도 아니다. 인간의 성격과 품성을 개발하고 고양시키는 것만도 아니다. 참된 교육은 물질과 욕망의 속박과 유혹에 매여 고난과 죽음의 나락에 빠진 인간과 인성을 건져서 구해주는 것이고(救) 새롭고 높은 삶의 차원으로 건너가게 해 주는 것이고(濟) 스스로 믿음을 가지고(信) 서로 사랑하는 데(愛) 이르게 하는 것이다.[51] 생의 초월적 깊이와 차원변화를 이루는 구제신애의 교육은 땅의 물성과 인성과 하늘의 영성을 통합하는 천지인 합일의 교육이다. 그러나 구제신애와 천지인 합일의 인간과 인성교육은 초월적 사변적 관념에 머물지 않

---

51 함석헌, "새 교육,"『함석헌전집 2권』(한길사 1983), 391-392.

고 구체적이고 현실적인 삶에 집중하는 생명 교육이다. 인간의 삶에는 고정된 실체가 없고 꿈틀거림, 함과 됨이 있을 뿐이다. 구제신애의 교육은 인간의 꿈틀거림 속에서 스스로 하고 스스로 되는 과정 속에서 이루어져야 한다. 구제신애의 초월적 영성교육은 결국 인간이 스스로 하고 스스로 되게 하는 일과 맞물려 있다. 생명 진화와 천지인 합일은 미완의 생명 진화 속에서 스스로 함과 됨의 과정 속에서 이루어져야 한다. 따라서 인성교육은 주어진 것을 개발 육성하는 것이 아니라 인간과 인성을 새롭게 하고 새롭게 되도록 하는 것이다. 스스로 한다는 것은 동양적 생명 사상의 주체적 능동성을 나타내고 새롭게 된다는 것은 기독교 신앙의 거듭남과 쇄신을 나타낸다. 그것은 결국 내가 나다운 나로 되는 일이다.

함석헌은 사람을 우주 대생명의 씨올, 역사와 민족의 씨올, 신적 생명의 씨올로 보고 사람 속에서 천지창조 이전의 주체적 생명, 얼 생명을 보고, 죽음으로써 사는 씨올의 길을 말하였다. 생각하는 이성을 강조하며 "내가 길이고 진리고 생명"이라고 함으로써 주체적이고 창조적이고 혁신적인 인간관을 내세웠으며, 새롭게 낳고 더 나은 생명을 낳는 갱신과 초월의 생명관과 역사관과 존재론을 제시하였다. 그는 동·서의 전통사상을 비판하고 극복함으로써 유·불·도와 기독교를 아우르고 동학을 뛰어넘는 대종합의 사상을 형성하였다.[52]

---

52 박재순, 『함석헌의 철학과 사상』(한울, 2012), 37 이하 참조.

IV. 생명철학적 인간 이해와 인성교육의 정신

생명 진화는 땅의 물질에서 생의 본능과 감정, 의식과 지성, 하늘의 영성으로 차원 변화를 일으키며 생명의 창조와 진화를 일으켜왔다. 인간의 본성은 땅의 물성과 생명의 본능과 감정, 인간의 의식과 지성, 하늘의 영성과 얼을 다차원적으로 아우른다. 인간과 인성에 대한 새롭고 종합적인 이해는 생명 진화와 천지인 합일의 역사적이며 입체적인 생명철학을 통해서 이루어져야 한다.

1. 생명철학의 인간 이해와 인성교육

민의 주체적 자각과 역사의 진보, 생명 진화와 우주물리학의 발달은 생명과 인간의 본성과 역사에 대해서 새로운 지식과 통찰을 가능하게 한다. 컴퓨터와 인공지능의 발달로 인간의 육체노동과 정신노동을 기계가 대신할 수 있게 되었으며 생명공학의 발달로 평균수명 120세 시대를 전망하게 되었다. 이런 변화는 인간과 사회에 대해서 근본적으로 새로운 이해와 전망을 하도록 이끈다. 인간과 인성 자체가 근본적으로 새롭게 이해될 필요가 있으며 국가와 인류사회도 근본적으로 새롭게 형성되어야 한다. 정치·경제·사회의 가치 질서와 체계도 근본적으로 새롭게 조정되고 혁신되어야 한다.

기존의 인간 이해와 국가사회 이해는 오늘의 인간과 인류사회에 적합하지 않게 되었다. 기존의 고등종교와 철학사상도 낡은 옷처럼 오늘의 인간에게 맞지 않게 되었다.

과학혁명, 민주혁명, 생태혁명은 생명과 인간에 대한 깊은 성찰을 가져왔고 생명과 인간의 주체성과 전체성의 일치를 추구하도록 이끌었다. 생명과 인간이 진화하고 자라고 새롭게 태어나는 것이라는 데 대해서 오늘날 많은 사람들이 합의와 공감에 이르렀다. 새 시대를 열망하는 사람들은 역사의 진보와 초월적 영성을 함께 말하고 개체와 전체의 역동적 관계와 일치를 지향하며, 구체와 보편, 미시와 거시, 세계와 지역을 동시에 주목하면서 마을공동체와 세계평화를 동시에 함께 실현하려고 한다. 오늘 민주국가의 구실과 사명은 인간의 존엄과 행복을 실현하고 세계정의와 평화를 실현하는 것이다.

새로운 인성교육을 하고 새 사회를 형성하기 위해서는 민중의 고통과 역사를 깊이 이해하는 철학과 사상이 요구된다. 천인합일을 지향한 동양의 전통 철학도 이성의 지배를 추구한 서양의 철학도 민중의 고통과 역사를 이해하지 못했다. 한국의 근현대는 험한 역사의 고난과 죽음의 골짜기를 건너면서 민중의 고통 속에서 철학과 사상을 형성해 왔다. 동학을 창시하고 이끈 최제우, 최해월, 민중교육운동을 일으킨 안창호, 이승훈, 씨울사상을 형성한 유영모, 함석헌은 불의한 역사의 나락에서 민중의 고통과 죽음을 온 몸과 맘과 얼로 체험하고 깨달았던 이들이다. 씨울사상에는 민중이 겪는 역사의 깊은 고난과 시련의 아픔을 이해하고 민중을 하늘(하나님)의 자녀로 보고 민을 어버이로 받들고 공경하는 민주정신이 담겨 있다. 인간의 몸과 맘속에 깃든 죄악에 대한 진지한 성찰이 있고, 만물 속에서 신적 깊이와 뜻을 보고 물건을 공경하는 마음가짐, 몸과 맘과 혼으로 깨닫고 체득, 심득, 혼득(魂得)한 지혜가 있다. 민중의 고통과 죽음을 깊이 경험하지 못한 현대 서구의 생명철학에는 민중의 고통과 죽음 속에서 민중의 주체와 전체를 이해하는 관점이 잘 드러나지 않는다. 인간을 신령한 존재로 보면서도 역사의 고통과 인간의 죄악의 깊이를 함께 볼 때, 인간 생명의 역동적 깊이와 높이를 현실적으로 드러내고 인간의 질병과 상처를 치유할 수 있다. 생명과 인간의 본성과 목적을 주체의 깊이와 자유에서 전체의 하나 됨에 이르는 것이라고 하였지만 주체와 전체에 대한 생각이 관념적 이론적 논의에 머물면 공허하다. 몸, 맘, 얼로 체험하고 깨닫고 체득하지 못한 생각과 지혜는 몸, 맘, 얼의 주체와 전체를 살리고 높일 수 없다. 인성교육의 철학과 정신은 실천적이고 체험적이어야 한다. 안창호와 이승훈, 유영모와 함석헌은 결코 사변적인 이론과 지식을 말하지 않았다. 그들은 몸과 맘과 얼로 절절하고 사무치게 느끼고 깨닫고 체험하고 실증한 생각과 지혜로 가르쳤고 희생과 사랑의 심정으로 지극정성을 다해서 섬기고 받드는 자세로 사람들을 가르치고 깨우치고 이끌었다. 주체와 전체를 살리고 높이는 인성교육에서는 실제로 주체의 깊이와 자유에 얼마나 진지하고 치열하게 파고들어 가는가, 그 주체의 깊이와 자유에서 참으로 전체의 하나 됨에 이르는 구원과 해탈과 해방의 기쁨과 감격을 누리며 흔들림 없는 참 나의 인격에 이르는가가 중요하다. 생명과 인간의 주체와 전체는 단순한 관념과 이론이 아니다. 주체는 살아 있는 중심과 깊이를 가진 '나'의 인격이며, 전체는 모든 것을 하나로 품고 하나 되게 하는 신령한 우주(하나님)의 존재와 진리를 드러내는 신비한 말이다. 주체와 전체를 살리고 세우고 높이는 인성교육은 가르치는 이와 배우는 이가 함께 인생과 역사 속에서 고통과 죽음의 골짜기를 건너면서 주체의 깊이와 자유에서 전체의 하나 됨에 이르는 기쁨과 감격을 체험하고 누릴 수 있어야 한다.

2. 씨ᄋᆞᆯ사상과 인성교육의 정신

민을 나라의 주인과 주체로 받들고 섬기며 일깨우는 교육운동에서 발전되고 형성된 씨ᄋᆞᆯ사상은 인간의 주체와 전체를 깊고 역동적으로 드러내는 사상이다. 씨ᄋᆞᆯ은 죽음과 신생을 통해 이루어지는 생명 진화의 비밀과 진리를 드러내고 죽음을 통해 부활하는 생명의 영적 진리를 나타내고 생의 초월과 영성을 상징하고 실현하는 열쇠말이다. 씨ᄋᆞᆯ은 생명 진화와 천지인 합일을 실현한다. 씨ᄋᆞᆯ 하나 속에는 생명 진화의 역사와 그 역사 속에서 형성된 유전자가 들어 있다. 스스로 하는 씨ᄋᆞᆯ의 창조적 생명활동에는 하늘의 햇빛과 바람, 땅의 흙과 물이 함께 어우러지며 참여한다. 지금 여기서 이루어지는 씨ᄋᆞᆯ의 구체적인 생명활동에서 영원한 과거와 무궁한 미래의 생명이 만나서 새롭게 창조되고 있다. 씨ᄋᆞᆯ이 피워내는 푸른 잎과 붉은 꽃과 열매 속에서 우주는 새롭게 태어나고 상생과 공존의 세계가 열린다. 씨ᄋᆞᆯ은 주체와 전체의 역동적 과정적 일치, 개체와 전체, 미시와 거시의 통합을 나타낸다. 씨ᄋᆞᆯ은 시공간적 역사적 주체성과 우주 대생명의 공동체적 전체성을 함께 나타낸다. 스스로 싹트고 스스로 자라고 스스로 꽃 피고 스스로 열매 맺는 씨ᄋᆞᆯ의 생명활동에서 지금 여기의 주체적 구체성과 우주 생명의 전체적 보편성이 통일된다. 스스로 깨지고 죽어서 더 나은 더 크고 풍성한 생명의 창조 활동을 펼치는 씨울은 생명의 진화사적 과정과 인류의 역사적 진보를 함께 나타낸다. 씨울 인간은 물질과 정신, 몸과 맘과 얼, 본능과 지성과 영성, 자연과 인간과 신을 아우르는 모든 가치의 총체적 총합을 나타낸다.

교육은 스스로 새로운 생명을 낳고 이어가는 생명의 근본 활동에 참여하는 일이다. 인성교육은 인간의 본성인 인성을 실현하고 완성하는 교육이다. 사람은 깨지고 죽음을 통해 스스로 낳고 짓고 이어가는 생명 진화 역사의 중심과 꼭대기다. 인성은 가장 깊고 높게 진화하고 실현되고 완성된 생명의 본성이다. 생명은 스스로 하고 스스로 되는 것이다. 씨울은 스스로 깨지고 죽음으로써 더 크고 새롭고 더 높고 풍성한 생명을 낳고 짓는 생명의 실재이며 상징이다. 인성은 스스로 하고 스스로 되는 것이다. 교육은 스스로 하고 스스로 되는 생명의 활동에 참여하는 일이다. 교육은 인간 생명의 본성인 인성의 실현과 완성에 참여하고 그 일을 돕는 일이다. 지식과 기술의 주입식 교육도 교육자의 의도와 계획에 따라 사람과 인성을 바꾸는 교육도 참된 인성교육이 될 수 없다. 가르침과 깨달음을 전하고 배우는 동아시아의 전통 학문과 교육도 '스스로 하고 스스로 되는' 인성의 실현과 완성에 적합하지 않다. 인성교육은 스스로 깨지고 탈바꿈하여 새롭게 되는 교육이며 참 사람이 되어서 사람 노릇을 하게 하는 교육이다.

씨올정신

인성은 생명의 씨올이다. 씨올의 정신과 자세를 가지지 않고는 인성교육을 감당할 수 없다. 스스로 깨지고 죽음으로써 더 낫고 보다 큰 생명을 낳고 짓고 이어가려는 씨올의 정신과 맘을 가질 때 비로소 스스로 하고 스스로 되는 인성교육을 이룰 수 있다. 씨올정신은 무엇인가? 오랜 생명 진화의 역사 속에서 닦여온 씨올정신은 기꺼이 희생과 죽음을 감수하고 '스스로 하는' 정신이다. 남에게 의존하지 않고 스스로 하려면 물질적 환경과 조건에 매이지 않아야 하고 자기를 고집하거나 자기에게 집착하지 않아야 하고 희생과 죽음을 두려워하지 않아야 한다. 씨올은 자기가 깨지고 죽는 것을 두려워하지 않았기 때문에 스스로 생명의 창조와 진화의 길을 열어올수 있었다. 생명의 씨올로서 사람답게 살려면 패배와 실패에 대한 두려움, 희생과 죽음에 대한 두려움에서 벗어나야 한다. 실수하고 잘못하고 넘어지는 것을 두려워하고 이기고 지는 것에 너무 집착하고 희생과 죽음을 두려워하면 나는 나답고 너는 너답게 살면서 서로 사귀고 돕는 길로 갈 수 없다. 실패하고 패배하고 쓰러졌을 때 거듭거듭 다시 일어나야 한다. 언젠가는 죽는다는 것을 인정하고 죽음을 기꺼이 그리고 태연하게 맞을 수 있어야 사람답고 자유롭게 살 수 있다.

인간은 죽음을 피할 수 없다. 죽음 앞에서 인간이 할 수 있는 일은 죽음을 맞이하는 자세와 방식을 스스로 선택하는 것이다. 사람이 성숙해진다는 것은 죽음과 친숙해지는 것이다. 함석헌은 죽음에 굴복하지 않고 죽음을 이기고 영원한 삶에 이르려고 마지막까지 죽음과 맞서 싸운 사람이었다. "죽어도 좋다"고 말하는 것은 죽음에 굴복한 나약한 태도라면서도 그는 죽음을 두려워하지 않았고, 죽음을 가까이 느끼며 살았다. "늙으면 죽음이 친해집니다. 젊어서는 허깨비같이 무시하든지 그렇지 않으면 무서워만 할 수 있던 죽음이 차차 가까이 오면 그것이 결코 검은 얼굴도 아니요, 흉악한 이빨도 아니요, 초겨울 먼 산꼭대기에서 차차 앞으로, 문간으로 그리고 창호지를 가볍게 와서 두드리는 첫눈처럼, 찬 속에 따뜻함이 있고 침묵 속에 무한가락을 머금고 있는 시를 가진 나그네인 것을 알 수 있습니다."53

그는 죽음을 가까이 느끼며 살면 앞날의 일들에 대해서 더욱 확신을 갖게 되고 착한 맘이 쑥쑥 돋아난다고 하였다. 죽음과 가까이 지내는 평안한 맘을 그는 이렇게 말했다. "죽음과 손을 잡고 길거리를 걸으니 부러운 것도 자랑할 것도 없거니와 미운 사람도 몹쓸 사람도 없습니다. … 죽음이 오는 순간 내 눈앞에 나타나는 것이 있다면 아침저녁으로 나가며 들어올 때 옷깃에 매달리던 동리 어린 친구들과 이제 꺾어 꽂아놓은 제라늄의 뿌리 내리는 모습일 것입니다."54

씨올은 죽음으로써 생명이 끝나는 게 아니라 죽음을 넘어서 더 크고 높은 생명에 이른다. 씨올 속에는 죽음을 넘어 영원히 사는 생명이 살아 있다. 씨올 함석헌은 죽음을 넘어선 영원한 생명에 대한 믿음과 희망을 가지고 살았다. "산 생명에는 죽음이 없습니다. … 생명 자체 안에 희망이 있다는 말입니다. 또다시 말하면 불멸의 생

---

53 함석헌, "死期將至," 『함석헌전집 9』, 287.
54 같은 글, 288.

명을 믿어서만, 믿음 그 자체가 희망이요, 생명이란 말입니다."[55] 씨올은 죽음으로써 죽음을 넘어 살고, 죽어도 살고 죽어야 사는 생명이고 정신이다.

인성교육은 씨올정신을 가르치는 교육이다. 씨올정신은 스스로 하는 정신이므로 결코 남을 지배하거나 이용할 생각으로 가르쳐서는 안 된다. 씨올정신으로 인성교육을 하는 사람은 '스스로 하고 스스로 되게' 하는 이다. 함석헌은 교육이 인간을 구원하는 데까지 이르러야 한다고 했다. 함석헌에게 구원은 스스로 하는 사람이 되게 하는 것이다. "구원은 스스로 일어서고, 보고, 뛰고, 일할 수 있는 힘을 주는 일이다. 주는 것 아니라 가지고 있으면서 모르는 것을 알려주는 일이다."[56] 인성교육은 기꺼이 희생과 죽음을 감수하고 자기를 초월하여 스스로 하고 스스로 되는 씨올정신과 힘이 누구에게나 있음을 가르치는 교육이고 그 씨올정신을 가지고 스스로 하고 스스로 되게 가르치는 교육이다. 씨올의 정신과 맘을 가장 잘 이해하고 씨올의 삶과 원리에 가깝게 사는 이는 어머니이고 농부다. 어머니는 자신의 살과 피와 뼈를 나누어주고 몸과 맘을 녹여서 아기를 살리고 기르고 키운다. 어머니가 씨올의 삶과 정신을 가장 잘 드러내고 실현한다. 농부는 하늘의 질서와 법도에 따라 땅의 조건과 현실에 맞추어 씨올이 싹이 트고 자라고 꽃 피고 열매 맺도록 기다리고 돕는 이다. 스스로 하고 스스로 되는 씨올생명의 활동을 잘 섬기고 받드는 이가 농부다. 어머니와 농부의 맘과 자세로 인성교육을 해야 한다.

---

55 함석헌, "씨올의 희망," 『함석헌전집 9』, 427.
56 함석헌, "세계구원의 꿈," 『함석헌전집 9』, 276.

스스로 하고 스스로 되는 생명의 가장 깊고 높은 본성인 인성을 교육하는 일은 생명의 주체와 전체를 온전히 실현하고 완성하는 일이다. 생명은 하늘을 향한 그리움을 지닌 것이며 인성은 하늘을 품은 것이다. 이러한 인성교육은 하늘에 이르러 하늘의 뜻과 법도를 받아들일 때 이루어질 수 있다. 하늘의 빔과 없음에 이르러 온전히 자유롭고 온전히 전체를 아우를 때 인성을 이루는 몸, 맘, 얼의 주체와 전체를 실현하고 완성할 수 있다. 하늘(하나님)의 뜻과 품성을 우러르고 받아들이고 따르고 이룰 때 다시 말해 하늘(하나님 아버지)의 아들/딸이 될 때 비로소 인성은 실현되고 완성될 수 있다. 하늘의 딸/아들이 되어 하늘의 딸/아들로 사는 일은 하늘의 맘과 뜻을 가질 때 가능한 일이다. 하늘의 맘과 뜻을 품고 어머니의 맘과 농부의 자세를 가진 사람만이 '스스로 하고 스스로 되게 하는' 인성교육을 할 수 있다. 씨올은 땅의 질서와 품성에 가장 충실히 살아가고 하늘의 법도와 질서를 가장 잘 지킨다. 씨올은 하늘의 질서와 법도, 땅의 조건과 품성을 가장 잘 구현한 것이다. 하늘과 땅의 본성을 가장 잘 드러내고 실현함으로써 씨올은 자신의 생명을 가장 값지고 보람 있고 아름답게 실현하고 완성할 수 있다. 씨올은 자신의 생명을 꽃 피우고 열매와 씨올을 맺음으로써 우주만물의 존재를 높은 차원으로 승화·고양시키며 자연 생명을 상생과 공존의 세계로 이끈다. 스스로 씨올이 되어 씨올의 생명을 스스로 꽃 피우는 사람만이 남을 씨올로 세우고 씨올로 살게 할 수 있다.

인성교육의 정신과 자세

그러면 '스스로 하고 스스로 되게 하는' 씨울 인성교육의 정신과 자세는 구체적으로 어떤 것인가? 그것은 스스로 하는 생명의 본성과 원리에 충실한 정신과 자세다. 스스로 하고 스스로 되게 하는 인성교육의 정신과 자세를 민주, 평화, 사랑, 정의 네 가지로 규정할 수 있다.

첫째, 스스로 하고 스스로 되게 하려면 민주교육이어야 한다. 폭력으로 강제로 하거나 억지로 할 수 없고 스스로 하게 한다는 점에서 강압과 권위를 내세우는 사람은 인성교육을 할 수 없다. 민주적인 교육은 서로 가르치고 서로 배우는 교육이다. 인성교육은 가르치는 이와 배우는 이가 서로 인격적인 존중과 사귐을 통해서 서로 가르치고 배우는 과정이 되어야 한다. 가르치는 이는 완전한 인성을 가지고, 배우는 이는 불완전한 인성을 가진 것이 아니다. 스스로 하는 생명체들이 서로 다르듯이 창조적 개성과 자유를 가진 인간의 인성과 성품은 저마다 다른 것이다. 심지어 사람마다 다른 지문과 목소리를 가지고 있다고 한다. 그러나 우주와 자연 생명 세계와 역사 속에서 모든 인간의 본성은 똑같은 한계와 가능성을 지닌 것이다. 인간이라면 누구나 시공간적 한계와 제약 속에서 무한한 잠재력과 신적 가능성을 가진 존재다. 한번 태어나서 죽어야 하는 존재이고 본능과 욕망, 감정과 의식, 지성과 영성을 가진 존재이고 몸, 맘, 얼을 가진 존재라는 점에서 모든 인간의 인성은 똑같은 것이다.

모든 인간은 자신의 인성을 실현하고 완성할 책임과 사명을 가진 미완, 미생, 미정, 미결의 존재라는 점에서 똑같다. 가르치는 이도 배우는 이도 똑같은 인성을 가지고 인성을 실현하고 참된 사람이 되어야 할 사명과 책임을 똑같이 지니고 있다. 가르치는 이도 배우는 이도 참 사람이 되려는 열망과 뜻을 가진 인간들이다. 다만 먼저 태어나서 인생 경험을 해 본 사람으로서 인성을 실현하고 사람답게 살아야 한다는 의식을 가진 사람이 가르치는 이의 위치에 선 것뿐이다. 인성교육을 가르치는 이 자신도 인성교육을 통해서 인성을 실현하고 참 사람이 될 수 있어야 한다. 자기는 인간답지 않으면서 남보고 인간답게 살라는 말을 하는 것은 거짓이고 거짓으로 하는 교육은 참된 교육이 될 수 없다. 외적 권위는 인성교육에 장애가 될 뿐이다. 속에서 우러나는 공감과 신뢰를 바탕으로 형성된 내적 권위만이 인성교육을 가능케 하고 촉진시킨다.

둘째, 인성교육은 생명평화교육이어야 한다. 생명은 그 자체가 평화로운 것이다. 생명의 핵심이고 정수인 인성은 평화 속에서만 실현되고 완성될 수 있다. 생명은 서로 억압하고 제약하는 물질적 운동과 변화의 원리와 법칙을 초월해서 서로 살리고 서로 높이는 서로 주체의 세계를 열었다. 허파와 염통은 서로 주체가 됨으로써 전체 몸 생명이 힘차게 살 수 있다. 물리적 운동법칙, 상대성원리, 열역학법칙이 지배하는 물리적 세계에서는 서로가 서로를 제약하고 한정하기 때문에 서로 주체가 될 수 없다. 생명은 4차원 시공간의 물리세계와 그 세계의 법칙과 원리를 수용하고 다시 극복하고 초월함으로써 서로 주체가 되고 서로 힘 있게 하는 상생평화의 세계를 열었다. 생명의 토대가 되는 흙은 평화로운 것이다. 오랜 세월 바람과 비가 큰 바위를 어루만지고 쓰다듬어서 깨지고 부서지는 평화로운 과정을 거쳐서 고운 흙이 되었다. 깨지고 부서져서 만들어진 흙의 본성은 평화로운 것이다. 흙 속에 묻혀서 스스로 깨지고 죽음으로써 새롭게 풍성한 생명을 피워내는 씨올의 생명활동도 평화로운 것이다. 서로 제약하고 억압하는 시공간 물리세계의 법칙과 원리를 넘어서 서로 살리고 키우는 생명활동 자체가 지극히 평화로운 것이다. 스스로 싹트고 스스로 자라고 스스로 꽃 피고 스스로 열매 맺는 씨올의 생명활동 자체가 물질세계의 대립과 갈등, 제약과 속박, 불통과 단절을 뛰어넘는 상생과 소통, 일치와 교감의 평화다.

생명이 꿈틀거리고 움직이는 것이 평화다. 생명은 물질과 본능, 기계와 계산을 넘어서 서로 주체의 생명평화세계를 열기 위해서 끊임없이 자기를 초월하고 솟아올라 앞으로 나아가는 존재다. 스스로 솟아오르고 스스로 뻗어 나아가는 생명의 꿈틀거림과 움직임이 평화이고 그것을 억압하고 제약하는 것이 반평화다. 생명이 솟구치게 하고 쭉쭉 뻗게 하라! 스스로 꿈틀거리고 스스로 싹이 트고 아귀가 트고 솟아오르고 나아가게 하라! 웅크리고 억눌린 감정과 생각과 뜻을 활짝 펴게 하라. 그것이 몸, 맘, 얼을 살리고 높이고 하나로 이끄는 인성교육이고 평화교육이다. 몸, 맘, 얼의 공존과 상생에로 이끄는 인성교육은 그 자체가 사회의 공존과 상생으로 이끄는 민주시민교육이고 세계정의와 평화에 이르는 세계시민교육이다. 내가 나답게, 네가 너답게 되는 것은 서로 주체가 되는 것이고 서로 주체가 되는 것은 자유와 평등에 이르는 것이다. 자유와 평등에 이르는 것은 민주평화국가를 세우는 길이고 정의와 평화의 세계로 나아가는 것이다.

셋째, 인성교육은 사랑 교육이어야 한다. 사랑은 생명의 본성과 원리이고 인성의 핵심과 본질이다. 사랑은 생명과 역사를 창조하고 혁신하는 원리와 힘이다. 이것은 기축 시대의 성현들이 갈파한 진리다. 공자는 어짊(仁)을 말하고 석가는 자비를 말하고 예수는 아가페 사랑을 말했다. 사랑 속에서 생명은 자라고 새롭게 되며, 크고 힘 있어지고, 깊고 높아진다. 인간은 사랑 속에서 비로소 자기를 극복하고 초월하여 전체의 생명을 실현하고 높이고 완성하는 참 나가 된다. 사랑 안에서 사람은 나답게 되고 서로 살리고 서로 세울 수 있다. 사랑은 생명 진화의 힘이고 원리다. 사랑으로 물질서 생명이 나왔고 사랑으로 본능서 감정과 의식이 나왔고 사랑으로 감정과 의식서 지성이 나왔고 사랑으로 지성서 영성과 신성이 나왔다.

사랑은 저절로 기계적으로 되는 것도 아니고 하고 싶다고 해서 아무나 쉽게 할 수 있는 것이 아니다. 개성이 다르고 생각이 다른 사람들이 서로 사랑하려면 사랑을 위한 공부와 훈련이 필요하다. 그래서 안창호는 교육독립운동단체인 홍사단의 원칙으로 정의돈수(情誼敦修)를 말했다. 사람 사이에 사랑과 정을 도탑게 닦아야 한다는 말이다. 사람다운 사람이 되는 인생 공부는 사랑공부이고 인성교육은 사랑으로 사랑을 배우고 가르치는 사랑교육이다. 사랑으로 교육하는 것은 사심을 버리고 교육하는 것이다. 사심 없이 교육하는 것은 하늘의 심정과 뜻을 가지고 교육하는 것이고 흙처럼 겸허한 마음과 자세로 교육하는 것이다. 하늘의 심정과 뜻을 지닌 사람은 물질에 대한 욕망과 집착을 말끔히 벗어버린 없음과 빔을 품은 사람이고 사사로운 생각과 주장을 버리고 오로지 전체의 자리에서 공공(公共)의 심정과 뜻으로 사는 사람이다. 스스로 깨지고 잘게 부서진 흙은 하늘의 뜻과 품성을 받아서 지극히 겸허하고 돈독한 것이다. 씨올의 생명을 살리기 위해서 흙은 기꺼이 자신을 거름으로 내어주고 씨올의 싹이 솟아오르고 자라도록 든든히 받쳐주고 붙잡아준다. 흙은 기꺼이 밟힐 준비와 태세가 되어 있다. 남에게 흙이되자는 사랑과 헌신의 맘이 없으면 인성교육을 할 수 없다. 인성이싹트고 자라고 꽃 피고 열매 맺도록 발판이 되고 거름이 되는 흙의맘을 가져야 인성교육을 할 수 있다. 제 속에서 사랑의 씨올이 싹트는 이만이 남의 속에서 사랑의 씨올이 싹트게 할 수 있다. 인성교육은 생명의 씨올인 사랑이 싹트고 자라고 꽃 피고 열매 맺게 하는 것이다. 서로 사랑의 씨올이 되는 것이다. 씨올의 꽃과 열매가 뭇 생명을 먹이고 살리듯이 나의 생명의 씨올을 실현하고 완성하는 것이남을 살리고 이롭게 하고 힘 있게 하는 것이다.

넷째, 인성교육은 죄악과 불의에 맞서며 정의를 실현하는 교육이다. 생명의 본성과 인성을 주체와 전체로 보면 주체와 전체를 억누르고 해치는 것이 죄악이고 불의다. 죄악과 불의에 맞서 싸우며 생명의 주체와 전체를 실현하고 완성하는 것이 정의다. 악하고 불의한 세력이 인성을 짓밟고 해칠수록 짓밟히고 고통당하는 사람은 자신의 인성에 대한 자각을 하게 된다. 불의와 죄악에 맞서 싸우는 사람은 싸우는 과정에서 자신의 인성을 실현하고 정의를 이루게 된다. 죄악과 불의에 맞서 싸우며 정의를 이루어가는 과정에서 사람은 자신의 인성을 자각하고 실현하게 된다. 그러므로 함석헌은 악이 흉악을 부려주는 것이 오히려 고맙다고 하였다. "이제 내게는 악이 날마다 내 문 앞에 와서 갖은 흉악을 부려주는 것이 고맙습니다. …그러면 내가 깨어, 누구의 아들인 것에 정신이 펄쩍 들어 일어날것이요, 그러면 하늘 바람이 내 속에 음악을 불어넣어 주고 하늘빛이 나를 영광으로 둘러싸 '그이'와 얼굴을 맞대는 자리에 가게 해줄 것입니다."[57]

3. 인성 가치의 질서와 체계

인성교육은 생명철학에 비추어 본 인성 가치의 체계와 질서를 세
우는 교육이다. 인성은 생명 진화와 천지인 합일의 과정에서 형성
된 것이다. 인간의 사명과 책임은 생명 진화와 천지인 합일을 실현
하고 완성하는 것이다. 물질서 생명으로, 생명의 본능서 감정과 의
식으로, 감정과 의식서 지성과 영성으로 솟아올라 나아감으로써 생
명의 본성과 목적을 실현하고 생명 진화와 천지인 합일에 이를 수
있다.

인성은 물질, 몸, 본능, 감정, 의식, 지성, 영성, 신성의 다원적이
고 중층적인 차원으로 이루어져 있다. 이러한 생명의 여러 차원들
은 저마다 주체이며 전체다. 인성의 어떤 차원도 한갓 대상이나 부
분이 아니다. 내 몸도 내 감정도 내 생각도 내 생명의 주체이고 전
체다. 몸이 아프면 감정도 생각도 정신과 영혼도 함께 아프다. 감정
이 다치면 몸도 정신도 영도 함께 다친다. 인성을 이루는 모든 생명
의 차원 물질, 몸, 본능, 감정, 의식, 지성, 영성은 저마다 주체이며
전체다.

몸 생명의 밑을 이루는 물질(밥과 물, 햇빛과 바람)도 그 자체로서
소중하고 귀한 것이다. 그것이 없으면 생명은 허물어진다. 몸이 물
질보다 귀한 것이지만 몸으로 물질을 함부로 재단해서는 안 된다.

---

57 함석헌, "사랑의 빛," 『함석헌전집 9』, 386-387.

물질을 함부로 대하고서는 몸이 성할 수 없기 때문이다. 밥 먹고 숨 쉬고 피가 돌고 염통이 뛰는 몸 생명에서 본능적 감각과 욕망이 나왔다. 본능적인 감각과 욕망(식욕과 성욕)은 몸 생명에서 꽃처럼 피어난 것이다. 식욕과 성욕, 감각과 느낌이 중요하지만 욕망과 감각으로 몸을 멋대로 해서는 안 된다. 식욕과 성욕이 지나치면 몸이 망가지고, 감각의 즐거움을 따르다 술과 약물중독에 빠지면 몸은 약물의 종이 된다. 욕망과 감각이 시키는 대로 몸을 함부로 하면 몸을 해칠 수 있다. 몸이 성하지 않으면 감각과 욕망이 온전할 수 없다.

식욕과 성욕, 감각과 느낌을 씻고 닦아서 감정과 의식이 피어난 것이다. 식욕이나 성욕, 감각과 느낌보다 감정과 의식이 높고 귀한 생명이지만 감정과 의식으로 성욕과 식욕을 함부로 억눌러서는 안 된다. 성욕과 식욕을 짓밟으면 감정과 의식이 편안할 수 없다. 감정과 의식이 정화되고 승화되어서 지성이 나온 것이지만 지성의 개념과 논리, 지식과 이론으로 감정과 의식을 홀대해서는 안 된다. 감정과 의식을 무시한 지성의 지식과 이론은 생기를 잃고 공허하고 메마른다.

지성을 넘어서 영성의 세계가 열린 것이므로 영성은 지성보다 높고 깊은 것이다. 그러나 영성이 지성을 업신여겨서는 안 된다. 지성을 배제하고 무시한 영성은 지성보다 낮고 추한 수준으로 떨어진다. 오히려 한 단계 낮은 생명의 차원을 주체와 전체로서 존중하고 실현하고 정화함으로써만 더 높고 귀한 생명의 차원들이 제대로 힘있게 제구실을 하고 온전히 실현될 수 있다. 본능과 욕망이 건전하게 충족되고 실현되어야 감정과 의식이 건전하고 튼실하게 움직이고 감정과 의식이 건전해야 지성도 넓고 크게 발달하고 지성이 한껏 발달해야 영성도 높고 크게 열릴 수 있다.

그러면서도 생명의 이러한 여러 차원들 사이에는 가치의 질서와 체계(hierarchy)가 있다. 물질은 생명을 위한 것이고 생명은 감정과 의식을 낳자는 것이고 감정과 의식은 지성과 이성을 낳자는 것이며 지성과 이성은 영성과 신성에 이르려는 것이다. 인성교육은 인간 존재의 이러한 여러 차원들을 주체와 전체로 깨닫고 받아들이면서 이러한 여러 차원들 사이에서 가치의 질서와 체계를 확립하고 인성 가치의 방향과 목적을 뚜렷이 밝히고 삶 속에서 구현하는 것이다. 생명의 존재와 인성의 가치들 사이에 질서와 체계를 확립할 때 인간은 삶의 주체로서 건전한 인격과 아름다운 품격을 가질 수 있다. 물질, 돈, 기계보다 생명이 귀하고 본능보다 감정과 의식이 소중하고 감정과 의식보다 지성과 이성이 값지며 지성과 이성보다 영성과 신성이 더 거룩하고 아름답다. 이것은 생명 진화와 인류역사를 통해 확립된 가장 기본적인 상식이고 원칙이다. 인성적 가치들의 위계질서에 대한 인식과 깨달음이 없고 이것에 어긋난 말과 행동을 하는 사람은 교양 없고 상식 없는 인간이다. 이러한 바른 가치 질서와 체계를 개인의 삶뿐 아니라 국가와 사회의 삶에서도 실현하고 체화해야 한다.

생명의 가치 질서와 체계는 위에서 지배하고 군림하는 억압적인 위계질서가 아니다. 기본적으로 생명의 가치세계는 상생과 공존, 순환과 신생, 나눔과 섬김의 관계와 질서를 이루고 있다. 겸허히 서로 섬기고 나눔으로써 자기부정과 초월, 희생과 양보를 통해 더 깊고 높고 오묘한 생명과 정신의 세계를 열고 있다. 서로 아낌없이 기쁘게 자기를 내어주고 고맙게 받아들임으로써 물질세계에서 생명

세계가 열렸다. 빛은 자기를 불태워 열을 내서 생명을 살리고 대기(大氣)는 아낌없이 저를 내어줌으로써 목숨을 살리고 흙은 자기를 녹여서 생명을 먹이고 물은 아낌없이 저를 내어줌으로써 생기를 준다. 물질이 생명을 먹이고 살리고 키운다. 몸이 어찌 물질을 하찮게 여기겠는가? 자연의 따뜻한 햇살이 얼마나 고맙고 아름다운가! 시원한 바람이 얼마나 기쁘고 반가운가! 맑은 물은 얼마나 고맙고 좋은가! 흙은 얼마나 아늑하고 푸근한가! 불은 얼마나 신비하고 고마운가! 몸 생명에게 바람과 햇빛, 물과 불은 천사보다 더 고마운 존재가 아닌가? 천사보다 더 고맙고 반갑고 소중한 은혜를 베풀면서 자연은 공치사를 하지도 않고 제 자랑을 하는 일도 없이 아낌없이 조건 없이 베풀고 간다. "물불은 천사(天使)이다. 지수화풍은 한가지로 고요한 은혜이다. 너무나 고귀해서 그 은혜를 갚지 못한다."[58]

생명을 가진 몸은 햇빛과 바람과 흙과 물로써 아름다운 생명을 빚어내고 목숨을 지어내며 감정과 의식을 피워낸다. 햇빛과 바람과 흙과 물이 인간의 몸속에서 아름다운 생명과 귀한 목숨으로 변화되고 묘한 감정과 의식으로 피어나니, 햇빛과 바람과 흙과 물에게도 이보다 보람 있고 영광스럽고 고마운 일이 어디 있겠는가? 물질과 본능을 소중하고 고마운 줄 알면서도 더 깊고 높은 생명과 정신의 세계를 펼치고 지어가는 게 생명의 사명과 책임이다. 물질, 생명, 정신 사이에는 창조와 초월, 희생과 신생의 원리와 관계가 작용한다. 제 몸을 깨트리고 죽임으로써 아름답고 풍성한 생명을 꽃 피우고 열매를 맺는 씨올처럼 물질, 돈, 기계를 바르게 써서 생명과 정신과

---

58 유영모, 『다석 유영모 어록: 다석이 남긴 참과 지혜의 말씀』, 박영호 엮음(두레, 2002), 331.

얼을 살리고 높이고 키워야 한다.

물질 속에 생명의 씨울이 심겨 있고 몸 생명 속에 맘 생명의 씨울이 심겨 있으며 맘 생명 속에 얼 생명의 씨울이 심겨 있다. 우주 자연의 물질세계가 아름답고 존귀함을 알아야 한다. 몸 생명이 존귀하고 값진 것임을 알아야 한다. 맘 생명이 깊고 오묘함을 알아야 한다. 얼 생명이 하늘의 높고 거룩한 생명을 품고 있음을 알아야 한다. 몸의 아름다움과 활력을 함께 기뻐하고 즐거워해야 한다. 식욕과 성욕 속에 거룩하고 아름다운 생명의 씨울이 심겨 있음을 보아야 한다. 맘의 미묘하고 섬세한 감정과 인정을 함께 나누고 얼의 높고 거룩함을 기리고 높여야 한다. 춤과 노래, 놀이와 운동, 우정과 인정, 그리움과 믿음이 멸시되거나 부정되어서는 안 된다. 차원은 다 다르지만 그 나름으로 생명에 생기를 불어넣고 생의 기쁨과 기운을 드러내고 표현하는 것이다.

물질의 값과 아름다움을 알아주고 드러내고 표현하고 실현하고 완성하기 위해서 생명이 생겨난 것이다. 생명이 없다면 햇빛과 바람과 물과 흙의 값짐과 아름다움을 어떻게 알겠는가? 물질의 값과 아름다움을 알아보고 고마워하고 감탄하는 것은 물질을 창조한 창조주, 하나님께 감사와 찬송을 드리는 것이다. "빛 한 가닥이 어둠 속에 들어오는 순간 '아 밝다. 아 따뜻해!' 했을 때 나는 내 전신을 들어 감사, 찬송한 것"[59]이다. 생명 속에서 물질은 더욱 값지고 아름답고 풍성하고 거룩한 존재로 탈바꿈한다. 물질 속에 생명과 정신과 영을 불어넣고 새겨 넣는 생명 진화 과정은 물질의 생명화(生命

---

59 함석헌, "진리는 더 위대합니다," 『함석헌전집 5』(한길사, 1983), 342.

化), 정신화(精神化)이고, 얼과 신의 물질화다. 흙으로 빚어진 사람의 몸속에 하늘(하나님)의 신령한 기운을 불어넣는 것은 사람을 새롭게 창조하는 것이다. 생명 진화와 천지인 합일의 과정에서 창조된 인간과 인성은 물질과 생명과 정신의 아름다움과 값을 드러내고 표현하고 노래하고 알리는 책임과 사명을 가진 존재다. 인성교육은 이런 책임과 사명을 깨닫고 실행하도록 이끄는 일이다.

6장

인성교육의
목적과 내용

인성교육은 안으로 자신을 충실하고 온전케 함으로써 참 사람, 참 나가 되게 하는 참 사람 교육, 참 나 교육이고, 밖으로 더불어 살고 서로 살림으로써 자신과 타인을 바른 공동체로 이끄는 공적인 인물(民主, 지도자, 어른)을 만드는 교육이다. 인성교육은 인간과 인성을 바로 이해하고 자각할 뿐 아니라 인간의 사명과 인성을 제대로 실현하고 완성하게 하는 교육이다. 여기서는 21세기 민주화·과학화·세계화 시대에 맞는 인성교육의 목적과 내용을 살펴보고 인성교육을 구체적으로 수행하는 데 필요한 핵심 가치와 덕목과 역량에 대해 논의하려고 한다.

I. 인성교육의 목적
: 인성의 실현과 사람됨

1. 인성교육의 핵심과 원리, '스스로 하고 스스로 되게'

민주사회를 위한 인성교육

해방 후 한국은 정부를 수립한 후에 건국 이념인 홍익인간(弘益人間)을 교육의 기본 이념으로 제시하였다. 홍익인간은 크게 널리 사람을 이롭게 한다는 말이다. 한국의 헌법 전문은 삼일운동과 임시정부를 한국의 합법적이고 역사적인 전통으로 선언하고 있다. 삼일운동은 불의한 일제의 식민 통치에서 벗어나 민족의 자주독립과 세계정의와 평화를 선언함으로써 홍익인간의 이념과 정신을 크게 드러냈다.

사람을 크게 널리 이롭게 하는 인간을 기르는 홍익인간의 교육이념은 인성교육을 위한 훌륭한 지표와 목적이 된다. 홍익인간의 이념과 정신은 한민족이 5천 년 동안 길러온 한국적 이념과 정신이면서 세계 보편성을 지닌 아름답고 숭고한 이념과 정신이다. 그러나오늘 교육의 현실에서 홍익인간의 교육이념과 정신을 찾아보기 어렵다. 민주화를 이루고 경제성장을 이루었다지만 인성은 파괴되고 행복지수는 세계에서 가장 낮은 나라 가운데 하나가 되었다. 입시 경쟁으로 학업성적은 우수하지만 학교에서 인성교육을 기대하기는 어렵다. 인성이 파괴되고 왜곡된 사람들의 나라는 미래가 없다.

교육의 현실을 보다 못한 정치인들이 인성교육진흥법을 제정하고 유치원과 초중고등학교에서 인성교육을 의무적으로 실행하도록 하였다. 인성교육진흥법이 제시한 인성교육의 이념과 목적, 핵심가치와 덕목은 21세기 민주화, 과학기술화, 세계화의 시대정신을 반영하지 못할 뿐 아니라 인간과 인성에 대한 깊은 성찰과 이해를 담고 있는 것 같지도 않다. 인성교육진흥법에 따르면 인성교육의 목적은 "자신의 내면을 바르고 건전하게 가꾸고 타인·공동체·자연과 더불어 살아가는 데 필요한 인간다운 성품과 역량을 기르는 것"(인성교육진흥법 2조 1호)이다. 인간의 내면과 인간다운 성품과 역량에 대해서 더 깊은 성찰과 이해가 요구된다. 또한 인성교육진흥법은 핵심 가치로서 예와 효를 앞세우는데 이것은 낡고 가부장제적인 가치관을 반영한 것으로 여겨진다. 예와 효는 인간의 존엄과 민주를 강조한 헌법정신과 가치를 반영하지 못한다. 인성교육법이 제시한 인성교육의 목적과 가치는 홍익인간의 교육이념과 정신을 반영하지도 못하고 민주정신과 이념에 걸맞지도 않다.

시대정신에 걸맞지 않은 가치를 젊은 세대에게 강요해서는 안 된다. 만일 예와 효를 오늘 젊은이들에게 가르치려면 예와 효의 의미와 내용이 훨씬 심화되고 확장되어야 한다. 공자는 자아를 극복하고 사회질서와 법도를 존중하는 관계를 강조했다(克己復禮). 봉건사회에서는 자아를 극복하고 통제하며 사회의 위계질서와 법도에 순응하는 삶의 자세와 태도가 강조된다. 여기서 강조된 예(禮)는 어른과 윗사람에 대한 젊은이와 아랫사람의 존중과 섬김을 바탕으로 이루어지는 관계다. 현대사회에서는 자아를 극복하고 통제하는 극기보다는 민의 주체적 자각과 실현이 강조된다. 민주사회에서 예는 서로 주체의 상생과 공존을 실현하는 관계와 태도를 뜻한다. 윗사람과 아랫사람의 상하관계와 질서를 따르는 게 아니라 민들이 서로 주체로서 존중하고 협력하며 서로 주체의 자유와 평등을 실현하는 삶의 관계와 양식이 민주 시대의 예다. 민주사회의 예는 민을 주체로서 세우고 높이려는 마음가짐과 태도이다. 나라의 주인과 주체인 민에 대한 존중과 배려가 예의 근간이 되어야 한다. 특히 저마다 삶의 주체이며 나라의 주인인 가난하고 힘없는 민에 대한 존중과 배려가 예의 기본이 되어야 한다.

효(孝)도 자녀가 부모를 잘 섬기고 받드는 가부장제적인 도덕으로 한정되지 않고 부모가 자녀를 친애하고 자녀가 부모를 고마워하고 사랑하는 도덕으로 확장되어야 한다. 본디 효는 부모의 희생적인 사랑과 은혜에 대한 자녀의 감사와 공경의 마음에서 우러난 것이다. 부모의 자녀사랑은 생명의 생존본능과 의지에서 나온 것이어서 자발적이고 헌신적이면서 매우 강력하다. 그러나 자녀의 효심은 부모의 자녀사랑만큼 강력하고 자발적인 것이 아니다. 아름다운 가정을 이루기 위해서 자녀들에게 효를 교육하고 고취시킬 필요가 있다. 그런데 오늘날 가정이 무너지고 약해지는 경향이 뚜렷하다. 가정보다 사회관계가 더 중요해지고 있다. 예전에는 가정이 생산과 소비의 주체이고 중심이었는데 이제는 가정이 사회적 생산과 소비의 중심에서 밀려나고 있다. 더 이상 가정이 사회와 나라, 교육과 문화의 중심과 토대가 아니다. 아이들은 부모의 속박에서 벗어나려

한다. 부모가 자녀를 버리고 죽이는 일이 일어나고 자녀가 부모를 학대하고 죽이는 일이 일어난다. 가정도덕이 무너지고 있다.

효의 도덕은 가정보다 더 크고 깊은 자리에서 생각할 필요가 있다. 기본적으로 효는 자기 삶의 뿌리와 근원에 대한 고마움과 존중에서 비롯된 것이다. 민주적인 효가 되려면 좁은 가족의 테두리 안에서 부모에 대한 자녀의 일방적 헌신을 요구하는 도덕을 넘어서야 한다. 존재와 삶의 근원적 뿌리인 생명 전체, 인류 역사, 더 나아가서 우주, 하늘, 하나님에 대한 고마움과 존중에서 우러나는 효가 되어야 한다. 삶의 근원과 뿌리에 대한 감사와 당연한 도리로서 효를 이해해야 한다. 삶의 근원적이고 궁극적인 자리에서 보면 인간의 삶은 주어진 것이고 창조된 것이며 우주 자연과 인류사회의 은혜와 돌봄으로 이루어진 것이다. 천지자연의 은덕이 없으면 삶은 한순간도 존속할 수 없다. 햇빛과 대기와 물과 흙이 없다면 삶은 한순간도 지탱될 수 없다. 자연 생명 세계가 파괴되면 인간의 삶은 유지될 수 없다. 이웃과 사회의 도움과 관계가 없으면 국가와 인류의 소통과 협력이 없으면 민족과 인류의 역사가 없었다면 오늘의 나는 존재할 수 없다. 21세기의 효는 우주와 자연생태계의 은혜로운 공덕, 민족과 인류의 노고, 우주와 하나님의 은혜에 대한 감사와 헌신으로 확장되어야 한다. 또한 민주사회에서 민은 나라의 뿌리이며 토대와 목적이고 주인과 주체다. 민은 나라의 어버이와 같다. 민이 어머니처럼 나라 살림을 하고 아버지처럼 집을 짓고 먹거리를 만든다. 민이 없다면 나라도 없다. 민주사회에서 효는 민을 어버이처럼 받들어 섬기는 일이다. 왕조봉건사회에서는 왕과 관리가 부모이고 민은 자녀로 여겨졌다. 그러나 민주사회에서는 민이 부모이고 정치인과 관리는 자녀로 여겨져야 한다. 정치인과 관리들이 민의 심부름꾼으로서 민을 어버이처럼 받들어 섬기는 것이 민주사회의 효이고 예다.

인성교육법은 핵심 덕목으로 정직, 책임, 존중, 배려, 소통, 협동을 제시하는데 배려와 소통과 협동을 제시한 것은 민주적이고 공동체적인 덕목으로 평가될 수 있지만 개인의 주체를 깊고 창의적으로 만드는 덕목은 빠져 있다. 인성교육법이 제시한 덕목들은 주로 타인과의 관계에서 사회적으로 요구되는 것들이다. 이런 덕목들은 타자들에 대한 타자 중심의 덕목들이다. 인간이 자신 안에서 자신의 주체를 드러내고 실현하고 고양시키는 덕목들이 필요하다. 민주사회에서는 한 사람 한 사람의 주체와 인격이 바로 서고 힘을 얻는 것이 중요하다. 인성은 일차적으로 인간의 내면을 나타낸다. 인성의 문제는 일차적으로 인간 자신의 문제다. 자기가 자기에게 가장 중요한 존재다. 내가 나로 되는 것이 인성의 가장 근본적이고 중요한 과제다. 내가 나답게 되고 나를 바로 세우고 나를 실현하고 완성하는 덕목이 중요하다. 인성교육은 일차적으로 '나'를 위한 교육이다. 민주사회는 스스로 주체(나)가 되어 창의적으로 생각하고 주체적으로 판단하고 결정하고 행동해야 하는 사회다. 자기를 존중하고 자신감을 가지면서 창의적으로 생각하고 일하는 사람이 요구된다. 또한 자기를 믿을 뿐 아니라 남을 믿고 사랑하는 돈독하고 성실한 덕목이 요구된다.

인성교육의 핵심과 원리, '스스로 하고 스스로 되게'

21세기 민주화 · 과학화 · 세계화 시대에 걸맞는 인성교육의 핵심과 원리는 무엇인가? 인성교육은 참 나, 참 사람이 되는 교육이다. 함석헌에 따르면 교육은 "혼의 싹을 틔우는 일이요, 인격의 틀거리를 잡아주는 일이요, 문화인간의 자기 발견의 실마리를 골라주는 일"[1]이다. 이 말 속에 인성교육의 핵심과 원리가 담겨 있다. 혼의 싹을 틔우고 인격의 틀거리를 잡아주고 자기 발견의 실마리를 골라주는 일은 '나'를 찾고 바로 세우는 일이다. 이것은 교사의 계획과 의도에 따라서 교사가 일방적으로 수행할 수 있는 일이 아니다. 이것은 가르치는 이와 배우는 이가 서로 믿음과 사랑과 희망을 가지고 기다리고 인내하면서 함께 만나고 사귀고 대화하고 맞서는 가운데 이루어질 수 있는 일이다.

인성교육은 사람이 되는 일이고 사람이 되게 하는 일이다. 사람은 오랜 생명 진화와 인류역사를 통해 사람으로 되어 왔다. 사람이 된다는 것은 생명 진화와 역사를 실현하고 완성하는 것이다. 생명 진화와 역사는 생명과 정신의 주체가 더욱 깊고 자유롭게 되며 서로 다른 주체들이 함께 전체가 하나로 되는 사랑의 공동체 세상을 이루는 길로 나아갔다. 사람이 사람으로 되는 것은 안으로는 자유로운 주체가 되는 것이고 밖으로는 서로 살리고 세우는 사랑의 관계와 정의로운 공동체를 이루는 존재가 되는 것이다. 인성교육은 내적 깊이와 자유를 얻어 서로 사랑으로 사귀며 사는 사람이 되게 하는 것이다. 안으로 주체의 깊이와 자유에 이르고 밖으로 서로 돕고 살림으로써 전체 사회가 하나로 되게 하는 것이다. 인성교육은 내가 나답게 나로 되고 나뿐 아니라 남도 살리고 이롭게 하여 서로

---

1 함석헌, "청년교사에게 말한다,"『함석헌전집 5』, 185.

주체로서 사귐과 협동의 공동체를 이루게 하는 것이다.

교육은 '스스로 하고 스스로 되게' 하는 것이다. '스스로 하고 스스로 되는' 것은 생명과 정신의 본성이고 인성교육의 핵심이다. 인성교육은 생명교육이다. 생명은 명사가 아니라 동사로 표현되어야 한다. 생명과 인간의 본성은 고정된 실체가 아니고 완성된 물건이 아니다. 인성의 핵심은 명사가 아니라 동사로 표현되어야 한다. 생명은 무한한 하늘(하나님)을 품은 존재이지만 완성된 실체가 아니라 끊임없이 '하고 되는' 존재다. 숨 쉬지 않고 밥 먹지 않고 피가 돌지 않으면 살 수 없듯이 인성은 '하고 되는' 것으로, 동사로 표현되고 이해되어야 한다. 생명의 세계에는 완성품이 없다. 완성되고 정지된 것은 죽은 것이다. 그것은 산술과 기하학의 세계, 관념과 논리의 세계, 물질적 법칙과 기계의 세계다. 그것은 생명이 없는 죽은 세계다. 생명의 세계는 완벽한 완성품도 없고 결정된 것도 없다. 생명과 정신은 하늘과 신을 향해 솟아올라 나아가며 끊임없이 새롭게 변화되고 고양되는 것이다. 생명과 인간의 본성은 '하고 되는' 것으로 '~려 함'으로 표현되고 이해되어야 한다. 인성교육은 배우는 사람이 스스로 하고 스스로 되도록 돕는 일이다. 가르치는 이도 완성된 존재가 아니다. 가르치는 이 자신이 '스스로 하고 스스로 되는', 끊임없이 애쓰고 힘쓰는 존재가 됨으로써, 배우는 이가 '하게' 하고, '되게' 하도록 정성을 다해야 한다. 인성교육은 가르치는 이와 배우는 이가 함께 '하게 되게'의 삶에 이르도록 기다리며 애를 씀으로써 서로 사람답게 되는 길로 나아가는 것이다.

인성교육은 삶의 과정 속에서 실패와 좌절을 겪으면서 자신의 인성을 깨닫고 실현하고 서로 사귐과 협동의 삶으로 나아가는 것이다. 아기가 넘어지고 쓰러지면서도 다시 일어남으로써 걷는 것을 배우고 익히듯이, 인생도 실패와 좌절, 아픔과 상처 속에서 스스로 깨닫고 스스로 크고 스스로 새롭게 되는 것이다. 주입식 교육으로는 참 사람, 큰 사람을 만들지 못한다. 큰 스승을 따르고 배우기만 해서는 결코 큰 인물이 되지 못한다. 큰 스승이 아무리 좋은 가르침을 베풀어도 제자가 제 것으로 만들지 못하면 소용이 없다. 어미 새가 아무리 밖에서 알을 쪼아도 아기 새가 알 속에서 스스로 깨고 나오는 노력이 없으면 아기 새는 알을 깨고 살아나올 수 없다. 아기 새가 안에서 쪼고 어미 새가 밖에서 쪼아서 알을 깨고 나오는 것을 줄탁동기(啐啄同機)라고 한다. 속의 속에 하늘의 얼을 품고 그 얼로 살아가는 사람의 경우는 더욱 그렇다. 아무리 좋은 스승, 좋은 부모, 좋은 환경이 있어도 제가 스스로 애쓰고 노력하지 않으면 사람다운 사람이 될 수 없다. 환경이 좋든 나쁘든 교육을 잘 받았든 받지 못했든 배우는 사람이 스스로 깨지고 넘어지고 아프고 괴로움을 겪으면서 생명과 정신의 모든 껍데기를 깨고 속의 속에서 스스로 깨닫고 스스로 바뀌지 않으면 아무도 배우는 사람이 깨닫고 자라고 바뀌게 할 수 없다.

인성교육은 참 사람이 되게 하는 교육이고 참 사람은 스스로 하고 스스로 되는 자발성과 헌신을 가진 이다. 자발성과 헌신성의 알맹이는 인간의 가장 내면에 있는 얼과 혼이다. 얼과 혼은 남이 대신할 수 없는 것이다. 큰 스승과 위대한 사상의 감화를 받을 수는 있지만 얼과 혼을 깨워 일으킬 수 있는 것은 자기 자신과 자기보다 자기에게 더 가까운 하나님뿐이다. 함석헌이 씨올 중의 씨올, 참 씨올이라고 일컬었던 예수에게는 좋은 스승도 좋은 부모도 좋은 환경도 없었다. 그는 스스로 깨닫고 배운 이다. 함석헌이 가장 존경하고 받들었던 스승 이승훈도 좋은 스승, 좋은 부모, 좋은 환경이 없었지만 스스로 자신을 닦아 일으켜 세움으로써 민족의 스승이 되었다. 이승훈과 함석헌에게 큰 영향을 주었던 안창호도 스스로 깨닫고 스스로 배우고 스스로 일어나서 겨레와 인류의 스승이 되었다. 예수와 이승훈과 안창호는 나라를 잃은 가장 어려운 시대에 가장 어려운 환경에서 가장 진실하고 어질고 아름다운 삶과 정신을 닦아내고 더불어 사는 의로운 세상을 열어갔던 이들이다. 농사가 씨울의 자람과 결실을 돕는 일이듯, 교육도 사람이 스스로 하고 되는 일을 돕는 일이다. 인성의 핵심은 몸, 맘, 얼이며 핵심 가운데 핵심인 얼은 참과 사랑으로 솟아오르고 힘차게 되는 것이다. 씨울의 씨알맹이는 참과 사랑이다. 참과 사랑은 생명과 정신의 주체가 더욱 깊고 자유로워지고 전체가 더 크고 돈독하게 하나로 되게 하는 것이다. 나는 나답게 너는 너답게 살고, 스스로 하고 스스로 되면서 서로 더욱 깊고 돈독하게 하나임을 느끼는 것이 곧 참과 사랑이다.

2. 하늘과 땅 사이에 선 사람: 직립과 사람됨

인간은 생명 진화 과정에서 형성되고 천지인 합일을 이루는 존재다. 생명 진화 과정은 땅의 물질에서 하늘의 영에 이르는 과정이다. 인간은 하늘과 땅 사이에 곧게 서서 하늘을 우러르고 하늘로 솟아올라 나아가는 존재다. 하늘로 솟아오름으로써 인간은 생명 진화를 완성하고 천지인 합일을 이룬다. 인성은 생명 진화 과정에서 형성된 것이며 하늘과 사람과 땅의 세 겹으로 이루어져 있다. 몸, 맘, 얼은 땅, 사람, 하늘을 나타낸다. 인성은 땅의 물질에서 하늘의 영에 이르는 생명 진화 과정을 통해 형성된 것이며 그 과정을 반영한다. 땅의 물질 안에서 물질을 초월하여 하늘의 영성에 이르는 과정에서 인간의 감성과 지성과 영성이 닦여졌다. 땅의 물질에서 하늘의 영에 이르는 생명 진화 과정이 인성 속에 오롯이 담겨 있다. 인성은 땅의 물성(몸)과 인간의 맘과 하늘의 영성을 아우른다.

하늘과 땅 사이에 곧게 선 사람은 창조자의 자유와 존엄과 힘을 갖게 되었다. 두 발로 하늘과 땅 사이에 곧게 섬으로써 손이 자유로워져서 불과 도구를 사용하게 되었고 손으로 창조하고 작업하게 되었고 사랑으로 돌보고 섬기게 되었다. 사람은 두 손으로 무엇인가를 새롭게 창조하고 만들어낼 수 있는 창조자가 되었다. 하늘과 땅 사이에 곧게 서서 생활할 수 있게 된 사람은 홀로 곧게 선 주체로서 하늘과 땅을 함께 보고 만물을 전체로 보고 이해하고 이끌고 움직이는 창조자적 존재가 된 것이다. 창조자는 스스로 판단하고 결정하고 행동하는 자다. 스스로 판단하고 결정하고 행동하는 창조자가 되려면 창의적으로 생각하는 이가 되어야 한다. 창조자로서 사람은 창의적으로 생각하는 이다. 생각하는 것은 사람다운 것이면서 사람을 사람이 되게 하는 것이다. 땅의 물질적 속박에서 자유로워진 인간은 자유로운 손과 자유로운 생각을 가지게 되었다. 자유로운 손과 자유로운 생각은 서로 사귀며 협력할 수 있게 한다. 자유로운 손과 생각의 힘을 가진 인간은 서로 주체로서 연락하고 소통하고 협동하기 위해서 말을 하게 되었다.

하늘과 땅 사이에 곧게 선 사람은 생각하고 말하는 존재다. 하늘과 땅 사이에 곧게 서면 하늘과 땅, 만물과 사람을 두루 보고 느끼고 헤아리고 생각하고 표현하게 된다. 생각은 하늘과 땅을 연락하고 소통하는 것이고, 몸과 맘과 얼을 소통하고 연락하게 하는 것이다. 생각은 하늘과 땅의 깊이와 뜻을 드러내고 몸과 맘과 얼의 값짐과 아름다움을 표현하는 것이다. 생각을 소리로 표현한 것이 말이다. 하늘과 땅 사이에 곧게 섬으로써 사람은 손이 자유로워지고, 자유롭게 생각하고, 말하는 존재가 되었다. 사람이 하늘과 땅 사이에 곧게 서서 걷는 존재가 되었기 때문에 인후(咽喉) 기관과 인두(咽頭) 기관이 발달하여 발음을 다양하고 또렷이 할 수 있게 되었다. 하늘과 땅 사이에 곧게 서서 걷기 시작하면서 비로소 인류는 하늘과 땅이 어우러지는 오묘하고 다양한 소리를 낼 수 있고 말할 수 있게 된 것이다. 말은 생각과 의식을 이치와 법도에 맞게 표현한 것이다. 하늘과 땅 사이에 곧게 선 인간의 몸과 맘속에서 하늘과 땅과 인간으로부터 욕망과 감정과 생각이 피어난다. 인간의 욕망과 감정과 생각에는 하늘과 땅과 인간의 이치와 법도가 구현되어 있다. 욕망과 감정과 생각이 하늘과 땅과 인간(생명)의 이치와 법도에 맞게 표현된 것이 말이다.

말은 하늘과 땅의 이치와 법도, 본질과 뜻을 드러내고 표현하는 것이다. 숫자와 수리는 오묘한 법도와 이치를 평면적으로 단순하게 나타내는 것이고 말은 입체적이고 다양하게 나타내는 것이다. 말은 수단이고 목적이다. 연락과 소통의 도구로서 말은 수단이다. 생명과 정신의 깊이와 사귐을 드러내고 실현한다는 점에서 말은 생명과 정신의 목적이다. 수단으로서 말은 논리와 개념을 품고 있으며 목적으로서 말은 생명과 정신의 깊이와 높이를 품고 있다. 목적으로서 말은 생명과 정신의 근원과 중심과 목적인 하늘의 깊이와 높이를 품고 있다. 말은 서로 다른 주체들 사이의 소통과 연락의 수단이다. 소통과 연락은 공통적이고 보편적인 논리와 이치, 법칙과 질서를 바탕으로 이루어진다. 가장 초보적인 논리와 이치는 수리다. 산술 계산의 이치인 수리는 가장 초보적이고 순수한 논리다. 말은 수리와 논리를 포함하지만 수리와 논리를 넘어선 것이다. 수는 사물에서 시작하여 사물을 초월한 것이지만 2차원 평면의 세계에 속한다. 수는 크기와 분량의 차이를 논리적이고 규칙적으로 객관적이고 추상적으로 평면적으로 나타낸다. 수는 초월적 하늘을 평면화한 것이다. 수는 질적 차이, 질감(質感), 내적 초월과 비약을 나타낼 수 없다. 말은 수리(논리)를 바탕으로 하지만 수리를 넘어선 땅의 깊이와 하늘의 높이를 담은 것이다. 하늘과 땅 사이에 직립한 인간은 하늘과 땅 사이, 인간과 인간 사이, 인간과 만물 사이에 말로써 깊은 이치와 높은 뜻을 소통하고 연락하고 표현한다. 말은 인간의 생각의 깊이를 담고 있으며 생명 진화와 천지인 합일이 일어나는 인간 존재의 깊이를 담고 있다. 인간의 말에는 인간 속에서 드러나는 하늘과 땅의 깊이와 이치가 담겨 있다.

하늘과 땅과 인간 사이를 연락하고 소통하는 말은 천지인 합일을 드러내고 실현하는 것이다. 몸, 맘, 얼 사이에 물질과 생명과 정신 사이에 서로 뚫리고 이어져 있으면서 서로 다르고, 서로 다른 가운데 비약적 고양과 초월이 이루어지고 있다. 말은 이것을 드러내고 표현하고 실현하는 것이다. 말은 수리만이 아니라 물리, 생리, 심리, 도리, 신리를 담은 오묘하고 깊고 높은 하늘과 땅의 세계를 드러내고 표현하고 실현하는 것이다. 글은 생각과 말을 문자로 나타낸 것이다. 한글은 천지인 합일의 이치를 담은 글이다. 한글의 기본모음,

·ㅣ_는 하늘 사람 땅을 나타낸다. 사람ㅣ는 땅_가 하늘 ·을 향해 곧게 일어선 것이다. 하늘(·)과 땅(_) 사이에 곧게 선 사람(ㅣ) 안에서 하늘과 땅이 하나로 된다. 한글 속에는 천지인 합일의 사상이 담겨 있다. 말과 마찬가지로 글도 연락과 소통의 수단으로써 문자이면서 연락과 소통의 목적으로써 하늘과 땅과 사람이 합일된 인성의 깊은 뜻과 값을 드러낸다. 경전(經典)은 문자로 되어 있으면서 인성의 깊은 비밀과 하늘의 뜻을 담고 있다.

인간 안에서 땅의 물질과 하늘의 신이 만나고 있다. '삼일신고'는 이것을 "인간의 뇌 속에 신이 내려와 있다"고 표현하였다. 인간 안에서 하늘과 땅이 만나는 과정이 인성으로 실현되고 나타난 것이다. 몸, 맘, 얼은 인성의 세 차원을 나타내는 말이며 천지인이 인간 안에서 인성으로 구현된 것이다. 몸, 맘, 얼의 인성은 감성, 지성, 영성으로도 표현되고 감성은 느낌으로 지성은 생각으로 영성은 뜻으로 표현되기도 한다. 생명을 중심으로 인성을 보면 본능, 지성, 영성으로 구분할 수도 있다. 인성은 오랜 생명 진화 과정에서 형성된 것이고 지금도 형성되고 앞으로도 형성되어갈 역사적 실재이며 하늘과 땅과 인간을 아우르는 입체적이고 복합적인 존재다. 생각과 말과 글은 몸, 맘, 얼을 통해 생명 진화와 천지인 합일을 이루는 인성을 표현하고 실현하고 완성하는 것이다. 생각하고 말하고 글 쓰는 법을 배우고 익힘으로써 인성을 표현하고 실현하고 완성하는 법을 배우고 익힐 수 있어야 한다.

3. 인성의 세 겹: 몸, 맘, 얼의 일치와 실현

몸은 맘의 껍데기이고 맘은 몸의 알맹이며 맘은 얼의 껍데기고 얼은 맘의 알맹이다. 몸은 맘의 재료이고 수단이며 맘은 몸의 내용이고 목적이다. 맘은 얼의 재료이고 수단이며 얼은 맘의 내용이고 목적이다. 생명의 세계에서 수단과 목적은 유기적이고 전일적이며 중층적이고 복합적인 관계를 가지며 서로에게 속해 있다. 생명의 세계에서 물질적인 것이 수단이고 주체적이고 정신적인 것이 목적이다. 수단과 목적을 기계적으로 분리할 수 없다. 수단과 목적 사이에는 생명적 유기체적 결합과 일치의 관계가 성립한다. 수단 속에 목적이 있고 목적 속에 수단이 있다. 수단과 분리된 목적은 관념화하고 추상화하여 생을 억압할 뿐 아니라 현실성을 잃고 사라진다. 목적과 분리된 수단은 목적에 이르는 과정이 목적을 배반하고 목적을 변질시키고 타락시킨다. 수단 속에 목적이 씨올로서 심겨 있고 수단은 스스로 목적을 낳아야 한다.

인성의 세 겹인 몸, 맘, 얼은 서로 다른 차원에 속해 있으며 서로 다른 힘을 가지고 있다. 물질은 몸 생명의 토대이다. 몸 생명은 맘의 토대이고 맘은 얼의 토대이다. 생명의 원초적 힘은 물질(밥, 공기)에 토대를 두고 있다. 물질은 물리적 힘을 가지고 몸은 생리적 힘을 가지고 맘은 심리적 힘을 가지고 얼은 얼의 힘을 가진다. 물질의 물리적 힘은 가장 강력하지만 목적과 방향, 뜻과 의미가 없다. 생리의 힘은 물리의 힘보다는 약하지만 생명체에게는 강력하고 절실하다. 생리의 힘은 생명을 살리고 유지하는 힘이고 목적과 방향을 가지지만 섬세하지도 알뜰하지도 않다. 생리의 본능과 힘은 고삐 풀린 말처럼 거칠고 사납다. 여러 가지 차원과 계기와 요소인 욕구와 감정과 의지가 작용하는 심리의 힘은 생리의 힘보다 훨씬 약하고 미묘하고 섬세하지만 순수하고 정일(精一)하지 못하다. 따라서 심리의 힘은 생명의 본성과 목적을 충실하게 실현할 수 없다. 역사와 사회에서 작용하는 이념과 이치, 사랑과 정의의 힘인 도리의 힘은 심리보다 훨씬 약하고 미묘하지만 순수하고 정일하다. 도리가 순수하고 정일하기는 하지만 물리와 생리와 심리를 움직이고 실현하고 완성할 힘은 없다. 얼의 힘은 생리, 심리, 도리보다 훨씬 약하고 섬세하지만 스스로 하고 스스로 되는 생명의 본성과 목적을 실현하고 완성할 수 있다. 얼은 하늘의 자유로운 허공에 뿌리를 둔 생명이다. 땅땅한 땅의 물질적 차원에서 보면 하늘이 하늘하늘 미약하고 없어 보이지만 하늘의 힘은 만물을 해방하고 기르고 실현하고 완성한다. 하늘의 힘, 얼의 힘은 땅의 힘, 우주 대자연의 큰 힘, 호연지기(浩然之氣)와 결합될 때 큰 힘을 쓸 수 있다. 얼 힘은 몸의 힘, 물질의 힘과 하나로 통하고 결합되어야 한다. 우주 대자연의 가장 원초적인 힘이 하늘의 가장 순수하고 높은 얼의 힘과 결합되고 통일되어야 한다.

수리(數理)는 가장 확실하고 분명하고 확정적이다. 물리도 확실하고 강력하고 결정적이다. 수리와 물리 위에 피어난 생리의 세계는 연약하고 부드러우면서 미묘하다. 생리 위에 피어난 심리의 세계는 더욱 연약하고 미묘하고 깊고 자유롭다. 심리 위에 피어난 도리(道理)의 세계는 감지할 수 없고 미약하고 미묘하고 오묘하면서 더욱 깊고 높고 크다. 도리의 세계는 역사와 사회에서 사람과 사람 사이에 마땅히 지키고 이루어야 할 도덕과 이치의 세계다. 도리 위에 피어난 얼과 신의 신리(神理) 세계는 감지할 수 없을 뿐 아니라 논리와 말로 나타낼 수 없는 오묘하고 깊은 세계다. 물리의 존재와 법칙은 가장 강력하고 든든하고 확실하다. 진리와 도리, 얼과 신리는 미약하고 있는지 없는지 알 수 없는 미묘한 세계다. 땅의 물질세계는 땅처럼 땅땅하여 든든하게 미덥게 보인다. 하늘(하나님)의 진리와 영의 세계는 하늘의 허공처럼 하늘하늘 없어 보인다. 따라서 사람들은 든든하고 확실한 물리 세계, 물질과 물질의 힘에 의지하고 기대려고 한다. 하늘의 하나님은 말로는 믿는다고 하면서 실제로는 믿기 어렵다.

그러나 생명 진화와 인류 역사의 기본 방향과 목적을 보면 무엇을 믿고 따라야 할지 분명하다. 우주의 물질들을 불태우고 바쳐서 생명이 생겼고, 생명의 기운과 힘을 불태워서 감정과 의식이 생겼고, 감정과 의식을 불태워서 맑은 지성의 지식과 깨달음이 닦여졌고, 지식과 깨달음을 불태워서 얼과 신의 진리와 자유에 이르렀다. 비행기가 하늘을 날고 로켓이 우주 허공을 날기 위해서는 대기와 연료를 불태워야 하듯이 몸을 살리기 위해서는 물질을 희생하고 태워야 하고, 맘을 살리기 위해서는 몸을 희생하고 태워야 하며, 얼을 살리기 위해서는 맘을 희생하고 태워야 한다. 생명을 희생하여 물질을 살리는 것은 이치에 어긋나고 악하고 어리석은 일이다. 맘을 희생하여 몸을 살리는 것도 이치에 어긋나고 악하고 어리석은 일이다. 또 얼과 혼을 희생해서 맘과 몸을 살리는 것도 이치에 어긋나고 악하고 어리석은 일이다. 기본적으로 그리고 원칙적으로 그렇지만 몸과 맘과 얼은 서로 뗄 수 없이 결합되어 있으므로 거꾸로 몸을 성하게 살리기 위해서 맘을 희생하고 불태우며 맘을 편하게 살리기 위해서 얼과 뜻을 불태우고 희생하는 일도 필요하다. 생명 진화와 인류 역사를 통해서 몸의 생명화, 정신화, 영화가 이루어졌기 때문이다. 몸속에는 맘과 얼이 깃들어 있다. 몸을 살리는 것은 맘과 얼을 살리는 것이기도 하다. 맘속에 몸과 얼이 하나로 만나고 결합되어 있다. 따라서 맘을 살리는 것이 몸과 얼을 살리는 것이기도 하다. 또한 맘을 불태우고 희생함으로써 몸이 성하고 얼과 뜻이 힘차게 솟아올라 나아갈 수 있다. 얼과 뜻이 솟아올라 나아감으로써 몸이 성하고 맘이 놓이고 편안해진다.

우주와 생명과 인류의 역사에는 희생과 사랑의 공도(公道)가 지배한다. 오랜 생명 진화 과정을 거쳐서 생명은 결국 모성애를 낳았다. 알을 낳던 파충류들이 새끼들을 살리려는 갸륵하고 절실한 감정과 뜻을 가졌기 때문에 딱딱한 피부를 부드럽게 해서 살갗을 통해서 진액을 흘려서 알을 보호하고 영양을 공급하게 되었다. 포유류는 몸속에서 새끼를 품고 기르다가 낳아서는 젖을 먹여 기르게 되었다. 생명의 사랑과 희생 속에서 모성애가 생겨난 것이다. 모성애에서 인간의 감성과 지성이 닦여져 나왔다. 생명의 세계뿐 아니라 우주 대자연의 세계 속에 사랑과 희생의 도리가 가득 차 있다. 우주의 물질이 불타고 희생함으로써 생명과 정신의 진화와 진보가 일어난다. 진화와 진보는 끊임없는 자기부정과 초월을 통해서 자기를 불태우고 희생함으로써 이루어진다. 물질세계는 가장 강력하고 든든하여 영원할 것처럼 보이지만 물질의 세계는 법칙적으로 파괴와 소멸, 쇠퇴와 죽음, 허무와 무의미로 나아가도록 확정되어 있다. 자기 자신에게 머물러 있는, 자기 자신 안에 갇혀 있는 물질의 세계는 자신도 모르고 남도 모르는 존재의 세계이며 자신도 모르고 남도 모르는 물질의 세계는 파괴와 소멸, 죽음과 허무로 운명 지어진 것이다. 생명과 정신이 진화와 진보에 이르는 길은 물질과 육체를 불태우고 희생하고 초월하여, 자신을 자각하고 남을 위해서 자기를 희생하고 남을 사랑하는 길로 가는 것이다. 이것은 땅땅하고 든든한 물질세계를 버리고 무력하고 없어 보이는 도리와 신리의 세계로 나아가는 것이다. 이 길은 물질과 물질의 힘을 거스르는 것처럼 보이지만 우주 물질과 자연 생명과 신적 얼 생명이 더욱 깊고 높고 크게 있을 길이고 허무와 죽음을 넘어서 영원히 살 길이다. 자기를 불태워서 희생 제사를 드리는 길은 사랑과 정의의 신이신 하나님의 자녀가 되는 길이며, 자기뿐 아니라 남과 온 우주 물질세계를 허무와 무의미의 운명에서 구원하여 영원한 삶에 이르는 길이다.

사람의 몸은 햇빛과 바람과 물과 흙으로 빚어진 것이다. 바람과 물을 마시고 햇빛과 흙으로 지은 곡식과 고기를 먹고 몸은 힘을 얻는다. 물질의 물리적 힘이 사람의 몸에서 생리의 힘으로 정화되고 승화되었다. 밥과 숨의 힘이 몸의 정력(精力)이 된다. 생리의 정력이 맘의 미묘한 욕구와 인정(人情)으로 바뀐다. 맘의 미묘하고 섬세한 욕구와 인정에서 얼의 사랑과 자비, 참과 정성의 힘이 나온다. 사람이 산다는 것은 물리의 힘에서 밥과 숨을 얻고 밥과 숨에서 생리의 힘을 얻고 생리의 힘에서 맘의 힘인 욕구와 인정이 솟아나게 하고 욕구와 인정에서 얼의 힘인 사랑과 참이 솟아나게 하는 것이다.

물리의 힘은 강력하다. 크고 무거운 물체를 움직이고 변화시키려면 큰 물리적 힘이 필요하다. 그러나 생명과 맘을 움직이고 변화시키는 일은 강제적인 물리적 힘을 가지고 되지 않는다. 씨올이 싹 트는 데 크고 강한 힘이 요구되지 않는다. 폭풍이 몰아치고 지진이 나고 화산이 폭발하고 천둥이 울린다고 해서 씨올이 싹 트고 꽃과 열매가 맺히지 않는다. 따스한 햇볕, 시원한 바람, 맑은 물, 부드러운 흙이 씨올을 감쌀 때 씨올은 스스로 싹이 트고 꽃과 열매를 맺는다. 맘이 열리고 움직이는 것도 물리적인 힘으로 강제할 수 없다. 물리적 힘(돈과 힘)과 생리적 욕망(식욕과 성욕)에 끌리고 움직일 수 있지만 그것은 일시적으로 잠시 흔들리고 움직인 것이지 맘이 변화하고 새로워진 것은 아니다. 맘은 지성과 생각으로 움직이고 변화된다. 지성과 생각의 논리와 개념은 설득력이 있고 뚜렷하다. 그러나 지성과 생각의 논리와 개념으로는 얼을 힘차게 솟아오르고 나아가게 할 수 없다. 얼과 뜻이 불타오르고 새롭고 큰 생명을 낳고 주체의 깊이와 자유로 이끌고 전체의 하나 됨으로 나아가게 하려면 논리와 개념으로 움직이는 지성을 넘어서 하늘의 높고 거룩한 세계와 연락되고 통해야 한다. 몸과 맘이 하늘을 품고 하늘을 그리워하고 하늘을 향해 솟아오를 때 얼과 뜻이 불타고 새로워진다. 인성은 몸의 물질 기운에서 욕망과 감정의 기운, 생각과 의식의 기운, 맑은 지성의 기운을 거쳐 얼 생명의 하늘기운까지 하나로 이어져 있다. 얼과 뜻은 인성의 모든 기운을 하늘기운으로 통일하는 것이다. 인성의 모든 기운을 통일하는 힘이 우주 대자연의 지극한 기운인 호연지기다. 얼과 뜻은 몸과 맘속에 깃든 우주 대자연의 힘, 호연지기를 기름으로써 물성과 본능과 감정과 지성과 영성으로 이루어진 인성을 통일하고 실현하고 완성할 수 있다.

II. 인성교육의 내용
: 인성을 깨우고 살림

생명은 하늘에서 땅속으로 내려온 것이며 땅속에서 하늘로 솟아오른 것이다. 생명의 근원과 목적은 하늘이다. 생명의 중심이고 꼭대기인 인간의 본성 속에는 하늘이 씨올로 심겨져 있다. 하늘은 무엇인가? 하늘은 생명과 인간의 근원과 목적인 하나님을 상징한다. 하늘의 님, 하나님은 누구나 인정할 수밖에 없는 "진(眞)이요, 선(善)이요, 미(美)"이므로 아무도 부정하고 함부로 할 수 없는 "거룩"이다. 이것은 생명과 정신이 가까이 다가가고 높이 우러를수록 "고마움, 기쁨, 평화, 생동을 느끼게 되는 거룩"이다. 이 거룩은 "내 가슴의 골방에 숨어 있는 동시에 하늘 밖에 환하게 초월해 계시는 공적, 전적이신 이… 덧없는 현실 속에 살아 있으면서도 또 영원히 시간 밖에 우뚝 서서 확고부동 영원무한하신 이에게만 있는 것이다." 이 거룩(하나님)을 "시간이 붙들 수 없고 시간이 도리어 거기서 나오며, 그것을 공간이 감출 수 없고 우주가 도리어 그 품에 안기며, 법칙이 그것을 다스릴 수 없고 모든 법칙이 도리어 그에게서 나온다."[2] 인성의 속 알맹이인 얼은 하늘(하나님)의 거룩을 느끼고 드러내고 실

---

2 함석헌, "청년교사에게 말한다," 186-187.

현하는 존재다. 거룩은 생명과 정신의 속의 속에서 자기 한계와 부
족을 깨닫고 자기를 부정함으로써 드러나는 참된 깊이와 초월이다.
인성교육은 얼(혼)을 싹 트게 하여 거룩을 느끼고 체험하여 주체의
자유와 전체의 하나 됨(公)에 이르게 하는 일이다.

1. 감성과 지성과 영성의 자각과 실현

인성의 세 겹: 몸, 맘, 얼

인성은 본능적인 몸, 지성의 맘, 영성의 얼 세 겹으로 이루어졌
다. 몸의 본성은 식본능과 성본능으로 이루어져 있다. 식과 색의 본
능은 생명의 원초적 힘과 충동이다. 그것은 인간의 생명 에너지이
며 원료다. 식색의 본능에 가장 충실하게 사는 것이 파충류다. 식색
의 본능은 현재적인 것이다. 식색의 본능에 충실한 파충류는 과거
와 미래를 모른 채 현재의 순간을 살 뿐이다. 맘의 본성은 감정과
기억, 의식과 지성으로 이루어져 있다. 맘의 본성의 낮은 차원은 감
정과 기억이다. 포유류는 현재의 감정과 과거의 기억에 충실하게
살아간다. 감정과 기억은 현재의 삶을 과거와 관련짓는다. 포유류
는 과거의 기억과 경험을 바탕으로 오늘을 살아간다. 맘의 본성이
지닌 높은 차원인 지성과 숭고한 종교 감정은 인간에게 속한 것이
다. 탐·진·치의 낮은 감정이 맘의 본성에 속하면서 몸의 본능에 속
하듯이, 숭고한 종교 감정은 맘의 본성에 속하면서 얼의 본성에 속
한다. 얼의 인간에게는 지성과 함께 얼의 본성인 영성이 있다. 지성
은 과거와 현재를 비판하고 새로운 미래를 계획한다. 영성은 땅의

물질적 제약을 넘어서 하늘의 자유와 높이에 이른다. 생명 진화의 가장 높은 봉우리인 지성과 영성을 가지고 사람은 하늘의 세계로 들어간다. 지성과 영성을 지닌 인간은 과거와 현재를 넘어 새로운 미래를 창조하며 몸의 본능과 맘의 감정과 기억을 승화시켜 생명과 정신과 영의 새로운 세계를 열어간다.[3]

인성은 땅의 물질에서 하늘의 영성으로 나아가는 생명 진화 과정에서 형성된 것이며 생명 진화 과정을 함축적으로 구현(具現)한 것이다. 인성은 땅의 물성과 인간의 지성과 하늘의 영성을 포함하며 생명 진화 과정의 단계들을 품고 있다. 인간의 몸과 맘에는 파충류의 본능적 욕망, 포유류의 감정, 인간의 지성, 하늘의 영성이 살아 있다. 인간이 본능적 욕망에 휘둘리면 뱀, 악어와 같은 파충류가 될 수 있고 감정에 휘둘리면 호랑이, 늑대와 같은 포유류가 될 수 있고 지성을 가지고 살면 사람답게 살 수 있고 하늘의 영에 따라 살면 신과 천사처럼 살 수 있다.

인성은 몸, 맘, 얼의 세 겹으로 이루어져 있다. 몸은 땅을 나타내고 맘은 사람을 나타내며 얼은 하늘을 나타낸다. 인성은 땅과 사람과 하늘의 세 차원을 지니고 있다. 몸에는 물질, 본능이 속하고 맘에는 감정, 의식, 지성이 속하고 얼에는 영성과 신이 속한다. 인성의 모든 차원은 저마다 주체이며 전체다. 인성의 모든 차원은 서로 얽혀 있고 맞물려 있다. 물질적인 몸속에 지성과 얼이, 하늘이 깃들어 있고, 몸의 본능 속에 하늘의 꿈과 열망이 담겨 있다. 감정은 물질과 본능에 매인 것이면서 거룩하고 높은 얼과 아름답고 맑은 이성

---

3 파충류, 포유류, 인간의 뇌구조와 구실에 대해서는 정재승·정용·김대수,『1.4킬로그램의 우주, 뇌』, 50-52 참조.

을 품을 수 있다. 지성은 본능의 종살이인 꾀, 지능이 될 수도 있고 본능과 물질을 초월한 맑고 투명하고 보편적인 이성의 진리를 담을 수도 있다. 영성은 본능과 물욕에 매여 기복과 점술에 머물 수도 있고, 맑은 이성을 품고 하늘의 높은 뜻을 이룰 수도 있다. 영성은 본능과 이성을 해방하여 본능과 이성이 제구실을 하게 만들고 생명의 주체와 전체를 실현할 수 있다. 하늘의 영성에 이르러야 인성이 모두 제대로 실현되고 완성될 수 있다. 이성(호모 사피엔스)의 넓고 큰 바다를 건너고 지성의 높은 봉우리를 넘어야 하늘의 얼 생명에 이르고 인성을 온전히 실현하고 완성할 수 있다.

몸을 가진 인간의 본성(인성)은 땅의 물질, 물성을 포함한다. 물질의 물성과 법칙을 무시하고는 인간과 인성이 존재할 수 없다. 돌에 맞으면 다치고 총에 맞으면 죽는다. 인간의 유전자와 세포는 생화학적 물질로 이루어졌고 뇌의 신경세포들도 신경화학물질에 의해서 움직인다. 물질인 한에는 물성을 지녔고 물성을 지닌 것은 복사하고 복제할 수 있다. 인간의 인성이 지닌 물성에는 물성을 초월하는 생명의 씨올이 심겨져 있다. 물질의 법칙과 속박에 갇혀 있지 않고 생명으로 나아갈 수 있는 길이 인간의 몸과 물성 속에 열려 있다. 생명을 지닌 몸은 물질이면서 생명과 정신을 품고 있으며 감성, 지성, 영성과 소통한다. 몸은 숨을 쉬고 음식을 소화, 흡수, 배설하고 아기를 만들고 낳는 기관이다. 몸은 생명의 집이고 거룩한 영의 집이 될 수 있으며 하늘이 깃들 수 있다.

인간은 생명을 유지하고 확장하기 위해서 식욕과 성욕을 지니고 있다. 인성에는 본능적인 욕망, 식욕과 성욕이 있다. 본능적 욕망에 가장 충실한 것은 파충류다. 인간에게도 본능적 욕망인 식욕과 성욕이 강력하게 작용한다. 인간의 식욕과 성욕은 파충류의 식욕과 성욕보다 훨씬 깊고 풍부하다. 인간에게서 식욕과 성욕은 감성과 지성과 영성을 향해 열려 있다. 식욕은 거룩한 사귐을 낳고 성욕은 아름다운 사랑과 고귀한 가정을 이룰 수 있다. 식욕과 성욕에는 아름답고 거룩한 사랑과 영원한 생명의 씨올이 심겨 있다.

인간은 감정과 의식을 가진 존재다. 몸을 가진 인간은 감각을 가지고 느끼는 존재다. 감각적인 느낌을 생각하고 의식하기 때문에 감정이 생긴다. 생각하는 존재인 인간은 느낌에 대해서 생각하고 의식함으로써 느낌과 의식이 결합되어 감정을 갖게 된다. 감정은 느낌과 의식이 결합된 덩어리다. 감정도 아주 낮은 수준의 감정에서 아주 높은 수준의 감정까지 다양하다. 살인과 폭력을 저지르는 원한과 분노의 감정도 있지만 아름다운 예술과 고귀한 사랑과 거룩한 신앙의 감정도 있다. 감정은 한없이 깊고 높은 것이다. 감정은 변덕스럽고 일시적이지만 강력하고 깊고 높은 것이다. 감정은 땅의 물질에서 하늘의 영까지 아우른다.

인간은 지능과 지성을 가진 존재다. 지능은 다른 짐승들에게도 있다. 지능은 원초적 생명의지인 본능의 연장선에 있는 것이며 본능적 욕구를 실현하기 위한 꾀부림이다. 지능은 기본적으로 도구적이다. 지능에서 지성이 진화해 나왔지만 지성과 지능은 구별된다. 지성은 지능과는 달리 과거와 현재에 대한 비판적 성찰과 미래에 대한 창조적 계획을 할 수 있는 것이다. 지능은 다른 짐승들에게도 있지만 지성은 인간에게만 있다. 인간을 호모 사피엔스, 생각하는 존재라고 하는 것은 인간이 과거와 현재를 비판하고 미래를 새롭게 계획하고 구상할 수 있는 지성을 가진 존재이기 때문이다. 생각하는 지성은 인성의 핵심을 이룬다. 지성은 물질의 성질과 법칙을 이해하고 몸의 욕망과 감정에 관계하기도 하지만 물질과 본능을 넘어서 보편적이고 전체적인 진리를 탐구하고 드러내기도 한다. 지성은 인생과 역사의 차원에 속하면서 하늘의 자유와 전체(보편)에 관련된다.

인간의 본능과 감정과 의식이 자아를 형성한다. 본능과 감정과 의식이 고정된 것이 아니듯이 인간의 자아도 고정된 실체나 관념이 아니다. 자아는 인간의 내면에서 늘 새롭게 형성되는 통일된 초점과 같은 것이다. 본능과 감정과 지성과 영성이 몸과 맘과 얼이 서로 충돌하고 조정하고 조화를 이루면서 만들어지는 통일된 초점이 자아다. 초점이 흐트러지거나 분열되면 자아도 흐트러지고 분열된다. 사람에 따라 자아 '나'는 본능의 욕구에 휘둘리기도 하고 감정에 따라 움직이기도 하며 지성과 영성에 따라 움직이기도 한다. 감성과 지성과 영성이 발달하여 아름다운 감성과 높은 지성과 깊은 영성을 가진 사람은 뚜렷하고 확실한 초점을 가지고 뚜렷하고 높은 자아와 인격을 가진 사람이다. 나, 자아, 인격이 고정된 것은 아니지만, 사람에 따라 본능과 감정에 늘 휘둘리면 늘 그런 자아와 인격을 가진 것으로 보이고 높은 감성과 지성과 영성으로 움직이는 사람은 늘 그런 자아를 가진 것으로 보일 뿐이다. 물성과 본능과 감정은 물질에서 비롯된 것이므로 변덕스럽고 일시적이다. 땅의 물질세계는 외물(外物)의 작용과 영향에 의해 늘 변하고 움직이기 때문이다. 지성과 영성은 하늘의 영원한 생명과 자유를 반영하는 것이므로 보편적이고 영속적인 것이다. 인간의 본능과 감정과 행동과 표정은 덧없고 일시적이지만 그 속에서 하늘의 영원한 사랑과 자유를 드러내고 실현하는 만큼 영원과 보람과 뜻을 지닌 것이다.

오랜 역사와 사연을 가진 인성의 차원들

인성은 138억 년 우주 역사와 38억 년 생명 진화 과정에서 형성된 것이다. 몸의 물성과 본능과 감각, 맘의 감정과 의식, 얼의 지성과 영성이 모두 인성의 내용과 차원을 이룬다. 인성은 입체적으로 그리고 역사적으로 이해되어야 한다. 인성을 단면으로 잘라놓고 여러 차원을 부분과 요소로 파악하는 것은 인성을 기계적으로 파악하는 것이다. 본능과 감각과 감정과 의식은 모두 인성의 중요한 내용을 이루면서 수십억 년 생명 진화 과정을 거쳐 진화하고 형성된 것이다. 인성의 모든 내용과 차원은 저마다 오랜 역사와 사연을 가진 것이며 그 나름의 주체성과 전체성을 지닌 것이다. 인성의 내용과 차원들이 땅의 물질에서 하늘의 영에 이르는 사다리의 단계들을 나타내면서 각 단계가 다시 땅에서 하늘에 이르는 무지개처럼 생명 진화의 모든 단계와 차원들을 아우르고 있다. 몸의 물성과 본능과 감각은 땅의 물질과 긴밀히 관련된 것이지만 지성과 영성, 하늘의 신령한 기운을 품을 수 있다.

인성은 생명 진화의 중심과 절정을 이룬다. 그러나 인성에는 파충류의 본능적 욕구, 포유류의 감정과 기억, 인간의 지성과 영성이 함께 살아 있다. 인성은 본능과 감정과 지성과 영성을 아우른 것이다. 만일 본능적 욕구가 감정과 지성과 영성을 지배하고 억압하면 인간은 악어나 뱀과 같은 파충류가 될 수 있다. 또 욕망과 감정이 지성과 영성을 지배하고 억압하면 인간은 늑대나 사자와 같은 사나운 포유류가 될 수도 있다. 인간의 지능을 가진 악어와 뱀, 늑대와 사자는 얼마나 끔찍하고 잔인할 것인가? 지성과 영성으로 본능과 감정을 이끌고 고양시킨다면 인간은 아름답고 거룩한 존재가 될 것이다. 물질을 초월하여 물질 안에 생명이 생겨난 것 자체가 놀라운 일이다. 감각과 본능에서 감성과 지성과 영성이 닦여져 나온 것도 아름답고 기이한 일이다. 인성은 그 자체가 신비하고 경이롭고 아름답고 위대한 것이다. 인성 속에서 하늘의 얼과 뜻이 싹 트고 열매를 맺고 하나님의 얼굴이 드러날 때 우주는 보람과 의미를 얻을 것이다.

2. 인성교육의 실제: 감성을 살리고 지성을 키우고 영성을 높여라

수리, 물리, 생리, 심리, 도리, 신리는 저마다 한없이 깊고 다양하고 풍성한 세계를 가지고 있다. 수리도 물리도 생리도 심리도, 정신과 도덕의 이치와 도리도, 영성과 신성의 신리도 깊고 오묘하고 위대하고 신통하다. 수리만 해도 간단한 수식(數式)으로 대우주의 생성과 운동의 법칙을 나타내고 산술 계산만으로 컴퓨터와 인공지능은 온갖 기이하고 놀라운 일들을 해낸다. 물리는 수리보다 생리는 물리보다 심리는 생리보다 더 깊고 풍부하고 오묘하고 신통하다. 도리는 심리보다 신리는 도리보다 더욱 깊고 풍부하고 신통하다. 인성은 수리, 물리, 생리, 심리 더 나아가 정신의 이치와 도리, 영성과 신성의 신리를 품고 실현한 것이다. 몸, 맘, 얼의 감성과 지성과 영성을 살리고 키우고 높이는 일은 수리, 물리, 생리, 심리, 도리, 신리를 실현하고 심화하고 고양시키는 일이다. 인간의 오감과 감성은 수리, 물리, 생리, 심리, 도리, 신리를 느끼고 표현하는 것이다.

생명의 본성과 감각을 깨우고 살림

　물질은 물성과 법칙에 의해 자기 안에 갇힌 존재다. 물질은 본질적으로 자기의 존재 안에 타자를 받아들일 수 없고 타자의 존재 속으로 들어갈 수 없다. 어떤 물질이 다른 물질과 결합하여 제삼의 물질을 만들 수 있지만 서로 결합한 물질원소의 본성이 바뀌는 것은 아니다. 수소와 산소가 결합하여 물이 되지만 물속에서도 수소는 여전히 수소이고 산소는 여전히 산소다. 수소가 산소가 되고 산소가 수소가 된 것은 아니다. 물질의 결합은 화합적 결합의 경우에도 근본적으로 치환, 환원, 축합, 첨가가 이루어지는 외적 결합이지 내적 결합이 아니다. 따라서 물질세계에서는 양적 계산과 기계적 운동의 법칙이 적용된다. 물질세계의 운동과 영향은 외적이다. 그럼에도 물질의 화합적 결합은 기체와 액체와 고체로 다양한 형태 변화를 일으키고 놀라운 작용과 질적 변화를 가져온다. 물질은 겉과 속이 같으면서도 존재의 깊이와 아름다움을 가진 것이며 무한한 가능성과 엄청난 잠재력을 지닌 것이다.

　물질의 물성과 법칙을 초월하여 물질의 제약과 속박에서 해방된 생명은 자기의 존재 안에 타자를 받아들이고 타자의 존재 속으로 들어갈 수 있다. 꽃과 나무는 햇빛과 바람과 물과 흙으로 잎과 가지, 꽃과 열매를 창조한다. 잎과 가지, 꽃과 열매 속에 들어온 햇빛은 더 이상 햇빛이 아니고 바람은 더 이상 바람이 아니고 물도 더 이상 물이 아니고 흙도 더 이상 흙이 아니다. 생명 속에서 햇빛과 바람과 물과 흙의 원소가 바뀌는 것은 아니지만 햇빛과 바람과 물과 흙의 상호관계와 만남으로 완전히 새롭게 된다. 질적으로 더 깊고 높고 새로운 차원의 관계와 만남, 상생과 공존의 관계와 구조를 갖게 된다. 생명 안에서 물질의 물성과 법칙이 소멸하거나 부정되지 않고 초월된다. 생명 안에서는 생명의 기관과 부분들이 서로 주체가 되고 서로의 존재 안에 참여한다. 존재의 내재화가 이루어지고 심층적이고 복잡한 구조와 관계가 이루어진다.

생명은 스스로 하는 주체이며, 내적으로 통일된 전체이고, 밖으로 전체와 긴밀하게 이어지고 소통 교류하는 것이다. 생명의 진화는 주체의 깊이와 자유에서 전체의 하나 됨에 이르는 것이다. 생명은 물질 안에서 물질을 넘어 나다운 개성과 자유에 이르는 꿈을 가진 것이고 너다운 주체와 만나 사귀고 하나가 되려는 열망을 가진 것이다. 생명이 없는 물체들은 물성과 법칙의 제약과 속박 때문에 주체를 느끼거나 경험할 수 없고, 타자를 만나서 내적으로 하나가 될 수 없다. 물질과 물체는 물질적 법칙과 타성에 갇혀 잠들어 있고, 자기를 느끼고 의식할 수 없으며, 자기 밖의 타자를 느끼고 의식할 수 없다. 물질과 물체는 생명의 열망과 꿈을 가로막는 제약이며 장벽이다. 물질 안에서 물질을 초월한 생명은 물질과 육체의 제약과 속박을 넘어서 물질과 육체를 통해서 생의 꿈과 열망을 표현하고 실현한다.

생의 감각은 물질과 육체를 매개로 생의 꿈을 표현하고 실현한다. 다른 물체와 생명을 만나서 하나로 되려는 꿈과 열망의 표현과 실현이 오감(五感)이다. 감각은 감각 정보와 자료(data)가 아니다. 감각 속에 감각 정보와 자료가 들어 있지만 감각은 단순히 감각 정보와 자료를 수용하고 전달하는 것이 아니다. 사진기와 컴퓨터와 같은 기계는 감각 정보와 자료를 수용하고 저장하고 전달한다. 뇌와 감각기관도 기계처럼 감각 정보와 자료를 수용하고 기억하고 저장하고 전달하지만 뇌와 감각기관의 감각행위는 생명의 주체적 행위다. 기본적으로 감각은 물질과 육체를 통해서 감각 주체와 감각 대상의 서로 주체적인 만남과 일치이며, 생명이 대상을 '너'로서 만난 느낌이다. 생의 감각은 나의 존재 안에 너를 받아들이고 '너'를 느끼는 것이고 너의 존재 안으로 들어가서 '나'를 느끼고 받아들이는 것이다. 물질과 기계(물질)의 만남과 결합이 기계적이고 계산적이라면, 생명의 만남으로서 감각은 나와 너의 물질적 경계를 넘어서 내적이고 질적이며 심층적이고 중층적이며 주체적이다.

촉각, 미각, 후각, 청각, 시각의 오감 가운데 시각은 가장 나중에 나온 것으로 가장 간접적이고 객관적인 감각이다. 자기와 타자를 느끼거나 의식하지 못하고 깊은 잠에 빠진 물질은 생명의 관점에서 보면 캄캄한 어둠이고 막힘이고 벽이다. 그러나 물질은 스스로 자신을 불태우고 스스로 불타서 깨트리고 비움으로써 환한 빛을 내고 스스로 움직이고 변화한다. 물질은 수동적이고 타율적인 것이지만 속에 한없는 힘을 품고 있다. 물질은 어둠이고 빛이며, 막힘이고 뚫림이며 벽이고 매체다. 시각은 물질의 빛(밝음)을 체화하고 생명화하고 감지하고 표현하고 실현한 것이다. 시각은 물질의 어둠과 벽을 뚫고 너를 알고 만나려는 생의 의지와 꿈, 열망, 그리움이 신체적으로 물질적으로 그리고 신체와 물질을 넘어서 표현되고 실현된 것이다. 보고 싶기 때문에 볼 수 있게 된 것이다. 나의 몸이 투명하게 뚫리고 너(대상)의 몸(물질)의 어둠을 뚫고 보게 된 것이다. 인간의 시각은 너를 깊이 그대로 다양하게 무지갯빛으로 환히 보는 것이다. 생의 주체와 전체를 만나고 사귀고 하나로 되려는 생의 그리움이 인간으로 하여금 보게 했다. 그러나 물질의 빛으로는 생의 주체와 전체를, 깊이와 자유를 다 볼 수 없고 생의 그리움을 다 실현할 수 없다. 물질의 빛으로는 겉밖에 못 보고 시각은 보이는 부분과 측면을 볼 뿐이다. 시각으로는 다 볼 수 없는 생의 그리움을 그림과 글로 그리고 나타낸다.

오감을 살려라!

감각은 생명의 주체가 물질의 물성과 실체를 접촉하고 만나고 소통하고 수용하는 것이다. 감각은 물질의 물성과 실체를 생명의 차원에서 지각하고 수용하는 것이다. 이것은 생명과 물질의 만남과 교류지만 생명과 물질이 직접 만나고 교류하는 게 아니라 생명을 가진 유기체적 몸을 매개로 생명과 물질이 만나고 교류하는 것이다. 내가 내 몸을 감각할 때도 나의 생명과 몸의 물질 사이에 몸이 매개를 하여 감각이 이루어진다. 감각은 물질 안에서 물질을 초월한 생명이 몸을 통해 물질과 만나고 교류하는 것이다. 감각은 물질을 있는 그대로 존중하고 받아들이면서 물질을 넘어서는 비물질적인 생명과 정신의 차원을 드러낸다. 감각은 물질의 성질과 성분과 형태를 지각하고 드러내고 존중하고 받아들이는 것이면서 물질을 초월한 생명과 정신의 차원을 지니고 있다. 따라서 감각은 단순히 물질의 성분과 요소, 성질과 형태에 관한 정보와 자료만이 아니라 생명 주체의 반응과 의식, 욕구와 의지를 반영한다.

생명이 없는 기계(컴퓨터, 인공지능)의 정보 데이터 수용은 양적으로 정확하다. 같은 조건과 상황이라면 늘 동일하다. 감각은 기계가 아니고 눈은 사진기가 아니다. 생의 감각은 주체적이고 창조적이고 새롭고 미묘하고 변동적이다. 같은 상황과 조건이라도 사람에 따라 다르고 같은 사람이라도 감정과 의지에 따라 다르게 감각한다. 생의 감각은 질적 차이를 갖는다. 그러므로 인간의 감각에는 질적인 차이가 늘 있다. 들꽃 하나를 보고도 무심하게 지나치는 사람도 있지만 시인과 화가, 철인과 성인은 깊고 묘한 느낌과 감동과 깨달음에 이를 수 있다. 생명의 감각은 물질의 성질과 형태에 갇혀 있지 않다. 감각은 물질의 유한한 성질과 형태를 넘어서 우주만물의 무한한 존재론적 깊이와 전체적 일치를 감지할 수 있다. 감각은 물질에서 없음과 빔의 차원을 적극적이고 능동적으로 드러내거나 파악할 수 없지만 물질세계가 한없이 깊고 풍성한 존재의 세계를 가지고 있으며 무한한 없음과 빔의 차원과 이어져 있음을 감지할 수 있다.

감각은 무한한 없음과 빔의 세계에 대하여 열려 있다. 무한한 없음과 빔의 초월적 차원은 눈에 보이는 물질의 형태와 형상으로 표현될 수 없다. 이러한 감각의 비물질적이고 초월적 차원은 비유와 상징과 추상으로 간접적으로 표현된다. 물질 안에서 물질을 초월한 생명 자체가 물질과 생명(비물질)의 만남과 교류다. 인간의 몸은 생명과 물질의 만남과 결합이며 사귐과 교류다. 감각은 이 만남과 교류를 확인하고 표현하는 것이다. 감각은 일차적으로 내가 내 몸을 느끼는 것이다. 감각은 또한 바깥 사물(대상)과의 만남과 관계에서 생명과 물질의 만남과 교류를 확인하고 표현하는 것이다. 감각의 주체인 생명은 물질의 성질과 형태를 넘어서 무한한 없음과 빔의 초월적 차원을 지닌다. 감각에는 생명의 초월적 차원이 반영되어 있다. 따라서 감각을 살리고 고양시키는 일은 생명 자체를 실현하고 고양하고 완성하는 일이다.

오감을 살리고 높이려면 감각의 주체인 생명이 힘차고 활발해야 한다. 내 생명의 집이고 매체이고 기관인 몸이 예민하고 힘차게 살아 있어야 한다. 나의 생명은 내 몸을 통해서 자연만물과 만나고 교감한다. 내 몸에 생기가 넘치고 바르고 곧은 생각과 뜻을 가질 때 감각은 사물과 존재에서 우주만물의 존재론적 깊이와 풍요와 아름다움을 느낄 수 있다. 시각, 청각, 후각, 미각, 촉각의 오감은 과일과 꽃, 잎사귀와 물방울, 모래알과 쇠붙이에서 물질과 생명의 한없는 깊이와 전일적 연관성을 느낄 수 있다. 따스한 햇빛, 시원한 바람, 맑고 깨끗한 물, 부드러운 흙에서, 한 그릇의 밥과 나물에서 우주 물질과 생명의 깊이와 신비, 아름다움과 소중함과 고마움을 느낄 수 있다.

생명과 감정이 없는 컴퓨터와 인공지능이 물질의 성질과 형태에 대한 온갖 자료와 정보를 가지고 산술 계산을 통해 마법과 같은 놀라운 일을 벌일 수 있다. 인간이 만든 인공지능이 인간보다 훨씬 똑똑하고 정확한 계산과 판단과 예측과 통제를 할 수 있다. 인간보다 더 풍부하고 다양하게 인간의 감정과 언어를 흉내 낼 수 있다. 수리의 세계도 그 나름으로 신통하고 오묘하기 때문이다. 그러나 기계는 인간의 감각과 감정을 가질 수 없고 깊은 뜻을 깨닫고 고마움을 느낄 수 없다. 인간은 인공지능보다 무능할지 모르나 감정과 언어의 질적 차이를 알고 개성과 창의를 가진다는 점에서 인공지능보다 비교할 수 없이 뛰어난 존재다. 인공지능이 기계적 발명과 혁신을 가져올 수 있고 지성과 영성을 모방하고, 예술과 철학과 종교의 분야에서 인간의 개성과 창의를 흉내 낼 수 있지만 진정한 의미에서 개성과 창의를 가질 수는 없다. 기계인 인공지능은 주어진 자료와 정보를 처리하고 활용할 뿐 비판하고 부정하고 초월할 수는 없다. 기계는 인간과 세상에서 주어진 존재를 연장하고 확장할 수 있지만 새로운 차원의 존재를 드러내고 실현하지는 못한다. 기계는 참된 의미에서 생명과 정신의 창조와 혁신을 가져오지 못한다.

인간의 감각은 파충류나 포유류의 감각과 같으면서 다르다. 파충류의 감각은 본능적 욕구(식욕, 성욕)에 갇혀 있다. 파충류가 무엇인가를 보고 듣고 냄새 맡고 맛보고 만질 때 감각의 내용은 본능적 욕구로 채워지고 감각의 대상은 그 욕구의 대상이 된다. 그러나 파충류의 생명도 생명인 한에서 본능적 욕망만을 가진 것은 아닐 것이다. 파충류에게도 생명의 기쁨과 즐거움이 있을 것이고 그 기쁨과 즐거움은 본능의 욕망으로 한정되지 않을 것이다. 그럼에도 파충류의 감각은 본능적 욕망을 넘어서 생명의 기쁨과 즐거움을 자유롭게 적극적으로 표현하거나 실현하지 못할 것이다. 포유류의 감각은 본능적 욕구를 넘어서 감정과 기억을 드러내고 표현할 수 있다. 감정은 현재의 감각과 느낌을 반영하는 것이고 기억은 과거의 경험과 일을 의식하는 것이다. 포유류의 감각은 현재의 본능적 욕구를 넘어서 과거의 경험과 기억을 반영하고 기쁨과 즐거움을 드러낼 수 있지만, 과거와 현재를 넘어서 자유롭게 미래를 계획하고 창조할 수 있는 자유로운 정신과 의식을 갖지 못한다. 인간의 감각은 본능적 욕구나 감정과 기억을 넘어서 과거와 현재의 삶을 넘어서 자유롭게 미래를 계획하고 창조할 수 있는 자유와 뜻을 개성적이고 창조적으로 드러내고 표현할 수 있다.

감각의 대상에 대한 인간의 오감(시각, 청각, 후각, 미각, 촉각)은 대상물질의 성분과 성질과 형태(에 관한 정보와 자료)뿐 아니라 대상의 존재론적 깊이와 목적을 드러낼 수 있다. 지성과 영성을 가진 인간은 몸과 맘속에 하늘이 열린 존재다. 인간은 무엇인가를 감지하고 생각할 때 하늘에 비추어 보며 느끼고 생각한다. 인간의 몸과 맘속에는 안팎으로 하늘 거울이 있다. 내적인 하늘(나)과 외적인 하늘(초월, 하나님)에 서로 비추면서 감각을 느낀다. 내적 하늘 거울과 외적 하늘거울이 무한대로 서로 비추면서 대상의 다양함과 깊이를 드러낸다. 하늘의 빔과 없음에 비추어 볼 때 비로소 사물과 대상의 본질과 의미가 드러난다.

관조를 넘어 뚫어봄으로

오감 가운데 시각은 대상의 주체적 참여를 배제하고 감각 주체가 일방적으로 대상을 감지한다. 다른 감각들은 감각 주체와 감각 대상의 상호주체적인 참여로 이루어진다. 시각만은 대상의 주체적인 참여 없이 시각주체의 일방적인 파악으로 이루어진다. 다른 감각들이 서로 모호하게 모름의 어둠 속에서 서로 만나고 교류하는 것이라면 시각은 감각 대상의 모습과 형태를 뚜렷이 드러낸다. 시각은 사물의 물질적 형태와 색깔, 표면적 모습을 밝게 드러낸다. 본다는 것은 가장 명료한 감각이다. 촉각, 미각, 후각, 청각은 더 직접적일 수는 있으나 모호한 어둠 속에서 희미하게 지각하는 것이지만 시각은 빛을 통해서 환하게 뚜렷이 보는 것이다. 밖의 물질을 태워서 내는 빛으로 본다는 점에서 시각은 가장 원초적이고 객관적이고 직접적이다. 촉각은 가장 주관적이고 주관-직접적이라면 시각은 가장 객관적이고 사물 중심적이다. 시각은 객관적이며 직접 사물을 있는 그대로 보는 것이다. 본다는 것은 보는 대상을 공격, 통제, 지배할 수 있고 보는 대상에 대해서 대응하고 방어할 수 있다는 것을 뜻한다. 남에게 나의 존재를 보인다는 것은 남에게 공격받고 통제되고 지배당할 수 있다는 것을 의미한다. 시각은 생존을 위한 엄청난 무기다.

시각에도 생명의 주관이 작용하고 편견과 관점, 입장이 작용하므로 시각은 온전한 객관은 되지 못한다. 본다는 것은 주체의 가장 깊은 내면, 우주 물질생명의 가장 깊고 높은 얼, 주체, 신을 보는 데는 적합하지 않다. 시각 자체의 한계 때문에 시각은 사물의 표면과 부분을 볼 뿐 주체의 내적 본질(깊이)과 통일된 전체를 드러내지 못한다. 더욱이 바라보는 인간의 욕망과 편견이 바라보는 눈 속에 반영되기 때문에 대상은 왜곡되고 일그러진 형태로 보이기 쉽다. 바라보는 인간의 적대적이고 탐욕적인 관점이 작용할 경우에 대상의 주체와 전체는 부정되고 지배와 정복의 대상으로 타자화된다. 인간이 욕망(탐욕)과 감정(미움), 편견과 집착을 가지고 감각 대상을 볼 때 대상은 주체와 전체를 잃고 대상화, 타자화하고 부분화 표면화한다. 인간은 흔히 탐욕과 미움, 편견과 집착을 가지고 보는데 이 경우에 바라 봄 자체가 대상에 대한 폭력과 왜곡이 된다.

바라봄의 폭력과 왜곡에서 벗어나 대상을 있는 그대로 보는 것이 중요하다. 욕심과 편견을 넘어서 사심이나 감정(愛憎) 없이 있는 그대로 감각 대상을 보고 느끼는 것이 중요하다. 있는 그대로 본다는 것은 구경이나 관람, 관광하듯이 제삼자의 자리에서 객관적으로 보는 것을 의미하지 않는다. 제삼자의 자리서 객관적으로 구경꾼으로서 또는 관찰자로서 보는 것은 드러나는 것, 보이는 것을 보는 것이다. 드러나 보이는 것을 그저 보는 것은 대상의 내적 본성과 본질을 보는 것이 아니며, 대상의 주체와 전체를 함께 보는 것이 아니다. 비추어 보이는 것을 보는 이성의 관조(觀照)⁴는 편견과 감정 없이 드러나 보이는 대상의 실상을 보는 것일 수 있어도 대상의 주체적이고 전체적인 역동과 모순의 심층적 진실을 보지는 못한다. 참으로 보는 것은 드러나 보이는 것을 보는 게 아니라 대상과 사물의 내적 본질을 보는 것이고 표면과 부분으로 가려진 내적 진실과 진상을 보는 것이다. 대상과 사물의 내적 진실과 진상을 보는 것은 주체와 전체의 역동적 중층적 모순과 역설의 깊이와 신비(奧義)를 보는 것이다. 진화하는 생명의 주체와 전체의 진실은 죽음과 신생 속에서 일어나는 혁신과 초월이다. 대상과 사물의 주체와 전체를 보려면 감각 주체의 욕망과 편견, 집착과 감정의 색안경을 깨트릴 뿐 아니라 대상의 물질적 표면적 부분적 껍질을 깨고 내면의 주체적이고 전체적인 진실을 뚫어보는 데 이르러야 한다. 주관적인 편견과 감정으로 물든 감각 주체와 인식주체의 색안경(눈)을 깨트릴 뿐 아니라 감각 대상의 객관적 표면적 부분적 껍질을 벗겨야 대상의 주체와 전체의 본질적 진실이 드러나고 보인다. 감각 주체가 자신의 물질적 욕망과 집착에서 해방되고 감각 대상의 주체와 본질이 대상의 표면과 거죽을 뚫고 드러나야 한다. 대상의 표면과 부분을 뚫고 주체와 전체를 보는 것은 비추어 보이는 대로 보는 관조가 아니라 거죽과 부분을 꿰뚫어보는 뚫어봄이다. 거죽과 부분을 꿰뚫어보는 뚫어봄은 주체와 전체의 하나 됨이 이루어지는 하늘(하나님)의 자리에

---

4 이성의 관조를 행복의 최고 상태로 본 아리스토텔레스의 견해에 대해서는 새뮤얼 이녹 스텀프·제임스 피저, 『소크라테스에서 포스트모더니즘까시』, 이광래 역(열린책들, 2004), 163.

서 가능해진다. 하늘, 하나님은 모든 것의 모든 것을 뚫어보시는 이고 나보다 나를 더 잘 아는 이고 갈라지고 깨어진 전체를 온전히 회복하시는 이다. 정의와 사랑으로 가득한 하나님의 눈은 악인들의 불의와 죄악을 보고 그 불의와 죄악을 심판하고 깨끗하게 씻는 능력을 가졌다. 하나님의 눈은 인간의 아픔과 슬픔, 형편과 처지를 보고 병들고 약하고 가난한 이들을 돌보고 지키고 치유하고 살리고 구원하는 힘을 가졌다. 관세음보살(觀世音菩薩)은 소리를 보는 보살이다. 중생의 소리만 듣고서 거죽과 형태(形態)를 뚫고 생명과 영혼의 진실(주체와 전체)을 본다. 탐·진·치를 여읜 보살의 맑고 자비로운 눈길에서 중생의 어둠과 절망, 죄악과 부끄러움이 벗겨지고, 고통과 슬픔이 스러지고, 믿음과 희망이 돋아난다.

객관적으로 있는 그대로 보려는 이성의 관조는 수학적 기계적 과학적 지각을 지향한다. 이성의 관조는 산술 계산과 기하학적 도형의 세계에서 가장 명료하게 이루어진다. 숫자와 도형의 세계는 동일성의 세계다. 숫자 1은 늘 동일한 1이고 3은 늘 동일한 3이다. 동그라미는 늘 동그라미이고 세모는 늘 세모다. 이성의 관조는 동일한 것을 동일하게 보려고 한다. 주어진 사실과 사물을 있는 그대로 보려는 것은 물질(사실)세계와 인지(認知)세계(감성과 지성)의 논리적 개념적 동일성, 수학적 계산적 기계적 동일성을 전제한다. 그러나 인식과 감각의 대상세계인 물질세계와 인식과 감각의 주체의 내면세계인 인지세계(맘, 정신, 말)는 물질과 생명의 역동적인 변화와 형성 속에 있으므로 동일성에 머물러 있지 않다. 물질도 생명도 정신도 역동적인 변화와 생성, 창조와 신생 속에 있다. 따라서 기계적이고 논리적인 수학적이고 형식적인 동일성을 바탕으로 한 사유와 이론은 관념적이거나 주관적이다. 있는 그대로 관조하려는 이성의 관조는 동일성을 전제로 동일성에 이르려 하지만 현실의 실재를 관념적으로 또는 주관적으로 왜곡할 뿐 실재의 주체와 깊이, 전체를 드러내고 표현하고 실현하지 못한다.

참으로 있는 그대로 보고 느끼고 받아들이려면 생성하고 변화하는 실재의 주체와 전체가 드러나고 표현되고 실현되게 해야 한다. 수학적 기계적 동일성을 넘어서서 생성하고 변화하는 주체와 전체가 드러나게 하려면 하늘의 없음과 빔의 자유에 이르러야 한다. 동일성이 지배하는 수학과 기하학에는 없음과 빔이 없다. 없음과 빔에서 감각(인식) 주체는 자유로워지고 전체의 자리에 이르며, 주어진 대상의 주체와 전체를 있는 그대로 드러낼 수 있다. 하늘의 없음과 빔에서 감각의 주체는 대상의 거죽과 부분을 꿰뚫고 그 주체와 전체를 뚫어보고 표현하고 실현하고 완성할 수 있다. 주체와 전체가 드러나고 실현되는 하늘의 없음과 빔에서 감각 대상과 감각 주체는 서로 주체로서 함께 창조되고 진화하며 실현되고 완성될 수 있다. 감각 주체의 생명과 정신이 깊어지고 자유로워지며 감각 대상의 물성과 형태가 이치와 본성에 따라 풍성하고 아름답게 드러나고 표현되고 실현될 수 있다.

뚫어봄은 맑은 지성과 높은 영성을 가지고 보는 것이다. 본능적 욕망에 사로잡힌 파충류의 감각이나 감정과 기억에 매인 포유류의 감각을 넘어서 욕망과 감정에서 벗어나 맑은 지성과 높은 영성을 가지고 보아야 대상을 왜곡하지 않고 드러나 보이는 것만을 보지 않고 대상의 주체와 전체의 진리를 볼 수 있다. 제삼자로서 객관적으로 비추어 보이는 것을 보는 이성적 관조는 사심과 감정을 벗어나서 객관적으로 볼 수 있지만, 우주 전체와 결합된 대상의 주체와 전체의 존재론적 깊이와 신비를 드러내고 실현하고 완성할 수는 없다. 이성의 관조는 객관적인 과학적 기계적 관찰로 이어질 수 있으나 대상의 존재론적 깊이와 의미를 드러내고 실현하고 완성하는 데 이르지 못한다. 맑은 지성과 높은 영성을 가지고 보는 것은 하늘의 없음과 빔에 비추어 보는 것이다. 하늘의 없음과 빔에 비추어 볼 때 뚫어볼 수 있고 뚫어볼 때 대상의 주체와 전체를 볼 수 있다. 대상의 주체와 전체를 보는 것이 참으로 보는 것이다. 참으로 본다는 것은 하늘의 없음과 빔에 비추어 봄으로써 대상의 물성과 형태(에 관한 자료와 정보)를 넘어서 주체와 전체의 깊이와 값과 뜻과 아름다움을 드러내고 누리고 실현하고, 창조하고 진화하고 완성하는 데 이르는 것이다. 하늘의 없음과 빔의 자유에 이를 때 비로소 욕망과 감정의 굴레를 벗어나서 있는 그대로 맑은 눈으로 보고 대상의 주체와 전체의 깊이와 뜻, 값과 아름다움을 드러내고 창조하고 고양시키고 실현하고 완성할 수 있다.

하늘의 없음과 빔의 자유에 이를 때 감각 주체와 감각 대상이 서로 주체로서 드러나고 존중되고 함께 실현되고 창조하고 창조되고 진화하고 완성된다. 하늘의 없음과 빔에서 감각 주체와 감각 대상은 물질적 제한과 속박에서 서로 해방되고 서로 참여하고 서로 채워줌으로써 우주 자연과 생명의 주체적 자유와 전체적 하나 됨을 실현하고 누리고 창조하고 진화하고 완성해가는 것이다. 생명과 인간의 주체와 전체를 실현하고 완성하며 창조하고 고양시키는 뚫어봄은 하늘에서만 가능한 일이고 하나님만이 할 수 있는 것이다. 하나님이 '나'를 보는 것은 나를 살리고 키우고 창조하고 세우고 구원하고 완성하는 것이다. 하나님의 눈은 창조의 능력과 구원의 사랑을 나타낸다. 하나님의 뚫어보는 눈은 불의와 죄악을 보고 심판하는 눈이며 정의와 평화를 드러내고 실현하는 눈이다. 하나님의 심정으로 가난한 민중의 맘과 삶을 뚫어본 예수의 눈은 하나님의 창조의 능력과 구원의 사랑을 드러내고 정의와 평화의 나라를 실현했다.

오감의 진화와 깊이

무엇을 보고 듣고 냄새 맡고 맛보고 만질 때 단지 그것의 형태와 모습, 성질과 성분만을 감지하는 것이 아니다. 인간의 오감은 감각 대상의 형태와 성질을 넘어 무한한 우주 대생명의 깊은 신비와 장엄한 위대를 느끼고 그것을 밖에서만이 아니라 내 생명의 속의 속에서 느낌으로써 우주 생명 전체의 일치를 느끼는 데 이를 수 있다. 무엇을 얼마나 깊이 보고 느낄 수 있는가는 감각 주체의 생명이 얼마나 깊고 높은 정신과 의식의 수준에 이르렀는지에 달려 있다. 벌레(곤충), 파충류, 포유류, 영장류, 인간은 저마다 사물을 보고 느끼는 수준이 다르다. 꽃을 보더라도 꽃의 형태와 색채를 뚜렷이 섬세하고 풍성하고 입체적으로 보고 그 아름다움과 놀라움을 깊이 느낄수 있는 것은 지성과 영성을 가진 인간이다. 들꽃의 은은한 향기와 아름다움에 설렘과 그리움과 기쁨과 놀라움과 감동을 보고 느끼는 것은 인간이다. 벌레나 파충류에게는 깊고 섬세한 감정이 없고 포유류와 영장류에게는 지성과 영성이 없다. 따라서 사물의 아름다움과 값짐을 섬세하고 고귀하게 보고 느낄 수 없다. 생명 진화가 이루어진 만큼 내적 감정과 의식도 발달하고 감정과 의식이 발달한 만큼 감각기관도 섬세하게 발달한다. 생명이 진화한 만큼 생명은 주체의 깊이와 자유에서 전체의 하나 됨에 이르고 주체와 전체의 일치에 이른 만큼 사물을 깊고 풍성하게 보고 느낄 수 있다. 감각 주체가 사물을 깊이 보고 느끼는 만큼 감각 대상인 사물의 주체와 전체가 깊게 드러나고 표현되고 실현될 뿐 아니라 감각 주체인 인간의 주체와 전체도 깊게 드러나고 표현되고 실현된다.

사람의 몸과 맘에도 벌레(곤충)의 기계적 본능과 버릇, 파충류의 본능적 욕망, 포유류의 감정과 기억이 살아 있다. 사람의 오감도 생명 진화사적 굴레와 제약에 갇혀 있다. 사람의 오감도 물질의 물성과 법칙, 본능적 욕망과 습관, 과거의 낡은 감정과 기억에 매여 있으며 물질의 타성과 본능적 욕망과 기계적 습관 속에 잠들어 있다. 꽃을 보더라도 기계적으로 습관적으로 보거나 욕망의 대상으로 보거나 과거의 감정과 기억에 비추어 보면 사물의 본성적 주체와 전체를 드러낼 수 없고 감각 주체인 인간의 주체와 전체를 실현할 수 없다. 과거와 현재를 넘어서 미래를 계획하고 새롭게 창조할 수 없다. 어떻게 하면 감각 대상(사물, 생명)의 주체와 전체를 실현하고 감각 주체의 주체와 전체를 실현하여 새로운 삶의 차원과 미래를 창조하고 열어갈 수 있을까? 감각 주체와 감각 대상이 서로 주체가 되어 만나고 소통할 수 있어야 한다. 감각 주체와 감각 대상이 '나는 나답게 너는 너답게' 될 수 있어야 서로 주체로 만나고 소통하여 서로 실현하고 완성할 수 있다. 서로를 훼손하거나 왜곡하지 않고 나는 나답게 너는 너답게 되려면 먼저 감각 주체가 땅의 물질세계의 물성과 법칙의 제약과 속박에서 벗어나 하늘의 자유에 이르러야 한다. 기계적이고 법칙적인 본능(욕망)과 습관, 낡은 과거의 감정과 기억은 모두 물질적 성질과 법칙의 제약과 속박에 매인 것이다. 맑고 깨끗한 지성과 높고 거룩한 영성은 물성과 법칙의 제약과 속박에서 자유로운 것이다. 하늘의 자유에 이를 때 나는 나답고 너는 너답게 되어 서로 주체로 만나 전체의 하나 됨에 이를 수 있다.

오감을 살리려면

오감을 살리고 높이기 위해서는 먼저 감각 주체인 나 자신이 생명의 주체로서 나답게 되어야 한다. 내가 나답게 되려면 몸과 맘이 하늘과 땅 사이에 곧게 서야 한다. 근심과 걱정, 집착과 편견에서 자유로울 때 몸과 맘이 곧을 수 있다. 몸과 맘이 곧으면 몸, 맘, 얼이 힘차게 살 수 있고 몸과 맘에 생기가 넘친다. 몸과 맘에 생기가 넘치면 오감은 예민하고 섬세해지며 깊고 풍부해진다. 몸에 생기가 넘치기 위해서 먼저 몸을 곧게 하고 숨을 깊고 편히 쉬고 밥을 알맞게 먹어야 한다. 피가 잘 돌고 뼈가 잘 맞추어지고 몸을 잘 움직여야 한다. 맘에 생기가 넘치기 위해서는 지성이 맑고 깨끗하며 영성이 높고 거룩해야 한다. 지성이 맑고 깨끗하려면 하늘의 뜻과 삶의 이치를 담은 글을 읽고 생각하기를 힘써야 한다. 영성이 높고 거룩하려면 하늘을 우러르고 그리워하며 하늘을 몸과 맘에 모시도록 힘써야 한다. 몸, 맘, 얼에 생기가 넘치면 오감이 깊고 풍부하고 예민하고 섬세해진다. 그러나 영성이 지성을 억압하고 지성이 감성을 억압하면 오감을 살리지 못하고 죽이게 된다. 하늘을 몸과 맘에 모신다면서 억지와 인위가 작용하면 거짓 하늘이 감성과 지성과 영성을 억압하고 해치게 된다. 거짓 하늘을 앞세우는 종교는 감성과 지성과 영성을 억압하고 해치고 오감을 억누르고 위축시킨다.

오감은 자연과의 교감이다. 자연과 오감이 서로 주체로 만나게 하라! 햇빛, 바람, 물, 흙이 얼마나 아름답고 고맙고 소중한지 느끼게 하라. 햇빛, 바람, 물, 흙이 없다면 생명은 한순간도 살 수 없다. 생명과 정신이 없다면 햇빛, 바람, 물, 흙이 고맙고 소중하고 아름다운 것을 알 수도 없고 드러내고 표현하고 실현할 수도 없다. 오감을 살리고 오감을 통해서 자연 만물을 고맙고 소중하게 느끼는 것은 우주의 값과 신비를 느끼고 아는 것이고 우주의 값과 아름다움을 실현하고 살리는 것이다. 오감 속에서 우주 만물의 신비와 아름다움이 드러나고 감각 주체인 인간의 지성과 영성이 깊고 높아진다. 오감은 우주와 인간의 상호주체적 만남과 서로 살림이고 소통과 사귐이다.

숲은 10억 년 생명 진화를 거쳐 형성된 것이고 하늘과 땅과 생명의 창조적인 신비와 조화를 드러내는 것이다. 숲에서 자연과 하나로 되게 하라! 자연과의 만남에서 오감과 지성과 영성이 자라고 커진다. 자연은 과학적 창의성과 예술적 상상력의 보고이고 종교적 영성과 철학적 초월의 자리다. 숲에서는 누구나 자연 대생명(大生命)의 숭고함과 아름다움과 장엄함을 느낄 수 있다. 자연 물질과 생명의 본성과 이치를 드러내고 흉내 내는 것이 자연과학이다. 자연 생명의 본성과 이치를 느끼고 표현하는 것이 예술이다. 자연 생명의 본성과 이치를 깨닫고 이해하며 실현하고 고양시키는 것이 철학이고 종교다. 과학과 예술과 철학과 종교를 통해서 우주 대자연의 본성과 이치가 지각되고 이해되고 표현되고 실현되고 고양되며, 인간의 감성과 지성과 영성도 깊고 풍부해지고 고양된다.

숲은 10억 년 생명 진화의 역사를 가지고, 하늘과 땅과 생명의 오묘한 신비와 조화를 드러낸다. 이러한 숲속에 서면 사람은 우주대 생명의 깊은 신비와 장엄한 힘을 느끼는 동시에, 자기의 존재와 생명을 깊이 느끼고 깨닫게 된다. 오감을 통해 숲의 자연 생명을 만남으로써 사람은 자신이 누구인지를 느끼고 깨닫게 되며 자신의 본성과 사명, 목적과 뜻을 깨닫고 실현하게 된다. 숲에서 만나는 자연 생명과 만물이 인간에게는 벗이고 형제일 뿐 아니라 부모이고 스승이다. 햇빛과 바람과 물과 흙에서 산과 들, 강과 바다, 나무와 꽃들에서 인간은 자신의 본성과 목적을 느끼고 깨닫고 배우고 익히고 고양시키게 된다.

오감의 감각과 느낌에도 지성의 생각과 영성의 영감이 참여할 수 있다. 오감도 하늘에 닿을 수 있다. 개념과 논리만으로는 생의 주체와 자유에 이를 수 없고 감성과 감정만으로는 주체와 전체의 일치에 이를 수 없다. 감성과 지성이 온전히 함께 발달해야 하늘의 얼과 신의 영성에 이를 수 있다. 오감은 들꽃 하나에서 과일과 낟알 하나에서 먹이를 보고 우주를 보고 생의 주체와 전체를 보고 인간 생명의 뜻과 목적, 사명과 천명을 보고 우주와 신에게 이를 수 있다. 하늘의 없음과 빔에 비추어 볼 때 꽃의 아름다움은 뚜렷하고 아름다운 꽃의 값짐과 뜻이 드러난다. 꽃 한 송이, 과일 한 알, 모래 한 알, 물 한 방울을 보고 느끼면서 우주 대자연과 생명의 주체와 전체, 무한과 절대의 신비와 위대를 보고 느낄 수 있다. 마치 한의사가 손목의 맥을 만져보고 몸과 맘 전체의 기맥과 건강을 감지하듯이, 오감은 아주 작은 것을 보고 느끼면서 우주의 주체와 전체를 보고 느낄수 있다. 파충류는 과일을 먹이로만 보고 포유류는 맛의 즐거움을 기억하고 느끼지만 사람은 과일 한 알에서 우주의 법칙과 원리를 보고 무한한 우주 전체의 신비를 보고 존재와 생명의 뜻과 목적을 본다.

감각은 생명의 일차적이고 직접적인 활동이지만 감각 속에는 수리, 물리, 생리, 심리, 도리로 표현되는 생명의 모든 차원이 반영될 수 있다. 감각 속에는 땅의 물질에서 생명의 본능과 감정과 의식, 지성과 영성을 거쳐 하늘의 얼과 뜻에 이르는 사다리와 무지개가 있다. 인간의 감각은 깊고 풍성하고 아름답고 높은 생명의 세계를 느끼고 표현할 수 있다. 오감을 살리고 높이는 것은 생명의 깊이와 아름다움을 드러내고 실현하는 것이다. 오감을 통해서 인성 전체가 실현되고 완성될 수 있다.

지성을 살려 생각하라

지성과 생각은 욕구와 감각에서 피어난 것이다. 의식과 감정은 생의 욕구(의지)와 감각에서 형성되고 자라난 것이다. 의식과 감정이 결합된 것이 생각이다. 감각과 욕망과 감정에서 포유류의 모성애가 진화 발전해 나왔다. 포유류의 모성애에서 인간의 감성과 지성과 영성이 닦여지고 씻어지면서 진화 발전해 나왔다. 인간의 감정과 의식, 감성과 지성과 영성 속에는 그 밑바닥에 욕망과 감각, 열정과 사랑과 의지가 있다. 인간의 맘속에 있는 모든 것을 두 가지로 줄이면 감정과 의식이고 감정과 의식의 알맹이는 생각이다. 생각이 감각(느낌)과 엉키고 뭉친 것이 감정이고 의식이다. 생각은 감정과 의식의 덩어리이며 실마리다. 감정과 의식을 하나로 줄이면 생각이다.

맘속에 있는 모든 것은 생각이고 맘을 움직이는 것도 생각이다. 생각한다는 것은 생각이 생각을 생각하는 것이다. 지성은 생각하는 주체이고 능력이고 기능이다. 생각하고 생각되는 내용이 감정과 의식이고 감정과 의식의 세 차원이 감성과 지성과 영성이다. 지성은 감성과 영성을 매개하고 연결하고 심화하고 고양시킨다. 감성은 땅의 물질세계와 관계하는 것이고 영성은 하늘의 얼과 관계하는 것이며 지성은 감성의 세계와 영성의 세계를 연결하고 매개하고 정화하는 것이다.

지성의 생각은 추상화하면 관념화된다. 논리와 관념으로서의 생각은 산술 계산과 기하학적 도형의 순수이론의 세계를 연다. 이것은 물질과 생명과 정신을 배제한 관념과 지식의 세계다. 순수 논리와 관념으로서의 생각의 세계는 평면의 세계이며 생각의 세계의 한 면에 지나지 않는다. 추상화되지 않은 생각은 평면이 아니라 입체다. 실제로 삶 속에서 이루어지는 생각은 감각과 감성, 욕망과 감정에 뿌리를 박은 것이고 얼과 신, 영성을 반영하고 추구하는 것이다.

사람이 생각하는 것은 살아 있는 것이고 자신의 내면(맘)에 대해서 깨어 있는 것이고 바깥의 타자와 하늘에 대해서 열려 있는 것이다. 살기 위해서 깨어 있기 위해서 그리고 열려 있기 위해서 생각해야 한다. 사람이 되고 사람 노릇하기 위해서 지성을 다해서 생각해야 한다. 생각하는 사람이 되기 위해서 지성을 살리고 키우고 높여야 한다.

몸과 맘과 얼을 다해서 생각하라
시간은 그저 흘러가고 지나가는 것이 아니라 나무의 속에 나이테를 남기듯이 생명 속에 쌓이는 것이다. 오랜 생명 진화 과정을 거쳐 형성된 사람의 몸과 맘에는 시간뿐 아니라 시간 속에서 생명체들이 품었던 욕망과 감정과 의식과 생각이 쌓여 있고 새겨져 있다. 사람의 몸과 맘에는 생명과 역사의 꿈과 지혜와 열망이 축적되어 있다. 생각은 머리로만 하는 게 아니라 온몸으로 하는 것이다. 온몸으로 온 감각으로 맘과 혼과 얼을 다해서 생각해야 한다. 생각은 몸에서 캐내는 것이며, 생명을 살리고 높이고 솟아오르게 하는 것이다. 생각하는 것은 내가 나로 나답게 되는 일이다. 생각하면 내가 깊어지고 높아지며 자유로워지고 새로워지며 개성적이고 창조적으로 된다. 생각함으로써 몸과 맘과 얼이 바르게 조율되고 새롭게 된다. 생각하는 것은 생명 진화와 천지인 합일을 실현하고 완성하는 것이고 인성을 실현하고 탈바꿈하고 고양하고 완성하는 것이다. 생각은 물질의 법칙적 제약과 속박에서 벗어나 하늘(얼과 신)과 연락하고 소통하는 것이다. 생각은 낡은 전통과 습관에서 벗어나 굳어버린 과거와 현재를 부정하고 새로운 미래를 열어가는 것이다. 생각은 땅의 물질과 낡은 습관에 매인 나를 부정하고 참회하고 짓고 낳고 새롭게 하고 나아가게 하는 것이다. 내가 생각하면 나의 생각이 바뀌고 뇌가 바뀌고 습관이 바뀌고 행동이 바뀐다. 우리가 생각하면 환경이 바뀌고 역사와 사회가 바뀐다.

생각을 통해서 생명의 진화와 역사의 진보가 이루어진다. 인간은 자연 생명의 유전자를 통한 진화에서 생각과 정신의 진화로 넘어간 존재다. 생각을 다듬고 표현하는 글과 말을 통해서 사회의 관계와 만남을 통해서 사회와 역사와 문명을 통해서 생각과 정신의 창조와 진화가 일어난다. 유전자의 진화는 수만 년, 수백만 년, 수천만 년

단위로 이루어진다. 생각과 정신의 진화는 인간이 스스로 만들어내는 인간 자신의 진화다. 생각함으로써 자신을 새롭게 창조하고 진화시키는 인간은 자신의 창조자와 피조물이 된다. 하늘과 땅 사이에 곧게 선 인간은 하늘을 머리에 인 존재이고 하늘을 몸과 맘에 모시고 품은 존재다. 생각하는 것은 하늘의 창조와 진화에 참여하는 것이다. 생각하는 것은 하늘의 창조와 진화가 자기 속에서 일어나게 하는 것이다. 생각을 통해 인성의 창조와 진화가 일어나려면 생각 속에 하늘의 얼과 뜻이 깃들어야 한다.

하늘의 얼과 뜻에 이르려면 감성과 지성과 영성을 살려서 생각하고 탐구해야 한다. 생각하는 법과 능력을 몸, 맘, 얼로 배우고 익혀야 한다. 머리로만 생각하지 않고 온몸으로, 가슴으로 배로 창자와 자궁으로 생각해야 한다. 일하는 손으로 느끼고 생각해야 하고, 걷고 뛰는 발로 생각해야 한다. 니체가 말했듯이 '육체의 대이성'이 머리의 이성보다 훨씬 크고 위대하다. 사람은 땀 흘려 힘들게 일하면서 감정과 의식이 정화되고 맑고 참된 생각을 하게 된다. 물질과 육체의 게으른 타성적 잠에 빠질 때, 본능적 쾌락과 즐거움에 빠질 때 참되고 맑고 높은 생각은 나오지 않는다. 온몸으로 땀 흘려 일하는 머리에서 참된 생각이 솟아난다. 오감이 살아나고 깊어질 때 생각도 살아나고 깊어진다. 안락과 성공에 도취해서 안일한 삶을 살 때보다 실패하고 병들어서 슬픔과 괴로움을 느끼고, 절망과 좌절을 겪을 때 생각은 깊어지고 새로워질 수 있다. 좋은 글을 읽고 좋은 말을 들을 때 좋은 생각이 나고 생각은 깊어진다. 말과 글은 생각을 표현한 것이다. 바르고 옳은 생각을 하면 바른 말과 옳은 글이 나온다. 말을 하고 글을 쓰면서 생각이 깊어지고 바르고 옳게 다듬어진다.

감성과 지성을 넘어서 하늘의 얼과 신으로 생각해야 한다. 하늘의 얼과 신으로 생각하는 것은 나와 대상을 하늘의 거울에 비추어 보는 것이다. 하늘과 땅 사이에 곧게 선 인간은 하늘에 자기와 세상을 비추어 보는 존재다. 하늘에 자기와 세상을 비추어 보는 것이 참으로 생각하는 것이다. 참된 생각은 역설적인 것이다. 생각하는 것은 생각을 생각하는 것이고 끊임없이 기존의 생각을 이어가고 심화 발전시키는 것이면서 기존의 생각을 부정하고 비판하고 초월하는 것이다. 생각 자체가 물질의 제약과 속박에서 초월한 생명의 행위다. 참된 생각은 물질의 제약과 속박에 대한 부정과 초월이며 주어진 세상과 자신에 대한 부정과 초월이다. 하늘의 거울에 비추어 본다는 것은 인위적인 의식과 감정에서 벗어나 맘을 깨끗이 비우고 사물과 생명과 인간의 주체와 전체, 깊이와 신비가 드러나고 떠오르게 하는 것이다. 하늘의 텅 빔 속에서 자기를 잊고 버리고 집중하고 몰입할 때 맘이 텅 비고 멍한 상태에서 창의적인 생각과 새로운 영감이 떠오른다. 집중하고 몰입하여 인식 대상과 하나로 되어 교감과 공감과 공명 속에 있을 때 창의적인 생각과 새로운 영감이 잘 떠오른다. 생각의 몰입과 집중은 생각과 감정을 비우고 멍한 상태에 있는 것과 상반된 것처럼 보인다. 그러나 바로 몰입과 비움의 상반과 모순과 역설 속에서 하늘의 거울에 비추어 보고 하늘의 얼과 신으로 생각하는 일이 일어난다.

생각하는 것은 내 맘 속에 있는 하늘의 거울에 비추어 보는 것이다. 내 속에 하늘 거울이 있어서 그 거울을 깨끗이 닦고 거기 비추어 보면 모든 거짓과 낡은 껍질이 벗겨지고 나와 대상의 주체와 전체가 드러나고 실현된다. 생각하는 것은 하늘에 비추어 봄으로써

6장 _ 인성교육의 목적과 내용 ㅣ 379

거짓과 편견, 혼동과 착각을 씻어내고, 일과 대상의 주체와 전체가 드러나고 실현되게 하는 것이다. 하늘 거울에 비춰 보려면 온갖 잡념과 망상을 끊고 버려서 맑고 깨끗한 맘이 되어야 한다. 맑고 깨끗하여 텅 빈 맘속에서 하늘 거울이 밝게 비추인다. 인간은 자기를 생각하는 존재다. 생각하는 것은 내가 나를 비추어 보는 것이다. 생각하는 것은 나를 비추어 봄으로써 나를 찾고 나다운 내가 되는 것이다. 참 나를 찾고 내가 나로 되기 위해서 나는 나를 하늘의 거울에 비추어 보아야 한다. 하늘의 거울에 비추어 보면 거짓 나, 낡은 나가 드러나고 참된 나가 뚜렷해진다. 하늘의 거울에 비추어 보고 내가 나로 되는 일이 진정 생각하는 것이다. 하늘의 거울에 비추인 나를 보고 생각함으로써 거짓 나에서 벗어나 참 나를 찾고 참 나를 바로 세우고 짓고 낳아서 참 나가 되어 솟아올라 나아가야 한다.

생각 훈련과 체조

인간은 생각하는 존재(호모 사피엔스)를 넘어서 생각을 생각하는 존재(호모 사피엔스 사피엔스)다. 그러나 생각은 본능적으로 저절로 하는 것이 아니고 기계적으로 자동으로 하는 게 아니다. 생각은 스스로 애써서 해야 하는 것이다. 생각은 본능이나 기계가 아니기 때문에 몸을 단련하고 훈련하려고 체조를 하듯이 생각도 단련하고 훈련하기 위해서 생각 체조를 해야 한다. 생각 체조는 날마다 좋은 글을 읽고 깊은 명상과 성찰의 시간을 가짐으로써 생각의 힘과 근육을 키우고 생각의 방법과 기술을 배우고 익히는 것이다. 땅의 물질적 현실에 충실하면서 하늘을 우러르고 하늘로 솟아올라 나아가는 생각 훈련과 체조를 날마다 해야 한다. 생각 체조와 훈련을 통해서 몸,

맘, 얼을 돌이켜보고 수리, 물리, 생리, 심리, 도리의 이치와 법도를 생각하고 헤아려서 실현해 가야 한다. 생각 체조는 등산하듯이 수리, 물리, 생리, 심리, 도리, 신리의 이치와 법도와 질서의 사다리를 타고 생명의 높은 산에 오르는 것이다.

참된 생각은 수리, 물리, 생리, 심리, 도리, 신리를 깨닫고 이해하여 실현하는 것이다. 생각 훈련과 체조는 수리에서 신리까지 이치의 단계와 사다리를 타고 오르고 내리면서 모든 단계의 이치를 이해하고 체득하는 것이다. 수리는 논리적이고 명쾌한 것이며 확실하고 결정된 것이다. 수리의 세계는 그저 그렇게 있을 뿐 새로운 변화와 창조가 없다. 물리의 세계는 서로 다른 성질과 힘(에너지)으로 변화하고 운동하는 것이다. 강력한 힘을 지녔지만 수리적으로 기계적으로 법칙적으로 움직이고 밖의 힘으로 움직일 뿐 스스로 주체적으로 움직이지 못한다. 생리는 물리의 힘보다는 한없이 약하지만 물질의 성질과 이치에 바탕을 둔 것으로 강하고 힘찬 것이다. 생리는 물리보다 훨씬 오묘하고 풍부한 것이며 자발적인 주체와 전체의 일치와 통일을 지닌 것이다. 인간의 내면에서 작용하는 심리는 물리와 생리에 바탕을 둔 것으로 물리와 생리보다 훨씬 미약한 것이지만 더욱 깊고 미묘하며 자유로운 것이다. 인간관계와 사회관계, 역사에서 성립하는 도리의 세계는 심리보다 훨씬 미약한 것이지만 더욱 깊고 오묘하고 높은 것이다. 인간의 영혼과 하늘 사이에 성립하는 신리는 떳떳하고 마땅한 도리보다 가물가물하고 모호하여 있는 듯 없는 듯 하지만, 훨씬 더 깊고 높고 오묘하다. 수리에서 물리, 생리, 심리를 거쳐 도리를 넘어 신리에 이를수록 결정론적 성격은 약화되고 스스로 하는 주체의 자유는 커진다. 수리와 물리의 힘은 약화되지만 생명과 정신과 얼의 힘은 커진다. 물질의 세계인 땅은 땅땅하고 단단하여 강력하고 확정적이지만 하늘은 하늘하늘하여 있는 듯 없고 없는 듯 있어서 미묘하고 자유로우며 아무것도 결정된 것이 없다. 하늘은 자유롭고 창조적인 자리이며 생명과 역사가 새롭게 창조되고 생성되는 풀무다. 생각은 하늘에 비추어 물질과 생명과 정신의 본성과 이치를 이해하고 실현하는 것이며 그 본성과 이치를 심화 고양시키고 탈바꿈하여 새롭게 창조하고 완성하는 것이다.

생각하는 것은 물질의 기운을 생명화, 정신화, 영화하는 것이다. 생각하는 것은 하늘의 얼과 뜻을 물질과 생명의 기운 속에 불어넣는 것이다. 우주물리의 대기(大氣)는 대자연의 천기(天氣)다. 몸의 정기(精氣)는 생기(生氣)이고 맘의 기운은 심기(心氣)다. 지성의 기운은 이기(理氣)이며 영혼의 기운은 영기(靈氣)다. 하늘의 신령한 기운은 신기(神氣)다. 사람의 몸에서 쉬는 목숨은 우주물리의 대기를 받아서 정기와 생기를 만든다. 생각함으로써 정기와 생기는 심기가 되고 심기는 맑은 이치와 법도를 받아 이기가 된다. 생각이 더욱 깊고 높아지면 이기는 영혼의 깊이와 높이를 얻어 영기가 되고 영기는 하늘의 뜻과 얼을 받아서 신기가 된다. 생각은 하늘과 땅, 몸과 얼, 인간과 하나님을 연락하고 소통하는 것이다. 생각하는 사람의 몸에서 목숨의 대기와 하늘의 신기가 서로 뚫린다. 발끝에서 머리끝까지 몸의 신체와 본능, 감정과 의식을 뚫고 얼과 혼에 생각이 사무치면, 몸과 맘에 이기와 영기와 신기가 가득하다. 기(氣)는 본래 우리말로는 얼, 김이라고 했다. 우주물리의 얼김이 생기, 심기, 이기, 영기와 신기로 탈바꿈하고 진화, 고양, 초월하여 차원 변화를 일으키는 것이 생명 진화의 과정과 방향이고 생명의 목적이고 인간의 사명이다. 하늘과 땅의 바른 기운(正氣)을 숨 쉬고 하늘과 땅에 몸과 맘과 얼에 사무치게 생각함으로써 몸과 맘속에 이기와 영기와 신기가 가득 차게 해야 한다.

나는 생각한다, 그러므로 나는 내가 된다

생각은 스스로 애쓰고 힘써서 하는 것이다. 스스로 애쓰고 힘써서 하는 생각은 주어진 것을 되풀이하는 생각이 아니라 주어진 것과는 다르고 새롭게 하는 생각이다. 생각하는 것은 근본적으로 나를 내가 생각하는 것이다. 생각하는 것은 생각을 생각하는 것이다. 생각하는 것은 다르게 나를 생각하고 새롭게 나의 생각을 생각하는 것이다. 생각하는 것은 나를 다르게 하고 생각을 새롭게 하는 것이다. 생각하는 것은 창조와 변화를 가져오는 것이고 새롭게 하는 것이며 스스로 하고 스스로 되는 것이다. 생각은 인간의 본성을 탈바꿈하는 것이며 인간의 주체인 나를 새롭게 하고 나를 창조하고 낳는 것이다. 따라서 "나는 생각한다. 그러므로 나는 내가 된다"고 말할 수 있다. 존재와 생명, 역사와 사회를 참으로 바꿀 수 있는 것은 참되게 생각하는 것이다. 생각을 깊고 철저하게 하면 뇌신경세포와 연결망의 회로가 새롭게 변하고 생성될 수 있다. 생각하면 생각과 의식이 바뀌고, 생각과 의식이 바뀌면 버릇과 습관이 바뀌고, 버릇과 습관이 바뀌면 사회의 관행과 풍습이 바뀌고 역사와 사회가 바뀔 수 있다. 모든 혁명과 변화는 새롭게 생각하는 데서 시작된다.

참된 생각은 주체의 깊이와 자유에 이르는 것이고 거기서 전체의 하나 됨에로 나아가는 것이다. 생각은 위로 하늘과 줄곧 뚫리고 옆으로 이웃 만물과 줄곧 뚫리게 하는 것이다. 거짓되고 잘못된 생각은 존재와 생명의 부분과 거죽에 달라붙어 말라죽게 하는 것이다. 거죽에 달라붙는 거짓 생각은 주체의 깊이와 자유에 이르는 길을 막고 전체의 하나 됨을 깨트리는 생각이다. 참된 생각은 나를 살리고 위로 높이지만 거짓 생각은 나를 죽이고 아래로 떨어지게 한다. 참된 생각은 솟아올라 나아가게 하지만 거짓 생각은 과거에 매이고 현재에 달라붙게 한다. 생각한다는 것은 거짓 생각을 버리고 참된 생각으로 나아가는 것이며 낡은 과거를 청산하고 현재를 비판하고 새로운 미래로 나아가는 것이고 땅의 물질에 대한 집착과 매임에서 벗어나 하늘로 솟아올라 앞으로 나아가는 것이다. 그것이 기도이고 명상이며 공부이고 예배다. 거짓 생각은 악마와 죽음에 이르는 것이고 참 생각은 하나님과 영원한 생명에 이르는 것이다.

참된 생각은 생명을 깨닫고 이해하며 살리고 높이는 것이다. 참된 생각은 모든 것을 하나의 점으로 줄이고 그 점을 찍어버림으로써 하늘의 빔과 없음에 이르는 것이다. 참된 생각은 하늘의 빔과 없음에서 위로 하늘과 줄곧 뚫리고 옆으로 이웃 만물과 줄곧 뚫리게 하는 것이다. 참된 생각은 몸과 맘속에서 땅의 기운과 하늘의 기운이 연락하고 소통하게 하는 것이다. 몸과 맘속에서 하늘의 기운과 땅의 기운이 잘 통하고 뚫리면 발바닥에서 머리끝까지 입에서 꽁무니까지 기운과 생각이 막힘없이 잘 뚫린다. 기운과 생각, 의식과 감정이 얼크러짐 없이 잘 뚫리고 통하며 나와 하늘, 나와 이웃 만물이 잘 뚫리고 잘 소통한다. 생각은 뚫리고 통하게 하는 것이다.

하늘을 우러러 얼 힘을 키우라!

인간생명의 씨알맹이는 얼이다. 얼-힘을 기르는 것이 인생의 목적이다. 얼-힘만이 생을 자유롭게 하고 영원히 살게 한다. 땅에 발을 딛고 살면서 몸과 물질, 밥과 숨을 존중하면서 그 속에서 하늘을 열고 얼-힘을 길러야 한다. 인생의 목적은 얼-힘을 기르는 데 있고 얼-힘을 기르는 것은 목숨이 말과 생각으로 쉬는 말-숨으로 되고 말-숨이 하늘의 얼과 뜻으로 쉬는 얼-숨이 되게 하는 것이다. 얼-숨을 기르면 정이 기가 되고 기가 신이 된다. 얼-힘을 길러서 몸이 말씀과 영의 집이 되고, 밥 먹는 일이 거룩한 사랑과 사귐이 되어야 한다.

정기신의 통일: 얼의 발견과 실현

현대어에서 얼은 정신의 줏대, 영과 혼의 뜻으로 쓰인다. 그러나 고대에는 생기, 정기, 정력의 뜻으로 썼던 것 같다. 우리말과 가까운 몽골어, 여진어, 민주어에서 '얼', '어리거', '얼간', '어리', '우르'가 숨(息), 기(氣), 힘(力)의 뜻으로 쓰이는 것을 보면 우리말 얼도 본래 숨, 기, 기력, 기세, 기운, 열(熱)의 뜻으로 쓰였던 것 같다.5 중세어에서는 얼(어리)이 주로 어리석음(癡), 헤맴(迷), 모자람의 뜻으로 쓰였다. 얼과 상통하는 말로 여겨지는 '얼(어르)다'는 (정력을) '교합하다'는 의미로 쓰였다. 얼은 '얼, 알(알맹이)'로서 생명과 정신의 핵심, 씨(核), 알짬(精), 정신(精神)을 뜻했다.6 생명의 알짬인 정력에 휘둘리는 것

---

5 서정범, 『國語語源事典』, 431-432.

6 몽골어로 오로(oro)는 가슴을 뜻한다. 가슴은 열정과 감정의 자리다. 열정과 감정은 혼돈과 미혹, 생기와 정기와 관련될 수 있다. 얼은 기(氣), 힘(力)으로 보인다. 김민수

은 유치하고 어리석은 것이면서 남녀가 정력을 교합하면 어른이 되는 것이다.

우리말에서 영혼의 뜻으로 쓰인 넋이 귀신의 뜻으로 부정적이고 소극적인 의미로 쓰였으므로 넋 대신에 얼을 영혼의 뜻으로 삶과 역사의 책임적 주체의 뜻으로 쓰게 된 것 같다. 현대어 얼은 기력(정력), 어리석음(감정의 혼미함), 정신의 줏대(영혼)를 통합한 말이다. 기력이 몸의 정력을 뜻하고 어리석음이 감정의 충동을 뜻하고 정신의 줏대가 영혼을 뜻한다면 얼은 정기신(精氣神), 몸, 맘, 얼의 통합을 이룬 것이다. 근현대에 이르러 한민족이 얼이란 말을 영혼과 정신의 줏대, 역사와 사회의 책임적 주체의 뜻으로 쓴 것은 한민족의 심오하고 원대한 이념과 뜻을 나타낸다. 한민족의 정신사에서 얼의 발견과 쓰임은 어리석음과 혼미함에서 벗어나 몸, 맘, 얼을 통합하는 구도자적 과정을 나타내고 한민족의 정신적 자각과 정체성의 확립을 드러낸다. 얼이란 말의 의미와 개념이 어떻게 달라졌는지 그리고 어떻게 받아들여지고 사용되었는지 살펴보면 우리는 한민족의 구도자적 탐구과정과 역사에 참여하고 우리 자신도 몸, 맘, 얼을 통합하는 주체적 자각과 정체성의 확립에 이를 수 있을 것으로 기대한다.

숨, 김, 기운, 씨알맹이는 넋, 혼과 어떤 관련이 있을까 생각해 보자. 한자에서도 기(氣)는 쌀을 가지고 밥을 지을 때 나오는 김(수증기)을 뜻한다. 기는 우리말로 김이다. 밥을 지을 때 나오는 뜨거운 김에는 열과 힘이 있다. 김(기)은 보이지 않지만 오감으로 느껴지는

편, 『우리말 語源事典』, 735-736 참조.

기운, 열을 뜻한다. 김은 가물가물하여 형체와 모양을 알 수 없으나 아주 없지도 않고, 있으면서 없고 없으면서 있는 듯 묘하고 모호하게 있다. 김, 기는 하늘의 바람, 대기(大氣)이며 생명과 사물의 보이지 않는 기운과 힘이다. 밥을 먹으면 생기, 정기(精氣)가 생긴다. 물질과 생명의 기운이 겉으로, 밖으로 모락모락, 움질움질 새나오고 기어 나오고 자라고 돋아나고 솟아나고 뿜어져 나오는 모양을 김이라 하고, 물질과 생명의 기운이 속에서 아른아른 어른어른 얼얼하게 움직이고 솟구치고 사무치는 것을 얼이라 했던 것 같다. 겉으로 나타나는 기운의 모습을 김이라 한 것 같다. 풀이나 해초를 김이라 한 것도 풀이나 해초가 생명의 기운이 기어 나오고 돋아나오고 솟아나기 때문일 것이다. 이에 반해 물질과 생명의 기운이 몸속에 핏줄 속에 어른어른 하고 얼얼하게 살아 움직이고 솟구치고 사무치는 것을 '얼'이라 한 것 같다. 그래서 '얼(올)'은 '얼, 알로 쓰이면서 알짬, 알맹이(核), 내적인 기운 정기(精氣), 정신(精神)을 뜻하는 말로 쓰인 것 같다.

김은 없다가 있고 있다가 없어져서 있음과 없음의 경계에 있는 것으로 여겨진다. 기와 김은 어른어른, 아른아른하여 묘하고 모호하게 있으므로 얼이라고 했는지 모른다. 형체와 모양이 없으나 분명히 있기 때문이다. 얼(올)은 알맹이, 알짬과 통하고 하늘(하늘, 한울, 한알)의 올, 알과 통하는 말로 보인다. 얼은 있는 듯 없는 듯 어른어른 있는 생명의 내적 기운(알짬 기운), 생기를 나타낸다. 쌀로 밥을 지을 때 나오는 김이 기(氣)라면 밥을 먹고 몸에서 생겨나는 기운이 생기(生氣), 정기(精氣)다. 정기는 생의 에너지 호르몬이며 남녀의 왕성한 정기가 서로 어우러져서 성적 교합을 이루면 새 생명이 태어난다. 남녀의 정기를 교합하는 것을 '어른다'고 했고 '어른' 사람을 어른이라고 했다. 다시 말해 남녀가 짝을 짓는 것은 얼(생기, 정기)을 어르는 것이고 어른이 되는 것이다. 얼은 생기 정기이며 어른다는 것은 생기와 정기를 주고받는 것이다. 얼, 기, 기운을 남녀가 서로 나누는 일이 어르는 일이고 어르는 일을 하면 어른이 된다. 어른은 얼을 잘 쓰고 움직이는 이다.

얼·김은 형체와 모양이 없어서 묘하고 모호하여 혼란과 혼돈을 뜻하기도 한다. 생기와 정기, 열정과 감정으로서의 얼은 혼란스럽게 뒤얽히고 쉽게 뒤엉킨다. 얼은 뚜렷하고 똑똑하고 분명하지 못하고 흐리멍덩하고 어리석은 것을 뜻하기도 하였다. 얼을 어르는 것도 생명을 낳는 일이면서 혼돈과 엉킴일 수 있다. 성적 에너지 정력, 정기에 몰입하고 빠지는 것은 자제력과 판단력을 잃고 혼돈과 무질서에 빠지는 것이고 어리석고 부끄러운 일이 될 수 있다. 따라서 얼은 분별력과 자제력이 없는 철없는 어리석음을 뜻하기도 했다. 기(氣), 김에 따라 사는 것은 미혹(迷惑)에 빠지는 어리석은 일이다. '얼빠지다'는 말은 기력, 기운이 빠진다는 말도 되고 어리석음과 미혹에 빠진다는 말도 된다. 얼, 기운에 빠져 헤매는 것은 유치하고 어린 것이다.

본능적인 생기, 정기는 생명을 낳는 창조적 힘이 될 수 있지만 원초적인 생기에 휘둘리면 충동과 혼돈의 어리석음(迷惑)에 빠질 수 있다. 그러나 생기와 정기로서의 얼·김은 능동적이고 적극적이며 주체적인 에너지이고 기운이다. 생명력으로서 얼·김은 생의 밑천이고 원동력이다. 이에 반해 중세까지 영혼의 의미로 쓰였던 우리 말 넋은 인간의 삶과 사회에서 적극적이고 주체적인 구실을 하지 못하고 원한을 품고 해코지하는 귀신, 원귀(冤鬼)로서 달래주고 풀어주어야 할 부정적이고 적대적인 대상으로 여겨졌다. 넋은 감정과 의식을 넘어서는 초월적 존재이며 죽음 너머에서도 존재하는 영적 존재이지만 원한을 품을 수 있고 해코지를 할 수 있다. 죽은 원귀가 달라붙어 있으면 병과 재난을 일으킨다는 점에서 죽은 넋은 달래서 풀어주고 죽음 저편으로 돌려보내야 할 대상이다.

이렇게 넋을 인간의 삶에 대해서 적대적인 것으로 보고 달래서 죽음 저편의 세상으로 돌려보내야 한다고 생각한 것은 아직 한민족의 의식이 몸, 맘, 얼의 통일, 감성과 지성과 영성의 통합에 이르지 못한 것을 나타낸다. 고대와 중세의 역사와 사회에서 민중은 억압받고 수탈당하며 소외된 존재로서 자신의 정신과 혼을 주체로 여길 수 없었고 몸, 맘, 얼의 통일을 이루지 못하고 몸과 맘과 얼의 분열 속에 살았던 것으로 여겨진다. 따라서 자신의 정신과 혼인 넋에 대해서 적대적이고 분열적인 감정과 태도를 지니게 된 것이다. 억눌리고 소외되고 원한이 맺힌 민중의 넋은 몸, 맘, 얼을 통합하는 주체가 되지 못하고 민중 자신의 몸과 맘에 대해서 자신의 감성과 지성에 대해서 적대적인 것으로 나타난다. 한 맺힌 민중의 넋이 민중 자신을 해치고 괴롭히는 존재가 되었다. 따라서 넋은 사회와 역사에서 인간의 주체와 책임을 강조하는 말로 쓰일 수 없었다.

서양에서 주체를 나타내는 말 subject는 본디 '~아래 놓인', '~아래 던져진'을 뜻하며 지배 권력과 체제에 예속된 노예, 신민(臣民)을 나타내는 말이다. 따라서 subject는 역사와 사회의 책임적 주체, 민주적 주체로 쓰일 수 없는 말이다. 서양에서는 책임적이고 민주적인 주체를 나타내는 말을 새로 만들어 쓰지 않았다. 그러나 나라를 잃고 식민지 생활을 했던 한국에서는 감성과 지성과 영성을 통합하는 인간의 주체와 책임을 강조하기 위해서 얼이라는 말을 넋의 대신으로 쓰게 되었다. 본디 김, 기운을 나타내는 얼과 새롭게 넋, 혼의 뜻으로 쓰이는 얼 사이에는 아무 관련성이 없는 것일까? 곰곰이 생각해 보면 둘 사이에 내적 연속성과 연관성이 드러난다. 얼은 본디 대기, 김을 나타내는 말이면서 생기와 정기를 나타내는 말이다. 그것은 우주 자연의 기운과 힘을 나타내면서 인간의 생기와 정기를 나타낸다. 그것은 우주와 자연과 인간의 내적인 힘과 에너지, 기운과 기력, 기세를 나타낸다. 그러면서 그것은 형태와 형체, 모습과 형상을 가지고 있지 않은, 눈에 보이지 않는 내적인 힘, 오묘하고 깊은 기운을 나타낸다. 얼은 어른어른, 아른아른하여 있는 듯 없는 듯 존재하며 신비하고 묘한 것이다, 땅은 땅땅하고 굳세고 든든하고 확실하게 존재하고 드러나지만 하늘은 하늘하늘하여 있는 듯 없고 없는 듯 있어서 신비하고 오묘하여 뚜렷이 명확하게 드러낼 수 없다. 대기와 정기와 생기를 나타내는 얼은 하늘을 닮았다. 얼은 하늘, 한알, 한얼의 얼과 통하는 것으로 여겨졌다. 얼은 하늘의 기운, 궁극적인 생명과 정신의 신비하고 오묘한 힘과 기운을 나타내는 말로 쓰이게 된 것이다. 정인보와 대종교의 인물들이 앞장서서 넋 대신에 인생과 역사의 책임적 주체로서 얼이란 말을 쓰기 시작했다. 얼은 인생과 역사의 책임적 주체이면서 하늘의 신과 통하고 일치하는 영적이고 신적인 존재가 되었다. 대기와 정기(精氣), 내적인 생명력과 기운을 나타내는 얼을 인간정신의 궁극적인 실재인 영혼과 신령의 뜻으로 씀으로써 인간의 생명과 정신은 몸, 맘, 영혼의 통일, 감성과 지성과 영성의 통합을 이루게 되었다.

얼은 몸의 육체적 에너지, 기, 김에서 비롯된 말이지만 정력과 정기를 아우르며 감정과 열정을 포함하면서 하늘의 궁극적인 신령과 소통하고 일치하는 존재가 되었다. 얼 힘은 하늘기운을 숨 쉬는 몸의 원기가 발바닥의 생기에서 배의 정력 정기, 가슴의 감정과 열정을 거쳐 머리의 지성과 영성까지 하나로 뚫리는 힘이다. 얼이란 말을 인간의 정신적 줏대와 혼의 뜻으로 씀으로써 인간과 인성은 몸, 맘, 얼이 통합되고 일치된 존재로 이해되었다. 얼이란 말 속에 몸, 맘, 얼/정기신(精氣神)/목숨, 말 숨, 얼 숨의 통일이 함축되어 있다. 우리 말 얼은 몸, 맘, 얼(넋, 혼)의 통일을 나타내며 그 통일을 지향하고 추구하고 실현하는 의미를 담고 있다.

얼-힘을 기름

인간의 목적은 얼-힘을 기르는 데 있다. 물리적인 대기에서 생리적인 생기로 생기에서 심리적인 심기로 심기에서 도리적인 이기(理氣)를 거쳐 영기와 신기에 이르는 것이 인생의 목적이다. 얼·김이 대기, 생기, 심기를 넘어 영기와 신기에 이르려면 반드시 이기를 거쳐야 한다. 순수한 논리, 수리, 도형에는 기가 없지만 생명과 의지와 감정을 가진 인간의 지성적인 말과 글에는 엄청난 기가 있다. 대기와 생기와 심기가 맑고 높은 이성에 이르면 이기가 된다. 생각하는 이성적 존재로서 인간이 맑고 깨끗하고 높은 이기를 통해서 대기(원기), 생기, 심기가 정화되고 고양됨으로써 하늘의 영기와 신기에 이를 수 있다. 이기가 없다면 몸, 맘, 얼을 통합하는 영기와 신기는 없다. 이기를 거치지 못했으므로 무당의 신기는 대기와 생기와 심기의 경지를 벗어나지 못하고 본능적인 욕망과 감정, 원한과 해코지의 신령에 머물러 있는 것이다. 맑고 깨끗한 지성과 이성을 통할 때 얼김은 대기, 생기, 심기를 넘어서 영기와 신기에 이른다. 하늘의 영기와 신기로서 얼 힘이 힘차게 몸과 맘을 하나로 통하게 할 때 인간의 인격과 주체는 힘차게 우뚝 서고 전체 하나의 자리에서 창조와 진화의 책임과 사명을 다할 수 있다.

'얼'의 개념적 뜻이 변화된 내력을 살펴보면 얼은 본래 대기, 김, 기운, 기력을 나타내는 말에서 영기, 신기를 나타내는 말로 변화되는 과정을 알 수 있다. 한민족의 정신 문화의 역사가 대기, 생기를 심기로 이기로 영기로 탈바꿈해온 구도자적 과정을 보여준다. 대기와 생기가 이기를 거쳐 영기로 바뀌기 위해서는 물리적인 대기와 생리적인 정기의 혼돈과 미혹에서 벗어나는 과정을 거쳐야 한다. 대기와 생기의 혼돈과 미혹에서 벗어나려면 생각하는 이성의 이기를 거쳐야 한다. 대기와 생기가 심기와 이기를 거쳐 영기와 신기로 되는 것은 대기와 생기의 원기가 약화되는 것을 의미하지 않는다. 영기와 신기는 도리의 이기와 마찬가지로 미묘하고 부드럽고 약한 것이지만 대기와 생기는 영기와 신기, 얼ㆍ김이 되면 순화되고 정화되고 고양되면서 더욱 강력하고 두드러진다. 대기와 생기가 사람의 몸과 맘속에서 하늘에 사무치면 깊고 높고 장엄한 기운(浩然之氣)이 된다. 하늘의 대기를 숨 쉬는 인간의 목숨은 하늘의 순수한 사랑과 정의를 이룰 천명과 사명을 가진 것이다. 목숨의 지극한 기운과 몸의 바른 기운(正氣)이 하늘의 얼 힘에 사무치면 우주를 아우르고 영원한 과거와 무궁한 미래를 통합하는 장엄하고 힘차고 아름다우며 고귀한 영기(靈氣)가 된다.

3. 인성교육의 내용과 목적: 주체와 전체의 실현

아무도 완벽하거나 완전할 수 없다. 생명과 정신은 하늘을 품고 그리며 끊임없이 하고 되는 존재이기 때문이다. 인생도 역사도 다 쓰지 못한, 새로 쓸 원고와 같은 것(未定稿)이다. 생명과 정신, 인생과 역사는 완벽한 것도 결정된 것도 아니다. 그저 다만 '하고 되는' 것이다. 이미 완벽하다는 것은 발전과 변화가 없고, 새로움이 없다는 것이다. 모름과 모자람 속에서 끊임없이 하고 되어가는 것뿐이다. 그러므로 하늘을 믿고 하늘을 그리워하고 하늘을 향해 나아가는 것이다.

생명과 정신의 '나'는 고정된 것이 아니고 기계적으로 자동적으로 되는 것도 아니다. 생각해야 비로소 내가 나로 된다. 생각하는 존재인 인간에 대해서 '나는 생각한다. 그러므로 나는 내가 된다'는 말이 성립한다. 생각으로 나를 짓고 나를 낳는다. 참 사람이 되고 인성을 실현하기 위해서는 생각하고 또 생각해야 한다. 참된 생각은 공허한 관념이 아니며 반드시 생명과 정신을 새롭게 하고 고양시킨다. 생각하는 것은 머무름 없이 솟아올라 나아가는 것이다.

나의 주체를 생각으로 깊이 파서 참 나에 이르고, 참 나의 깊이와 자유에서 전체가 하나로 되는 하늘에 이른다. 하늘에서 주체는 깊고 자유로울 수 있고 전체는 하나로 될 수 있다. 참으로 생각한다는 것은 하늘을 그리워하고 우러르고 모시고 품는 것이다. 생각은 하늘을 향해 나아가려는 꿈틀거림이고 하늘로 솟아오르려는 날갯짓이다. 하늘에 이르려면 곧아야 한다. 생각은 나를 하늘과 땅 사이에 곧게 세우는 일이다. 인간은 오랜 생명 진화 끝에 하늘과 땅 사이에 곧게 서서 하늘과 땅과 사람이 하나로 되는 경지에 이른 존재다. 하늘과 땅 사이에 곧게 선 사람 속에서 생명 진화와 천지인 합일이 이루어진다. 생명 진화와 천지인 합일을 이루기 위해서 사람은 생각의 날개를 타고 하늘로 솟아오르고 생각의 꿈틀거림을 통해 앞으로 나아가는 존재다.

인생은 미완, 미생, 미정의 과정 속에 있지만 사람은 저마다 옹근 열매와 씨올을 맺어야 한다. 알차고 옹근 씨올이 되기 위해서 자신의 인성을 온전히 실현하고 자신의 사명과 책임을 완성해야 한다. 인생과 역사는 끊임없이 되풀이하고 돌면서 솟아올라 앞으로 나아가는 것이다. 솟아올라 앞으로 나아가는 생명 진화와 인류역사의 큰 길에서 사람은 저마다 제 인생의 동그라미를 완성해야 한다.

교육의 목적

교육은 사람이 하늘과 땅 사이에 곧게 서서 하늘과 땅의 주인으로서 책임과 사명을 다하는 참 사람이 되게 하는 것이다. 땅의 물질적 제약과 법칙적 속박에서 벗어나 하늘을 향해 머리를 들고 곧게 일어서게 해야 한다. 교육의 목적은 생명 진화와 천지인 합일을 이루는 건강하고 바른 인간이 되게 하는 것이다. 하늘과 땅 사이에 바르고 곧게 서도록 하는 것이 교육의 첫걸음이다. 하늘과 땅 사이에 바르고 곧게 선 사람의 몸에는 하늘과 땅의 원기가 넘치고 맘에는 바른 기운과 떳떳하고 평안한 감정이 가득하고 얼에는 하늘의 높은 뜻이 불타오른다. 몸이 성하고 맘이 놓이고 얼과 뜻이 힘차게 타오르고 솟아오르는 사람이 건강하고 바른 사람이다. 건강하고 바른 인간은 하늘과 땅의 기운이 서로 통하고 몸과 맘과 얼이 통하는 이다. 위로 하늘과 줄곧 뚫리고 옆으로 이웃 만물과 줄곧 뚫리는 이다. 얼과 혼과 뜻이 살아 있는 이의 몸과 맘과 얼은 줄곧 뚫려 있고 하늘과 땅의 바른 기운이 가득하다.

건강하고 바른 사람을 교육하려면 건강하고 바른 사람의 기준과 목적을 가지고 교육해야 한다. 그러나 이성 중심의 그리스철학과 서구 주류 철학, 심리학, 교육학은 인간의 욕망과 감정, 인성과 심리를 병적이고 고통스러운 것으로 보고 이론과 사상을 형성해왔다. 수학적 이성으로 보면 비이성적인 욕망과 감정은 병이고 고통이다. 서구어에서 감정을 나타내는 말은 pathos인데 pathos는 고난과 병으로 이해되었다. 병리학을 pathology라고 하는 데서 감정에 대한 서구인들의 부정적 이해를 확인할 수 있다. 근현대의 심리학자들은 몸과 맘이 병든 인간들을 대상으로 인성과 심리를 연구하고 갈등과 병의 관점에서 심리학과 인성의 이론을 제시했다. 프로이트 같은 대표적 주류 심리학자들은 인간과 인성이 이기심과 욕망으로 가득 차고 갈등과 고통 속에 있다고 보았다. 인간의 욕망과 감정이 왜곡되고 도착되어 있으며 병들어 있다고 보았던 이들은 이성적이고 과학적인 정신분석학으로 인간의 고통과 병을 치유하려 했다.[7] 이런 심리학 이론과 인성 이론이 교육학의 이론적 근거와 바탕이 되었다. 인간의 욕망과 감정, 인성과 심리를 질병과 고통으로 보는 심리학이나 교육학의 이론과 사상으로는 건전한 인성교육을 할 수 없다.

---

7 성해영, "프로이트 종교심리학과 비교(comparison)의 정신: 승화(sublimation) 및 대양적(大洋的) 느낌(oceanic feeling) 개념을 중심으로," 「종교학연구」 27권(서울대 종교학 연구회 발행, 2008), 93-95 참조.

인성교육은 마땅히 건강한 인간과 인성 이해를 바탕으로 이루어져야 한다. 특히 어린이 교육은 건강한 인간과 인성 이해를 바탕으로 이루어져야 한다. 어린이는 생명의 근원과 중심을 드러내는 존재이고 건강하고 깨끗한 생명이 약동하고 원기가 솟아오르는 존재다. 어린이의 생명은 건강하고 기쁘고 신명이 나는 것이다. 생명은 물질의 법칙과 속박을 벗어나 기쁘고 신나는 것이며 서로 살림과 공존의 삶, 사랑과 평화를 이루는 것이다. 이성적으로 생명과 인간의 본성을 관찰하고 분석하는 것으로는 건강한 생명과 인간의 본성을 고양시키고 향상시킬 수 없다. 생명에 대한 이성적 관조는 생명에 대한 이해와 깨달음일 뿐이다. 이성의 관조와 관찰로는 해탈과 사랑의 기쁨과 신명, 서로 살림과 공존의 사랑과 평화에 이를 수 없고, 물질과 기계의 속박을 넘어 새 세계를 열고 지어가는 창조와 신생의 보람과 기쁨과 뜻을 모른다. 더욱이 이성의 분석과 관찰로는 건강하게 맥박치고 솟아올라 나아가는 어린이의 생명을 자라게 하고 새롭게 할 수 없으며 창조적으로 진화하고 탈바꿈하게 할 수 없다.

인간의 행복을 위한 인성교육

교육의 목적은 건강하고 행복한 인간이 되는 것이다. 건강하고 행복한 인간의 몸과 맘과 얼은 저마다 제구실을 잘 하면서 몸과 맘과 얼이 하나로 통하고 고양되고 향상된다. 아리스토텔레스에 따르면 행복은 좋음(善) 그 자체를 실현하는 것이고, 좋음은 기능을 잘 하는 것이다. 조각가에게는 조각을 잘 하는 것이 좋은 것이다. 피리연주자에게는 피리를 잘 부는 것이 좋은 것이다. '좋음, 잘'은 기능을 탁월하게 발휘하는 데 있다. 인간의 좋음(善)은 인간의 고유한 기능인 이성의 능력을 잘 발휘하는 것이다. 그리스인들에게 덕(arete, 德)은 탁월한 능력이다. 기능을 잘 발휘하는 것이 좋음이고 '잘'이다. 좋음('잘')이 선이다. 좋음 자체, 가장 좋음(最高善)에 이르는 게 행복이다. 인간의 고유한 기능은 이성을 잘 사용하는 것, 생각을 잘하는 것이다. 이성의 기능을 잘하는 것이 관조(觀照)다.[8] 관조는 보고 알고 이해하고 깨닫는 것이다. 이론 theoria, theory는 봄, 보다(theorein)에서 나온 말이고 이데아(이념 idea)도 보다(idein)에서 온 말이며 이데아와 같이 쓰이는 형상 Form도 눈에 보이는 모양, 꼴을 나타내는 말이다. 이성은 물질세계와 정신세계의 모양과 꼴을 관찰하고 관조하는 것이다. 이론을 탐구하는 이성적인 관조의 삶이 좋은 삶, 행복한 삶, 건강한 삶이다. 행복, eudaimonia는 좋은 정신, 영혼을 뜻한다. 로고스가 영혼의 본질과 신성을 나타낸다고 보았던 아리스토텔레스는 인간의 로고스인 이성이 잘 관찰하고 관조하면 좋은 영혼이 되고 행복한 삶이 된다고 생각했다. 그러나 이성의 관찰과 관조로는 생명의 주체와 전체의 일치에 이르지 못하고 몸, 맘, 얼의 창조적 진화와 신생이 일어나지 않는다. 관찰과 관조로는 감성과 지성과 영성의 통합적인 실현과 완성이 이루어지지 않는다. 따라서 그것은 인간의 참된 행복과 건강에 이를 수 없다.

생명은 물질의 법칙적 제약과 물성적 속박을 벗어나 해탈과 해방의 기쁨과 신명, 자유와 사랑, 자발적 헌신과 희생에 이른 것이다. 유교에서 중용(中庸)의 중(中)은 천성, 하늘로부터 타고난 본성(天然

---

8 스텀프·피져, 『소크라테스에서 포스트모더니즘까지』, 163.

之性)을 그대로 지키는 것이다. 중화(中和)는 감정이 일어나도 고르게 조화를 이루어 일어나지 않은 것처럼 중(中)에 이르러 천성(天然之性)을 지키는 것이다. 본성은 변하지 않는 것이고 변해서는 안 되는 것이다. 중용의 덕성과 품성은 하늘로부터 타고난 인간의 본성(天然之性, 하늘의 도와 이치, 천명)을 지키는 것이고 하늘에 충실하고 하늘의 도리에 알맞게 되는 것이다. 감정이 일어나도 일어나지 않은 것처럼 내색하거나 표현하지 않는 것이다. 그러나 인성, 타고난 본성인 천성을 그대로 지키는 것으로는 생명 진화와 천지인 합일을 이룰 수 없다. 감정을 정화하고 승화하고 고양시키며 지성과 영성을 실현하고 고양시킬 수 없다. 인성은 하늘로부터 주어진 것이며 오랜 생명 진화 과정을 거쳐서 형성된 것이고 오늘 나에게 전해진 것이다.

생명의 본성은 그대로 있는 것이 아니라 새롭게 변하는 것이고 진화하고 고양되는 것이며 끊임없이 탈바꿈하고 새롭게 다시 태어나는 것이다. 생명은 늘 새롭게 되는 것이고 스스로 하는 것이다. 인간의 본성은 잘 이어받아 살려나가야 한다. 타고난 인성을 잘 이어받고 이어가야 하지만 타고난 그대로 지켜야만 할 것이 아니라 탈바꿈해서 씨올처럼 깨지고 죽어서 새롭게 싹트고 꽃과 열매를 맺어야 한다. 삼일신고에 나오는 성통공완(性通功完)은 본성을 통하게 하여 사명과 일을 완성한다는 말이다. 바탈, 본성을 뚫어서 싹이 트고 사람의 사명, 천명을 이뤄야 한다. 생명 진화와 천지인 합일을 이루는 인간의 사명과 천명을 이루고 행복해지려면 인간의 속의 속이 뚫려서 조건 없이 사랑과 자비가 흘러넘쳐야 한다. 사랑과 연민, 희생과 헌신의 자발성이 인성을 새롭게 하여 인성의 사명, 뜻, 보람을 이루게 하고 행복하게 하는 것이다. 본성을 그대로 지키려는 유교의 중용과 중화도 인성을 실현하고 완성하는 행복과 구원에 이를 수 없다.

예수의 바라봄에는 생명과 인성을 치유하고 새롭게 하는 힘과 지혜가 들어 있다. 예수는 고통받는 죄인의 심정과 처지에서 그를 하나님의 자녀로 하나님 나라의 주인으로 보고 섬김으로써 주체와 전체로 일으켜 세운다. 예수는 사랑으로 봄으로써 온 몸과 맘으로 감정이입을 하고 공감하고 공명하여 하나 됨을 느끼고 치유와 구원으로 이끈다. 예수는 고통받는 이에게 "네 죄가 용서받았다", "네가 하나님의 딸/아들이다!"고 선언함으로써 고통받는 사람을 죄와 운명의 사슬에서 해방하였다. 예수는 고통받는 사람의 고통 속에서 하나님의 사랑을 보았다. 예수는 하나님의 사랑 안에서 고통받는 이와 하나로 되었다. 예수는 고통받는 사람 속에서 자기를 보고 자기 속에서 고통받는 이를 보았다. 예수는 고통받는 이를 그저 관조하지 않았다. 관조하는 경우에는 관조하는 주체가 관조되는 대상의 존재에 참여하지 않으며 관조되는 대상의 변화를 일으키지 않는다. 예수의 바라봄에서는 바라보는 이가 바라보는 대상의 존재에 참여하고 바라보는 주체와 대상의 일치에 이른다.

이성의 관조에서는 창조와 변화가 일어나지 않는다. 최제우가 한울님을 모신 사람 안에서 천지의 창조와 진화가 일어난다고 보고 최해월이 사람에게서 한울님을 보고 사람을 한울님처럼 섬기라고 한 것도 사람을 관조하는 데서 머물지 않은 것을 나타낸다. 성경에서도 지극히 작은 자에게서 그리스도를 보고 작은 자를 그리스도로 여기고 섬기라고 한 것도 이성적 관조에 머물지 않은 것을 말해준다. 예수는 병들어 고난받는 죄인을 보고 그와 입장과 처지를 바꾸어 보고 헤아리며 사랑으로 연민을 느껴서 나와 네가 하나로 되는 감정이입과 공감에 이르렀다. 예수와 공감과 공명에 이른 고난 받는 죄인은 스스로 새롭게 변화되어서 하나님의 자녀임을 자각하고 죄와 질병에서 벗어나 새사람이 되고 치유와 구원에 이른다. 예수의 바라봄은 구경꾼, 제삼자로서 객관적으로 관조하는 것이 아니라 공감과 공명 속에서 서로 주체로서 참여하여 새롭게 변화하고 치유되어 함께 하나님 나라로 들어가는 것이다. 이것은 서로 주체로서 서로에게서 주체와 전체를 보고 전체의 사귐과 일치에 이르는 생명철학적 바라봄이다. 인성교육은 이성적 관조를 넘어서 사랑으로 주체와 전체를 보고 하나 됨을 이루고 치유와 상생에 이르는 바라봄에 이르게 하는 것이다.

오늘 한국의 교육에는 서양 특히 그리스의 교육이념과 철학이 깊이 반영되어 있다. 교육의 목적과 관련해서 서양의 교육이념과 철학을 비판적으로 검토하고 생명철학적 인성교육의 대안을 마련해야 한다.

기능과 역량의 강화를 넘어서

고대 그리스인들은 교육을 통해서 인간의 기능과 역량을 강화하려고 했다. 인간의 기능과 역량을 강화하는 것이 오늘날에도 교육의 가장 중요한 목적이 되고 있다. 그리스에서 선(좋음)은 기능을 잘하는 것이며, 덕은 기능을 잘하는 탁월한 능력이다. 인간의 고유한 기능은 이성적 사유다. 이성적 사유를 잘 함으로써 인간의 고유한 기능을 잘 발휘하면 다른 기능들도 잘 발휘할 수 있다는 것이다. 그리스 교육의 목적은 기능과 역량을 강화하는 것이다. 그러나 진정한 교육의 목적은 기능과 역량의 강화가 아니라 인성을 총체적으로 실현하고 완성하는 것이다. 몸, 맘, 얼이 조화와 일치에 이르고 저마다 실현되고 완성되어 생명과 천명을 이루게 하는 것이다. 교육 받은 사람은 몸이 성하여 오감이 살아나고 감성이 깊고 풍부해지며, 맘이 놓여서 감정과 지성이 맑고 높아지고, 얼과 뜻을 태워서 참 나를 낳아 새 시대, 새 세상을 열어야 한다. 물질을 초월한 생의 속의 속에는 기쁨과 사랑의 큰 바다가 있다. 기쁨과 사랑은 생의 창조와 진화의 원천이다. 생의 기쁨과 사랑(생명의 본성)이 실현되면 감성, 지성, 영성이 심화 발전, 진화 고양된다. 그렇게 되면 개성과 창의가 발달하고 자연스럽게 기능과 역량이 강화된다. 기능과 역량보다 인성의 고양과 실현이 먼저다. 이성이 깊고 자유로워져야 이성의 능력과 기능이 잘 발휘될 수 있다. 이성은 하늘의 얼과 신에 이르러야 깊어지고 자유로워진다.

덕성과 품성의 함양

아리스토텔레스에 따르면 덕성은 이성의 기능을 탁월하게 발휘하는 것이며 품성은 이성적 지혜(이해)와 관후(寬厚)함과 절제의 덕을 실현하는 것이다. 이성적 지혜와 관후, 절제의 덕은 모두 합리적 선택으로 중용, 알맞음에 이르는 능력이다. 알맞음의 기준은 국가적으로는 법이고 인간적으로는 이성적 사유의 합리성이다. 법과 합리성은 생명과 정신의 껍데기다. 법과 합리성은 인간의 본성을 깊고 온전하게 드러내고 실현하지 못한다. 유교에서 덕은 하늘의 본성과 도리에 충실한 것이다. 중국 글자 德, 悳(덕)은 直心 곧은 맘이다. 하늘의 명령과 뜻, 길과 법도에 충실한 것이 덕이다. 알맞음 中은 하늘의 길과 이치, 본성을 곧은 맘으로 지키는 것이다. 천성과 천도가 가운데, 中이다. 유교의 덕을 이루는 가운데(中)는 정태적이고 보수적이다. 주어진 천성과 천도를 지키는 것이기 때문이다.

생명 진화와 천지인 합일을 이루는 인간의 본성을 실현하고 완성하는 덕과 가운데는 법과 합리성에 기초한 그리스철학의 관념적이고 표면적인 덕보다는 주체적이고 깊어야 하고, 천성과 천도를 지키는 중국의 덕보다는 더 역동적이고 진취적이어야 한다. 생명 진화와 천지인 합일의 가운데(中)는 사람 속에 있다. "사람 속에서 하늘과 땅이 하나로 된다"(人中天地一, 천부경). 생명 진화와 천지인 합일을 이루는 '가운데'를 다석 유영모는 가온 찍기와 줄곧 뚫림으로 이해하였다. 사람 맘의 가운데를 한 점으로 찍음으로써 줄곧 뚫려 있게 하는 것은 가운데(中)를 매우 역동적이고 주체적으로 본 것이다. 가온 찍기와 줄곧 뚫림의 가운데는 '새 나'를 낳는 가운데(알맞음, 덕)다. 그것은 변화 속에서 변하지 않는 중심을 지키고 생명의 목적과 뜻을 이루는 가운데(中)다. 알맞음은 생명과 정신의 알맹이, 알짬(中心)에 맞는 것이고 주체의 깨달음, 앎에 맞는 것이다. 유영모는 알맞음을 뜻하는 알마지(앎-맞이)가 철학이라고 했다.[9] 알마지는 깨달은 앎에 맞게 사는 것이고 생명과 정신, 일과 관계의 알맹이, 알

---

9 박재순, 『다석 유영모』, 268.

짬에 맞게 사는 것이며 먹고 입고 자고 생각하고 말하고 행동하는 일상생활을 알맞게 하는 것이다. 더 나아가서 알마지는 나의 속의 속인 참 나를 지키는 것이고 참 나를 지키는 것은 궁극적이고 절대적인 하나(하늘, 하나님)를 지키고 참 나가 되는 것이다.[10]

기독교에 따르면 십자가 죽음에서 부활의 생명에 이르는 것이 생명의 참된 초월이고 구원이며 창조적 진화와 탈바꿈이다. 부활이 일어나는 십자가 죽음의 자리가 생명 진화와 천지인 합일이 일어나는 생명과 정신의 참된 가운데(中)다. 십자가 죽음의 자리가 가온 찍기와 줄곧 뚫림이 일어나는 가운데다. 죽고 다시 사는 생명과 정신의 속의 속에서 흘러넘치는 자발적 사랑과 헌신, 연민과 자비가 가장 높은 덕이고 가운데다. 자신의 몸과 맘과 얼을 하늘에 제사 지내고 하늘의 아들/딸이 되어 하늘(아버지 하나님)의 뜻을 이루는, 우주와 역사의 창조자, 구원자, 해방자가 되는 것이 가장 높은 덕이다. 우주만물과 자연 생명과 인간이 허무와 썩어짐의 운명에서 벗어나 뜻과 보람, 영원한 생명과 가치에 이르게 하는 것이 인간의 책임과 사명이고 덕 있는 것이고 덕성과 품성을 온전히 이루는 것이다. 관후함과 절제, 이성적 지혜보다 하늘의 뜻을 이루는 사랑과 헌신, 흘러넘치는 사랑, 조건도 제약도 없는 헌신이 더 높은 덕성과 품성이다. 창조하고 사랑하고 함께 기뻐하고 신명나게 서로 살리고 공존하는 것이 가장 높은 덕성과 품성이다.

---

10 유영모가 '나'와 '하나'를 직결시키는 것에 대해서는 유영모, 『다석강의』(현암사, 2006), 374-385 참조.

뜻 교육

오늘 절실하게 필요한 것은 삶의 뜻과 보람, 천명과 사명을 가르치는 교육이다. 오랜 생명 진화 과정을 거쳐서 하늘과 땅 사이에 곧게 선 사람은 과거와 현재와 미래를 하나로 잇고 새 세상을 여는 생의 주인이고 주체다. 인간은 역사와 우주에 뜻과 보람을 주는 존재다. 인간은 이성의 관조가 아니라 자신의 인성을 실현하고 완성함으로써 스스로 뜻을 가지고 우주와 역사의 뜻을 이루고 보람을 얻고 영원한 생명에 이르러야 한다. 사람을 통해서 역사와 우주, 자연생명과 인간은 뜻과 보람, 영원한 생명에 이른다. 우주가 시작한 것(빅뱅)보다 생명이 생겨난 것이 더 위대하고 생명이 생겨난 것보다 인간이 태어난 것이 더 위대하고 인간이 태어난 것보다 하늘의 딸, 아들(天子, 天孫), 성현이 나오는 게 더 위대하다. 물성에서 생명으로 생명에서 인간으로 인간에서 천자(天子)로 탈바꿈하는 것이 생명 진화와 천지인 합일의 길이다.

얼-나의 탄생

얼은 물질의 속박과 제약에서 자유로운 생명의 주체다. 하늘을 향해 일어선 인간에게는 얼의 세계가 열려 있다. 얼은 몸과 맘을 통일하고 몸과 맘을 해방하여 주체와 전체로 실현하는 참 나다. 얼이 힘차게 살아 있으면 몸의 감각과 욕망, 맘의 감정과 의식, 얼의 지성과 영성이 모두 주체와 전체로 실현되고 큰 하나의 전체로 통합된다. 물질에 대한 욕망과 집착을 가지고 물질적 제약과 속박에 매여 사는 인간에게 얼은 없는 듯이 죽은 듯이 잠들어 있다.

몸을 가지고 지금 여기 시공간의 물질적 제약과 속박 속에 사는 인간이 얼의 나로 살 수 있을까? 얼-나로 살려면 지금 여기 시공간의 중심에서 물질적 인과관계와 인과율이 지배하는 물질과 몸속에서 과거와 현재와 미래의 중심에서 모든 속박과 제약을 초월한 하늘의 자유에 이르러야 한다. 지금 여기 시공간의 중심에서 과거와 현재와 미래의 중심에서 하늘(초월적 자유와 생명의 세계)이 열려야 얼나에 이를 수 있다. 나의 몸과 맘속에서 하늘이 열리고 얼 나에 이르면 얼 나가 시공간 물질세계 속에서 태어나는 것이다. 나의 몸과 맘속에 태어난 얼 생명, 얼 나는 시공간 물질세계를 초월한 하늘에서 온 것이면서 시공간 우주 물질세계의 중심에 있다.

인성교육의 마지막은 시공간 물질세계의 중심에서 과거와 현재와 미래 역사의 중심에서 몸과 맘의 중심에서 하늘이 열리고 얼-나가 탄생하게 하는 것이다. 하늘이 열려야 얼-나가 살 수 있다. 억지로 인위적이고 조작적으로 하늘이 열리게 할 수 없다. 나의 몸과 맘을 비우고 시대와 사회의 인연에 얽힌 감정과 의식을 놓아버리고 하늘이 열리기를 기다려야 한다. 비우고 놓음으로써 하늘을 그리워하고 우러르고 모시고 가까이 하고 즐거워하는 것이 하늘이 열려서 얼-나가 태어나고 살게 하는 것이다. 얼-나가 탄생하는 것이 생명 진화의 목적이 실현되고 천지인 합일이 이루어지는 것이며, 우주의 염원과 보람과 목적을 이루는 것이다.

III. 인성교육의 핵심 가치, 덕, 역량

1. 핵심 가치, 존재 가치와 효용 가치

인성교육의 목표는 몸, 맘, 얼의 실현과 완성, 감성과 지성과 영성의 발달과 고양에 있다. 안창호가 말했듯이 인성교육은 덕력(德力)·체력(體力)·지력(智力)을 닦는 교육이다. 덕력은 얼 힘을 뜻하고 체력은 건강한 몸의 기운을 뜻하고 지력은 생각과 슬기의 힘을 뜻한다. 국가사회의 차원에서 인성교육은 민주, 상생, 정의, 평화를 이루는 교육이다. 우주대생명의 차원에서 인성교육은 생명 진화와 천지인 합일을 실현하는 인간이 되게 하는 교육이다.

민주화, 과학기술산업화, 세계화가 동시에 이루어지는 오늘의 사회에서는 예와 효의 가치와 덕목을 넘어서 생명 진화와 천지인 합일의 생명철학과 인간관에 비추어 심층적이고 다차원적이면서 통합적인, 민주적이고 합리적이며 영적인 가치와 덕목과 역량의 실현과 육성을 추구해야 한다. 먼저 가치에 대해서 생각해 보자. 물질과 생명과 정신의 가치는 물질과 생명과 정신 속에 있는 깊이와 풍부함, 힘과 아름다움이다. 이런 가치는 생명 진화와 천지인 합일을 이루는 데서 드러나고 실현되고 고양된다. 가치에는 존재 가치와 효용 가치가 있다. 물질과 생명과 정신의 세계에 존재 가치와 효용 가치가 있다는 것은 두 가지 진리가 있음을 의미한다. 첫째, 물질과 생명과 정신의 모든 존재자는 그 자체로서 소중하고 아름답고 좋은 것이다. 둘째, 물질에서 생명과 정신에로 진화하고 고양되었으므로 물질과 생명과 정신의 세계에는 가치의 위계질서가 있다. 하위 가치는 상위 가치를 위해 쓸모와 필요가 있으므로 상위 가치에 대해서 효용 가치를 가지는 것이다. 존재 가치는 존재 자체의 소중함과 아름다움과 좋음이다. 효용 가치는 더 높은 가치를 위해 필요와 목적에 따라 사용되고 소비될 때 생겨나는 가치다. 효용 가치는 존재 가치에서 나온다. 존재하는 모든 것은 존재의 깊이와 값을 지니고 있으며 생명과 정신의 필요와 목적에 따라 사용되고 소비될 때 존재의 가치가 실현되고 고양될 뿐 아니라 효용 가치가 생겨난다.

존재의 다양한 차원과 영역에서 존재 가치와 효용 가치를 생각할 수 있다. 가치의 차원과 영역을 물질, 생명, 인간, 사회, 신령 다섯 가지로 구분할 수 있다. 다섯 가지 영역과 차원의 다양한 가치를 발견하고 드러내고 실현하는 마음가짐과 태도를 덕이라고 한다. 덕은 하늘(신)과 이웃과 자연만물과 생명체들에 대한 관계에서 가치를 발견하고 실현하는 인간의 주체적이면서 객관적인 마음가짐과 태도이다. 덕은 주체적이므로 자발적이고 헌신적이며 창의적이다. 또한 덕은 객관적이므로 신뢰와 존중을 받고 공동적으로 협력하며 함께 힘을 모을 수 있다. 역량은 덕을 가지고 주체와 전체의 가치를 실현하는 개인과 집단의 주체적 능력과 지혜다. 모든 차원에서 존재의 한없는 깊이와 값을 현실적으로 드러내고 실현하고 누리는 것이 역량이다. 핵심 역량은 핵심 가치와 덕을 실천할 수 있는 인지적, 정서적, 행동적, 기능적 능력이다.

가치와 덕과 역량은 서로 깊이 결합되어 있다. 예컨대 인간의 가치(값)는 인간의 본성과 사명을 드러내고 실현하는 것이다. 생명 진화와 천지인 합일을 실현하는 데서 드러나는 인간의 가치(보람)는 생명의 주체와 전체를 창조적으로 실현하고 완성하며, 과거와 미래를 비판하고 극복하면서 미래를 계획하고 창조하는 데 있다. 한마디로 인간의 가치는 새로운 삶과 미래를 창조하고 고양시키는 데 있다. 인간은 생각하는 존재요 창의적인 존재다. 새로운 삶과 미래를 창조하고 고양시키는 인간의 덕은 창의(創意)다. 창의는 인간의 특별한 능력이나 재주가 아니다. 창의는 인간의 가장 고유한 본성과 특징을 드러내는 것이다. 창의는 말 그대로 새로운 생각과 일을 지어내는 것이다. 창의는 물질과 생명과 인간의 가치를 발견하고 실현하는, 창조하고 고양시키는 자세와 태도이며 덕이다. 창의적인 인간은 새롭고 창의적인 생각을 잘 하는 인간이다. 또 인간의 가치와 덕을 실현하는 역량은 생각이다. 생각은 인간의 본성과 사명(가치와 보람)을 실현하고 완성하는 인간의 고유한 능력이고 특징이다. 생각과 표현과 영감의 역량이 높으면 높은 창의의 덕을 갖게 된다. 생각을 깊이 잘 하면 창의적으로 될 수 있다. 창의는 생각하는 인간 모두가 지녀야 할 덕이지만 앞에서 이끌어가는 이들에게 더욱 필요한 덕이다.

2. 핵심 가치와 덕과 역량의 통합적 실현

인성교육의 목적은 인성의 다양한 차원을 온전히 실현하고 완성하는 데 있다. 인성교육은 다차원적이면서 종합적이고 총체적인 것이다. 그것은 인간의 기질 변화와 자기 초월을 통해서 삶의 질적 변화와 혁신에 이르는 일이다. 기질 변화와 신생을 추구하는 인간교육은 매슬로우(Abraham H. Maslow)가 말하는 것처럼 다양한 욕구를 실현하는 것만으로는 충족될 수 없다. 그것은 자아의 완전성과 자아실현 욕구를 강조한 칼 로저스(Carl Rogers)가 말하듯이 인간의 주체와 본질적 능력을 존중하여 경청함으로써 자아가 실현되고 발달하도록 이끄는 것만도 아니다. 또한 실존주의자들처럼 존재의 실체와 본질을 부정하고 생의 위기와 불안 속에서 무(無) 속에서 자신의 실존에 이르는 것만도 아니다. 또 인격적인 만남을 통해서 인간의 생명과 인성이 온전히 실현되고 완성된다고 말할 수도 없다. 인간의 생명과 인성은 우주와 생명 진화와 인류역사의 깊고 높고 큰 틀에서 만들어지고 진화되고 고양되어 왔기 때문에 욕구, 주체의 존중, 실존, 만남과 같은 하나의 특정한 관점과 방법으로만 실현되고 완성될 수 없다.

인간의 주체(자아)는 무한한 가능성과 잠재력을 가지면서도 근본적인 문제와 많은 결함을 안고 있으며 미생과 미완과 미결의 과정 속에 있으므로 주체를 존중하고 경청하는 것만으로 문제가 해결되지 않는다. 생명과 정신은 욕구와 필요를 넘어서 흘러넘치는 자발적 헌신과 사랑을 가진 존재이므로 욕구와 필요만으로 인간의 생명과 정신을 실현하고 완성할 수 없다. 인간의 실존을 탐구하는 실존철학은 진지한 것이지만 인간에게는 실존만 있는 것이 아니라 본능적 욕망과 감정도 있고 자연 생명과 사회와의 뗄 수 없는 관계도 있다. 인간의 실존은 생명 진화와 인류역사의 연속성과 천지인 합일의 전체적 연관성 속에서 파악되고 이해되고 실현되어야 한다. 만남과 사귐은 중요하지만 만나는 사람은 헤어질 줄 알아야 하고 사귀는 사람은 나는 나이고 너는 너라는 서로 다른 주체의 진실을 깨달아야 한다. 어떤 만남과 사귐도 주체의 깊이와 전체의 연관성을 다 드러낼 수 없다.

생명과 정신은 오랜 세월 이어온 것이고 전체가 하나로 이어진 것이면서 미생과 미완과 미결의 과정 속에서 끊임없이 자신을 새롭게 함으로써 창조와 진화, 신생과 초월의 길로 나아가야 한다. 생명 진화와 천지인 합일의 큰 틀에서 창조와 진화를 통해 주체와 본성을 탈바꿈함으로써 인간의 생명과 인성을 실현하고 완성해야 한다. 우주 역사와 생명 진화와 인류역사를 통해 형성된 인간의 존재와 본성을 존중하면서 창조와 진화를 통해 고난과 죽음, 허무와 불안 속에서 신생과 초월의 길로 나아가야 한다. 인성을 실현하고 완성하는 인성교육은 욕구를 실현하고 주체의 본질과 능력을 발달시키고 실존에 이르는 것을 포함할 뿐 아니라 이 모든 것을 크게 넘어서는 통합적이고 혁신적인 일이다.

앞에서 논의한 대로 인간의 생명과 인성은 생명 진화와 천지인 합일의 통합적이고 심층적인 차원을 지니고 있다. 인간의 생명과 정신 속에서 우주와 자연 생명, 사회와 역사, 신과 영의 모든 차원이 소용돌이치며 결합하고 합류하고 있다. 우주와 생명 진화와 인류역사의 중심과 꼭지(끄트머리)가 사람 속에 있다. 인간의 생명과 정신 속에서 우주와 생명과 영이 물질에서 생명 진화 과정을 거쳐 인간의 역사를 통해 하늘의 신과 얼의 세계로 솟아올라 나선형으로 감아 돌아가며 회오리바람처럼 소용돌이치며 나아가고 있다. 과거와 현재와 미래가 만나고 새롭게 창조되고 진화하며 고양되는 때와 역사의 중심과 깊이가 사람 속에 있다. 사람의 몸과 맘속에 물질과 생명과 정신의 알맹이 본질과 실체가 이어져 있다. 사람은 자기 속에서 이어져 있고 이어온 생명과 정신의 알맹이를 그저 지키고 붙잡고만 있는 게 아니라 생명과 정신의 진화와 고양을 위해서 끊임없이 위기와 모험, 불안과 허무 속에서 새로운 창조와 진화의 모험과 선택을 감행해야 하고 욕구와 안전을 넘어서 고난과 죽음을 통해 신생과 초월을 이루어야 하며 상생과 공존의 만남과 사귐을 통해 전체 하나 됨으로 나아가야 한다.

인간과 인성을 역동적이고 종합적으로 이해하면서 인간교육의 핵심 가치와 덕과 역량을 살펴보자. 가치는 인간의 삶에서 값지고 소중하고 쓸모 있고 필요한 것이다. 덕은 가치를 온전하고 바르게 실현하고 표현할 수 있는 마음가짐과 태도를 나타낸다. 역량은 가치를 합리적이고 효율적으로 실현하고 표현할 수 있는 힘과 지혜와 솜씨를 나타낸다. 인간의 생명과 인성을 형성하는 다섯 가지 현실 존재의 영역과 차원에서 가치와 덕과 역량을 논의할 수 있다. 물질, 생명, 인간, 사회, 신령(神靈)은 인간의 생명과 인성에서 확인할 수 있는 다섯 가지 현실적 존재의 영역이며 차원이다. 인간이 삶 속에서 추구하고 실현하려는 가치는 이 다섯 가지로 규정할 수 있다. 가치는 그 자체로서 소중하고 아름답고 좋은 것이면서 인간의 삶을 위해서 소중하고 쓸모 있고 필요하고 보람 있는 것이다.

3. 가치, 덕, 역량의 관계

물질 가치를 실현하는 덕과 역량: 정직과 기술

물질 가치는 존재 가치와 효용 가치로 나눌 수 있다. 엄청난 에너지를 속에 지닌 물질은 그 자체로서 있는 그대로 값이 있고 깊고 풍부한 것이다. 물질 속에는 타자와의 관계 속에서 해소될 수 없는 깊이와 신비, 주체적 고유와 특성, 전체 연관성이 있다. 따라서 물질은 그 자체로서 존중되고 탐구되고 이해되어야 한다. 물질 속에도 한없는 존재의 깊이가 있고 전체와의 연관성이 있으므로 우주 만물을 존중하고 보호해야 한다. 존재의 주체적 깊이와 전체 연관성을 지닌 자연만물의 물질도 공경의 대상이 되어야 한다(敬物). 하늘과 땅, 산과 강과 바다는 그 자체로서 주체와 전체로서 존중되고 보호되어야 한다. 물질은 존재 그 자체로서 값과 뜻을 지닌다. 그것이 물질의 존재 가치다.

물질은 생명과 인간에게 없어서는 안 되는 것이고 꼭 필요한 것이다. 물질은 생명과 정신을 위해 없어서는 안 되는 귀중하고 필요하고 쓸모 있는 것이다. 물질은 생명과 정신의 토대이다. 인간의 생존과 필요를 위해 물질은 사용되고 소비된다. 물질은 인간(생명)과의 관계에서 효용 가치를 가진다. 물질이 존재의 깊이와 전체의 연관을 가졌으므로 물질을 지배하는 수리, 물리도 신통하고 오묘하다. 물성과 이치(수리, 물리)에 따라 존재하고 움직이고 변화하는 물질의 존재 가치는 깊고 풍부한 것이며 그러한 물질의 효용 가치(쓸모)는 수리와 물리의 합리성과 효율성을 가진다. 물질이 없으면 인간은 한 순간도 살 수 없다. 물질에는 한없는 값과 쓸모가 있다. 물질에는 한없는 물성의 깊이와 신비, 아름다움과 힘이 들어 있다. 상품과 기계와 돈은 모두 물질 가치(존재 가치와 효용 가치)를 드러내고 표현하고 실현하는 것들이다. 산업 경제 기업의 가치는 모두 물질 가치에 속한다. 물질 가치는 생명과 정신의 토대가 되는 가치이며 생명, 인간, 사회, 신령의 가치를 반영하고 드러내고 표현할 수 있다.

물질과 물성과 물질 가치를 규정하고 지배하는 것은 수리와 물리다. 수리와 물리는 엄격하고 정확하여 법칙으로서 존중되고 지켜져야 한다. 수리와 물리는 바르고 정직한 것이다. 거짓과 사심이 끼어들 여지가 없다. 물질 가치를 온전히 밝히고 드러내려면, 효율적이고 합리적으로 실현하고 누리려면, 욕망과 편견, 집착과 고집을 버리고 정직하게 사심 없이 물성과 이치에 따라야 한다. 수리와 물리가 지배하는 물질 가치를 위한 덕은 정직이다. 정직은 곧은 것이다. 정직하지 못한 구부러진 마음과 태도는 물질 가치를 있는 그대로 깊이 보지 못하게 하고 충분히 효율적으로 실현하고 누릴 수 없게 한다. 하늘과 땅 사이에 있는 물질세계는 사심 없이 편견을 버리고 정직하게 대할 때 인간의 삶을 위해 그 값과 아름다움과 신비를 온전히 드러낸다.

물질 가치에 해당하는 인간의 핵심 역량은 기술이다. 기술(技術, technology)은 물질의 가치를 물성과 이치에 따라 드러내고 실현하는 힘과 지혜와 방법이다. 지성과 영성을 가진 인간은 물질의 물성과 이치를 수리와 물리에 따라 헤아려서 물질의 가치와 아름다움을 실현하고 표현할 힘과 지혜를 가진 존재다. 몸을 가지고 물질과 기계에 의지해서 사는 인간은 저마다 기술과 재주와 솜씨를 배우고 익히고 길러야 한다. 기계를 잘 다루는 기술만 필요한 게 아니다. 운동이나 요리를 위해서도, 예술과 학문, 말과 글을 위해서도, 인간관계와 모임, 만남과 사귐을 위해서도 기술과 재주와 솜씨를 배우고 익혀야 한다. 편견과 욕심을 버리고 진리(이치와 법)에 대해서 진솔하고 정직해야 물질의 값을 드러낼 수 있다. 물질과 물성을 드러내고 실현하는 힘과 방법, 지혜, 기술이 있어야 물질을 물성과 이치에 따라 드러내고 실현하고 쓸 수 있다. 기술은 물성과 물리에 순응하는 방법과 능력이다. 기술은 인간과 물질이 만나고 통하고 사귀는 법과 능력이다. 물질의 깊이와 신비는 인간에게 닫혀져 있고 숨겨진 경우가 많다. 인간과 물질이 하나로 통할 때 물질의 깊이와 신비를 드러내고 실현할 수 있다. 그러므로 기술도 신통한 것이다. 물질의 값과 힘을 물성과 이치에 따라 드러내고 실현하면 물질에 토대를 둔 생명과 정신의 가치와 힘도 드러내고 실현할 수 있다.

생명 가치를 실현하는 덕목과 역량: 사랑과 공감

생명은 물질 가치를 심화, 고양, 실현, 완성하는 것이다. 물질도 주체와 전체를 가진 것이다. 그러나 물질의 주체와 전체는 잠재성과 가능성으로만 존재한다. 물질은 스스로 자신의 주체와 전체를 실현하고 완성할 수 없다. 물질은 생명 안에서 비로소 주체와 전체의 실현과 완성에 이른다. 생명 가치는 물질 가치를 넘어선 더 높은 가치다. 생명은 물질 안에서 물질을 초월한 것으로서 물질보다 한없이 소중하고 깊고 높고 아름다운 것이다. 물질세계에서는 드러나거나 실현될 수 없는 물질의 가치와 아름다움이 생명의 세계에서는 드러나고 실현될 수 있다. 생명 안에서 물질은 자신을 초월하여 더욱 값지고 더 아름답게 표현되고 실현된다. 물질 가치는 생명 가치를 통해 더 값지게 실현되고 표현되고 사용될 수 있다. 물질과 달리 생명은 스스로 하는 주체를 가진 것이며 내적으로 또 외적으로 통일된 전체를 이룬 것이다. 생명의 본성과 목적은 주체와 전체의 일치와 실현에 있다. 생명 가치는 주체와 전체를 드러내고 실현하는 데 있다. 주체와 전체를 실현한 생명은 물질보다 한없이 존귀하고 존엄한 것이다. 주체와 전체의 일치가 이루어지는 생명 안에서 물질은 더욱 값지고 아름답게 표현되고 실현된다.

물질적 인과관계와 법칙을 넘어서 생명은 물질 가치로 표현할 수 없는 기쁨과 신명, 상생과 공존, 감사와 헌신에 이른다. 생명은 스스로 하는 주체이며 내적 전체의 통일이다. 생명의 주체와 전체를 실현하고 완성하는 것은 사랑이다. 사랑으로만 생명의 주체와 전체를 드러내고 실현한다. 사랑은 주체의 존중이며 전체의 일치, 하나 됨이다. 생명 가치를 실현하고 고양시키는 덕은 사랑(仁, 자비, 아가페)이다. 사랑을 통해서만 생명의 주체와 전체는 드러나고 표현되고 실현되고 고양되고 심화된다. 사랑이 없다면 생명 가치는 드러나거나 실현될 수 없다. 사랑 없이 수리적 계산과 물리적 법칙에 따라 합리성과 효율성만을 추구한다면 생명 가치는 은폐되고 파괴되고 소멸할 것이다. 그러나 생명 가치가 물질 가치에 토대를 두듯이 사랑도 정직에 토대를 둔다. 정직한 사람만이 사랑할 수 있고 사랑하는 사람만이 정직할 수 있다. 욕심과 편견으로 구부러든 사람은 정직할 수 없고 사랑할 수도 없다. 정말 어떤 일을 사랑한다면 물성과 이치에 따라 합리적이고 효율적으로 정직하게 일해야 한다. 또 어떤 이를 사랑한다면 정직하고 진실하게 만나고 사귀어야 한다. 욕망과 편견으로 구부러든 사랑은 자신과 상대를 해치고 일을 망치는 병든 사랑이다. 정직한 사람만이 자신과 남의 주체와 전체를 인정하고 존중하며, 실현하고 완성할 수 있다. 사랑하는 사람만이 본성과 이치에 따라 바르고 곧게 사람과 사물의 가치를 실현하고 완성할 수 있다.

생명 가치를 실현하고 완성할 수 있는 역량은 공감이다. 생명 가치는 주체와 전체를 실현하고 완성하는 것이므로 주체와 전체가 스스로 드러나고 실현되게 해야 한다. 서로 주체로서 주체와 전체를 드러내고 실현하려면 사랑으로 서로 존중하고 이해하고 받들어야 한다. '나'와 '네'가 서로의 주체와 전체를 이해하고 존중하는 것이 공감이다. 공감을 통해서만 사랑은 표현되고 실현되고 실천될 수 있다. 공감은 사랑을 실천하는 능력이다. 사랑의 덕은 공감의 능력에 비례한다. 사랑이 깊고 큰 만큼 공감의 능력도 깊고 커진다. 공감의 능력이 깊고 큰 만큼 사랑의 덕도 깊고 크다. 함께 아파하고 함께 즐거워하는 공감 능력을 키워야 서로 주체로서 생명의 주체와 전체를 함께 실현하고 고양시킬 수 있다. 사랑과 마찬가지로 공감도 정직한 사람이 할 수 있다. 욕심과 편견에 매인 불의하고 부정직한 사람은 저밖에 모르는 사람이고 공감할 수 없는 사람이다. 바르고 정직하고 올곧은 사람이 공감을 일으킨다. 또한 기술과 솜씨를 가진 사람은 공감을 크게 일으킬 수 있다. 정직한 사람이 공감을 일으키고 기술과 기능, 재주와 솜씨를 가진 사람이 공감을 일으킨다. 요리를 잘하고 피리를 잘 불고 노래를 잘하고 운동을 잘하고 말을 잘하고 글을 잘 쓰면 공감을 일으킬 수 있다. 사랑과 정성에 정직과 기술(솜씨)이 더해질 때 공감 능력은 더욱 커진다. 남의 심정과 처지를 잘 헤아리고 파악하는 눈치 빠른 사람이 공감을 잘하고 공감을 쉽게 얻는다. 공감을 일으키면 생명의 주체와 전체를 실현하고 완성할 수 있다.

인간 가치를 실현하는 덕과 역량: 창의와 생각

인간은 자연 생명의 유전자적 제약에서 벗어나 스스로 탈바꿈하고 세상을 변화하고 새롭게 지어가는 창조자적 존재다. 과거와 현재를 비판하고 넘어서 미래를 계획하고 창조하는 인간의 지성과 영성을 드러내고 실현하는 데서 인간의 가치가 드러난다. 인간이 하는 모든 짓거리는 창의적이고 혁신적이다. 인간의 웃음과 울음, 감정과 표정, 말과 글, 손짓과 몸짓, 몸놀림과 태도가 파충류나 포유류, 영장류에 비하면 얼마나 새롭고 창의적이고 풍부한가! 인간의 창의적이고 혁신적인 삶과 행동과 생각은 물질 가치의 토대 위에 든든히 서서 생명 진화의 역사를 되풀이하면서 현실 속에서 새로운 존재의 세계를 열고 새로운 역사를 지어간다.

인간의 가치를 실현하는 덕은 창의(創意)다. 창의는 가장 인간다운 덕이다. 하늘을 향해 머리 들고 일어선 인간은 하늘의 자유를 알고 누리는 존재다. 인간이 지닌 하늘의 자유는 창조의 자유이며 하늘의 자유에서 창의가 나온다. 창의는 생명 진화와 천지인 합일의 중심에 있는 인간의 본성과 사명을 실현하는 덕이다. 창의는 인간의 본성과 본분을 실현하는 크고 필요한 덕이다. 창의는 특정한 사람들의 특정한 능력이 아니라 생명 진화와 천지인 합일의 사명과 목적을 실현하는 인간의 근원적이고 본질적인 덕이다. 창의의 덕은 새로운 기계와 놀라운 기술을 만들어내고, 기이하고 엉뚱한 생각과 발상을 하는 덕만이 아니라 생명과 인간의 창조와 진화를 일으키고 역사와 사회의 혁신과 진보를 가져오는 덕이다.

창의적인 덕을 가진 사람이 물질과 생명과 인간의 가치를 실현하고 완성해 갈 수 있다. 이성적이고 민주적인 사회에서는 창의적인 사람이 앞장서서 새 역사와 사회를 만들어간다. 권력이나 돈, 권위를 가진 사람이 아니라 창의적인 사람이 사람다운 참 사람이고 크게 공감을 일으키고 많은 사람들과 함께 앞으로 나아갈 수 있다. 창의적인 사람이 존중받는 사회는 정직한 사회다. 창의는 물질의 물성과 이치, 생명의 본성과 이치에 충실할 때 발휘되는 덕이다. 물리와 생리, 심리와 도리에 충실하고 정직한 사람만이 창의적으로 될 수 있다. 또 물질과 생명과 인간을 사랑하고 공감하는 사람만이 창의적으로 될 수 있다. 사랑하고 공감하는 사람만이 물질·생명·인간과 일치와 교감에 이를 수 있다. 물질·생명·인간과 일치와 교감에 이른 사람이 물질·생명·인간의 주체와 전체를 드러내고 실현하고 자라게 하고 고양시킬 수 있다. 사랑하고 공감하지 않으면 대상의 본성과 이치를 알고 드러내고 실현할 수 없으며 대상의 본성과 이치를 알지 못하면 주체와 전체를 새롭게 변화시키고 고양시킬 수 없다. 물질과 생명과 정신의 본성과 이치를 드러내고 실현함으로써 인간은 창조와 변화를 가져온다.

창의적으로 인간 가치를 실현하는 역량은 생각이다. 주어진 것을 새롭고 다르게 변화시키는 창의적 존재가 되려면 스스로 생각해야 한다. 주어진 것을 인정하고 받아들이고 되풀이하고 연장하는 일에는 깊은 생각이 필요하지 않다. 기계적인 산술 계산과 형식논리는 동일한 것을 반복할 뿐 창의적인 새로움을 가져오지 못한다. 창의적으로 생각하는 것은 주어진 것을 반성하고 비판하는 것이고 부정하고 초월하는 것이다. 그것은 새로운 것을 계획하고 그리는 것이며 자신과 세상을 새롭게 창조하고 개혁하는 것이다. 주어진 사실과 조건에 만족하고 본능적으로 기계적으로 계산적으로만 움직인다면 깊이 생각할 필요가 없다. 깊이 생각하지 않으면 새로운 미래는 없다. 창의적인 생각을 하려면 정직한 논리적 사고 능력과 미루어 헤아려보는 사랑과 공감의 능력을 가져야 한다. 정직한 논리적 사고 능력은 본성과 이치를 드러내는 기계적 기술적 객관적 사고 능력이고 미루어 헤아려보는 사랑과 공감의 능력은 주체의 깊이와 전체의 통일을 드러내고 실현하는 감정이입과 교감의 상상력이다. 창의적 생각은 논리적 사고와 교감의 상상력을 넘어서 자기와 현실을 비판하고 부정하고 고양시키고 전진시키는 초월의 정신을 요구한다.

참된 생각은 정직한 사람만이 할 수 있다. 거짓되고 허황한 생각은 물질과 생명과 정신을 왜곡하고 해친다. 어떤 필요와 목적을 위해서 거짓말을 하더라도 거짓말이 쓸모가 있고 설득력이 있으려면 본성과 이치에 맞게 바르게 생각해야 한다. 상상과 환상을 담은 초현실적인 예술적 생각과 표현도 그 나름으로 자기를 부정하고 초월하는 생명과 정신의 본성과 이치에 맞아야 한다. 수리와 물리에서는 엉뚱한 상상과 환상이 용납되지 않지만 생리와 심리와 도리와 신리에서는 엉뚱하고 기발한, 창의적이고 초월적인 상상과 환상이 요구되고 허락된다. 참된 생각은 물질과 생명과 정신의 본성과 이치에 맞는 것이며 물질과 생명과 정신의 본성과 현실에서 우러난 것이다. 참된 생각은 생각하는 주체와 생각되는 대상의 서로 주체적인 소통과 일치다. 그것은 생각하는 주체의 나가 대상의 본성과 이치를 뚫어보고 드러내고 표현하고 실현하는 것이다. 참된 생각은 대상의 주체적 본성과 이치가 스스로 드러나고 실현되게 하는 것이다. 그것은 생각하는 주체와 생각되는 대상이 존재와 활동의 경계를 넘어서 만나고 소통하고 하나로 되는 일이다.

참된 생각은 사랑하는 사람만이 할 수 있다. 사물과 생명과 정신에 대한 호기심, 관심, 열정이 없는 사람은 사랑이 없는 사람이다. 사랑이 없으면 공감할 수 없고 공감하지 못하면 사물과 생명과 정신의 주체적 깊이와 전체적 연관을 파악하고 이해할 수 없다. 본질적 깊이와 전체적 연관을 파악하고 이해하지 못하면 새로운 변화와 창조를 가져올 수 없다. 삶과 역사에 대한 깊은 사랑과 헌신이 없으면 과거와 현재와 미래의 연관성과 뜻을 알 수 없다. 과거와 현재와 미래의 연관성과 뜻을 모르면 새로운 미래를 여는 창의적인 사람이 될 수 없다. 생각은 사랑과 관심, 호기심과 열정에서 나오는 것이고 공감 속에서 깊어지고 넓어지고 풍부해지는 것이다.

창의적인 생각은 스스로 하는 것이면서 위에서 속에서 돌연히 떠오르는 것이다. 감각과 이성은 부분과 표면을 지각하고 분석하고 이해할 뿐 주체와 전체를 지각하고 이해할 수 없다. 감각과 이성의 부분적이고 표면적인 지각과 이해를 넘어서 주체와 전체를 헤아리고 이해하기 위해서는 유추하고 미루어보고 대상(타자)의 자리에서 입장을 바꾸어 헤아려보아야 한다. 유추하고 헤아리는 것이 생각하는 것이다. 유추하고 헤아리다 보면 새롭고 창의적인 생각이 돌연히 떠오른다. 생각하면 생각이 난다. 스스로 애쓰고 힘써서 생각하다 보면 새롭고 창의적인 생각이 떠오른다. 마치 비행기가 활주로 평면을 달리다가 하늘로 솟아오르듯이 이치를 따라서 생각하다 보면 갑자기 새롭고 창의적인 생각이 솟아난다. 생각하는 것도 방법과 기술이 필요하고 훈련과 체험이 필요하다. 참되고 창의적인 생각은 하늘에 비추어 보는 것이다. 하늘에 비추어 보면 주체와 전체의 이치와 진리가 드러나고 가치와 아름다움, 의미와 보람이 드러난다. 주체와 전체를 헤아리고 드러내고 실현하기 위해서는 하늘의 거울에 비추어 보고 그려보는 훈련과 노력이 필요하다. 그것이 명상이고 기도이고 성찰이며 상상이고 영감(靈感)이다.

창의적으로 생각하려면 대상에 대해서 정직하면서 과학기술(논리)적이어야 하고, 대상을 사랑하고 대상에 대해서 공감할 수 있어야 한다. 정직하고 과학적인 진리 정신이 없으면 창의적으로 생각할 수 없다. 사물과 일, 생명과 사람, 민족과 국가, 역사와 사회 그 어떤 대상이든 간에, 그 대상을 사랑하고 대상에 대해서 공감할 수 없으면 창의적이고 혁신적인 생각을 할 수 없다. 사람은 정직하고 합리적이면서 사랑과 공감을 가지고 창의적으로 생각할 때 인성과 인간의 가치를 실현하고 완성할 수 있다. 인간의 창의와 생각은 하늘의 자유에서 비롯된 것이다. 자신과 세상을 하늘에 비추어 볼 때 인간은 인간의 가치와 의미를 창의적으로 실현하는 생각하는 존재가 될 수 있다.

사회 가치를 실현하는 덕목과 역량: 정의와 협동

정의

사회는 물질과 생명과 인간의 가치가 종합적으로 실현되고 고양되는 체계이며 연결망이다. 사회는 물질적 토대와 생명적 연결과 인간적 만남과 사귐, 관계와 소통, 연대와 대립으로 이루어지고 발달하고 쇠퇴한다. 사회 가치는 물질 가치와 생명 가치와 인간 가치를 총체적으로 실현하고 완성하는 가치다. 사회 안에서 물질 가치가 물성과 이치에 따라 정직하게 합리적이고 기술적이고 효율적으로 실현되고, 생명 가치(주체와 전체)가 사랑과 공감 속에서 온전히 실현되고 완성되며, 인간 가치가 개인과 집단의 창의적인 생각을 통해서 실현되기 위해서는 사회가 정의로워야 한다. 모든 가치가 총체적으로 실현되기 위해서 필요한 조건은 정의다. 정의가 없는 사회는 물질 가치도 생명 가치도 인간 가치도 제대로 실현되고 고양시킬 수 없다.

사회에서 가장 필요하고 근본적이며 중요한 덕은 정의다. 정의는 물질 가치가 개인과 집단의 탐욕과 편견, 불합리한 관행과 습관에 의해 왜곡되거나 훼손되지 않고 물성과 이치에 따라 정직하게 기술적으로 실현되는 것이다. 정의는 생명의 주체와 전체가 사랑과 공감 속에서 탐욕과 편견에 의해 억압받거나 침해당하지 않고 실현되고 고양되는 것이다. 또한 정의는 인간의 창의적인 생각과 능력이 탐욕과 편견, 불합리한 이해관계와 주장에 의해 휘둘리거나 억눌리지 않고 자유롭고 온전하게 표현되고 실현되고 진전되고 고양되게 하는 것이다. 정의는 이익집단의 이해관계를 조정하는 것만도 아니고 개인과 집단의 능력과 업적과 자격에 따라 재화나 명예를 분배하는 것만도 아니다. 또 정의는 계약에 따른 권리-의무 관계와 책임을 조정하고 확정하는 것만도 아니다. 정의는 법적 절차와 규정에 따라 공정하게 관리하고 처리하는 것만도 아니다. 정의는 그보다 훨씬 깊고 근원적이고 근본적인 것이며 그보다 훨씬 크고 높고 원대한 것이다.

정의는 각자의 몫을 나누는 게 아니다. 사랑과 정의의 나라를 선포한 예수는 형제의 유산분배에 관여하기를 거절했다(누가복음 12:13-15). 나라의 주인과 주체가 민이다. 나라의 주인이 살아 있는데 주인의 몫(유산)을 누가 누구에게 나누나? 몫을 나누는 것은 주인이 죽었거나 없다는 말이다. 민주국가의 정의는 주인인 민의 삶을 살리고 지키고 실현하고 고양시키는 것이다. 생명과 인간의 주체와 전체를 살리고 실현하고 지키고 존중하는 것이 정의다. 인간의 사명과 목적인 생명 진화와 천지인 합일을 이룸이 정의다. 돈보다 생명이, 물질보다 정신이, 본능보다 감정이, 감정과 의식보다 지성이, 지성보다 영성과 신성이 존중되는 것이 정의다. 사회의 으뜸가는 덕인 정의는 물질에 대하여 정직하고 생명을 사랑하고 인간의 창의를 존중하는 사람만이 지킬 수 있는 덕이다. 사물의 물성과 이치에 대하여 정직하지 않고 생명을 사랑하지 않고 인간의 창의를 존중하지 않는 사람은 정의를 해치고 무너트리는 자다. 정의는 물질과 생명과 인간의 가치와 덕을 사회 속에서 총체적으로 실현하고 고양시키는 것이다.

협동

인간의 창의와 사회의 정의를 실현하는 사회의 근본 역량은 협동이다. 스스로 생각하는 창의적인 인간들이 물질 가치와 생명 가치와 인간 가치를 정직과 기술, 사랑과 공감, 창의와 생각을 통해서 실현하고 진화, 고양시키려면 서로 주체로서 협동해야 한다. 협동만이 민주적이고 이성적인 사회에서 모든 가치를 정의롭게 실현해가는 방식이고 지혜이며 길이다. 사회정의의 덕을 실현하는 역량은 협동이다. 정의로운 만큼 협동하고 협동할 수 있는 만큼 정의롭다. 인류는 창의적인 생각을 가지고 서로 협동할 수 있었기 때문에 자연재해를 이기고 생존경쟁에서 살아남을 수 있었고 문명사회를 이룩할 수 있었다. 협동은 서로 주체인 인간들이 가장 크고 새로운 힘을 낼 수 있는 방식이고 지혜다. 한 사람 속에 우주와 생명 진화와 인류역사의 전체 과정이 압축되어 내장되어 있고, 한 사람 속에서 천지인 합일이 이루어지고 천지의 창조와 진화가 일어나고 있다. 한 사람 속에서 우주와 자연 생명 전체, 나라 전체를 보고 전체에서 한 사람의 구체적인 삶과 정신을 보아야 한다. 사람 속에 대자연 생명의 중심과 꼭대기가 있다면 정치인 지식인들이 민중을 가르치고 지도하고 이끌고 다스리려고 해서는 안 된다. 사람들이 서로 주체로서 협동할 때 공동지성(집단지성)이 생겨나고 공동지성은 영웅이나 천재, 엘리트 지식인 지도자들의 지성보다 훨씬 깊고 크다.

민 한 사람 한 사람이 서로 주체로서 협동하여 자치를 이루어가는 것이 민주과학시대의 정치다. 함석헌은 1960년대 초부터 길거리서 웅성거리는 생활꾼들이 정치의 주체임을 주장했다. 이제 민을 다스리려는 정치는 낡은 정치이고 민이 스스로 조직하고 계획하고 전략을 짜고 수행하는 씨올정치시대가 왔다고 하였다.[11] 민을 가르치고 지도하고 다스리려는 정치인은 낡은 정치인이다. 스스로 새로운 삶과 역사를 열어가는 민중의 바다에 자신을 던지고 내맡기고 민에게 배우고 민을 대변하고 민을 섬기는 정치인이 세상을 이끌어 갈 것이다. 요즈음 촛불시위는 50여 년 전에 함석헌이 씨ᄋᆞᆯ정치로 제시한 내용을 그대로 실현하는 것 같다. 씨ᄋᆞᆯ정치는 민의 자치와 협동으로 펼쳐지고 민의 자치와 협동을 실현하고 완성해간다.

사회의 혁신과 진보는 민의 자치와 협동에 의해서 이루어진다. 민의 삶을 배제한 사회와 역사의 혁신과 진보는 없다. 생명은 진화 하는 것이고 인간은 창의적으로 새로운 미래를 열어가는 존재이므 로 역사와 사회는 혁신되고 진보하는 것이다. 혁신과 진보가 없는 역사와 사회는 정체되고 쇠퇴하고 소멸하기 마련이다. 과학적이고 민주적인 사회의 정의는 인간의 창의와 혁신을 존중하고 격려하고 보장하고 찬양하는 것이다. 창의와 혁신을 억압하고 소외시키는 사 회는 정체되고 낡은 사회이며 미래에 대해서 닫힌 사회다. 창의와 혁신을 이루어가는 열린사회는 자치와 협동의 사회다. 인간의 창의 와 사회의 혁신을 이루어가는 정의로운 방식이 자치와 협동이다.

역사는 나아가는 것이고 사회는 개혁되는 것이다. 사회는 사람들 이 서로 주체로서 전체의 하나 됨을 실현하고 완성해가는 것이다. 생명은 진화하고 인간은 창의적으로 창조하고 진보하는 존재이므 로 사회는 개혁과 혁신의 길로 가지 않을 수 없다. 머물러 정체하면 사회는 무너지고 파괴된다. 늘 새롭게 개혁해 가야 한다. 그러나 물 질적 현실의 물성과 이치, 생명의 본성과 이치, 인간의 욕망과 감정, 심정과 심리, 사회와 역사의 상황과 조건을 무시한 생각과 창의는

---

11 함석헌, "人間革命,"『함석헌전집 2』(한길사, 1983), 73.

혁신과 진보가 아니라 혼란과 파괴, 실패와 좌절을 가져온다. 창의적인 생각은 물질·생명·정신·사회의 본성과 이치, 상황과 조건을 충실히 반영해야 한다. 물질과 몸의 토대 위에서 생명의 진화가 이루어지듯이 사회가 진보 개혁하려면 사회의 토대인 물질과 생명을 잘 지켜야 한다. 참된 보수는 생명과 사회의 진화와 진보, 혁신과 개혁을 위한 것이다. 진화와 진보와 혁신을 거부한 보수는 참된 보수가 아니다. 생명의 진화사를 보아도 생명을 안전하게 지키려고 단단한 뼈를 껍데기로 뒤집어쓴 소라와 조개는 자신의 생명을 지키는 데는 성공했으나 수억 년 동안 진화를 이루지 못했다. 위험과 죽음을 무릅쓰고 단단한 뼈를 부드럽고 연약한 살로 감싼 물고기는 고난과 죽음의 위험을 무릅쓰는 모험을 함으로써 파충류와 포유류를 거쳐 인간에 이르는 진화의 길을 걸을 수 있었다. 단단하고 땅땅한 땅의 물질적 현실과 조건에 안주하는 보수는 생의 안전을 확보하는 대신, 진화와 혁신을 이루지 못하고 생의 본성과 목적을 실현하지 못한다. 물질적 군사적 경제적 안보를 내세워 생명과 정신의 모험과 혁신을 거부하는 보수주의는 조개와 소라의 길을 걷는 것이다. 단단한 뼈를 부드럽고 연한 살로 감싸고 고난과 죽음의 위험을 무릅쓰고 자유와 모험의 길로 나간 물고기가 포유류와 인간에 이르는 진화의 길을 열었듯이, 인류사회도 물질적 군사·정치·경제적 안보보다 상생과 공존의 정의와 평화를 향한 자유와 모험의 길로 나아가야 한다. 그것이 생명과 인간이 가야 할 길이다. 생명을 보호하고 지키는 것은 좋은 것이지만, 생명을 지키고 보호하기 위해서 진화와 혁신을 하지 못하는 것은 새롭게 자라는 생명의 본성과 목적을 거스르는 것이다.

역사와 사회는 과정이고 수단이면서 목적을 지향한다. 생명과 인간은 사회의 알맹이 씨올이고 목적이다. 역사와 사회는 생명과 인간을 위해 존재하는 것이다. 그러나 생명과 인간이 사회의 목적을 실현하기 위한 주체와 구성원이라는 점에서 사회, 국가가 생명과 인간의 목적이기도 하다. 혁신가가 없으면 사회는 미래의 희망이 없다. 사회를 지키고 개혁해 가려면 창의적인 인간들이 협동할 수 있어야 한다. 협동은 민주적 자치의 방식이다. 자치와 협동은 생각하는 인간, 창의적인 인간만이 할 수 있다. 자치 능력이 없으면 협동할 수 없고 협동할 수 없으면 자치할 수 없다. 공감하지 않고 생각하지 않으면 자치와 협동은 어렵다. 자치와 협동은 생명 진화와 역사 진보를 이루고 사회정의를 실현하는 방식이다. 정직과 사랑과 창의와 정의의 덕이 없으면 자치와 협동은 이루어질 수 없다. 그리고 자치와 협동이 없으면 정직과 사랑과 창의와 정의의 덕은 실현될 수 없고 물질·생명·인간·사회의 가치는 정의롭게 실현될 수 없다.

신령(神靈) 가치를 실현하는 덕과 역량: 초월과 영감

주체와 전체를 가진 생명과 인간에게는 과학적 이성을 넘어서는 신령이 있다. 물질보다 깊고 높은 자리에 생명이 있고 생명보다 깊고 높은 자리에 인간이 있고 인간보다 깊고 높은 자리에 하늘의 신령이 있다. 속으로 깊이 들어갈수록 부드럽고 약하지만 깊고 높고 큰 주체와 전체의 차원이 열린다. 물질을 심화 고양시키면서 실현하고 사용하는 것은 생명이고 생명을 더욱 깊고 높이 실현하고 고양시키는 것은 인간이며 인간과 인간관계를 공동체적 전체로 실현하고 완성하는 것은 사회이고 인간과 사회를 더욱 깊고 높고 큰 주체와 전체의 세계로 이끌고 고양시키는 것은 하늘의 신령이다. 물질에서 생명과 인간과 사회를 거쳐 신령에 이를수록 주체와 전체는 더 깊고 크고 높아진다. 신령 가치는 물질과 생명과 인간과 사회의 가치를 총체적으로 실현하고 고양하고 완성하는 가치다.

신령 가치는 하늘과 관련된 종교(철학)의 가치다. 생명의 본성과 목적은 주체와 전체의 실현에 있다. 주체와 전체는 물성과 물질적 법칙의 제약과 속박을 넘어서 생명과 인간의 끊임없는 자기부정과 초월을 통해서 실현되고 완성되어야 한다. 주체와 전체는 감각과 이성에게 인식론적으로나 존재론적으로 초월적이다. 감각은 대상의 부분과 표면만을 지각하고 이성도 대상의 부분과 표면을 분석하고 이해할 뿐이다. 생명과 정신은 부분과 표면을 넘어서 주체와 전체에 이르러야 한다. 주체와 전체를 온전히 실현하고 완성하는 자리는 하늘(하나님)이다. 하늘의 신령 가치는 물질과 생명과 정신의 주체와 전체를 온전히 실현하고 완성하는 가치, 새롭게 창조하고 고양시키는 가치다.

신령 가치를 실현하는 덕은 초월이다. 하늘의 자유와 초월이 생명과 인간, 역사와 사회의 주체와 전체를 실현하고 완성하는 덕이다. 사람은 하늘과 땅 사이에 곧게 선 존재이고 하늘을 품고 그리워하고 우러르는 존재다. 하늘을 품고 그리워하는 사람은 초월, 초연, 해탈의 심정과 자유를 가져야 한다. 하늘의 자유와 초월의 심정을 가진 사람은 물질, 생명, 인간, 사회의 주체와 전체를 실현하고 완성할 수 있다. 하늘의 초월적 자유가 없으면 물질, 생명, 인간, 사회의 가치를 온전히 실현할 수 없고 정직, 사랑, 창의, 정의의 덕을 온전히 가질 수 없고 기술, 공감, 생각, 협동의 능력을 맘껏 발휘할 수 없다. 초월적인 자유의 바람이 불지 않는 사회는 부패하고 무너진다. 종교와 철학의 도리, 신령의 가치(神理)를 실현하기 위해 가장 중요한 덕은 초월(초연)이다. 초월의 덕 속에는 정직, 사랑, 창의, 정의의 덕이 포함되어 있다. 정직하지 않고 사랑할 줄 모르고 새로운 미래에 대해서 창의적으로 대처하지 못하고 정의롭지 못한 사람은 초월적 자유의 덕을 가질 수 없다.

초월의 덕을 가지고 신령 가치를 실현하는 역량은 영감이다. 영감은 신령 가치와 하늘의 초월을 느끼고 드러내는 능력이다. 영감은 하늘의 도리와 신리를 느끼는 것이다. 영감은 부분과 표면에서 그 부분과 표면을 뚫고 주체의 깊이와 전체의 하나 됨을 느끼고 헤아리는 힘이다. 영감은 부분과 표면을 뚫어보는 힘이다. 하늘의 초월적 자유를 지닌 사람만이 영감의 힘을 가질 수 있다. 영감의 능력은 기술(솜씨), 공감, 창의, 협동의 능력을 아우르는 최고의 능력이다. 과학기술과 솜씨를 가지고 물질과 기계를 잘 이해하고, 물질과 생명과 인간에 대한 공감 능력을 가지면서 창의적으로 생각할 줄 알고, 정의로운 맘으로 서로 협동하는 사람들만이 진정한 영감의 능력을 가질 수 있다. 영감을 가진 사람에게는 사물과 생명과 인간과 사회가 자신의 주체와 전체, 본성과 목적, 의미와 보람, 아름다움과 가치를 드러낸다.

영감은 작은 말 한마디, 눈짓과 표정 하나에서 주체와 전체, 의미와 보람, 아름다움과 가치를 보고 느끼고 헤아리는 능력이다. 참된 주체와 전체, 본성과 목적, 의미와 보람, 아름다움과 가치의 근원은 하늘이다. 영감은 땅 위의 작은 물건들과 평범한 일상생활에서 하늘을 보고 느끼고 체험하는 것이다. 영감은 역사와 사회의 작은 사건과 변화에서 하늘의 뜻과 방향을 보고 느끼는 것이다. 그것은 구체적인 한 사람에게서, 사람과의 만남과 사귐에서, 사람과 함께 일하고 생각과 뜻과 힘을 모으면서 하늘을 보고 만나고 체험하는 것이다. 영감은 구체적인 일과 사건에서 구체적인 한 사람에게서 생명과 인간과 사회의 주체와 전체를 보는 것이다. 그것은 한 사람의 삶과 생각과 행동에서 나라 전체를 보고, 나라 전체 속에서 한 사람의 삶과 처지, 심정과 행동을 보고 느끼고 깨닫고 체험하는 것이다. 하늘의 초월적 자유와 영감을 가지고 실증적 자료와 통계 수치를 넘어서 그 사람의 심정과 처지에서 구체적인 삶의 조건과 상황에서 그 사람의 주체와 전체, 의미와 보람, 아름다움과 가치를 보아야 한다. 한 사람의 형편과 처지에서 그 사람의 주체와 전체, 의미와 보람, 아름다움과 가치를 보고, 나라 전체를 보고 느끼고 깨닫고 체험할 때, 민주적이고 정의로운 복지가 이루어진다. 그것이 영감을 가지고 보고 느끼고 헤아리는 것이며 물질과 생명과 인간과 사회(나라)의 온전한 정의와 평화를 이루는 것이다.

이제까지 논의한 가치와 덕목과 역량은 다음과 같이 정리할 수 있다.

핵심 가치: 물질, 생명, 인간, 사회, 신령(神靈)
핵심 덕목: 정직, 사랑, 창의, 정의, 초월(초연)
핵심 역량: 기술, 공감, 생각, 협동, 영감

핵심 가치는 물질, 생명, 인간, 사회, 신령의 가치로 분류할 수 있고 핵심 덕목은 정직, 사랑, 창의, 정의, 초월로 핵심 역량은 기술, 공감, 생각, 협동, 영감으로 나눌 수 있다. 도표에서 가치와 덕과 역량은 옆으로 다섯 가지 차원 사이에서 긴밀한 관계로 이어져 있고 또 각 차원마다 가치와 덕과 역량은 본질적이고 유기적으로 결합되어 있다.

7장

인성교육의
실천 원리와 방법

우주와 생명과 신의 씨올인 사람의 인성 속에는 우주와 생명과 인류의 역사가 살아 있다. 사람은 길고 오랜 역사를 품은 존재이고 깊은 사연과 흥미진진한 이야기를 가진 존재다. 사람은 우주와 생명과 인류 역사의 이야기 주인공이다. 인성교육은 모든 사람이 저마다 삶과 역사의 주인공임을 깨닫고 서로 주체로서 존중하며 서로 주체로 살도록 이끄는 교육이다.

스스로 하는 주체가 되어 서로 주체로 살도록 이끄는 인성교육의 핵심 원리는 '하게 되게' 하는 교육이다. 스스로 하고 스스로 되게 하는 인성교육은 정해진 답이 없다. 산술 계산과 인공지능과 기계의 세계에는 정해진 답이 있겠지만 스스로 하고 스스로 되는 생명과 정신의 세계에는 정해진 답이 있을 수 없다. 인성교육에서는 스스로 답을 찾고 스스로 답이 되어야 한다. 그러나 생명과 정신을 키우고 높이고 새롭게 하는 인성교육에는 답이 없다고만 할 수도 없다. 생명과 정신은 뜻을 가진 것이고 목적과 방향을 가진 것이므로 올바른 길이 있고 이루어야 할 사명과 책임이 있다. 우주 생명 전체의 자리에서 하늘의 자리에서 보면 인생과 역사와 우주에는 뜻과 목적과 방향이 있다. 생명 진화와 인류역사를 통해서 드러난 그 뜻과 목적과 방향은 '주체의 깊이와 자유에서 전체의 하나 됨'에 이르는 것이다.

주체로서의 나가 깊어지고 자유로워져서 나다운 나가 되고 나의 깊이와 자유 속에서 더욱 큰 전체의 하나 됨에 이르는 것이 진선미의 기준과 목표이고 생명과 정신의 본성과 목적이다. 그것이 인류 역사와 사회의 근본원리와 목적이고 나와 우리의 삶과 행동의 기준과 목표다. 주체와 전체를 함께 실현하고 완성하는 것은 정해진 답이 아니라 나의 존재와 삶 속에서 찾고 발견하고 이루어야 할 과제와 목표다. 인성교육은 나의 인성과 삶을 그 뜻과 목적과 방향에 맞게 옹글게 실현하고 완성해가자는 것이다.

I. 인성교육의 실천 원리

생명교육과 인성교육은 자연만물과 생명과 인간이 주체임을 발견하고 존중하는 데서 시작된다. 주체는 보이지 않는 것이라 발견하기 어렵다. 오산학교에서 공부했던 시인 백석은 주체의 진리를 이렇게 갈파했다.

> 하늘이 이 세상을 내일 적에 그가 가장 귀해 하고 사랑하는 것들은 모두
> 가난하고 외롭고 높고 쓸쓸하니 그리고 언제나 넘치는 사랑과 슬픔 속에
> 살도록 만드신 것이다
> 초생달과 바구지꽃과 짝새와 당나귀가 그러하듯이
> 그리고 또 '프랑시스 잠'과 도연명과 '라이너 마리아 릴케'가 그러하듯이[1]

만물과 생명과 인간은 모두 하늘이 가장 귀하게 여기고 사랑하는 '주체'들이다. 초생달과 같은 우주만물은 자기 속에 한없는 존재의 깊이와 신비를 가지면서도 그것을 드러내고 표현하지 못하고 아무도 그것을 알아주지 않으니 외롭고 쓸쓸하다. 바구지꽃과 짝새와 당나귀는 우주와 생명의 역사와 신비를 품고 있지만 알리지도 펼치

---

1 백석, <흰 바람벽이 있어> 부분.

지도 못하고 무시당하고 외면당하니 가난하고 외롭고 쓸쓸할 수밖에 없다. 시인은 사물과 생명과 인간의 주체와 전체를 보고 느끼는 이다. 남이 보지 못하는 것을 보고 남이 느끼지 못하는 것을 느끼는 시인들은 가난하고 외롭고 높고 쓸쓸하다.

자기 안에 한없는 존재의 깊이와 신비를 지니고 흘러넘치는 기쁨과 사랑을 가지면서도 물질의 제약과 속박을 감수하며 사는 모든 주체들은 '언제나 넘치는 사랑과 슬픔 속에 살도록 만드신 것'이다. 생성하고 소멸하는 우주의 질서와 운명을 아는 초생달도 우주의 깊은 뜻과 안타까움을 지니고 있다. 물질 속에서 물질을 초월하여 자유롭게 살아야 하는 모든 생명과 인간의 주체들은 자기이면서 자기가 아니어야 하고 늘 자기보다 나은 존재가 되어야 한다. 자기와 세상에 안주하지 못하고 새로운 세계를 꿈꾸며 그리워하는 시인들은 가난하고 외롭고 높고 쓸쓸하며 언제나 넘치는 사랑과 슬픔 속에서 산다. 백석이 말한 가난과 외로움, 높고 쓸쓸함, 넘치는 사랑과 슬픔을 모르는 사람은 주체의 깊이와 자유, 아름다움과 존엄, 기쁨과 신명을 발견하고 이해하고 사랑하지 못할 것이므로 생명교육과 인성교육을 할 수 없다.

1. 생명교육의 실천 원리

인성교육은 생명교육에서 시작하고 생명교육은 생명의 주체를 존중하고 사랑하는 데서 시작한다. 한국정신 문화 속에서 생명교육의 실천 원리에 이르는 실마리를 찾아보자. 한겨레는 하늘 열고 나라를 세웠다(開天). 한국의 교육이념은 '널리 사람을 이롭게 함'(弘益

人間)이다. 하늘의 뜻과 심정으로 다스리는 나라는 하늘의 심정으로 널리 사람을 이롭게 하고 하늘의 이치로써 세상을 교화한다(在世理化). 한겨레는 하늘(한, 하나님)을 품고 하늘을 그리워하고 하늘의 심정과 뜻을 이루려 한 민족이다. 하늘(하나님)의 높은 뜻과 심정을 받들고 나라를 세운 것은 민족과 나라를 넘어서 온 세상을 이롭게 하고 섬기고 하늘로 이끌려 한 것이다. 생명교육은 널리 사람을 이롭게 하고 이치로써 세상을 교화하는 하늘의 높은 뜻에서 시작해야 한다.

동학은 인간의 생명과 인성을 깨워 일으키는 종교사상이다. 동학의 핵심은 시천주 조화정(侍天主 造化定) 두 마디에 담겨 있다. 천주를 모시면 하늘과 땅의 창조와 진화가 내 몸과 맘속에서 일어난다. 인간의 생명은 천지인 합일과 창조적 진화가 일어나는 거룩하고 존엄한 것이다. 하늘을 모시어 하늘과 땅의 창조와 진화(변화)가 일어나는 방식은 안으로 신령함이 있고(內有神靈) 밖으로 지극한 기운의 창조적 변화(外有氣化)가 일어나는 것이다. 사람들은 저마다 자기 속에 생명과 존재의 옮길 수 없는 뿌리와 토대인 한울님(天主)이 있음을 알아야 한다. 생명과 존재의 뿌리와 토대인 한울님을 떠나버리면 시들고 말라 죽는다. 한울님을 모심으로 하늘과 땅의 창조와 진화가 일어나려면 하늘의 지극한 기운(至氣)을 크게 체험할 수 있어야 한다. 하늘의 지극한 기운이 크게 임하여 나의 생명과 정신을 움직이게 해야 한다. 생명교육과 인성교육은 몸과 맘에 천주를 모시고 하늘기운을 체험하는 데서 시작한다.

최치원은 생명철학과 종교의 원리를 접화군생(接化群生)으로 표현했다. '접화군생'은 서로 주체인 생명이 만나서 사귀면 감화와 변화가 일어나고 뭇 생명이 살아난다는 말이다. 주체가 없는 것은 생명이 아니고 전체의 통일이 없는 것은 죽은 것이다. 생명은 주체와 전체를 가진 것이며 주체와 전체가 일치하는 것이다. 주체는 전체 생명의 통일된 초점이다. 전체가 하나로 될 때 주체가 생겨난다. 주체가 깊고 높을수록 전체는 크게 하나로 되고, 전체의 하나 됨이 크고 깊을수록 주체도 깊고 자유로워진다. 주체와 전체의 일치 속에 존재하는 생명은 서로 느끼는 것(感應)이고 서로 울리는 것(共鳴)이다. 따라서 생명이 서로 접촉하고 만나서 사귀면 감동하고 감응하여 창조적 변화(造化)가 일어난다. 생명교육과 인성교육은 서로 주체로서 인격적으로 친밀하게 만나고 사귀는 데서 시작한다.

생명이 서로 만나 창조적 변화를 일으키는 양식과 방법을 '서로 주체성, 관계성, 순환성, 다양성, 영성'의 다섯 가지로 말할 수 있다. 첫째, 생명의 만남과 사귐은 서로 주체로서 만나고 사귀는 것이다. 서로 주체가 되게 하는 데서 기쁨과 보람을 느끼고 생의 목적과 뜻을 이룬다. 상대를 대상화하고 지배하는 것은 옳은 생명의 만남과 사귐이 아니다. 진정한 만남과 사귐은 서로의 주체성을 고양시킨다. 둘째, 생명은 관계 속에서 온전히 드러나고 표현되고 실현되고 완성된다. 관계가 단절된 생명은 자람과 고양, 창조와 진화를 이룰 수 없다. 관계 속에서 생명은 주체의 깊이와 자유에서 전체의 하나 됨에로 나아간다. 지속적인 관계 속에서 소통과 일치를 통해서 배려와 협동, 상생과 공존의 공동체를 형성해가야 한다. 셋째, 생명은 창조하고 진화하며 갱신하고 성장하고 진보하는 것이면서 재생하고 순환할 수 있어야 한다. 물질과 생명과 정신은 뗄 수 없이 결합되고 연결된 것이기 때문이다. 물질과 생명과 정신의 재생과 순환이 없는 성장과 진보, 창조와 진화는 생명적인 것이 아니다. 나는 나답고 너는 너다우면서 함께 협력과 협동의 삶을 열어가려면 재생과 순환의 과정을 거쳐야 한다. 넷째, 생명의 만남과 사귐은 서로 다름을 인정하고 존중하는 것이다. 서로 다름을 차별로 만드는 것은 생명을 파괴하는 것이다. 생명은 만날수록 깊고 풍성하고 다양해져야 한다. 서로 다른 주체를 가지면서 전체가 하나인 생명은 단순하면서 복잡한 것이고 깊이와 일치를 지니면서 다양한 것이다. 생명은 깊고 다양하고 복잡하지만 서로 울리고 느끼고 하나로 통하는 것이므로 쉽고 단순하고 편안한 것이다. 개성과 다양성이 깊고 커질수록 주체와 전체의 일치도 깊고 높고 풍부해진다. 서로 다름과 낯섦은 차별과 배제의 근거가 아니라 진화와 고양, 축복과 은혜의 계기가 되어야 한다. 다섯째, 주체와 전체의 일치인 생명은 물질과 지성을 넘어서 하늘의 영성을 가진 것이다. 생명은 하늘에 닿은 것이고 하늘을 품고 하늘을 그리워하고 하늘을 향해 나아가는 것이다.

2. 인성교육의 실천 원리와 방법

인성교육을 몸, 맘, 얼의 깨우침으로 보는 씨올철학의 관점은 정신과학적 교육학을 기초한 에두아르트 슈프랑어(Eduard Spranger, 1882~1963)의 정신과학적 교육학에서도 확인된다. 슈프랑어는 인간을 생리-물리적, 정신적, 내면적인 세 차원이 얽혀서 이루어진 통합적 전체로 보고 문화적 유산의 체계적 전승 속에서 정신생활의 깨우침이 필요하다고 보았다. 인간이 능동적으로 의미 있는 활동을 하려면 내적 가능성을 정신적으로 깨우치지 않으면 안 된다. 정신적 깨우침은 사물에 오랫동안 몰두한 끝에 그 구조적 원리에 도달하게 하는 돌발적인 '이해'의 체험이다. 교육은 영혼의 깊이에까지 돌파해 들어가는 데 있다. 교육의 목적과 목표는 초월적 지평 혹은 삶의 깊이로부터 유래하는 것이다. 페스탈로치도 '백조의 노래'에서 삶의 궁극적 과제가 "민중의 삶의 깨우침", "하나의 새로운 태어남"을 목적으로 하고 있다는 것을 밝혔다.[2] 영혼의 깊이와 새로운 태어남은 지식과 기술을 넘어선 종교의 영역에 속한 것이다. 1973년 함석헌도 "교육에 있어서 반성돼야 하는 몇 가지 문제"라는 글에서 "종교는 교육을 근거 짓는 이념의 원출처요, 참된 권위의 근원이요, 지식과 기술 전달만으로 이룰 수 없는 인격 형성의 핵심이다"라고 함으로써 교육에서 종교의 차원을 강조했다. 함석헌은 해방 후 우리 교육이 실패한 이유를 "참 종교적 이념, 권위, 감격이 없(는 데서)" 찾으면서 교육의 방향전환을 촉구했다.[3] 그러나 지난 몇십 년 동안 사회과학과 경험과학이 교육이론과 현장을 지배하면서 종교와 영성을 강조하는 교육철학은 외면당했다.

오늘날 인공지능과 생명공학의 도전 앞에서 인간의 개성적 창조적 주체성을 확립하고 사회를 상생과 공존의 생명공동체로 재창조하는 일이 긴급하고 절실하게 요구된다. 이런 생명공동체를 실현하기 위해서는 먼저 인간의 생명과 얼을 살리는 교육이 이루어져야 한다. 생명과 얼을 살리는 교육은 우리말과 역사, 삶과 정신에서 실

---

2 송순재, "기독교종교교육학적 인성교육을 위한 물음과 방안,"『인성교육』, 강선보 외 (양서원, 2008), 62-63.
3 함석헌, "교육에 있어서 반성돼야 하는 몇 가지 문제,"『함석헌전집 5』(한길사, 1989), 174-176; 송순재, 앞글, 50-51 참조.

마리를 찾고 우리 몸과 맘속에서 생명과 얼을 자각하고, 몸, 맘, 얼을 살리는 교육의 틀과 방향을 잡아가야 한다.

가르침과 기름

교육(敎育)은 가르치고 기른다는 말이다. 가르침과 기름이라는 말속에 인성교육의 실마리가 담겨 있다. '가르치다'의 어원을 살펴보면 굴/ᄀᆞᆯ(分析, 指摘, 言表)+치(강세접사)+다(어미) 또는 ᄀᆞᆯ(耕作)+치(養育)+다(어미)로 추정하기도 하고 '가르치다'를 '가루'에서 온 말로 보기도 한다.4 '가르치다'라는 말 자체가 인성교육의 실마리를 준다. '굴, ᄀᆞᆯ'는 가름(分析), 가리킴(指摘), 말함(言表)을 나타낸다. '굴, ᄀᆞᆯ'가 분석(分析)의 뜻이라면 '가루'로 보는 것과 일치한다. '가르치다'는 가르고 깨트려서 가루가 되게 하는 것이다. 거짓 자아, 편견과 집착, 허영과 망상, 낡은 관습과 고정관념을 깨트려서 참 나로 깨어나게 하는 것이 인성교육의 시작이다. 인성 속에는 무한한 잠재력과 가능성을 깨닫고 실현하려면 고정관념과 거짓 자아를 깨트리는 것이 중요하다. 고정관념과 거짓 자아를 깨트리려면 그것에 대해 질문하고 부정하고 비판하고 넘어설 수 있어야 한다. 학문(學問)은 배우고 묻는 것이다. 인성교육은 자기와 세상에 대해서 물음을 가지는 데서 시작해야 한다. 무엇에 대해서 물음을 가지는 것은 의심하고 따지고 부정하고 비판하고 초월하는 일을 시작하는 것이다.

'가르'가 '가리킴'(指摘)을 뜻한다면 '가르치다'는 '가리키다'를 의

---

4 김민수, 『우리말 語源事典』, 10-11 참조.

미한다. 인성교육은 지식이나 정보를 주입하는 것도 아니고 특정한 삶의 형태와 목적을 강요하는 것도 아니다. 인성교육은 '스스로 하고, 스스로 되는 것'이다. 인성교육의 실천방법은 인생의 큰 방향과 목적을, 참된 삶과 참 나를 가리키는 것뿐이다. 가리키는 것은 증언하고 이야기하는 것이다. '가르치다'에서 '가르~'가 '가로되, 가라사대'처럼 '말하다'를 뜻하는 말이라면 가르친다는 것은 말로 일러주고 이끌어주는 것을 뜻한다. 교육을 말로 한다는 것은 친밀한 인격적 관계와 사귐 속에서 공감과 공명 속에서 배우고 가르치는 것이다. '가르치다'가 경작(갈다, 耕作)과 양육(치다, 養育)의 의미를 가졌다면 교육은 농경과 목축의 삶을 이어주고 이어받는 의미를 지닌 것이다. '가르'가 '갈다'(耕作)를 뜻한다면 '가르치다'는 밭을 갈아엎고 고르게 하듯이 인성(心性, 마음 밭)을 갈아엎고 고르게 하는 것이다. '가르치다'에서 '~치'가 양육을 뜻한다면 '치다'는 '기르다'는 의미를 갖게 된다. '기르다'는 '길다'(長)에서 온 말이며 '길게' 자라고 크게 하는 것을 뜻한다. 말로 일러주고 크게, 자라게 하는 것이 교육이다. 인성교육은 마음 밭을 갈아엎고 고르게 하고 생명과 정신의 씨울을 싹트고 자라게 하여 얼 힘을 기르는 것이다.

배우고 익힘

학생의 자리에서 보면 교육은 배우고 익히는 것이다. 배운다는 말은 '밝게 하다'는 뜻으로 볼 수도 있고[5] 몸과 맘에 배게 한다는 뜻

---

5 김민수, 『우리말 語源事典』, 440.

으로 풀이할 수도 있다. 배운다는 것은 물질의 제약과 속박에서 벗어나 자유롭게 물질을 이용할 수 있게 되는 것이고, 욕망과 감정, 편견과 집착, 낡은 전통과 고정관념의 어둠에서 벗어나 밝고 새로운 앎과 삶에 이르는 것이다. 배움은 물질의 어둠에서 생명과 정신의 밝음으로, 모름의 어둠에서 앎의 밝음에로 나아가는 것이다. 배우는 것은 지식과 관념의 일이 아니라 생명과 정신의 일이고 몸과 맘과 얼의 주체와 전체가 참여하는 일이다. 그러므로 무엇을 배워서 안다는 것은 단순히 지식과 관념으로 아는 것이 아니라 몸과 맘과 얼로 아는 것이다. 몸으로 체득(體得)하고 맘으로 심득(心得)하고 얼로 혼득(魂得)하는 것이 참으로 배워서 아는 것이다. 체득, 심득, 혼득은 몸과 맘과 얼에 스며들어 배게 하는 것이다.

스며들어 배게 하는 것은 삶의 사건이고 정신과 혼의 사건이다. 그것은 주입하는 것과는 다른 것이다. 주입하는 것은 물리 기계적인 것이다. 스며들어 배게 하는 것은 물리적이지만 기계적인 것은 아니다. 주입하는 것은 기계의 힘으로 집어넣는 것이지만 스며들고 배어드는 것은 물성과 이치에 따라 화합하고 결합하는 것이다. 컴퓨터나 인공지능이라면 지식과 정보의 자료들을 주입하면 된다. 그러나 생명과 정신을 자라게 하는 교육이라면 자료를 주입하는 것만으로는 될 수 없다. 배우는 교육은 몸, 맘, 얼에 스며들고 배어들게 하는 것이다. 참으로 배우는 것은 스며들고 배게 하는 것만도 아니다. 배운다는 것은 생명과 정신 속에 생명과 정신의 씨올을 심는 것이고 새 생명과 정신을 잉태하는 것이다. 배우는 것은 '배고 움트는 것'(배움)이다. 배움은 스며들어 배게 하는 것을 넘어서 새끼를 배고 애를 배는 것처럼 배운 것을 잉태하는 것, 몸과 맘에 씨올을 심고 품듯이 몸, 맘, 얼에 배게 하는 것이다. 또 배우는 것은 몸, 맘, 얼에 배게 하는 것을 넘어서 밴 것이 움트게 하는 것이다. 참으로 배우는 것은 지식과 가치와 생각과 기술이 몸과 맘에 배서 움트게 하는 것이다. 참된 배움은 배서 움트는 것이다.

교육은 배우고 익히는 것이다. 배운 것은 익혀야 한다. 익히는 것은 익숙하게 하는 것이고 익숙하게 되는 것은 익어서 성숙해지는 것이다. '익히다'는 '익다'에서 온 말이다. 익다는 '씨와 열매가 여물다'는 말이다.[6] 씨올과 열매가 익듯이 배운 앎과 솜씨가 몸과 맘속에서 익는 것이다. 몸과 맘과 얼에 배고 스며들고 심겨진 앎과 솜씨가 익는 것은 몸과 맘과 얼이 익는 것이다. 교육은 지식과 생각과 기술과 재주가 몸에 배게 하고 익숙하게 하고 몸과 맘속에서 익어가게 하는 것이다. 교육은 생명과 정신의 씨올을 배고 움트게 하고 익어가게 하는 것이다. 배우고 익히는 것은 앎과 솜씨가 몸, 맘, 얼에 배게 하고 몸과 맘과 얼에 익힘으로써 체득, 심득, 혼득하여 몸과 맘과 얼이 익어가게 하는 것이다.

앎은 알맹이를 붙잡는 것이다

배우고 익힌다는 것은 사물과 사실, 생명과 정신에 대한 지식과 정보, 자료(data)를 얻는 데 머무는 게 아니다. 지식과 정보, 자료는 객관적인 사실을 가리킬 뿐 인간의 인성과 주체와는 관련이 없다. 객관적 사실의 지식과 정보, 자료는 주체적인 생각을 통해서 가치

---

6 김민수, 『우리말 語源事典』, 845.

와 의미를 갖게 되고 삶과 정신 속으로 들어오게 된다. 지식과 정보, 자료와 기술도 생각하고 배우고 익혀서 체화(體化), 체득(體得)하고 맘과 혼에 새겨지게 해야 인성과 주체를 고양시키고 새롭게 하는 교육이 될 수 있다. 배우고 익혀서 무엇을 안다는 것은 알맹이, 알짬에 이르고 알맹이, 알짬을 붙잡는 것이다. 단순히 지식과 정보, 자료를 아는 것은 사물과 생명의 껍데기, 현상을 아는 것에 지나지 않는 것이다. 그것은 참으로 아는 것이 아니다. 무엇을 안다는 것은 그 본질과 핵심, 알짬과 알맹이를 알고 그 알짬과 알맹이가 나의 몸과 맘과 혼에 스며들고 배어들어 나와 하나로 되는 것이다.

서구의 학문 방법과는 달리 동양의 학문 방법은 삶 속에서 깨달음을 전제하고 추구한다. 서구의 학문을 나타내는 말, science나 Wissenschaft는 모두 앎과 지식을 뜻한다. 서구의 학문은 이성적인 지식과 정보를 추구한다. 그런데 동양의 학문은 "모르는 것을 배우고(學) 의혹을 묻는 것(問)이다." 서경(書經)에서는 학(學)을 "가르침을 받아서 깨달음을 전하는 것"(受教傳覺悟)이라고 했다.[7] 동양의 學은 객관적인 지식과 논리보다는 주체와 객체가 통전되는 '깨달음'에 초점을 둔 것으로 이해된다. '배움'을 뜻하는 '學'은 가르침과 깨달음이 몸과 맘에 '배게' 하는 것이다. "모르는 것을 배우고 모르는 것에 대해 묻는" 동양의 학문은 '모르는' 인식 대상에 대해 겸허하게 접근하며, 그 인식 대상을 받아들이는 자세를 가진다.

'알다'라는 말도 서양의 말과 비교된다. 서구 언어의 뿌리 말인 인도유럽어에서 '알다'를 나타내는 말(라틴어 scio)의 말 뿌리는 'skei'

---

7 張三植 編, 『大漢韓辭典』(博文出版社, 1975), 374 참조.

인데 "자르다, 분리하다, 가르다"를 뜻한다.[8] 서구 언어에서 '알다'는 대상을 '가르고, 잘라서' 본다는 뜻을 품고 있다. 인식주체인 이성적 자아의 자르고 분리하는 능력이 앎의 내용과 행위를 구성한다. 인식 대상은 가르고 자르는 인식 행위의 수동적 대상에 머문다. 이에 반해 우리말 '알다'는 사전에서 "배우거나 경험하여 모르던 것을 깨닫다"로 풀이한다. 그리고 '알다'의 뿌리 말 '알'은 '알맹이'(核), '알짬'(精), '알'(卵)이고 '얼'(精神)과 통한다.[9] 우리말 '알다'는 인식주체의 인식능력이나 행위와 관련되지 않고 인식 대상의 본질 내용과 관련된다. '알다'는 인식 대상의 알맹이와 알짬, 잠재적 생명력을 긍정하고 받아들이는 것이다. '알다'는 인식 대상에 '알맹이', '알짬', '생명의 씨앗'이 있다고 믿고 대상에 접근한다. '알다'는 인식 대상의 알짬(내적 본질)이 알려질 수 있음을 전제한다. 앎에는 인식 대상의 알짬이 담겨 있다. 이런 앎의 행위에서는 인식 대상이 중심과 주체로 존재한다. 서구 언어에서 '알다'는 인식 대상을 분석하고 해체해서 대상에 대한 지식과 정보를 얻는 것이라면 한국어에서 '알다'는 인식 대상 전체의 핵심이 손상되지 않고 드러나게 하는 것이다. 한국어에서 '알다'는 대상에 대한 전체적인 이해와 깊은 깨달음을 뜻한다. 이런 말의 어원적 차이는 중요한 인식론적 차이를 함축한다. 서구에서는 인식 대상을 지배하고 통제하는 인식론에 이르고 한국에서는 인식주체인 인간의 이성적 자아가 겸허하게 인식 대상을 긍정하고 신뢰하고 존중하며, 인식 대상에 맞추는 인식론, 인식주체와

---

8 J. Pokorny, *Indogermanisches etymologisches Wörterbuch* (Bern: A. Francke 편, 1969), 919.

9 김민수 편, 『우리말 語源事典』(1977), 705.

대상이 서로 주체로서 교감하는 인식론에 이른다. '앎'은 단순한 지식과 정보가 아니라 '사람끼리 서로 아는 일', '신의 보호나 신이 보호하여 준 보람'을 뜻한다.

안다는 것은 알맹이에 충실(充實, 忠實)하고 착실(着實)하고 진실(眞實)하게 되는 것이다. 앎은 알맹이, 알짬을 드러내는 것이라면 거짓은 껍데기, 거죽에 머무는 것이다. 본래 거짓은 '거죽, 거줏'에서 온 말이며 껍데기, 거죽을 나타내는 말이다. 알맹이, 알짬에 이르지 못하고 거죽에 머물고 거죽에 매여 있는 것이 거짓이다. 무엇을 배우고 익혀서 알게 된다는 것은 거죽, 껍데기에 머물지 않고 알맹이 알짬에 이르고 알맹이, 알짬을 붙잡는 것이며 몸과 맘에 배게 하고 익숙하게 하는 것이다. 열매 실(實)은 열매가 알차게 익어가는 것을 뜻하는 말이다. 충실, 착실, 진실은 인식하는 주체인 나와 인식되는 대상인 사물과 생명의 알맹이, 알짬이 알차게 익어가는 것을 뜻한다.

배우고 익혀서 앎에 이르는 것은 인식주체와 인식 대상의 알맹이, 알짬이 함께 알차게 익어가게 하는 것이다. 물건과 기계, 일과 관계, 생명과 조직, 정신과 이념의 알짬과 알맹이가 나(우리)의 몸, 맘, 얼과 함께 알차게 익어가게 하는 것이 배우고 익히는 것이고 앎에 이르는 것이다. 앎에 이르고 앎을 붙잡는 것은 인식 대상인 사물과 일의 알짬과 알맹이가 실현되고 완성되게 하는 일이면서 나의 인성을 실현하고 완성하는 것이다.

참된 앎은 배우고 익힌 앎에 머물지 않는다. 배우고 익힌 앎이 익숙해져서 고정되고 확정되면 생명에게 굳고 딱딱한 껍질이 된다. 스스로 자라고 탈바꿈하며 새롭게 되는 생명과 정신은 고정된 앎에 머물 수 없다. 익숙해지고 고정된 지식과 정보는 생명과 정신을 고

정시키고 생명과 정신의 창조적 진화와 성장을 가로 막는다. 따라서 배우고 익힌 앎은 때가 되면 깨트리고 새로운 모름(未知)의 세계로 나아가서 생명과 정신의 새로운 알맹이를 붙잡아야 한다.

깨배움과 되배움

유영모에 따르면 철학(哲學)은 '깨배움'이고 과학(科學)은 '되배움'이다.[10] 깨배움은 스스로 깨지고 깨어나는 배움이다. 인간이 자신을 참되고 영원한 생명의 씨올로서 자각하고 스스로 깨지고 탈바꿈함으로써 인성을 실현하고 완성하는 것이 종교와 철학의 근본 과제다. 현상적이고 표면적인 지식과 사실에 머물러 있으면 인성의 자각과 실현에 이를 수 없다. 종교와 철학의 배움은 기존의 지식과 주장, 물질적 본능적 욕망과 감정, 의식과 편견을 깨트리고 깨어나는 것이다. 물질적 욕망과 감정에서 깨어나고 낡은 생각과 의식, 낡은 지식과 이론을 깨트리고 깨어나는 배움이므로 '깨배움'이다.

과학은 기본적으로 자연 물질세계를 수리적으로 측량하고 비교하여 앎을 얻는 것이다. 그래서 과학을 말이나 되로 '되는', 측량하는 '되배움'이라고 한 것이다. 과학(科學)에서 '科'는 벼 禾와 말 斗가 결합된 말이다. 벼와 같은 곡식을 '말'로 되는(측량하고 재는) 것이 과(科)다. 과학은 측량하고 재고 비교하고 유추함으로써 지식과 법칙을 발견하는 학문이다. '되배움'이란 양적으로 물질과 일들을 됨(측량하고 비교함)으로써 배우는 학문이다. 배운다는 것은 끊임없이 자

---

10 유영모, 『다석강의』, 506-507.

신(나, 주체)이 깨어나고 깨져서 새롭고 높고 깊은 앎의 세계를 열어가는 것이고 객관적으로 측량하고 비교하고 유추함으로써 앎의 세계를 넓혀가는 것이다. 철학은 생명의 자각과 신생에 이르는 학문이다. 나 자신이 참된 나가 되려면 물질에 대한 욕심과 집착과 편견이 깨지고 비어야 한다. 되고 헤아리는 과학의 주체도 사람이다. 사람의 주체인 나 자신이 깨끗한 '되'가 되어야 한다. 되가 깨끗하고 비워져야 잘 될(측량할) 수 있듯이, 되는 주체인 내가 깨져서 깨끗이 비워져야 잘 '될' 수 있다. 철학의 깨배움이 없으면 과학의 되배움도 바르게 될 수 없다.

깨배움과 되배움을 통해서 우주 자연과 생명과 정신의 주인과 주체가 되고, 생명 진화와 천지인 합일의 우주적 신적 과업을 실현하고 완성하는 것이 인간의 책임과 사명이다. 인성을 실현하고 인간의 책임과 사명을 다하기 위해서는 깨배움과 되배움을 통해서 하늘과 땅과 인간, 몸과 맘과 얼의 진상을 알아야 하고 하늘과 땅과 인간, 몸과 맘과 얼의 실현과 일치에 이르러야 한다. 그러나 몸과 맘과 얼 사이에는 질적 차이와 차원의 차이가 있으므로, 끊임없는 깨배움과 되배움을 통해서 몸과 맘과 얼이 열려서 서로 연락하고 소통하고 일치하게 해야 한다.

3. 놀이와 축제로서의 교육

생명과 시간이해: 생명의 시간과 놀이

동양에서는 시간과 공간이 통합된 것으로 보았다. 우주(宇宙)는 시간과 공간의 통합이다. 우(宇)는 사방상하(四方上下)의 공간을 나타내고 주(宙)는 고금왕래(古今往來)의 시간을 나타낸다. 공간의 우와 시간의 주가 합하여 우주를 이룬다. 사계절이 변화하는 땅에서 농사를 지으며 살았기 때문에 유기체적인 생명철학의 관점에서 시간과 공간이 통합된 세계를 보았다. 우주 공간 속에서 시간은 되풀이되는 것으로 보았다.

이에 반해 서양에서는 자연세계를 로고스(이성)에 비추어 분석적으로 보았기 때문에 시간과 공간을 분석의 대상으로 보고 시간과 공간이 분리된 것으로 보았다. 시간과 공간을 분리시켜 분석의 대상으로 삼으면 시간과 공간은 계산하고 측정할 수 있는 것이 되고 과학의 대상이 된다. 과학자 뉴턴에게 시간은 객관적이고 변함없는 절대시간으로 파악되고 공간은 객관적이고 고정불변한 절대공간이 되었다. 뉴턴에게 영향을 받은 칸트는 공간과 시간을 인식과 지각의 형식과 조건으로 보았다. 인간의 인식과 지각, 삶의 행위가 이루어지는 조건과 형식으로서 인식과 지각의 전제로서 시간과 공간을 이해했다. 상대성이론을 제시한 과학자 아인슈타인은 시간과 공간을 분리할 수 없이 결합된 시공연속체로 보았다. 시간에 따라 공간이 바뀌고 공간에 따라 시간이 바뀐다. 물질의 중력이 작용하는 공간에 따라 시간이 휘어지고 움직이는 속도에 따라 공간이 바뀌며 운동하며 관찰하는 사람의 위치와 운동속도에 따라 시간과 공간이 다르게 보인다. 4차원 시공간에서 시간과 공간은 분리될 수 없다.

우주가 생성소멸하며 변화하는 시간의 과정을 가지고 있어도 시간은 생명에게만 의식된다. 생명이 없는 물질과 물체는 시간을 의식하지 못한다. 생명철학자 베르그송은 시간을 공간에서 분리하여 순수지속으로 이해했다. 인간의 지성은 대상을 분석하고 공간화하는 것이며 생명은 공간화할 수 없는 순수지속인 시간과 직결된 것이라고 보았다. 베르그송의 시간관을 비판한 과학문학철학자 바슐라르는 시간의 수직성, 단절성을 강조했다. 그는 시를 창작하는 창조의 순간을 주목했고 연속되지 않는 수직적 시간의 깊이와 높이, 창조적 생성의 순간을 강조했다. 인간의 결단과 의지에 따라 시간은 바뀔 수 있고 새롭게 될 수 있다는 것이다.

시간은 흘러가는 게 아니라 생명 속에 쌓인다. 오랜 생명 진화 과정을 거쳐 인간의 내면 속에 시간이 켜켜이 쌓여 있다. 유영모와 함석헌의 씨올철학에서는 시간과 주체의 통일이 이루어진다. 다석은 '이제'를 지금 이 순간의 의미(때)와 '이 사람, 나, 제'의 의미(주체)로 이해했다. 다석은 '제'에서 때의 제와 주체의 제를 함께 본 것이다. 사람은 저마다 제 때를 사는 존재다. 그는 또 시(時)를 시(是), 시(詩)와 동일시함으로써 시간의 현재적 주체성(是)과 창조적 기쁨(詩)을 말했다.[11] 그에게 지금 이 순간은 물질과 몸의 시공간을 넘고 죽음의 바다를 넘어 영원에 이르는 문이다. '오늘'은 '오!늘'이고 '아침'은 '아 처음'이다. 오늘의 이 순간은 영원한 '늘'이고 아침은 늘 새롭게 시작하는 처음이다. 시간은 늘 새롭게 생성되고 영원을 품고 있다. 지금 이 순간은 영원한 과거를 품고 무궁한 미래를 그리워하며 하늘로 솟아올라 앞으로 나아가는 순간이다. 시간은 속에 영원한 생명과 미래를 씨올로 품고 있다. 생의 주체에 의해서 덧없는 시간은 영원한 시간으로 바뀔 수 있다. 무상한 시간 속에서 영원한 시간이

---

11 유영모, "제소리," 『제소리』, 김흥호 편(솔, 2001), 318. 유영모의 '때의 철학'에 대해서는 박재순, 『다석 유영모의 철학과 사상』(한울, 2013), 219 이하 참조.

열린다.

인간의 마음이 시간과 공간의 중심이다. 생명이 시공의 중심이다. 공간에 매인 덧없는 시간은 없음과 빔 속에서 공간의 매임에서 벗어나 빈탕의 영원한 시간으로 될 수 있다. 씨울철학의 시간관은 시간과 공간을 통합적으로 본 동양적 시간관을 계승한다. 그러나 시간을 생명의 주체와 일치시킴으로써 시간을 공간에서 분리하여 생명의 내면에서 이해한 베르그송의 시간관을 받아들인다. 그러나 지금 이 순간에서 영원한 생명에 이름을 강조한다는 점에서 베르그송을 넘어서 바슐라르의 수직적 단절적 시간 이해와 상통하는 시간 이해를 제시한다. 씨울철학의 시간 이해는 지금 이 순간이 영원한 미래를 품은 씨울이라는 점에서 바슐라르의 수직적, 단절적 시간 이해를 넘어선다.

베르그송은 생물학과 심리학에 근거해서 생명과 시간에 대한 철학을 제시했는데 없음(無)을 생각하지 못하고 없음은 단순히 없는 것이라고 했다. 따라서 그의 철학은 생명의 주체와 전체, 얼의 주체와 자유를 말할 수 없었다. 물질 안에서 물질을 초월한 생명은 물질의 없음과 빔을 지니고 없음과 빔의 자유에 이른 것이다. 생명은 땅의 물질적 제약과 속박에서 벗어나 하늘의 없음과 빔에 이르러 하늘의 기쁨과 자유를 얻은 것이다. 생명은 지금 이 순간 붙잡힘과 매임 없이 영원한 생명을 낳고 영원한 생명에 들어가는 것이니 기쁜 것이다. 삶은 시간의 중심과 근원이고 주인이고 주체이니 자유로운 것이다. 삶은 시간을 낳고 시간 속에서 영원한 생명에 들어가는 것이니 기쁜 것이다. 삶은 창조와 주체의 자유로운 시간이고 기쁜 놀이다. 삶 자체가 과거와 현재와 미래를 지어가는 창조이고 뜻을 낳고 뜻을 주는 놀이다.

고대 그리스철학자들은 수학과 기하학에 근거해서 철학을 했다. 데카르트와 칸트는 근대 물리학을 근거로 철학을 했다. 베르그송은 생물학과 심리학을 바탕으로 철학을 했다. 바슐라르는 문학을 바탕으로 문학적 상상력과 꿈을 가지고 철학을 했다. 21세기는 종교학과 신학을 가지고 철학을 해야 한다. 유영모와 함석헌은 종교경전과 영성을 바탕으로 철학을 했다.

오늘 우리는 땅의 물질적 시간과 하늘의 정신적 시간을 함께 생각하는 생명철학적 시간 이해를 가져야 한다. 인간의 생명은 하늘과 땅의 합일을 이루는 것이기 때문이다. 땅의 물질적 시간은 자연의 순리와 질서, 절기와 리듬에 따른 시간이다. 우주 대자연은 별과 별 사이에 법칙과 질서에 따라 율동과 리듬을 가지고 움직이며 지구의 자연 생명 세계는 해와 달, 바다와 육지, 산과 들과 강이 어우러져 절기와 리듬을 가지고 움직인다. 몸을 가진 생명은 대자연의 순환적 움직임, 순리와 질서, 절기와 리듬을 따른다. 몸에는 자연의 절기와 리듬이 시간으로 반영되어 있다. 또한 인간의 몸과 맘에는 하늘의 정신적 시간이 반영되어 있다. 하늘은 시간과 공간의 창조적 근원이고 중심이다. 하늘은 주체와 시간의 일치, 주체적인 몰입, 신명과 흥이 일어나는 자리다. 인간의 몸과 맘속에는 대자연의 율동과 절기가 살아 있고 시간을 낳고 초월하는 하늘의 신명과 흥이 있다. 인간과 인성은 대자연의 절기와 질서에 순응하면서 시간의 주인과 주체로서 신명을 흥을 가지고 놀이하는 존재다.

놀이와 축제로서의 교육

인성교육은 물질적 속박과 제약(인과율과 인과응보)을 넘어서고 본능적 욕망과 사나운 감정과 고집스러운 편견에서 벗어나서 생명과 정신의 자유에 이르는 것이다. 사람을 가르치는 것은 자유로운 생명과 정신이 하늘을 향해 솟아올라 진화와 고양, 향상과 신생을 이루게 하는 것이다. 인간의 생명과 정신이 주인과 주체로서 자신과 세상을 새롭게 창조하고 변화시켜서 더 보람 있고 값지고 아름답고 참되게 하는 것이다. 참된 교육은 참 나에 이르는 교육이며 참 나의 깊이와 자유를 실현하는 교육이다.

배움과 깨달음이 깊어져서 얼과 혼의 자유와 해방에 이르면 저절로 생명의 기쁨과 신명이 솟아나고 노래와 춤이 나온다. 자아의 자유와 해방에 이르는 인성교육은 스스로 하는 기쁘고 신나는 놀이가 되어야 한다. 놀이는 머리로만 하지 않고 몸과 맘과 얼이 함께 하는 것이다. 몸과 맘과 얼이 함께 하는 놀이는 흔히 춤과 노래로 이루어진다. 본래 교육과 예배는 성인식과 같은 종교의식(宗教儀式)에서 발전되어 나온 것이다. 고대의 종교의식은 춤과 노래의 축제로 이루어졌다. 예배는 인성 속에서 하늘(하나님)을 발견하고 만나고 기뻐하고 감사하고 찬미하는 일이다. 교육은 인성 속에서 영원한 신적 생명(하나님)의 씨올을 발견하고 기뻐하며 싹틔우고 열매를 맺게 하는 일이다. 예배와 교육은 춤추고 노래하는 놀이로 해야 한다. 몸만 노래하고 춤추는 것이 아니라 맘과 얼도 함께 춤추고 노래해야 한다. 몸, 맘, 얼이 함께 노래하고 춤출 때 몸과 맘과 얼이 하나로 되고 몸과 맘과 얼이 쑥쑥 크고 쭉쭉 자라며 솟아오르고 나아가게 된다. 가르치고 배우는 일도, 하늘을 우러르며 하나님께 예배하는 일도 몸과 맘과 얼이 함께 노래하고 춤추는 놀이가 되게 해야 한다.

사람이 하늘과 땅 사이에 곧게 서면 하늘과 땅의 기운이 만나서 춤과 노래가 나온다. 몸을 통해 땅의 기운이 올라오고 얼과 혼을 통해 하늘의 기운이 내려오면 몸과 맘은 춤추고 노래한다. 사람은 서로 주체로서 서로 기뻐하고 사랑하는 존재다. 기쁨과 사랑 속에서 함께 춤추고 노래하는 놀이 속에서 생명의 본성(기쁨과 사랑)은 실현되고 자라고 새롭게 된다. 어린이로 하여금 자연 생명의 품을 열어주는 숲에서 놀게 하라! 자연 생명의 품속에서 놀면서 어린이는 하늘과 땅의 주인과 주체로 쭉쭉 뻗고 쑥쑥 자라날 것이다.

II. 인성교육의 모범
: 섬김의 교육

안창호가 조직한 독립운동단체 신민회의 목적은 나라의 토대이
며 주체인 민을 깨워 일으켜 나라를 되찾고 바로 세우는 것이었다.
이승훈은 신민회의 평안북도 책임자로서 오산학교를 세워 민을 주
체로 깨워 일으켜 세우는 교육에 힘썼다. 안창호와 이승훈은 평생
민족을 주체로 깨워 일으키는 데 헌신했고 민을 주체로 섬기는 삶
으로 일관했다. 인간의 덕 · 체 · 지(德體智)를 닦아내어 나라의 주인
과 주체로 세우려 했다는 점에서 안창호 · 이승훈의 교육운동은 인
성교육의 전범을 보였다. 민을 나라의 주인과 주체로 깨워 일으키
는 교육독립운동은 삼일독립운동으로 이어졌다. 이승훈이 중요한
구실을 했던 삼일독립운동은 한국현대사의 정신적 중심과 원천이
되었다. 삼일독립운동에서 이승훈을 비롯한 이른바 지도자들은 민
중을 향해 '독립운동에 나설 것'을 겸허하게 호소하였고 민중은 앞
장서서 삼일독립운동의 주체가 되었다. 삼일독립운동은 민이 나라
의 주체와 전체로 일어선 혁명운동이다. 이른바 지도자들은 뒤에
서고 민을 앞세웠던 삼일운동은 민중을 주체로 섬기는 교육운동의
모범이었다. 안창호와 이승훈이 일으킨 민중교육운동과 삼일운동
은 인간을 나라의 주체와 전체로 깨워 일으키고 이끌음으로써 인성

을 실현하고 완성하는 인성교육의 본보기가 되었다.

여름지기 농사꾼처럼

인성교육은 인간의 주체와 전체를 일깨우고 실현하는 교육이다. 인간의 주체와 전체를 일깨우고 실현하려면 인간을 사랑으로 섬겨야 한다. 서로 주체와 전체를 일깨우고 실현하려면 서로 사랑으로 섬겨야 한다. 인성교육은 사랑으로 섬기는 사람을 길러내는 섬김의 교육이다. 사랑으로 섬기는 교육의 모범은 농부다. 섬김의 교육은 농사하는 방법과 태도로 사람을 이끄는 교육이다. 흙 속에 심은 씨올이 싹이 트고 자라고 꽃 피고 열매가 맺도록 사랑과 정성으로 돕는 것이 농사다. 조급한 사람은 농사를 짓지 못한다. 새싹이 더디 자란다고 해서 성급하게 새싹의 목을 잡아 늘이면 새싹은 죽고 만다. 스스로 자라도록 기다리고 스스로 자라도록 돕는 것이 농사꾼의 할 일이다. 물이 부족하면 물을 주고 양분이 부족하면 거름을 준다. 돌을 캐내고 잡초를 뽑고 해충을 잡는 일은 할 수 있으나 싹이 트고 자라고 열매 맺는 것은 씨올 자신의 일이다. 농사는 '함 없이 하고 일없이 되는 일'이고 하늘과 씨알의 생명을 믿고 기다리는 일이다. 그러나 농사처럼 힘들고 어려운 일은 없다. 농사를 지으려면 겸허하게 힘과 정성을 다해야 한다.

우리말로 농사를 '여름질'이라 하고 농사꾼을 '여름지기'라고 한다. 여름질은 '열매가 열게 하는 짓'이다. 여름지기는 '열매가 열게 하는 사람'이다. 농사는 열매가 열게 하는 일이지 열매를 만들어내는 일이 아니다. 씨앗이 싹트고 자라서 열매가 열리도록 돕는 일이 농사다. 여름지기 농사꾼의 기다리는 심정과 태도를 익히지 못한 사람은 교육자가 될 수 없고 섬기는 지도자가 될 수 없다. 농사는 정직과 정성으로 짓는 것이다. 속임수로는 싹을 트고 열매를 맺게 할 수 없다. 꾀를 써서 열매를 맺게 할 수 없다. 오직 정직하고 지극한 정성을 다해야 싹이 트고 꽃이 피고 열매를 맺는다. 농사짓는 것과 같은 섬김의 지도력은 절대 정직하고 지극정성을 다해야 한다. 농부는 땅을 탓하거나 씨를 탓해서는 안 된다. 국민을 섬기는 정치인이 국민을 탓하는 것은 국민을 주인으로 섬기는 것이 아니다. 싹이 더디 자란다고 해서 싹이 게으르고 우둔하다고 나무랄 수 없는 것과 같다. 국민의 판단과 결정이 맘에 안 든다고 국민을 비난하고 욕하는 것은 국민을 주인으로 섬기는 자세가 아니다.

오늘 국민의 생각과 행동은 한없이 깊고 오랜 역사와 사회의 뿌리를 가진 것이다. 국민 대중은 오늘 사회와 역사의 현실이 얼마나 냉혹하고 시대정신과 분위기가 얼마나 각박한지 몸으로 느끼고 몸으로 안다. 역사와 사회 현실의 무게를 몸으로 짊어지고 사는 국민은 개념과 이론, 책과 토론을 통해서 현실을 아는 지식인 엘리트들과는 다르다. 국민은 현실을 사는 존재이기 때문에 생각과 행동이 더디고 느리게 보인다. 국민이 이해타산에 빠르고 작은 욕심에 휘둘리고 거짓 공약에 속는 것 같지만 그것은 세상살이가 너무 힘겹고 야박하기 때문이다. 국민이 잠시 욕심에 휘둘리고 거짓 약속에 속는 것 같지만 끝까지 그러는 것은 아니다. 국민은 결국 자기 삶의 길을 찾아간다. 국민을 섬기는 사람은 국민과 더불어 생각하고 국민과 함께 한 걸음씩 나아가야 한다.

나라와 사회를 섬기는 사람들은 나라와 사회도 오랜 역사를 가진 인격적 생명체로 알고 섬겨야 한다. 나라와 사회도 오랜 역사를 두고 자란 것이고 경험과 전통을 가진 것이다. 또 앞으로 자랄 것이고 새롭게 변할 것이다. 나라와 사회를 마치 죽은 물건처럼 알고 맘대로 뜯어고치거나 바꾸려고 해서는 안 된다. 사회제도, 교육제도, 복지제도는 모두 하루아침에 이루어지는 것이 아니라 나라와 민족의 역사와 경험에 맞게 형성되어 가는 것이다. 바른 원칙과 방향을 가지고 다듬어가야 할 것이다. 정권이 바뀌었다고 해서 제도와 정책을 모두 바꾼다면 제도와 체제가 뿌리를 내리고 싹이 트고 자라서 꽃이 피고 열매를 맺을 수 없다. 교육과 복지, 문화와 예술은 생명과 정신의 표현이고 실현이니, 오랜 세월을 두고 자라가도록 섬기는 마음으로 농사짓는 자세로 접근해야 할 것이다.

스스로 하고 스스로 되게

섬기는 교육은 '스스로 하고, 스스로 되게' 하는 것이다. '스스로 하고, 스스로 되게' 하는 것이 씨올의 삶의 방식이고 섬기는 원리다. 내 생각과 계획대로 하는 것은 섬기는 것이 아니다. 내 뜻대로 하는 게 아니라 하늘의 뜻대로 참된 주체와 전체의 본성과 이치대로 하는 것이다. 그것은 나와 남을 해치지 않고 자유롭게 실현하고 완성하는 것이다. 섬기는 교육은 나는 나대로 너는 너대로 스스로 자신을 실현하고 완성하게 하는 교육이다.

섬기는 교육은 섬기는 지도력을 기르는 교육이다. 섬기는 삶의 길을 다석은 '맘대로 하고 몸대로 되는 길'이라고 했다. 맘이 하늘의 빔에 이르러 자유롭게 되면 맘대로 해도 자신의 본성과 사물의 본성을 해치지 않고 온전히 실현하고 완성할 수 있다. 물질과 몸에 대한 욕심과 집착에 사로잡혀 있기 때문에 맘이 자유롭지 못하고 맘이 자유롭지 못하기 때문에 몸과 물질을 해치게 된다. 욕심을 비우고 집착을 버림으로써 맘이 자유로우면 물질의 법칙과 몸의 본성과 일의 이치에 따라 물질과 몸과 일이 되게 할 수 있다. 그렇게 해서 몸과 물질과 일을 실현하고 완성해 간다. 섬기는 지도력은 사람을 사람답게 되도록 하는 것이고 몸과 물건과 일을 물성과 이치에 따라 실현하고 완성하는 것이다.

나라와 민족을 섬기는 정치인들, 젊은 학생들의 인격과 정신을 기르는 교육자들, 인간의 영혼과 삶을 일으켜 세우는 종교인들은 섬기는 대상이 인격과 양심을 지닌 생명체이고 주체임을 잊어서는 안 된다. 국민 한 사람 속에 한국 사회 전체가 들어 있고, 씨올 한 사람 속에 한국 역사 전체가 들어 있다. 사람을 하늘처럼 섬기라(事人如天)는 동학의 가르침이나 지극히 작은 사람을 그리스도처럼 대접하라는 기독교의 가르침은 가르치는 이가 지녀야 할 섬김의 자세와 원칙을 보여준다.

'하게 되게' 섬기는 교육독립운동

안창호, 이승훈, 유영모, 함석헌은 농사짓는 심정으로 사람을 섬기고 깨워 일으킨 이들이다. 안창호는 절대 정직을 지키고 지극정성을 다해서 민족을 섬기고 이끈 지도자다. 앞에서 말과 지식으로 이끈 지도자가 아니라 손수 모범을 보임으로써 스스로 깨어 일어나게 한 지도자다. 그는 끝까지 민족을 신뢰하고 기다린 지도자였다.

일제 식민 통치의 절망적인 상황에서 병들어 죽어가면서도 낙담하지 않고 "민족은 참 좋은 민족인데…" 하면서 민족이 일어나서 독립할 날을 기다렸다. 민족에 대한 신뢰를 버리지 않았기 때문에 그는 아무리 어려운 여건에서도 민족을 배신하지 않고 변절하지 않을 수 있었다.

안창호가 민족을 끝까지 신뢰할 수 있었던 것은 그의 인생관과 역사관이 상황과 환경의 변화에 흔들리지 않을 만큼 뿌리가 깊고 확고했기 때문이다. 사람이 자기를 믿기도 어렵지만 남을 끝까지 믿는다는 것은 매우 어려운 일이다. 남을 믿으려면 먼저 자기 속에 자기를 믿는 마음이 있어야 하고 자기를 믿으려면 자기 속에서 변치 않는 생명과 정신의 힘을 발견해야 한다. 자기 속에 변치 않는 생명과 정신의 힘을 가진 사람만이 어떤 경우에도 자기를 지킬 수 있고 남을 믿고 기다릴 수 있다.

이승훈도 오산학교와 삼일독립운동을 주도하면서 절대 정직을 내세우며 지극정성을 다하여 학생들과 민족을 섬겼다. 안창호와 이승훈이 절대 정직을 강조한 것은 주목할 일이다. 일제의 식민 통치 아래서 독립투쟁과 민족운동을 하면서 절대 정직을 내세우는 것은 매우 어려운 일이었다. 이 점에서 이들의 독립운동과 교육운동이 높은 도덕과 깊은 신앙에 뿌리를 둔 것임을 알 수 있다. 이들의 민족교육, 민족독립운동은 정신(얼과 혼)을 깨우고 일으켜 세우는 운동이었다. 교육도 정치도 복지도 문화도 사람의 정신이 바로 서지 못하면 모래 위에 쌓은 성과 같아서 무너지고 만다. 정신을 세우는 것이 사회의 근본을 세우는 것이다.

안창호와 이승훈은 민을 나라의 주체와 토대로 보고 민을 깨워 일으켜 세우는 일에 혼신을 다했다. 그들의 독립운동은 교육운동이었다. 교육운동의 방법은 민을 주체로 섬기는 것이었다. 모범을 보이며 정직하게 지극정성을 다해서 민이 스스로 일어서게 하였다. 신민회의 조직운동과 이념, 오산학교의 교육정신과 방법, 삼일독립운동의 원칙과 방법이 모두 민이 깨어 일어나 주인 노릇을 하게 하는 것이었다.

이런 민주 정신을 이어받은 유영모는 남에게 잔심부름을 시키지 않았다. 각자 깨달아 하늘로 솟아오르는 삶을 살기를 바랐다. 함석헌은 죽음을 무릅쓰고 민주화 투쟁에 앞장서면서도 사람들이 대안이나 의견을 물으면 늘 "글쎄" 하면서 물러섰다. 사람들이 스스로 생각하고 결정하기를 기다리는 자세로 살았던 것이다. 함석헌은 제자들에게 자기 가슴을 가리키며 "스승은 이 안에 있는 거야" 하면서 각자의 정신 속에 스승이 있음을 강조했다. 사람마다 스스로 진리를 깨달아 진리를 실천하는 삶을 살기를 바란 것이다. 함석헌이 말년에 젊은이들에게 준 가르침은 '기다리라'는 것이었다. 하늘을 믿고 자신을 믿고 사람을 믿었기 때문에 함석헌은 조급하지 않고 기다리는 삶을 살 수 있었다. 함석헌은 농부처럼 씨올의 생명과 정신이 스스로 싹트고 자라고 꽃 피고 열매 맺기를 기다렸다.

민중에게 절하며 민중을 깨웠던 안창호

안창호는 23세에 미국으로 유학을 갔다. 당시 낯선 환경에서 말도 서툴렀던 교민들은 미국 사회에 적응하지 못하고 어렵게 살았다. 교민들이 사는 거리는 지저분하고 집은 더러웠다. 길거리에서 싸움질도 하였다. 안창호는 학교 공부를 뒤로 미루고 교민을 깨우는 일에 헌신했다. 그가 날마다 아침 일찍 나와서 길거리를 쓸기 시작하자 교민들도 한 사람씩 나와서 길거리를 쓸기 시작했다. 그렇게 서로 가까워지자 집 마당을 쓸어주고 더 가까워지면 변소 청소까지 깨끗하게 해 주었다. 그렇게 1년이 지나자 교민들의 생활은 눈에 띄게 달라졌다. 거리가 깨끗해지고 집 안이 말끔해지고 옷차림과 행동거지가 단정해졌다. 부지런히 일하고 눈에 빛이 났다. 한국 교민들의 생활이 눈에 띄게 달라지는 것을 보고 미국 사람이 "한국에서 얼마나 훌륭한 지도자가 왔기에, 한국인들의 생활이 저렇게 달라졌는가!" 하고 감탄했다고 한다.

안창호는 몸과 마음을 다해서 지극정성으로 섬김으로써 민중을 깨워 일으켰다. 지극히 겸허하고 사랑하는 마음으로 민을 깨워 주체로 일으켜 세웠다. 건국대 총장을 지내고 한국 유네스코 사무총장을 역임한 정대위 박사가 소년 시절에 안창호를 만났다. 그가 평양 중학교를 졸업하고 음식점에서 친구 몇 사람과 각자의 장래에 대해서 이야기를 나누었다. 한 사람은 큰 정치가가 되어 나라를 바로 세우겠다고 했고 한 사람은 큰 사업가가 되어 국민을 잘 살게 하겠다고 했다. 정대위 소년은 목사가 되어 민족의 정신을 깨우겠다고 했다. 마침 그 음식점에 있다가 이 이야기를 들은 안창호가 다가와서 정대위 소년에게 큰 절을 하면서 "미래의 목사님, 부디 훌륭한 목사님이 되어서 우리 민족의 정신을 일깨워 주십시오" 하고 당부했다. 후에 정대위 박사는 정치권으로부터 정치하라는 유혹을 많이 받았으나 안창호로부터 받은 절을 생각하고 목사의 자리를 지켰다고 한다. 안창호는 자신을 굽혀 절함으로써 민중을 깨워 일으켜 세웠다.

변기통을 닦으며 민중을 섬겼던 이승훈

이승훈은 어려서 부모를 잃고 10세 때 조부모마저 여의었다. 그래서 유기점 주인의 방 사환이 되었다. 방을 청소하고 요강을 비우고 주인의 잔심부름을 했다. 얼마나 성실하고 부지런했던지 주인이 "저 아이는 내가 일을 시킬 수 없는 아이다. 일을 시키려 하면 벌써 일을 했거나 일을 하고 있다"고 했다. 어려서부터 심부름하며 섬기는 일이 이승훈의 몸과 마음에 배었다. 학교 교육을 할 때나 나라 일을 할 때나 좋은 일에는 남을 앞세우고, 궂은일에는 자신이 앞장 섰다. 삼일독립선언서에 민족 대표의 이름을 쓸 때 손병희의 이름을 먼저 쓰느냐 이승훈의 이름을 먼저 쓰느냐의 문제로 다투느라고 일이 얽히는 것을 이승훈이 보고는 "순서는 무슨 순서. 그거 죽는 순서야. 손병희부터 써" 해서 일이 쉽게 풀렸다.

성공한 큰 기업가로서 오산학교를 세우고 운영할 때 몸소 학교의 마당을 쓸고 변소를 청소했다. 건물을 지을 때는 나무와 돌을 앞장서서 날랐다. 삼일독립운동을 주도하고 감옥에 들어가서는 사형 언도를 받을 위험이 있는데도 죽을 자리 찾았다며 어깨춤을 덩실덩실 추었다. 그러고는 감방에서 이승훈은 "오늘부터 변기통 청소는 내가 한다!"고 선언했다. 그러자 감방에 있는 사람들이 "아이고 선생님, 선생님께서 어찌 그런 일을 하시겠습니까?" 하고 말렸다. 당시는 화장실이 따로 없고 감방마다 변기통이 있어서 10명쯤 되는 사람들이 밤새 소변과 대변을 거기다 보아야 했다. 그 변기통을 비우고 청소하는 일은 보통 일이 아니었다. 특히 겨울철에 찬물로 변기통을 씻는 일은 더욱 귀찮고 힘든 일이었다. 변기통 청소는 누구나 하기 싫은 일이기 때문에 감방에서 가장 힘이 없고 가난한 사람이 했다. 민족의 큰 지도자 이승훈이 감옥에 있었던 3년 반 동안 혼자서 변기통 청소를 맡아 하였다. 처음에는 이승훈의 변기통 청소를 말리던 사람들도 나중에는 변기통 청소는 이승훈이 당연히 할 일로 알고 말리지도 않았다고 한다.

오산학교의 설립자요 이사장인 이승훈은 말년에도 학교의 험한 일을 몸소 하였다. 평안북도 정주군의 오산은 압록강에 가까운 지역이라 겨울에는 몹시 추웠다. 당시 변소는 재래식이라 겨울이면 얼음 똥이 산처럼 쌓여 올라왔다. 누기만 하고 치우는 사람이 없어서 위로 차올라오는 얼음 똥 산을 보고 이승훈이 손도끼를 가져와서 까기 시작했다. 한 손으로 수염을 잡고 한 손으로 도끼를 들고 얼음 똥을 까다 보니까 그 조각들이 튀어서 입으로 코로 들어갔다. 퉤퉤 침을 뱉어가며 얼음 똥을 까고 있었다. 당시 총무과장이었던 조형균 장로가 지나가다 변소에서 나는 소리를 듣고 가서 보고는 깜짝 놀라서 "아이고 선생님 이게 어쩐 일이십니까?" 하고 말리고 직원들을 부르고는 이승훈을 모시고 내려왔다. 이승훈이 퉤퉤 침을 뱉자 조형균이 "선생님, 맛이 구수하시겠습니다"라고 말했다. 그러자 이승훈은 "맛이 괜찮네"라고 대꾸했다. 후에 이승훈은 학생들에게 "내가 오산에서 한 일이라고는 똥 먹은 일밖에 없다"고 자랑했다.[12] 이승훈은 몸으로 섬기며 민중을 깨우친 참 스승이었다.

---

12 김기석, 『남강 이승훈』(한국학술정보, 2005), 174, 188.

늘 자기를 낮추고 버릴 수 있었던 이승훈은 나이가 들수록 싱싱하고 아름답게 살았다. 그를 보기만 해도 큰 가르침을 얻었다. 이승훈이 죽기 한 해 전인 1929년에 소나기의 작가 황순원은 오산중학교에 입학하여 한 학기를 지냈다. 15세 소년 황순원은 이승훈을 보고 "남자라는 것은 저렇게 늙을수록 아름다워질 수도 있는 것이로구나" 하고 느낀다. 건강이 나빠진 황순원은 가족이 있는 평양으로 전학했기에 오산중학교에서는 겨우 한 학기 공부했을 뿐이다. 그러나 그때 만난 이승훈은 황순원에게 평생 마음의 별이 되었다. 이승훈은 몸으로 맘으로 가르친 스승이었다.

스승을 섬기고 제자를 사랑한 함석헌

함석헌은 제자들에게 스승은 각자의 마음속에 있는 것이라고 가르치면서도 자신은 평생 스승을 그리워하고 존경하였다. 함석헌이 이승훈과 유영모의 제자로서 삶과 정신을 이으려고 얼마나 애썼는지 함석헌의 글과 말에서 확인할 수 있다. 1950년대 후반에 쓴 글에서 함석헌은 자신과 유영모의 생일이 3월 13일로 같은 것이 신비한 인연이 있는 듯 여겨진다면서 "이런 말하기도 부끄럽고 죄송스럽지만… 나는 못생겼으나마 내 딴에는 배우잔 생각이 들어 오늘까지 미미하게나마 멀리서 (선생님을) 따르고 있다"[13]고 하였다.

1970년대 중반에 함 선생을 모시고 젊은이 10여 명과 함께 천안 지역의 모산 구화고등공민학교에서 며칠 밤낮을 함께 지내는 수련

---

13 함석헌, "이단자가 되기까지," 『함석헌전집 4』, 188.

회를 가졌다. 낮에는 맹사성의 고택을 방문하기도 했다. 밤에 뜰에 나오셔서 말씀하시는 가운데 이승훈과 유영모 두 스승에 대한 말씀을 하셨다. "제게 좋으신 선생님이 계셨지요. 다석 유영모 선생님!" 하며 스승에 대한 절절한 그리움과 고마움, 깊은 존경을 담아 말씀하셨다. 그러고는 이승훈에 대해서는 좋다는 말도 없이 그저 "아! 남강 이승훈 선생님" 하면서 스스로 감격하여 목이 메고 목소리가 젖어 드셨다. 1970대 중반의 함석헌이 두 스승을 얼마나 그리워하고 받들며 살았는지 알 수 있었다.

1980년 이른바 민주화의 봄 때 함석헌은 YMCA 강당에서 강연을 했다. 유영모가 서울 YMCA에서 35년 동안 연경반 강의를 했던 것을 기억했기 때문이었는지 강연 도중에 함석헌은 "나의 30대에 선생님, 단 한 분으로 살아 계시는 우리 유영모 선생님" 하면서 스승을 그리워하고 존경하였다.[14] 다음해 2월 3일 유영모가 세상을 뜬 다음에 강연할 때에도 함석헌은 "우리 선생님… 우리 은사", "아주 생각에 사상에 큰 독특성, 오리지낼리티(originality)가 굉장하신 분"이라며 유영모에 대한 존경과 그리움을 나타냈다.[15] 당시 강연장에 있던 사람들 가운데 유영모를 아는 이가 거의 없었을 것이다. 80이 넘은 노인 함석헌이 스승을 그리워하는 절절하고 사무친 마음을 가지고 살았던 것을 알 수 있다.

이처럼 70~80이 넘노록 스승을 그리워하고 존경하는 마음을 가

---

14 함석헌, "80년대의 민족통일의 꿈을 그려 본다," 『함석헌전집 12』(한길사, 1983), 48.

15 함석헌, "민중과 새 역사의 지평," 「씨올의 소리」(1989.6), 96. 이 글은 1983년 2월의 강연 내용이다.

지고 살면 평생 공부하는 젊은 학생으로 살 수 있다. 그의 삶과 마음속에 스승이 뚜렷이 살아 있었기 때문에 함석헌은 늙지 않는 젊은이로 늘 새롭게 배우는 겸허한 자세를 잃지 않고 살 수 있었다. 스승을 그리워하고 섬기며 살았기 때문에 역사 속에 스승을 살려냈을 뿐 아니라 자신도 힘 있고 아름답게 살 수 있었다.

스승을 그리워하고 존경한 함석헌은 제자를 사랑했다. 일제 때 함석헌은 30대의 젊은 나이에 오산학교에서 가르쳤다. 한때 학교에 사회주의 바람이 불어 민족주의 교사들을 배척하는 운동이 격렬하게 일어났고, 학생들이 교무실로 몰려와 교사들을 구타했다. 학생들이 몰려오는 것을 보고 함석헌은 얼굴을 가리고 책상 위에 엎드렸다. 그러자 학생들이 "왜 얼굴을 가리는 거요?" 하고 따져 물었다. 그러자 함석헌은 "내가 선생이지만 너희 얼굴을 보고 맞으면 나중에 너희를 볼 때 맞은 생각이 나지 않겠느냐? 그러니 너희 얼굴을 보지 않고 맞겠다." 그러자 학생들은 함석헌을 때리지 않고 돌아갔다.

스승을 그리며 살았던 함석헌은 제자들에게는 한없이 겸손했다. 21세 아래인 안병무, 26세 아래인 김용준을 "안형, 김형"이라고 불렀다. 함 선생을 가까이 한 사람마다 함 선생으로부터 극진한 사랑과 남다른 관심을 받았다고 생각한다. 나도 그렇다. 나는 1973년 가을부터에 함 선생의 성경강의와 노자, 장자 강의를 열심히 들었다. 1974년 가을부터 1975년 봄까지 1년 동안은 철학과 신학을 공부하는 학생들과 함께 함 선생으로부터 힌두교 경전 「바가바드 기타」를 배웠다. 그러다가 1976년에 나는 서울대 병원에서 척추수술을 크게 받았다. 몹시 고통스러운 상태로 50일쯤 입원해 있는 동안에 함 선생이 자주 찾아 주셨다. 수술받는 날 아침에는 8시 전에 오셔서 힘을 주셨다. 그날 원효로 댁의 마당에서 시드는 나무를 보시며 "저 나무가 재순이 같다" 하시면서 우셨다고 한다. 가난하고 병든 학생을 가엽게 여기고 눈물을 흘리신 함석헌 선생을 생각하면 지금도 송구스러운 마음으로 몸이 뜨거워진다.

함석헌 선생이 돌아가시기 전에 병원에 입원해 계실 때 찾아뵈었더니 이렇게 말씀하셨다. "큰 공부를 하시오. 사람에게는 본능과 지성과 영성이 있는데 이 셋을 아우르는 공부가 큰 공부요." 하늘에 중심을 두고 하늘, 땅, 사람이 하나로 되게 하고, 몸, 맘, 얼이 서로 통하고 울리어 온전케 하는 것이 씨올정신이고 사상이다. 몸과 맘과 얼이 울리고 통하는 큰 공부를 했기 때문에 함석헌은 스승들을 한없이 그리워하고 섬겼고, 지극히 겸허하면서 극진한 사랑으로 제자들을 섬기며 가르쳤다.

누가 스승이고 교사인가?

생명은 서로 감응하고 공명하는 것이며 영향을 주고받는 것이다. 기본적으로 생명은 서로가 서로에게 스승이다. 포유류는 어미가 새끼를 배고 낳아 기르므로 어미가 새끼의 스승이다. 사람은 사람이 되는 과정이 길고 어렵다. 부모와 어른이 자녀와 어린이의 스승이다. 크게 보면 하늘과 땅이 생명을 낳고 기르므로 하늘과 땅이 만물과 생명의 부모이고 스승이다. 인간은 하늘과 땅의 물성과 이치와 도리를 따르고 그 물성과 이치와 도리에 순복해야 살 수 있는 존재다. 인간은 하늘과 땅의 물성과 이치와 도리를 배우고 익혀야 살 수 있다. 인간에게 하늘과 땅의 물성과 이치와 도리가 스승이다. 물성과 도리와 이치를 드러내는 하늘과 땅, 숲과 산, 골짜기와 들, 강과 바다가 스승이다. 하늘과 땅 자연만물이 말없이 가르치는 스승이다.

하늘과 땅의 물성과 이치와 도리가 나의 몸과 맘과 얼에 구현되어 있으므로 나의 몸과 맘과 얼이 나의 스승이다. 나의 몸과 맘과 얼의 소리를 귀 기울여 들으면 참 사람이 될 수 있다. 내가 하는 일 속에 하늘과 땅의 물성과 이치와 도리가 구현되어 있다. 내가 하는 일이 나의 스승이 될 수 있다. 일을 통해서 나의 몸과 맘과 얼은 하늘과 땅의 이치와 도리를 체득할 수 있다. 일을 통해 물성과 이치와 도리를 배우고 익힐 수 있고 몸과 맘과 얼을 갈고 닦을 수 있다. 더 나아가 일을 하면서 생명 진화와 천지인 합일을 이루고 창조와 진화, 사회와 역사의 개혁과 진보의 길로 갈 수 있다.

'내'가 참 나가 되게 하는 참된 스승은 나의 밖에 있지 않고 안에 있다. "참 스승은 어디 있는 것이 아니고 각 사람의 혼 속에 있습니다. 그러므로 교육은 절대낙관입니다. 제 속에 있으니 찾아서 못 찾을 리 없습니다."[16] 내 속에서 나를 나로 만들고 전체 하나로 이끄는 이는 나와 너와 그의 속에 계신 하늘의 거룩한 영 '하나님'이다. 나를 나로 되게 하고 전체를 하나로 이끄는 하나님은 참 스승이다. 예배와 기도, 성경공부와 묵상은 모두 참 스승이신 하나님의 말씀을 듣는 것이고 하나님께 배우는 것이다. 예배와 기도, 성경공부와 묵상을 통해서 나는 참 나가 되고 전체의 하나 됨에로 나아가야 한다.

참되고 영원한 스승은 하나님이지만 하나님의 가르침을 가리키는 교사가 있어야 한다. 사람들 가운데서 좋은 교사를 찾으려면 어

---

16 함석헌, "부활의 사월과 씨올의 교육," 『함석헌전집 9』(한길사, 1984), 439.

디로 가야 하나? 함석헌에 따르면 좋은 교사는 높은 지위와 명예, 많은 재산을 가진 사람이 아니라 하늘이 민족을 통해서 준 생명에 충실히 사는 맨 사람 씨올이다. 높은 지위와 큰 재산에 의지해서 살지 않는 평범한 사람 씨올은 하늘의 뜻을 알 수 있고 실현할 수 있다. "역사의 나가는 옳은 방향의 제시는 어떤 정치도 할 능력이 없고, 다만 하나님만이 하시는 것인데, 그 하나님의 계시의 내리는 안테나는 자유로이 생각하는 씨올의 혼뿐입니다."[17]

날마다 지키는 일: 스승들에게 배워서 실행하는 세 가지

사람다운 사람이 되려면 배우고 익힌 것 가운데 아주 작은 것이라도 지키고 이어가는 것이 있어야 한다. 생명 진화와 인류역사 속에서 오랜 세월 닦고 기르고 세워온 사람의 몸, 맘, 얼은 잘못되고 흐트러지기 쉽다. 내가 받은 몸, 맘, 얼을 지키려면 날마다 스스로 작은 것이라도 실행해 가는 것이 있어야 한다. 나는 좋은 스승들을 만나서 좋은 가르침을 받았으나 가르침대로 살지는 못했다. 그러나 일상생활에서 작은 일 세 가지는 스승들의 가르침을 따라 수십 년 동안 지켜오고 있다.

내가 30대 중반에 2년 반 동안 교도소생활을 마치고 나와서 함석헌 선생님의 여름 수련회에 참석한 일이 있었다. 그 때 참 좋은 말씀을 많이 들려주셨고 복도에서 만났을 때는 "스승은 이 안에 있는 거야" 하면서 스승은 자기 속에 있는 것임을 간절히 깨우쳐 주시기

---

17 같은 글. 439쪽.

도 했다. 아침에 다른 사람들과 함께 수도 간에서 이를 닦고 있는데 일부러 오셔서 사람 입에서 냄새나는 것은 사람 냄새라고 하시면서 "치약으로 이를 닦지 말고 소금으로 닦으라"고 당부하셨다. 80이 넘으신 함 선생님의 이는 참으로 튼실하고 건강해 보였다. 윗니 아랫니 모두 닳거나 빠진 게 없고 깨끗하고 튼튼하고 고른 이들을 가지고 있었다. 외람되지만 선생님께 "틀이나 해 박은 이인가요? 타고난 선생님 이인가요?" 하고 여쭈어 보았다. 선생님은 "타고난 이"라고 말씀하셨다. 이때부터 지금까지 나는 치약을 쓰지 않고 이를 닦는다. 한동안 소금으로 이를 닦기도 했지만 그것도 귀찮아서 칫솔에 물 묻혀서 하루 세 번 정성들여 이를 닦고 있다. 그리고 자기 전에는 치실이나 치간 칫솔로 이 사이를 닦는다. 치약을 쓰지 않은 다음부터 이와 잇몸을 건강하게 지켜오고 있다.

또 나는 30대 중반 이후 세수할 때 비누를 쓰지 않고 있다. 머리 감을 때는 비누를 쓴다. 이것은 안병무 선생님의 가르침을 따른 것이다. 내가 한국신학연구소에서 일할 때 안병무 소장님께서 직원들과 담소를 나누는 자리에서 갑자기 말씀하셨다. "나는 이제껏 세수할 때 비누를 써 본 일이 없다. 그래도 이렇게 미남으로 잘 살고 있다." 안 선생님은 풍채가 당당하고 얼굴도 잘나셨을 뿐 아니라 열정이 넘치는 분이었기 때문에 물로만 세수를 한다는 말이 새롭게 다가왔다. 세수할 때 손으로 얼굴을 오래 문지른다는 것이다. 그러면 얼굴도 건강하고 깨끗해진다고 하셨다. 당시 안 선생님은 민중신학자이기는 했지만 대학교수일 뿐 아니라 신학연구소 소장이시고 집안 정원도 수백 평에 이르러서 가난한 분으로는 생각할 수 없었다. 그래도 어린 시절에 평안도와 만주에 살 때 말할 수 없이 가난한 삶을 살았다고 하셨다. 결혼하기 전까지 20~40대에는 무소유를 꿈꾸는 기독교 이상주의자여서 옷도 한 벌만 가졌고 사과 궤짝으로 책상을 대신할 만큼 가난한 삶을 살려고 하셨다. 세수할 때 비누를 쓰지 않는 생활습관은 이런 배경에서 나온 것으로 이해되었다. 내가 비누를 쓰지 않고 세수를 해보니까 좋은 점이 있는 것을 알 수 있었다. 내 손으로 내 얼굴을 오래 문지르다 보면 내가 나를 느낄 수 있다. 이렇게 하는 것이 얼굴 피부와 건강에도 더 좋은 것 같다.

나는 20대 중반에 유영모 선생님을 한 번 뵈었고 함 선생님 사모님 돌아가셨을 때 멀리서 유 선생님을 뵈었다. 그리고 2001년에 새길기독문화원에서 10회 유영모 사상 강좌를 맡으면서 나 자신이 유영모의 삶과 정신세계에 깊이 빠져들었다. 유영모는 날마다 산 날수를 세며 하루를 일생처럼 살았다. 아침에 잠에서 깨면 태어난 것이고 저녁에 잠드는 것은 죽는 일로 여기고 하루하루를 값지고 보람 있게 살려고 했다. 날마다 살아온 날 수를 세며 하루를 사는 일은 누구나 할 수 있는 일이다. 이것은 나도 할 수 있다고 생각해서 이어오고 있다. 오늘도 하늘 숨을 쉬며 옳은 생각을 하며 살고 싶다. 치약 쓰지 않고 이 닦기, 비누 쓰지 않고 세수하기, 살아온 날 수를 세며 오늘을 살기, 이 세 가지는 아무리 못난 사람도 지켜갈 수 있다.

III. 공부와 수행

인성 속에는 영원 전부터 하늘의 뜻이 새겨져 있고, 영원한 신적 생명의 씨올이 심겨져 있다. 인성 속에 심겨진 영원한 신적 생명을 싹틔우고 꽃 피우고 열매 맺고 하늘의 뜻을 이루기 위해서 날마다 공부와 명상과 수행을 해야 한다. 사람은 끊임없이 하고 또 하고, 되고 또 되어야 하는 존재다. 하고 또 하고 되고 또 되기 위해서는 끊임없이 생각하고 공부하고 명상해야 한다. 공부하고 생각하고 명상하지 않으면 사람이 될 수 없고 사람 노릇을 하지 못한다. 참 사람이 되고 사람 노릇을 하려면 공부와 생각과 수행에 힘써야 한다.

1. 공부

글공부: 글과 사람됨(人文學)

글공부를 하려면 먼저 글, 경전, 텍스트에 대한 고정관념에서 벗어나야 한다. 이성주의 철학에 매인 서구인들은 글, 텍스트를 이해하고 설명하는 해석의 대상으로 보았다. 독자가 텍스트를 읽을 때 의미가 생성된다고 하는 현대 해석학에서도 텍스트는 이해하고 설명하는 해석의 지평 안에 머문다. 그러나 모든 글, 경전, 텍스트는 사회와 역사의 사건과 만남과 관계 속에서 형성된 것이며 인간 생명과 정신의 깊은 내면을 드러내는 것이다. 모든 글과 텍스트 특히 경전은 인간의 가장 깊고 높은 생명과 정신을 담은 것이다. 그러므로 함석헌은 성서를 고정된 문서로 보지 않고, '생명의 활화산'으로 보았다: "모세가 시내 산 화산구가 보고 싶듯이, 참 삶의 모습이 보고 싶어 견딜 수 없거든 너 스스로 지금도 살아 진동하는 생명의 화산인 성경을 찾아 올라가면 알 것이다."[18] 경전을 읽는다는 것은 나의 생명과 정신이 경전 속에 있는 생명과 정신을 만나는 것이다.

그러나 역사적으로 문자적으로 형성된 경전과 교리는 과거에 속한 것이다. 과거에 형성된 경전과 교리는 과거에 속한 것이고 과거는 지나간 것이다. 말 그대로 과거(過去)는 잘못과 허물(過)이 있는 것이다. 과거와 현재를 비판하고 넘어서 새로운 미래를 계획하고 창조하는 인간에게 과거의 경전과 교리를 강요하는 것은 과거를 가지고 현재와 미래를 속박하는 것이다. 우주 역사와 생명 진화와 인류역사의 과거는 나의 몸과 맘속에 지금 살아 있다. 나의 몸과 맘속에는 과거와 현재와 미래를 이어줄 생명의 줄이 주어져 있다. 몸과 맘속에 드리워 있는 생명의 줄은 태초부터 이어온 숨과 생각의 줄이다. 이 숨과 생각의 줄은 생명을 살리고 이어가고 높여줄 정신 줄이다. 이것이 참 나와 영원한 생명(하나님)을 이어줄 말씀과 진리의 줄이다.

성현들은 이러한 말씀과 진리의 줄을 경전에 담아 놓았다. 경전을 읽는 것은 경전 속에서 '내' 생명의 줄을 찾고 고르고 이어가는

---

18 함석헌, "人間革命," 『함석헌 전집 2』(한길사, 1983), 82-83.

것이다. 나의 숨과 생각 속에 심겨진 생명의 줄은 하늘 뜻과 말씀(天命)의 줄이다. 하늘의 뜻과 말씀은 나의 숨과 생각 속에 심겨진 영원한 생명의 씨울이다. 영원한 생명의 씨울은 사랑과 정의다. 경전공부는 영원한 생명에 이르는 사랑과 정의의 씨울이 싹 트고 꽃 피고 열매 맺게 하는 것이다. 경전을 읽음으로써 나의 숨과 생각의 줄을 고르고 이어서 나를 찾고 참 나가 되어 사랑과 정의의 나라로 가야 한다.

글을 배우는 목적

교육은 글을 가르치고 배우는 것이다. 글이란 무엇인가? 글은 '긋다, 그리다'에서 온 말이다. 무엇이 그리워서 긋고 그린 것이 글이 되었다. 인문학(人文學)은 사람이 곧 글이라는 뜻과 글을 통해서 사람이 된다는 뜻을 지닌 말이다. 인문학(人文學)은 글(文)에서 사람이 되는 것을 배우는 학문이다. 글은 사람의 속에 있는 깊고 간절한 생각을 표현한 것이고 글에는 사람의 정신과 품격이 담겨 있다. 따라서 글은 글을 쓰는 사람의 사람됨, 품격을 나타낸다. 글을 쓰면서 글을 다듬고 닦아내서 참된 글을 만들어내는 것은 곧 자신의 인격과 됨됨이를 만드는 것이다. 글이 사람이고 사람이 글이다.

글을 읽고 쓰는 것은 참 사람이 되자는 것이다. 참 사람은 누구나 믿고 따르는 '그이'다. 글을 배우는 목적은 참 사람 그이를 그리워하고 그이를 만나고 그이가 되자는 것이다. 글을 읽고 가르치는 사람은 적어도 글을 가르칠 때만은 탐심과 사심을 버리고 당파심과 종파심을 넘어서 참 나로서 전체의 맘으로 그이가 되어 가르쳐야 한다. 그렇게 가르쳐야 배우는 이가 그이를 그리워하고 그이를 만나고 그이가 될 수 있다.

글 읽기

좋은 글은 '나'를 비추는 거울이다. 글을 읽으면 거짓 나가 벗겨지고 '참 나'가 드러난다. 글을 읽고 또 읽어서 글과 내가 하나로 되는 지경에 이르러야 한다. 유영모는 글을 읽을 때 '내'가 살고 죽는 이야기로 읽는다고 했고, 글을 줄이고 줄이면 '내'가 된다고 했다. 더 나아가서 유영모는 글을 영원한 님 '그이'(하나님)와 연결 지었다. 유영모는 글월(文章)을 "그를 그리워 우에 갈 얼"[19]이라 하였다. 그에 따르면 "영원한 님을 그리는 글이 바른 글이다. 영원한 님을 그리지 않는 글은 몽땅 그른 글이다."[20] 그는 '글'이란 말이 '그이, 그'를 가리키는 말이라고 풀이했다. 글은 '그를 그리워하는' 것이다. 글은 그이를 그리워하고 그이가 내 맘 속에서 피어나게 하는 것이다.[21] '그이'를 그리워하면 얼이 울린다. 글을 읽으면 얼이 울려야 한다. 글을 읽고 배우는 것은 그이가 그리워 얼이 울리고, 글에서 그이를 만나고 그이를 알고 그이가 되자는 것이다. 글을 읽어서 얼이 울리고 그이를 만나면 참 나가 되고 나도 그이처럼 될 수 있다.

글을 읽는 것은 내 속에 계신 그이(하나님)를 그리워하고 그이가 살아 움직이기를 믿고 기도하고 기다리는 것이다. 사람의 속의 속에 심겨진 씨올인 '하나님의 얼 생명'이 살아 움직이면 낡고 거짓된 나에서 벗어나 참 사람이 된다. 글을 읽는 것은 글 속에서 그이 하

---

19 『다석일지』 1956년 1월 17일.
20 박영호 엮음, 『다석 유영모 어록: 다석이 남긴 참과 지혜의 말씀』 (두레, 2002), 24.
21 1956년 1월 17일 일지. 『다석일지공부 1』, 315-317.

나님을 만나고 사귐으로써 참 사람이 되자는 것이다. 참 사람이 되기 위해서 글을 읽고 글을 쓴다. 인문학(人文學)은 글 속에서 사람을 보고 사람 속에서 글을 보자는 학문이다. 참된 글을 읽고 참 사람이 되자는 것이고 참 사람이 되어 참 글을 쓰자는 것이다. 사람이 되면 사람에게서 참된 글 좋은 글이 나온다. 글 속에 사람이 있고 사람 속에 글이 있다. 글이 사람이고 사람이 글이다. 글이 참 글이 되고 사람이 참 사람이 되려면 글과 사람 속에서 그이(하나님)를 찾고 보고 만나고 사귀는 데까지 가야 한다. 그이는 누구나 그리워하고 찾는 영원한 님, 참 하나님이고 누구나 인정하고 높이는 사람, 참 사람이다. 글을 읽고 쓰는 것은 참 하나님이며 참 사람인 그이를 그리워하고 그이를 만나고 그이가 되자는 것이다. 인문학은 글에서 하늘을 보는 천문학(天文學)이 되고, 글에서 하나님을 만나는 신문학(神文學)이 되어야 한다.

함석헌은 평생 그이, 그 사람을 그리워하고 그 사람이 되어 살려고 힘썼다. '그 사람을 가졌는가?'라는 시에서 함석헌은 그 사람을 이렇게 노래했다.

…온 세상 다 나를 버려 마음이 외로울 때에도 '저 맘이야' 하고 믿어지는 그 사람을 그대는 가졌는가? 탔던 배 꺼지는 시간 구명대를 서로 사양하며 '너만은 제발 살아다오' 할 그 사람을 그대는 가졌는가? … 잊지 못할 이 세상 놓고 떠나려 할 때 '저 하나 있으니' 하며 빙긋이 웃고 눈을 감을 그 사람을 그대는 가졌는가? 온 세상의 찬성보다 '아니'라고 가만히 머리 흔들 그 한 얼굴 생각에 알뜰한 유혹을 물리치게 되는 그 사람을 그대는 가졌는가?

씨올은 '그 사람'의 씨알맹이다. 씨올은 알 사람, 참 사람이다. 씨올은 참 사람, 알 사람인 그 사람을 가지고 싶어서 그 사람을 그리워하고 그 사람이 되려는 이다. '그 사람', '그이'는 참된 주체와 전체인 하나님 안에 있는 이고 하나님을 드러내는 이다. 인생의 목적은 그이가 되는 것이고, 그이가 되어야 나라를 바로 세우고 역사를 바른길로 이끈다.

몸 살리는 공부: 몸성히 알맞게 살기

소설가 박완서는 노년에 몸에 대해 이렇게 말했다. "젊었을 적의 내 몸은 나하고 가장 친하고 만만한 벗이더니, 나이 들면서 차차 내 몸은 나에게 삐치기 시작했고, 늘그막의 내 몸은 내가 한평생 모시고 길들여온 나의 가장 무서운 상전이 되었다." 몸은 생명의 껍질이면서 알맹이고 주체이면서 전체다. 몸은 생명의 도구이고 수단이며 그릇이고 집이면서 지금 여기 구체적인 나 자신이고 나의 가장 친한 벗이고 내가 모시고 섬겨야 할 상전이다. 몸은 나의 종이면서 주인이다.

알맞게 먹고 자고 숨 쉬고, 알맞게 생각하고 느끼고 말하고 행동하는 것이 몸성히 사는 비결이다. 알맞게 한다는 것은 몸에 맞게 몸이 필요한 만큼 먹고 입고 자고 일하고 생각하고 느끼는 것이다. 지나치게 많이 먹거나 지나치게 적게 먹으면 몸이 성할 수 없다. 지나친 생각과 욕심과 감정으로 지나치게 많이 먹거나 지나치게 적게 먹으면 몸을 해치게 된다. 몸을 존중하고 잘 받들면서 몸의 필요에 맞추어 알맞게 먹고 마시고 생각하고 말하고 행동하면 몸은 성하게 된다. 몸을 종으로만 여기고 함부로 쓰면 반드시 탈이 난다. 몸을 주인과 주체로 받들고 섬기는 자세로 먹고 마시면 몸이 필요한 만큼 알맞게 먹고 마시고 놀고 일하고 생각하고 행동할 수 있다.

몸과 맘을 곧게 하고 숨을 깊고 편히 쉬는 것이 몸과 맘을 성하고 편하게 하는 비결이다. 최근에 미국의 한 대학연구소에서 연구한 결과에 따르면 암의 발병 원인은 유전자 5%, 환경 29%, 세포분열의 오작동 66%라고 한다.[22] 암을 일으키는 데 유전자의 영향은 5%밖에 안 된다. 66%는 세포분열과 유전물질의 복제과정에서 일어나는 오류에서 비롯된다는 것이다. 물질적 신체적 오류는 물질과 신체의 제약과 한계에서 생겨나는 것이다. 그리고 이런 물질적, 신체적 오류에는 인간의 지나친 감정과 생각, 스트레스가 큰 영향을 미칠 것이다. 맘이 놓이고 편안하면서 몸에 알맞게 살면 몸 세포 분열의 오류를 줄일 수 있다. 이것이 몸이 성하고 건강하게 사는 비결이다.

숨 잘 쉬고, 밥 잘 먹고 삭여서 피가 잘 돌게 하는 것이 건강의 비결이다. 건강하고 힘 있게 살려면 잠을 잘 자야 한다. 될수록 악몽을 꾸지 말고 편안하고 깊은 잠을 잘 수 있어야 한다. 잠을 잘 때 의식은 사라지지만 의식의 활동이 아주 중단되는 것은 아니다. 복잡한 생각과 감정에서 벗어나 맘을 비우고 멍하게 있을 때 창조적인 생각과 새로운 영감이 떠오르는 것처럼 의식적인 생각과 감정에서 벗어나 잠을 잘 때 깊은 생각과 새로운 깨달음이 나올 수 있다. 잠을 자는 가운데 무의식과 뇌의 활동이 미약하게나마 이루어지고 있

---

22 미국 존스홉킨스대 연구팀은 「사이언스」 355(2017.3.24.), 1330-1334에 발표된 논문에서 이 같은 사실을 밝혔다. 이근영, "'암은 운명?' 환경·유전보다 우연히 걸릴 확률이 높다," 「한겨레」 2017. 3. 24.

다. 생각은 잠 속에서도 계속된다. 잠을 자는 동안에 복잡하고 혼란스러운 생각이 정리되며, 억압되고 은폐된 진실이 드러나고 얽힌 생각과 문제가 풀리기도 한다. 잠을 통해 몸과 맘이 정화되고 깊어질 수 있다. 잠을 통해 생각이 정화되고 심화되고 고양될 수 있다. 잠자기 전에 몸과 맘과 생각을 가다듬고 자며, 잠에서 깨어나서 몸과 맘과 생각을 가다듬고 이어가는 일은 매우 중요하다.

체조하고 숨 쉬고 생각하기

건강한 사람은 몸이 성하고 피가 잘 돌고, 맘속에서 생각이 잘 나고 바르고 옳은 생각을 하는 이다. 이렇게 건강한 사람이 되려면 어떻게 해야 하는가? 체조를 하고 숨을 깊고 편히 쉬며 명상을 해야 한다. 체조는 몸을 풀고 뼈를 고르게 하는 것이다. 체조를 해서 몸을 바르고 뼈를 고르게 하면 숨을 깊이 잘 쉴 수 있다. 숨은 생명의 근본작용이고 활동이다. 숨을 깊고 편히 쉬면 온몸이 성하고 편안하여 피가 잘 돌게 된다. 흙으로 빚은 몸으로 하늘 숨을 쉬는 것이니 숨을 쉬는 것은 천지인 합일을 이루는 것이다. 명상은 생각을 깊고 맑고 바르고 옳게 하는 것이다. 생각은 맘의 근본 작용이고 활동이다. 생각은 몸 생명과 맘을 살리고 키우는 것이다. 몸이 성하려면 체조, 숨, 명상을 함께 해야 한다.

몸이 성하려면 숨을 잘 쉬어야 한다. 숨은 하늘의 기운과 땅의 기운이 어우러져 몸과 맘에서 생의 창조와 진화가 일어나게 하는 것이다. 숨 명상은 숨을 깊고 편히 쉬는 명상이다. 숨을 고르고 깊게 쉬면 거친 감정과 얽힌 생각들이 가라앉아서 생각이 맑고 깊어진다. 명상은 생각을 더욱 맑고 깊게 하는 것이다. 생각이 맑고 깊을 때 맘이 놓이고 몸이 성할 수 있다. 명상은 땅의 물질에 매이고 오염된 생각을 하늘의 말씀과 영으로 씻고 닦는 것이다. 명상은 생각을 씻고 닦음으로써 생각을 올바르고 새롭고 높게 하는 것이다. 명상은 숨과 생각을 결합하는 것이다. 숨 명상과 생각 명상은 인간의 몸과 맘속에서 생명 진화를 실현하고 천지인 합일을 이루는 명상이다. 숨 명상과 생각 명상을 통해서 몸이 성하고 맘이 놓이고 얼과 뜻이 타오르는 건강한 사람이 되어야 한다.

숨을 내쉬고 들이쉬면서 명상을 통해 몸과 맘의 생기를 도탑게 한다. 생각을 닦고 씻어서 깨끗하고 바르게 하며, 생각을 깊이 파서 생각이 두루 통하게 한다. 숨 쉬고 명상을 하면 깊은 숨과 맑은 생각에서 얼과 뜻이 솟아올라 앞으로 나아간다. 명상을 통해서 파고 닦고 씻은 생각은 제 생명뿐 아니라 남의 생명을 살리고 깨울 수 있다. 명상을 통해서 얼과 뜻이 솟아올라 앞으로 나아가는 사람은 생각을 자유롭게 할 수 있다. 생각이 자유로워지면 창의적이고 개성적인 제소리를 하고, 나와 세상을 새롭게 하는 새로운 말을 한다.

맘을 살리는 공부, 맘 놓고 살기

맘은 몸 안에 열린 하늘이다. 맘은 한없이 자유롭다. 그러나 맘은 몸에 뿌리를 박은 것이다. 몸에 매이고 붙잡힌 것이다. 맘공부는 맘을 살리고 높이는 공부다. 맘공부는 하늘이 몸과 맘속에 깃들게 하고 몸과 맘이 물질의 제약과 속박에서 그리고 탐욕과 편견, 집착과 감정에서 해방되고 정화되고 고양되게 하는 것이다. 몸과 맘은 뗄 수 없이 결합되어 있다. 맘속에 몸이 있고 몸속에 맘이 있다. 맘과 몸은 거울처럼 서로 비춘다. 맘은 몸에 표현되고 몸은 맘에 나타난다. 따라서 맘을 닦는 것은 몸을 닦는 것(修身)이다. 맘을 닦는 공부는 몸의 욕망과 감정을 닦는 공부다.

인간의 욕망과 감정은 식욕과 성욕에서 가장 강렬하고 크게 나타난다. 맘을 살리는 맘공부는 식욕과 성욕을 바로 이해하고 바로 쓰고 정화하고 고양시키는 데서 시작해야 한다. 식욕과 성욕의 뿌리와 토대는 물질과 몸이다. 식욕과 성욕을 잘 받아들이고 충족시키면서 정화하고 다스리는 맘공부를 하려면 물질과 몸을 바로 이해해야 한다. 물질에는 한없는 깊이와 신비가 있고, 만물에는 신의 뜻과 말씀이 들어 있다. 물질도 신비하고 신통하다. 물질 속에는 하늘로 통하는 문이 숨겨 있다. 물질로 이루어진 인간의 몸도 한없는 깊이와 아름다움과 존엄을 지닌다. 물질과 몸에 뿌리와 토대를 둔 식욕과 성욕도 한없는 깊이와 아름다움과 고귀함을 지닌 것이다.

식욕은 단순히 먹이를 먹고 영양을 섭취하는 것으로 끝나는 것이 아니다. 식욕은 생명의 근원적 생존의지와 열망을 담은 것이다. 식욕 속에는 인간 생명의 가장 근원적이고 깊은 생명의지와 열망이 담겨 있다. 식욕은 자유롭게 더불어 살려는 의지와 열망, 아름답고 존엄하게, 고귀하고 품위 있게 살려는 영원한 생명의 의지와 지향을 품고 있다. 기계나 인공지능은 에너지와 자료를 주입하면 되겠지만 인간의 식욕은 먹이와 영양을 섭취하는 것으로 충족되지 않는다. 식욕은 생명을 지키고 돌보고 살리고 높이려는 것이다. 식욕은 높은 뜻과 깊은 사귐에 대한 열망을 지닌 것이다. 식욕은 생명의 존엄과 아름다움을 지키는 조건이고 수단이다. 식욕을 낮추어보고 부정하는 것은 생명을 낮추어보고 부정하는 것이다. 식욕은 긍정되고 존중되어야 하며 승화되고 고양되어야 한다. 따라서 식욕은 단순한 식탐에 머물지 않아야 하고 음식에 대한 집착에서 자유로워야 한다. 식탐이나 음식에 대한 집착은 몸을 해치고 병들게 하며 맘을 더럽게 오염시켜서 어둡고 흐리게 한다. 식욕을 가지고 밥을 먹는 것이 생명을 살리고 키우고 높이는 일이 되어야 한다. 식욕이 몸을 성하게 하고 맘을 생기 있고 기쁘게 해야 한다. 식욕을 조절하고 정화해서 밥을 알맞게 잘 먹음으로써 몸과 맘을 살리고 건강하게 하는 것이 맘공부의 시작이다. 식욕을 조절하고 정화할 뿐 아니라 승화하고 고양시킴으로써 생명의 존엄과 아름다움을 실현하는 것이 맘공부의 중요한 내용이다.

인간의 성(性)은 번식기와 발정기에서 해방되어 자유로워졌다. 다른 짐승과 비교할 때 인간은 성에서 큰 쾌락과 기쁨을 얻는다. 왜 인간은 성의 생물학적 제약에서 해방되고 큰 쾌락과 즐거움을 얻는 것일까? 본디 성(性, sex)이 지닌 번식과 출산의 기능은 부수적이다. 성은 생의 근원적 목적과 지향을 이루기 위한 것이다. 생은 단순히 번식과 출산만을 위해서 존재하는 것이 아니다. 번식과 출산은 생의 근원적이고 근본적인 목적을 실현하기 위해 존재하는 것이다. 번식과 출산은 생의 본래적 목적을 실현하기 위한 수단과 도구이지 목적 자체가 아니다. 생은 물질적 제약과 속박에서 벗어나 자유롭고 고귀하게 살려는 의지와 목적을 지닌 것이다. 번식과 출산은 생을 물질-신체적으로 양적으로 확산하고 증식시키는 것일 뿐 생의 근원적 목적과 지향을 실현하는 것은 아니다. 성욕은 번식과 출산을 넘어서 생의 근원적 목적과 지향을 실현하기 위해 존재하는 것이다. 번식과 출산만을 위한 것이라면 성(sex)은 효율적이지 않다.

성을 통해 유전자가 풍부해지고 생명의 다양성이 크게 증대되었다. 성이 인간에게는 단순히 번식과 출산을 위한 수단이 아니라는 사실이 뚜렷하다. 인간들 사이에 가장 큰 차이는 남자와 여자의 차이다. 인종과 민족의 차이보다 노인과 청년의 차이보다 남녀의 차이가 더 크고 두드러진다. 인간이 남자와 여자로 만들어진 까닭은 여자와 남자의 서로 다름 속에서 차이와 낯섦을 품고서 더욱 깊고 높은 사귐과 일치에 이르기 위한 것이다. 남자와 여자는 생식과 번식을 넘어서 서로 다른 여자와 남자의 다름과 낯섦을 끌어안고서 더 깊고 풍성한 사귐과 결합에 이르러야 한다. 여성과 남성은 서로 큰 열정과 관심을 가지고 더 온전한 하나로 되려고 한다. 여성과 남성은 서로의 만남과 사귐 속에서 큰 쾌락과 기쁨을 얻는다. 남녀의 만남과 사귐에서 주어지는 육체적 쾌락과 기쁨은 영속적이지 않다. 남녀의 성적 쾌락과 기쁨은 그 자체가 목적이 아니라 생명의 더 깊고 높은 뜻과 목적을 이루기 위한 계기와 수단일 뿐이다. 성은 생의 깊이와 높이, 다양성과 풍성함에 이르는 수단과 과정이다. 인간의 맘은 성욕에 의해 휘둘리고 흔들리기 쉽다. 성욕을 잘 다스리고 승화하는 것이 맘공부의 시작이다. 성욕을 긍정하고 존중하면서도 조절하고 절제할 뿐 아니라 승화하고 고양시킴으로써 아름다운 사귐과 거룩한 공동체를 실현해야 한다. 성욕을 긍정하고 존중하면서 조절·절제하고 승화 고양시켜서 아름나운 사귐과 거룩한 공농체를 이루게 하는 것이 맘공부의 중요한 내용이다.

성욕과 식욕, 감정과 열정은 주어진 사실과 현 상태에 머물지 않고 내적 초월과 고양을 통해 생명 진화와 천지인 합일을 이루는 밑천이다. 어떤 의미에서는 고집과 편견과 집착도 모래알이나 돌멩이보다는 나은 것이다. 고집과 편견과 집착은 생명 진화와 천지인 합일을 이루려는 생명과 정신의 열망에서 나온 것이다. 그것은 참과 사랑을 탐구하는 구도자적 과정에서 생겨나는 끄름과 연기 같은 것이다. 인간의 고집과 편견과 집착 속에는 엄청난 열정과 에너지가 담겨 있다. 따라서 물질, 성욕, 식욕, 감정, 편견과 고집, 집착은 그것대로 존중되고 인정하고 이해해야 한다. 그러나 이것들은 그 자체가 목적은 아니다. 그것들은 모두 살림의 밑천이고 연료일 뿐이다. 그것들을 불사르고 정화해서 주체의 깊이와 자유에서 전체의 하나 됨에 이르러야 한다. 그것들은 생명 진화와 천지인 합일의 목적을 이루기 위한 밑천과 연료다.

물질, 식욕, 성욕, 감정, 편견, 고집, 집착의 열정과 에너지는 서로 다른 인간의 만남과 사귐, 일치와 결속을 위한 밑천이고 연료다. 맘을 살리고 맘 놓고 살려면 이런 살림의 밑천들이 제대로 불타고 정화되어서 초월과 향상, 일치와 결속을 위해 쓰여야 한다. 숨 쉬고 밥 먹고 서로를 그리워하는 일이 깨끗하고 바르게 되어야 맘이 놓이고 편안하다. 맘공부는 식욕, 성욕, 감정, 편견을 깨끗하고 바르게 가지런히 하는 일이다.

맘을 살리는 것은 맘밖에 없다

맘은 몸에 뿌리를 두면서도 하늘에 고향을 둔 것이다. 맘을 하늘처럼 깨끗이 비우면 우주를 품고도 남을 만큼 크지만 욕심과 허영, 감정과 집착으로 가득차면 작고 좁아져서 바늘 꽂을 틈도 없어진다. 맘은 하늘에서 온 것이다. 맘은 스스로 크고 높게 가져야 한다. 맘은 없이 있고 있으면서 없다. 맘처럼 약하고 부드러운 것이 없고 맘처럼 굳세고 강한 것이 없다. 맘은 스스로 빗장을 풀고 저절로 무너질 수도 있다. 그러나 아무리 힘센 사람도 아무리 강한 군대도 맘을 억지로 굴복시킬 수 없고 힘으로 무너트릴 수 없다. 맘은 맘먹기 달렸다. 맘은 스스로 굳세고 힘차게 맘을 먹어야 한다.

아무리 큰 재난과 질병도 내 맘이 통제할 수 없는 것이라면 감수하고 극복하고 이겨내야 할 대상일 뿐이다. 재난은 맹목적인 것이기 때문이다. 오히려 기쁘고 고맙게 받아들여서 전화위복의 계기로 삼는 길밖에 없다. 임경업의 상소문에 "재변물괴(災變物怪)는 하늘이 임금을 사랑하는 까닭이니 맘을 바로 하고 잘못을 바로 잡으면 나라의 복이 된다"고 하였다.[23] 통제할 수 없는 자연재난과 고칠 수 없는 몸의 병고는 기꺼이 받아들이는 수밖에 없다. 내 맘이 자연재난과 병을 바꿀 수 없는 것처럼 재난과 병고도 내 맘을 지배할 수 없다. 재난과 병고에 대해서 내가 어떤 맘가짐과 자세를 가질 것인지는 오로지 내 맘에 달렸다. 내가 내 맘을 어떻게 먹고 어떻게 판단하고 결정하고 행동할지는 오직 맘에 달려 있다. 나의 맘속에서는 맘이 모든 것이고 모든 것은 맘이 지어내는 것이다.

수리와 물리의 세계는 그 자체로서 늘 그러한 것이므로 새롭고 창조적인 일이 일어나지 않는다. 그러나 맘은 수리와 물리의 법칙과 제약에서 자유로운 것이므로 새롭게 창조적인 일을 지을 수 있다. 물질과 본능과 감정에 매인 짐승은 과거와 현재에 붙잡혀 있고 새로운 계획을 하고 새로운 미래를 창조할 수 없다. 하늘을 품은 사람의 맘은 자신을 스스로 새롭게 지을 수 있고 늘 창조와 신생에 이

---

23 함석헌, 『함석헌 전집 1』(한길사, 1983), 339-340.

를 수 있다. 하늘을 그리워하고 우러르고 품고 모시는 맘은 창조와 진화, 신생과 고양을 일으킬 수 있다. 맘은 자신을 새롭게 짓고 낳을 수 있고 새 세상 새 미래를 열고 지을 수 있다. 하늘 아래 새로운 것이 없다지만 하늘을 품은 맘에는 늘 새로운 일이 일어날 수 있다.

한번 나서 한번 죽는 몸은 한번 죽으면 끝이지만 맘은 끝없이 죽고 끝없이 새로 날 수 있다. 죽고 죽어서 새로 나고 거듭거듭 새로 나서 다시 새 삶을 시작할 수 있다. 후회는 과거에 미련을 갖고 과거에 머무는 것이다. 맘속에서 과거와 현재의 낡은 나는 죽고 미래의 새로운 나로 태어날 수 있다. 나를 죽일 수 있는 것은 나밖에 없다. 나를 살릴 수 있는 것도 나밖에 없다. 천 번 만 번 쓰러져도 다시 일어설 수 있는 게 맘이고 억만 번 실패해도 다시 시작할 수 있는 게 맘이다. 몸은 죽어도 맘은 살 수 있다. 실패와 좌절, 절망과 죽음에 굴복하지 않는 맘은 아무리 거꾸러져도 패배하지 않고 죽어도 죽지 않는다.

욕망과 감정을 바르게 하라

맘을 바르게 하는 것은 본능적인 욕망, 식욕과 성욕을 바르게 하는 것이고 감정을 정화하여 바르게 하는 것이며 생각과 이치를 바르게 하는 것이고 하늘을 그리워하고 우러르고 품고 모시는 일이다. 하늘을 모심으로 내 속에서 창조와 진화가 일어나게 하는 일이다(侍天主 造化定). 식욕은 가장 근본적인 본능이고 욕망이다. 식욕이 거룩한 사귐과 축제로 되어야 한다. 밥은 하늘이고 함께 먹는 것이니 밥을 함께 먹고 나눔에서 평화가 이루어지게 해야 한다. 平和(평화)는 고르게 밥을 먹는 일이다. 식욕에서 하늘의 사귐과 평화가 나와야 한다.

식욕과 마찬가지로 성욕은 자연 생명(하늘)이 사람에게 준 살림 밑천이다. 사람이 약하고 모자라기 때문에 서로 결속하고 사랑하여 생명의 진화를 이루고 공동체적인 사회를 이루며 사람다운 삶을 살도록 성욕이라는 밑천을 넣어준 것이다. 성욕은 거룩한 가정이 되고 예술이 되고 종교가 되도록 정화되고 진화해야 한다. 감정은 식욕과 성욕에 뿌리를 두면서 얼과 혼을 드러내는 것이다. 감정은 식욕과 성욕에서 꽃처럼 피어난 것이다. 감정은 얼과 혼의 깊이와 주체, 전체와 사랑에서 나온 것이다. 감정은 불완전하고 물질에 매인 것이지만 생명의 근원과 본성(주체와 전체)을 드러내고 실현할 힘을 가진 것이다. 감정은 맑은 지성과 높은 영성으로 순화하고 고양되어야 한다. 하늘을 모신 사람의 감정은 높은 예술의 아름다운 감정이 되고 깊은 종교의 거룩한 감정이 될 수 있다.

욕심과 감정에 매이면 외물의 종살이를 면치 못하고 하늘을 품고 모시면 천지의 창조와 진화의 주체가 된다. 새로 먹은 맘에서 새로운 생각이 나오고 새로운 생각에서 새로운 말과 행동이 나온다. 맘을 닦는 것은 욕망과 감정, 편견과 집착으로 얼룩진 말과 생각을 닦는 것이다. 맘공부의 핵심은 오염되고 일그러진 말과 생각을 바르고 곧고 가지런히 하는 것이다. 때 묻고 뒤얽힌 말과 생각을 깨끗하고 가지런히 가다듬어서 때와 상황과 사람에 맞게 바르고 곧은 말과 생각을 하고 올바른 말과 생각을 따라 행동하며 사는 것이다.

나를 사랑하는 공부
물질 안에서 물질의 제약과 속박을 초월한 생명은 기쁘고 자유로운 것이다. 생명의 본성과 특징을 드러내는 맘은 그 자체로 기쁘고 자유롭다. 기쁘고 자유로운 맘은 다른 모든 것들과 함께 기쁨과 자유를 나누려 하고 더불어 있는 모든 것들에 대해서 고마움과 사랑의 감정을 품는다. 맘은 본래 사랑과 정이 가득한 것이다. 사랑은 생의 기쁨과 자유를 함께 나누고 누리는 것이며 서로 고마워하는 것이다.

사랑은 서로 생각하는 것이다. 사랑 병을 '서로 생각하는 병' 상사병(相思病)이라고 한다. 생명의 본질과 속성은 사랑이다. 생명은 사랑 속에서 잘 자라고 새로워지고 높아진다. 인간 본성의 핵심도 사랑이다. 기축 시대의 성현들 예수, 석가, 공자, 노자, 소크라테스가 가르쳐 준 진리가 인간 생명의 본성은 사랑, 자비, 인(仁), 참(진리)이라는 것이다. 사랑은 생명과 인성의 본질이고 원리이며 토대이고 목적이다. 사랑은 단순히 일시적 감정이 아니라 생명과 정신의 본성과 진리다. 참된 사랑은 기계적으로 자동으로 되는 것이 아니다. 사랑은 애쓰고 힘써야 할 수 있는 것이다. 사랑을 공부하고 훈련해서 사랑 속으로 깊이 들어가면 사람은 참다운 주체, 나다운 나가 되고 상생과 공존의 전체에 이른다. 사랑은 주체적이면서 전체(공동체)적인 진리다. 사랑은 억지로 되는 것은 아니다. 사랑은 자발적이고 주체적인 것이다.

한 사람 한 사람을 주체로 세우고 전체를 하나로 단결시키기 위해 도산 안창호는 사랑을 강조했다. 그는 동포들 사이에 사랑이 없는 것을 한탄하면서 냉랭한 분위기를 사랑으로 훈훈한 분위기로 만들려고 했다. 사랑도 저절로 되는 것이 아니라 공부해야 한다면서 사랑공부를 역설했다.[24] 사랑공부는 나를 사랑하고 존중하는 데서 시작해야 한다. 함석헌은 나를 사랑하고 공경해야 한다고 말했다. "거울에 비치는 네 얼굴을 보라. 그것은 백 만년 비바람과 무수한 병균과 전쟁의 칼과 화약을 뚫고 나온 그 얼굴이다. 다른 모든 것 보기 전에 그것부터 보고, 다른 어떤 사람 사랑하기 전 그 얼굴부터 우선 사랑하고 절해야 한다. 이 사람이 누구냐? 우주의 주인 하나님의 아들이다. 이 손발이 뭐 하잔 거냐? 만물의 임금노릇 하잔 것이다."[25] 내 얼굴에는 하나님의 얼이 깃들어 있다. 이것은 백 만년 비바람과 온갖 시련과 고난을 이겨낸 얼굴이다. 무엇보다 먼저 내 얼굴을 사랑하고 공경해야 한다. 자신의 얼굴을 멸시하는 사람은 아무도 사랑할 줄 모르고 옳은 일을 할 용기도 없다. 하늘과 땅 사이에 꼿꼿이 서 있는 나는 우주의 주인 하나님의 아들/딸이고 만물의 임금이다.[26]

나를 사랑할 줄 모르는 사람은 남을 사랑할 수 없고 또 나라를 사랑할 줄 모른다. 끊임없이 내가 누구인지 나를 참으로 사랑하고 아끼는 것이 무엇인지 생각하고 탐구해야 나를 사랑할 수 있다. 내 속에 생명 진화의 역사가 살아 있고 하나님의 얼이 살아 있음을 알면 나를 사랑하고 공경할 수 있다. 나를 공경하고 사랑하는 사람은 남을 사랑하고 공경할 수 있다. 나를 공경하고 사랑하는 사람은 나 자신에게서 자유로울 수 있고 나 자신에게서 자유로우면 남을 주체와 전체로 보고 사랑하고 공경할 수 있다. 남의 심정과 처지에서 남을 헤아리고 생각할 때 비로소 남을 제대로 바르게 사랑하고 이롭게

---

24 이광수, 『도산 안창호』(하서, 2007), 219-224.

25 함석헌, "살림살이," 『함석헌전집 2』(한길사, 1983), 313.

26 박재순, 『유영모 함석헌의 생각 365』(홍성사, 2012), 263.

할 수 있다. 나라를 사랑한다는 것은 나라 전체의 자리에서 그리고 나라의 주인과 주권자인 민의 심정과 처지에서 생각하고 헤아리고 행동하는 것이다.

생각공부: 몸, 맘, 얼의 소통과 연락

맘은 몸과 얼 사이에 연락하고 소통하는 것이다. 맘속에 하늘이 열려서 몸과 맘과 얼이 하나로 뚫리면 맘이 놓이고 편안하다. 하늘과 단절되면 욕망과 감정, 허영과 집착으로 맘이 막힌다. 맘이 막히면 몸의 기운도 막혀서 병이 든다. 맘을 움직이고 높이고 깊이 파는 것은 생각뿐이다. 맘은 생각의 자리와 주체이고 목적과 결과다. 맘이 생각하고 생각이 맘을 움직인다. 맘이 맘을 생각하고 생각이 생각을 생각하는 것이다. 생각은 몸과 맘에 하늘을 여는 것이며 하늘에 비추어 보는 것이다. 생각은 하늘을 열고 하늘에 비추어 봄으로써 몸, 맘, 얼이 연락하고 소통하게 한다.

생각은 몸에서 피어나는 것이고 하늘에서 떠오르는 것이다. 생각은 땅의 몸과 하늘의 얼이 만나고 소통하고 연락하는 것이다. 생명은 땅의 기운과 하늘의 기운이 만나고 소통하고 연락하여 하나로 되는 것이다. 생각은 생명에서 피어나서 생명을 새롭게 하고 자라게 하는 것이다. 생각은 생명을 깨우고 살리며 얼과 뜻을 드러내고 높인다. 생각은 물질과 생명과 정신의 이치를 탐구하고 드러내고 실현하는 것이다. 물질과 생명과 정신의 이치와 논리는 단일한 차원만 있는 게 아니라 여러 겹, 여러 차원을 가지고 있다. 한 물건, 한 생명, 한 생각에도 5~10겹의 논리와 이치가 있을 수 있다. 생각한다는 것은 수리의 산술 계산과 논리, 물리의 인과관계와 논리, 생리의 상생공존과 논리, 심리의 감정의식과 논리, 도리의 정의와 논리, 신리의 초월과 논리를 헤아리는 것이다. 생각한다는 것은 우주와 생명과 정신의 깊고 높은 세계를 탐험하는 것이고 높은 산을 오르는 것이다. 생각은 우주와 생명과 정신의 수리, 물리, 생리, 심리, 도리, 신리를 탐구하고 드러내고 실현한다. 생각 속에서 수리, 물리, 생리, 심리, 도리, 신리가 드러나고 이어지고 하나로 통한다. 생각함으로써 이런 모든 이치와 논리를 드러내고 실현하는 것은 생명 진화와 천지인 합일을 이루는 것이다.

생각은 끊임없이 자기를 부정하고 초월하는 것이다. 생각한다는 것은 자기를 새롭게 창조하고 낳는 것이다. 생각하는 것은 생각으로 생각하는 것이고 생각을 생각하는 것이다. 생각으로 생각을 끊고 파고, 지우고 살리고, 잇고 세우고, 닦고 씻어야 한다. 생각으로 생각하고 생각을 생각하라! 생각으로 생각이 뚫리고 통한다. 생각이 생각을 깊고 높고 풍성하게 한다. 생각하면 생각이 난다. 생각에서 생각이 나오고 생각함으로써 새로운 생각이 생겨난다. 생각에는 두 가지가 있다. 맘의 기운을 떨어트리고 감정과 의식을 낮추는 생각이 있고, 기운을 살리고 감정과 의식을 높이는 생각이 있다. 근심과 걱정, 허영과 망상은 맘을 아래로 떨어트리고 절망과 좌절에 빠지게 하는 생각이다. 믿음과 사랑과 희망은 맘을 높이고 힘 있게 하고 살리는 생각이다. 사랑과 진리, 정의와 평화를 생각하면 나도 살고 사회도 살 수 있다. 욕망과 집착, 편견과 미움의 생각에 사로잡히면 나도 죽고 사회도 죽는다.

살리는 생각은 언제나 하늘을 우러러 솟아올라 나아가는 생각이다. 참된 나를 찾고 참된 나가 되는 생각을 하고, 전체의 자리에서 전체가 하나로 되는 생각을 해야 한다. 나와 전체가 하나로 되려면 하늘에 이르러야 한다. 하늘을 그리워하고 하늘을 우러르고 하늘을 품고 하늘을 모시는 생각을 해야 한다. 그것이 기도와 명상이고 예배와 찬양이다. 하늘을 모시는 사람은 주체와 전체로서 창조와 진화(변혁)를 일으킬 수 있다. 하늘을 생각하려면 먼저 물질과 생명, 인간과 사회의 이치와 법도를 생각해야 한다. 이치와 법도는 하늘을 반영한다. 이치에 맞게 과학적으로 헤아리고 추리와 추론을 하다 보면 하늘의 영감과 상상에 이르게 된다. 비행기가 평면의 활주로를 달리다가 평면을 초월하여 하늘로 솟아올라 날아가듯이, 과학적이고 합리적으로 추론하고 추리하고, 서로 헤아리다 보면 평면을 초월하여 하늘의 영감과 상상에 이를 수 있다. 수리와 물리에서 생리와 심리를 거쳐 도리와 신리에 이르고 도리와 신리에서 하늘의 생각에 이르게 된다.

하늘의 생각은 생명과 인간의 본성을 드러내고 실현하는 생각이고 흘러넘치는 자발적 헌신성과 사랑에 이르는 생각이다. 그것은 값없이 조건 없이 주어지는 은총과 고마움, 기쁨과 찬미에 이르는 생각이다. 하늘의 생각에서 저만의 저다운 생각, 제소리가 나온다. 그것은 나를 나답고 새롭고 창의적이고 개성적으로 만들고 나와 너와 그를 저마다 저답게 하면서 전체 하나로 이끌고 살리는 생각이다. 사랑과 참을 헤아리는 생각은 하늘의 영감과 상상, 초월과 은총에 이른다.

맘대로 하고 몸(일)대로 되게
맘이 놓이고 편하려면 알맞게 생각하고 말하고 행동해야 한다.

'알맞게' 하는 것은 물질과 생명과 정신의 본성과 이치에 맞게 하는 것이다. 그것은 사물과 생명과 인생의 앎(眞理)에 맞게 하는 것이고 지나치거나 치우침이 없이 중용(中庸)과 중도(中道)에 맞게 하는 것이다. 알맞음 곧 진리와 중도는 하늘에 있는 것이다. 물질에 대한 욕망과 감정, 편견과 집착이 지배하는 땅의 세계에는 진리와 중도가 없다. 맘은 하늘의 빈탕에서 맘껏 자유로울 수 있고 물질과 몸, 일과 생명을 온전히 실현하고 완성할 수 있다.

땅의 물질세계에서 살면서 맘이 맘껏 자유롭게 하고 몸과 일이 몸과 일대로 물성과 이치에 따라 이루어지고 완성되게 하려면 하늘의 빈탕이 맘속에 열려야 한다. 맘속에 하늘이 열리게 하려면 맘의 욕망과 감정, 허영과 집착, 편견과 허위를 한 점으로 모아서 찍어버리는 가온 찍기를 해야 한다. 나의 맘을 한 점으로 모아서 그 가운데(中)를 찍어버림으로써 내 맘속에 하늘이 열리게 해야 한다. 맘은 몸에 깃든 것이므로 몸과 맘은 뗄 수 없이 결합되어 있다. 몸의 본능과 욕망, 감정과 의식이 늘 새롭게 맘속에 깃들게 마련이다. 한번 가온 찍기를 한다고 해서 맘속에 하늘이 늘 활짝 열려 있는 것이 아니다. 가온 찍기를 통해서 맘속에 하늘이 열리고 하늘 안에서 몸과 맘과 얼이 하나로 뚫리게 되지만 몸 생명의 욕망과 감정, 편견과 집착은 다시 또다시 하늘을 가리고 몸과 맘과 얼 사이를 가로막는다. 따라서 가온 찍기와 더불어 늘 나의 맘과 하늘(하나님)이 줄곧 뚫려 있게 해야 한다.

나의 맘과 하늘이 줄곧 뚫리면 중도와 중용의 가운데 길이 열린다. 이치에 따라 가운데 길을 가면 맘은 맘대로 맘껏 자유로우면서 몸과 일은 몸과 일대로 본성과 이치에 따라 실현되고 완성할 수 있다. 나의 맘과 하늘이 줄곧 뚫리면 위로는 하늘과 줄곧 통하고 옆으로는 이웃 만물과 줄곧 통한다. 위로 하늘과 통하고 옆으로 이웃, 만물과 통하면 인성과 사회를 함께 실현하고 완성할 수 있다. 위로 하늘과 통하고 옆으로 이웃 만물과 통하는 사람이 되는 것이 인성교육의 목적이고 인간의 이상이다. 하늘과 줄곧 뚫려서 하늘의 빈탕에서 맘대로 하고 몸(일, 물건)대로 되게 하자. 맘대로 맘껏 하고, 맘대로 맘껏 살고, 맘대로 맘껏 생각하여 내가 나대로 되고 몸과 일을 몸대로 일대로 물성과 이치에 따라 완성하자.

얼과 뜻을 불태워 몸, 맘, 얼의 하나 됨에 이르는 공부

몸, 맘, 얼에 대하여

인성은 몸, 맘, 얼로 이루어져 있다. 몸은 우주의 일부이며 우주의 물질과 법칙이 몸에 반영되어 있다. 맘은 우주와 몸의 세계가 투영된 것이면서 하늘이 열린 것이다. 맘에 하늘이 비치고 깃든 것이 얼이다. 맘과 우주의 중심과 바깥(초월)이 하늘(하나님)이다. 얼과 뜻은 하늘에 속한 것이며 인간의 주체와 전체를 드러내는 것이다. 맘속에서 헤매고 우주 물질세계 안에 갇히면 하늘을 잃고 하늘을 잃으면 얼과 뜻은 사라진다. 얼과 뜻이 없으면 참된 주체와 전체는 드러나지 못하고 자유와 창조, 초월과 신생도 없다. 얼과 뜻은 맘 안에서 맘을 초월한 것이고 우주 안에서 우주를 초월한 것이다.

우주의 근원과 기원: 정신과 물질

몸은 물질의 세계와 관련되고 맘은 정신의 세계와 관련된다. 몸과 맘, 물질과 정신 가운데 어느 것이 더 근원적 존재일까? 과학자들은 우주에 대한 관찰과 수학적 계산을 통해 우주의 기원을 알아냈다. 엄청난 물질에너지를 품은 한 점에서 큰 폭발이 일어남으로써 우주가 시작되었다. 이렇게 폭발한 우주는 자연법칙에 따라 팽창하며 생성 변화해간다는 것이다. 그러나 과학자들은 맨 처음의 한 점과 자연법칙이 어디서 어떻게 왜 생겨났는지는 말하지 못한다. 그것은 수학과 자연과학의 영역을 벗어난다. 최근에는 물질과 시공간이 없는 '진공 에너지'를 말하는 과학자들이 있다. 물질과 시공간을 제거한 진공에도 소립자들이 나타났다 사라지며 엄청난 에너지가 들어 있다고 한다. 물질과 시공간이 없다고 해도 '진공 에너지'는 순수한 비물질이 아니다. 그것은 물질의 원료이거나 모태(매트릭스)다. 이러한 진공 에너지에서 우주를 탄생시키는 법칙이 작용한다. 진공 에너지와 법칙이 있으면 얼마든지 우주는 생겨날 수 있는 것이다. 따라서 다중우주를 말하는 과학자들이 많다. 이들에 따르면 우주의 빅뱅이 한 번만 일어난 게 아니라 계속해서 많이 일어났다. 수많은 우주들이 마치 비누거품처럼 계속 생겨나서 커져가고 있다. 수많은 우주들이 비누거품처럼 허공을 떠돌고 있다는 것이다. 도대체 이런 일들이 왜 무엇을 위해 어떻게 일어나는지 알 수 없기는 마찬가지다. 진공 에너지와 법칙은 어디서 어떻게 왜 생겼나? 법칙은 물질이 아니라 관념이다. 관념은 정신에서 온 것이다. 자연과학은 진공 에너지와 법칙을 상정할 뿐 그 배후와 기원을 생각할 수 없다.

물질은 아무리 커도 물질을 초월한 정신에 비하면 지극히 작은 것이다. 물질을 초월한 정신은 무한과 영원이기 때문이다. 물질을 초월한 정신이 상징과 비유로 말하면 하늘이고, 인격적이고 체험적으로 말하면 하나님이다. 정신은 무한하고 영원한 것이며 우주는 유한하고 일시적인 것이다. 그렇다면 당연히 정신(하나님)은 우주보다 먼저 있고 정신에서 우주가 나온 것이다. 정신과 물질적 우주 사이에는 질적 차이가 있으므로 우주가 신적 정신에서 유출(流出)되었다고 생각하기는 어렵다. 물질적 우주가 '없는' 상태에서 생겨난 것이라면 우주는 무(없는 상태)에서 창조된 것이다. 하나님은 이런 물질 우주들을 얼마든지 만들 수 있는 것이 아닐까? 하나님이 우주를 창조했다면 우주의 존재이유와 목적은 물질 속에 정신을 드러내고 실현하고 완성하는 데 있을 것이다.

우주 물질 속에는 하나님의 얼과 뜻이 반영되어 있을 것이다. 그래서 물질 속에서 물질을 초월한 생명이 생겨났을 것이다. 생명은 우주 물질 안에서 물질을 초월하여 하나님을 드러내고 실현하자는 것이다. 우주는 하나님의 말씀에 매달려 있다. 우주의 꼭지는 하나님이다. 우주는 작은 것이고 하나님은 무한 영원하고 큰 것이다. 얼과 뜻은 맘과 우주를 넘어서 하나님의 존재를 맘과 우주 속에 드러내고 실현하자는 것이다. 우주와 맘속에는 하늘(하나님)의 얼과 뜻이 가득 차 있다. 물질과 생명과 정신, 역사와 사회는 저마다 제 수준에서 그 얼과 뜻을 드러내고 실현하는 것이다. 사람 속에는 얼과 뜻이 우주와 정신의 실올로서 살아 있다. 하늘의 얼과 뜻은 물질과 생명과 정신의 본성과 목적을 실현하고 완성하는 것이다. 하늘의 얼과 뜻을 내게서 실현하려면 몸(물질), 맘(생명), 얼(신)을 함께 실현하고 완성해야 한다.

욕망과 충동의 바다: 맘

인간의 맘은 욕망과 충동의 바다다. 그 바다 깊은 곳에 숨겨 있는 얼과 뜻은 희미하고 약하다. 하늘의 얼과 뜻에 따라 몸, 맘, 얼의 본성과 목적을 실현하고 완성하려면 맘의 주인이 되어 맘의 바다를 자유로이 항해하고 맘을 맘대로 움직일 수 있어야 한다. 모든 것은 맘에 달렸고 맘이 모든 것을 지어낸다고 하지만 내 맘을 내 맘대로 하기는 어렵다. 사람이 제 그림자에서 벗어나기 어렵듯이 맘은 제 그림자를 벗어나기 어렵다. 내 맘에는 서로 비추는 수많은 거울이 있어서 나와 사물과 생각들을 무한히 되풀이하면서 서로 비추어 준다. 내 맘속에는 수많은 허상과 거짓 생각과 거짓 나가 가득 차 있어서 나와 사물과 생각의 참된 사실과 진상을 바로보기 어렵다.

또한 맘은 몸의 물성과 법칙, 욕망과 감정에 뿌리를 두고 있어서 물질의 속박과 몸의 욕망에서 자유롭지 못하다. 몸은 물질이며 생명을 지닌 육체다. 물질은 우주를 움직이는 강한 힘을 가진 것이며 욕망과 충동은 강력한 것이다. 땅의 물질세계는 땅땅하고 굳세어 보이지만 하늘은 하늘하늘 없는 듯 미약한 것이다. 맘은 물질의 속박과 몸의 욕망을 가진 것이면서 생각과 관념과 이치의 자유를 가진 것이다. 거칠고 강한 욕망이 물질의 제약과 속박에서 벗어나 무한한 관념의 자유와 결합되면 크게 잘못될 수 있다. 세상에서 가장 무서운 것은 나의 맘이다. 큰 지진이 나서 지각변동이 일어나고 땅속에서 용암과 불길이 솟구치는 것도 무서운 것이지만 내 맘에서 지각변동이 크게 일어나서 맘속의 본능과 충동, 욕망과 집착에서 지옥의 혼돈과 죄악이 분출하는 것은 훨씬 더 무서운 것이다.

수리는 무한하고 묘하지만 생명과 정신을 나타내고 실현하기에는 너무나 단조롭고 단순하다. 물리와 물질은 강력하고 풍부하나 생명과 정신을 나타내기에는 낮고 좁다. 물질은 강한 힘을 지녔지만 혼돈과 파멸의 운명을 지녔다. 생명은 물질의 운명에서 벗어나 자유롭고 영원한 생명을 향해 나아가는 과정이다. 물질과 몸은 생명과 정신의 뿌리이고 토대이다. 생명과 정신이 물질과 몸을 딛고 물질과 몸을 끌어안고 하늘을 향해 위로 솟아올라 나아갈 때 물질과 몸이 자신을 불태워 생명과 정신이 솟아오르게 할 때, 물질과 몸은 아름답고 선하고 소중한 것이다. 그러나 물질과 몸이 생명과 정신을 억압하고 짓밟고 휘두르고 끌어내려 물질과 몸 아래로 떨어트릴 때 물질과 몸은 추하고 악하고 천한 것이다. 몸과 물질에 뿌리를 둔 맘의 밑바닥에 혼돈과 파멸, 죄악과 죽음의 지옥이 있다. 본성적으로 하늘을 그리워하는 맘은 혼돈과 죽음의 지옥을 벗어나서 자유롭고 영원한 하늘의 생명에 이르자는 것이다. 혼돈과 파멸에 이르는 물질의 운명을 벗어나서 하늘의 영원한 생명에 이르자는 것이 얼과 뜻이다.

얼과 뜻

얼과 뜻은 미약하고 없는 듯하고 물질과 욕망은 강력하고 굳세다. 한없이 약하고 없어 보이는 얼과 뜻을 굳세고 곧게 세워서 물질과 몸, 욕망과 감정을 정화하고 순화하여 편안하게 하는 것이 얼과 뜻의 공부다. 인생의 목적은 얼 힘을 기르고 하늘의 뜻을 이루는 데 있다. 하늘의 얼 힘은 몸과 맘과 얼을 하나로 꿰뚫고 우주 물질과 생명과 정신을 내 속에서 하나로 실현하고 완성하는 힘이고 지혜다. 얼 힘은 우주의 안과 밖에 가득하고 내 몸과 맘과 얼을 하나로 통하게 한다. 얼은 없는 듯 미미하지만 우주를 품고 우주를 낳고 우주를 새로 짓는 힘이다. 얼은 우주의 창조자요 지탱자이며 해방과 완성에로 이끄는 주체다.

사람의 맘은 망상과 환각 그리고 상상과 영감 속에 살아간다. 감각과 이성 자체가 있는 그대로의 사실과 진실을 보고 느끼지 못한다. 그러나 감각의 지각과 이성의 인식이 지각과 인식의 대상을 완전히 날조하고 조작하는 것은 아니다. 부족하고 모자란 감각과 이성을 통해서 물질과 생명과 정신의 깊이와 전체가 아름다움과 값이 드러나고 표현되고 실현될 수 있다. 우주의 물질세계는 물질의 차원을 넘어서 생명의 차원을 열고 생명은 생명의 차원을 넘어서 정신의 차원을 열어가고 있다. 물질에서 보면 생명은 없는 것이고 생명에서 보면 정신은 없는 것이며 정신에서 보면 하나님(신)은 없는 것이다. 우주의 다차원적 존재의 세계를 이해하고 체험하고 실현하고 완성해 가려면 주어진 사실을 있는 그대로 지각하고 이해하는 것만으로는 부족하다.

본디 사람은 주어진 사실을 넘어서 망상과 환각, 상상과 영감을 가질 수 있는 존재다. 망상과 환각은 주어진 물질적 사실을 왜곡하고 도착시킴으로써 인간을 파괴와 혼돈 속으로 이끌어간다. 사실과 진실은 바꿀 수 없는 준엄한 것이다. 수리와 물리를 바탕으로 생각하는 지성은 주어진 물질적 사실과 과거와 현재와 미래의 역사적 진실을 있는 그대로 드러내고 표현하고 설명하려 한다. 상상과 영감은 주어진 물질적 사실을 존중하고 그 바탕에서 초월과 고양을 통해서 새로운 창조와 진화에 이른다. 인간은 상상과 영감을 통해서 주어진 물질적 사실, 몸과 맘의 현실을 넘어서 새로운 존재의 차원을 열어가고 표현하고 실현하고 완성해간다. 이성이 주어진 사실과 진실을 설명하는 것이라면 망상과 환각은 인간의 주체와 전체를 파괴하고 혼돈 속에 빠트리는 것이며 상상과 영감은 인간의 주체와 전체를 더 높은 차원의 세계로 창조와 진화, 초월과 고양, 신생과 탈바꿈으로 이끈다.

수리, 물리, 생리, 심리, 도리, 신리가 저마다 신통하게 드러나고 실현되어 인간의 참다운 주체와 전체에 이르고 주체와 전체가 하나로 되는 길로 가야 한다. 인생 안에서 그리고 인생을 통해서 모든 이치와 법칙이 실현되고 드러나며 모든 차원과 존재가 드러나고 실현된다. 인생이 묘하고 아름다운 세계로 들어가는 중묘지문(衆妙之門)이 되게 해야 한다.27 인성을 가진 '나'는 모든 이치와 법도가 실현되고 완성되는 큰 길이다. 인간과 인성을 실현하고 완성하는 큰 길이 내 속에서 열린다. 하늘의 빈탕에서 하늘의 큰 뜻과 얼에 사무치면 우주와 생명과 인성을 실현하고 완성하는 큰 길, 생명 진화와 천지인 합일이 이루어지는 큰 길이 열리고 그 길로 나아갈 수 있다.

얼과 뜻을 기르는 공부

맘공부가 내 속의 맘을 가다듬고 풀고 놓는 것이라면 얼과 뜻의 공부는 몸과 맘과 얼을 조율하고 바로 세우는 일이다. 몸, 맘, 얼을 조율하고 바로 세우는 것은 내 맘과 우주, 내 맘과 하늘, 내 맘과 역사를 함께 생각하고 조율하고 바로 세우는 일이다. 얼과 뜻의 공부는 내 몸과 맘과 얼을 저마다 힘 있게 하고 몸과 맘과 얼이 내적으

---

27 유영모, "매임과 모음이 아니!," 『다석일지』 상(영인본), 744.

로 하나로 되게 하는 것이다. 몸과 맘과 얼이 하나로 통하면 나와 우주와 역사가 하나로 통하게 된다.

뜻은 영원한 과거와 오늘의 현재와 무궁한 미래가 하나로 이어지고 통하는 것이다. 무엇으로 과거, 현재, 미래가 하나로 통하는가? 하나님의 뜻으로 과거와 현재와 미래가 하나로 통한다. 하나님의 뜻은 사랑과 정의다. 사랑과 정의로써 과거, 현재, 미래가 하나로 통하고 뚫리면 얼과 뜻이 우뚝 솟고 뚜렷이 드러난다. 우주의 시간과 공간보다 더 크고 높은 뜻과 얼을 가지고 살아야 한다. 하늘은 우주의 시간과 공간보다 크고 높고 깊은 것이다. 하늘을 우러르고 그리워하고 품고 모시는 이는 하늘의 뜻(사랑과 정의)을 가진 이다. 하늘의 뜻을 가진 이는 우주와 생명과 역사를 창조하고 진화시키는 힘과 자격을 가진 이다.

하나님의 뜻은 나와 너와 그가, 뭇 생명과 우주 만물과 인류가 전체 하나로 되는 것이다. 내 속에서 몸, 맘, 얼이 하나로 될 때 뜻이 우뚝 솟고 이웃과 생명과 우주가 전체 하나로 돌아갈 때 뜻이 이루어진다. 내가 나답게 되고 서로 다른 것들이 하나로 되는 것이 뜻이 있고 보람이 있는 것이다. 하늘을 모신 맘은 우주를 하나로 품을 수 있다. 하늘을 모시고 우주를 하나로 품으면 얼과 뜻이 뚜렷이 드러난다. 하나님의 뜻, 사랑과 정의가 영원한 과거(萬古)에 사무치고 지금 여기의 현재와 영원한 미래에 사무치면 내 몸과 맘에 얼과 뜻이 솟는다.

사람은 하늘과 땅 사이에 곧게 선 존재다. 뱀은 땅바닥을 구불구불 기어 다니며 먹이와 살 길을 찾지만 사람은 하늘에 머리를 두고 하늘을 그리워하고 우러르며 사는 존재다. 하늘과 땅 사이에 우뚝 서야 하늘과 사귀고 소통하며 사람답게 살 수 있다. 얼과 뜻은 하늘에 뿌리를 둔 것이다. 얼과 뜻이 힘차게 우뚝 살아나려면 얼과 뜻이 하늘로 솟아올라 나아가야 한다. 하늘을 품고 모신 이는 땅의 물질적 속박과 제약에서 자유를 얻은 이고 생명과 인간의 본성과 목적을 실현하고 완성하는 이다. 하늘과 땅, 우주와 역사의 창조와 진화를 일으킬 수 있는 이다.

나의 속에서 하늘의 얼과 뜻이 불타오르게 하고, 불타오르는 얼과 뜻을 타고 하늘로 솟아올라 나아가야 한다. 내 속에서 얼과 뜻이 불타오르고 얼과 뜻을 타고 하늘의 빈탕으로 솟아올라 나아가면 얼과 뜻은 하늘처럼 맑고 깊고 높아진다. 얼과 뜻이 맑고 깊고 높아지면 과거와 현재와 미래의 뜻이 하나로 통하고, 하늘과 땅과 사람(목숨)이 하나로 뚫린다. 하늘의 빈탕에서 얼과 뜻이 타오르면, 몸에는 원기가 가득하여 몸이 성하고 맘에는 하늘의 자유와 기쁨이 가득하여 맘이 놓인다. 얼과 뜻이 타오르면 물질과 일은 물성과 이치에 따라 물질은 물질대로 되고 일은 일대로 알맞게 이루어진다. 얼과 뜻은 우주와 생명과 정신의 속알(본성)이고 목적이고 힘과 지혜이기 때문이다.

얼과 뜻을 공부하는 것은 맘은 맘대로 하고 몸은 몸대로 되게 하는 것이다. 몸이 몸대로 되면 몸이 성하다. 맘을 맘대로 할 수 있으면 맘이 놓인다. 얼과 뜻이 힘차게 타오르면 얼과 뜻이 맑고 깊고 높아진다. 몸이 성하고 맘이 놓이고 얼과 뜻이 맑고 높은 사람이 건강하고 바른 사람이고 저다우면서 온전한 사람이다. 사람과 사람의 만남과 사귐이 바르게 이루어지고 사람과 사람이 하는 일이 제대로 되게 하려면 만남과 사귐 속에서 서로의 일 속에서 얼과 뜻이 살아나고 고양되게 해야 한다. 서로의 속에서 얼과 뜻이 타오르면, 나와 너와 그의 속의 속에서 저마다 하나로 돌아가고 나와 이웃과 만물이 우주와 함께 하나로 돌아간다. 위로 하늘과 통하고 옆으로 이웃 만물과 통하여 함께 큰 하나로 돌아가는 것이 얼과 뜻의 공부다.

얼과 뜻의 공부는 생명 진화와 천지인 합일을 이루는 공부다. 땅의 물질에서 생명과 인간의 정신을 거쳐 하늘의 얼과 신에 이르는 일은 생명 진화의 과정과 목적일 뿐 아니라 천지인 합일을 실현하는 것이다. 내가 먹은 밥이 생기가 되고 생기가 정신이 되고 정신은 하늘의 하나님께 이르러야 하는 것이다. 생명 진화와 천지인 합일을 이루기 위해서는 몸은 몸대로 되고 맘은 맘껏 자유롭고 얼은 불타오르고 솟아올라야 한다. 그러기 위해서 목숨이 말과 생각으로 쉬는 말 숨이 되고 말 숨이 하늘의 얼과 뜻으로 쉬는 얼 숨이 되어야 한다. 몸, 맘, 얼을 내적 초월과 고양, 신생과 변혁을 통해서 탈바꿈함으로써 생명 진화와 천지인 합일에 이른다. 생명 진화는 천지인 합일에 이르자는 것이고 천지인 합일에 이르면 생명 진화를 실현하고 완성할 수 있다.

생명 진화와 천지인 합일은 서로 맞물려 있고 순환의 고리를 이룬다. 동학에서 하나님(하늘)을 모시면 천지의 창조와 진화가 이루어진다(侍天主 造化定)고 한 것은 현대적이면서 심오한 통찰이다. 천지인 합일을 이루어 하늘 하나님을 몸과 맘에 모시면 창조와 진화를 일으킬 수 있다. 얼과 뜻의 공부는 하늘을 모시고 창조와 진화가 우리의 몸과 맘에서 만남과 일에서 일어나게 하는 것이다. 몸, 맘, 얼에서 창조와 진화가 일어나려면 감성이 깊어지고 지성이 맑아지며 얼과 뜻이 높아져야 한다. 감성이 깊어지고 지성이 맑아지려면 얼과 뜻이 불타올라서 높고 뚜렷해져야 한다. 얼과 뜻의 공부는 얼과 뜻을 불태워 얼과 뜻이 솟아올라 앞으로 나아가게 하는 것이다. 얼과 뜻이 솟아올라 나아가면, 우리의 삶과 생각과 말 속에서 만남과 관계 속에서 조직과 일 속에서 얼과 뜻이 뚜렷해진다. 얼과 뜻이 뚜렷해져서 나와 너와 그가 모두 저마다 저답게 되어 스스로 하고 서로 돕고 섬김으로 큰 하나 됨의 길로 가야 한다.

2. 현대인의 세 가지 생활 원칙과 덕: 알맞이, 사랑, 희망

현대인은 주체적인 자각과 함께 자기를 긍정하고 실현하는 적극적이고 주체적인 삶의 원리와 수행법을 필요로 한다. 몸, 맘, 얼의 차원에서 가치와 덕목과 역량을 함께 실현하는 삶과 수행의 방법과 원칙으로 다석 유영모는 '몸성히 맘놓아 얼(뜻)태워'를 제시했다. 이러한 삶의 원칙을 실현하는 주체적이고 실천적인 세 덕은 알맞이(중용, 절제), 사랑, 희망이다. 알맞이는 '몸성히'를 위한 덕이다. 몸성히 살려면 알맞게 먹고 알맞게 숨 쉬고 알맞게 말하고 알맞게 생각하고 알맞게 일해야 한다. 사랑은 '맘놓아'를 위한 덕이다. 맘 놓고 편안하게 살려면 사랑하고 사랑받으며 사랑 안에서 살아야 한다. 사랑은 생명과 정신의 주체와 전체를 긍정하고 존중하는 것이므로 사랑 안에서는 맘이 놓이고 편안해진다. 아우구스티누스는 불안과 고뇌 속에 살다가 하나님 안에서 안식을 얻었다고 했다. 하나님은 사랑이다. 사랑인 하나님 안에서 비로소 주체와 전체가 긍정되고 존중될 수 있다. 희망은 '얼태워'를 위한 덕이다. 얼과 뜻을 불태워 힘차게 살려면 희망을 가지고 살아야 한다. 절망과 체념에 빠진 사람은 얼과 뜻을 불태워 살 수 없다. 아무리 어려운 형편과 처지에 있어도 스스로 자신을 쭈그러트리지 말고 희망을 가지고 솟아올라 나아가야 한다. 죽어도 죽지 않는 얼 생명을 가지고 살아야 한다. 하늘의 대기를 숨 쉬는 한 하늘을 향한 희망을 가질 수 있다. 하늘을 그리워하고 하늘을 우러르며 하늘을 향한 희망을 가지는 한 얼과 뜻을 불태우며 힘차게 살 수 있다. 몸성히, 맘 놓아 얼을 태우는 삶을 알맞이 사랑으로 희망을 가지고 살려면 자기 속에서 하늘의 존엄과 자유를 발견하고 자각하고 자아를 긍정하고 존중하고 사랑하는 데서 시작해야 한다.

몸성히 살려면 알뜰살뜰 아끼며 알맞게 살아야 한다. 맘 놓으려면 믿음을 가지고 시기, 질투, 미움, 분노, 근심, 걱정을 놓아버리고 사랑으로 살아야 한다. 믿음이 없으므로 불안하고 불안하기 때문에 시기, 질투, 미움, 분노, 근심, 걱정에 빠진다. 믿음이 있으면 불안과 두려움, 미움과 분노, 근심과 걱정에서 벗어날 수 있다. 믿음으로 불안과 두려움, 근심과 걱정에서 벗어날 수 있어야 사랑할 수 있다. 믿음은 사랑의 조건이고 결과다. 사랑은 믿음의 근원이고 토대이다. 믿는 이만 사랑할 수 있고 사랑하는 이만 믿을 수 있다. 믿을 수 있기 때문에 사랑할 수 있다. 믿음에서 사랑이 나온다. 그러나 사랑하는 이만 믿을 수 있다. 믿음은 사랑에서 나오는 것이다. 믿음 없이 사랑할 수 없고 사랑 없이 믿을 수 없다. 믿음과 사랑은 동전의 양면과 같은 것이다. 생명 진화의 큰 흐름에서 보면 사랑은 생명 진화의 동인이고 동력이며 근원이고 목적이다. 생명 진화의 동력인 사랑에서 인간의 높고 깨끗한 정신이 나왔다. 인간의 높고 깨끗한 정신에서 맑고 순수하고 높은 사귐과 관계가 나왔고 인간의 사귐과 관계의 바탕에는 믿음이 있다. 믿음은 사랑의 사귐과 관계의 조건이고 근거이며 방식이다. 사랑에서 믿음이 나왔지만 믿음을 통해서 사랑은 깊고 높고 새로운 수준과 방식에 이른다. 믿음은 단순히 복종하고 받아들이는 것이 아니다. 참된 믿음은 삶과 관계의 표면과 거죽에 머물지 않고 그 속에 참여하여 심화시키고 새롭게 변화시키는 것이다. 살아 있는 믿음은 낡은 수준과 방식의 사랑을 깨트리고 새로운 차원과 방식의 사랑을 시작한다. 믿음은 삶과 사랑의 관계와 방식을 심화하고 정화한다.

사랑으로 얼과 뜻을 태우며 힘차게 살려면 희망을 가지고 과거와 현재를 넘어서 미래의 더 큰 삶을 위해 살아야 한다. 사랑은 물질적 욕망을 녹여서 감정과 생각을 지어내고 자기를 초월하여 전체가 하나로 되는 하늘의 세계로 나아가게 한다. 사랑 속에 하늘(하나님, 하나 됨)의 길이 있다. 그 길을 밝히고 그 길로 가기 위해서, 그 길로 가는 얼과 뜻을 밝히고 드러내기 위해서 말하고 글을 쓴다. 말과 글은 전체가 하나로 되려는 사랑의 그리움에서 나온 것이다. 얼과 뜻은 전체가 하나로 되는 하늘 길로 가기 위해서 사랑의 그리움으로 타오르는 것이다. '하고, 되는' 미정고의 생명은 믿음과 사랑으로 솟아올라 나아가는 것이고 희망은 머무름 없이 '하고 되려는' 생명의 의지요 지향이다. 제게 달라붙어 머무르는 것은 생명이 아니다. 생명은 끊임없이 자기를 넘어서는 것이고 나아가는 것이다. 생명은 미래에 사는 것이고 희망하는 것이다. 사는 한 희망은 있다. '~려 함'의 의지와 지향인 삶이 곧 희망이기 때문이다.

과거와 현재 없이 미래는 없다. 생명과 인격 속에서 과거, 현재, 미래는 하나로 이어진 것이고 시간(때)은 생명과 인격 속에서 파악되는 것이다. 과거와 현재를 버리고 미래로 나아갈 수 없다. 미래는 생명과 정신 속에서 과거와 현재가 이어지고 자라나고 변화하고 승화된 것이다. 과거에서 현재가 싹텄고 현재서 미래가 싹이 튼다. 과거와 현재를 주어진 현실로 겸허히 받아들이고 긍정하지 않으면 미래는 없다. 과거와 현재는 내게 주어진 것이고 바꿀 수 없는 것이므로 과거와 현재에 대해 자족하면서 고맙게 받아들여야 한다. 그러나 생명과 정신은 과거와 현재에 머무를 수 없는 것이다. 새로운 미래로 나아가려면 과거와 현재를 넘어서 혁신과 변화의 탈바꿈을 해야 한다. 과거와 현재에 머물 수 없으므로, 과거와 현재를 비판하고 부정하고 밟아버리고 뛰어올라 나아감으로써 새로운 미래를 열어야 한다. 생명은 똑같은 것, 동일한 것이 아니라 늘 새롭게 변하고 진화 발전하는 것이다. 시간도 역사도 늘 새로운 것이다. 나의 생명은 은혜로 선물로 주어진 것이므로 자족하고 감사하며 믿음과 사랑을 품고 새로운 삶을 향해 담대하게 희망하며 나아가야 한다.

8장

참 사람의 사명:
주체와 전체의
실현과 찬미

인간과 인성 속에서 우주의 한없는 깊이와 높이가 열린다. 인간의 내면은 바깥 세계보다 훨씬 깊고 높고 오묘한 세계다. 인성에는 우주와 인간의 10차원 세계가 함축되어 있다. 우주의 모든 차원과 요소들인 물질, 생명, 감정, 의식, 지성, 영성, 신성이 모두 인성 속에 깃들어 있다. 물질, 몸, 생명, 맘, 지성, 영성에는 저마다 엄청난 가능성과 잠재력, 힘과 지혜가 들어 있다. 인간의 몸, 맘, 얼에는 무한한 기운(에너지)이 쌓여 있다. 그러나 물질에너지는 물질의 막에 갇혀 있고 생명에너지는 생명의 막에 갇혀 있고 맘 에너지는 맘의 막에 갇혀 있다. 지성의 에너지는 지성의 막에 영성의 에너지는 영성의 막에 갇혀 있다. 생명 진화는 물질에너지가 생명과 맘의 에너지로 지성과 영성의 에너지로 진화하고 승화하는 과정이다. 천지인 합일은 서로 다른 차원의 에너지를 통합하고 합류시키고 고양시키는 일이다.

생명 진화와 천지인 합일을 이루어가는 생명과 인간의 본성과 원리는 주체(사유)와 전체(통일)나. 물질에너지가 생명과 감정과 정신과 영의 에너지로 몸과 맘과 얼의 에너지로 승화 고양될수록 주체는 더욱 깊고 자유로워지며 전체는 더욱 큰 하나로 되어간다. 생명 진화와 천지인 합일은 주체의 깊이와 자유에서 전체의 하나 됨에 이르는 과정이다. 스스로 하는 주체이면서 서로 다른 주체들과 전체 하나를 이루자는 것이 생명과 정신의 동인이고 목적이다. 인성을 이루는 몸·맘·얼, 감성·지성·영성은 저마다 주체이면서 전체의 통일을 이루고 있다. 인간의 행복과 목적은 개인과 사회의 삶에서 주체의 자유를 누리면서 전체의 하나 됨을 이루는 것이다.

I. 인성의 실현과 찬미
: 기쁨과 고마움

1. 인성의 실현

기쁨과 고마움

인간과 인성 속에서 우주의 중심과 깊이와 높이가 드러난다. 인간과 인성은 우주의 신비와 아름다움, 가치와 보람, 목적과 뜻을 드러낸다. 인간과 인성을 아는 것은 우주를 아는 것이고 참 사람이 되어 인성을 실현하고 완성하는 것은 우주의 본성과 목적을 실현하고 완성하는 것이다. 인간과 인성의 구원과 해방은 우주의 구원과 해방이다. 인성교육은 인성을 자각하고 드러내고 표현하고 찬미하고 실현하고 완성하는 교육이다. 인간의 인성은 이성적이고 진실하므로, 사물과 우주와 생명의 이치와 진실을 보고 이해한다. 인간은 내면에 이치와 법도, 신성과 아름다움, 존엄과 존귀를 지니므로 우주에서 그것을 보고 느끼고 실현하고 완성할 수 있다. 수리와 물리는 주어진 이치와 사실을 설명하고 나타낸다. 인간의 생명과 정신은 수리와 물리를 넘어서 새로운 존재와 가치를 창조하고 고양시키는 내적 깊이와 높이를 가진다. 인성교육은 이치와 사실을 이해하고 설명하는 것이 아니라 물질과 생명과 정신의 깊이와 높이를 체험하고 표현하고 실현하고 찬미하는 것이다.

인간의 생명과 정신은 영원 무한한 하늘(하나님)이 땅의 물질과 몸속에 들어온 것이며 영원한 생명이 덧없는 시간 속에 들어온 것이다. 그러므로 생명과 정신은 한없이 기쁘고 벅차고 영광스러운 것이다. 생명 진화와 천지인 합일이 이루어지고 창조와 진화가 일어나는 인간의 본성(몸, 맘, 얼) 속에서는 존재와 생명과 사랑이 기쁨으로 흘러넘친다. 이러한 생명의 흘러넘침은 물질적 기계적 유출이나 흘러넘침이 아니다. 그것은 속의 속에서 자발적이고 헌신적으로 주체적이고 의지적으로 자유롭고 기쁘게 즐거움으로 흘러넘치는 것이다.

인간의 본성 속에서 스스로 흘러넘치는 존재와 생명과 사랑은 결핍과 필요에서 나온 것이 아니고 조건 없이 값없이 은혜로 주어지고 베풀어지는 것이다. 우주 물질과 생명과 정신의 기운은 인간의 안과 밖에 충만하게 있다. 인성의 안과 밖에서 이치와 법도, 아름다움과 존엄과 신성의 흘러넘치는 충만을 보고 느끼면 고맙고 기쁘다. 값없이 조건 없이 은혜로 흘러넘치는 존재와 생명과 사랑을 보고 느끼면 고맙고 기쁘다. 고마움은 기쁨과 마찬가지로 생명이 느끼는 가장 깊고 높고 자연스럽고 마땅한 감정이다. 기쁨과 고마움은 만남과 사귐의 끈이고 토대이며 공동체의 뿌리이고 열매다. 기쁨과 고마움의 감정을 잃는 것은 생명의 근원과 본질을 잃는 것이다. 고마움과 기쁨을 잃은 사회는 생의 목적과 방향, 뜻과 보람을 잃고, 공동체적 사귐의 끈과 토대가 사라지고 물질과 기계의 수준으로 전락한다. 인성교육은 생명의 기쁨과 은혜와 고마움을 깨닫고 표현하고 실현하고 찬미하는 교육이다.

몸, 맘, 얼의 총체적 실현

참되고 온전한 사람이 되려면 몸, 맘, 얼의 통합을 이룬 인간이 되어야 한다. 몸 맘 얼의 통합을 이루기 위해서 몸을 단련하고 힘차게 하고 맘을 가다듬어 맑고 깨끗하게 하며 얼이 뚜렷이 솟아올라 나아가게 해야 한다. 몸이 성하고 힘차게 하려면 숨을 깊고 편안하게 쉬고, 깨끗한 피가 잘 돌게 하고, 밥 먹고 잠자고 날마다 하는 일을 바로 해야 한다. 맘이 맑고 깨끗하려면 생각과 말, 의식과 감정을 맑고 깨끗하고 바르게 해야 한다. 생각과 말, 감정과 의식을 맑고 깨끗하게 하려면 날마다 공부하고 명상하고 생각해야 한다. 얼이 솟아 나아가려면 몸, 맘, 얼을 다 해서 하늘을 우러르고 그리워하며 과거 현재 미래를 꿰뚫는 하늘의 뜻이 몸과 맘과 얼에 사무쳐야 한다. 몸이 성하고 맘이 놓이고 얼과 뜻이 불타오르는 일이 하나로 이어져 있다.

사회 안에서 인성을 실현하고 사람 구실을 제대로 하려면 몸이 건강하고 기술과 전문지식을 쌓고 재주와 솜씨를 익히고 바른 정신을 가져야 한다. 운동, 기술, 재주 솜씨는 모두 몸 맘 얼의 통일 속에서 체득되어야 한다. 달리기를 하든, 공을 차든 활을 쏘든, 요리를 하고 짐을 나르고 운전을 하고 기계를 작동시키고 그림을 그리고 글을 쓰든, 그 무엇을 하든지 몸 맘 얼이 하나로 되어 몰입해서 해야 한다. 온몸으로 하고 온 맘으로 하고 얼과 혼을 다해서 해야 한다. 모든 일과 노력의 끝은 얼 힘을 기르는 데 있다. 몸과 맘의 사명이 얼을 힘차게 하는 데 있듯이 모든 일과 노력은 얼 힘을 기름으로 보람과 가치를 얻는다. 무슨 기술과 지식과 솜씨도 몸으로 체득하지 않으면 제 것이 되지 못한다. 맘이 없으면 정성과 의욕이 없고 정성과 의욕이 없으면 제대로 할 수 있는 것이 아무것도 없다. 얼과 혼이 빠지면 보람과 뜻을 찾을 수 없고 보람과 뜻이 없으면 인생과 사회의 창조와 고양을 이룰 수 없다. 모든 일과 노력은 몸, 맘, 얼의 통일 속에서 온전히 실현되고 완성된다. 몸, 맘, 얼이 온전히 하나로 되어 하는 일과 노력은 하늘의 신령과 신통에 닿을 것이다. 신령과 신통을 얻은 사람은 지극한 경지에 이르러 달인이 되고 도인이 될 것이다. 청소를 하거나 요리를 하거나 장작을 패더라도 온 몸과 맘과 얼을 다해서 하면 누구나 달인이 되고 도인이 될 수 있다. 달인과 도인이 되면 무슨 일을 하든, 하늘과 땅 사이서 하늘과 땅의 기운과 법도를 아울러서 창조와 진화를 일으키는 큰 일을 하게 된다.

물질, 생명, 정신의 아름다움과 고마움

물질과 생명과 정신의 아름다움과 값짐, 은혜와 고마움을 드러내고 표현하고 실현하고 찬미하라! 그것이 인간과 인성의 사명과 책임이다. 물질과 생명과 정신 속에는 무한한 아름다움과 값짐, 은혜와 고마움이 있다. 사람의 감각과 이성은 사물과 생명과 정신을 있는 그대로 깊이 볼 수 없고 전체를 볼 수도 없다. 그러나 감각과 이성이 사물과 생명과 정신을 멋대로 지어내고 날조하는 것은 아니다. 감각과 이성은 부족하고 모자란 대로 사물과 생명을 느끼고 이해하고 드러내고 표현한다. 감각은 감각대로 이성은 이성대로 부족하고 모자란 방식으로 사물과 생명을 느끼고 이해할 수 있다. 감각과 이성이 사물과 생명의 거죽과 부분만을 느끼고 이해할 수도 있지만 거죽과 부분을 넘어 깊고 높고 크게 느끼고 이해할 수도 있다. 왜냐하면 인간은 얼과 혼을 가진 존재이기 때문이다. 얼과 혼은 하늘을 품은 존재이고 하늘을 품은 얼과 혼은 참된 주체이고 전체다. 참된 주체이고 전체인 얼과 혼은 감각과 이성의 부족한 능력을 채워서 사물과 생명의 주체와 전체를 헤아리고 드러낼 수 있다. 앞을 못 보고 소리를 듣지 못하는 사람은 손의 감각만으로 사물과 생명을 깊이 전체로 느끼고 이해할 수 있다. 인간의 부족한 이성도 모름의 어둠 속에서 유추하고 헤아림으로써 사물과 생명의 깊이와 전체를 미루어 알 수 있다. 촉각은 몸의 감각을 통해서 청각은 소리를 통해서 시각은 빛을 통해서 사물과 생명의 깊이와 전체를 느끼고 헤아릴 수 있다.

인간의 욕망과 감정과 의식은 내적 초월과 고양에 이를 수 있고 탈바꿈과 차원변화를 일으킬 수 있다. 우주 물질과 생명과 정신과 신성이 한없이 깊고 존귀하고 아름답고 은혜롭기 때문에 우주 물질과 생명과 정신과 신성으로 이루어진 인간의 감성과 지성과 영성, 욕망과 감정과 의식도 한없이 깊고 존귀하고 아름다운 것이다. 감각도 감정도 지성도 영성도 모두 신통하여 하늘의 하나님께 닿을 수 있는 잠재력과 가능성을 가지고 있다. 감각과 감정과 지성과 영성이 저절로 신에게 이를 수 있는 것은 아니다. 내적 초월과 고양, 탈바꿈과 차원변화를 통해서 물질과 생명과 정신의 닫힌 막이 열리고 어둠의 장막이 걷힐 때 깨달음과 은총 속에서 인간의 감각과 감정과 지성과 영성은 하나님을 만나고 체험할 수 있다. 식물이나 다른 동물의 감각과 지능은 이렇게 깊고 높은 존재의 신비와 진리에 이르지 못할 것이다. 하나님의 은혜도 우연히 자연적으로 주어지는 게 아니라 지성과 영성을 가지고 스스로 결단하고 책임을 질 수 있는 인간에게만 주어지고 체험되고 깨달아지는 것이다. 동물 가운데 사람만이 철학과 종교를 가질 수 있다. 사람의 감성과 지성과 영성을 통해서 우주 만물과 생명과 정신과 하나님의 존재와 진리, 깊이와 자유, 소중함과 아름다움, 고마움과 기쁨이 드러나고 표현되고 실현되고 완성된다.

촉각만으로 청각만으로 시각만으로도 예술의 높은 경지에 이르고 종교의 깊은 신비를 드러낼 수 있다. 촉각과 청각과 후각과 미각과 시각의 어설픈 감각으로도 예술의 고귀한 아름다움과 높은 지성과 거룩한 영성을 드러내고 표현할 수 있다. 감각과 이성은 부족하고 모자라지만, 인간의 얼과 혼은 물질과 생명과 정신과 하나님의 깊음과 높음, 아름다움과 존귀함, 거룩함과 은총을 느끼고 체험하고 드러낼 수 있다. 인간의 얼과 혼은 부족하고 모자란 감각과 이성을 도와서 사물과 생명과 정신의 깊이와 전체를 드러내고 표현하고 실현할 수 있다. 눈멀고 귀먹고 말 못하는 사람도 얼과 혼을 가지고 있기 때문에 춤과 몸짓으로 노래와 말과 글로 사물과 생명과 정신의 깊이와 전체를 드러내고 표현할 수 있다. 인간의 얼과 혼 속에는 물질과 생명과 정신의 아름다움과 값짐을 알 수 있는 힘과 슬기가 있고, 물질과 생명과 정신을 초월하고 승화시킨 존엄과 존귀, 기쁨과 고마움이 있다. 그러므로 인간은 물질과 생명과 정신의 아름다움과 값짐, 존엄과 존귀, 기쁨과 고마움을 느끼고 헤아리고 드러낼 수 있다. 빛이 아름답고 존귀하고 고맙기 때문에 눈이 그것을 아름답고 존귀하고 고맙게 볼 수 있다. 인간의 생명과 정신이 아름답고 존귀하고 고맙기 때문에 눈으로 빛의 아름다움과 존귀함과 고마움을 볼 수 있다.

2. 참된 이김과 성공의 삶: 솟아올라 나아감

인간은 유한한 물질과 시간의 세계 속에서 영원한 생명과 정신을 실현하고 고양시키고 완성하는 사명과 목적을 가진 존재다. 인성교육은 인간의 사명과 목적을 실현하여 인간다운 삶을 실현하는 교육이다. 인간과 인성의 목적은 자기를 실현하고 완성하는 데 있다. 내가 나로 되고 참 나를 낳고 짓고 진화 고양시킴으로써 참 사람이 되는 것이 인간과 인성의 참된 바람이고 목적이다. 인간이 인성을 실현하고 완성함으로써 자기의 창조와 신생, 초월과 고양, 진화와 혁신에 이르는 것이 인류와 우주를 새롭게 창조하고 진화시키는 것이다. 인성의 실현과 완성의 절정에는 얼이 있다. 얼 힘을 기르는 것이 인간과 인성의 목적이다.

얼 힘을 기르고 참 나를 낳고 지어가는 일은 인간의 내면에서만 일어나는 일이 아니라 인간의 내부와 외부의 끊임없는 교류와 상호작용을 통해서 역사와 사회 속에서 이루어지는 일이다. 인간의 얼과 혼은 인간의 내면에서 수직으로 올라가지 않고 외부(타자)와의 관계 속에서 반복과 순환을 통해서 돌고 돌아 앞으로 나아가면서 위로 솟아 올라간다. 몸과 맘과 얼의 관계 속에서 나와 타자의 관계 속에서 역사와 사회를 통해서 얼과 혼은 끊임없이 반복과 순환 속에서 솟아오르며 앞으로 나아간다. 생명 진화와 인류역사를 돌이켜 보면 얼과 혼은 역사와 사회 속에서 타자와의 관계와 사귐 속에서 때로는 뒤로 물러나는 것 같고 제 자리를 맴도는 것 같고 아래로 떨어지는 것 같지만 결국은 위로 솟아 올라가고 앞으로 나아간다.

인간과 인성 속에는 물질과 생명과 정신의 무한한 가능성과 잠재력이 깃들어 있다. 생명 진화와 천지인 합일이 잠재적으로 인간과 인성 속에 이미 실현되어 있다. 잠재적 가능성 속에서 실현되어 있지만 현실로 구현되지는 못하고 있다. 물질과 생명과 정신을 거쳐 인간에 이르기까지 이미 이루어진 생명의 진화와 고양은 인간 속에 가능성과 잠재성으로 실현되고 완성되어 있다. 물고기, 파충류, 포유류, 영장류를 거쳐 인간에 이르기까지 형성되고 완성된 감성과 지성과 영성은 현실화할 수 있는 가능성과 잠재력으로 인성 속에 주어져 있다. 하늘과 땅 사이에 곧게 선 인간의 인성 속에서 생명의 진화는 이루어졌고 어느 정도 완성되었다. 하늘과 땅 사이에 곧게 섰다는 점에서 인간의 몸과 몸의 구조는 완성된 것이다. 인간의 맘도 감성과 지성과 영성을 지니게 되었다는 점에서 완성된 것이다. 이러한 완성은 생명과 정신의 완결적 완성, 실현된 완성을 의미하지는 않는다. 하늘을 향한 고양과 초월의 준비가 되어 있을 뿐 하늘을 향한 고양과 초월이 온전하게 이루어진 것은 아니다. 생명 진화의 길에서 인간과 인성의 완성은 준비로서의 완성, 고양과 초월을 위한 발판으로서의 완성, 가능성과 잠재력으로서의 완성일 뿐이다.

인간의 생명은 이미 된 것이면서 새롭게 해야 할 것이다. 인성 속에 깃든 생명의 가능성과 잠재력은 기계적으로 자동으로 실현되는 것이 아니라 애쓰고 힘씀으로 이루어내야 하는 것이다. 새롭게 창조하고 진화시켜 새로운 미래의 생명으로 태어나야 한다. 자기부정과 초월을 통해서 창조와 진화를 통해서 신생에 이르러야 한다. 본능에 충실하게 사는 파충류는 현재의 순간에 충실하게 살면 그만이고 감정과 기억을 가지고 사는 포유류는 과거와 현재를 관련지으며 살면 된다. 그러나 지성과 영성을 가진 인간은 과거와 현재를 비판하고 극복함으로써 새로운 미래를 계획하고 창조해 가야 한다. 과거와 현재를 비판하고 넘어서서 새로운 미래를 구상하고 열어가기 위해서는 역사에 대해서 배우고 생각하고 공부해야 한다. 그러나 새로운 미래를 창조하기 위해서는 지나온 역사를 배우고 생각하고 공부하는 데 머물러서는 안 된다. 무엇보다 먼저 나의 과거와 현재를 비판하고 극복하고 넘어서서 새로운 나를 생각하고 낳고 지어내야 한다. 인생의 진정한 목적과 보람은 과거와 현재의 나를 비판하고 넘어서서 새로운 나를 낳고 지어가는 데 있다. 그러기 위해서는 자신의 과거와 현재를 비판하고 부정하고 잘못과 죄악을 인정하고 참회하고 고백하고 용서를 빌 수 있어야 한다. 자신의 과거와 현재의 죄를 인정하고 회개하고 고백하고 용서를 비는 데까지 나아가지 못하면 새 사람이 되어 새 역사를 창조할 수 없다.

모든 일과 사업, 과제와 목표도 마찬가지다. 이제까지의 일을 보다 낫고 좋게 만들어가야 한다. 인간과 인간이 하는 모든 일은 뜻과 목적을 가진 것이고, 미래를 향해 열려 있으며 더 낫고 더 좋게 성취되고 완성되어야 한다. 수학과 물리와 기계의 세계에는 목적이 없지만 생명과 정신의 세계는 때를 가진 것이고 목적을 가진 것이다. 생명과 정신은 의지와 뜻을 가진 것이고 '~려 하는' 지향과 목적을 가진 것이다. 현재의 처지에 안주하고 머물러 있는 것은 과거로 떠밀려 가는 것이고 생명이 없는 죽은 물질의 세계로 화석화되는 것이다. 과거와 현재에 안주하는 것은 생명과 정신의 진화와 진보를 거부하는 것이고 생명과 정신을 부정하는 것이며 죽은 과거의 세계로 떠밀려가는 것이고 화석화된 물질의 세계로 타락하는 것이다. 인생과 역사와 사회 속에서 성공을 거두고 뜻을 이루고 목적을 달성했다고 해도 이미 실현된 성공과 목적에 안주하는 것은 현재와 과거에 머무는 것이다. 현재와 과거에 머무는 것은 미래를 잃는 것이며 생명과 정신의 죽음에 이르는 것이다. 육체를 가진 인간은 땅땅하고 든든한 물질세계에 의지하고 안주하려 한다. 물질세계에 안주하는 것은 소멸과 허무의 사슬에 매인 물질세계와 함께 소멸과 죽음의 길로 가는 것이다. 생명과 정신을 가진 인간은 마땅히 생명과 정신, 얼과 혼을 깨워 일으켜 하늘을 향해 솟아올라 나아가야 한다. 그것이 참되고 영원히 사는 길이고 생명의 본성과 목적을 이루는 길이다.

바울도 참된 인생은 앞을 향해 달려 나가는 것임을 밝혔다. "나는 이 희망을 이미 이루었다는 것도 아니고 또 이미 완전한 사람이 되었다는 것도 아닙니다. 다만 나는 그것을 붙들려고 달음질칠 뿐입니다. 그리스도 예수께서 나를 붙드신 목적이 바로 이것입니다"(빌립보서 3:12, 공동개정). 하나님의 이름 '나는 나다!'도 생명과 정신의 역동적 지향을 가리킨다(출애굽기 3:14, 공동개정). '나는 나다!'의 원어는 '에흐예 아셰르 에흐예'인데 거의 번역이 불가능한 말이다. 영어로 'I am that I am'으로 번역되지만 1인칭 미완료 시제이므로 'I will be that I will be'로 번역되기도 한다. 우리말로 굳이 옮기자면 "나는 하려고 하는 대로 하고, 되려고 하는 대로 된다"로 옮길 수 있다. 야훼란 말로 알려진 신의 이름은 생명과 정신의 역동적 지향을 나타낸다. 생명과 정신의 알짬인 인성의 본질과 목적은 '하려' 하고 '되려' 하는 역동적 지향에 있다.

사람이 어떤 목적을 향해 달려가는 동안에는 생명과 정신이 살아 있고 삶의 보람을 느낄 수 있지만 이미 이룩한 목적과 달성한 목표는 물질화되고 현재와 과거의 일로 되고 만다. 이미 달성한 목표, 이룩한 목적과 성공은 참된 의미에서 삶의 보람과 기쁨을 주지 못한다. 이미 이룩한 성공과 목적은 과거가 되고 과거는 죽은 것이며 생명과 정신의 껍데기와 주변으로 밀려난 것이다. 생명은 언제나 과거를 벗어나서 현재를 박차고 미래로 뛰어나가는 것이다. 아무리 위대한 일과 성공, 과제와 목적도 이루어진 것은 과거다. 과거는 죽은 것이고 고정된 것이다. 사람은 과거와 현재의 삶과 역사에서 껍데기는 벗겨내고 생명과 정신의 알맹이, 씨올을 찾아내고 이어가서 새로운 미래를 지어가야 한다. 그래서 사람은 끊임없이 배우고 생각하고 공부하고 깨달아야 하는 영원한 학생이다. 지성과 영성을 가지고 인간이 산다는 것은 배우고 생각해서 과거와 현재의 껍데기를 벗겨내고 알맹이를 살려내고 이어가는 것이다. 자신을 새롭게 형성하고 새로운 미래를 열어가는 인간은 과거와 현재의 역사와 삶에 대한 심판자요 구원자요 창조자다.

생명은 땅의 물질 속에 하늘의 정신을 품은 것이고 인간은 흙으로 빚은 몸속에 하늘의 영을 모신 것이다. 생명과 인간은 하늘이 땅 아래 땅속에 내려온 것이다. 생명 진화와 인류역사는 땅의 물질세계 속에 하늘의 정신과 뜻을 실현하고 하늘의 정신과 뜻에 따라 땅의 물질세계를 승화 고양시켜온 것이다. 생명 진화와 인류역사를 통해서 하늘과 땅이 끊임없이 뒤바뀌고 뒤집혔으므로, 생명과 인간의 세계에는 위와 아래, 높고 낮음이 없다. 땅속에 들어온 하늘은 한없이 깊고 높으며 하늘 속에 들어온 땅도 한없이 깊고 높다. 개체의 끊임없는 죽음과 신생을 통해 생명 진화의 길을 걸어왔으므로 생명 진화의 전체 과정에서 보면 삶 속에 죽음이 있고 죽음 속에 삶이 있어 생과 사가 따로 없다. 생명도 한없이 깊고 높으며 죽음도 한없이 깊고 높다. 약하고 부드러운 생명이 고난과 상처, 실패와 좌절, 힘없음과 짐을 통해 모든 어려움을 이기고 진화 발전해 왔으므로, 옳고 그름, 이김과 짐, 성공과 실패, 약함과 강함이 따로 없다. 생명 진화 과정을 돌아보면 생명은 작고 부드러움을 통해서 크고 강해졌다. 크고 강하기만 하려는 것들은 모두 낙오되거나 멸종되었다. 생명은 작고 약하고 부드러워짐으로써 크고 강하고 굳세져서 크고 강하고 번성하게 되었다. 작음 속에 큼이 있고 약함 속에 강함이 있고 고난 속에 기쁨이 있고 실패 속에 성공이 있고 짐 속에 이김이 있다. 그러나 생명과 인간의 세계에 높고 낮음, 옳고 그름, 이기고 짐, 생과 사가 아주 없는 것도 아니다. 땅의 물질에서 하늘의 영에 이르는 진화와 진보의 길에서 참된 옳음, 참된 높음, 참된 이김, 참된 삶이 드러나고 확증된다. 인생은 물질과 생명의 짐을 지고 물질과 생명과 정신의 가치와 아름다움을 드러내고 실현하면서 생명 진화의 사다리를 타고 하늘을 향해 솟아올라 나아가는 것이다.

3. 인성의 실현과 인간의 사명

생명 속에서 비로소 물질의 값과 아름다움이 드러나고 실현된다. 햇빛과 바람, 물과 흙이 아름답고 소중한 것을 생명이 없다면 어찌

알았겠는가? 생명은 햇빛과 바람, 물과 흙의 힘과 값으로 살고 그 고마움과 소중함을 느끼고 드러내고 표현하고 실현하는 것이다. 사람은 생명을 높고 깊이 실현한 존재이며, 물질과 생명의 값과 아름다움, 소중함과 고마움을 드러내고 표현하고 실현하고 찬미하는 존재다. 사람은 우주의 물질세계가 생겨난 까닭과 뜻을 드러내고 밝히고 실현하고 완성할 책임을 가진 존재다. 사람의 몸과 맘속에 본성 속에 물질과 생명과 감정과 의식과 지성과 영성이 갖추어 있다. 사람은 스스로 사람다운 사람이 됨으로써 우주 물질과 자연 생명과 감성과 지성과 영성의 값과 아름다움, 소중함과 고마움을 드러내고 표현하고 실현하고 찬미하는 사명과 책임을 지녔다.

사람의 몸과 맘은 우주 안에서 가장 깊고 높은 것이다. 적어도 현재 우리가 아는 한에서는 그렇다. 지구와 태양계 안에서 그리고 우리가 아는 우주 안에서는 사람이 가장 깊고 높다. 만일 사람보다 더 진화한 지성적 존재가 외계에 있다면 그 외계인은 사람보다 더 깊고 높은 존재의 차원을 알고 실현하고 있을 것이다. 그러나 인간은 제 속에 신적 생명의 씨올을 품고 있으며 하나님의 자녀다. 인간보다 더욱 진화한 외계인이 있다고 해도 인간 속에 하나님의 씨올이 심겨져 있다면 인간은 그 외계인 못지않은 잠재력과 가능성과 미래를 지닌 존재다. 인간은 제 속에 하나님과 우주를 품은 존재다. 그리고 인간보다 더 높은 지능과 기술을 가진 것만으로는 인간보다 더 진화한 존재라고 할 수 없다. 지능과 기술은 사람보다 훨씬 더 발달했는데 자기를 반성하고 비판하는 지성과 자기를 초월하는 영성이 사람보다 덜 발달했다면 그 외계인은 사람보다 덜 진화한 존재. 지능과 기술만 발달한 외계인은 사람보다 더 합리적이지만 자기 이익과 목적을 위해서 더 악하고 잔혹할 수 있을 것이다. 그러나 사람보다 지성과 영성이 더 진화하고 발달한 외계인이 있다면 그 외계인은 사람보다 훨씬 더 정의롭고 평화적인 존재이고 사랑과 진리에 충실한 존재일 것이다. 그런 외계인을 만나는 것은 사람에게 행운이고 축복이 될 것이다.

어쨌든 지구의 자연 생명 세계와 태양계와 우리가 아는 우주 안에서 본다면 사람만이 시간적으로 우주의 역사를 품은 존재이고 공간적으로 물질과 생명과 감정과 의식과 지성과 영성과 신성을 아우른 존재다. 사람은 우주의 역사를 실현하고 완성할 책임을 지닌 존재이고 우주의 존재 질서와 차원들을 구현하고 완성할 존재다. 하나님은 우주를 창조하고 지탱하고 진화·발달시키고 구원하고 완성하는 존재다. 하나님의 자녀, 딸/아들인 사람은 하나님의 유업을 이어받은 존재로서 우주를 실현하고 완성할 책임과 사명을 지닌 존재다. 사람의 몸과 맘속에서 우주와 생명과 인간의 역사가 완성되고 물질과 생명과 감정과 의식과 지성과 영성의 모든 차원이 실현되고 완성된다. 사람의 몸과 맘과 얼 속에서, 본성 속에서 우주는 새롭게 창조되고 태어나고 완성된다. 물질적 제약과 법칙에 얽매여 생성소멸, 혼돈파괴의 운명에 갇힌 우주가 인간의 생명과 정신 속에서 해방되고 구원되고 있다. 사람의 몸과 맘은 지극히 작고 아주 짧은 생을 사는 존재이지만 사람의 몸과 맘속에서 우주와 생명과 정신의 새로운 차원과 세계가 열리고 창조되고 진화 발전하고 고양되며 완성을 향해 나아간다.

II. '나'의 발견, 확립, 실현

1. 주체 '나'의 발견과 확립

참된 삶은 타자 속에 있지 않고 지금 여기 나의 삶 속에 사람의 본성 속에 있다. 만일 하나님이 있다면 하나님도 지금 여기 나의 삶을 떠나서 존재하지 않고 나의 삶 속에 사람의 본성 속에 내면의 깊은 속에 있고 여기서 찾고 만날 수 있을 것이다. 생명 진화의 중심과 절정인 사람의 삶 속에서 사람의 내면 깊은 속에서 생명과 역사와 정신의 창조와 진화가 일어난다. 사람마다 속에 주체의 깊이와 자유가 있고 사람과 사람이 서로 주체로서 만날 때 참된 삶의 사건이 일어나고 창조와 변혁이 일어난다. 일찍이 2,500년 전 기축 시대의 성인들은 한결같이, 사람의 깊은 내면에서 영원한 생명의 진리와 가치를 발견했고 내적 생명의 진리와 가치가 개별적 주체를 넘어서 공동체적이고 전체적이며 보편적인 진리와 가치임을 확인하였다. 나와 남(他者)은 서로 주체로서 저마다 내면의 본성 속에 영원한 생명의 진리와 가치를 지닌 존재다.

자아의 주체를 해체하는 타자 중심의 철학

생명은 스스로 하는 주체다. 기축 시대의 성현들은 주체성과 전체성이 일치하는 인간 내면의 진리를 밝혔다. 그러나 근현대 이전의 세계에서는 '주체'라는 개념과 의식이 없었다. '주체'(主體)라는 말은 19세기 후반에 일본에서 만들어낸 말이다. 근현대 이전의 시대에는 지배자와 피지배자가 있고, 억압하는 자아와 억압받는 자아가 있을 뿐이었다. 주체를 나타내는 영어 subject는 '~아래 던져진,' '~아래 놓인'을 뜻하는 말이다. 이것은 노예나 신민(臣民)을 뜻하는 말이지 민주시민의 주체를 나타내는 말이 될 수 없다. 서양의 근대 철학은 이성적 자아를 인식주체로서 확립하는 일에 집중했다. 서구의 근현대는 지배와 정복의 시대였다. 산업자본과 국가권력이 지배하는 서구 근현대 사회에서 이성적 자아는 지배와 정복의 주체였다. 이성적 자아는 인식주체로서 인식 대상을 대상화하고 타자화하는 지배와 정복의 주체였다. 또한 이성적 자아는 생존경쟁과 투쟁의 주체로서 타자를 억압하고 착취하는 지배와 정복의 주체였다. 지배와 정복의 자아는 고대와 중세의 낡은 정신과 유산이었다. 서구의 근현대는 지배와 정복을 추구한 제국주의 시대였다. 이러한 지배와 정복의 자아를 해체하고 청산하는 것이 서양 현대철학의 과제였다. 지배와 정복의 자아를 해체하고 청산하는 과정에서 타자에 대한 집중과 강조가 이루어졌다. 포스트모더니즘 철학자 자크 데리다(Jacques Derrida)는 자아와 타자의 차이를 강조하며 동일성의 세계를 확장하는 지배와 정복의 이성과 자아를 해체하려 한다. 지배와 정복의 이성적 자아를 해체하고 청산하는 것은 근현대 민주사회를 위한 준비일 수는 있지만 민주사회를 실현하고 완성하는 것은 아니다. 민의 주체를 형성하고 확립할 때 비로소 민주사회는 이루어진다.

근현대 역사와 사회의 가장 중요한 특징과 원리는 민의 주체적 자각과 실현이다. 근현대에 이르러 민이 역사와 사회의 주인과 주체로서 스스로 역사와 사회를 창조하고 변화시키는 존재로 등장했다. 근현대의 역사와 사회에서는 스스로 하는 민의 주체를 떠나서는 어떤 철학과 사상도 성립될 수 없다. '나'를 찾고 발견하고 형성하고 확립하는 일이 근현대 사회의 가장 중요한 철학적 과제다. 칼 바르트처럼 하나님을 절대타자로 보거나 마틴 부버처럼 타자인 너에게서 절대자를 보거나 엠마누엘 레비나스(Emmanuel Levinas)처럼 이웃의 얼굴에서 절대타자를 보는 것[1]은 민중이 노예와 농노로 살았던 고대나 중세의 사유 흔적을 반영한다. 민중이 노예와 농노로 살았던 고대와 중세에는 민이 역사와 사회의 창조적 진보적 주체로 여겨질 수 없었다. 따라서 민중은 자신에게서 주체를 보지 못하고 밖에서 타자에게서 자유로운 주체로서 절대타자를 발견하고 타자를 신뢰하고 존중했다. 노예제 사회였던 고대 그리스의 철학은 지금 여기서 사는 민의 구체적인 삶을 떠나서 수학적이고 이념적이며 형이상학적인 이데아와 형상에서 참된 삶과 진리를 찾았다. 히브리 기독교 종교에서도 거대한 국가권력의 불의한 억압과 죄악과 폭력 아래서 짓눌려 신음하는 민중은 정의와 사랑의 자유롭고 참된 삶을

---

1 E. Levinas, *Totalité et Infiniti* (la Haye: Maritinus Nijhoff, 1961), 51. 서동욱, "옮긴이 해제," 에마뉘엘 레비나스, 『존재에서 존재자로』(민음사, 2003), 216-217에서 재인용.

스스로 이룰 수 없었다. 그들은 절대타자인 하나님의 구원과 해방을 믿고 기다릴 수밖에 없었다. 지금 여기의 삶은 철저히 부정되고 비판되어야 했고 절대타자인 하나님이 가져올 새로운 미래를 믿고 기다려야 했다. 따라서 모든 인간은 불의하고 무력한 죄인임을 인정하고 참회하고 고백하고 용서를 빌어야 하는 존재였다. 인간은 절대타자인 하나님을 통해서만 하나님에 대한 믿음 안에서만 새롭고 참된 존재가 될 수 있었다.

고대의 히브리 기독교인들은 불의하고 폭력적인 거대 국가의 억압과 수탈 속에서 신음하고 고통을 당하면서 절대타자인 하나님이 불의한 현실과 사회체제를 심판하고 새로운 미래를 가져올 것으로 믿고 기대했다. 부버나 레비나스는 유대인으로서 유대인을 학살한 히틀러의 파시즘적 전체주의 아래 고통을 겪었으며 바르트도 히틀러의 파시즘 체제에 단호히 맞서고 저항했던 신학자였다. 폭력적인 파시즘 체제의 절대권력 아래서 사람들은 자유로운 주체로서 생각하고 행동할 수 없었다. 파시즘적 절대권력의 억압과 폭력을 경험한 이 세 사람은 20세기의 철학자와 신학자이면서도 지금 여기 불의한 현실의 삶과 체제를 전적으로 부정하고 비판하면서 절대타자(영원한 너, 타자의 얼굴)를 통해서 구원과 해방의 새로운 참된 삶에 이르려고 했다.

'나'를 찾고 바로 세우는 '나'의 철학

기독교와 유대교의 중요한 근거가 되는 신의 자기 이름 계시 '나는 나다!'(에흐예 아셰르 에흐예)는 '나는 ~려 하는 이다'는 의미를 가진 말이다. 이 구절을 평생 연구한 전 도쿄대학교 철학과 교수인 히사오 미야모토(Hisao Miyamoto)에 따르면 이 구절은 두 가지 의미를 가진다. 첫째, 남이 지배하고 정복하고 이용하고 부려먹는 것을 거부하고 차단하는 의미를 가진다. 신은 아무도 지배하고 부려먹을 수 없는 '타자'다. 둘째, '나는 ~려 하는 이'라고 하는 신은 자기 동일성에 머물지 않고 자기에게서 벗어나 타자(고통받는 노예)에게로 가서 타자를 돕고 타자와 더불어 살려는 존재다. 신은 자기 동일성에서 벗어나 스스로 자신의 타자성을 지키는 분이면서 타자를 돕고 타자와 더불어 살려는 분이므로 공동체 윤리의 철학적 근거가 된다.[2]

일제의 식민 통치 아래 살았던 안창호, 유영모, 함석헌은 '나'를 찾고 바로 세우는 일에 집중했다. 안창호는 식민지 백성인 한민족의 한 사람 한 사람을 책임 있는 주체로 깨워 일으키기 위해서 '나'를 중심에 놓고 전면에 내세웠다. 유영모와 함석헌도 '나는 나다!'라는 성경 구절을 매우 중요하게 받아들였으나 타자 중심의 철학이 아니라 '나'를 찾고 바로 세우는 '나'의 철학을 확립했다. 유영모는 몸나, 맘나, 제나, 얼나를 말하면서 '하나님'을 참 나, 큰 나로 파악했다. 함석헌도 유영모의 '나 철학'을 이어받아 '나 철학'을 심화 발전시켰다. 그는 "너도 그도 나다!"고 했다.[3] 이것은 인도의 Tat Tvam asi(네가 바로 그것이다!)와 다르다. 힌두교가 '너'를 그것(브라만)과 동일시함으로써 시간과 공간(역사)을 넘어 보편적 초월로 나아간다면

---

2 Hisao Miyamoto(宮本久雄), "Toward Construction of Hayahtology(Ehyehology)," *University of Tokyo Center for Philosophy bulletin* vol. 1(2003, translated from the Japanese version), 7-8 참조.

3 함석헌, "인간혁명," 『함석헌 전집 2』, 60.

함석헌의 씨올은 모든 것을 '나'와 직결시킴으로써 지금 여기 역사의 자리에서 무한책임의 주체로 선다. 그는 하나님을 '~려 함'으로 파악함으로써 하나님의 시공간적 구체성과 함께 신적 주체의 역동성과 개방성을 강조했다.

서구의 그리스어와 라틴어는 주어가 문장을 지배하고 '나'가 확립되어 있다. 서구정신사에서 '나'는 사회역사적으로 지배와 정복의 주체로 확립되어 있고 인식론적으로도 인식 대상을 지배하고 타자화 대상화하는 주체로 확립되어 있다. 따라서 서구인들은 '나'의 지배와 횡포에서 벗어날 필요가 있었다. 이에 반해 한민족은 식민지 백성으로서 지배와 정복의 대상이었고 언어에서도 '나'는 생략되거나 '우리'로 뭉뚱그려진다. 우리말에서는 주어가 문장을 지배하지 않고 객어가 문장을 주도한다. 또한 우리말은 3인칭이 발달되어 있지 않다. 1인칭이 생략되므로 주체의식이 약화되고 3인칭이 발달되지 못했으므로 객관화, 대상화하는 사고가 발달하지 않았다. 따라서 상대를 타자화·대상화하기보다는 상대를 존중하고 상대와 교감하는 언어다. 역사적으로나 언어적으로 우리는 '나'를 찾고 바로 세울 철학이 절실히 요구된다.

고통받는 타자의 얼굴에서 절대타자(하나님)를 발견하고 자아를 낮추고 타자를 존중하는 타자 중심의 철학은 현대사회에서도 희생된 소수자의 인권을 회복하고 정의로운 사회로 나아가게 하는 중요한 관점을 제공한다. 정신대 할머니들과 난민들을 이해하고 이들을 기존 사회의 중심으로 끌어들이고 정의로운 사회를 이루어가는 데 타자 존중의 윤리철학은 효과적이고 적합한 관점을 제공한다. 그러나 타자를 존중하는 철학은 민의 주체를 형성하고 확립하는 민주철학으로서는 분명한 한계를 가진다. 타자 중심의 이러한 생각은 희생당한 소수자들을 대상화하고 타자화할 수 있다. 희생당한 소수자들 자신의 주체가 형성되고 확립되는 일이 중요하다. 또한 희생당하지 않았다고 생각하는 다수자들의 주체가 형성되고 확립되는 일은 더욱 중요하다. 민주적 주체의 형성과 확립이 이루어지지 않으면 민주사회는 이루어질 수 없다. 민주화, 산업화, 세계화를 동시에 경험하고 실현하려는 21세기의 인류는 안창호, 유영모, 함석헌이 그랬듯이 주체와 전체의 일치에 이르는 참된 공동체적 주체를 확립하는 '나'의 철학을 탐구하고 심화 발전시켜 가야 할 것이다.

한국의 근현대는 민의 주체적 자아를 확립해가는 과정이었다. 한국 근현대를 열었던 동학은 한울님(天主)을 모시면 사람 속에서 창조와 진화가 일어난다고 말했다(侍天主 造化定). 사람을 창조와 진화(진보와 변화)의 주체로 본 것이다. 이 점에서 동학은 근현대의 철학적 사유를 뚜렷이 드러냈다. 안창호가 내세운 애기애타(愛己愛他)의 정신과 원리도 지금 여기의 나에 대한 사랑을 앞세움으로써 주체의 자각과 실현을 내세운 근현대의 정신과 철학을 드러냈다. 안창호가 나를 중심과 전면에 내세우고 나를 사랑할 것을 강조한 것은 인류 정신사에서 획기적인 것이다. 돌이켜보면 '나를 사랑하라!'는 원칙과 준칙을 앞세운 사상과 철학은 없었다. 공자의 극기복례(克己復禮), 노자의 무위자연(無爲自然), 성리학의 천인합일(天人合一), 힌두교의 범아일여(梵我一如)는 모두 개인의 주체를 보편적 전체에 귀속시키고 순복하게 하는 사상이었다. 석가도 탐진치를 말하고 무아사상을 내세움으로써 시간과 공간 속에서 개인의 주체를 실현하기보다 시공을 초월한 열반적정의 보편적 전체 속에서 해탈하는 길을 찾았다. 묵자는 겸애교리(兼愛交利)를 말함으로써 민중이 서로 사랑하고 이롭게 하라고 가르침으로써 민의 서로 주체적 삶을 지향했다. 그러나 그는 강고한 위계질서를 강조하고 윗사람에 대한 철저한 복종을 주장함으로써 개인의 주체를 위계질서에 예속시켰다. 결국 묵자도 개인의 주체로서의 '나'를 사랑하라고 선언하지 못했고 주체로서의 '나'를 앞세우지 못했다. "네 이웃을 네 몸처럼 사랑하라"고 한 예수의 가르침도 이웃사랑에 초점이 있을 뿐 '나'에 대한 사랑은 자명한 것으로 전제하고 있다. 예수도 '나'를 사랑하고 앞세우는 가르침을 제시하지 못했다. 위에서 살펴보았듯이 근현대의 서구 철학자들은 인식론적 이성적 주체를 지배와 정복의 주체로 정립하거나 그 주체를 해체하는 데 힘썼을 뿐 주체로서의 나를 사랑하라고 가르치지는 않았다. 안창호는 나를 사랑하고 존중하는 것의 어려움을 알고 나를 존중하고 사랑하는 훈련에 힘썼다. 이 점에서 안창호는 주체의 자각과 실현을 추구한 근현대 정신의 정점에 있다. 유영모와 함석헌이 제시한 씨울사상도 사람을 역사와 사회의 창조적 주체와 전체로 파악함으로써 근현대의 철학적 사유와 원칙을 분명히 제시했다. 사람 속에 생명 진화와 역사와 신적 생명의 씨울이 들어 있으며 씨울은 생명과 역사의 창조와 진화의 주체와 전체다. 지금 여기 씨울의 삶을 떠나서는 참된 삶과 역사, 하나님과 영원한 생명을 찾고 만날 수 없다. 지금 여기 나의 삶과 본성 속에 창조와 진화의 비밀과 진리, 힘과 지혜, 무궁한 미래와 하나님이 깃들어 있다.

님과 나의 만남과 일치

한국 근현대사는 하늘의 님을 만나 나를 찾고 바로 세우려는 구도자적 역사였다. 최제우, 최해월, 안창호, 이승훈, 한용운, 유영모, 함석헌, 김교신, 유관순, 문익환, 전태일과 같은 수많은 인물들이 '나'를 찾고 흔들림 없이 바로 세웠다. 이들은 모두 무엇인가를 간절히 애타게 찾았고 그것을 자기와 일치시키고 그것과 하나로 되어서 흐트러지거나 흔들림 없는 삶의 모습과 자취를 남겼다.

한국인들은 간절히 애타게 찾는 대상을 '님'이라 불렀다. '님'은 나와 나, 나와 너, 나와 그, 나와 모든 타자인 남과의 관계를 형성하고 이끌고 완성하는 주체와 동인이고 그 관계의 깊이와 높이를 드러내는 실재다. '나'와 '너'에서 각각 점을 빼고 높여 부르면 님이다. 님은 궁극적이고 영원한 타자인 '남'이면서 내 속의 속에서 참된 나가 되는 존재다. '남'에서 점 하나를 빼면 님이다. 님은 참된 나이면서 참된 너가 될 수 있는 이, 나, 너, 그가 함께 우러르고 믿고 그리워하고 사랑하고 기다리는 이다. 님은 나일 수도 있고 너일 수도 있고 그일 수도 있는 이다.

많은 문인들이 님을 그리고 노래했다. 님에 대한 글에서 님에 대한 '나'의 생각과 태도가 여실히 드러나고 '나'의 진심과 실상이 밝혀진다. 님을 그리고 노래한 문인들의 글 속에는 그들의 자아 이해와 자아확립의 실상과 수준이 여실히 드러나 있다. 님을 노래한 문인들의 글에 대한 문학적 가치평가를 떠나서 그 글 속에서 자아가 어떻게 확립되었는지 살펴보자. 여기서는 대표적 민족 시인과 문인이었던 최남선, 이광수, 김소월, 한용운의 글을 중심으로 생각해 보

자. 최남선은 최초의 현대 시인이고, 민족문화의 기원과 성격을 밝혔을 뿐 아니라 삼일독립선언서를 쓴 중요한 인물이다. 그러나 안타깝게도 일찍이 친일의 길로 나가서 대표적 친일파 문인으로 낙인이 찍혔다. 그가 이렇게 쉽게 변절한 것은 그의 정신과 철학의 중심이 확실하게 형성되지 못하고 자아를 확립하지 못했기 때문이다. 그가 본격적으로 친일활동을 하기 전인 1926년에 발표한 시조집『백팔번뇌』는 그가 어떻게 님을 이해하고 생각했는지 잘 보여주고 있다. 그의 님은 모호하고 애매하다. 임은 "모진가 했더니 둥글기도 하고 커다란 부피인가 했더니 길고 깊기도 해서 형용할 수 없는 것"(궁거워 4)이다. 님에 대한 그의 생각은 다분히 감상적이다. '열번 옳으신 님'을 '눈물지어 느끼면서도' 님에게로 발걸음을 돌리지 못하고 '저녁 해 엷은 빛 아래 눈 꽉 감고 섰소라'(떠나서 8)고 말한다. 님에게로 발걸음을 돌리지 못하고 눈을 꽉 감고 서 있는 것은 결국 님을 배신하고 떠나려는 것이며, 님과 이별하려고 준비하고 각오하는 것이다. '떠나서 8'은 님과의 이별 상황을 그리는 것이며 "님이 없어 박모(薄暮)의 어둠 속으로 들어갈 암담함을 떠올리고 있다." '떠나서 9'에 따르면 "님이 없으니 오는 봄도 봄 같지 않고 항상 언 가슴 겨울 같은 세상"이다. 『백팔번뇌』 1부 첫머리에서 최남선은 님에 대해서 이렇게 말했다. "…그이는 이미 늙었다. 사랑의 우물이 든 그의 두 눈에는 뿌연 주름이 비추게 되었고, 어여쁨의 두던이던 그 두 볼은 이미 찾을 수 없는 나라로 도망 가 버렸다. 그러나 그에 대한 그리움과 애끊김과 바르르 떨리며 사족 쓸 수 없는 이 때 더욱 용솟음하고 철철 넘친다."[4] 님은 이미 늙고 떠나버렸고 시인은 행동할 힘을 잃었는데 감정만 솟구친다는 것이다. 의지와 각오가 없고

실천력이 없을 때 뜨거운 감정은 쉽게 사라진다. 님에 대한 최남선의 감정과 태도는 님과 이별하고 님을 버릴 준비와 각오가 되어 있는 것으로 여겨진다.

최남선과 마찬가지로 이광수도 감정이 앞선 인물이다. 그는 일찍이 기독교의 사랑을 바탕으로 휴머니즘과 연애를 앞세웠다. 20세 전후의 젊은 나이에 오산학교 교사로서 청소년들에게 연애를 찬양함으로써 물의를 빚기도 했다. 그가 오랫동안 따랐던 안창호가 지성과 의지와 실천력을 가졌다면, 이광수는 문학적 감성과 감정이 두드러진 인물이었다. 그는 자기반성과 참회를 자주 하며 "읍혈(泣血)의 기도를 드리"는 일에 "이 값없는 일생을 바치고 싶다"는 결의를 한다. 그는 자신의 큰 죄를 용서받기 위해서 "목을 놓아서 임 이름"을 부른다. 결국 그는 불교의 모든 가르침과 수행과 깨달음을 베푸는 부처를 '애인'으로 파악한다.[5] 부처를 연인으로 파악함으로써 이광수는 불교의 가르침과 수행법을 대중에게 절절하고 쉽게 전달할 수 있었다. 그러나 부처를 애인으로 파악한 것은 부처에 대한 감상적이고 감정적인 이해를 반영할 뿐이다. 이광수는 석가처럼 공과 무의 세계에서 절대불변의 확고한 진리에 이른 것이 아니다. 불교에 대한 이광수의 깨달음은 감상적이고 감정적이다. 감상과 감정은 흔들리고 스러질 수 있다. 감상과 감정에 토대를 둔 자아의식은 밖의 유혹과 위협에 쉽게 흔들리고 무너질 수 있다. 탐욕과 감정과 편견을 멸절시킨 무념무상의 진리를 붙잡을 때만 자아는 흔들림 없는 확고한 반석 위에 설 수 있다. 연애감정의 세계에서 살았던 이광수

---

4 이경철, "현대시의 새벽을 연 '님'으로서 불교," 「불교평론」 70호(2017 여름), 206-207.
5 이경철, "현대시의 새벽을 연 '님'으로서 불교," 210-212.

에게는 이러한 진리의 반석이 없었다. 최남선은 님의 부재 속에 살았으며 그에게 님은 모호한 그리움의 대상이었다. 이광수에게 님은 연애감정의 대상이었다. 모호한 그리움과 연애감정은 흔들림 없는 자아를 위한 확고한 토대가 될 수 없었다.

님을 노래한 대표적인 민족시인은 김소월이다. 김소월의 님도 영혼의 심금을 울리는 절절하고 사무친 감정의 대상이지만 자아의 주체를 확고한 반석 위에 세우는 토대가 되지 못한다. 그에게 님은 절절하고 애련한 감정의 대상이지만 다시 만날 수 없는 잃어버린 존재다. 김소월에게 님은 애절하고 사무치게 부르는 이름이지만 체념하고 절망할 수밖에 없는 존재다. '진달래꽃'에서 그는 님에 대한 체념을 이렇게 노래한다. "가시는 걸음걸음 놓인 그 꽃을 사뿐이 즈려 밟고 가시옵소서. 나 보기가 역겨워 가실 때에는 죽어도 아니 눈물 흘리오리다." 님에 대한 감정을 민족의 언어와 정서로 절묘하게 표현했지만 님에 대한 그의 감정은 체념의 감정일 뿐이다. "오늘도 어제도 아니 잊고 먼 훗날 그때에 잊었노라"('먼 후일')는 말에서 드러나듯이 님은 결국 잊어버릴 존재다. '못 잊어'에서 님은 못 잊어 생각이 나더라도 잊어버리게 되고 잊어버렸다가도 다시 생각이 나는 존재다. 생각이 나다가 잊어버리고 잊어버렸다가 다시 생각이 나기도 하는 님은 다시는 만날 수 없는 잃어버린 존재다. '초혼'에서 님은 "산산히 부서진… 허공 중에 헤어진… 불러도 주인 없는 이름"이다. 그것은 "부르다가 내가 죽을 이름"이다. 슬픔 속에서 목숨을 다해 사무치게 불러도 님은 돌아올 수 없는 죽은 존재다. 김소월에게 님은 다시는 돌아올 수 없는 존재이며 체념과 절망의 대상이다. 그에게 님은 더 이상 자아를 일으켜 세울 근거와 토대가 되지 못한다.

떠나버린 님에 대한 김소월의 절절한 그리움이 바깥의 유혹에서 그를 지켜줄 수는 있어도 엄혹한 시련과 환난을 이겨낼 힘을 주지는 못한다. 떠나버린 님은 그를 체념과 절망 속으로 몰아넣었을 뿐, 온갖 시련과 환난을 이겨내고 새 역사를 지어갈 힘과 용기를 주지 못했다. 김소월은 일제 치하의 간난과 시련을 이기지 못하고 스스로 목숨을 끊었다.

만해 한용운도 님을 노래한 대표적인 민족시인이다. 그가 1926년에 발표한 <님의 침묵>은 최남선·이광수뿐 아니라 그 시기 젊은 시인들이 빠져들었던 "얄팍하고 감상적인 낭만"에 함몰되지 않았다.[6] 그의 시들은 형이상학적 깊이와 높이를 지녔다. 이미 1917년에 만해가 쓴 오도송(悟道頌)은 그가 흔들림 없는 확고한 진리의 세계로 들어갔음을 보여준다. "남아 이르는 곳마다 다 고향인 것을, 얼마나 많은 사람들 나그네 시름 속에 머물렀나. 한 소리 크게 질러 삼천세계 깨뜨리니. 눈 속에 복사꽃 조각조각 흩날리는구나"(男兒到處是故鄉 幾人長在客愁中 一聲喝破三千界 雪裡桃花片片飛).[7] 이 시에서 만해는 어떤 환경과 여건에도 흔들림 없는 맘의 세계에 이르렀다. 나라를 잃고 한겨울 같은 세상에서 "눈 속에 복사꽃 조각조각 흩날리는" 맘의 기쁨과 자유에 이르렀다. 만해는 어떤 유혹과 시련, 환난과 위협에도 흔들리거나 무너지지 않는 '나'의 자유와 확신에 이르렀다. 그는 잃어버리거나 빼앗길 수 없는 주체적 자아 '나'의 진리와 기쁨을 얻었다. 최남선이 님을 잃고 한겨울의 어둠 속으로 들어갔다면 만해는 한겨울 속에서 "복사꽃 조각조각 흩날리는" 봄을 맞았다.

---

6 이경철, "현대시의 새벽을 연 '님'으로서 불교," 224.
7 같은 글, 218.

그는 1918년에 월간지 「유심」(唯心)을 창간하고 거기에 <심>(心)이라는 글을 실었다. 이 글에서 그는 모든 것이 심이고 모든 것이 심에서 나오고 심으로 돌아가며 심이 모든 것을 지어내고 주재한다고 말했다. 그는 언제나 어떤 일이나 어떤 물건에도 있는 것은 심 자체뿐이라고 하였다. 끝으로 그는 "심은 절대며 자유며 만능"이라고 갈파했다.[8] 모든 것은 결국 나의 맘으로 귀결되고 모든 것이 나의 맘에서 나오고 나의 맘이 모든 것을 지어내고 주재한다고 말했으며 나의 맘이 절대, 자유, 만능임을 선언하였다. 만해의 님은 '맘'이다. 그에게 맘은 궁극적이고 절대적인 님이면서 만해 자신이었다. 만해는 맘의 절대, 자유, 만능을 선언함으로써 주체의 절대적 자유와 능력을 확인하고 선언하였다. 이 세상의 아무도 그 무엇도 만해에게서 맘의 절대적 자유와 능력을 빼앗을 수 없다. 그 누가 만해의 육신을 죽이고 그 생명을 빼앗을 수 있겠지만 만해의 주체 '나'의 자유와 의지를 꺾지는 못했을 것이다.

'님의 침묵'에서 만해도 이별의 슬픔을 말하지만 슬픔에 머물러 있지 않는다. "…걷잡을 수 없는 슬픔의 힘을 옮겨서 새 희망의 정수박이에 들어부었습니다"고 말함으로써 이별의 슬픔을 새 희망의 힘으로 바꾸어 놓는다. 그는 체념하지 않았으며 님과의 이별을 받아들이지 않았다. "아아 님은 갔지만 나는 님을 보내지 아니하였습니다"고 말하고 "…떠날 때에 다시 만날 것을 믿습니다"고 말하는 데서 만해는 이별을 극복하고 님과 다시 만날 것을 기약한다.[9]

<알 수 없어요>라는 시에 따르면 만해의 님은 자연만물과 현상

---

8 같은 글, 219.
9 같은 글, 221.

뒤에 있는, 높고 신비한 푸른 하늘 그 뒤에 있는, 영원하고 궁극적인 절대의 존재이고 신비하고 오묘하고 그윽한 존재다. 님은 푸른 하늘과 자연만물과 현상 속에 그의 얼굴과 자취와 향기와 노래를 슬며시 드러내는 이다. 초월적 절대자인 님이 자연만물과 현상 속에 숨겨져 있다. 그 절대의 님은 다시 만해의 가슴속에 있다. 그 절대의 님은 '절대며 자유며 만능'인 맘이기 때문이다. "타고 남은 재가 다시 기름이 됩니다. 그칠 줄을 모르고 타는 나의 가슴은 누구의 밤을 지키는 약한 등불입니까?" 욕망과 감정의 타고 남은 재가 다시 기름이 된다. 욕망과 감정을 다 태우고 타고 남은 재를 기름으로 만드는 것은 어떻게 가능한가? 욕망과 감정과 편견을 정화하는 수행과 깨달음의 길을 통해서만 욕망과 감정의 타고 남은 재를 기름으로 만들 수 있다. 만해는 욕망과 감정에 머물지 않았다. 그것들을 다 태워서 기름으로 만들어 '님'을 지키는 등불을 켠다. 이것은 약한 등불이지만 어떤 시련과 유혹도 어떤 재난과 폭풍도 꺼트릴 수 없는 진리와 영혼의 등불이다. 만해의 님은 민족이든 인류든 부처든 절대자든 밖에 있는 타자가 아니라 만해의 맘속 깊은 곳에 있는 님이고 참 나의 형상이다. <님의 침묵> 머리말 격인 '군말'에서 그는 그립고 사랑하는 것은 모두 님이라고 했고 "님은 내가 사랑할 뿐 아니라 나를 사랑한다"고 했다. 여기서 만해는 '너의 님'은 '너의 그림자'라고 하였다. 님은 절대, 자유, 만능의 맘이고 내 맘속의 속의 속에 있는 참 나의 형상이다. 따라서 님은 잃어버리거나 빼앗길 수 없는 존재다. 만해의 님은 만해의 자아를 확고하게 세울 수 있는 진리의 반석이 되었다. 만해도 연애시의 형식을 빌리기도 했지만 이광수와는 달리 결코 감상이나 감정에 매몰되지 않았다. 식민지 백성으로서 칠흑 같은 어둠과 추운 겨울의 칼바람 속에서도 만해는 "눈 속에 복사꽃 조각조각 흩날리는" 봄 같은 삶을 살 수 있었다. 깊은 진리의 깨달음과 역사의 현실과 책임을 뚜렷이 드러냄으로써 만해 는 조지훈의 말대로 '혁명가와 선승(禪僧)과 시인의 일체화'를 이루 었다.[10] 만해는 감상과 감정에 머물지도 않았고 이론과 관념에 머물 지도 않았다. 그는 몸, 맘, 얼의 통일 속에서 님을 몸으로 맘으로 얼 로 깨닫고 체험하고 살았다.

2. 나의 속에 숨겨진 보물

사람의 알맹이는 몸의 감성, 맘의 이성, 얼의 영성이다. 감성과 이성과 영성은 무궁한 생명의 보물을 품고 있으며, 정신의 한없는 깊이를 지닌다. 우리의 몸과 맘에는 생명과 정신의 값진 보물이 숨 겨 있다. 천지만물 속에도 무궁한 보물이 숨겨 있다. 원자의 세계, 나노의 세계로 들어가면 물질의 한없는 신비와 풍부함이 드러난다. 그러나 사람의 몸과 맘에는 그보다 훨씬 값지고 풍부한 보물이 들 어 있다. 우리가 감성과 이성과 영성을 제대로 깨워서 살려내기만 하면 감성과 이성과 영성에서 무궁한 생명의 보물을 캐낼 수 있다.

내 몸과 맘과 얼 속에 무궁한 생명의 보물이 숨겨 있다. 왜 숨겨 있는가? 몸의 본능, 맘의 이성, 얼의 영성이 제 자리에서 제구실을 못하기 때문이다. 본능 위에 이성이 있어서 이성이 본능을 이끌고 이성 위에 영성이 있어서 영성이 이성을 이끌어야 본능과 이성과

---

10 같은 글, 223, 225-226.

영성이 제대로 실현되고 제구실을 한다. 그런데 본능의 탐욕과 허영 속에 이성이 묻혀 있고 탐욕과 허영으로 오염된 이성의 편견과 고정관념이 영성을 억압한다. 그러므로 몸의 감성과 맘의 이성과 얼의 영성이 지닌 무궁한 생명의 보물이 깊이 숨겨 있고 갇혀 있다.

나의 속에 숨겨진 보물을 어떻게 캐낼 수 있을까? 나의 속을 깊이 파서 감성과 이성과 영성이 살아나고 피어나고 솟아오르게 해야 한다. 나의 감성과 이성과 영성에는 탐욕과 분노와 어리석은 편견이 뒤덮여 있다. 탐욕, 분노와 미움의 감정, 고정관념과 편견이 콘크리트처럼 단단하게, 히말라야산맥처럼 두껍게 나의 본성인 감성과 이성과 영성을 짓누르고 있다. 나의 본성인 감성과 이성과 영성이 참 나이고 탐욕, 분노(감정), 편견(왜곡된 의식)에 사로잡힌 마음이 거짓 나이다. 거짓 나가 지배하면 본능적인 탐욕이 이성을 오염시키고 오염된 이성이 영성을 억누른다. 본능이 지성을 지배하고 본능에 휘둘리는 지성이 영성을 짓누른다.

몸의 본능에 이성과 영성이 붙잡혀 있으면 결국 본능도 이성도 영성도 제구실을 못하고 뭉그러지고 만다. 참 나에 이르러 참나가 힘 있게 살아 있을 때 본능적 감성도 지성적 이성도 영성적 얼도 힘 있게 살아난다. 그 때 내 속의 본성들이 제 자리를 찾고 제구실을 한다. 이성이 본능을 이끌 때 본능도 이성도 제구실을 하고 생명을 꽃 피울 수 있다. 이성이 본능을 이끌려면 영성이 이성을 본능의 굴레에서 해방시켜야 한다. 영성이 이성을 본능의 굴레와 속박에서 해방할 때 이성과 본능이 제구실을 할 수 있다. 영성이 이성을 해방하지 않으면 이성은 본능을 이끌어 완성에 이를 수 없다.

그러면 어떻게 내 속을 깊이 파서 거짓 나에서 참 나를 해방하여 나의 본성들이 살아서 제구실을 하게 할까? 깊이 생각함으로써 참 나에 이른다. 생각함으로써 본능적인 탐욕과 사나운 감정과 어리석은 편견을 뚫고 참 나의 본성, 바탈에 이를 수 있다. 생각함으로써 거짓 나를 내려놓고 거짓 나에서 벗어날 수 있다. 생각한다는 것은 거짓 나와 참 나를 구별하는 것이며 거짓 나를 버리고 참 나에 이르는 것이다. 그것은 거짓 나에 붙잡힌 나를 보는 것이며 거짓 나가 참 나가 아닌 것을 깨닫는 것이다. 거짓 나는 '나'를 해치고 속이며 '나' 아닌 것의 종으로 만들고 참을 미워하고 두려워하게 만든다. 생각한다는 것은 탐욕과 허영, 미움과 노여움의 감정, 편견과 고정관념을 깨고 있는 그대로의 참된 삶에 이르고 참 나에 이르는 것이다.

생각함으로써 탐욕과 못난 감정과 어리석은 편견을 깨고 맑은 이성에 이른다. 이성이 맑아지면 이성이 제구실을 하고 영성의 얼이 제대로 드러나고 살아날 수 있다. 얼이 제대로 살아 있으면 이성이 맑아지고 제 자리에 서게 된다. 이성과 영성은 서로 맞물려 있고 순환관계에 있다. 이성이 온전히 제구실을 하려면 얼이 살아 있어야 하고 얼이 온전히 살아 있으려면 이성이 제구실을 해야 한다. 그럼에도 인간은 생각하는 존재이므로 생각하는 이성에서 시작해야 한다. 영성이 이성을 해방하기 전에 이성이 먼저 자기 역량과 구실을 충실히 할 수 있어야 한다. 이성이 충분히 발달하기 전에는 온전한 영성에 이를 수 없다. 이성의 높은 봉우리에서만 하늘의 영과 말씀을 받을 수 있다. 하늘의 영성에 이르러서만 이성은 자기 해방과 완성에 이른다. 그런 의미에서 온전한 이성이 잠자는 영성을 깨울 수 있고 본능의 굴레에 매인 영성을 해방할 수 있다. 이성은 지배자가 아니라 생명과 영을 섬기는 일꾼이다. 맑고 온전한 이성을 닦고 씻어 높은 지성에 이르는 것은 몸, 맘, 얼의 온전한 생명에 이르고, 하늘의 얼과 뜻에 이르는 준비 과정이다.

몸, 맘, 얼의 공명과 감응

엄청난 에너지가 물질 속에 무진장(無盡藏) 들어 있다. 그 에너지가 물질의 막에 갇혀 있다. 생명 진화 과정에서 물질의 막이 조금 열리고 물질 에너지가 생명과 정신의 에너지로 승화하고 고양되었다. 에너지의 흐름을 동양에서는 기(氣)라고 했다. 기의 종류는 다양하다. 정기(正氣), 생기(生氣), 심기(心氣), 이기(理氣), 영기(靈氣), 신기(神氣)로 표현된다. 엄청난 에너지를 가두는 물질의 막은 물질의 법칙적 제약과 물성적 속박이다. 물질 안에서 물질을 초월하여 생명이 생겨나고 생명의 진화가 계속되면서 물질의 막이 미세하게 열리고 뚫려서 생기와 심기가 생겨났다.

물질에너지는 물질의 막에 생명에너지는 생명의 막에 정신에너지는 정신의 막에 갇혀 있다. 생명 진화와 천지인 합일 속에서 물질의 막, 생명의 막, 정신의 막이 열리고 승화와 고양 초월과 변화가 일어났다. 인간의 인성 속에서는 물질의 기운이 생기, 심기, 이기, 영기, 신기로 고양되고 승화되었다. 인성 속에서는 정기, 생기, 심기, 이기, 영기, 신기가 서로 이어져 있고 열려 있고 뚫려 있다. 그러나 물질의 막, 생명의 막, 맘의 막, 영의 막, 신의 막이 사라지거나 제거된 것은 아니다. 그 막들을 뚫고 통할 수 있는 잠재력과 가능성이 인성 안에 주어졌을 뿐이다. 몸, 맘, 얼 사이에 서로 소통하고 연락하고 공명하고 감응할 수 있는 가능성과 잠재력이 주어진 것이다.

물질의 법칙적 제약과 속박에서 벗어난 생명 에너지는 서로 다른 물질적 요소들의 공명과 감응을 일으키는 에너지다. 생명은 물질과 비물질(정신)의 공명과 감응을 일으키는 에너지다. 물질의 제약과 속박에서 벗어난 생명의 기쁨과 자유는 서로 소통하고 사귀고 공명하고 공감할 수 있는 감정과 영의 사랑 에너지다. 생명은 공명하고 감응하여 하나로 되어 함께 기뻐하고 소통할 수 있는 감정의 힘과 원천이다. 순수한 사랑과 정성으로 돌보고 보살피면 파충류 악어도 포유류 사자도 순수한 사랑과 기쁨의 감정으로 보답할 수 있다. 다 그런 것은 아니겠지만 악어와 사람, 사자와 사람의 우정에 대한 이야기들이 있다. 상처 입은 악어를 보살펴 준 사람과 악어가 친밀한 사귐과 소통을 하게 되었다는 이야기들도 여럿 있다. 사자와 사람의 우정에 관한 이야기는 감동적이다. 1969년경 호주의 두 젊은이가 어린 사자 새끼를 구원해서 사랑으로 길렀다. 다 자란 사자를 아프리카 야생동물 보호지역으로 보냈다. 9년 후에 보호지역으로 가서 그 사자를 만났는데 그 사자가 자기를 길러준 두 젊은이를 반가워하며 끌어안고 뒹구는 모습이 생생하게 영상으로 기록되어 있다. 모든 악어와 사자가 인간의 정성과 사랑에 사랑으로 보답할 것이라고 생각되지는 않는다. 그러나 한 마리의 악어, 한 마리의 사자가 인간의 사랑과 정성에 대해서 깊은 사랑과 우정으로 보답한다면 그것은 생명의 본성과 진리를 드러낸 것이라고 생각한다. 왜냐하면 한 마리의 악어, 한 마리의 사자가 그렇게 할 수 있다면 다른 악어, 다른 사자도 그렇게 할 수 있는 가능성이 열려 있기 때문이다. 생명의 깊은 속에는 사랑과 기쁨, 공명과 감응의 열망과 능력이 가득 차 있다.

사람의 몸이 하늘과 땅 사이에 곧게 섬으로써 인후 기관과 인두

기관이 발달하여 말을 할 수 있게 되었다. 사람 몸의 진화된 유전자와 직립 인간의 신체적 구조는 인간 심성의 이성적 합리적 틀과 구조를 가능케 하고 인간 심성의 이성적 합리적 틀과 구조에서 말의 틀과 문법이 형성되어 나온다. 직립 인간의 신체 구조(유전자와 뇌신경 망과 구조), 생각하고 말하는 지성과 감정의 심리 구조와 틀, 우주의 시간과 공간을 꿰뚫는 뜻과 정신의 보편적 도리는 하나로 통하고 이어져 있다. 인간의 인성(감성과 지성과 영성) 속에 몸과 맘과 얼의 결합과 통일이 이루어져 있다. 직립 인간의 신체 구조, 몸의 유전자, 신경망, 뇌신경 구조는 말하고 생각하는 맘의 지성적 심리 구조를 반영하고 맘의 말과 지성의 구조와 기능은 하늘의 얼과 뜻을 향해 열려 있다. 따라서 몸과 맘과 얼 사이에 공감과 공명이 이루어질 수 있다.

인성 속에서 생명 진화와 인류의 역사가 순환되고 반복된다. 인성의 실현과 완성은 백지상태에서 시작하는 것이 아니라 이미 진화하고 고양된 인성의 가능성과 잠재력에서 시작한다. 어떤 의미에서 생명 진화와 천지인 합일은 직립한 인간의 인성 속에 실현되고 완성되어 있다. 인성 속에는 무한한 물질과 생명과 정신의 힘과 지혜가 깃들어 있다. 에너지를 가두는 막들이 인성 속에서 잠재적으로 열려 있다. 막이 사라진 것은 아니다. 막은 여전히 있으나 소통 연락이 가능한 상태가 되었다. 몸, 맘, 얼 사이에 물질과 생명과 정신 사이에 서로 공명 감응할 수 있게 된 것이다.

공명은 에너지의 분출

공명은 서로 다른 것들이 파동과 결이 맞을 때 일어나는 서로 울림이고 서로 울리면서 막에 갇혀 있던 큰 에너지가 분출하는 것이다. 물질과 몸속에는 엄청난 기운이 잠겨 있다. 뇌, 신경세포, 근육, 유전자 속에는 엄청난 힘과 지혜가 들어 있다. 뇌파의 패턴과 형태, 근육의 특성과 운동방식을 관찰하고 연구하면 공명 속에서 큰 기운을 발휘할 수 있는 가장 적합한 상태를 발견할 수 있을 것이다. 공명이 일어나는 뇌와 근육의 가장 적합한 상태를 발견할 수 있다면 건강과 역량을 증진시키고 향상시키는 데 큰 도움이 될 것이다. 환경적이고 신체적인 조건과 상황이 갖추어질 때 공명이 일어나는 뇌와 근육의 가장 적합한 상태에 쉽게 이를 것이다. 가난하고 영양이 부족한 어린아이들의 뇌는 부유하고 영양이 충분하게 공급된 어린아이들의 뇌보다 위축되어 있었다고 한다. 뇌와 근육뿐 아니라 맘도 위축되고 쪼그라들었을 것이다. 가난과 뇌의 발달 사이에 통계적으로 상당히 의미 있는 인과관계를 말할 수 있다. 그러나 결정론적으로 확실하게 그런 결론을 내릴 수 없다. 극빈층이 아니라면 대체로 가난한 지역의 사람들이 더 평화롭고 행복하게 살 수 있다. 또한 생명 진화의 역사에서 가장 혹독한 시련과 재난을 당할 때 돌연변이가 생기고 가장 극적인 진화가 이루어졌다. 빈곤층에서 돌연변이가 생겨서 뛰어난 재능과 능력, 심성과 덕성을 가진 사람들이 나올 수도 있을 것이다.

공명이 일어나는 뇌와 근육의 가장 적합한 상태에 이르려면 단순히 물리 신체적인 접근만으로는 부족하다. 맘이 억눌려 있고 황폐하면 몸도 편안할 수 없다. 뇌파의 형태와 근육의 상태는 맘과 얼의 상태와 깊이를 제대로 드러내기 어렵다. 수리와 물리가 우주와 만물의 상태와 이치를 정확하고 온전하게 드러내듯이 뇌파와 근육 상태가 인간의 몸 상태와 생리를 잘 드러낼 수 있지만 심리와 영성까지 온전히 드러낸다고 할 수는 없다. 뇌파 연구만으로는 성현의 심리와 영성을 헤아릴 수 없을 것이다. 인간의 몸, 맘, 얼은 서로 공명하고 감응하며 소통할 수 있으면서도 서로 다른 차원과 특성을 가지고 있다. 몸, 맘, 얼은 서로 다름 속에서 감응하고 공명한다. 생명 진화는 몸, 맘, 얼의 공명과 감응을 가능케 하였다.

천지인 합일은 하늘, 땅, 사람, 몸, 맘, 얼의 공명과 감응, 소통과 일치를 통해서 이루어진다. 모두 하나로 돌아가는 귀일(歸一)도 몸, 맘, 얼의 공명과 감응으로 실현된다. 서로 다른 것들의 공명과 감응이 생명과 정신의 서로 주체적 관계와 작용의 방식이다. 하늘은 서로 다른 주체들의 공명과 감응이 일어나는 자리다. 하늘을 품고 하늘을 그리워하고 우러를 때 몸, 맘, 얼의 공명과 감응이 일어난다. 맘은 몸 안에서 열린 하늘이고 몸과 맘을 이어주고 연락 소통하는 자리다. 맘은 몸, 맘, 얼의 공명과 감응이 일어나는 자리다. 맘의 감정과 의식과 생각은 몸과 맘과 얼 사이에 일어나는 공명과 감응이다. 몸과 맘과 얼 사이에 하나의 통일된 초점이 맺히고 감정과 의식과 생각이 하나로 뚫릴 때 큰 공명과 감응이 일어나고 큰 기운이 분출된다.

물질도 몸도 생명도 맘도 얼도 한없이 깊고 오묘해서 무진장 에너지를 드러낼 수 있다. 물질의 세계에서 파동이 일치하면 격동이 일어난다. 소리의 파동과 유리의 파동이 일치하면 소리만으로 유리

창과 유리그릇이 깨진다. 소리의 파동과 물질적 공명이 이루어지면 심지어 큰 다리도 엿가락처럼 휘청거리다 끊어지고 만다. 서로 다른 물체들 사이에 파동과 공명이 일어나는 것은 물질의 막이 깨지거나 열려서 큰 에너지가 분출하게 되는 것이다. 원자핵이 분열되어 원자의 물질적 막이 깨지거나, 원자의 핵이 융합되어 물질의 막이 녹아버리면 핵폭발의 큰 에너지가 분출한다. 부부 사이에도 몸과 맘의 공명이 이루어지면 서로 닮아간다. 서로 닮은 부부 사이에는 깊고 큰 사랑의 힘이 감돌고 있다. 주역(周易) 「계사전」에서 "두 사람이 같은 맘을 가지면 그 날카로움이 쇠를 끊을 수 있고, 같은 맘으로 하는 말은 그 냄새가 난초와 같다"(二人同心 其利金斷 同心之言 其臭如蘭)고 했다. 서로 다른 사람의 맘이 하나로 감응하고 울리면 큰 힘이 나고 좋은 영향을 미칠 수 있다는 말이다. 사람의 본성은 서로 다른 몸, 맘, 얼로 이루어졌다. 꼭 같을 수가 없다. 공명은 서로 다른 것들의 감응과 울림이다. 서로 다른 것들이 파동과 결이 맞을 때 함께 울리면서 큰 힘이 나오고 좋은 결과를 낳을 수 있다. 우주 만물 가운데 똑같은 것은 없다. 서로 주체인 사람들도 꼭 같을 수가 없다. 사람들의 다름과 차이 속에서 감응과 공명이 일어나게 해야 한다. 군자는 "같지 않으면서도 화합을 이루고"(和而不同) 소인은 "같으면서도 화합을 이루지 못한다"(同而不和)고 공자는 말했다. 하늘은 서로 다른 다양하고 다차원적인 것들의 하나 됨이 이루어지는 곳이다. 저마다 개성적이고 자유로우면서 전체가 하나로 될 수 있는 곳이 하늘이다. 하늘의 영은 서로 다름 속에서 서로 울리면서 화합을 이루는 영이다.

공명과 감응의 기적과 창조

예수의 치병기적은 공명과 감응의 기적이다. 감정이입과 헤아림을 통해 서로 하나로 되고 하나로 되었을 때 공명과 감응 속에서 치유의 기적이 일어났다. 예수는 '네' 속에서 나를 보고 '내' 속에서 너를 본 이다. 예수와 만나고 사귈 때 예수와 병든 사람의 몸과 맘에서 서로 울림(共鳴)과 느껴 움직임(感應)이 일어났다. 예수는 몸으로 함께 느끼고 사귄 이였다. 예수는 침을 발라주거나 손으로 만져줌으로써 공명과 감응 속에서 몸에 기운을 불어넣고 몸에서 힘이 나오게 했다. 몸으로 친밀하게 공명하고 감응하는 친구가 되었다. 몸이 먼저인가, 맘이 먼저인가? 몸과 맘은 순환적인 상호관계 속에서 서로 작용하며 영향을 주고 서로를 형성하고 형성되어 왔기 때문에 몸과 맘 가운데 어느 것이 먼저라고 하기 어렵다. 그러나 십억 년 생명 진화의 역사가 새겨지고 살아 있는 몸이 '가장 먼저'라고 할 수 있다. 몸에 비하면 생각이나 감정은 2차, 3차적인 것이다. 맘의 뿌리는 몸이다. 몸의 병을 고치면 맘의 병도 고칠 수 있다. 몸의 공명과 감응이 일어나면 맘의 공명과 감응도 일어난다. 그러나 맘이 몸보다 먼저라고 할 수도 있다. 생명과 정신의 세계에서는 맘이 몸보다 앞서 있고 주동적이다. 몸을 움직이고 구원하고 해방하는 열쇠는 맘에 있다. 맘에서 먼저 풀려야 몸에서도 풀린다. 맘을 열어야 몸도 열린다. 맘이 먼저 치유되어야 몸도 치유된다. 맘이 몸보다 더 깊고 높은 자리에 있으므로 맘이 앞선 것이고 우선적인 것이다. 맘의 병을 고치지 못하면 몸의 병을 아무리 고쳐도 온전히 병을 고칠 수 없다. 몸과 맘은 뗄 수 없이 결합되어 있고 상호순환관계에 있지만 맘이 더 근원적이고 주도적이다. 그래서 예수는 몸의 질병을 치유하기 전에 먼저 병든 사람의 맘과 얼이 자유와 해방에 이르게 했다. 예수는 먼저 "네 죄가 용서 받았다"고 말함으로써 가난하고 소외된 사람들의 맘을 풀어주고 자유롭게 하였다. 맘이 먼저 자유롭게 됨으로써 몸과 맘의 공명이 일어나고 몸이 질병과 억눌림에서 벗어날 수 있다. 맘속에서 몸과 얼이 만나고 공명한다. 맘이 몸, 맘, 얼의 중심이다.

하나님의 사랑과 정의로 예수의 몸·맘이 가난하고 병든 이른바 죄인들의 몸·맘과 공명하고 감응할 때 치유와 해방의 힘이 분출하였다. 예수는 공명과 감응을 통해서 사람들의 몸과 맘과 얼을 살리고 치유하고 일으켜 세우는 이였다. 가난하고 병든 사람들은 예수와 만남으로써 사랑과 용서로 무조건 받아주는 하늘의 은총을 체험했고 하늘의 은총을 체험한 그들의 몸, 맘, 얼 속에 공명과 감응이 일어났고 공명과 감응을 통해서 치유의 힘이 그들의 몸과 맘속에 분출했다. 예수의 치병기적은 예수와 병자들 사이의 공명과 감응을 통해서 그리고 병자들의 몸, 맘, 얼 사이의 공명과 감응을 통해서 일어난 기적이었다. 하늘, 하나님, 하나님 나라는 사랑과 용서, 은총과 평화 속에서 공명과 감응의 기적, 해방과 치유 사건을 일으키는 자리다.

사도행전 2장에 나오는 '기독교의 탄생' 사건은 공명과 감응의 위대한 범례를 보여준다. 예수가 십자가에 처형당한 후 예수를 따르던 이들은 깊은 슬픔과 좌절, 체념과 절망, 불안과 두려움 속에서 흩어져 있었다. 그러다가 120명이 은밀히 예루살렘 마가의 다락방에 모였다. 이들은 깊은 절망과 허무, 두려움과 불안 속에서 간절한 믿음과 사랑을 가지고 한 몸, 한 맘이 되어 기도하였다. 함께 기도하는 가운데 "세찬 바람, 혀 같은 불길들이 각 사람에게" 내렸다. 강하고 큰 영적 기운이 한 사람 한 사람에게 내렸다는 것이다. 각 사람에게 거룩한 영적 기운(聖靈)이 임하자, 사람들은 두려움과 불안에서 벗어나 용기와 확신을 가지고 세계만방의 사람들에게 그들의 믿음과 진리를 선포하기 시작했다. 성경에 따르면 외국어를 모르는데도 외국인들에게 말할 수 있었고 낯선 외국인들이 알아들을 수 있었다. 이것이 하나님이 임재한 성령강림 사건이고 말씀으로 모든 장벽을 무너트리고 하나로 되는 말씀 사건이며 기독교와 초대교회가 탄생한 사건이다.

성령강림 사건은 하나님 임재의 사건이다. 이것은 단순히 몰아적인 집단적 종교 체험 사건이 아니고 사상과 신념을 공유하고 이념적으로 통일된 조직을 형성한 사건도 아니다. 이것은 한 사람 한 사람이 자각하고 주체로 일어선 사건이면서 전체가 하나 됨에 이른 사건이다. 이것은 종교적 감정이나 사상적 이념에 근거한 사건이 아니다. 이것은 한 사람 한 사람이 저마다 자신을 주체로 자각하고 해방되어서 서로 공명하고 감응하게 된 사건이다. 성령이 강림하고 하나님이 임재하면 서로 다른 각 사람들이 공명과 감응을 일으켜 하나로 되고 전체가 하나로 된 사람들은 언어, 인종, 민족, 국가의 장벽을 넘어 하나로 통할 수 있다. 하나님은 엄청난 영적 힘을 주는 이고 영적 힘을 얻으면 공명과 감응 속에서 하나로 되어 큰 힘을 가질 수 있다. 하나님의 영적 힘은 공명과 감응을 일으키는 힘이고 언어, 인종, 국가의 장벽을 넘어서 하나의 세계로 나아갈 수 있는 힘이다. 하나님의 영적 힘은 한 사람 한 사람에게 주어지는 힘이고 공명과 감응을 일으키는 힘이며 언어와 인종과 국가의 장벽을 뛰어넘어 하나의 세계를 지어가는 힘이다. 한 사람 한 사람의 주체의 깊이와 자유에서 전체의 하나 됨에 이르는 것이 생명과 인간의 본성과 목적이다. 생명과 인간의 본성과 목적이 여기 성령강림 사건에서 힘차고 감동적으로 실현되었다. 생명 진화와 천지인 합일을 이루는 인성의 사명과 목적이 여기서 뚜렷하고 아름답게 구현되었다. 생명 진화와 인류역사의 방향과 목적이 여기서 드러나고 실현되었다.

하나님의 형상을 드러냄

리들리 스콧 감독이 최근에 만든 영화 <엑소도스: 신들과 왕들>에서 하나님은 모세에게 어린이로 나타난다. '어린이 하나님'은 어린 모세를 나타내고, 생명의 근원과 시초를 상징한다. '어린이 하나님'이 모세에게 자신을 "I am"(나다)이라고 했을 때 모세와 신의 대화는 모세와 자기 자신(참 나)과의 대화를 시사하고 반영한다. 영화의 마지막 대목에서 모세가 자신은 지도자가 아니라고 하고 히브리 백성을 믿는다고 한 것은 히브리 백성의 인성을 믿고 주체로서의 히브리 백성과 전체로서의 히브리 백성을 믿는다는 말이다. 이것은 성경에 대한 더 현대적이면서 생명의 주체와 전체의 진리에 다가서는 해석이다. 생명의 근원과 중심, 참된 주체와 전체인 하나님은 "나는 나다"라고 말씀하시는 신이다. 참된 주체와 전체인 하나님, '나는 나다!'인 하나님은 모세의 속의 속에 있을 뿐 아니라 히브리 백성의 속의 속에 있는 하나님이다.

하나님은 전체로서 주체임을 선언하는 분이다. 참된 주체와 전체인 하나님은 한 사람 한 사람을 주체로 깨워 일으켜 전체가 하나로 되는 공동체적 삶으로 이끄는 하나님이다. 하나님을 모시고 사는 씨올은 '스스로 하는' 주체로서 전체를 회복하고 살리는 이들이다. 성경에 따르면 하나님이 사람을 자신의 형상대로 창조했다. 하나님의 형상이란 무엇인가? 그것은 하나님의 본성과 존재를 드러내는 것이다. '주체와 전체의 하나 됨'이 하나님의 본성과 존재이고 그것을 드러내는 것이 바로 하나님의 형상이다. 주체와 전체는 사랑과 정의를 통해 하나로 통일되고 실현되고 완성된다. 사랑 안에서 비로소 주체와 전체가 드러나며 정의 안에서 주체와 전체가 실현된다. 참된 주체와 전체인 하나님의 아들/딸인 씨올은 참된 주체와 전체의 씨알맹이, 속알을 지닌다. 사람의 속알맹이 속에 하나님의 형상이 새겨 있고 사랑과 정의 안에서 사람의 속알이 싹틀 때 주체이며 전체인 하나님의 형상이 뚜렷이 드러난다. 하나님의 형상을 품은 하나님의 자녀로서 씨올은 스스로 "나는 나다!"라고 선언하고 주체가 되어 전체를 실현하고 완성한다.

주체와 전체의 일치

씨앗은 하늘의 햇빛과 바람, 땅의 흙과 물을 아울러서 생명창조 활동을 펼친다. 씨앗의 생명활동은 하늘과 땅, 우주를 하나로 되게 하는 일이다. 수십억 년 생명 진화의 끝에 나온 사람은 하늘을 향해 직립함으로써 하늘로 솟아올라서 하늘·땅·사람을 하나 되게 하는 사명을 지녔다. 다석 유영모는 우주가 하나임을 깨닫고 온 인류와 함께 하나의 품속에 들어가서 평등 세상을 이루려 했다.[11] 씨올 함석헌은 우주가 '하나'에 달려 있음을 깨닫고 하나를 잃은 세상이 어지러움과 혼란에 빠진 것을 보고 사람마다 가슴속에 하나를 회복하고 세계(우주)의 통일성을 믿는 사상을 형성하였다.[12]

　사람은 수십억 년 생명 진화와 수백만 년 인류 역사, 5천 년 민족사의 무거운 전통과 습관에 눌려 잠들어 있다. 사람은 물질적 힘과 본능적 욕망의 굴레에 갇혀 있다. 사람은 무거운 전통과 습관, 낡은 습성과 버릇의 잠에서 깨어나고 물질적 힘과 본능의 굴레에서 벗어나 자유로운 저 자신이 되어야 한다. 강제로 깨어나게 할 수 없고 폭력으로 저 자신이 되게 할 수 없다. 사람이 스스로 깨어나 저 자신이 되어 주체로 일어서도록 하기 위해서는 섬김의 교육과 지도가 요구된다. 씨올인 민을 일깨우되 겸허하게 섬김으로써 주체로 일어서게 해야 한다. 가르치는 이와 배우는 이가 주체와 전체로 일어서서 함께 나아가기 위해서는 주체와 전체를 일치시키고 자치와 협동을 실현하는 큰 철학과 사상을 가져야 한다.

11 유영모, "무한대," 『제소리』, 381-2.
12 함석헌, 『함석헌전집 1』, 26; 함석헌, "우리민족의 理想," 『함석헌전집 1』, 361-362.

III. 인성의 실현과 마을 공화국

참 사람이 되는 인성교육은 사랑과 정의를 실현하는 참 사람을 만드는 교육이다. 사랑과 정의를 실현하는 참 사람은 기계의 주인으로 건전한 산업기술문명을 형성하고 자연 생명 세계의 청지기로서 자연만물과 동물들과 공존 상생하는 생명공동체를 이루고 인간들과 함께 서로 주체로서 자치와 협동의 마을공동체를 만들어야 한다. 인공지능과 기계가 주도하는 산업기술문명의 토대 위에 동물들과 공생하는 생명공동체를 이루고 생명공동체 위에 자치와 협동의 마을 공화국을 세워야 한다. 마을 공화국은 인간의 감성과 지성과 영성과 신성을 표현하고 실현하고 완성해가며 우주의 가치와 보람, 뜻과 목적을 이루어가는 나라다.

1. 사람 만들기 운동

인성교육은 참 사람이 되고 참 사람을 만드는 일이다. 19세기 말, 20세기 초반에 일어난 교육입국운동을 통해 한국 민중은 각성되었고 강인하고 주체적인 존재가 되었다. 각성된 주체적인 민중이 있었기 때문에 한국은 독재세력의 억압을 뚫고 민주화를 이룰 수 있었고, 자원과 자본과 기술이 없는 나라에서 뛰어난 노동력을 바탕으로 산업화를 이룰 수 있었다. 나라를 잃고 식민지가 된 상황에서 나라를 찾고 바로 세우기 위해서 나라의 주인과 주체인 민을 깨워 일으키는 교육운동이 크게 일어난 것은 인류사에서 특이한 일이다. 안창호와 이승훈은 깊은 사상과 이념을 가지고 민족의 한 사람 한 사람을 깨워 일으키는 교육운동을 가장 정성스럽고 힘차게 펼쳐간 사람들이다.

일본 도쿄대학교에서 철학을 가르친 오가와 하루이사 교수는 한중일 근현대 사상 전문가인데, 안창호, 이승훈, 유영모, 함석헌을 높이 평가하였다. 그에 따르면 한중일 근현대사에서 안창호와 이승훈처럼 겸허와 사랑으로 사람 만들기 운동에 전념한 지도자와 사상가가 없다. 오가와 교수는 "안창호, 이승훈, 유영모가 동아시아 근현대사를 통해 최고로 확실한 삶의 방식을 제시했다고 절실하게 느꼈다."[13] 일본과 중국과 한국의 근현대 정신사에서 이들처럼 순수하고 고결하게 '사람 만드는 일'에 헌신한 사람들은 없다는 것이다. 유영모와 함석헌은 안창호와 이승훈의 교육독립운동에서 형상화된 참 인간을 씨올로 표현하였다. 씨올은 참사람, 알(얼)사람을 나타낸다. 씨올이 되는 것은 참사람이 되는 것이다. 이승훈과 안창호는 진취적인 인물이면서 도덕과 정신의 깊이를 가지고 믿음과 사랑으로 '사람 만들기'에 헌신했다. 참으로 이들은 정치권력과 경제적 이해관계를 넘어서 개인의 명예와 야심을 버리고 순수하고 고결하게 스스로 '사람 되는 일'에 힘쓰고 '사람 만들기'에 전심전력을 다하였다.

오가와 교수는 안창호와 이승훈의 사람 만들기(교육)운동과 유영

---

13 이것은 2009년 한국의 씨올재단과 일본의 공공철학연구소가 주최한 '한일철학대회'(목포대학교)에서 오가와 하루이사 교수가 말한 것이다.

모, 함석헌의 깊은 철학을 결합하여 동아시아에서만이라도 사람 만들기 운동을 벌이자고 제안하였다. 오늘 우리나라와 인류사회에 필요한 것은 오직 사람다운 사람이다. 기술문명과 산업물질문명의 발달로 정신과 생명은 위축되고 공동체는 깨지고 사람다운 사람을 찾아보기 어렵게 되었다. 오늘의 사회적 혼란과 고통을 극복하고 새 문명 새 시대를 열려면 사람다운 사람을 만들고 길러야 한다. 그러므로 사람을 만들고 기르는 교사의 사명과 책임이 무겁다.

나를 깨우고 나라를 바로 세우는 교육운동

참 사람이 되어 사람다운 사람으로 살자는 씨울운동은 안창호와 이승훈의 민중 교육입국운동으로 시작되었다. 안창호가 신민회를 조직하고 이승훈이 오산학교를 세운 것은 나라의 주인이고 토대인 민을 깨워 주체로 일으킴으로써 나라를 바로 세우려는 일념 때문이었다. 정신과 얼을 지닌 사람은 물건처럼 강제로 일으켜 세울 수 없고 어디까지나 스스로 깨어 스스로 일어나야 한다. 지도자나 교육자는 민이 스스로 깨어 일어나도록 돕고 호소할 뿐이다. 그러므로 민을 깨워 주체로 일으켜 세운다는 것은 정치지도자나 교육자가 민을 주체로 받들고 섬긴다는 것을 뜻한다. 안창호와 이승훈, 유영모와 함석헌이 지도자와 교육자로서 민을 깨워 일으킬 때, 민을 나라의 주인과 주체로 받들고 모시는 심정과 자세로 일관했다. 이들은 민에 대한 깊은 신뢰를 가지고 지극한 정성과 헌신을 다하였다. 이들이 민을 깨워 일으키는 목적은 민이 덕스럽고 슬기롭고 힘이 있는 사람, 사람다운 사람, 참 사람이 되게 하는 것이다. 민이 사람이 되고 민을 사람으로 만드는 과정에서 지극정성을 다하여 민을 깨워 일으키는 지도자, 교육자도 사람이 되고 사람으로 만들어진다. 씨올운동은 지도자(교육자)와 민이 함께 사람 되는 길을 감으로써 나라를 바로 세우는 운동이다.

오늘 나라에 필요한 것은 사람다운 사람이다. 사람다운 사람이란 저 자신이 스스로 하는 주체와 인격을 가진 사람으로서, 남도 스스로 하는 주체와 인격을 가진 사람으로 대하는 사람이다. 오늘 민주 사상과 이론이 부족하지 않고 법과 제도가 부족하지 않고, 기관과 체제, 과학기술과 기업체가 없지 않다. 다만 부족한 것은 사람다운 사람이다. 저와 남을 주체와 인격으로 대접하는 사람다운 지도자, 사람다운 사장, 사람다운 노동자, 사람다운 공무원, 사람다운 농민이 부족하다. 만일 대통령과 장관, 국회의원과 도지사, 시장들이 국민을 혼과 인격이 있는 사람으로 여기는 '사람다운 사람'이라면, 나라가 얼마나 힘 있고 아름답게 발전할 것인가! 재벌총수가 가난한 사람들을 삶과 사회의 주체로, 사람다운 사람으로 존중할 수 있다면 우리 사회가 얼마나 따뜻하고 풍성해질까! 씨올운동은 각자 스스로 깨어 일어나는 운동이고 남을 주체로 발견하고 주체로 일으키는 운동이다. 씨올운동은 서로 주체로 만나서 서로 존중하고 사귀는 운동이다.

참 사람의 길: 정의와 공정, 가운데 길을 찾기

참 사람은 사랑과 정의를 실현하는 사람이다. 인성교육은 참 사람을 만드는 교육이며 참 사람은 사랑으로 정의를 실현하는 이다.

참 사람을 만드는 인성교육은 사회정의를 실현하는 교육이다. 저마다 인성을 실현하고 서로 주체로서 자유로우면서 평등하게 살려면 정의로운 사회를 이루어야 한다. 정의롭지 못한 사회는 인성을 억압하고 서로 주체의 공동체적 삶을 파괴한다. 서로 다른 욕구와 개성과 주장을 가진 사람들의 사회는 노사관계나 집단적인 이해관계로 다툼이 있을 수밖에 없다. 정의로운 사회는 경제사회문화의 성장과 발전으로 얻은 재화와 지위와 명예를 개인들과 집단들 사이에 골고루 합리적으로 나누는 사회다. 사회의 지위, 재화, 명예를 나누는 일은 공정한 원칙과 기준에 따라 이루어져야 한다. 우선 지위, 재화, 명예는 거기에 부합하는 사람에게 합당하게 분배되어야 한다. 지위와 기능은 역량과 자격을 지닌 사람에게 주어져야 한다. 좋은 피리는 훌륭한 피리 연주자에게 주어져야 한다. 교수직은 훌륭한 교수능력을 가진 사람에게 주어져야 한다. 인맥이나 연줄, 다른 이해관계가 작용해서는 안 된다. 명예도 그 명예에 부합한 사람에게 주어져야 한다. 돈과 재화는 업적과 능력에 따라 분배되어야 한다.

그러나 인간의 능력과 업적과 신분에 따라 사회의 재화와 명예와 지위를 나누어주는 것은 사회의 기능적이고 현상적이고 표면적인 정의에 지나지 않는다. 그것은 생명과 정신의 주체와 전체를 실현하는 정의, 인성을 실현하고 완성하는 근원적이고 근본적인 정의에는 이르지 못한다. 기능적이고 현상적인 정의에 머물면 인성을 실현하고 완성하는 인성교육을 하기는 어렵다. 참된 정의는 생명의 주체와 전체를 살리고 높이고 실현하는 것이다. 참된 정의는 물질과 기계보다 생명과 인간을 존중하고 높이는 것이다. 또한 능력과 업적과 신분에 따라 재화와 명예와 지위를 나누어주는 정의는 기득

권층의 권리와 이익을 강화하고 존중하는 데 머물기 쉽다. 그것은 민주 시대의 국민주권을 실현하는 민주적 정의가 아니다. 민의 삶과 주권을 존중하고 지키고 실현하는 정의가 민주 시대의 정의다. 헌법에서는 민을 나라의 주권자로 선언하면서 민이 짓밟히고 죽게 하는 국가는 정의로운 국가가 아니다. 짓밟히고 죽임을 당한 사람들의 주체와 전체를 온전히 드러내고 실현하지 못하면 민주국가의 정의가 될 수 없다. 참된 정의는 서로 사람다운 사람이 되어서 함께 사람답게 사는 데까지 이르는 정의다. 사랑과 정의 속에서 자치와 협동을 이룸으로써 민주를 실현할 때 비로소 민주국가의 정의가 이루어진다.

사회정의를 실현하기 위해서는 사회에서 희생당한 사람, 밀려나고 뒤떨어진 사람, 자유롭고 평등한 삶을 살 수 없는 조건을 가진 사람들의 주체를 먼저 발견하고 그들이 겪는 불의와 부당함을 먼저 해결해야 한다. 이들을 대상화하고 통계 수치로만 대하는 사람들은 결코 이들의 억울함과 부당함을 해결할 수 없다. 굶주리고 헐벗고 잠자리가 없는 사람들을 버려두고는 결코 정의로운 사회에 이를 수 없다. 비정규직으로 불안하고 고달픈 사람들을 버려두고 정규직들끼리 잘 살아보려고 해도 평화로운 사회를 이룰 수 없다. "나를 버리고 가시는 님은 십 리도 못 가서 발병난다"는 말처럼 사회의 약자들과 비정규직 노동자들을 버려두고 잘사는 사람들끼리 앞서가는 사회를 만들려다가는 오래 못 가서 발병이 나고 탈이 나게 마련이다. 비인간적인 사람들이 사는 비인간적인 불의한 사회에서 참 사람이 되는 인성교육이 어떻게 이루어지겠는가!

사회정의를 실현하는 것이 인성을 실현하는 것이다. 인성을 실현하는 것은 인간의 주체와 전체를 실현하는 것이다. 인간의 주체와 전체는 사회관계의 사랑과 정의 속에서 발견되고 실현되고 완성된다. 하늘은 사랑과 정의의 기준이고 근원이다. 하늘에 이르지 못하면 사랑과 정의에 이르지 못하고 사랑과 정의에 이르지 못하면 인간의 주체와 전체를 발견하고 실현할 수 없다. 인성은 생명의 주체와 전체이고 주체와 전체는 사랑과 정의 속에서 실현되며 사랑과 정의의 근원은 하늘이다. 인간의 주체와 전체를 발견하고 실현하지 못하면 결코 참된 사랑과 정의에 이를 수 없다. 하늘의 심정으로 느끼고 생각하고 행동할 때 인간의 주체와 전체를 있는 그대로 사랑할 수 있고 이렇게 사랑할 때 인간의 주체와 전체를 실현하는 참된 정의에 이를 수 있다. 인간의 본성을 온전히 실현하는 사랑과 정의에 이르려면 하늘을 그리워하고 우러르고 하늘을 품고 모실 수 있어야 한다.

식물이 햇빛을 향해 올라가는 본성이 있듯이 사람에게도 하늘(하나님)과 얼(靈)을 그리워하고 찾아 올라가는 본성이 있다. 하늘의 영을 그리고 찾는 본성은 사랑과 정의 속에서 표현되고 실현되고 완성된다. 인간 생명의 본성 가장 깊은 곳에 있는 얼은 정의(곧음) 속에서만 솟아오르고 사랑 안에서만 불타오른다. 그리고 인간 생명의 본성(얼)은 사랑과 정의를 추구하고 실현한다. 인간에게는 사랑과 정의를 거스르는 경향도 있다. 이런 경향은 인간의 참된 본성이 아니다. 사랑과 정의를 거스르는 경향은 물질과 생명의 본능적 충동이 지성과 영성을 지배하는 데서 나온다. 낮은 단계의 생명인 본능이 높은 단계의 생명인 지성과 영성을 지배하면 생명의 본성과 질서가 왜곡되고 뒤틀린다. 본능의 충동에 굴복하여 지성과 영성이 뒤틀어지면 사람이 사랑과 정의를 거스른다. 사랑과 정의를 거스르면 생명과 정신을 파괴하고 해친다. 사랑과 정의를 거스르고 생명과 정신을 파괴하는 것은 인간의 참된 본성이 아니다.

인간의 참된 본성은 생명과 정신을 살리고 높이고 키우는 것이다. 지성과 영성이 본능을 이끌고 다스릴 때 생명의 본성과 질서가 바로 잡힌다. 그러면 생명의 사랑과 정의에 이르고 생명의 사랑과 정의 안에서 생명과 정신이 살아나고 커진다. 인간의 지성과 영성에서 우러난 사랑과 정의는 땅의 물질과 생명의 본능을 제거하는 것이 아니라 물질과 본능의 이치와 법칙에 따라 실현하는 것이다. 생명을 살리고 실현하고 완성하는 것이 사랑이고 정의다. 사랑과 정의 안에서 생명과 정신이 하늘로 솟아오르는 것이 생명과 정신의 본성에 충실한 것이고 옳은 것이다. 오름이 옳음이다.

2. 기계, 동물 그리고 사람의 공존과 상생

기계와 사람의 공존과 공생

마리화나(약물-기계중독)와 마음의 평화

자치와 협동의 삶을 살리려면 저마다 제 속에 사랑과 정의를 실현할 수 있는 열정과 힘을 지녀야 한다. 이러한 내적 열정과 힘은 물질적 환경과 기계, 법과 제도의 체제에 의존하거나 매이지 않는 굳세고 자유로운 영혼에서 흘러넘치는 것이다. 속에서 흘러넘치는 영적 힘이 없으면 인성을 실현하는 자치와 협동, 사랑과 진리, 정의와 평화의 공동체를 이룰 수 없다. 속에서 흘러넘치는 영적 힘은 몸,

맘, 얼의 통일에서 나오는 것이고 몸, 맘, 얼의 통일은 몸, 맘, 얼을 일깨우고 소통하고 연락하는 생각을 통해서 이루어진다.

1970년대 중반에 젊은이 몇 사람과 함께 함석헌 선생의 말씀을 들을 기회가 있었다. 당시 미국에서 히피운동이 활발했고 마리화나가 유행했다. 어떤 미국 사람이 함석헌 선생께 마리화나(대마초)는 몸에 그다지 해롭지도 않고 중독 증세도 약하지만 손쉽게 '마음의 평화'를 안겨 준다고 말했다. 구도자들이 수십 년 동안 명상 수행을 통해 도달한 '마음의 평화'를 마리화나로 쉽게 얻을 수 있다는 것이다. 이에 대해서 함 선생은 인생의 목적이 물질과 기계의 종살이에서 벗어나 주인노릇을 하자는 것인데 약물에 의존하는 것은 기계에 의존하는 것이고 기계의 종살이를 하게 되는 것 아니냐고 했다. 그러면서 사람이 참으로 스스로 하는 것이 무엇인가 물었다. 밥 먹고 숨 쉬는 것도 몸의 기관들이 본능적으로 하는 것이고 지식과 정보, 감정과 의식도 밖에서 들어오거나 자극을 받아 생긴 것이다. 이런 것들은 기계적으로 이루어지는 것이며, 순수하게 내가 하는 내 것이라고 할 수 없다. 함 선생은 참으로 지금 내가 하는 것은 '생각하는 것'뿐이라고 했다. 지금 생각하는 것만은 남이 대신할 수 없고 내가 스스로 하는 것이고 또 스스로 해야 하는 것이라는 말이다.

기계의 주인으로 기계와 함께 사는 삶

기계와 약물은 수리와 물리의 인과론적 결정론적 법칙에 매인 것이다. 인간은 수리와 물리를 넘어 생리와 심리, 도리와 신리의 세계에 사는 존재다. 수리와 물리도 신통하고 생리와 심리, 도리와 신리도 신통하다. 수리와 물리보다 생리와 심리가 생리와 심리보다 도리와 신리가 더 높고 큰 존재와 이치를 드러낸다. 인간이 기계의 종이 되고 기계에 예속되고 기계의 관리와 통제에 매인다면 생명 진화는 방향과 목적을 잃고 우주는 뜻과 보람을 잃을 것이다. 생명이 물질을 위해 있는 것이 아니고 인간이 기계를 위해 있는 것이 아니다. 마땅히 물질과 기계는 생명과 인간을 위해 쓰여야 한다. 생명·인간·영 중심의 가치철학과 윤리를 인공지능에 가르치고 확립시킴으로써 인공지능과 기계가 생명·인간·영 중심의 사회를 형성하는 도구와 토대가 되어야 한다. 인공지능과 기계를 통해서 인간의 이념과 철학이 실현되게 해야 한다.

인간은 기계와 친밀해져서 기계의 주인과 벗으로 기계를 부리고 기계를 타고 기계 위에서 인성을 실현하고 완성하여 자신의 목적과 사명을 다 이루어야 할 것이다. 기계는 인간의 몸, 유전자, 신경과 근육, 뇌와 뇌파를 이해하는 데 큰 도움이 될 것이다. 기계의 도움으로 인간의 몸과 그 구조를 잘 이해하면 인간의 맘과 얼을 잘 이해하고 맘과 얼과 소통 연락하고 공명 감응하는 지름길을 발견할 것이다. 뇌파 연구를 통해 뇌 기능과 역량을 최대화할 수 있는 가장 적합한 뇌파를 발견하면 뇌의 기능과 역량을 강화하는 데 큰 도움이 될 것이다. 근육의 이완과 집중을 통해서 근육의 역량과 활동이 최대화할 수 있는 조건과 상태를 찾아내면 근육의 역량과 기능을 강화하는 데 기여할 수 있을 것이다. 몸 근육과 신경전달·조절물질과 뇌파와 생각 사이에는 연속성과 단절, 공명과 비약이 있다. 생각이 뇌파와 신경전달·조절물질과 근육에 영향을 주기도 하고 그것들이 생각에 영향을 주기도 한다.

기계는 사회생활에서 인간의 조력자와 협력자가 될 수 있다. 많은 부분에서 인간의 일을 대신할 것이다. 기계가 할 일과 인간의 할 일을 구분하고 기계가 할 수 있고 할 일을 기계에게 맡김으로써 인간이 여유와 자유를 누릴 수 있다. 인공지능이 생산, 유통, 소비의 과정을 주도하고 통제·관리할 수 있다. 인공지능과 기계가 효율적이고 합리적으로 산업과 공장을 운영하고 경영할 수 있다면 인공지능과 새로운 과학기술을 연구하고 개발하는 소수의 연구자와 관리자 그리고 인공지능과 로봇들에게 기업과 공장 중심의 산업경제를 맡기고 그 토대 위에 자치와 협동의 생명공동체를 창조해 가야 한다. 기계를 통해서 얻은 자유와 여유를 가지고 인간은 생명·인간·영 중심의 가치관을 확립하고 그 가치관에 따라 자치와 협동의 생활 공동체를 형성해야 한다. 인간은 기계의 도움을 받아서 역설적으로 기계적이고 물질주의적인 낡은 생활방식에서 벗어날 수 있다. 예를 들어 공장식 가축사육은 동물과 인간을 반생명적이고 비윤리적 삶으로 이끈다. 기계가 산업생산의 많은 부분을 감당한다면 인간은 자연스럽게 동물들과 더불어 살 수 있는 생명공동체를 이룰 수 있는 자유와 여유를 가질 수 있다.

생명 진화의 길벗과 반려인 동물

물질 안에서 물질을 초월한 생명은 해방의 기쁨과 자유를 누리면서도 에너지를 밖에서 얻어야 사는 매우 연약한 존재다. 모든 생명체는 끊임없는 죽음과 신생을 통해서 생명을 이어가면서 내부의 질병과 외부의 재난과 위협을 이겨내고 날마다 먹이를 얻어서 겨우겨우 살아가야 한다. 인간뿐 아니라 모든 생명체는 먹지 않으면 살 수 없는 연약하고 절박한 존재다. 얼마 전까지는 인간도 생존하기 위해서 먹을 수 있는 것은 무엇이든 먹으면서 먹을 것을 찾아 날마다 헤매야 했다. 인간의 과거를 돌이켜 보면 마치 먹기 위해서 사는 것처럼 먹이를 얻기 위해 전심전력을 다 하며 힘겹게 살아왔다. 채식뿐 아니라 육식을 함으로써 인간의 생존능력과 경쟁력은 크게 증진되었다.

먹는 문제가 너무 절박하고 절실했기 때문에 먹고 살 수 있는 것이라면 인간은 무엇이든 먹어야 했다. 물질을 초월한 생명을 가진 인간은 기쁨과 사랑, 자유와 헌신의 고귀한 감정과 의지를 가진 존재이면서 먹고 살기 위해서 다른 생명의 목숨을 빼앗는 잔혹한 존재다. 고귀한 감정과 거룩한 의지를 가진 이타적이고 고상한 존재이면서 생존을 위해서 남의 생명을 잡아먹어야 하는 이기적이고 잔인한 존재다. 말할 수 없는 강력한 이기심과 비할 데 없이 고귀한 이타심을 함께 가지고 있는 인간은 생명의 역설과 모순을 드러내는 존재다.

인간과 가축의 역설적 공존

인간과 가축의 관계를 돌아보면 인간의 이기심과 이타심이 역설과 모순 속에서 공존함을 확인할 수 있다. 인간이 지구를 지배하고 주도하면서 자연생태계는 크게 훼손되고 많은 생물이 멸종되거나 멸종의 위기를 겪고 있다. 오직 인간과 인간이 기르는 가축은 크게 번성하고 다양하게 진화했다. 인간은 다른 짐승들을 집안에서 기르면서 짐승들과 깊은 교감을 나누고 친밀한 우정의 관계를 맺어왔다. 개, 닭, 소, 낙타, 말, 염소, 고양이는 인간에게 가족 같고 친구 같고 반려자와도 같다. 인간은 이런 가축과 반려동물에게 힘든 일을 시키고 이들을 실컷 부려먹다가 서슴없이 잡아먹기도 했다. 인간의 삶과 맘, 정신과 의식 속에 가축들이 차지하는 비중이 크다. 가축들과 긴밀한 관계를 가지고 살면서 인간의 심정과 의식은 훨씬 깊고 풍부하고 넓어졌다. 인간의 삶과 의식은 인간을 넘어 짐승들의 삶에까지 확장되었다. 인간은 가축들과 함께 살면서 더 깊고 넓고 높은 심정과 의식을 지니게 되었다. 가축들도 인간을 위해 희생하면서도 멸종의 위기를 벗어나서 크게 번식하고 다양한 종으로 진화 발달하게 되었다. 인간과 가축의 관계는 참으로 역설적이고 모순적인 공존의 관계다. 포유류 가운데 가축들보다 더 번식하고 진화한 동물은 인간 외에는 없을 것이다. 인간에게 끊임없이 잡아먹히고 혹사당하면서도 소, 말, 개, 닭, 양, 염소처럼 크게 번식하고 다양하게 진화한 동물이 어디 있는가? 호랑이와 사자는 멸종의 위기에 있지만 작고 연약한 고양이는 사람과 함께 살면서 크게 번식하고 다양하게 진화했다.

인간과 가축은 역설과 모순의 대립과 긴장 속에서 공존하고 상생해왔다. 인간은 가축에 대해서 긴밀하고 친밀한 감정과 연대감을 느끼면서도 때로는 혹사시키고 잡아먹었다. 인간은 가축을 희생시키고 가축의 희생 위에서 생존을 이어왔다. 인간은 친밀한 연대감을 느꼈던 가축의 살과 피와 뼈를 먹으면서 살아왔다. 인간은 어쩔 수 없이 짐승과 가축을 잡아먹으면서도 가축에 대해서 깊은 죄의식과 연민을 느꼈다. 인간이 잡아먹은 짐승과 가축에 대한 죄의식과 연민이 인간의 종교 감정과 의식 속에 깊이 반영되어 있다. 원시인류는 가축을 잡을 때 가축의 희생 앞에 참회와 감사의 제사를 드렸다. 가축의 희생과 죽음 앞에서 애정과 잔혹의 모순과 역설의 감정 속에서 인간의 종교적 영적 감정은 깊고 높아졌다. 희생양에 대한 감정과 관념 속에서 깊은 죄의식과 함께 감사와 사랑의 감정도 깊어지고 커졌다.

공장식 밀집 사육과 살처분

몇십 년 전만 해도 아시아인들은 고기는 어쩌다 먹을 뿐 곡물과 채소 위주로 식사했다. 그러다가 농업 생산성이 높아지고 산업기술과 교통이 발달하면서 일반 대중도 갑자기 육식을 많이 하게 되었다. 육식하는 사람들이 크게 늘면서 가축을 공장식으로 밀집 사육하는 이들이 많아졌다. 돈벌이를 위해서는 공장식 밀집 사육의 생산성과 효율성이 높다. 갑자기 늘어난 육식 인구에게 고기와 달걀을 공급하고 돈을 많이 벌려면 당연히 공장식 밀집 사육을 해야 한다. 공장식 밀집 사육을 하다가 가축들에게 전염병이 돌면 수천만, 수백만 마리의 가축을 산 채로 땅에 묻어버린다. 얼마나 끔찍하고 야만적인 짓인가? 공장식 가축사육과 가축들의 살처분은 예전에는 없던 일이다. 이것은 20세기 후반에 산업문명 속에서 독버섯처럼 피어난 가장 끔찍하고 부끄러운 짓이다. 가축에게 곡물을 먹이기 시작한 것은 1950년 이후의 일이고 공장식 가축사육을 한 것은 그보다 더 후의 일이니 공장식 가축산업은 최근에 널리 퍼지게 된 사업이다. 공장식 가축사육은 반생명, 반인간, 반문명의 끔찍하고 부끄러운 짓이다. 공장식 밀집 사육은 동물을 생명체로 대접하는 것이 아니다. 그것은 공장에서 기계로 공산품을 찍어내는 것처럼 동물을 기계와 상품으로만 여기는 것이다. 전염병에 걸린 가축을 살처분하는 것은 동물을 불량품 폐기하듯이 폐기 처분해 버리는 것이다.

모든 동물은 10억 년 생명 진화 과정에서 형성되고 스스로 형성해 온 주체적인 생명체다. 동물들의 몸과 의식 속에는 10억 년 생명 진화의 역사가 새겨져 있고 그 역사가 살아 있다. 동물을 이처럼 기계나 상품으로만 여기는 것은 동물의 생명적 주체와 역사적 전체를 부정하고 파괴하는 것이다. 이것은 생명 진화의 역사를 거스르고 부정하는 것이고 동물을 창조하고 진화시킨 창조자 하나님의 뜻을 거스르는 것이다. 가축들의 공장식 밀집 사육은 가축들을 학대하고 파괴하는 것이다. 더 나아가서 생명 진화의 중심과 꼭대기에 있는 인간이 자신의 자존과 품위를 저버리고 창조주 하나님의 사랑과 뜻을 거스르는 악마가 되는 것이다. 공장식 밀집 사육을 하는 농장주나 그 생산물을 사 먹는 소비자는 마찬가지로 악마의 범죄를 저지르는 공범자다. 생명 진화의 거룩한 주체인 동물들을 기계와 물건처럼 학대하고 파괴하면 그 동물들의 몸과 의식은 파괴되고 원한과 독을 품고 온갖 질병에 걸리게 된다. 그 동물의 전염병과 괴질은 인간까지 해치고 질병과 죽음으로 이끈다. 잔혹한 인간들은 전염병에 걸린 가축을 수백만, 수십만 마리씩 산 채로 땅에 묻거나 불태워 죽인다. 공장의 좁은 공간에 갇혀 학대받는 수많은 가축의 고통과 원한, 산 채로 죽임을 당하는 수백만 가축의 원한과 두려움, 불안과 괴로움이 하늘에 사무친다. 수억 마리 가축을 공장식으로 사육하고 수천만의 병든 가축을 생매장해 죽이는 것은 백석이 말한 "하늘이… 가장 귀해 하고 사랑하는 것들"을 학대하고 파괴하고 죽이는 것이니 그 죄가 크다. 살처분한 가축과 공장식으로 사육하는 가축들의 하늘에 사무친 원한이 두렵다. 강증산은 죽은 파리 한 마리의 원한도 풀어야 한다고 했다. 오늘 수많은 가축의 원한을 풀지 않고는 인간들이 평화로운 삶을 살 수 없다.

가축들의 하늘에 사무친 원한을 풀어주려면 먼저 공장식 가축사육을 반문명적인 것으로 규정하고 폐지해야 한다. 지나친 육식 중심의 식생활은 건강을 해친다. 채식 중심의 식생활이 건강에도 좋고 환경 친화적이면서 세계의 굶주린 사람들에게 식량을 나누어 줄 수 있게 한다. 미국에서 생산된 곡식의 1/3을 가축들이 먹는다고 한다. 공장식 가축에서 나오는 오염물질은 크게 환경을 오염시킨다. 가축을 자연 상태에서 기르면 고기는 적게 먹을지 모르나 곡식을 크게 절약할 수 있고 환경을 보호할 수 있다. 고기 맛에 길들여진 인간의 식성을 갑자기 바꾸기는 어려울 것이다. 따라서 모두 육식을 금하고 채식만 하자고 할 수가 없다. 그러나 될수록 육식을 줄이고 채식 위주로 식생활을 하면 건강에도 좋고 환경도 보존하고 세계의 굶주린 사람들이 배불리 먹을 수 있다. 이제는 공장식 밀집 사육에서 벗어날 뿐 아니라 축산업도 그만두고 짐승을 잡아먹는 일을 그만둘 때가 온 것이 아닐까? 적어도 짐승을 잡아먹는 일을 그만둘 준비와 계획을 할 때가 된 것이 아닐까? 오랜 식생활습관과 버릇 때문에 인간은 쉽게 육식에서 벗어나기 어렵다. 인간의 건강을 위해서 그리고 맛난 음식을 먹기 위해서 여전히 육식을 하는 사람들이 많다. 그러나 이제 짐승을 잡아먹는 생활에서 벗어날 것을 진지하게 고민할 때가 된 것 같다.

문명세계의 인류는 굶주림의 위기에서 벗어났다. 영양부족보다는 영양과다를 걱정하고 비만에서 벗어나기 위해서 절식을 해야 하는 인간들이 늘어나고 있다. 이제는 생존을 위해서 어쩔 수 없이 친밀감을 느끼는 반려동물을 잡아먹지 않아도 되는 지경에 이르렀다. 반드시 육식을 해야만 생존을 이어가는 상황도 아니다. 이제 인류는 농업생산성이 크게 높아지고 기술과 유통이 발달함으로써 굶어 죽는 상황에서 벗어날 수 있게 되었다. 이제 인류는 가축이나 반려동물을 잡아먹지 않고도 살 수 있는 지경에 온 것이다. 채식만 하면서도 생존할 수 있다. 콩과 채소에서 나오는 단백질과 영양소를 가지고 맛과 영양과 향이 좋은 인조 달걀과 인조고기를 만들 수 있다고 한다. 머지않아 기술적으로는 육식을 대체할 수 있는 인조고기들을 값싸게 대량으로 만들 수 있을 것이다. 언젠가 인류는 짐승을 잡아먹던 일을 원시적인 일로 회고할 때가 올 것이다.

어쩔 수 없이 고기를 먹더라도 아껴서 고맙고 죄송한 맘으로 먹어야 한다. 곡식과 채소도 고맙고 죄송한 맘으로 먹어야 하지만 짐승의 고기를 먹을 때는 겸허하고 고맙고 죄송스러운 맘으로 먹어야 한다. 하늘의 햇빛과 바람, 땅의 흙과 물로 지은 곡식과 채소를 먹고 마실 때도 그렇지만, 살과 피와 뼈를 가지고 깊은 감정과 의식을 가진 짐승의 살과 피를 먹고 마실 때는 생각 없이 욕심과 맛으로만 먹고 마셔서는 안 된다. 천지만물과 뭇 생명의 희생과 헌신에 대하여, 먹이를 허락하신 하늘의 큰 은혜와 높은 뜻에 대하여 고맙고 감사한 맘으로 하늘의 높은 뜻을 이루려는 사명과 책임 의식을 가지고 먹고 마셔야 한다. 하늘로부터 받은 사명과 책임을 이루는 것이 인간의 본성과 목적이다. 인간의 본성과 목적을 다 하지 못하면 밥을 먹을 자격이 없다. 인간과 인성에 주어진 사명과 목적을 다 하지 못하면 우주생명의 알짬인 곡식과 채소, 목숨 불을 가지고 사는 짐승의 고기와 피를 먹을 자격과 염치가 없다. 참 사람이 되어 사람답게 사는 이만이 인성을 실현하고 완성하는 이만이 생명 진화와 천지인 합일을 이루는 이만이 밥을 먹을 자격과 염치가 있다.

포유류 짐승과 조류인 새들은 수억 년 생명 진화의 길을 함께 걸어온 길벗이고, 반려이며, 동생들이다. 지구 밖에서 보면 모든 생명체들은 하나의 생명나무에 핀 꽃들이다. 태양계, 은하계, 우주 밖에서 보면 포유류와 새들은 인간의 가족이고 형제자매들이다. 짐승들에게 생명의 동반자로서 예의와 염치, 교양과 상식을 지키자. 성경에 따르면 인간은 자연만물과 생명체들을 지키고 보살피는 청지기다. 지구는 아름다운 생명동산이 되어야 한다. 모든 동물들이 자연상태에서 살아가게 하자. 자연생태계를 훼손한 인간은 동물들이 잘 살아가도록 돕고 보살필 책임과 의무가 있다. 하나님이 지으시고 기르시는 짐승들을 인간이 학대하고 파괴하고 죽여서는 안 된다. 하나님의 생명동산을 지키는 청지기로서 인간은 짐승들을 돌보고 보살펴야 한다. 짐승들과 다른 생명체들이 편안하게 살도록 배려하고 돌보고 보살피는 것은 인간의 책임이고 의무다. 인간은 생명 진화의 길에서 앞장선 동물이다. 인간보다 뒤쳐졌다고 해서 뒤쳐진 짐승들을 학대하고 파괴하고 죽이는 것은 야만적이고 반생명적이며 반신적(反神的)이다. 뒤쳐진 동물들을 버리고 저만 살아가는 것은 반인간적 반생명적이다. 다른 동물들도 주체와 전체를 가진 존귀한 생명체들이다. 다른 생명체들의 '나'를 버리고 가는 인간들은 십 리도 못 가서 발병이 날 것이다. 짐승을 버리고 인간만의 행복한 문명세상을 만들겠다는 생각은 크게 잘못된 것이다. 짐승을 버리고 배제한 문명세계는 결코 생명과 정신을 살리고 높이는 문명이 될 수 없다. 생명과 정신, 사랑과 평화가 없는 문명은 결코 행복한 문명이 될 수 없다. 짐승들을 버리고 배제한 문명은 결코 생명 친화적인 문명이 될 수 없고 정의와 평화, 사랑과 자유의 문명이 될 수 없다. 다른 짐승들과 함께 먹고 사는 상생공존의 공동체 문명만이 인간에게 행복과 보람을 줄 수 있는 문명이다.

쪽방촌의 공존과 상생을 위한 생각의 실마리: 동자동 쪽방촌의 씨알사상 이야기

민은 어떻게 자기 삶의 주체가 되고 나라의 주인이 될 수 있는가? 민이 스스로 자신을 찾고 발견하고 스스로 주인과 주체로 일어서는 길밖에 없다. 불의한 현실에 짓눌려서 분노와 원한에 사무친 민에게는 자기를 찾고 사랑하고 바로 세우는 일이 참으로 어려운 일이다. 자본과 기계의 힘에 밀려나 가진 것 없고 힘없는 사람들이 막다른 골목으로 몰려든 곳이 쪽방촌이다. 동자동 쪽방촌은 사회에서 가장 소외되고 단절된 곳이다. 가난과 절망, 체념과 외로움이 가득한 곳이다. 원한과 무기력, 슬픔과 회한의 어둠이 짙은 곳이다. 여기서도 자치와 협동의 꿈틀거림과 싹이 움틀 수 있을까? 만일 여기서 쪽방촌 사람들의 생활 속에서 자치와 협동의 싹이 트고 꽃이 피고 열매가 맺는다면 우리와 우리 사회는 함께 구원과 해방에 이를 수 있을 것이다.

2014년 1월 22일 저녁에 동자동 쪽방촌 공제조합 사무실에서 선동수 간사를 비롯한 5~6명이 둘러앉은 가운데 씨알사상을 강의했다. 사람은 38억 년 생명 진화를 거쳐 형성된 존재이며 사람의 몸과 맘에는 위대한 생명력이 깃들어 있고 몸과 맘은 섬세함과 아름다움을 품고 있다. 김연아가 피겨스케이팅을 통해 보여주는 섬세한 아름다움은 우리 몸과 맘에 품고 있는 섬세함과 아름다움을 드러내는 것이라고 강의했다. 갑자기 술 취한 사람이 들어오더니 "무슨 헛소리냐? 김연아나 류현진이 1초 움직일 때마다 1조원씩 돈이 올라간다. 다 돈 때문에 하는 짓이다. 아무것도 모르면서 헛소리를 한다"고 소리를 질렀다. 40대 중반의 남자인데 소매치기로 17년 감옥살이를 했다고 한다. 그래서 내가 김연아가 피겨스케이트를 하는 동기와 목적은 돈일지 모르고 우리 사회가 돈이 지배하고 빈부격차가 커지는 몹쓸 사회가 되고 있다면서 그의 말에 공감을 표시한 다음에, 그래도 김연아의 아름다운 몸놀림은 사람의 몸과 맘이 섬세하고 아름다운 것을 표현하는 것이라고 말했다.

쫓겨났던 그가 다시 와서는 자기는 초등학교도 졸업하지 못했다면서 "안다는 게 거짓말이다. 알기는 무엇을 안단 말인가? 나를 아는가? 동자동 쪽방촌을 아는가? 박사여, 바가지여? 알기는 뭘 알아?" 하고 소리 지르며 강의를 못하게 한다. 그래서 내가 이렇게 대답했다. "당신 말이 옳아. 내가 나를 모르는데 너를 어떻게 알겠어. 나도 너를 모르고 너도 나를 모르지. 여기 있는 물건도 모르고 살아 있는 것은 더욱 모르지. 씨올사상은 모른다는 것을 인정하는 데서 시작된다. 모르는 것을 알아야 진실에 가까워진다. 학교 공부를 못한 여러분들이 삶의 진실에 훨씬 가깝다. 안다는 사람은 사실은 모르는 사람이다. 씨올사상은 모름을 지키며 살자는 것이다."

다시 쫓겨났던 그가 또 와서는 '입장 바꿔 생각해봐'라는 노래를 부르면서 "입장 바꿔 생각해봤어? 한번 입장 바꿔 생각해보라!"고

한다. 그래서 내가 말했다. "공자, 노자, 석가, 예수, 소크라테스와 같은 모든 성현의 가르침을 한 마디로 줄이면 입장 바꿔 생각하라는 것이다. 윤리와 도덕의 시작도 꼭대기도 입장 바꿔 생각하는 것이다. 아무리 높은 윤리 도덕도 입장 바꿔 생각하는 것보다 더 높을 수 없고 아무리 낮은 윤리 도덕도 그 아래로 내려갈 수 없다. 당신이 진리를 말한 것이다." 이 말을 듣고 그이가 조금 다소곳해져서 "어떻게 해야 부부관계를 잘 유지할 수 있습니까?" 하고 묻는다. 내가 말했다. "당신이 말한 대로 하면 된다. 입장을 바꿔서 진지하게 아내의 입장과 처지에서 생각해보라. 그러면 부부관계를 잘 유지할 수 있다."

준비해간 강의는 다 못했지만 현장의 울분이 담긴 소리를 듣고 대화를 나눈 것이 보람 있었다. 밖으로 나올 때 어떤 사람이 내가 신발 신는 것을 도와주려고 하자 그이가 쫓아와서 "박사님 신발은 내가 신겨드린다"면서 내 신발을 신겨주었다. 나는 거기를 떠나왔지만 동자동 쪽방촌의 아픔과 절망은 내 마음의 어둠과 모름 속에 남아 있다.

약하고 못난 사람의 공동체

인간은 한없이 아름답고 존귀하고 위대한 존재이면서 한없이 어리석고 덧없고 모자란 존재다. 존귀하면서 모자란 인간의 인성은 공동체적 관계와 삶 속에서 실현되고 완성된다. 인간의 아름다움과 존귀함과 위대함은 어리석음과 덧없음과 모자람 속에서 표현되고 실현되고 완성된다. 너의 어리석음과 모자람이 나의 아름다움을 깨닫고 실현하는 계기와 기회가 되고 나의 덧없음과 모자람 속에서 너의 존귀함과 위대함을 느끼고 깨닫고 체험할 수 있다. 공동체는 인성의 실험장이고 훈련장이며 인성이 실현되고 완성되는 마당이다. 인성교육은 공동체교육이다. 스스로 일해서 스스로 먹고 사는 민의 삶은 공동체를 지향한다. 땀 흘려 일해서 먹고 남은 것은 제 살림을 제 힘으로 꾸릴 수 없는 이들을 사랑으로 섬기는 데 써야 한다. 제 살림을 제가 하면서 남는 것으로 어려운 이웃을 도울 때 서로 살리고 더불어 사는 공동생활이 이루어진다.

아무리 약하고 모자란 사람도 누군가를 사랑하고 사귈 수 있다. 공동체적 관계 속에서는 약하고 모자란 사람이 보물이 될 수 있다. 그 사람을 사랑하고 소중히 여기는 데서 다른 사람들의 사람다움과 공동체의 힘이 드러날 수 있기 때문이다. 약한 사람을 사랑하고 소중히 여기는 데서 사람의 이성과 영성이 빛날 수 있다. 거기서 인간의 목적과 존재 이유가 드러난다. 거기서 사람의 사람다움이 물질에 있지 않고 정신에 있음을 확인할 수 있다. 본능과 충동이 아니라 사랑과 정의, 이성과 영성이 사람의 참된 본성임을 알리는 계기가 된다. 약하고 못난 사람을 품고 돌볼 때 사람다움과 공동체 전체가 드러난다.

정부와 기업, 부자들과 자선단체가 돈을 모아서 나누어 주는 것으로는 결코 가난한 사람들을 살릴 수 없다. 사회복지제도가 아무리 완벽하게 발달하고 정부가 가난한 사람들을 돌보고 보살핀다고 해도 가난한 사람들이 스스로 살고 더불어 살려는 힘과 의지가 없으면 국가가 국민을 사육하는 것에 지나지 않는다. 민중이 스스로 살려는 주체적 의지가 없고, 서로 섬기고 나누며 더불어 살려는 자발적 헌신성이 없으면 아무리 완벽한 복지제도와 이론이 있어도 그런 나라는 지탱할 수 없다. 물질적 생산력과 효율성을 추구하고, 이익과 손해를 계산하는 사업가의 마음만 있고, 권리와 의무를 따지는 계약관계만 남는다면 우리 사회는 차가운 기계적인 사회로 타락한다. 아무리 부강한 국가사회를 만들어도 기계적인 사회는 생명과 정신을 자라게 할 수 없다. 말이 통하고 인정이 통하는 삶, 서로 사랑하고 아끼는 삶, 자신을 존중하며 기쁘게 살 수 있는 공동체적 삶의 구조와 양식이 나라의 토대이다. 약하고 못난 사람과 삶을 나누고 인정을 통하는 약하고 부드러운 맘이 나라의 보물이다. 약하고 부드러운 맘이 자치와 협동의 나라를 위한 헌법이고 주권이다. 약하고 부드러운 맘이 없으면 나라는 오래가지 못한다.

3. 마을 공화국: 자치 생활 공동체

인간과 인성교육의 목적은 인간 주체의 자유와 깊이에서 서로 다른 주체들의 자치와 협동을 통해 전체의 하나 됨에 이르는 것이다. 사회와 국가에서 민이 주체이면서 전체가 되는 길은 자치와 협동이다. 나라의 권력은 민에게서 나오고 민이 나라의 주인과 주체라는 말은 민이 정치와 통치의 주체라는 말이다. 다시 말해 민은 스스로 다스리는 존재, 자치하는 존재다. 민의 자치가 이루어진 나라에서는 민이 스스로 다스리는 통치자이면서 스스로에게 순복하는 피치자다. 민은 스스로 세운 법에 순복하고 스스로 세운 나라에 충성하고 헌신한다. 협동은 서로 다른 주체들의 상생과 공존과 협력으로 전체의 하나 됨에 이르는 것이다. 인성교육은 자치와 협동의 참된 민주주의를 실현하기 위한 교육이다.

인성의 실현은 주체와 전체의 실현이며 주체와 전체의 실현은 자치와 협동의 생활 공동체의 실현으로 이어진다. 인성교육은 자치와 협동의 생활 공동체를 이루는 교육이다. 사람은 누구나 생명과 역사의 씨올이다. 씨올은 스스로 깨지고 죽음으로써 꽃과 열매와 씨알을 맺어서 자기를 실현하고 다른 뭇 생명들을 먹여 살린다. 사람은 생명과 역사의 씨올 구실을 함으로써 주체와 전체, 사랑과 정의를 실현한다. 사람은 누구나 씨올이 되어 씨올로 살아야 한다. 사람은 스스로 인성의 씨알맹이를 싹트고 열매 맺어 풍성한 삶을 살 뿐 아니라 삶의 열매를 나눔으로써 서로 살림과 더불어 사는 삶의 세상을 열어야 한다. 민주화, 과학화, 세계화가 이루어지는 21세기는 한 사람 한 사람의 개체가 인류 전체와 직결되는 씨올공동체를 실현할 수 있는 준비가 된 시대다. 씨올은 개인의 주체를 살리고 전체의 공적인 세계를 여는 활사개공(活私開公)의 원리와 실상을 드러낸다. 씨올의 삶과 생각은 하나로 이어지고 함께 살아 움직이고 있다. 이것을 한완상은 '재단법인 씨올' 강의에서 '줄 씨올'(net-ssial)이라고 했다. 인터넷에서 씨올은 인터넷 그물망을 통해서 하나로 이어지고 소통한다. 한 씨올의 생각은 더 이상 한 개인의 생각으로 그치지 않는다. 한 씨올의 결정과 행동은 한 씨올의 결정과 행동으로 머물지 않는다. 한 씨올의 생각과 결정과 행동이 전체와 직결되고 전체는 씨올 한 사람 한 사람을 통해서 존재하고 살아 있다.

씨올은 참 사람, 알 사람, 얼 사람을 나타낸다. 자연 생명과 인류 역사와 신적 생명의 씨올로서 사람은 고립된 개체나 닫혀진 실체가 아니라 자신 속에 우주 생명 전체를 품은 열린 주체이고 전체 생명과 이어지고 소통하고 공명하고 감응하는 공동체다. 참된 주체와 전체로서 사람의 본성은 사회적으로 자치와 협동을 통해 실현되고 완성된다. 따라서 인성교육은 내적 성찰과 명상과 학교 교육에 머물지 않고 자치와 협동의 사회적 삶과 실천으로 확장되어야 한다.

소비자와 생산자의 주권과 자치

인성은 일을 통해 표현되고 실현된다

사람의 일은 생명과 정신의 근본활동이다. 사람이 무슨 일을 하든지 그 일에는 생명과 정신의 본질과 중심이 참여하고 반영된다. 생명의 기쁨과 신명은 일로 표현되고, 정신의 뜻과 목적은 일을 통해서 이루어진다. 사람의 일을 통해서 인성이 실현되고 역사와 사회의 새로운 창조와 혁신이 이루어진다. 함석헌은 일 자체를 생명의 축제로 파악하고 일을 통해서 역사와 사회의 해방이 온다고 했다. "농사꾼 어부에게 축제란 것 없습니다. 그들에게 즐거움이 있다면 하는 일 그 자체입니다. 먹어서 마셔서 배가 부른 것 아니라 심는 일, 김매는 일, 물결과 싸우는 일, 그 자체가 배부름이요 힘남이요 춤추는 일입니다. … 정말 광복은 농부의 밭고랑을 통해 어부의 그물을 통해 광부의 마치를 통해 직공의 실바람을 통해 오는 것이지 그저 책상에 앉아 아름다운 말을 만들어 명령하기를 좋아하는 사람을 통해 오지 않습니다."[14] 인성은 일 속에서 정화되고 다듬어지고 새로워지고 고양된다. 또 인성은 일을 통해 표현되고 실현된다.

---

14 함석헌, "아 장준하!," 『함석헌전집 8』(한길사, 1984), 232.

생명이 스스로 하는 것이고, 지성과 정신이 스스로 말미암는 것 (自由)이듯, 민의 공동생활도 스스로 하는 것이어야 한다. 민의 스스로 하는 공동생활이 민의 생활 자치다. 생활 자치는 '내 살림 내가 하는데'서 시작한다. 사람마다 제 살림을 제가 꾸려야 한다. 씨올이 스스로 싹트고 꽃 피듯이 사람도 할 수만 있으면 제 살림 제가 해야 한다. 어린이나 노약자, 장애인처럼 제 살림을 제가 꾸릴 수 없는 사람을 빼고는 모두 땀 흘려 제 살림을 스스로 꾸려야 한다. 제 숨을 제가 쉬듯이 제 살림 제가 해야 한다. 그래서 유영모는 대학에 가지 않고 농사를 지었고 함석헌은 농촌공동체를 일구면서 "밥은 내 밥을 먹어야 한다"고 했다. 씨올은 스스로 열매를 맺고 스스로 열매가 되듯이 사람은 스스로 땀 흘려 자신의 밥을 만들고 자기가 만든 밥을 먹고 자기의 밥을 이웃과 나누어 먹을 줄 알아야 한다.

누구나 농사꾼이 되어야 하는 것은 아니다. 일해서 먹고 사는 사람이 되어야 한다는 말이다. 농사짓는 사람이 많아야겠지만 공장에서 일하는 사람도 있고 물건을 파는 사람도 있고 가르치는 사람도 있고 책을 쓰는 사람도 있어야 한다. 어떤 사람이 몸, 맘, 얼을 다해서 하는 일이 있다면 그것이 그 사람이 하는 그 사람의 일이다. 사람은 누구나 자신의 일을 찾고 자신의 일을 해야 한다. 일은 나를 찾고 실현하는 것이고 일을 통해 이웃과 만나고 새 세상을 여는 것이다. 유영모는 오늘 하는 '일'과 '나'를 일치시킨다. 어떤 일에 집중하는 그 시간에는 그 일에만 '내'가 있고, 그 밖에 천만 가지 사물에 '나'는 없다. 따라서 '나'와 내가 지금 하는 '일'은 하나가 된다. 이렇게 '오늘' '내'가 '여기'에서 몰입하는 '일'을 통해 다른 사람의 '나'와 생명력을 갖고 소통하는 새로운 공동체 세상이 끝없이 열린다.[15]

스스로 일하는 민의 생활자치 공동체는 일을 통해서 몸과 맘을 단련하고 정신과 뜻을 키워간다. 땀 흘려 일함으로써 몸이 단련되고 마음과 정신, 이성과 영성이 닦여지고 깊어질 수 있다. 노동하는 동안에 창조적이고 고귀한 생각이 솟아나온다. "혼자 묵묵히 땅을 파는 동안에 많은 잡념은 사라지고, 많은 광채가 안에서 솟아 나옴을 깨닫는다."16 농부는 일하면서 몸과 맘으로 자연의 법도와 이치를 깨닫고 익힌다. 음식을 만들거나 물건을 만드는 사람은 일하면서 몸과 맘으로 물질의 본성과 가치를 익히고 실현하고 완성한다.

일은 하늘과 땅과 인간의 이치와 도리를 가르치는 스승이다. 사람은 일을 하면서 일 속에서 이치와 도리를 배운다. 일은 몸과 맘을 하나로 만든다. 몸과 맘은 둘이면서 둘이 아니고, 하나이지만 동일한 것은 아니다. 몸과 맘이 둘이면서 둘이 아님을 깨닫는 것이 참된 생명의 진리다. 몸으로 맘을 나타내고 맘으로 몸을 바르게 한다. 몸으로 일하여 맘이 바르게 되고 맘으로 생각하여 몸과 일을 바르게 한다. 일로써 몸과 맘을 닦고 생각함으로써 몸과 일이 이치에 따라 된다.

주체로서 전체의 자리에서

사람은 물질과 생명과 정신의 주체다. 씨울인 사람은 전체의 자리에서 전체의 마음으로 사는 주체다. 민주와 과학기술과 세계화의 시대로 나아가는 오늘의 세상은 한 사람 한 사람을 전체와 직접 연

---

15 유영모, "오늘," 『제소리』, 391-394.
16 함석헌, "성서적 입장에서 본 세계역사," 『함석헌전집 9』(한길사, 1983), 111.

결시켜주고 있으며, 인간으로 하여금 전체의 자리에서 주체로 살도록 요청한다. 깊이 생각하면 누구나 시대의 사명과 책임을 깨닫고 '참 나'가 되어 주체로서 전체를 살 수 있다. 주체로 산다는 것은 물질과 상품과 기계의 주인으로 산다는 것이고 전체로 산다는 것은 너와 나와 그가 공동체로 산다는 것이다.

생명은 스스로 하는 주체이면서 전체가 하나로 이어지고 통하는 것이다. 생명 진화와 인류 역사는 주체와 전체가 함께 실현되고 완성되는 길로 나아왔다. 주체와 전체를 함께 살리고 실현하고 완성하는 일은 어떻게 가능한가? 흔히 주체를 강조하면 전체를 못 보게 되고, 전체를 강조하면 주체가 억압된다. 주체와 전체는 생명과 정신의 깊은 자리에서만 하나로 된다. 생명과 정신의 깊은 자리에서 주체는 물질의 매임에서 벗어나 참 주체가 되고 전체는 부분과 현상을 넘어서 온전히 드러난다.

씨올사상은 주체의 자리에서 전체를 실현하고 완성하는 사상이며 전체의 자리에서 주체를 실현하고 완성하는 사상이다. 주체와 전체의 일치를 추구하고 실현하는 방식이 섬김이다. 섬김은 주체를 깨워 일으키고 전체에 이르게 하는 것이다. 섬김은 사람의 씨알맹이인 이성과 영성을 자각하고 주체와 주인이 되게 하는 것이다. 섬김받는 이의 몸과 맘과 얼이 자라고 솟아오르게 하는 것이다. '나'를 깨닫고 '나'로서 일어나 전체의 자리에서 사는 씨올은 물질세계의 종살이 하는 씨올들을 섬김으로써 일깨워 주체로 일으켜 세운다.

사람의 이성과 영성은 신적 생명의 씨앗을 품고 있다. 사람은 누구나 속에 영원한 신적 생명의 씨앗을 품은 씨올이다. 씨올의 섬김은 씨올이 신적 생명의 싹, 전체 생명의 싹을 터서 전체가 드러나게 하는 것이다. 씨올이 주체로 일어섬으로써 전체가 드러나고 구원을 받는다. 전체가 구원받는다는 것은 종살이하는 민중뿐 아니라 억압하고 착취하는 지배자도 억압과 착취의 죄악에서 해방하는 것이다. 억눌린 민중이 해방되어 나라의 주인과 주체가 된다는 것은 억압자들을 억압과 착취의 죄악에서 해방시켜 억압자들과 함께 참된 주체를 가진 얼 생명으로 살아가는 세상을 만드는 것이다.

물질, 생명, 인간은 저마다 주체이며 전체다. 저마다 속에 엄청난 힘과 가치를 지니고 있으며 저마다 깊이와 아름다움을 가지면서 온전하고 완결되고 통일된 전체다. 모래알 하나, 물방울 하나, 들꽃 한 송이, 나비와 벌, 사슴과 소, 어린이와 남자와 여자는 저마다 완벽하고 아름답고 존귀하다. 그러나 물질, 생명, 인간은 모두 지나가고 사라질 덧없는 것이며 과정에서 끊임없이 하고 되는 존재다. 잠시 있다가 사라질 덧없는 존재이므로 더욱 소중하고 아름답고 존귀하다. 미완, 미결, 미생, 미정의 과정에 있으면서 저마다 깊고 아름답고 존귀하고 온전한 존재인 물질과 생명과 인간은 모두 영원한 생명과 정신을 드러내고 실현할 큰 뜻과 사명을 지니고 있다.

피붙이와 살붙이의 확대가족

인공지능과 로봇이 주도하는 산업기술사회 위에 인간과 자연만물과 뭇 생명이 함께 사는 생명공동체를 형성하고 생명공동체 위에 자치와 협동의 마을 공화국을 세워야 한다. 기계적인 산업기술사회의 물질적 경제적 토대 위에 인간과 자연 생명이 공존 상생하는 생활 공동체를 세우고 다시 그 위에 자치와 협동의 마을공동체를 세우고 마을공동체 속에서 감성과 지성, 영성과 신성의 높은 정신 문화를 꽃피워야 한다. 그러기 위해서는 인성을 자각하고 실현함으로써 우주와 기계와 자연 생명과 동물을 사랑으로 품고 하늘을 우러르며 하늘의 큰 하나 됨(하나님)에로 나아가는 참 사람이 되어야 한다.

인성은 생명과 정신의 주체와 전체다. 주체와 전체의 자리에서 보면 하늘의 별들도 사람의 몸과 살붙이다. 하늘의 해와 달과 별은 내 몸의 형제자매다. 자연만물이 나의 살붙이다. 산과 강과 들, 꽃과 나무와 풀이 모두 나의 살붙이다. 벌과 나비, 하늘의 새와 땅 위에 사는 짐승들은 나와 피를 나눈 피붙이다. 땅의 흙과 물, 하늘의 햇빛과 바람으로 빚어진 자연만물과 온갖 생명체들은 모두 나의 살붙이요 피붙이다. 함께 생명 진화의 길을 걸어온 모든 생명체들은 형제요 동료요 벗들이다. 이 모든 것들이 내 몸과 맘속에 들어와 살고 있다. 하늘을 품은 사람에게는 아무도 아무것도 남이 아니다. 나와 무관한 것은 아무것도 없다. 하늘을 품고 하늘과 사귀며 사는 나는 아무에게도 아무것에도 매이지 않는 자유와 존엄, 아름다움과 거룩함을 가지고 있다. 그러나 티끌과 먼지 하나도 내게는 고맙고 소중한 형제이고 가족이다. 저 티끌과 먼지로 내 몸을 지었기 때문이다. 티끌과 먼지가, 하늘의 별들이 우주 전체가 내 몸과 맘속에서 태어나고 자라고 탈바꿈하고 자기 초월과 고양을 통해서 해방되고 구원에 이르고 있다.

반려동물은 가족이 되고 벗이 될 수 있다. 개와 고양이가 얼마나 깊은 정을 주고 살갑게 하는지 아는 사람은 고양이, 개와 깊은 사귐과 친밀한 관계를 가질 수 있다. 가족의 지평은 크게 확대되어야 한다. 사람과 사람의 본성 속에 우주와 생명과 정신의 본성과 이치가 깃들어 있다. 사람은 자연만물과 뭇 생명이 저마다 저답게 기쁘고 편안하게 살 수 있도록 지키고 돌보고 이끌어줄 책임과 의무가 있다. 사람은 생명 진화의 중심과 꼭대기이며, 인성은 우주와 생명과 인류 역사의 중심과 절정에서 피어난 꽃과 열매다. 인성을 실현하는 사람은 자연만물과 뭇 동물과 함께 손잡고 우주와 생명과 정신의 길을 기쁘고 고맙게 가야 한다.

참고문헌

단행본

강선보 외 7인. 『인성교육』. 양서원, 2008.

고든 메리/문희경 옮김. 『공감의 뿌리』. 샨티, 2010.

고바야시 마사야/홍성민·양혜윤 옮김. 『마이클 샌델의 사회의 조건』. 황금물고
      기, 2011.

골드스타인, 레베카/고종숙 옮김. 『불완전성 — 쿠르트 괴델의 증명과 역설』. 승
      산, 2007.

교육부. 『인성교육 비전 수립을 위한 정책연구』. 진한엠앤비, 2014.

김기석. 『南岡 李昇薰』. 한국학술정보 2005.

김민수 편. 『우리말 語源事典』. 태학사, 1997.

김영일. 『丁若鏞의 上帝思想』. 경인문화사 2003.

김태완. 『글로벌 시대의 교육』. 학지사, 2013.

남경희. 『플라톤 서양철학의 기원과 토대』. 아카넷, 2006.

램프레히트, 스터얼링 P./김태길·윤명노·최명관 공역. 『西洋哲學史』. 을유문화
      사, 1980.

레비나스, 에마뉘엘/서동욱 옮김. 『존재에서 존재자로』. 민음사, 2009.

리치 마테오/송영배 외 옮김. 『천주실의』. 서울대학교 출판부, 2003.

마틴 토머스 R./이종인 옮김. 『고대 그리스인의 역사』. 가람기획, 2003.

모리타 마사오/박동섭 옮김. 『수학하는 신체』. 에듀니티, 2016.

밀러 제임스/박중서 옮김. 『성찰하는 삶 — 소크라테스에서 니체까지, 좋은 삶의
      본보기를 탐구한 철학자 12인의 생애』. 현암사, 2012.

바디우 알랭/현성환 옮김. 『사도 바울 — 제국에 맞서는 보편주의 윤리를 찾아서』.
      새물결, 2008.

박문호. 『뇌, 생각의 출현』. 휴머니스트, 2008.

박영호. 『진리의 사람 다석 유영모』 상·하. 두레, 2001.

박재순. 『다석 유영모 — 동서사상을 아우른 창조적 생명철학자』. 홍성사, 2017
      (현암사, 2008 개정판).

_____. 『삼일운동의 정신과 철학』. 홍성사, 2015.

_____. 『다석 유영모의 철학과 사상』. 한울, 2013.

_____. 『함석헌의 철학과 사상』. 한울, 2012.

_____. 『유영모 함석헌의 생각 365』. 홍성사, 2012.

_____ 외 7인. 『참 사람됨의 인성교육』. 홍성사, 2017.

샌델 마이클/이창신 옮김. 『정의란 무엇인가』. 김영사, 2010.

서정범. 『國語語源辭典』, 보고사, 2000.

스텀프 새뮤얼 이녹·제임스 피저/이광래 옮김. 『소크라테스에서 포스트모더니
즘까지』. 열린 책들, 2004.

스티븐슨 레슬리·데이비드 헤이버먼/박중서 옮김. 『인간의 본성에 관한 10가지
이론』. 갈라파고스, 2006.

안병욱 외. 『안창호 평전』. 청포도, 2007.

암스트롱 카렌/정영목 옮김. 『축의 시대: 종교의 탄생과 철학의 시작』. 교양인,
2010.

울프 매리언/이희수 옮김. 『책 읽는 뇌』. 살림, 2009.

윌버 켄/정창영 옮김. 『켄 윌버의 통합 비전』. 김영사, 2014.

윌슨 에드워드/이한음 옮김. 『인간 본성에 대하여』. 사이언스북스, 2016.

_____/최재천·장대익 옮김. 『통섭』. 사이언스북스 2005.

柳永模. 『다석강의』. 현암사, 2006.

_____/주규식 기록·박영호 풀이. 『다석 씨알 강의』. 교양인, 2015.

_____/김흥호 편. 『제소리 — 다석 유영모강의록』. 솔, 2001.

_____/박영호 엮음. 『다석 유영모 어록 —다석이 남긴 참과 지혜의 말씀』. 두
레, 2002.

_____/김흥호 편. 『多夕日誌』上·中·下, 영인본. 1982.

_____ 옮김/박영호 풀이 『중용 에세이 — 마음 길 밝히는 지혜』. 성천문화재단,
1994.

윤사순. 『韓國儒學思想論』. 열음사, 1986.

이광수. 『도산 안창호』. 하서, 2007.

이태복. 『도산 안창호 평전』. 동녘, 2006.

임재택. 『생태유아교육개론』. 양서원, 2013³.

장리욱.『도산의 인격과 생애』. 홍사단, 2014.

張三植 編.『大漢韓辭典』. 博文出版社, 1975.

정윤경.『발도르프 교육학』. 학지사, 2004.

정재승·정용·김대수 지음.『1.4킬로그램의 우주, 뇌』. 사이언스북스, 2014.

조성자.『유아교육의 역사와 철학적 이해』. 창지사, 2015 개정판.

주요한 편저.『安島山全書』. 홍사단, 2015.

하조니, 요람/김구원 옮김.『구약성서로 철학하기』. 홍성사, 2016.

함석헌.『뜻으로 본 한국역사』함석헌전집 1. 한길사, 1983.

_____.『人間革命』함석헌전집 2. 한길사, 1983.

홍일립.『인간본성의 역사』. 에피파니, 2017.

논문

고춘식. "'인성(人性)'교육을 넘어 '인성(仁性)'교육으로." 고춘식 · 박재순 외 7
인.『참 사람됨의 인성교육』. 홍성사, 2017.

김이곤. "고난신학의 맥락에서 본 야훼 신명 연구."「신학연구」27(1986).

김영래. "서양 고대 및 근대 철학적 관점의 인성개념과 인성교육." 강선보 외『인
성교육』양서원 2008.

에마뉘엘 레비나스/서동욱 옮김. "옮긴이 해제."『존재에서 존재자로』. 민음사, 2009.

성해영. "프로이트 종교심리학과 비교(comparison)의 정신: 승화(sublimation)
및 대양적(大洋的) 느낌(oceanic feeling) 개념을 중심으로."「종교학연
구」27권(2008).

송순재. "기독교종교교육학적 인성교육을 위한 물음과 방안." 강선보 외.『인성
교육』. 양서원, 2008.

송영배. "유교와 기독교의 충돌과 대화의 모색."『교우론, 이십오인, 기인십편』.
서울대출판부, 2000.

梁柱東. "續 古語硏究 抄:「얼」이란 말에 대하여(訂誤와 存疑)."「동아일보」
1959. 3. 27.

앨런 파멜라 M. · 존 A. 에드워드 · 윈스턴 맥컬러프/신항식 옮김. "업은 존재
하는가 ─ 불교, 사회인지 그리고 업의 입증".「불교평론」70호(2017 여름).

유영모. "매임과 모음이 아니!"『다석일지』(영인본) 상.

_____. "바람직한 상."『多夕日誌』上.

_____/김흥호 편. "무한대."『제소리 ─다석 유영모 강의록』. 솔, 2001.

_____/김흥호 편. "오늘."『제소리 ─다석 유영모 강의록』. 솔, 2001.

_____/김흥호 편. "제소리."『제소리 ─다석 유영모 강의록』. 솔, 2001.

이경철. "현대시의 새벽을 연 '님'으로서 불교."「불교평론」70호(2017 여름).

이도흠. "한국 사회에서 개인적·사회적 분노 치유의 길."「만해축전 학술세미나
　　　　집」. 만해축전 추진위원회 발행, 2016.

조동일. "조선시대 인성론의 선악논란."「문명연지」35 제16권 1호(2015).

조항범. "'얼'의 語源과 意味."「한국어학」제39권(한국어학회, 2008. 5).

함석헌. "80년대의 민족통일의 꿈을 그려 본다."『함석헌전집 12』. 한길사, 1983.

_____ "교육에 있어서 반성돼야 하는 몇 가지 문제."『함석헌전집 5』. 한길사 1983.

_____ "눈을 들어 산을 보라."『함석헌전집 9』. 한길사, 1983.

_____ "다시 감옥에 들어가서."『함석헌전집 6』. 한길사, 1983.

_____ "맘."『함석헌전집 6』. 한길사, 1983.

_____ "민중과 새 역사의 지평."「씨올의 소리」1989년 6월호.

_____ "부활의 사월과 씨올의 교육."『함석헌전집 9』. 한길사, 1983.

_____ "死期將至."『함석헌전집 9』. 한길사, 1983.

_____ "사랑의 빚."『함석헌전집 9』. 한길사, 1983.

_____ "살림살이."『함석헌전집 2』. 한길사, 1983.

_____ "새 교육."『함석헌전집 2』. 한길사, 1983.

_____ "새 윤리."『함석헌전집 2』. 한길사, 1983.

_____ "생각하는 백성이라야 산다."『함석헌전집 14』. 한길사, 1983.

_____ "세계구원의 꿈."『함석헌전집 9』. 한길사, 1983.

_____ "씨올의 희망."『함석헌전집 9』. 한길사, 1983.

_____ "아 장준하!"『함석헌전집 8』. 한길사, 1983.

_____ "우리민족의 理想."『함석헌전집 1』. 한길사, 1983.

_____ "이단자가 되기까지."『함석헌전집 4』. 한길사, 1983.

_____ "人間革命."『함석헌전집 2』. 한길사, 1983.

_____ "진리는 더 위대합니다."『함석헌전집 5』. 한길사, 1983.

_____ "청년교사에게 말한다."『함석헌전집 5』. 한길사, 1983.

_____. "하나님에 대한 태도."『함석헌전집 3』. 한길사, 1983.

기타 자료

"이기론(理氣論)." 한국민족문화대백과, 한국학중앙연구원.

"이기론의 의미." (조선 전기 이기론, 서울대학교 철학사상연구소, 2004). [네이
　　버 지식백과].

천도교 홈페이지 경전편.「해월신사법설」,「의암성사법설」.

최제우의 생애를 간략히 서술한『대선생주문집大先生主文集』.

외국어

Dewey, John. *Logic: The theory of Inquiry.* NY: Holt, Rinehart, and Winston, 1938.

_____. "The teacher and the public." In Simpson, D.J., & Stack, S.F. eds.
　　Teachers, leaders and schools: Essays by John Dewey. Carbonale, IL:
　　Southern Illinois University Press, 2010: 241-2.

Dieter, Jedan. "Theory and Practice: Johann Heinrich Pestalozzi." *Vitae
　　Scholasticae* (1990): 115-132.

Silvia, Schmid. "Pestalozzi's Spheres of Life." *Journal of the Midwest History of
　　Education Society*, 1997.

Green, John Alfred. *The Educational Ideas of Pestalozzi.* WB Clive, 1905.

Hisao Miyamoto. *Toward a Construction of the Hayahtology(Ehyehology).*
　　(*Redefining Philosophy in the 21st Century*, translated from the
　　Japanese version).

Isaacson, Walter. *Einstein: His Life and Universe.* New York, NY: Simon &
　　Schuster, 2007.

Kim, Kwang Shik. *God in Humanity: The Belief in Hananim and the Faith in
　　God.* Chungmyung Verlag Seoul, 1992.

Levinas, E. *Totalité et Infiniti.* la Haye: Maritinus Nijhoff, 1961.

Pokorny, J. *Indogermanisches etymologisches Wörterbuch.* Bern: A. Francke
　　Hg. 1969.

Silvia, Schmid. "Pestalozzi's Spheres of Life." *Journal of the Midwest History of
　　Education Society.* 1997.

찾아보기